Schwerpunkte Hartmann (Hrsg.) • Hausarbeit im Staatsrecht

Hausarbeit im Staatsrecht

Musterlösungen und Gestaltungsrichtlinien für das Grundstudium

begründet von

Dr. Bodo Pieroth
em. Professor an der Universität Münster

herausgegeben von

Dr. Bernd J. Hartmann, LL.M. (Virginia)
Professor an der Universität Osnabrück

bearbeitet von

Dr. Tristan Barczak, LL.M., Professor an der Universität Passau; Dr. Christoph Enders, Professor an der Universität Leipzig; Dr. Bernd J. Hartmann, LL.M. (Virginia), Professor an der Universität Osnabrück; Ass. iur. Stefan Jansen, Münster; Dr. Thorsten Kingreen, Professor an der Universität Regensburg; Jan Niklas Klein, Prüfer beim Bundesrechnungshof, Bonn; Dr. Jan Henrik Klement, Professor an der Universität Freiburg; Marje Mülder, Leiterin der Sozialverwaltung beim Bezirk Oberpfalz; Dipl.-Jur. Katharina Reitzer, Universität Regensburg; Dr. Thorsten Ingo Schmidt, Professor an der Universität Potsdam; Rechtsanwältin Dr. Annchristin Streuber, LL.B., Universität Freiburg; Dr. Henning Tappe, Professor an der Universität Trier; Dipl.-Jur. Tobias Welzel, Universität Osnabrück; Dr. Fabian Wittreck, Professor an der Universität Münster

5., völlig neu bearbeitete Auflage

Bibliografische Information der Deutschen Nationalbibliothek
Die Deutsche Nationalbibliothek verzeichnet diese Publikation in der Deutschen Nationalbibliografie; detaillierte bibliografische Daten sind im Internet über <https://portal.dnb.de> abrufbar.

Print: ISBN 978-3-8114-6144-4
ePub: ISBN 978-3-8114-8913-4

E-Mail: kundenservice@cfmueller.de
Telefon: +49 6221 1859 599
Telefax: +49 6221 1859 598

www.cfmueller.de

Satz: TypoScript, München
Druck: Westermann Druck Zwickau

Vorwort

Die Autorinnen und Autoren und der Herausgeber freuen sich, die fünfte Auflage der „Hausarbeit im Staatsrecht“ vorlegen zu können. In der neuen Auflage sind neue Autorinnen hinzugetreten. Ich freue mich sehr, dass *Marje Mülder* und *Katharina Reitzer* das Buch mit einer Hausarbeit zum aktuellen Thema der Impfpflicht bereichern. Alle Hausarbeiten und die übrigen Kapitel sind sämtlich auf dem neuesten Stand.

Die vorgelegten Fallbearbeitungen haben wir regelmäßig in der universitären Praxis erprobt, vor allem als Anfängerhausarbeit nach dem zweiten Semester, aber auch, leicht abgewandelt, als Examensklausur. Die dabei gewonnenen Erfahrungen (einschließlich des einen oder anderen von den Studierenden beigetragenen Gesichtspunkts) sind für diese Veröffentlichung verwertet worden. Sieht man von der fachlichen Vertiefung ab, die allein durch das Studium der Rechtsprechung und der Literatur während der mehrwöchigen Bearbeitungszeit für eine Hausarbeit gewonnen werden kann, taugen alle Fälle auch zur Vorbereitung auf eine staatsrechtliche Klausur in der Ersten Prüfung.

Meine Mitarbeiterinnen und Mitarbeiter am Lehrstuhl, bei diesem Projekt vor allem mein Co-Autor *Tobias Welzel*, haben mich tatkräftig unterstützt. Allen Mitwirkenden gilt mein herzlicher Dank für ihren Einsatz. Anregung und Kritik sind uns weiterhin willkommen. Sie erreichen uns am besten unter ls-hartmann@uni-osnabrueck.de.

Osnabrück, Juni 2023 *Bernd J. Hartmann*

Aus dem Vorwort zur ersten Auflage (2008)

Die juristische Falllösung ist die zentrale Herausforderung des Jurastudiums. Ist es für einen Studienanfänger schon nicht einfach, die Welt des Rechts mit ihren komplexen Regelungen und Institutionen, spezifischen Argumentationsweisen und Denkfiguren, voraussetzungsvollen Dogmen und Theorien überhaupt zu verstehen, wird von ihm für fast alle zu erbringenden Leistungsnachweise von Anfang an nicht nur der Beweis des Verständnisses in Form der Wissensreproduktion verlangt, sondern darüber hinaus die eigenständige produktive und kreative Fortentwicklung des Gelernten im Hinblick auf einen immer neuen und immer anderen Sachverhalt. Da genau darin auch die Arbeit des fertigen Juristen besteht, ist der Anfang des Jurastudiums wie der Sprung des Nichtschwimmers in tiefes Wasser.

Damit der Jura-Anfänger nicht ertrinkt, gibt es für ihn seit eh und je Anleitungen zur Falllösung, Bücher zur Technik der Fallbearbeitung und Sammlungen von Fällen mit Lösungen auf allen Rechtsgebieten. Die juristischen Fakultäten reagieren auf das Problem mit Übungen, Arbeitsgemeinschaften und besonderen Lehrveranstaltungen zur Methodik der Fallbearbeitung. Heutzutage dürften auch die meisten Vorlesungen für Anfänger die systematische Darstellung eines Rechtsgebiets mit der Einübung der Umsetzung der abstrakten Aussagen in konkrete Fälle verbinden und den Übungsfall zum wichtigen Bestandteil der Vorlesung machen.

Solche Übungsfälle bleiben aber notwendig skizzenhaft und rudimentär. Die Anleitungsbücher und Fallsammlungen gehen darüber hinaus und bieten vollständig ausformulierte Falllösungen. Allerdings zielen die meisten von ihnen auf Klausuren ab. Das ist verständlich, nicht nur weil der Großteil der Leistungsnachweise an der Universität und regelmäßig mehr als die Hälfte der Anforderungen in der Ersten Juristischen Prüfung aus Klausuren bestehen, sondern auch weil die Klausurlösung am Anfang des Schreibens einer Hausarbeit stehen sollte (vgl. unten S. 4). Nach diesem Anfang muss bei einer Hausarbeit aber noch viel mehr kommen – und das ist in den meisten Anleitungsbüchern und Fallsammlungen kein Thema mehr.

Genau da hilft dieses Buch. Die Hausarbeit, die einen schwierigen Fall unter umfassender Auswertung von Rechtsprechung und Literatur und eingehender Begründung gutachtlich, d.h. unter Berücksichtigung aller vom Sachverhalt und den einschlägigen Rechtsnormen aufgeworfenen Fragen, zu lösen aufgibt, wird zwar heute seltener als früher in der Ersten Juristischen Prüfung verlangt. Aber vor allem im Grund- oder Pflichtfachstudium hat sie auch nach der letzten Reform der Juristenausbildung in den Jahren 2002/2003 ihren festen Platz. Nach den Studienordnungen der meisten juristischen Fakultäten in Deutschland wird eine Anfängerhausarbeit im Öffentlichen Recht nach dem zweiten Semester angeboten. Da zu diesem Zeitpunkt noch kein Verwaltungsrecht gelehrt und gelernt wurde, kann nur das Staatsrecht Gegenstand der Hausarbeit sein. So erklärt sich die thematische Begrenzung dieses Buches.

Wie eine Hausarbeit im Staatsrecht am Ende aussehen soll, erkennt man am besten an einer vollständigen Musterlösung. Neun solcher Musterlösungen aus dem gesamten prüfungsrelevanten Stoff des Staatsrechts einschließlich wichtiger Verfahrensarten des Verfassungsprozessrechts bilden daher den Hauptinhalt dieses Buchs. Es beginnt mit einer Einführung in das Schreiben der Hausarbeit, die neben einer Zusammenfassung der allgemein für die Falllösung zu gebenden Ratschläge sich auf die besonderen Anforderungen der Hausarbeit konzentriert. Auch gute Gedanken sind auf eine passende Präsentation angewiesen. Daher unterbreitet dieses Buch in einem zweiten Abschnitt Richtlinien für die formale Gestaltung der Hausarbeit.

Bodo Pieroth

Inhaltsverzeichnis

Seite

Vorwort V
Aus dem Vorwort zur ersten Auflage (2008) VII

Einführung in das Schreiben der Hausarbeit *(Bernd J. Hartmann)* 1

Gestaltungsrichtlinien *(Bernd J. Hartmann)* 9

Sprache und Stil *(Bernd J. Hartmann/Tobias Wetzel)* 20

Musterlösungen:

1. Benutzungsverbot von Solarien *(Christoph Enders)* 39
   Gesetzgebungskompetenz; allgemeine Handlungsfreiheit, Berufsfreiheit, Recht am eingerichteten und ausgeübten Gewerbebetrieb, freiwillige Selbstgefährdung – Rechtssatzverfassungsbeschwerde, Prozessfähigkeit, Beschwerdebefugnis
2. Verbot der Religionsgemeinschaft *(Thorsten Kingreen)* 66
   Vereinigungsfreiheit, Religionsfreiheit, religiöse Vereinigungsfreiheit – Urteilsverfassungsbeschwerde
3. Bierdosen-Flashmob für die Freiheit *(Bernd J. Hartmann/Tobias Welzel)* 84
   Versammlungsfreiheit, Versammlungsbegriff, Leistungsanspruch; mittelbare Drittwirkung, Hausrecht – einstweilige Anordnung; Urteilsverfassungsbeschwerde
4. Södingers Impfpflicht *(Marje Mülder/Katharina Reitzer)* 113
   Versammlungsfreiheit, Meinungsfreiheit; Impfpflicht: Recht auf körperliche Unversehrtheit, allgemeines Persönlichkeitsrecht, Eingriff durch Rechtsverordnung; Vollzug Rechtsverordnung, Entsendung von Beauftragten zu Landesbehörden – Verfassungsmäßigkeitsprüfung
5. Verfassungsmäßigkeit eines gesetzlichen Mindestlohns *(Tristan Barczak)* ... 141
   Demokratieprinzip; Koalitionsfreiheit, Pressefreiheit, mittelbar-faktischer Grundrechtseingriff, allgemeiner Gleichheitssatz – Rechtssatzverfassungsbeschwerde
6. Der Europäische Finanzausgleich *(Jan Henrik Klement/Annchristin Streuber)* 164
   Ultra-vires-Kontrolle, Identitätskontrolle, Grundrechtsbindung von EU-Stellen und der deutschen Vertreter im Rat der EU, Demokratieprinzip – Nichtigkeitsklage, Klageberechtigung; Rechtssatzverfassungsbeschwerde, Beschwerdegegenstand; vorbeugender Rechtsschutz
7. Geheimdienstkooperation und deren parlamentarische Kontrolle *(Fabian Wittreck)* 204
   G10-Kommission, Fraktionen, Untersuchungsausschuss, Beweiserhebungsrecht, Informationsanspruch, Opposition – Organstreitverfahren

8. Fraktionsausschluss *(Thorsten Ingo Schmidt)* 224
Bundestagsauflösung, Vertrauensfrage, Gegenzeichnungspflicht; Fraktionsausschluss – Organstreitverfahren, einstweilige Anordnung

9. Beschäftigungsverbot an Samstagen *(Bernd J. Hartmann/Stefan Jansen)* ... 248
Konkurrierende Gesetzgebungskompetenz, Gesetzgebungsverfahren; Berufsfreiheit, Koalitionsfreiheit, allgemeiner Gleichheitssatz – Landesverfassungsgerichtsbarkeit, abstrakte Normenkontrolle

10. Kostenbeteiligung für Polizeieinsätze *(Henning Tappe/Jan Niklas Klein)* ... 269
Gefahrenabwehrrecht, Landesrecht, Verwaltungsvollstreckung, Verantwortlichkeit – Regelungsentwurf

Sachregister 291

Einführung in das Schreiben der Hausarbeit

von Bernd J. Hartmann

Rn.

A. Leitgedanken zur Fallbearbeitung ... 3
I. Sachverhalt ... 4
II. Fallfrage ... 6
III. Darstellung ... 8
B. Besonderheiten der Hausarbeit ... 10
I. Lösungsskizze ... 11
II. Problemsammlung ... 12
III. Streitentscheid ... 17
C. Darstellung von Meinungsstreitigkeiten ... 20
I. Grundfall ... 20
II. Sachverhaltsbezogene Darstellung ... 21
III. Rechtsfragenbezogene Darstellung ... 24
IV. Vor- und Nachteile der beiden Darstellungsformen ... 28

Die **Aufgabe**, die Sie im Rahmen der Hausarbeit zu bewältigen haben, ist einfach beschrieben: Beantworten Sie die Fallfrage in einem Rechtsgutachten! Die Hausarbeit unterscheidet sich insoweit nicht von der Klausur. Die Ihnen aus Vorlesung, Arbeitsgemeinschaft und Klausurvorbereitung bekannten Anforderungen an Aufbau, (Gutachten-)Stil und Sprache gelten also auch hier. Sie sollen an dieser Stelle nicht komplett wiederholt werden. Der folgende Abschnitt A. fasst aber einige wichtige Vorgaben als Merkposten zusammen, bevor ein eigenes Kapitel Hinweise zu „Sprache und Stil" zusammenträgt. 1

Im Unterschied zur Klausur sind Sie bei der Bearbeitung von Hausarbeiten nicht auf Sachverhalt, Gesetz und eigenes Wissen beschränkt. Im Gegenteil: Es ist gerade Sinn der Hausarbeit, dass Sie außerdem **Rechtsprechung und Literatur auswerten**. Aus diesem Umstand folgen Besonderheiten der Hausarbeit, zum einen für die Erarbeitung der Falllösung, die unter B. behandelt werden, zum anderen für die Einarbeitung der Quellen, was Gegenstand eines eigenen, folgenden Kapitels „Gestaltungsrichtlinien" ist. Hausarbeiten zielen noch stärker als Klausuren auf die Darstellung und Entscheidung von Meinungsstreitigkeiten. Zum Ende dieser Einleitung unter C. sollen daher einige der dabei auftretenden Fragen Beachtung finden. 2

A. Leitgedanken zur Fallbearbeitung

Literatur: *Dirk Heckmann*, Die Zwischenprüfung im Öffentlichen Recht, 2. Aufl., München 2015, S. 1–8 (methodische Grundlagen der Klausurbearbeitung im Öffentlichen Recht); *Holger Niehaus*, Einleitung, in: Wilfried Schlüter/Holger Niehaus/Ulrich Jan Schröder (Hrsg.), Examensklausurenkurs im Zivil-, Straf- und Öffentlichen Recht, 2. Aufl., Heidelberg 2015; *Brian Valerius*, Einführung in den Gutachtenstil. 15 Klausuren zum Bürgerlichen Recht, Strafrecht und Öffentlichen Recht, 4. Aufl., Berlin 2017, S. 7–61 (zu Gutachtenstil und Klausurlösung). 3

München 2018, S. 333–336 (zu den Formalia); *Peter J. Tettinger/Thomas Mann*, Einführung in die juristische Arbeitstechnik. Klausuren – Haus- und Seminararbeiten – Dissertationen, 5. Aufl., München 2018, S. 166–190.

I. Lösungsskizze

11 Die erste Besonderheit, die bei der Lösung einer Hausarbeit auftritt, ist keine: Wie bei der Klausur empfiehlt es sich dringend, zunächst eine Lösungsskizze zu fertigen. Dafür sollten Sie nur auf den Sachverhalt, das Gesetz und **im Kopf vorhandenes Wissen** zurückgreifen. Lesen Sie den Sachverhalt so oft wie nötig, um ihn vollständig zu verinnerlichen.[8] Schon bei der ersten Lektüre sollten Sie sich die Einfälle, die Sie haben, notieren. Es ist stets leichter, eine Notiz zu streichen, als später jede Idee zu erinnern. Gliedern Sie dann eine erste Lösung, wie Sie es aus der Klausur gewohnt sind: als Skizze aus Stichworten. Je nach der Komplexität der Aufgabe und dem Maß Ihres vorhandenen Wissens kann es sehr wohl sein, dass Sie den ganzen Tag damit verbringen werden. Schon in diesem Stadium Literatur hinzuzuziehen, erscheint wenig ratsam. Die geschliffenen Gedanken, die Sie finden werden, mögen Sie voreingenommen machen und Ihr eigenes Denken hemmen. So besteht die Gefahr, dass Sie, bildlich gesprochen, Scheuklappen aufsetzen und Ihre Lösungsskizze allein anhand der vorgefundenen Gesichtspunkte gestalten. Die Lösungsskizze hat nicht nur inhaltliche, sondern auch planerische Bedeutung. Ihr Zeitmanagement kann nur gelingen, wenn Sie wissen, wo Sie Schwerpunkte setzen möchten.

II. Problemsammlung

12 In einem zweiten Schritt konsultieren Sie die einschlägigen **Lehrbücher**. Sie beginnen mit dem Buch, das Sie zur Vor- und Nachbereitung der Vorlesung ohnehin durchgearbeitet haben, und lesen dort alle Passagen, die Ihren Sachverhalt betreffen, genau. Während Sie Ihr Wissen auf diese Weise aktualisieren und vertiefen, schreiben Sie Ihre Gliederung fort: Möglicherweise hatten Sie bestimmte Zusammenhänge nicht vollständig in Erinnerung, fallen Ihnen bei der Lehrbuchlektüre neue Streitigkeiten auf oder erweisen sich Fragen bei näherem Hinsehen doch nicht als problematisch. Passen Sie die Lösungsskizze Ihrem Erkenntnisfortschritt an! Es genügt, ein Problem stichwortartig festzuhalten, ergänzt um einen Verweis auf jene Stelle im Lehrbuch, die das Problem behandelt. Anschließend konsultieren Sie die übrigen gängigen Lehrbücher, das aktuellste zuerst, veraltete gar nicht.

13 Erweitern Sie Ihre Problemsammlung, indem Sie mit den einschlägigen **Kommentaren** verfahren wie für die Lehrbücher beschrieben. Die Kommentare ziehen Sie erst jetzt heran, weil Lehrbücher die Strukturen und Zusammenhänge in den Vordergrund stellen, die Sie zuerst verinnerlichen müssen. Kommentare dagegen verzeichnen und bewerten auch Einzelfälle und ihre Entscheidungen, die Sie nun besser in den größeren Zusammenhang einordnen können.

14 Vervollständigen Sie Ihre Problemsammlung, indem Sie (Vertiefungs-)**Aufsätze** und **Urteile** hinzuziehen. Diese Quellen setzen sich vertieft und argumentativ mit konkreten Problemen auseinander. Sie benötigen dieses Material also jedenfalls, um die Streitfra-

8 Vertiefend zur Sachverhaltsanalyse *Valerius*, Einführung in den Gutachtenstil, S. 49 ff.

gen zu entscheiden, die der Sachverhalt aufwirft. Die sorgfältige Auswertung von Rechtsprechung und der Literatur (Lehrbücher, Kommentare, Aufsätze) ist eine Kernaufgabe Ihrer Hausarbeit!

Schließlich sollten Sie noch die elektronischen **Datenbanken** (z.B. beck-online, juris) 15
befragen. So stoßen Sie auch auf aktuelle Veröffentlichungen, welche die Lehrbücher und Kommentare noch nicht berücksichtigen konnten. Das bedeutet zugleich: Nur die online zugängliche Literatur auszuwerten, genügt selten.

Gratulation! Sie sind an einem wichtigen Zwischenziel Ihrer Lösung angelangt: Sie 16
haben alle relevanten Probleme, insbesondere die ausschlaggebenden Meinungsstreitigkeiten, beieinander und damit zugleich jene **„Weichenstellungen“** identifiziert, an denen Sie sich entscheiden müssen.

III. Streitentscheid

Für welche Ansicht Sie sich entscheiden, hängt allein von der Güte der Argumente ab. 17
Daher folgt der Problemsammlung die **Argumentensammlung**. Dazu kehren Sie zu den Lehrbuch- und Kommentarstellen, die Sie sich notiert haben, zurück und konsultieren die dort nachgewiesenen Entscheidungen der Gerichte und Stellungnahmen der Lehre. Bei den meisten Streitigkeiten dürfte es genügen, Lehrbücher, Kommentare, Rechtsprechung und Aufsätze heranzuziehen. Anders als manche Studierende meinen, ist es in der Hausarbeit nicht stets erforderlich, auch Dissertationen, Habilitationen und andere Monographien auszuwerten.

Für den Streitentscheid spielt es keine Rolle, welchen Rang (welche Autorität) die Per- 18
son oder die Institution, die ein Argument vorträgt, genießt. Für Übungsarbeiten an der Universität zählt das Bundesverfassungsgericht genauso viel wie jede Literaturstimme. Sie müssen auch nicht Ihrem Professor folgen. Sie dürfen sich nicht deshalb für eine Ansicht entscheiden, weil Sie so Folgeprobleme vermeiden oder aufwerfen. Falls es sich um Folgeprobleme handelt, nach denen gefragt ist, müssen Sie diese Probleme ohnehin behandeln, gegebenenfalls hilfsgutachtlich. Ein **Hilfsgutachten** ist schon bei Klausuren nicht anrüchig[9]. Bei Hausarbeiten gilt dies erst recht, weil hier regelmäßig eine Mehrzahl von Rechtsfragen gesteigerter Schwierigkeit Gegenstand ist. Der gelegentlich erteilte Rat, Hilfsgutachten zu vermeiden, trifft nur insoweit zu, als dass die Ersteller des Sachverhalts ein Hilfsgutachten in ihren eigenen Lösungshinweisen selten von vornherein vorsehen, sondern einen Lösungsweg befürworten dürften, der ohne Hilfsgutachten auskommt. Weil es in Universitätsprüfungen aber nicht um das Ergebnis (der Lösungsskizze) geht, sondern die Qualität Ihrer Argumentation im Vordergrund steht, kann ich Ihnen nur raten, lieber ein gut begründetes Hilfsgutachten einzureichen als eine schlecht begründete Ausarbeitung ohne Hilfsgutachten.

Nachdem Sie Ihre Gliederung mit den Argumenten angereichert und entsprechend Ihren 19
Streitentscheiden fortentwickelt haben, lohnt es sich, den Sachverhalt ein weiteres Mal genau zu lesen. Dabei sollten Sie sich für jede Tatsache und jede Rechtsansicht in Erinnerung rufen, an welcher Stelle Ihrer Lösung diese Information aufscheint **(Konkordanz)**. Dass relevante Informationen aus dem Sachverhalt in Ihrer Bearbeitung fehlen, darf grundsätzlich nicht sein (oben Rn. 4).

9 Strenger *Friedrich E. Schnapp*, Wann und warum fertigt man ein Hilfsgutachten?, JuS 1998, S. 420 ff.

25 Der rechtsfragenbezogene Aufbau vermeidet die als „hölzern“[11] geltende Darstellung nach dem Muster: „1. Auffassung des BVerfG“/„2. Auffassung des BVerwG“/„3. Auffassung der Lehre“/„4. Streitentscheid“. Er erlaubt Ihnen, bei den **Sachargumenten** zu einem Rechtsproblem anzusetzen, zunächst mit eigenen Worten die abzulehnende Auffassung vorzutragen, dann die Gegenargumente zu formulieren und schließlich die zutreffende Auffassung samt ihrer Vorzüge vorzustellen.

26 Außerdem beherzigen Sie mit diesem Aufbau die Normtextorientierung juristischen Arbeitens (vgl. oben Rn. 9). Es geht nicht darum, „freihändig“ vorgefundene Ansichten gegenüberzustellen. Sondern Sie müssen selbst das Gesetz auslegen und tun das nur mit Hilfe der vorgefundenen Ansichten. Sie argumentieren, wo immer möglich, **„hart am Gesetz“**. Dessen Wortlaut ist Ihr Arbeitsmaterial.

27 Letztlich sind die Ansichten aus Literatur und Rechtsprechung nichts anderes als fremde Auslegungsergebnisse. Stehen die Ansichten im Widerstreit, schildern Sie zunächst alle abzulehnenden Auffassungen. Die **überzeugende Ansicht** folgt wieder zuletzt.

IV. Vor- und Nachteile der beiden Darstellungsformen

28 Beide Darstellungsformen können in einem gewissen Sinn **„unökonomische“ Ausführungen** produzieren, d.h. Ausführungen zu Fragen, auf die es „im Ergebnis“ nicht ankommt. Bei der rechtsfragenbezogenen Darstellung kommt es vor, dass Sie – vielleicht unter hohem argumentativen Aufwand – Rechtsfragen entscheiden, obwohl die konkurrierenden Ansichten in Ihrem Fall zum selben Ergebnis kommen. Dass die Ansichten zum selben Ergebnis kommen, bemerken Sie dabei nicht einmal unbedingt; jedenfalls findet dieser Befund keinen Eingang in Ihre Darstellung.

29 Bei der sachverhaltsbezogenen Darstellung passiert es regelmäßig, dass Sie unter Rechtsansichten subsumieren, denen Sie nicht folgen werden. In der Regel ist eine Subsumtion unter eine gegebene Definition schneller vollbracht als die Entscheidung einer Streitigkeit, so dass die sachverhaltsbezogene Darstellung in dem beschriebenen Sinn insgesamt „ökonomischer“ erscheint als der rechtsfragenbezogene Aufbau. Andererseits steht bei einem zu Ausbildungszwecken erstatteten Gutachten die Arbeitsökonomie weniger im Vordergrund als bei der praktischen Arbeit, kommt es nicht auf das Ergebnis, sondern auf die Begründung an (siehe oben Rn. 18) und sollen Sie gerade vorführen, dass Sie **auf strittige Rechtsfragen eine Antwort finden** können.

Die beiden Darstellungsformen stehen in **keinem Rangverhältnis**, Sie können sich daher frei entscheiden und sogar innerhalb ein und derselben Hausarbeit die Darstellungsform wechseln. Gerade für Anfängerinnen und Anfänger mag es sich anbieten, mit der sachverhaltsbezogenen Darstellung anzufangen. Sie ist, soweit die Subsumtion unter vorgefertigte Ansichten genügt (weil alle Ansichten zum selben Ergebnis kommen), leichter zu handhaben. Mit fortschreitender Erfahrung und gewachsener Sicherheit im Umgang mit der juristischen Methodik bietet sich der Wechsel zur rechtsfragenbezogenen Darstellung an.

---

11 *Friedrich Schoch*, Übungen im Öffentlichen Recht I, Berlin u.a. 2000, S. 91; in der Sache ebenso *Schwerdtfeger/Schwerdtfeger*, Öffentliches Recht, Rn. 838; *Tettinger/Mann*, Juristische Arbeitstechnik, S. 180.

Gestaltungsrichtlinien

von Bernd J. Hartmann

Rn.

A. Allgemeines 1
B. Deckblatt 5
C. Gliederung 6
D. Abkürzungsverzeichnis 10
E. Sachverhalt 11
F. Gutachten 12
I. Zitierweise 12
1. Quellen 12
2. Fußnoten 17
3. Zitatform 20
4. Fußnotenzeichen 28
II. Unterschrift 29
G. Literaturverzeichnis 30
I. Hinweise zur Literaturverarbeitung 30
II. Hinweise zum Umgang mit Online-Quellen 32
III. Regeln zur Anfertigung des Literaturverzeichnisses 33
H. Formatvorlage 43

A. Allgemeines

Die folgenden Gestaltungsrichtlinien haben sich bewährt. Sie beruhen auf Empfehlungen, welche die Münsteraner Hochschullehrer des Öffentlichen Rechts für Seminararbeiten verabredet haben. Ergänzungen stammen aus den Anleitungen von *Butzer/Epping* und *Schoch*[1]. Soweit Ihr Dozent keine abweichenden Vorgaben macht – Gestaltungs- sind auch Geschmacksfragen[2] –, rate ich Ihnen daher dringend, die folgenden Hinweise zu beherzigen. Verstoßen Sie gegen Formvorgaben, ist der Prüfer berechtigt, **Punktabzüge** vorzunehmen[3]. 1

Ihre Hausarbeit entsteht am Computer. Die Textverarbeitungsprogramme bieten zahlreiche Möglichkeiten, das Aussehen von Texten zu verändern. Wählen Sie eine **übersichtliche, einheitliche und sachliche Gestaltung**! Der Zeilenabstand beträgt 1,5 Zeilen, die Schriftgröße 12pt, und der Zeichenabstand bleibt normal wie in diesem Text (also weder g e s p e r r t e r noch gedrängter Druck). Die Blätter Ihrer Hausarbeit beschreiben Sie bitte nur einseitig. Jede Seite trägt eine (fortlaufende arabische) Seitenzahl, am besten unten rechts. Am Rand der Seite befindet sich ein Korrekturabstand von 7 cm, am besten – entgegen gelegentlichem Rat – rechts: Die meisten Korrekturkräfte sind Rechtshänder 2

1 *Hermann Butzer/Volker Epping*, Arbeitstechnik im Öffentlichen Recht, 3. Aufl., Stuttgart u.a. 2006; *Friedrich Schoch*, Übungen im Öffentlichen Recht I, Berlin u.a. 2000.

2 *Roland Schimmel*, Juristische Klausuren und Hausarbeiten richtig formulieren, 15. Aufl., München 2022, Rn. 477.

3 VGH München, NJW 1988, S. 2632 (2633).

und können so Ihren Text, auf den sie sich beziehen, bei der Niederschrift der Korrekturbemerkung im Blick behalten. Vorzugswürdig ist, um „Flatterrand“ zu vermeiden, der Blocksatz (mit Silbentrennung).

3 Die Hausarbeit besteht in dieser Reihenfolge aus folgenden **Abschnitten**:

1. Deckblatt
2. Gliederung
3. ggf. Abkürzungsverzeichnis
4. Sachverhalt
5. Gutachten
6. Unterschrift
7. Literaturverzeichnis

4 Das **Literaturverzeichnis** steht hier, abweichend von anderen Anleitungen, am Ende, weil es Ihre Ausarbeitung nur ergänzt und bloß bei Bedarf konsultiert wird. Eine Hausarbeit ist keine Fleißarbeit (jedenfalls nicht primär). Der hier vorgeschlagene Standort ist auch in rechtswissenschaftlichen Monografien üblich.

B. Deckblatt

5 Das Deckblatt sollte folgende Angaben enthalten:

Vorname Name
Anschrift
E-Mail-Adresse
Studienfach
Fachsemester
Matrikelnummer

Ort, Datum der Abgabe

Titel der Lehrveranstaltung (z.B. Staatsrecht I)
Semester (z.B. Wintersemester 2019/20)
Dozent (z.B. Professor Dr. iur. Dr. rer. pol. Dr. h.c. mult. Vorname Name)
Hausarbeit

C. Gliederung

6 Die Gliederung offenbart die **Struktur Ihrer Argumentation**. Gehen Sie daher davon aus, dass der Korrektor mit der Gliederung mehr Zeit verbringen wird als mit jeder anderen Seite Ihrer Hausarbeit. Es mag Ihnen die Arbeit erleichtern, wenn Sie in Ihrem Textverarbeitungsprogramm die Ansicht so einstellen, dass Sie die Dokumentstruktur stets im Blick behalten. Weil die Gliederung zugleich als Inhaltsangabe dient, folgt jedem Gliederungspunkt die Zahl jener Seite, auf der die Überschrift im Fließtext erscheint.

7 Die einzelnen Gliederungspunkte formulieren Sie als **knappe Überschriften**, nicht als vollständige Sätze, wörtliche Zitate oder direkte Fragen. Ihre Überschrift kennzeichnet den wesentlichen Inhalt der folgenden Passage schlagwortartig und präzise. Verwenden Sie die übliche alpha-numerische Klassifikation, auch wenn sie unstimmig ist (auf den Ebenen eins und zwei stehen Buchstaben vor Zahlen, auf den Ebenen drei und vier ist es umgekehrt):

A. … (Teile) 8
I. … (Kapitel)
1. … (Abschnitt)
a) … (Unterabschnitt)
aa) … (Absatz)
bb) …
b) …
2. …
II. …
B.

Falls Ihnen mehrere Fragen gestellt sind, bilden diese eine eigene Gliederungsebene oberhalb der Ebene „A.“, „B.“ usw. Im rechtswissenschaftlichen Gutachten darf, anders als in anderen Disziplinen, keine **Gliederungsebene** nur eine Einheit enthalten („Wer A sagt, muss auch B sagen.“). Dies bedeutet, dass Sie die untergeordnete Gliederungsebene entweder um einen weiteren Gliederungspunkt ergänzen müssen (z. B. um ein Zwischenergebnis) oder die Ausführungen unter dem übergeordneten Gliederungspunkt einbringen und auf den untergeordneten Gliederungspunkt so ersatzlos verzichten können. Mehr als fünf oder sechs Gliederungsebenen sollten Sie für Ihre Hausarbeit nicht benötigen. Weitere Unterteilungen kommen ohne Gliederungspunkte und Zwischenüberschriften aus. Stattdessen heben Sie sie sprachlich hervor, durch Formulierungen wie „Einerseits … Andererseits“, „Zum Ersten … Zum Zweiten … Zum Dritten …“ usw. 9

D. Abkürzungsverzeichnis

Hausarbeiten benötigen nur dann ein Abkürzungsverzeichnis, wenn es ausdrücklich verlangt wird. Das ist **selten**. Die allgemein üblichen Abkürzungen, wie sie *Hildebert Kirchner*, Abkürzungsverzeichnis der Rechtssprache, 10. Aufl., Berlin 2021[4] verzeichnet, können Sie ohne Weiteres verwenden. 10

E. Sachverhalt

Butzer/Epping empfehlen, den Sachverhalt auch dann selbst abzuschreiben, wenn der Dozent ihn im Netz zum Download bereitgestellt hat. Das soll Ihnen helfen, den Text zu **verinnerlichen**[5]. 11

4 Krit. *Hartmann*, NJW 2014, S. 1076 (1076).
5 *Butzer/Epping*, Arbeitstechnik, S. 80.

F. Gutachten

I. Zitierweise

1. Quellen

12 Fremde Gedanken, Ideen und Ansichten müssen Sie als solche kennzeichnen: Sie wollen sich nicht mit **fremden Federn** schmücken. Der Umfang und das Ausmaß der Zitate hängen allein davon ab, welche Quellen Sie verarbeitet und verwendet haben. Diese Quellen müssen Sie zitieren. Es gibt daher auch keine Durchschnittsangabe für den Umfang des Literaturverzeichnisses.[6] Jedoch bleibt häufig festzustellen, dass gerade in den Anfangssemestern die Literaturverzeichnisse häufig zu knapp ausfallen. Ihr Literaturverzeichnis belegt, dass Sie sich mit dem Meinungsspektrum in der Literatur auseinandergesetzt haben. Es verbietet sich daher, ein Lehrbuch oder einen Kommentar als „Allzweckwaffe" für jedweden Beleg zu verwenden. Vielmehr sollen Sie eine sinnvolle und sachkundige[7] Auswahl treffen. Dies bedeutet, dass Sie auch auf sachnahe Texte zurückgreifen, besonders auf einschlägige Aufsätze.

13 Wörtliche Zitate sind, wenn überhaupt, allenfalls sparsam zu verwenden. Bei der Auseinandersetzung mit Streitigkeiten aus Rechtsprechung und Schrifttum erscheint es so gut wie immer vorzugswürdig, die Ansichten ihrer Substanz nach in **indirekter Rede** oder mit eigenen Worten wiederzugeben. Für ein direktes Zitat kommen nur besonders prägnante, möglichst kurze Wendungen in Frage, etwa

> Das Bundesverfassungsgericht, als „Hüter der Verfassung"[1] apostrophiert, …

14 Schreiben Sie bitte nur auf, was Sie **selbst nachvollziehen** konnten. Ein verbreiteter Fehler ist es, fremde Aussagen im Vertrauen darauf zu kopieren, dass der kundige Korrektor die Passage schon richtig verstehen werde. Aber: Wenn Sie selbst nicht verstanden haben, was gemeint ist, verwickeln Sie sich allzu leicht in Widersprüche. Aus Widersprüchen folgt alles und nichts; als logische Fehler gehören sie zu den schwersten Entgleisungen, die Ihnen unterlaufen können.

15 Vorsicht: Ihre Zitate können **nur Rechtsauffassungen** belegen, nicht aber Subsumtionsergebnisse, weil die zitierte Quelle kaum genau den Sachverhalt betrifft, den Sie zu bearbeiten haben. Falsch ist daher:

> Das Urteil verletzt das allgemeine Persönlichkeitsrecht des S.[1]
> [1] BVerfGE 114, 339 (346).

16 Grundsätzlich ist die **Primärquelle** zu zitieren. Ein Sekundärzitat ist nur erlaubt, wenn die Primärquelle nicht verfügbar oder unzugänglich ist. Dann tritt zu dem Zitat der Primärquelle der Hinweis „zit. nach", samt Angabe der Sekundärquelle. Ausnahmslos unzulässig sind sog. Blindzitate: Sie müssen alle Quellen, die Sie zitieren, selbst eingesehen haben. Nur so können Sie sicher sein, dass dort auch steht, wofür die Quelle andernorts in Anspruch genommen wurde.[8]

---

6 Anders *Schimmel*, Juristische Klausuren und Hausarbeiten richtig formulieren, Rn. 523c (Daumenregel 20 Quellen).

7 So *Schimmel*, Juristische Klausuren und Hausarbeiten richtig formulieren, Rn. 523c.

8 Ein amüsantes Beispiel für die Verbreitung eines Fehlzitats liefert *Piekenbrock*, Jura 2015, S. 336 ff.

2. Fußnoten

Die Fußnoten müssen denselben Seitenrand aufweisen wie der Rest der Seite. Sie können sich in der **Textgestaltung** durch einen Zwischenraum oder durch einen Fußnotentrennstrich vom Fließtext abheben, stehen in einer geringeren Schriftgröße von 10pt im einzeiligen Zeilenabstand und werden fortlaufend arabisch nummeriert. 17

Die Fußnote beginnt mit einem Großbuchstaben (außer bei kleingeschriebenen Namensbestandteilen wie „von") und endet mit einem Punkt. Enthält die Fußnote **mehrere Quellen**, sind diese jeweils mit einem Semikolon zu trennen. Dabei steht die Rechtsprechung vor der Literatur. Gerichte ordnen Sie absteigend hierarchisch, d.h. BVerfG vor BVerwG. Gerichte derselben Stufe ordnen sie aufsteigend alphabetisch, d.h. OVG Koblenz vor OVG Münster, aber OVG Nordrhein-Westfalen vor OVG Rheinland-Pfalz. Mehrere Entscheidungen desselben Gerichts nennen Sie am besten – der Praxis des Bundesverfassungsgerichts folgend – in chronologischer Reihenfolge, das älteste Judikat zuerst. Literaturnachweise nennen den Autor, bei mehreren Autoren wieder aufsteigend alphabetisch *(Achterberg* vor *Zippelius),* bei mehreren Beiträgen desselben Autors wieder aufsteigend chronologisch geordnet. Namen der Autoren sollten im Kursivdruck, Namen der Herausgeber und – abweichend vom Satzspiegel diverser Fachzeitschriften – Bezeichnungen der Gerichte dagegen im geraden Satz stehen. 18

Haben Sie eine Aussage mit einer Norm belegt, steht die Vorschrift im Fließtext, nicht in der Fußnote, und ist jeder weitere Beleg aus Rechtsprechung oder Literatur überflüssig und damit falsch: Das Gesetz ist Ihre höchste Autorität. Im folgenden Beispiel muss die Fußnote daher entfallen: 19

> Das Bundesverfassungsgericht ist gem. § 13 Nr. 8a, § 90 Abs. 1 BVerfGG, Art. 93 Abs. 1 Nr. 4a GG für die Entscheidung über Verfassungsbeschwerden zuständig.[1]
> [1] *Sodan/Ziekow*, Grundkurs Öffentliches Recht, § 51 Rn. 5.

3. Zitatform

Zitate dienen der Quellenangabe. Die Zitate in den Fußnoten einer Hausarbeit haben die Aufgabe, die **Aussagen** des Fließtextes zu **belegen**. Weiterführende Rechtsausführungen oder Sachaussagen sind in Hausarbeiten an dieser Stelle unangebracht. Sind sie wichtig, gehören sie in den Fließtext, sind sie unwichtig, in den Papierkorb. Selbstverständlichkeiten sind nicht nachzuweisen[9]. 20

Weil Ihre Arbeit über ein Literaturverzeichnis verfügt, verwenden Sie in den Fußnoten **Kurzbelege**: Zitierte Quellen erscheinen nur mit dem Nachnamen des Autors und der Zitatstelle. Bei Büchern können Sie ein Stichwort aus dem Buchtitel hinzunehmen. Bei mehreren Büchern desselben Autors müssen Sie dies sogar. Der (abgekürzte) Vorname erscheint nur, wenn Sie den Autor von anderen Autoren gleichen Namens unterscheiden müssen. Das Folgende gilt auch, wenn Sie den Kommentar, das Lehrbuch oder den Aufsatz in einer Datenbank gefunden haben. 21

Kommentare werden mit Bearbeiter, Herausgeber, abgekürztem Sachtitel, Vorschrift und Randnummer (hilfsweise Anmerkung) zitiert. Loseblattsammlungen und Online- 22

9 In meinem Aufsatz NJW 2006, S. 1390 ff. hätte ich daher auf Fn. 1 besser verzichtet.

Kommentare werden regelmäßig aktualisiert. In den Nachweisen müssen Sie den Stand der konkret zitierten Bearbeitung angeben. Sie allein ist für die Einordnung des Zitats bedeutsam. Der Stand des Gesamtwerks ergibt sich aus dem Literaturverzeichnis.

Beispiel:

> [1] *Höfling*, in: Sachs, GG, Art. 1 Rn. 1; *Kment,* in: Jarass/Pieroth, GG, Art. 70 Rn. 1.
> [2] *Depenheuer*, in: Dürig/Herzog/Scholz, GG, Art. 8 Rn. 46 (Stand: 93. EL, Oktober 2020).

23 **Lehrbücher und Monographien** werden üblicherweise nach Verfassername und Randnummer (nur wo diese fehlen, tritt an ihre Stelle die Seitenzahl) zitiert; daneben ist die Angabe des Titels in Kurzfassung erwünscht. Gehen Randnummern über mehr als eine Seite, können Sie die Seite in Klammern ergänzen.

Beispiel:

> [1] *Degenhart*, Staatsrecht I, Rn. 660 (S. 242).

Bei **Aufsätzen und Festschriftbeiträgen** nennen Sie den Verfasser, die Anfangsseite und die Zitatseite, in runde Klammern gesetzt (oder auch durch Komma oder Schrägstrich abgetrennt). Falls das Zitat auf der Anfangsseite steht, nennen Sie diese Seitenzahl also doppelt.

Beispiele:

> [1] *Bryde*, FS von Arnim, S. 679 (685); *Jestaedt*, JuS 2004, S. 649 (649).

24 Auch bei **Online-Quellen** genügt, weil die Quelle im Literaturverzeichnis vorkommt, in der Fußnote der Kurzbeleg. Angegeben werden Nachname, abgekürzter Sachtitel und Rn. bzw., nachrangig, Seitenzahl.

> [1] *Ziehm*, Absenkung europäischer Umweltstandards, S. 5.

Gleiches gilt bei Blogbeiträgen. Anzugeben sind der Nachname, der Titel und der Blog.

> [1] *Wiedmann*, Vorwärts in die klimapolitische Vergangenheit: Zur „Weiterentwicklung" des Klimaschutzgesetzes durch die Ampel-Koalition, VerfBlog.

Haben Institutionen einen Text veröffentlicht, steht deren Name in gerader Schrift.

> [1] Deutsches Rotes Kreuz, Stellungnahme zum Entwurf eines Gesetzes zur Reform der Pflegeberufe, S. 12.

25 Bei **Entscheidungen** ersetzt die Bezeichnung des Gerichts den Namen des Verfassers. Bei Rechtsprechung, die auf Papier publiziert wurde, werden das Datum und das Aktenzeichen nicht mit angegeben. Ist eine Entscheidung in der amtlichen Sammlung veröffentlicht, zitieren Sie diese anstelle der Fachzeitschriften. Ist eine Entscheidung in einer Fachzeitschrift erschienen, zitieren Sie diese anstelle einer Online-Quelle (www.bverfg.de; beck-online, juris). In allen Fällen ist die Nennung der Randnummer gegenüber der Seitenzahl vorzugswürdig, weil die in Bezug genommene Textmenge kleiner ist und sich das Zitat auch in anderen Publikationsorganen überprüfen lässt.

Entscheidungen europäischer Gerichte zitieren Sie nach dem sogenannten ECLI (European Case Law Identifier). Zu nennen sind die Bezeichnung des Gerichts, die Art der Entscheidung, das Entscheidungsdatum, der Name der Rechtssache, Aktenzeichen, ECLI-Code und Randnummer.

Beispiele:

> [1] BVerfGE 147, 364 (Rn. 50); BVerwG, NJW 2007, S. 140 (140); VG Münster, Urt. v. 03.06.2003 – 5 K 2956/99, Rn. 32, juris.
> [2] EuGH, Urt. v. 12.04.2005, Schempp, C-403/03, EU:C:2005:446, Rn. 19.

Auslassungen in wörtlichen Zitaten werden durch drei in eckige Klammern gesetzte Punkte angezeigt: „[…]". Bei Auslassungen zu Beginn und am Ende eines direkten Zitats stehen diese Auslassungspunkte nicht; dies gilt auch, soweit ein Zitat unmittelbar in den eigenen Text eingebaut und dabei Anfang oder Ende des zitierten Satzes weggelassen werden. Textauszüge oder Verkürzungen dürfen nicht so gefasst sein, dass die Gefahr einer Verfälschung der Argumentation des zitierten Autors besteht. 26

Notwendige Zusätze oder grammatikalische **Ergänzungen**, die Sie dem zitierten Original beigeben möchten, stehen gleichfalls in eckigen Klammern. Eigene Hervorhebungen im Zitat (z.B. durch Kursivdruck) oder der Normaldruck von Passagen, die im Original hervorgehoben waren, müssen gekennzeichnet werden, am besten durch einen Hinweis in der Fußnote („dort ohne/mit/mit anderen Hervorhebungen"). Ansonsten ist in wörtlichen Zitaten buchstaben- und zeichengetreu zu zitieren, selbst wenn der zitierte Text Rechtschreibfehler oder eine veraltete Schreibweise aufweist. Um eine Zurechnung zu vermeiden, können Sie solche Stellen mit „[sic!]" oder „[!]" kennzeichnen. 27

> „Den Stil verbessern – das heißt [sic!] den Gedanken verbessern, und gar Nichts [sic!] weiter!"

4. Fußnotenzeichen

Die **Stellung** des Fußnotenzeichens hängt davon ab, auf welchen Teil des Satzes die Quellenangabe sich bezieht. Fußnotenzeichen gehören unmittelbar hinter das Wort oder die Wortgruppe, dem/der es gilt, also noch vor ein Satzzeichen, das möglicherweise folgt. Nur wenn sich die Fußnote auf den ganzen Satz bezieht, steht die Fußnotennummer nach dem Satzzeichen. Daraus folgt auch, dass Sie keinen Absatz schreiben und am letzten Satz mit einer Fußnote versehen dürfen, die sich dann auf den gesamten Absatz beziehen soll. 28

Beispiel:

> … wie schon der Staatsgerichtshof für das Deutsche Reich entschieden hat[1], …
> aber
> So hat schon der Staatsgerichtshof entschieden.[1]

II. Unterschrift

Es ist üblich, dass Sie Ihr Rechtsgutachten mit der Versicherung beschließen, keine anderen als die angegebenen Hilfsmittel verwendet zu haben. Manche Prüfungsordnungen schreiben diese **Versicherung** sogar vor. In jedem Fall müssen Sie die Ausarbeitung 29 eigenhändig unterschreiben, und zwar entweder mit Ihrem Namen oder, wenn der Leistungsnachweis anonym zu erbringen ist, mit Matrikelnummer oder Kennziffer.

G. Literaturverzeichnis

I. Hinweise zur Literaturverarbeitung

30 Lehrbücher und Kommentare sind in der jeweils **aktuellen Auflage** zu verwenden. Altauflagen müssen angegeben werden, wenn Sie sie für die Ausarbeitung benötigen, etwa, weil Sie daraus eine Position übernehmen wollen, die in der Neuauflage nicht mehr vorkommt (wegen eines Bearbeiterwechsels oder aufgrund besserer Einsicht des Autors).

31 Skripten gelten als nicht zitierfähig, gleichgültig, ob sie von Repetitorien, Professoren oder deren Mitarbeitern stammen. Ich selbst wäre weniger streng: Bevor ich mich mit einem fremden, nur dort veröffentlichten Gedanken schmückte, würde ich das **Skript** lieber nennen. Die Frage hat kaum praktische Bedeutung, weil Skripte selten Originelles enthalten.

II. Hinweise zum Umgang mit Online-Quellen

32 Das Internet ist ein beliebter Ort für Recherchen.[10] Manche Informationen stehen nur dort zur Verfügung. Ein wissenschaftlicher Standard, wie aus Online-Quellen zu zitieren ist, hat sich erst in Teilen herausgebildet. Für die wissenschaftliche Arbeit ist die Nachprüfbarkeit der Quellen eine notwendige Bedingung. Texte im Netz sind jedoch, im Vergleich mit Texten in Büchern, schnell und einfach zu verändern, auszutauschen und zu löschen.[11] Die Qualität der Publikationen im Netz schwankt stark, und nicht immer ist der Autor ausgewiesen.[12] Auf Online-Quellen sollten Sie daher nur zurückgreifen, wenn die Information aus einer anerkannten Quelle stammt oder nur im Netz erhältlich ist (etwa aufgrund von Aktualität). Die erwähnten Datenbanken (oben Rn. 25) können Sie daher genauso zitieren wie Online-Fachzeitschriften (z.B. ZJS) oder Abschriften klassischer Quellen (z.B. Google Scholar[13] oder Google Books[14]). Neue juristische Publikationsformen, die wissenschaftlichen Anforderungen genügen (z.B. der Verfassungsblog, siehe https://verfassungsblog.de/), sind als Quellen anerkannt. Wikipedia, deren Artikel ein Kollektiv von Personen unter Pseudonym verfasst, gilt dagegen überwiegend als nicht zitierfähig.[15] Ich bin weniger streng und würde das Online-Lexikon in den soeben unter Rn. 31 beschriebenen Fällen zitieren.

---

10 *Matthias Karmasin/Rainer Ribing*, Die Gestaltung wissenschaftlicher Arbeiten, 10. Aufl., Wien 2019, S. 100 f.

11 *Karmasin/Ribing*, Gestaltung wissenschaftlicher Arbeiten, S. 107.

12 *Tim Dornis/Florian Keßenich/Dominik Lemke*, Rechtswissenschaftliches Arbeiten, Tübingen 2019, S. 27.

13 *Karmasin/Ribing*, Gestaltung wissenschaftlicher Arbeiten, S. 103.

14 *Dornis/Keßenich/Lemke*, Rechtswissenschaftliches Arbeiten, S. 27.

15 Zu den Einwänden vgl. *Katharina Gräfin von Schlieffen*, in: dies./Jens Fischer (Hrsg.), Rechtsquelle Wikipedia? Praxis – Fiktionen – Standards, S. 1 (4), online unter https://www.fernuni-hagen.de/ls_schlieffen/docs/rechtsquelle_wikipedia.pdf (Abfrage zuletzt am 29.12.2022).

III. Regeln zur Anfertigung des Literaturverzeichnisses

Das Literaturverzeichnis enthält **alle zitierten Quellen**. Nicht zur Literatur und damit nicht in das Literaturverzeichnis gehören Gesetze, Gesetzesmaterialien und Gerichtsentscheidungen. Die Quellen ordnen Sie **alphabetisch nach Namen**. Unzweckmäßig und daher überholt ist eine Unterteilung nach Gattungen (Kommentare vor Lehrbüchern etc.). Zitieren Sie mehrere Werke desselben Verfassers, ordnen Sie die Werke chronologisch, den ältesten Beitrag nennen Sie zuerst. 33

Die Verfasser müssen generell mit Vor- und Zunamen benannt werden. Insbesondere müssen Sie auf die korrekte Schreibweise der Namen achten (*Degenhart*, nicht: *Degenhardt*; *Schlink*, nicht: *Schlinck*). Titel und Berufsbezeichnungen lassen Sie außen vor, eben weil nur das Argument und nicht die Autorität seines Autors zählt. Bei mehr als drei Herausgebern (oder Bearbeitern) genügt es, den ersten Herausgeber (oder Bearbeiter) aufzuführen, versehen mit dem Zusatz „u.a.". Die **Namen der Autoren**, nicht aber die der Herausgeber, sollten Sie durch die drucktechnische Gestaltung oder die Wahl der Schrift von den sonstigen Angaben abheben, am besten durch Kursivdruck. Den genauen Titel eines Werkes entnehmen Sie nicht dem Einband, sondern der Titelseite im Buch: Der Umschlag nennt bisweilen einen verkürzten Titel. Bei mehr als einem Erscheinungsort genügt es, den ersten Ort aufzuführen, gefolgt von dem Hinweis „u.a." (nicht: „usw."). Enthält das Buch keine Ortsangabe, ist „o. O." (ohne Ort) zu vermerken. So machen Sie kenntlich, dass Sie die Ortsangabe zu übernehmen nicht vergessen haben. 34

Der **Titel des Werks** ist vollständig anzugeben. Untertitel sind entbehrlich, können aber bei Bedeutung für das Thema ergänzt werden, abgesetzt durch den (langen) Gedanken-, nicht durch den (kurzen) Bindestrich. Bei Lehrbüchern, Kommentaren und Monographien sind zudem die Angabe des Erscheinungsjahrs (hilfsweise „o. J.") und – ab der zweiten – der Auflage erforderlich. Vor dem Erscheinungsjahr steht üblicherweise der Erscheinungsort. 35

Beispiel:

Ipsen, Jörn/Kaufhold, Ann-Katrin/Wischmeyer, Thomas	Staatsrecht I – Staatsorganisationsrecht, 34. Aufl., München 2022

Umfasst ein Werk **mehrere Bände**, so sind nur die in der Arbeit benutzten anzugeben. Abweichungen in Titel, Auflage und/oder Erscheinungsjahr der Einzelbände sind ggf. kenntlich zu machen. 36

Beispiel:

Stern, Klaus/Sodan, Helge/Möstl, Markus	Das Staatsrecht der Bundesrepublik Deutschland im europäischen Staatenverbund Band I: Grundlagen und Grundbegriffe des Staatsrechts, Strukturprinzipien der Verfassung, 2. Aufl., München 2022 Band II: Staatsorgane, Staatsfunktionen, Finanzwesen, München 2022

37 **Sammelwerke** enthalten Beiträge mehrerer Autoren. Hier nennt das Literaturverzeichnis nur den oder die Herausgeber bzw. Begründer mit dem Zusatz „Hrsg.“ (oder „Hg.“) bzw. „Begr.“, und zwar gerade, nicht kursiv gesetzt:

Sachs, Michael (Hrsg.)	Grundgesetz, 9. Aufl., München 2022

38 Bei **Loseblattsammlungen** ist als Zusatz „Loseblattsammlung“ oder „Loseblatt“ aufzunehmen; an die Stelle des Erscheinungsjahres tritt der aktuelle Stand des Gesamtwerks.

39 Bei **Aufsätzen** in Zeitschriften, Festschriften und sonstigen Sammelwerken sowie bei Entscheidungsanmerkungen und Rezensionen werden Verfassername, ggf. Titel des Aufsatzes und Fundort angegeben. Tragen Beiträge keinen Titel (z.B. Anmerkungen oder Diskussionsbeiträge), setzen Sie in eckigen Klammern eine entsprechende Erläuterung hinzu. Anmerkungen zu Entscheidungen erhalten außerdem die notwendigen Angaben zu der Entscheidung, mindestens das Gericht und die Fundstelle (Aktenzeichen und Entscheidungsdatum oder Zeitschrift). Zeitschriften werden dabei mit ihrer üblichen Abkürzung bezeichnet; zudem werden Jahrgang und Seitenzahl mitgeteilt. Stammt der Aufsatz aus einem Sammelwerk, so ist dieses mit allen Angaben (s.o.) zu kennzeichnen.

Beispiele:

Ehlers, Dirk	Die Weiterentwicklung des Staatshaftungsrechts durch das europäische Gemeinschaftsrecht, in: JZ 1990, S. 1089 ff.
Münch, Ingo von	Grundrechtsschutz gegen sich selbst, in: Rolf Stödter/Werner Thieme (Hrsg.), Hamburg – Deutschland – Europa, Festschrift für Hans Peter Ipsen, Tübingen 1977, S. 115 ff.
Pieroth, Bodo	[Diskussionsbeitrag], in: VVDStRL 51 (1992), S. 166

40 Nur **Dissertationen und Habilitationsschriften**, die keine ISBN tragen (weil sie nicht in einem Verlag erschienen sind), tragen den Zusatz „Diss.“ oder „Habil.“. An die Stelle von Erscheinungsort und -jahr treten der Ort der Universität und das Jahr der Promotion/Habilitation.

Beispiele:

Dürig, Günter	Die konstanten Voraussetzungen des Begriffs „Öffentliches Interesse“, Diss. München 1949
Herzog, Roman	Die Wesensmerkmale der Staatsorganisation in rechtstheoretischer und entwicklungsgeschichtlicher Sicht, Habil. München 1964

41 Bei **Online-Quellen** ist zu unterscheiden. Informationen aus den juristischen Fachdatenbanken können Sie nach den Regeln für ihre physischen Gegenstücke behandeln. Das gilt auch, wenn es sich um eine reine Online-Quelle handelt (z.B. die Beck Online-Kommentare). Ebenso verhält es sich mit Aufsätzen aus Online-Fachzeitschriften (z.B. ZJS).

Bei allen anderen Online-Quellen sind, sofern vorhanden, Name, Vorname, Titel des Beitrags, Erscheinungsort und -datum, URL und das Datum des letzten Abrufs anzugeben. Bei Blogbeiträgen sollte der jeweilige Blog genannt werden. Fehlt eine der Angaben, machen Sie durch Ergänzungen wie o.J. (ohne Jahr) oder o.O. (ohne Ort) deutlich, dass nicht Sie die Angabe vergessen haben.

Ziehm, Cornelia	Absenkung europäischer Umweltschutzstandards als Folge der durch CETA beabsichtigten „regulatorischen Kooperation“, Berlin 2016, https://www.bund.net/fileadmin/user_upload_bund/publikationen/ttip_und_ceta/ttip_und_ceta_umweltstandards_rechtsgutachten.pdf [Abruf zuletzt am 24.1.2023]
Wiedmann, Jan-Louis	Vorwärts in die klimapolitische Vergangenheit: Zur „Weiterentwicklung“ des Klimaschutzgesetzes durch die Ampel-Koalition, VerfBlog, 2023/2/30, https://verfassungsblog.de/vorwarts-in-die-klimapolitische-vergangenheit/ [Abruf zuletzt am 26.4.2023]

Bei Texten von Institutionen, bei denen die Autoren nicht preisgegeben werden, sondern allein die Institution den Text verantwortet, sind der Name der Institution, der Titel, Erscheinungsort und -datum anzugeben, bei Texten aus dem Internet folgen URL und Abrufdatum.

Deutsches Rotes Kreuz	Stellungnahme des Deutschen Roten Kreuzes zum Entwurf eines Gesetzes zur Reform der Pflegeberufe (Pflegeberufsgesetz), Berlin 2016, https://www.bundestag.de/resource/blob/423476/486ed239a870457f95ad585d7e379cb0/Deutsches-Rotes-Kreuz-e--V---DRK--data.pdf [Abruf zuletzt am 25.4.2019]

Muster und Beispiele für Ihr Literaturverzeichnis finden Sie bei *Butzer/Epping*, Arbeitstechnik, S. 84 f.; *Schoch*, Übungen, S. 161 ff., und *Gunther Schwerdtfeger/Angela Schwerdtfeger*, Öffentliches Recht in der Fallbearbeitung, 15. Aufl., München 2018, Rn. 841. Sie können sich auch an den Literaturverzeichnissen orientieren, welche die Bearbeitungen in diesem Buch enthalten. 42

H. Formatvorlage

Der Verlag C.F. Müller stellt auf seiner Website https://www.cfmueller.de/hausarbeit_im_staatsrecht.htm für ein gängiges Textverarbeitungsprogramm eine Formatvorlage, die den beschriebenen Anforderungen genügt, zum **kostenlosen Download** bereit. 43

Sprache und Stil

*von Bernd J. Hartmann und Tobias Welzel**

Rn.

A. Bedeutung 2
B. Stilprobleme und ihre Vermeidung 4
  I. Nominalstil 4
  II. Bandwurmsätze 7
    1. Problem 7
    2. Lösungsvorschläge 9
      a) Viele kurze Sätze 9
      b) Zusammenhalten, was zusammen gehört 11
  III. Nein zum Nein! 16
  IV. Fremdwörter und Fachausdrücke 18
  V. Lob der Knappheit und Sachlichkeit 21
C. Sprache 26
  I. Prüfungserheblichkeit 26
  II. Konjunktiv 27
    1. Bildung des Konjunktivs 28
    2. Verwendung des Konjunktivs 30
      a) Konjunktiv I: indirekte Rede 30
      b) Konjunktiv II: Obersätze 35
  III. Präpositionen 37
D. Zusammenfassung 41
E. Lösungsvorschläge zu den Übungsbeispielen 42
  I. Nominalstil 42
  II. Schachtelsätze 43
  III. Sprache und Stil 45

1 **Literatur:** *Hans Berg*, Stilschlamperei, in: NJW 1957, S. 1224 ff., 1791 ff.; *Hans Blasius*, Über das Schreiben in der Verwaltung, NWVBl. 2007, S. 165 ff.; *Jens-Uwe Franck*, Zur Verwendung des Konjunktivs für den Lösungsansatz im Gutachten, in: JuS 2004, S. 174 ff.; *Wolfgang Gast*, Juristische Rhetorik, 5. Aufl., Heidelberg 2015; *Tina Hildebrand*, Juristischer Gutachtenstil, 3. Aufl., Tübingen 2017; *Monika Hoffmann*, Deutsch fürs Jurastudium, 3. Aufl., Paderborn 2020; *Joachim Jahn*, Klares Deutsch für Juristen, in: JuS Magazin 2008, S. 6 ff.; *Roland Kaehlbrandt*, Deutsch. Eine Liebeserklärung, München 2022; *Hans Kudlich*, Sprache und Sprachwissenschaft in der juristischen Ausbildung, in: Ekkehard Felder/Friedemann Vogel (Hrsg.), Handbuch Sprache im Recht, 2017, S. 155 ff.; *Christine Mix*, Schreiben im Jurastudium, Stuttgart 2011; *Thomas M. J. Möllers*, Juristische Arbeitstechnik und wissenschaftliches Schreiben, 10. Aufl., München 2021; *Holm Putzke*, Juristische Arbeiten erfolgreich schreiben, 7. Aufl., München 2021; *Ludwig Reiners*, Stilkunst. Ein Lehrbuch deutscher Prosa, 2. Aufl., München 2004; *Willy Sanders*, Gutes Deutsch – Besseres Deutsch, 5. Aufl., Darmstadt 2009; *Roland Schimmel*, Juristische Klausuren und Hausarbeiten richtig formulieren, 15. Aufl., München 2022; *Friedrich E. Schnapp*, Stilfibel für Juristen, Münster 2004;

* Die Autoren danken *Pascale Cancik*, *Oliver Dörr*, beide Osnabrück, *Bodo Pieroth*, Münster, und der Osnabrücker Lehrstuhlrunde für wertvolle Hinweise zum Thema.

Egon Schneider, Ein Wegweiser zum guten Deutsch in Prüfungsarbeiten, in: JZ 1955, S. 267 ff.; *Wolf Schneider*, Deutsch für Kenner, 10. Aufl., Hamburg 2017; *Tonio Walter*, Kleine Stilkunde für Juristen, 3. Aufl., München 2017; *Hendrik Wieduwilt*, Die Sprache des Gutachtens, in: JuS 2010, S. 288 ff.; *Gerhard Wolf*, Bemerkungen zum Gutachtenstil, in: JuS 1996, S. 30 ff.

A. Bedeutung

Was für den Arzt[1] das Skalpell, ist für den Juristen die Sprache.[2] So lautet ein oft verwendetes Bild, doch der Vergleich hinkt: Der Arzt hat neben seinem Skalpell noch andere Werkzeuge, um seine Arbeit zu verrichten, und der Mensch, nicht das Skalpell, ist der Gegenstand der ärztlichen Kunst. Der Gegenstand der Rechtswissenschaften, das Recht, ist dagegen notwendig in Sprache gefasst,[3] und Sprache ist auch das einzige Mittel, das der Jurist verwendet. Sich in der Sprache korrekt und im Stil angemessen auszudrücken, ist deshalb auch nicht etwa die Krone juristischen Schreibens, sondern dessen Grundvoraussetzung. Denn: Klarheit in der Sprache zwingt zur **Klarheit im Denken.**[4] Die entscheidende Einsicht *Nietzsches* lautet dementsprechend: „Den Stil verbessern – das heißt den Gedanken verbessern, und gar nichts weiter!“[5] 2

Guter Stil geht über die Regeln der Grammatik und der Rechtschreibung hinaus.[6] Dass Ihnen im Studium weder orthographische noch Flüchtigkeitsfehler[7] unterlaufen dürfen,[8] versteht sich von selbst. Während die Regeln der Rechtschreibung nur ausnahmsweise Spielräume lassen, sind die Regeln des Stils regelmäßig offener. Den einen Stil, der allen Schreibenden als Leitbild dienen könnte – ihn gibt es nicht. Dieses Kapitel nimmt daher auch nicht für sich in Anspruch, guten Stil zu lehren, erst recht wollen wir nicht von uns behaupten, vorbildlich zu schreiben. Unser Ziel ist viel bescheidener: Wir möchten Ihnen helfen, einfache Fehler zu vermeiden. Allgemeingültigkeit beanspruchen unsere Hinweise nicht, wir verstehen sie als Anregungen. Die Grundlage aller Anregungen, die wir Ihnen geben, ist zugleich die Grundlage aller Kommunikation: Verständlichkeit. Die Sprache ist das wichtigste Mittel jeder (schriftlichen) Kommunikation, und der Kommunikation dient letztlich jede (rechts-)wissenschaftliche Arbeit. Sei es heute im Studium zwischen Prüferin und Prüfling oder später in der Praxis zwischen Verwaltung und Bürger, zwischen Anwältin und Mandant, Gericht und Partei, stets wird über die Rechtslage kommuniziert. Ihr Ziel in der juristischen Hausarbeit ist damit das Ziel jedes juristischen Gutachtens: Sie wollen den Leser (in Ihrem Fall den Korrektor) von Ihrer Lösung überzeugen. Das setzt 3

1 Die Autoren bemühen sich um eine geschlechtersensible Sprache und verwenden in diesem Text teilweise das generische Maskulinum, teilweise das generische Femininum und teilweise geschlechtsneutrale Ausdrücke. Stets sind Personen aller Geschlechter angesprochen.

2 *Möllers*, Juristische Arbeitstechnik und wissenschaftliches Arbeiten, S. 148; *Putzke*, Juristische Arbeiten erfolgreich schreiben, S. 25.

3 Abgesehen etwa von einigen Vorschriften der StVO, die Bilder von Straßenschildern enthalten, oder Versammlungsgesetzen, welche die Bannmeile um ein Parlamentsgebäude auf Landkarten verzeichnen.

4 *Walter*, Kleine Stilkunde für Juristen, S. 25 f.; vgl. *Schlink*, Der Staat 58 (2019), S. 441 (442): „Klarheit und Genauigkeit“.

5 Colli/Montinari (Hrsg.), Nietzsche, Sämtliche Werke, Band 2: Menschliches, Allzumenschliches I und II, 2. Aufl. 2021, S. 610.

6 Vgl. *Schnapp*, Jura 2015, S. 130 (132).

7 Flüchtigkeitsfehler unterlaufen selbst dem Gesetzgeber gelegentlich. Der Straftatbestand des § 11 GGefG 2009 kannte die „Freiheitsstraße [sic!] bis zu einem Jahr“, siehe Bek. v. 7.7.2009, BGBl 2009 I S. 1774.

8 Vgl. hierzu und zu weiteren Fehlern in Gesetzen *Hamann/Schwalb*, DÖV 2009, S. 1121 ff.

voraus, dass Ihr Leser Ihre Lösung nachvollziehen kann. Alle unsere Anregungen verfolgen daher dasselbe Ziel: dass Sie verständlicher schreiben, um Ihrem Leser das **Verständnis zu erleichtern** und ihn so überhaupt erst zu erreichen.

B. Stilprobleme und ihre Vermeidung

I. Nominalstil

4 *„Im Verhältnis zum Geschäftsherrn ist aber die Ausübung der Aufsicht die Ausführung der Verrichtung, zu der der Ausführende bestellt ist.“*[9]

Diese Schreibweise heißt **Substantivitis**[10], wie eine Krankheit, und ist sogar als „Krebsschaden der [...] Juristensprache“[11] gebrandmarkt worden. Das geht zu weit, weil das Hauptwort (Substantiv) im Recht seine Berechtigung hat,[12] und trifft doch den Kern des Problems: Kaum ein Phänomen ist so verbreitet und sorgt für so große Verständnisschwierigkeiten wie häufige Nominalisierungen.[13]

5 Kommen Hauptwörter gehäuft vor, ist ein Text schwieriger zu verstehen. Hauptwörter machen den Text **abstrakter als nötig**.[14] Verben dagegen, auch „Tu-Wörter“ genannt, sind konkret. Wir empfehlen denn auch, Tätigkeiten mit „Tu-Wörtern“ zu beschreiben.[15] Verben sind die wichtigste Wortart im Satz,[16] ohne sie ist er unvollständig. Verben bringen „Bewegung“ in den Text,[17] Substantive blähen ihn oft auf. Wenn aus „anwenden“ „zur Anwendung bringen“ wird, verliert das Verb seine eigentliche Bedeutung: „Bringen“ bedeutet eigentlich „liefern, befördern“.[18]

6 Kaum eine stilistische Unsitte lässt sich so leicht beheben wie Substantivitis. **Verbalisieren Sie!** Statt „In Betracht käme das Entgegenstehen von Normen des Grundgesetzes“[19] schreiben Sie lieber: „Dem könnte das Grundgesetz entgegenstehen.“ Suchen Sie in Ihrem Text Substantive, die auf -heit, -keit und -ung enden, um zu prüfen, ob nicht ein Verb oder ein Adjektiv bessere Dienste leistet. Statt „zur Anwendung bringen“ schreiben Sie „anwenden“. Suchen Sie Substantive, um zu prüfen, ob eine Präposition (bei, unter, durch, wegen, um zu ...) nicht einfacher wäre: Statt „Der Beschwerdeführer erhob Verfassungsbeschwerde zum Zwecke der Ausräumung der Grundrechtsverletzung“, schreiben Sie: „Der Beschwerdeführer erhob Verfassungsbeschwerde, um die Grundrechtsverletzung auszuräumen.“ Dabei wahren Sie das rechte Maß: Gegen Fachbegriffe wie

9 BGHZ 11, 151 (153).
10 *Schimmel*, Juristische Klausuren und Hausarbeiten richtig formulieren, Rn. 375.
11 *Berg*, NJW 1957, S. 1224 (1224).
12 *Schnapp*, Jura 2003, S. 173 (173).
13 *Jahn*, JuS Magazin 2008, S. 6 (8); *Möllers*, Juristische Arbeitstechnik und wissenschaftliches Arbeiten, S. 152; *E. Schneider*, JZ 1955, S. 267 (268).
14 *Gast*, BB 1987, S. 1 (4); *Sanders*, Gutes Deutsch – Besseres Deutsch, S. 173.
15 Statt aller *Tettinger/Mann*, Einführung in die juristische Arbeitstechnik, 5. Aufl. 2015, S. 117.
16 Ebenso *Hoffmann*, Deutsch fürs Jurastudium, S. 107; *Reiners*, Stilkunst, S. 111 ff.
17 *Hoffmann*, Deutsch fürs Jurastudium, S. 107.
18 Beispiel nach *Schnapp*, Jura 2003, S. 173 (174).
19 Beispiel in Anlehnung an *Schnapp*, Jura 2003, S. 173 (174).

„Berufung“, „Prüfung“, „Versammlung“, „Rechtsverletzung“ ist nichts zu sagen, „eine Rede halten“ ist etwas anderes als „reden“.[20] Zur Substantivitis werden Nominalisierungen erst bei übertriebener Verwendung.

Übung zum Nominalstil: Bringen Sie den folgenden Satz in Form (Lösungsvorschlag unten Rn. 42).

„Das erfordert eine Abwägung der Interessen beider Parteien des Mietvertrages unter Berücksichtigung des Interesses der Allgemeinheit an der Erhaltung und Verbesserung von Wohnraum.“[21]

II. Bandwurmsätze

1. Problem

„In inhaltlicher Übereinstimmung mit früherer Rechtsprechung des zuvor zuständigen 7. Senats des BVerwG [...] hat der beschließende Senat in seinem Urteil vom 14.05.1992 [...] zum bundesverfassungsrechtlichen Grundsatz der Verhältnismäßigkeit, der auch nach Landesrecht durchgeführte Abschleppmaßnahmen beherrscht, zusammenfassend dargelegt, dass zwar auf der einen Seite ein bloßer Verstoß etwa gegen das Verbot des Gehweg-Parkens allein nicht ohne weiteres eine Abschleppmaßnahme rechtfertigt und auch allein eine Berufung auf eine bloße Vorbildwirkung des fehlerhaften Verhaltens und auf den Gesichtspunkt der Generalprävention nicht ausreichend ist, auf der anderen Seite aber nicht zweifelhaft sein kann, dass regelmäßig ein Abschleppen verbotswidrig abgestellter Fahrzeuge im Falle der Behinderung von anderen Verkehrsteilnehmern geboten erscheint.“[22] 7

Das Wort „Bandwurmsatz“ ist, so sagt uns der Duden, ein scherzhaft abwertender Begriff für „überaus lange, verschachtelte Sätze“.[23] Dass es für die Abwertung einen eigenen Begriff gibt, belegt: Das Problem ist bekannt. Im Bandwurmsatz stehen Nebensätze im Hauptsatz oder in anderen Nebensätzen.[24] Diese Verschachtelung ist problematisch, weil sie das Verständnis erschwert: Sie reißt oft räumlich auseinander, was **inhaltlich zusammengehört,**[25] und sie macht den Satz länger als nötig. Hauptsätze können selbständig vorkommen, sie stehen für sich. Nebensätze dagegen hängen von Hauptsätzen oder anderen Nebensätzen ab, sie können nicht alleine stehen. Ein Nebensatz, der von einem Hauptsatz abhängig ist, heißt Nebensatz erster Ordnung. Ein Nebensatz, der von einem Nebensatz erster Ordnung abhängig ist, heißt Nebensatz zweiter Ordnung usw.[26]

Beispiel: *Der Bundesminister[HS], den der Bundeskanzler[NS1], den der Bundestag wählt[NS2], ernennt[NS1], tritt zurück[HS].*

---

20 *Sanders*, Gutes Deutsch – Besseres Deutsch, S. 177; *Schnapp*, Jura 2003, S. 173 (176).
21 KG, NJW 1981, S. 2307 (2307).
22 BVerwG, NJW 2002, S. 2122 (2122).
23 Duden, Deutsches Universalwörterbuch, 9 Aufl. 2019, Stichwort „Bandwurmsatz“.
24 Vgl. *Hoffmann*, Deutsch fürs Jurastudium, S. 36.
25 *Schnapp*, Jura 2004, S. 22 (28).
26 *Hoffmann*, Deutsch fürs Jurastudium, S. 36.

Solche Ketten lassen sich verlängern.[27] Rechtsprechung und Literatur machen regen Gebrauch davon.[28] Das LAG Chemnitz hat es vollbracht, ein ganzes Urteil (Sachverhaltsdarstellung und Entscheidungsgründe) in einen einzigen Satz zu pressen.[29]

8 Doch der Schachtelsatz ist schwierig zu verstehen, weil in der Regel das menschliche Gehirn das **Kurzzeitgedächtnis alle drei Sekunden löscht**.[30] Daher sollte innerhalb dieser Zeit gesagt sein, was zusammengehört. Andernfalls hat der Leser, wenn er am Ende des Satzes angelangt ist, dessen Anfang längst wieder vergessen.

2. Lösungsvorschläge

a) Viele kurze Sätze

9 Nimmt man die Drei-Sekunden-Regel ernst, folgt daraus, dass Sie Ihrem Leser einen Gefallen tun, wenn Sie in kurzen Sinnabschnitten schreiben und dabei kurze Sätze verwenden. Falls es zutrifft, dass sich nur präzise ausdrücken kann, wer einen präzisen Gedanken hat (oben Rn. 2), bedeutet das im Umkehrschluss: Wer zu viele Aspekte in einem (verschachtelten) Satz unterbringt, hat seine Gedanken noch nicht genau genug geordnet. Sortieren Sie! In welcher (logischen, jedenfalls aber zweckmäßigen) Reihenfolge stelle ich meine Gründe dar? Welches Argument setzt ein anderes voraus, das es weiterdenkt oder widerlegt (und das daher vorher formuliert sein muss)? Welche Aussage beschreibt die Regel, welche die Ausnahme (und setzt daher die Regel voraus)? Haben Sie Ihren Gedankengang geordnet, verteilen Sie ihn auf verschiedene, gerne kurze Sätze. So zwingen Sie sich selbst, Stellung zu beziehen, können sich nicht „hinter" einem langen Satz „verstecken", und erleichtern es Ihrem Leser, den Gedankengang nachzuvollziehen. Eine maximale Länge eines Satzes lässt sich nicht formulieren, schon deshalb nicht, weil Sie Hauptsätze auch nur durch Kommata getrennt aneinanderreihen können. Als Richtwerte nennen die Stillehren fünf Zeilen[31] oder **25 Wörter pro Satz**[32]. Sätze, die länger sind, sollten Sie überprüfen.

10 Aber bitte halten Sie auch hier Maß: Es ist nicht erforderlich, dass Sie nur noch kurze Hauptsätze verwenden. Ein solcher **„Asthmastil"**[33] wirkt oft abgehackt und unterfordert den Leser auch intellektuell.[34] Einschübe sind erlaubt, sollten aber möglichst mit neun Wörtern[35] oder zwölf Silben[36] auskommen. Nutzen Sie die Chance, die Ihnen die Möglichkeit von Nebensätzen eröffnet, aber vermeiden Sie Nebensätze zweiter, jedenfalls aber dritter Ordnung. Am besten formulieren Sie so, dass Sie auf Hauptsachen einen

---

27 *Hoffmann*, Deutsch fürs Jurastudium, S. 36.

28 Siehe zum Beispiel EuGH, Urt. v. 13.12.2001, Heininger, C-481/99, EU:C:2001:684; EuGH, Urt. v. 5.11.2002, Überseering BV, C-208/00, EU:C:2002:632; BGH, NJW 1998, S. 810 (813). Wegen der vielen Schachtelsätze nahezu unverständlich sind die Ausführungen des KG, NJW 1995, S. 264 ff.

29 LAG Chemnitz, BB 1993, S. 991 (991 f.).

30 *W. Schneider*, Deutsch für Kenner, S. 170 ff.; *Walter*, Kleine Stilkunde für Juristen, S. 79 f.

31 *Schimmel*, Juristische Klausuren und Hausarbeiten richtig formulieren, Rn. 341.

32 *Möllers*, Juristische Arbeitstechnik und wissenschaftliches Arbeiten, S. 149 (25 Wörter); Bundesministerium der Justiz (Hrsg.), Handbuch der Rechtsförmlichkeit, 3. Aufl. 2008, Punkt 1.6 Rn. 95 (22 Wörter).

33 Bundesverwaltungsamt (Hrsg.), Bürgernahe Verwaltungssprache, 4. Aufl. 2002, S. 24; *W. Schneider*, Deutsch für Kenner, S. 195.

34 *Schnapp*, Jura 2004, S. 22 (23).

35 *W. Schneider*, Deutsch für Kenner, S. 170.

36 *Walter*, Kleine Stilkunde für Juristen, S. 80.

Hauptsatz und auf Nebensachen einen Nebensatz verwenden.[37] Ob ein Umstand eine Haupt- oder nur eine Nebensache ist, kann sich im Laufe eines Textes ändern. Als wir oben in Rn. 2 als Kernbotschaft festgehalten haben, dass sich nur derjenige präzise ausdrücken kann, der einen präzisen Gedanken hat, ging es uns hauptsächlich um diesen Gesichtspunkt. Als wir soeben, zu Beginn von Rn. 9, auf die Frage zurückgekommen sind, war uns derselbe Gesichtspunkt nebensächlich: Sie kannten ihn schon, und wir wollten nun die Folgen dieser Einsicht für Satzgefüge behandeln.

b) Zusammenhalten, was zusammen gehört

Auch das erleichtert es dem Leser, Zugang zu Ihrem Text zu finden. Allein, was gehört zusammen? *Tonio Walter* hat es in seiner „Stilkunde für Juristen" so gesagt: „Zusammen gehört, was wir als nächstes wissen müssen oder wollen."[38] Zusammen gehören daher das **Substantiv und sein Artikel**. Der Zwischenraum lässt sich, das erlaubt die Grammatik des Deutschen, mit einer Vielzahl von Attributen (Beifügungen) und Zusatzinformationen füllen. 11

Beispiel: *Der von der ihrerseits vom Bundestag gewählten Bundeskanzlerin ernannte, im vergangen Herbst sechzig Jahre alt gewordene und aus derselben Region wie die Bundeskanzlerin stammende, ihr daher also nicht nur politisch, sondern auch landsmannschaftlich nicht erst seit heute, sondern von den ersten Etappen ihrer Karriere noch als Umweltministerin an verbundene Kinderarzt...*

Der Artikel „Der" eröffnet den Satz, aber wer „Der" ist, erfährt der Leser erst hundert Silben, fünfzig Wörter oder fünf Zeilen später. Der Satz erscheint so als eine Art Quiz, bei dem der Leser während der Lektüre zu erraten versucht, um was für ein Substantiv es sich wohl wird handeln mögen. Der Leser läuft so Gefahr, wichtige Einschübe zu „überlesen", sie nicht wahr-, nicht aufzunehmen.

Zusammen gehören auch das **Subjekt und sein Prädikat**. Das Prädikat ist „die Seele"[39] eines Satzes. Es prägt ihn, weil es uns eröffnet, was überhaupt passiert. In dem Moment, in dem der Leser das Subjekt des Satzes gelesen hat, interessiert ihn, was dieses Subjekt tut (Aktivsatz) oder was mit ihm passiert (Passivsatz).[40] Einschübe zwischen dem Subjekt und dem Prädikat führen dazu, dass der Leser die Zwischeninformationen nicht richtig verarbeitet oder den Satz gedanklich in eine Richtung vervollständigt, in die der Satz nicht geht. Es macht zum Beispiel einen Unterschied, ob die Reformen (Subjekt), welche die Bürger der Behörde vorgeschlagen haben und welche die Fachaufsichtsbehörde gutgeheißen hat, die aber im politischen Raum trotzdem umstritten geblieben sind, am Ende des Tages durchgeführt oder abgelehnt werden. 12

Zusammen gehören weiter das **Prädikat und seine Bestandteile**. 13

37 *Schnapp*, Stilfibel für Juristen, S. 128 f.; *Walter*, Kleine Stilkunde für Juristen, S. 128 ff.

38 *Walter*, Kleine Stilkunde für Juristen, S. 78 ff., von dem die folgende Aufstellung stammt und der die einzelnen Aspekte mit anschaulichen Beispielen verdeutlicht.

39 *Reiners*, Stilkunst, S. 111.

40 *Walter*, Kleine Stilkunde für Juristen, S. 82.

Beispiel: *Der Bundespräsident hat das ihm vorgelegte Gesetz, das schon im Bundestag hitzig diskutiert worden war und gegen das die Opposition schon früh den „Gang nach Karlsruhe" angekündigt hatte, wobei die parlamentarische Minderheit fraktionsübergreifend geschlossen aufgetreten war, zur Prüfung an seinen Stab weitergeleitet.*

„hat […] weitergeleitet": Dass der Bundespräsident das Gesetz nicht schon unterzeichnet, sondern bloß erst weitergeleitet hat, ist die entscheidende Information. Der Leser muss darauf drei Dutzend Wörter lang warten. Die Debatte im Bundestag dagegen ist nur eine zusätzliche Information. Sie gehört in einen Folgesatz. Das Phänomen heißt Verb- oder Satzklammer. Das aufgebrochene Prädikat („hat […] weitergeleitet") teilt den Satz in drei sog. Stellungsfelder (Vor-, Mittel- und Nachfeld).[41] Das Mittelfeld, zwischen den beiden Teilen des Prädikats belegen, darf grammatisch gesehen beliebig viele und beliebig umfangreiche Satzglieder enthalten. Doch nicht alles, was die Regeln der Grammatik zulassen, ist guter Stil:[42] Die Satzklammer spannt den Leser auf die Folter, bis er (satz)endlich erfährt, wie die Informationen aus dem Mittelfeld inhaltlich einzuordnen sind.

14 Statt eines langen lieber **mehrere kurze Sätze** zu formulieren, ist generell ein guter Gedanke. Im Ausgangsbeispiel dieses Abschnitts, in dem das Bundesverwaltungsgericht Rechtsprechung zu Abschleppfällen zusammenfasste (Rn. 7), mussten Sie den Satz vielleicht langsam oder mehrmals lesen. Das liegt daran, dass das Gefüge zu viele Informationen enthält: 1. Der Senat hat in seinem Urteil aus dem Jahr 1992 die Rechtsprechung des vorher zuständigen Senats zusammengefasst und übernommen. 2. Dabei ging es um den verfassungsrechtlichen Grundsatz der Verhältnismäßigkeit, der auch im Landesrecht gilt. 3. Danach ist eine Abschleppmaßnahme nicht schon dadurch gerechtfertigt, dass der Falschparker gegen das Verbot verstößt, auf dem Gehweg zu parken. 4. Sie lässt sich auch nicht allein durch die Gefahr von Nachahmern oder den Gesichtspunkt der Generalprävention rechtfertigen. 5. Trotzdem erscheint es regelmäßig als geboten, verbotswidrig parkende Fahrzeuge abzuschleppen, wenn diese andere Verkehrsteilnehmer behindern. Derart aufgeteilt in mehrere kurze Sätze, lässt sich die Aussage einfacher verstehen:

Der bundesverfassungsrechtliche Grundsatz der Verhältnismäßigkeit gilt auch für Abschleppmaßnahmen, die nach Landesrecht durchgeführt werden. In diesem Zusammenhang hat der Senat in seinem Urteil vom 14.05.1992 die Rechtsprechung zusammengefasst. Verstößt ein Autofahrer allein gegen das Verbot des Gehweg-Parkens, rechtfertigt dies eine Abschleppmaßnahme nicht ohne weiteres. Auch eine Berufung auf eine bloße Vorbildwirkung des fehlerhaften Verhaltens ist allein genauso wenig ausreichend wie der Gesichtspunkt der Generalprävention. Auf der anderen Seite erscheint ein Abschleppen verbotswidrig abgestellter Fahrzeuge regelmäßig geboten, falls diese andere Verkehrsteilnehmer behindern. Diese Rechtsauffassung stimmt inhaltlich mit der Rechtsprechung des 7. Senats des BVerwG überein, der vorher für diese Rechtsfragen zuständig war.

41 *Hoffmann*, Deutsch fürs Jurastudium, S. 48 f.

42 Ausführlich zur Verbklammer *Kaehlbrandt*, Deutsch, S. 52 ff.

Übungen zu den Schachtelsätzen: Bringen Sie die folgenden Passagen in Form (Lösungsvorschläge unten Rn. 43). 15

1. *„Die deutschen Gerichte sind zur Entscheidung über Klagen wegen Persönlichkeitsbeeinträchtigungen durch im Internet abrufbare Veröffentlichungen international zuständig, wenn die als rechtsverletzend beanstandeten Inhalte objektiv einen deutlichen Bezug zum Inland in dem Sinn aufweisen, dass eine Kollision der widerstreitenden Interessen – Interesse des Klägers an der Achtung seines Persönlichkeitsrechts einerseits, Interesse der Beklagten an der Gestaltung ihres Internetauftritts und an einer Berichterstattung andererseits – nach den Umständen des konkreten Falls, insbesondere aufgrund des Inhalts der konkreten Meldung, im Inland tatsächlich eingetreten ist oder eintreten kann.“*[43]

2. *„Im Einklang mit einer ständigen Rechtsprechung, nach der sich der Gerichtshof in Anwendung des der Rechtsordnung der Gemeinschaft innewohnenden allgemeinen Grundsatzes der Rechtssicherheit mit Rücksicht auf die schwerwiegenden Störungen, zu denen sein Urteil bei gutgläubig begründeten Rechtsverhältnissen für die Vergangenheit führen könnte, ausnahmsweise dazu veranlasst sehen kann, die Möglichkeit für die Betroffenen zu beschränken, sich auf eine von ihm ausgelegte Bestimmung zu berufen, um diese Rechtsverhältnisse in Frage zu stellen, hat der Gerichtshof die Vornahme einer solchen Beschränkung von der Prüfung des Vorliegens zweier grundlegender Kriterien abhängig gemacht, nämlich des guten Glaubens der Betroffenen und des erheblichen finanziellen Risikos […].“*[44]

III. Nein zum Nein!

Verneinende Aussagen sind komplizierter als bejahende. Der Leser muss immer das 16
Gegenteil mitdenken. Daher lassen sich Verneinungen, das zeigt die Erfahrung, regelmäßig schwieriger erfassen als Bejahungen.[45] Es heißt, der Durchschnittsleser brauche 48 Prozent länger, um eine Verneinung zu verstehen.[46] Außerdem fallen Verneinungen oft fehlerhaft aus. Die Bedeutung eines „nicht“ ist nämlich oft **mehrdeutig**. Deshalb hat das OVG NRW ein Bürgerbegehren mit der Frage „Soll sich die Stadt M. nicht an einer Gesellschaft beteiligen, die Aktien der F. AG von der F1. AG übernimmt?“ verworfen.[47] Die Frage kann nämlich entweder als Ablehnung der Beteiligung verstanden werden („Ja, sie soll sich nicht beteiligen“) oder – gegenteilig – als Aufforderung zur Beteiligung (wie in „Sollen wir nicht noch ins Kino gehen?“, „Ja, sollen wir“).[48] Eindeutig wäre dagegen die positive Formulierung gewesen: „Soll sich die Stadt beteiligen …?“. Doppelte und dreifache (vgl. § 118 BGB) Verneinungen verdoppeln und verdreifachen das Problem.[49]

Verneinungen lassen sich nur teilweise vermeiden. Bisweilen können Sie **sinngleich** 17
positiv formulieren. So lassen sich verneinte bisweilen durch (formal) positive Wörter ersetzen (nicht äußern → schweigen; etwas nicht tun → unterlassen; nicht verfassungsmäßig → verfassungswidrig; nicht ohne Zustimmung → mit Zustimmung; auf jeden Fall nicht → auf keinen Fall). Allerdings lässt sich nicht jede Verneinung vermeiden. So

43 BGH Pressemitteilung Nr. 50/2011, 3. Absatz.
44 EuGH, Urt. v. 13.12.2001, Heininger, C-481/99, EU:C:2001:684, Rn. 52.
45 *Walter*, Jura 2006, S. 344 (345).
46 *W. Schneider*, Deutsch für Kenner, S. 144 m.w.N.
47 OVG NRW, KommJur 2014, S. 60 (61 f.).
48 OVG NRW, KommJur 2014, S. 60 (61 f.); ein ähnliches Beispiel bietet *Ebert*, KommJur 2008, S. 170 ff.
49 Vgl. *Walter*, JR 2007, S. 61 (62); *ders.*, Kleine Stilkunde für Juristen, S. 269 ff.

kommt manchen Verneinungen juristische Bedeutung zu. Das ist bei Beweislastregeln der Fall, wie Sie sie aus dem Zivilrecht kennen (vgl. § 280 Abs. 1 S. 2, § 311a Abs. 2 S. 2 BGB). Die negative Formulierung weist die Beweislast dem Schädiger zu.[50] Im Fall einer positiven Formulierung hätte der Geschädigte das Vertretenmüssen des Schädigers zu behaupten und ggf. zu beweisen.

IV. Fremdwörter und Fachausdrücke

18 Weil Sie Ihrem Leser das Verständnis so weit wie möglich erleichtern wollen, verwenden Sie den deutschen Ausdruck anstelle eines Fremdworts, wenn das ohne Bedeutungsverlust möglich ist.[51] Das Fremdwort ist, je nach Vorkenntnissen Ihres Lesers, eine **verschlüsselte Botschaft**, deren Bedeutung er erst ermitteln muss.[52] Vermeiden Sie Fremdwörter also besser, ohne dass Sie deshalb einer „Deutschtümelei"[53] verfallen müssten. Sie brauchen nicht jedes „kausal" durch „ursächlich" zu ersetzen, im Gegenteil: Juristische Fachbegriffe sollen und eingebürgerte Wendungen können Sie auch in Ihrer Hausarbeit verwenden.

19 Gerade **Fachbegriffe** sind notwendig, wenn sich Fachleute über Fachfragen austauschen. Der Fachbegriff bündelt häufig ein ganzes Gedankengebäude in einem Wort. Das Abstraktionsprinzip zum Beispiel fasst prägnant zusammen, dass das (schuldrechtliche) Verpflichtungsgeschäft und das (sachenrechtliche) Verfügungsgeschäft in ihren Wirkungen unabhängig voneinander sind (mit der Folge, dass das Verpflichtungsgeschäft nichtig, das Verfügungsgeschäft aber gleichwohl wirksam sein kann). Eine Übersetzung dieses Fachbegriffs ist weder erforderlich noch wünschenswert.

20 Fachbegriffe und Fremdwörter sind **fehleranfällig**. Nutzen Sie keine Fremdwörter, deren Bedeutung Sie nicht kennen, und verwenden Sie Fachbegriffe nur im richtigen Zusammenhang. Dass Voraussetzung für einen Schadensersatzanspruch gem. § 823 Abs. 1 BGB der „kausale Schaden" sei, steht oft zu lesen, ist aber falsch. Kausal bedeutet ursächlich. Ein „ursächlicher Schaden" ist jedoch für den Anspruch nicht relevant: Der Schaden muss nicht Ursache, sondern verursacht sein. Kausalität verlangt die Vorschrift daher nur zwischen der pflichtwidrigen Handlung und der Rechtsgutverletzung einerseits (haftungsbegründende Kausalität) und der Rechtsgutsverletzung und dem eingetretenen Schaden (haftungsausfüllende Kausalität) andererseits.

V. Lob der Knappheit und Sachlichkeit

21 In Sachtexten regieren die Gebote der Knappheit[54] und der Sachlichkeit. Für Hausarbeiten gilt die Regel, dass alles, was die Falllösung nicht voranbringt, überflüssig und damit falsch ist. Prüfen Sie Ihr Gutachten also, ob es Bestandteile enthält, die Sie ohne Verlust streichen können. Einige Wendungen sind typischerweise entbehrlich. Hierzu gehören

---

50 *Brox/Walker*, Allgemeines Schuldrecht, 46. Aufl. 2022, S. 279; vgl. aber auch *Kohler*, JZ 2018, S. 88 f. (zu § 133 Abs. 3 S. 2 InsO).

51 *Berg*, NJW 1957, S. 1791 (1791); *E. Schneider*, JZ 1955, S. 267 (269); ähnlich *Blasius*, NWVBl. 2007, S. 165 (170); *Schimmel*, Juristische Klausuren und Hausarbeiten richtig formulieren, Rn. 365.

52 *Walter*, Jura 2006, S. 344 (346).

53 So *Schimmel*, Juristische Klausuren und Hausarbeiten richtig formulieren, Rn. 366.

54 *Müller*, JuS 1996, L 49 (L 49); *Sanders*, Gutes Deutsch – Besseres Deutsch, S. 168; *Schnapp*, Jura 2003, S. 173 (177); *ders.*, Jura 2003, S. 602 ff.; *Walter*, Jura 2006, S. 344 (344 f.); *ders.*, JR 2007, S. 61 (63).

regelmäßig **Bekräftigungen** wie „selbstverständlich“, „zweifellos“, „unproblematisch“, „natürlich“, „fraglos“, „sicher“, „gewiss“. Nicht selten häufen sich diese Ausdrücke dort, wo der Verfasser das Vertrauen in seine Argumente verliert. Nehmen Sie dies zum Anlass, die Argumentation nachzuschärfen.[55]

Vermeiden Sie **Leerformeln** wie „Natur der Sache“ oder das „Wesen“ zum Beispiel „der Gesetzesinitiative“[56], „des Berufsbeamtentums“[57] oder des „EG-Vertrags“[58],[59] wenn es sich nicht gerade um ein Tatbestandsmerkmal handelt (vgl. Art. 19 Abs. 3 GG). Letztlich verschleiern Wendungen dieser Art, dass eine Entscheidung nicht mehr aufgrund des auszulegenden Textes, sondern nach eigenen Wertungen getroffen wird.[60] Es ist Ihre Aufgabe, die hinter diesen Leerformeln stehenden Wertungen zu ermitteln und auf ihre Tragfähigkeit zu überprüfen.[61] **22**

Bevorzugen Sie Formulierungen im **Aktiv**[62] („Der Bundestag beschließt die Gesetze“). Formulierungen im Passiv („Gesetze werden vom Bundestag beschlossen“) sind unnötig lang und zerreißen bisweilen, was zusammengehört. Sie sollten sie nur verwenden, wenn Sie den Handelnden verschweigen möchten oder müssen. Den Handelnden zu verschweigen, ist gerechtfertigt, wenn es auf ihn nicht ankommt (sodass seine Benennung überflüssig und damit falsch wäre) oder er unbekannt ist. **23**

Füllwörter „blähen“ Ihren Text auf.[63] Vermeiden lassen sich bisweilen Wörter wie „wohl“, „freilich“, „dabei“, „dann“, „sehr“, „ziemlich“, „so“, „eigentlich“.[64] Die Personen des Falls stehen ohne Artikel. In dem Satz „Der A hat dem B mitgeteilt, dass die Versammlung aufgelöst sei“ müssen die Artikel „der“ und „dem“ gestrichen werden, nur „die“ bleibt. Abgegriffene Einleitungsfloskeln wie „Zu prüfen ist, ob …“, „Fraglich ist, ob …“ streichen Sie ebenfalls.[65] Ebenso verhält es sich mit Einleitungen zu sachverhaltsbezogenen Aussagen: „Laut Sachverhalt“, „hier“ oder „vorliegend“ können in Ihrem Gutachten regelmäßig entfallen, weil sich aus dem Zusammenhang ergibt, dass Ihr Subsumtionsmaterial aus dem vorgegebenen Sachverhalt stammt. Sinnvoll ist die Formulierung nur, wenn der Sachverhalt Ihnen eine Subsumtion erlässt („Laut Sachverhalt hat die zuständige Behörde gehandelt“). Hüten Sie sich jedenfalls vor sinnlosen Verdopplungen wie „Vorliegend ist laut Sachverhalt“. **24**

---

55 Vgl. *Sobota*, JZ 1992, S. 231 (235 ff.).

56 BVerfGE 1, 144 (153); 84, 304 (329); krit. *Hartmann*, Volksgesetzgebung und Grundrechte, 2005, S. 115 f.

57 BVerfG, NVwZ 2007, S. 568 (569); FG Rheinland-Pfalz, Urt. v. 15.11.2004 – 5 K 2120/03, BeckRS 2004, 26019081.

58 EuGH, Urt. v. 19.11.1991, Francovich und Bonifaci, C-6/90, EU:C:1991:428; EuGH, Urt. v. 5.3.1996, Brasserie du Pêcheur SA, C-46/93, EU:C:1996:79, Rn. 20; EuGH, Urt. v. 30. September 2003, Köbler, C-224/01, EU:C:2003:513, Rn. 33; insoweit krit. *Schoch*, in: FS Maurer, 2001, S. 759 (763) („Wesen“ keine „juristisch ernst zu nehmende Begründung“); nachsichtiger *Hartmann*, Öffentliches Haftungsrecht, 2013, S. 223 f. m.w.N.

59 *Gast*, Juristische Rhetorik, Rn. 1183 ff.

60 *Hartmann*, Volksgesetzgebung und Grundrechte, 2005, S. 116; *Scheuerle*, AcP 163 (1964), S. 429 ff. („wunderwebende[s] Wesenswirrwar“).

61 *Möllers*, Juristische Arbeitstechnik und wissenschaftliches Arbeiten, S. 75 f.

62 Ausführlich *Schnapp*, Jura 2004, S. 526 ff.; *Walter*, Kleine Stilkunde für Juristen, S. 112 ff.

63 *Sanders*, Gutes Deutsch – Besseres Deutsch, S. 188; vgl. auch *Walter*, JR 2007, S. 61 (63).

64 Weitere Aufzählungen und gute Erläuterungen bei *Berg*, NJW 1957, S. 1468 (1469).

65 *Tettinger/Mann*, Einführung in die juristische Arbeitstechnik, S. 119.

25 Weil Sie einen Sachtext schreiben, müssen Sie sachlich bleiben. Sie vermeiden daher **Abwertungen** wie „abwegig“[66], „haltlos“, „irrig“, und werden Sie auch nicht sentimental: Das „Gerechtigkeitsgefühl“[67] ist kein Argument in der staatsrechtlichen Hausarbeit, schließlich entwickeln unterschiedliche Personen unterschiedliche Vorstellungen von Gerechtigkeit.[68]

C. Sprache

I. Prüfungserheblichkeit

26 Ihre Hausarbeit muss sprachlich einwandfrei verfasst sein. **Gerichts- und Amtssprache** sind deutsch (§ 184 Satz 1 GVG, § 23 Abs. 1 VwVfG), die Sprache ist für Juristen Gegenstand und Mittel der Bemühungen (oben Rn. 2). Das OVG Münster[69] hat dementsprechend entschieden: Es gehört auch zur Rechtsanwendung, sich grammatikalisch korrekt, in verständlicher Sprache und in einem sachangemessenen Stil auszudrücken. Sprachliche Fehler sowie Fehler in der Rechtschreibung und Zeichensetzung begründen daher zugleich inhaltliche Mängel einer Prüfungsarbeit, die eine Abwertung rechtfertigen, auch auf „mangelhaft“[70].[71]

II. Konjunktiv

27 Besonders relevant für die Erstellung juristischer Gutachten ist der **Konjunktiv**. Sie brauchen ihn im juristischen Gutachten vor allem aus zwei Gründen: Sie möchten fremde Ansichten wiedergeben, ohne sich diese zu eigen zu machen (z.B. weil Sie sie anschließend widerlegen wollen), oder Sie möchten in Ihrem Obersatz eine Rechtsauffassung zur Prüfung stellen, ohne das Ergebnis vorwegzunehmen (weil im juristischen Gutachten – im Gegensatz zum Urteil – das Ergebnis erst am Ende stehen darf). In den beiden Fällen sind es unterschiedliche Konjunktive, zu denen Sie greifen, und diese Konjunktive werden auch unterschiedlich gebildet.

1. Bildung des Konjunktivs

28 Die deutsche Sprache kennt für Verben drei **Aktionsformen**: Indikativ, Imperativ und Konjunktiv. Der Indikativ beschreibt die Wirklichkeit, er ist gewissermaßen der „Normalmodus“ in allen Texten („Das Gesetz verstößt gegen die Verfassung. Es ist nichtig.“). Der Imperativ befiehlt, er wird dementsprechend vor allem für Aufforderungen verwendet („Friss oder stirb!“). Der Konjunktiv tritt in zwei Unterformen auf: Konjunktiv I steht sowohl bei Wünschen, Bitten und Aufforderungen als auch in indirekter Rede („Der Bundespräsident hat mitgeteilt [Indikativ], er werde [Konjunktiv I] das Gesetz bis

---

66 *Schimmel*, Juristische Klausuren und Hausarbeiten richtig formulieren, Rn. 192 f.; *Tettinger/Mann*, Einführung in die juristische Arbeitstechnik, S. 119.

67 OVG Lüneburg, NJW 1974, S. 2149 (2149 f.) („Es ist sachlich gerechtfertigt *und verstößt nicht gegen das Gerechtigkeitsgefühl*, wenn […]“; dort ohne Hervorhebung).

68 Vgl. *Schimmel*, Juristische Klausuren und Hausarbeiten richtig formulieren, Rn. 394.

69 OVG Münster, NVwZ 1995, S. 800 (803).

70 VGH Mannheim, NJW 1988, S. 2633 (2633 f.).

71 Vgl. BVerwGE 92, 132 (135 f.); OVG Münster, NVwZ 1995, S. 800 (803); *Möllers*, Juristische Arbeitstechnik und wissenschaftliches Arbeiten, S. 148; *Putzke*, Juristische Arbeiten erfolgreich schreiben, S. 25.

zur Entscheidung des Bundesverfassungsgerichts nicht ausfertigen"). Der Konjunktiv II dient vor allem dem Ausdruck der Vorstellung, von Unmöglichem, sog. irrealis („Falls die zuständige Behörde gehandelt hätte, wäre der Verwaltungsakt rechtmäßig"), und Möglichem, sog. potentialis („Der Verwaltungsakt könnte formell rechtswidrig sein").

Der Konjunktiv I gründet auf dem Indikativ Präsens (Gegenwart), der Konjunktiv II auf dem Indikativ Präteritum (Vergangenheit), wie die folgende **Tabelle** zeigt:[72] 29

	Indikativ Präsens	**Konjunktiv I**	**Indikativ Präteritum**	**Konjunktiv II**
ich	komme	komme	kam	käme
du	kommst	kommest	kamst	kämest
er/sie/es	kommt	komme	kam	käme
wir	kommen	kommen	kamen	kämen
ihr	kommt	kommet	kamt	kämet
sie	kommen	kommen	kamen	kämen

2. Verwendung des Konjunktivs

a) Konjunktiv I: indirekte Rede

Die indirekte Rede ist das Gegenteil zur direkten (wörtlichen) Rede und spielt im juristischen Gutachten eine große Rolle bei der **Darstellung von Argumenten und Meinungen**. Die direkte Rede ändert den Wortlaut der Originalaussage nicht, sondern gibt die Aussage wortwörtlich wieder. Die Aussage steht in Anführungszeichen, der Autor wird benannt. 30

Beispiel: *Nietzsche hat formuliert: „Den Stil verbessern – das heißt den Gedanken verbessern […]."*[73]

Die indirekte Rede zitiert die Aussage nicht wörtlich, sondern eben indirekt, ohne deren Sinn zu verändern:

Beispiel: *Nietzsche hat formuliert, den Stil zu verbessern* heiße [Konjunktiv I], *den Gedanken zu verbessern.*

Die **Grundregel** für die indirekte Rede lautet: Die indirekte Rede steht im Konjunktiv I. Allerdings stellt uns diese Regel vor ein Problem. Wenn Sie einen Blick zurück in die Tabelle aus Rn. 29 werfen, werden Sie merken, dass die Formen des Konjunktiv I bei den Personen „ich", „wir" und „sie" (Mehrzahl) mit dem Indikativ identisch sein können. Die Form des Konjunktiv I ist also nicht immer eindeutig, sondern lässt bisweilen 31

---

72 Angelehnt an *Hoffmann*, Deutsch fürs Jurastudium, S. 15.

73 Colli/Montinari (Hrsg.), Nietzsche, Sämtliche Werke, Band 2: Menschliches, Allzumenschliches I und II, 2. Aufl. 2021, S. 610.

offen, ob der Satz im Indikativ oder im Konjunktiv I steht. Diese Fälle stehen daher im Konjunktiv II.[74] Mit dieser Modifikation lautet die Grundregel also: Die indirekte Rede steht im Konjunktiv I, wenn die Form eindeutig ist. Ist der Konjunktiv I mit dem Indikativ identisch, steht stattdessen Konjunktiv II.

32 Hierzu ein Beispiel. Der Konjunktiv I von „er kommt" lautet „er komme" und ist eindeutig, die indirekte Rede steht im Konjunktiv I. Der Konjunktiv I von „sie kommen" lautet ebenfalls „sie kommen" und ist daher **mehrdeutig**. In der indirekten Rede steht dann der Konjunktiv II: „sie kämen".

33 Eine weitere **Besonderheit** besteht, wenn der Ausgangstext, den Sie wiedergeben möchten, bereits im Konjunktiv II formuliert ist. Die indirekte Rede steht dann ebenfalls im Konjunktiv II.[75] Die Grundregel muss daher erneut erweitert werden: Die indirekte Rede steht im Konjunktiv I, wenn die Form eindeutig ist. Ist der Konjunktiv I mit dem Indikativ identisch, steht stattdessen Konjunktiv II. Steht bereits die Ausgangsaussage im Konjunktiv II, steht auch die indirekte Rede im Konjunktiv II.

34 Diejenigen unter Ihnen, die den Umgang mit dem Konjunktiv bereits beherrschen, können nun folgendes einwenden: Wir haben für die Verwendung des Konjunktivs I Eindeutigkeit verlangt, aber auch die Formen des Konjunktivs II sind nicht immer eindeutig. Der Indikativ Präteritum der 3. Person Plural „sie gehörten" lautet im Konjunktiv II ebenfalls „sie gehörten".[76] Es gibt zwei Lösungen, um mit diesem Problem umzugehen. Sie können die nicht eindeutige Form des Konjunktivs II beibehalten, da sich aus dem Zusammenhang ergibt, dass die Aussage als indirekte Rede gemeint ist.[77] Oder Sie weichen auf die **„würde"-Konstruktion** aus. Diese Umschreibung wird aus dem Wort „würde" und dem Infinitiv gebildet: Aus „sie gehörten" im Konjunktiv II wird dann „sie würden gehören" (ebenfalls Konjunktiv II). Die „würde"-Konstruktion können Sie außerdem verwenden, wenn Ihnen die Form des Konjunktivs II veraltet erscheint,[78] so zum Beispiel bei „ich schwamm", das im Konjunktiv II „ich schwämme/schwömme" lautet und in „ich würde schwimmen" umformuliert werden darf.

b) Konjunktiv II: Obersätze

35 Weil der Konjunktiv II die Möglichkeit ausdrückt (oben Rn. 28), steht er oft in Obersätzen juristischer Gutachten:[79] „Die Auflösung der Versammlung könnte das Grundrecht aus Art. 8 Abs. 1 GG verletzen". Diese Formulierung **lässt offen**, ob das Grundrecht wirklich verletzt ist. Die Frage muss auch offen bleiben, weil Sie die Antwort im Gutachten – anders als im Urteil – erst am Ende Ihrer Ausführungen geben dürfen. Der Indikativ vermag ein Ergebnis ebenfalls offen zu lassen, er muss dazu nur die Voraussetzungen benennen: „Die Auflösung der Versammlung verletzt Art. 8 Abs. 1 GG, wenn sie in den Schutzbereich des Grundrechts eingreift, ohne dass der Eingriff gerechtfertigt ist." Diese Art der Formulierung, ganz ohne Konjunktiv, ist genauso guter Gutachtenstil.

74 *Schnapp*, Jura 2002, S. 33 (34).
75 *Hoffmann*, Deutsch fürs Jurastudium, S. 16 f.
76 Beispiel nach *Hoffmann*, Deutsch fürs Jurastudium, S. 16.
77 *Hoffmann*, Deutsch fürs Jurastudium, S. 17.
78 *Hoffmann*, Deutsch fürs Jurastudium, S. 17; vgl. auch *Schnapp*, Jura 2002, S. 33 (34).
79 *Franck*, JuS 2004, S. 174 ff.; *Hildebrand*, Juristischer Gutachtenstil, S. 15 ff.; *Wieduwilt*, JuS 2010, S. 288 (290) m.w.N.; dagegen *Wolf*, JuS 1996, S. 30 (32 f.); kritisch ebenfalls *Schnapp*, Jura 2002, S. 32 (33).

Die **Kombination** dagegen ist **unmöglich**. Der Satz „Die Auflösung der Versammlung könnte das Grundrecht aus Art. 8 Abs. 1 GG verletzen, wenn sie in den Schutzbereich des Grundrechts eingreift, ohne dass der Eingriff gerechtfertigt ist“, misslingt: Falls die genannten Voraussetzungen vorliegen, besteht nicht nur die Möglichkeit, sondern ist das Grundrecht wirklich verletzt.[80] Teilen Sie den Satz besser nach folgendem Muster auf: „Die Auflösung der Versammlung könnte das Grundrecht aus Art. 8 Abs. 1 GG verletzen. Das ist der Fall, wenn sie in den Schutzbereich des Grundrechts eingreift, ohne dass der Eingriff gerechtfertigt ist.“ 36

III. Präpositionen

Die Präposition ist ein Verhältniswort: Sie gibt an, in welchem Verhältnis Personen, Dinge oder Vorgänge zueinander stehen.[81] Die Präposition hat also eine ordnende Funktion und ist dementsprechend für eine geordnete und verständliche Gedankenführung besonders bedeutend.[82] Das **Verhältnis**, das die Präposition beschreibt, kann lokal (z.B. hinter), temporal (z.B. seit), kausal (z.B. aufgrund) oder modal (z.B. mit) sein. Die Präposition ist der Wortgruppe, deren Verhältnis sie beschreibt, (regelmäßig) vorangestellt (Der Bundeskanzler ist *auf* dem Weg *in* den Bundestag), daher der Name. 37

Präpositionen werden oft **mit dem falschen Kasus** verwendet. Sämtliche Präpositionen ziehen grundsätzlich einen bestimmten Fall nach sich, man sagt: sie „regieren“ den Kasus. Die folgende Tabelle zeigt, mit welchen Fällen die aufgeführten Präpositionen regelmäßig stehen. 38

Genitiv	**Dativ**	**Akkusativ**
angesichts	aus	bis
infolge	außer	durch
seitens	bei	für
statt	entgegen	gegen
trotz	entsprechend	ohne
ungeachtet	gegenüber	um
während	gemäß	wider

Nur ausnahmsweise stehen Präpositionen mit mehreren Fällen.[83] Das geschieht, um verschiedene Bedeutungen abzubilden (auf dem Tisch liegen, auf den Tisch legen). Dagegen verwendet die Umgangssprache manche Präpositionen häufig **falsch mit dem Dativ**. Paradebeispiel ist die Präposition „wegen“. Sie zieht ausschließlich den Genitiv nach sich, richtig ist daher allein: „Einschränkungen von Versammlungen *wegen des Inhalts* der mit ihnen verbundenen Äußerungen [...]“[84]. 39

---

80 Vgl. *Schnapp*, Jura 2002, S. 32 (33).

81 Latein: *praepositio* = „Voranstellung“.

82 *Schnapp*, Stilfibel für Juristen, S. 104; siehe beispielsweise zur Bedeutung der Präpositionen „durch“, „bei“ und „für“ im Rahmen der Auslegung BGH, ZfBR 2012, S. 600 (602); FG Hamburg, Urt. v. 11.9.2013 – 4 K 133/12, juris, Rn. 28.

83 Eine Übersicht finden Sie bei *Heringer*, Deutsche Grammatik, 2013, S. 99 ff.; *Rug/Tomaszewski*, Grammatik mit Sinn und Verstand, 2009, S. 119 f.

84 BVerfGE 111, 147 (158) (dort ohne Hervorhebung).

Oft werden **Präpositionen selbst ungenau** oder falsch verwendet.[85] Das ist der Fall, wenn eine Präposition ausgewählt wird, die etwas anderes bedeutet als gemeint ist.[86] So verdrängt die Präposition „durch" oft die richtige Präposition „von" und bedeutet „infolge" nicht dasselbe wie „wegen".

Benennt eine passive Formulierung den Handelnden, geschieht das in der Regel durch die Präpositionen **„von" oder „durch"**.[87] Dabei wird eine Person mit der Präposition „von" angeschlossen, wenn es sich um den Urheber oder Träger des Geschehens handelt. Dagegen ist es Kennzeichen der Präposition „durch", dass sie einen Handelnden benennt, der im Auftrag eines anderen agiert, also nur Vermittler eines Geschehens ist. Der Unterschied ist besonders klar zu erkennen, wenn beide Präpositionen im selben Satz auftreten. In der Präambel der Bundesverfassung hieß es ursprünglich, dass das Grundgesetz „*durch* die Volksvertretung *von* mehr als Zweidritteln der beteiligten deutschen Länder"[88] angenommen worden ist. Die Präpositionen bringen zum Ausdruck, dass die Volksvertretungen als Vermittler für den eigentlichen Träger des Geschehens, die Länder, gehandelt haben. Im geltenden Staatsrecht ist Art. 20 Abs. 2 Satz 2 GG entsprechend formuliert: Die Staatsgewalt wird „von" dem Volk „durch besondere Organe" ausgeübt. Die Präpositionen bringen zum Ausdruck, dass das Volk der eigentliche Urheber und Träger ist und die besonderen Organe der Gesetzgebung, der vollziehenden Gewalt und der Rechtsprechung das Geschehen nur vermitteln.

40 Die Präpositionen **„wegen" und „infolge"** bedeuten verschiedenes. „Wegen" beschreibt die (kausale) Verknüpfung von Ursache und Wirkung („Niemand darf wegen seiner Behinderung benachteiligt werden", Art. 3 Abs. 3 Satz 2 GG). „Infolge" dagegen stellt vor allem auf die Abfolge und damit auf einen zeitlichen Aspekt ab: Die Präposition verweist auf einen zurückliegenden Grund und benennt dessen Folge. Sie kann sich – anders als „wegen" – nur auf ein Geschehen, nicht aber auf Personen oder Sachen beziehen.[89] So formuliert Art. 106b S. 1 GG: „Den Ländern steht ab dem 1. Juli 2009 infolge der Übertragung der Kraftfahrzeugsteuer auf den Bund ein Betrag aus dem Steueraufkommen des Bundes zu." Zunächst wurde also die Kraftfahrzeugsteuer übertragen, erst danach (und seitdem und deshalb) erhalten die Länder den Betrag aus dem Steueraufkommen des Bundes. Weil „wegen" die zeitliche Reihenfolge offen lässt, verbietet Art. 3 Abs. 3 Satz 2 GG auch solche Benachteiligungen wegen der Behinderung, die der Staat vor dem Eintritt der Behinderung verfügt. Die Formulierung „Niemand darf *infolge* seiner Behinderung benachteiligt werden" erfasste dagegen nur Benachteiligungen, die als Folge und damit notwendig nach der Behinderung eintreten.

85 Ausführlich hierzu *Schnapp*, Stilfibel für Juristen, S. 104 ff.

86 *Schnapp*, Jura 2002, S. 312 (314).

87 *Magdalena Lenz*, Grammatik und Stil: Das Passiv als stilistisches Mittel im Vergleich zu konkurrierenden grammatischen Konstruktionen, Berlin 2006, S. 193; dies und das Folgende bereits bei *Hartmann*, Volksgesetzgebung und Grundrechte, 2005, S. 93 f.

88 BGBl. I Nr. 1 v. 23.5.1949, S. 1 (dort ohne Hervorhebung).

89 *Wahrig*, Wörterbuch der deutschen Sprache, 27. Aufl., München 2018, Stichwort: „infolge".

D. Zusammenfassung

Sie verbessern die Lesbarkeit Ihrer Hausarbeit, indem Sie die übertriebene Häufung von Substantiven (Nominalstil) und lange, verschachtelte Sätze vermeiden. Formulieren Sie lieber viele kurze Sätze, gerne mit Nebensätzen nur der ersten Ordnung. Verwenden Sie Hauptsätze für die Hauptsachen und Nebensätze für Nebensachen. Vermeiden Sie Verneinungen, und seien Sie sparsam mit Fremdwörtern. Streichen Sie Bekräftigungen wie „selbstverständlich", Leerformeln wie „Natur" oder „Wesen" der Sache. Verzichten Sie auf Füllwörter, abgegriffene Einleitungsfloskeln und unsachliche Abwertungen. Schreiben Sie im Aktiv. Achten Sie auf korrekte Grammatik, Zeichensetzung und Rechtschreibung. Verwenden Sie den Konjunktiv I in indirekter Rede und den Konjunktiv II in Obersätzen. Denken Sie an die richtige Verwendung der Präpositionen. Ihr Prüfer wird es Ihnen danken! 41

Übungen zu Sprache und Stil: Unterstreichen Sie in den beiden folgenden Ausschnitten aus Gutachten alle sprachlichen und stilistischen Schwächen, die Ihnen auffallen.

1. *Nach Art. 76 Abs. 1 GG werden Gesetzesvorlagen im Grunde durch die Bundesregierung, aus der Mitte des Bundestages oder durch den Bundesrat eingebracht. Die Aufzählung gem. Art. 76 Abs. 1 GG ist abschließend. Da der Vermittlungsausschuss eindeutig nicht zum Kreis der Initiativberechtigten zählt, sind die Möglichkeiten des Vermittlungsausschusses, Ergänzungen und Erweiterungen zu einem Gesetzesbeschluss vorzuschlagen, eben gerade dadurch, dass er nicht zum Kreis der Berechtigten gehört, absolut begrenzt. Der Vermittlungsausschuss hat hier jedoch einen weitreichenden Einigungsvorschlag unterbreitet: Maßnahmen zu Gegenfinanzierungen waren weder in dem vom Bundestag beschlossenen Gesetzesbeschluss enthalten noch wurden solche im Gesetzgebungsverfahren überhaupt diskutiert. Der Ausschuss könnte somit seine verfassungsrechtlichen Kompetenzgrenzen überschritten haben, wenn sein Einigungsvorschlag als Gesetzesvorschlag auszulegen wäre.*

Zur Bestimmung der Kompetenzgrenzen ist es unabdingbar, sich die Funktion und Stellung des Vermittlungsausschusses, in dem durch Artt. 38 Abs. 1 S. 2, 42 Abs. 1 S. 1, 77ff. GG ausgestalteten Gesetzgebungsverfahren zu vergegenwärtigen, denn die Kompetenzverteilung im Verhältnis der Gesetzgebungsorgane zueinander sieht den Bundestag als entscheidenden Akteur im Gesetzgebungsverfahren: Beschlossen werden die Bundesgesetze gem. Art. 77 Abs. 1 S. 1 GG vom Bundestag. Der Bundesrat ist auf die „Mitwirkung" bei der Gesetzgebung beschränkt, Art. 50 GG; er kann durch Einspruch (Art. 77 Abs. 3 GG) oder Verweigerung der erforderlichen Zustimmung (Art. 77 Abs. 2a GG) Einfluss auf die Gesetzgebung nehmen. Der Vermittlungsausschuss seinerseits hat die Aufgabe, im Fall unterschiedlicher Auffassungen in Bundestag und Bundesrat zwischen den bisher diskutierten Regelungsalternativen zu vermitteln und auf dieser Grundlage einen Einigungsvorschlag zu erarbeiten, über den der Bundestag sodann erneut zu beschließen hat, Art. 77 Abs. 2 S. 5 GG, wobei der Vermittlungsausschuss als vermittelnde Einrichtung im Gesetzgebungsverfahren keine Entscheidungskompetenz hat, sondern nur einen den Kompromiss vorbereitenden, ihn aushandelnden und faktisch gestaltenden Auftrag, so dass der Ausschuss bei seiner Beschlussempfehlung demgemäß darauf zu achten hat, dass diese dem Bundestag auf Grund der dort geführten parlamentarischen Debatte zurechenbar bleibt, mit der Folge, dass der Vermittlungsvorschlag inhaltlich und formal an den durch den Bundestag vorgegebenen Rahmen gebunden ist und durch ihn beschränkt wird. Alles andere würde vorliegend zu einer Verlagerung des Zentrums der politischen Entscheidung in den Vermittlungsausschuss führen.

2. Fraglich ist, ob der Bundespräsident ein materielles Prüfungsrecht hat. Wenn der Bundespräsident dem Wortlaut des Art. 82 Abs. 1 GG zufolge nur die nach den Vorschriften des Grundgesetzes zustande gekommenen Gesetze ausfertigen soll, können mit diesen Vorschriften sämtliche Vorschriften des Grundgesetzes gemeint sein, also auch solche, die inhaltliche Vorgaben für niederrangiges Recht treffen – dann wäre dem Bundespräsidenten durch das Grundgesetz ein materielles Prüfungsrecht eingeräumt –, oder lediglich solche, die das Gesetzgebungsverfahren regeln. Der Wortlaut des Art. 82 Abs. 1 GG ist somit nicht eindeutig.

In systematischer Hinsicht kann ein Vergleich zu Art. 78 GG gezogen werden, da dieser ebenfalls die Formulierung vom Zustandekommen eines Gesetzes verwendet, aber ersichtlich nur prozedurale Regelungen meint. Dies legt den Schluss nahe, dass auch der Bundespräsident nur ein formales Prüfungsrecht hat. Jedoch ist dieser Schluss nicht zwingend, denn es ist anerkannt, dass identische Formulierungen in verschiedenen Regelungszusammenhängen unterschiedliches bedeuten können. Daher kann es sachlich gerechtfertigt sein und verstößt nicht gegen das Rechtsgefühl, wenn man einen unterschiedlichen Bedeutungsgehalt von Art. 78 und Art. 82 Abs. 1 GG annimmt. Darüber hinaus wird Art. 56 GG, der den Amtseid regelt, herangezogen. Beim Amtseid schwört der Bundespräsident, dass er das Grundgesetz wahren werde. Würde er ein verfassungswidriges Gesetz ausfertigen, würde er gegen den Amtseid verstoßen. Dass dies nicht zutrifft, liegt auf der Hand, da eine solche Argumentation auf einem Zirkelschluss beruht: Wenn der Bundespräsident kein materielles Prüfungsrecht hat, dann verletzt er das Grundgesetz auch nicht durch Ausfertigung eines verfassungswidrigen Gesetzes. Da dem Bundespräsidenten die Wahrung des Grundgesetzes nur innerhalb seiner rechtlichen Befugnisse obliegt, ist eine Argumentation mit Art. 56 GG vollkommen abwegig, da es sich hierbei nicht um eine kompetenzbegründende, sondern um eine kompetenzausfüllende Vorschrift handelt.

Historisch wird ein Vergleich von Art. 82 Abs. 1 GG zu Art. 70 WRV gezogen. Art. 70 WRV enthielt ebenfalls die Formulierung der verfassungsgemäß zustande gekommenen Gesetze und gab dem Reichspräsidenten ein formelles und materielles Prüfungsrecht. Allerdings ist ein solcher Vergleich vollkommen unhaltbar, denn die Befugnisse des Bundespräsidenten sind gegenüber denen des Reichspräsidenten deutlich eingeschränkt worden, sodass es sich verbietet, die Befugnisse aus der WRV auf das GG zu übertragen.

E. Lösungsvorschläge zu den Übungsbeispielen

I. Nominalstil

42 Beispiel von Rn. 6: Abzuwägen sind die Interessen beider Parteien des Mietvertrags. Zu berücksichtigen ist das Interesse der Allgemeinheit daran, Wohnraum zu erhalten und zu verbessern.

II. Schachtelsätze

43 **1.** Beispiel von Rn. 15: Behauptet ein Kläger, durch eine im Internet abrufbare Veröffentlichung in seinen Persönlichkeitsrechten verletzt zu sein, können die deutschen Gerichte für diese Klage international zuständig sein. Dafür muss der beanstandete Inhalt objektiv einen deutlichen Bezug zum Inland aufweisen. Das ist der Fall, wenn im Inland eine Kollision bestimmter widerstreitender Interessen eingetreten ist oder eintreten kann. Dabei kommt es auf die Umstände des konkreten Falls an. Zu ihnen zählen

insbesondere der Inhalt der konkreten Meldung, das Interesse des Klägers, dass sein Persönlichkeitsrecht geachtet werde, und das Interesse des Beklagten, seinen Internetauftritt zu gestalten und Bericht zu erstatten.

2. Beispiel von Rn. 15: Betroffene können sich regelmäßig auf die Auslegung einer Bestimmung durch den Europäischen Gerichtshof berufen, um Rechtsverhältnisse in Frage zu stellen. Ausnahmsweise kann sich der Gerichtshof jedoch dazu veranlasst sehen, diese Möglichkeit zu beschränken. Grundlage hierfür ist nach ständiger Rechtsprechung des Gerichtshofs der Grundsatz der Rechtssicherheit. Dieser Grundsatz wohnt dem Gemeinschaftsrecht inne. Danach ist für gutgläubig begründete Rechtsverhältnisse Rücksicht auf schwerwiegende Störungen zu nehmen, zu denen ein Urteil des Gerichtshofs für die Vergangenheit führen kann. Voraussetzung dafür ist, dass zwei Kriterien gegeben sind: der gute Glaube der Betroffenen und ein erhebliches finanzielles Risiko. **44**

III. Sprache und Stil

1. Beispiel von Rn. 41: Nach Art. 76 Abs. 1 GG werden Gesetzesvorlagen *im Grunde (Füllwort)* durch die Bundesregierung, aus der Mitte des Bundestages oder durch den Bundesrat eingebracht. Die Aufzählung *gem. Art. 76 Abs. 1 GG (redundant, da im Vorsatz bereits der Bezug zu Art. 76 GG hergestellt wurde)* ist abschließend. Da der Vermittlungsausschuss *eindeutig (Bekräftigung)* nicht zum Kreis der Initiativberechtigten zählt, sind die Möglichkeiten des Vermittlungsausschusses, Ergänzungen und Erweiterungen zu einem Gesetzesbeschluss vorzuschlagen, *eben gerade dadurch, dass er nicht zum Kreis der Berechtigten gehört (redundant), absolut (Bekräftigung)* begrenzt. Der Vermittlungsausschuss hat *hier jedoch (Füllwörter)* einen weitreichenden Einigungsvorschlag unterbreitet: Maßnahmen zu Gegenfinanzierungen waren weder in dem vom Bundestag beschlossenen Gesetzesbeschluss enthalten noch wurden solche im Gesetzgebungsverfahren überhaupt diskutiert. *Der Ausschuss könnte somit seine verfassungsrechtlichen Kompetenzgrenzen überschritten haben, wenn sein Einigungsvorschlag als Gesetzesvorschlag auszulegen wäre (falscher Konjunktiv II: Wenn die Bedingung erfüllt ist, tritt die Rechtsfolge ein → Indikativ).* **45**

Zur Bestimmung der Kompetenzgrenzen ist es *unabdingbar (Bekräftigung; Nebensache im Hauptsatz),* sich *die Funktion und Stellung des Vermittlungsausschusses, in dem durch Artt. 38 Abs. 1 S. 2, 42 Abs. 1 S. 1, 77ff. GG (besser: Art. 38 Abs. 1 S. 2, Art. 42 Abs. 1 S. 1, Art. 77ff.) ausgestalteten Gesetzgebungsverfahren zu vergegenwärtigen, denn die Kompetenzverteilung im Verhältnis der Gesetzgebungsorgane zueinander sieht den Bundestag als entscheidenden Akteur im Gesetzgebungsverfahren (Schachtelsatz): Beschlossen werden die Bundesgesetze gem. Art. 77 Abs. 1 S. 1 GG vom Bundestag (unnötiges Passiv).* Der Bundesrat ist auf die „Mitwirkung" bei der Gesetzgebung beschränkt, Art. 50 GG; er kann durch Einspruch (Art. 77 Abs. 3 GG) oder Verweigerung der erforderlichen Zustimmung (Art. 77 Abs. 2a GG) Einfluss auf die Gesetzgebung nehmen. *Der Vermittlungsausschuss seinerseits hat die Aufgabe, im Fall unterschiedlicher Auffassungen in Bundestag und Bundesrat zwischen den bisher diskutierten Regelungsalternativen zu vermitteln und auf dieser Grundlage einen Einigungsvorschlag zu erarbeiten, über den der Bundestag sodann erneut zu beschließen hat, Art. 77 Abs. 2 S. 5 GG, wobei der Vermittlungsausschuss als vermittelnde Einrichtung im Gesetzgebungsverfahren keine Entscheidungskompetenz* **46** *hat, sondern nur einen den Kompromiss vorbereitenden, ihn aushandelnden und faktisch gestaltenden Auftrag, so dass der Ausschuss bei seiner Beschlussempfehlung demgemäß darauf zu achten hat, dass diese dem Bundestag auf Grund der dort geführten parlamentarischen Debatte zurechenbar bleibt, mit der Folge, dass der Vermittlungsvorschlag inhaltlich und formal an den durch den Bundestag vorgegebenen Rahmen gebunden ist und durch ihn beschränkt wird (Schachtelsatz).* Alles andere würde *vorliegend (Füllwort)* zu einer Verlagerung des Zentrums der politischen Entscheidung in den Vermittlungsausschuss führen.

47 **2.** Beispiel von Rn. 41: *Fraglich ist (stereotype Einleitungsfloskel, die Sie nur maßvoll einsetzen sollten)*, ob der Bundespräsident ein materielles Prüfungsrecht hat. *Wenn der Bundespräsident dem Wortlaut des Art. 82 Abs. 1 GG zufolge nur die nach den Vorschriften des Grundgesetzes zustande gekommenen Gesetze ausfertigen soll, können mit diesen Vorschriften sämtliche Vorschriften des Grundgesetzes gemeint sein, also auch solche, die inhaltliche Vorgaben für niederrangiges Recht treffen – dann wäre dem Bundespräsidenten durch das Grundgesetz ein materielles Prüfungsrecht eingeräumt –, oder lediglich solche, die das Gesetzgebungsverfahren regeln (Schachtelsatz).* Der Wortlaut des Art. 82 Abs. 1 GG ist somit nicht eindeutig.

48 In systematischer Hinsicht kann ein Vergleich zu Art. 78 GG gezogen werden, da dieser ebenfalls die Formulierung vom Zustandekommen eines Gesetzes verwendet, aber ersichtlich nur prozedurale Regelungen meint. Dies legt den Schluss nahe, dass auch der Bundespräsident nur ein formales Prüfungsrecht hat. Jedoch ist dieser Schluss nicht zwingend, *denn es ist anerkannt (Füllsel: Dass das anerkannt ist, ergibt sich aus den Fußnotennachweisen)*, dass identische Formulierungen in verschiedenen Regelungszusammenhängen unterschiedliches bedeuten können. Daher kann es sachlich gerechtfertigt sein und *verstößt nicht gegen das Rechtsgefühl (Leerformel, da mangelnde Objektivität)*, wenn man einen unterschiedlichen Bedeutungsgehalt von Art. 78 und Art. 82 Abs. 1 GG annimmt. Darüber hinaus wird Art. 56 GG, der den Amtseid regelt, herangezogen. Beim Amtseid schwört der Bundespräsident, dass er das Grundgesetz wahren werde. Würde er ein verfassungswidriges Gesetz ausfertigen, würde er gegen den Amtseid verstoßen. Dass dies nicht zutrifft, *liegt auf der Hand (Bekräftigung, was auf der Hand liegt, braucht nicht begründet werden)*, da eine solche Argumentation auf einem Zirkelschluss beruht. Wenn der Bundespräsident kein materielles Prüfungsrecht hat, *dann (Füllwort)* verletzt er das Grundgesetz auch nicht durch Ausfertigung eines verfassungswidrigen Gesetzes. Da dem Bundespräsidenten die *Wahrung (Nominalstil)* des Grundgesetzes nur innerhalb seiner rechtlichen Befugnisse obliegt, ist eine Argumentation mit Art. 56 GG *vollkommen (Bekräftigung) abwegig (überhebliche Formulierung)*, da es sich hierbei nicht um eine kompetenzbegründende, sondern um eine kompetenzausfüllende Vorschrift handelt.

49 *Historisch wird ein Vergleich von Art. 82 Abs. 1 GG zu Art. 70 WRV gezogen (unnötiges Passiv).* Art. 70 WRV enthielt ebenfalls die Formulierung der verfassungsgemäß zustande gekommenen Gesetze und gab dem Reichspräsidenten ein formelles und materielles Prüfungsrecht. Allerdings ist ein solcher Vergleich *vollkommen unhaltbar (überhebliche Formulierung)*, denn die Befugnisse des Bundespräsidenten sind gegenüber denen des Reichspräsidenten deutlich eingeschränkt worden, sodass es sich *verbietet (überhebliche Formulierung)*, die Befugnisse aus der WRV auf das GG zu übertragen.

Hausarbeit 1

Benutzungsverbot von Solarien

von Christoph Enders

Seit geraumer Zeit ist durch wissenschaftliche Untersuchungen nachgewiesen, dass infolge der Bestrahlung der menschlichen Haut mit nichtionisierenden Strahlen – wie etwa in Sonnenstudios – das Hautkrebsrisiko für die betroffenen Personen deutlich steigt. Um die Bevölkerung vor dieser Gefahr zu schützen, erlässt der Bundesgesetzgeber ein „Gesetz zum Schutz vor nichtionisierenden Strahlen" (NiSG). Das Gesetz regelt den Umgang mit Anlagen zur Erzeugung nichtionisierender Strahlen in der Medizin sowie im kosmetischen Bereich, wobei insbesondere Grenzwerte zulässiger Strahlung festgesetzt werden. Da das Risiko, im Erwachsenenalter an Hautkrebs zu erkranken, nach weithin geteilter Auffassung in der Wissenschaft steigt, wenn die sich noch entwickelnde Haut Jugendlicher ultravioletter Strahlung ausgesetzt wird, normiert das Gesetz in § 4 darüber hinaus auch ein „Nutzungsverbot für Minderjährige": 1

„Die Betreiber von Sonnenstudios und ähnlichen Anlagen zur künstlichen Bestrahlung der Haut dürfen Minderjährigen die Benutzung nicht gestatten."

Betreiber, die gegen diese Norm verstoßen, handeln gemäß § 8 Abs. 1 Nr. 4 NiSG ordnungswidrig und können mit einem Bußgeld belegt werden. Das Gesetz soll am 1. November 2023 in Kraft treten.

Teil 1:

Die 16-jährige K nutzt regelmäßig – mit Einverständnis ihrer Eltern – Solarien und beabsichtigt, dies auch weiterhin zu tun. Sie erhebt daher form- und fristgerecht Verfassungsbeschwerde beim Bundesverfassungsgericht und trägt vor, dass § 4 NiSG ihre Grundrechte verletze. Es sei allein ihre Sache, welchen – ohnehin ungeklärten Gesundheitsrisiken – sie sich aussetze, zumal sie sich nunmehr eben im Garten sonnen oder ihre Eltern zum Kauf einer Sonnenbank überreden werde. Der Staat werde mit seiner besserwisserischen Haltung jedenfalls bei ihr keinen Erfolg haben.

Teil 2:

S ist Betreiber mehrerer Sonnenstudios. Etwa ein Viertel seiner Kunden ist zwischen 14 und 18 Jahren alt. Diesen gestattet er die entgeltliche Benutzung seiner Studios, wenn sie eine von den Eltern unterzeichnete Einverständniserklärung vorlegen. S ist der Auffassung, das neue Gesetz verletze ihn in seinen Grundrechten. In Anbetracht des guten Zuspruchs von noch minderjährigen Kunden, werde seine berufliche Betätigung durch die Regelung übermäßig beschnitten. Ab 1. November 2023 werde es zu Umsatzeinbußen kommen, und er werde einige seiner Mitarbeiter entlassen müssen. Hinzu komme, dass die minderjährigen Kunden von heute die Stammkunden von morgen seien. Sein Kundenstamm sei aber Bestandteil seines Gewerbebetriebs und grundrechtlich als

Eigentumsposition geschützt. Außerdem verstoße das Gesetz gegen den festen Grundsatz, dass der Staat seine Bürger nicht bevormunden dürfe. Obwohl er daher die Regelung insgesamt nicht für gerechtfertigt halte, verhalte er sich rechtstreu, zumal die Auseinandersetzung mit Bußgeldforderungen seinen Geschäftsbetrieb zusätzlich lähmen würde. Eben deshalb komme es ihm darauf an, die verfassungswidrige gesetzliche Verbotsregelung als solche zu Fall zu bringen.

S erhebt daher form- und fristgerecht Verfassungsbeschwerde zum Bundesverfassungsgericht, ohne sich zuvor an eine Behörde oder ein anderes Gericht zu wenden.

Aufgabe: Prüfen Sie die Erfolgsaussichten der beiden Verfassungsbeschwerden.

Hinweis zur Bearbeitung: Es ist auf alle im Sachverhalt aufgeworfenen Rechtsfragen (ggf. hilfsgutachtlich) einzugehen. Als Bearbeitungszeitpunkt ist jeweils der 16. Oktober 2023 anzunehmen.

Gliederung 2

Rn.

Teil 1 3
A. Zulässigkeit 4
I. Zuständigkeit des Bundesverfassungsgerichts 5
II. Beschwerdefähigkeit 6
III. Prozessfähigkeit 7
IV. Beschwerdegegenstand 9
V. Beschwerdebefugnis 10
1. Geltendmachung einer Grundrechtsverletzung 11
2. Gegenwärtige und unmittelbare Selbstbetroffenheit 12
3. Ergebnis 15
VI. Erschöpfung des Rechtswegs und Grundsatz der Subsidiarität 16
VII. Form und Frist 19
VIII. Ergebnis 20
B. Begründetheit 21
I. Verletzung des Grundrechts der allgemeinen Handlungsfreiheit, Art. 2 Abs. 1 GG 22
1. Schutzbereich 22
2. Eingriff 23
3. Verfassungsrechtliche Rechtfertigung 24
a) Schrankenregelung (Einschränkbarkeit) 25
b) Verfassungsmäßigkeit des Schrankengesetzes 26
aa) Formelle Verfassungsmäßigkeit 27
bb) Materielle Verfassungsmäßigkeit 29
(1) Allgemeine verfassungsrechtliche Anforderungen 30
(2) Verhältnismäßigkeit des Eingriffs 32
4. Ergebnis 40
II. Ergebnis 41
C. Zusammenfassung 42
Teil 2 43
A. Zulässigkeit 44
I. Zuständigkeit des Bundesverfassungsgerichts 45
II. Beschwerdefähigkeit 46
III. Prozessfähigkeit 47
IV. Beschwerdegegenstand 48
V. Beschwerdebefugnis 49
1. Geltendmachung der Grundrechtsverletzung 50
2. Gegenwärtige und unmittelbare Selbstbetroffenheit 51
3. Ergebnis 52
VI. Rechtswegerschöpfung und Subsidiarität 53
VII. Form und Frist 55
VIII. Ergebnis 56

B. Begründetheit ... 57
I. Verletzung des Grundrechts der Berufsfreiheit, Art. 12 Abs. 1 GG 58
1. Schutzbereich ... 59
2. Eingriff ... 61
3. Verfassungsrechtliche Rechtfertigung ... 63
a) Schrankenregelung (Einschränkbarkeit) ... 64
b) Verfassungsmäßigkeit des Schrankengesetzes ... 65
aa) Formelle Verfassungsmäßigkeit ... 66
bb) Materielle Verfassungsmäßigkeit ... 67
(1) Allgemeine verfassungsrechtliche Anforderungen ... 68
(2) Verhältnismäßigkeit ... 69
4. Ergebnis ... 78
II. Verletzung der Eigentumsgarantie (Art. 14 Abs. 1 GG) ... 79
1. Schutzbereich ... 80
2. Ergebnis ... 81
III. Verletzung des Grundrechts der allgemeinen Handlungsfreiheit, Art. 2 Abs. 1 GG ... 82
IV. Ergebnis ... 83
C. Zusammenfassung ... 84
Literaturverzeichnis ... 85

Gutachten

Teil 1

3 Die Verfassungsbeschwerde der K (Art. 93 Abs. 1 Nr. 4a GG; § 13 Nr. 8a BVerfGG) hat Erfolg, soweit sie zulässig und begründet ist.[1]

A. Zulässigkeit

4 Die Zulässigkeit der Verfassungsbeschwerde richtet sich nach den Vorschriften der §§ 90 ff. BVerfGG i.V.m. Art. 93 Abs. 1 Nr. 4a GG.

I. Zuständigkeit des Bundesverfassungsgerichts

5 Das Bundesverfassungsgericht ist nach Art. 93 Abs. 1 Nr. 4a GG, § 13 Nr. 8a BVerfGG zuständig für die Entscheidung von Verfassungsbeschwerden.

---

1 Fall nach BVerfG, NJW 2012, S. 1062.

II. Beschwerdefähigkeit

Nur wenn K beschwerdefähig ist, ist eine von ihr erhobene Verfassungsbeschwerde zulässig. Nach Art. 93 Abs. 1 Nr. 4a GG, § 90 Abs. 1 BVerfGG kann „jedermann" Verfassungsbeschwerde erheben. Da Rechtsschutzziel der Verfassungsbeschwerde die Feststellung und Beseitigung von Grundrechtsverletzungen ist, kommt es für die Beschwerdefähigkeit auf die Grundrechtsfähigkeit an. Grundrechtsfähig sind ohne weiteres jedenfalls natürliche Personen. Es ist gerade der Sinn der Grundrechte, diese mit wehrfähigen Rechtspositionen im Verhältnis zum Staat auszustatten, vgl. Art. 1 GG. K ist eine natürliche Person (vgl. § 1 BGB) und damit beschwerdefähig. 6

III. Prozessfähigkeit

Die Prozessfähigkeit ist im BVerfGG nicht ausdrücklich geregelt, bezeichnet jedoch die Fähigkeit, Prozesshandlungen selbst oder durch einen selbst bestimmten Bevollmächtigten vorzunehmen. Bei Minderjährigen richtet sich die Prozessfähigkeit im Verfassungsbeschwerdeverfahren danach, ob die Rechtsordnung ihnen im Ausgangsverfahren die Möglichkeit zu verfahrensrechtlich relevanten Handlungen einräumt[2] oder ob sie anderenfalls die nötige Einsichts- und Entscheidungsfähigkeit aufweisen, über das jeweilige Grundrechtsgut eigenverantwortlich (im Sinne autonomer Selbstbestimmung) zu verfügen. Wird der minderjährige Beschwerdeführer von der Rechtsordnung als fähig angesehen, in dem grundrechtlich geschützten Bereich eigenverantwortlich zu handeln oder ist ihm infolge seiner Einsichts- und Entscheidungsfähigkeit Grundrechtsreife, damit Grundrechtsmündigkeit zuzubilligen, so kann er auch diesbezügliche Prozesshandlungen selbst oder durch einen selbst bestimmten Bevollmächtigten vornehmen. Die „Grundrechtsreife", d.h. die Frage der Einsichts- und Entscheidungsfähigkeit wiederum hängt von der Ausgestaltung und Eigenart des jeweiligen Grundrechts sowie von den Wertungen der Rechtsordnung ab. 7

Die Einsichts- und Entscheidungsfähigkeit der K als Beschwerdeführerin kann daher nicht unabhängig vom spezifischen Gegenstand des Grundrechtsschutzes, hier der Gesundheit, beurteilt werden, über die eigenverantwortlich verfügen zu dürfen die K mit ihrer Verfassungsbeschwerde in Anspruch nimmt. Dabei kann zunächst dahinstehen, ob die Befugnis eines Jeden zur Verfügung über die eigene Gesundheit, die individuelle „Freiheit zur Krankheit"[3], als Freiheit der persönlichen Entfaltung im Rahmen individueller Selbstbestimmung durch Art. 2 Abs. 1 GG geschützt ist[4] oder ob das Recht auf körperliche Unversehrtheit nach Art. 2 Abs. 2 S. 1 GG auch die bewusste Inkaufnahme von Gesundheitsschäden und -risiken gewährleistet[5]. In jedem Fall geht es hier mit der 8

2 BVerfGE 1, 87 (98); 10, 302 (306); 28, 243 (254). Dazu *Morgenthaler*, in: Epping/Hillgruber, GG, Art. 93 Rn. 57.

3 BVerfGE 128, 282 (304); 142, 313 (Rn. 74); 158, 131 (Rn. 71).

4 BVerfG, NJW 2012, S. 1062 rekurriert im Sonnenstudio-Fall auf die allgemeine Handlungsfreiheit. Nach BVerfGE 142, 313 (Rn. 74 f.) – Zwangsbehandlung von Betreuten, ist für die Einwilligung in eine indizierte medizinische (Zwangs-)Behandlung oder ihre Ablehnung wegen der vitalen Bedeutung der Entscheidung für den Einzelnen das allgemeine Persönlichkeitsrecht maßgeblich (Art. 2 Abs. 1 i.V.m. Art. 1 Abs. 1 GG). In dieselbe Richtung weist auch BVerfGE 153, 182 (Rn. 209 f.) – Suizidhilfe, wonach über den eigenen Tod selbstbestimmt zu entscheiden, für die Identität und Individualität des Einzelnen maßgeblich prägend und darum als Teilaspekt dem allgemeinen Persönlichkeitsrecht zuzuordnen ist.

5 BVerfGE 128, 282 (300); 133, 112 (Rn. 49) jeweils zur Zwangsbehandlung von Untergebrachten; vgl. auch BVerfG, NJW 2018, S. 2619 (Rn. 74).

selbstbestimmten Disposition über die Gesundheit um eine Entscheidung von weitreichender Bedeutung für die persönliche Entwicklung, für die es Jugendlichen an der nötigen Einsichts- und Entscheidungsfähigkeit, also Grundrechtsreife fehlen mag. Sofern aber gerade die ausreichende Einsichts- und Entscheidungsfähigkeit in der Sache öffentlich diskutiert und umstritten ist (Bevormundung durch den Staat?), spricht viel dafür, die Prozessfähigkeit im Streit über diese Rechtsfrage jedenfalls bei einer im übrigen selbstbestimmungsfähigen 16-jährigen Jugendlichen im Zweifel anzunehmen.[6] Die Entscheidung in der Sache ist der Begründetheitsprüfung vorbehalten.

IV. Beschwerdegegenstand

9 Gegenstand der Verfassungsbeschwerde können Akte öffentlicher Gewalt sein, Art. 93 Abs. 1 Nr. 4a GG, § 90 Abs. 1 BVerfGG. Im Unterschied zu Art. 19 Abs. 4 GG, der effektiven Rechtsschutz gegen Exekutivmaßnahmen gewährleistet, ist der Begriff hier mit Rücksicht auf die grundrechtsbezogene Schutzfunktion der Verfassungsbeschwerde weit zu verstehen (vgl. Art. 1 Abs. 3 GG) und schließt Akte aller drei staatlichen Gewalten ein. Bei § 4 NiSG handelt es sich um einen Legislativakt des deutschen Gesetzgebers und damit um einen möglichen Beschwerdegegenstand.

V. Beschwerdebefugnis

10 Nach Art. 93 Abs. 1 Nr. 4a GG, § 90 Abs. 1 BVerfGG muss K, um zur Erhebung einer Verfassungsbeschwerde vor dem Bundesverfassungsgericht befugt zu sein, eine Grundrechtsverletzung geltend machen. Darüber hinaus muss die K, nach einer zusätzlichen Anforderung, die das Bundesverfassungsgericht besonders mit Blick auf Gesetzesverfassungsbeschwerden formuliert hat, da diese sich gegen abstrakt-generelle, nicht individualisierte Regelungen richten, durch die angegriffene Maßnahme – hier das gesetzliche Verbot nach § 4 NiSG, minderjährige Personen zur entgeltlichen Nutzung von Sonnenstudios zuzulassen – auch selbst, gegenwärtig und unmittelbar betroffen sein.

1. Geltendmachung einer Grundrechtsverletzung

11 Zulässig ist die Verfassungsbeschwerde der K nur, wenn sie hinreichend substantiiert eine Grundrechtsverletzung geltend macht.[7] Das bedeutet, dass die Möglichkeit gegeben sein muss, dass die Beschwerdeführerin K durch die von ihr angegriffene Maßnahme in einem Grundrecht verletzt ist. Die K macht hier geltend, durch die Verbotsregelung des § 4 NiSG in ihrer grundrechtlichen Freiheit verletzt zu sein, da es allein ihre Sache sei, welchen, von ihr im konkreten Fall zudem bestrittenen Gesundheitsgefahren, sie sich aussetze. Es geht ihr also um die individuelle Befugnis, eigenverantwortlich und ohne staatliche Einmischung über (höchst-)persönliche Angelegenheiten zu disponieren. Dieses Recht auf eigenverantwortliche Verfügung über sich selbst wird, als Ausdruck der persönlichen Autonomie, im Grundsatz vom Grundrecht auf freie Entfaltung der Persönlichkeit gemäß Art. 2 Abs. 1 GG gewährleistet, das die allgemeine Handlungsfreiheit

6 Eine verwandte Argumentation findet sich etwa in BVerfGE 151, 1 (LS 1: „Ein Wahlrechtsausschluss steht der Beschwerdefähigkeit im Wahlprüfungsverfahren gemäß § 48 Abs. 1 BVerfGG nicht entgegen, wenn dieser Ausschluss Gegenstand der Beschwerde ist").

7 BVerfGE 81, 208 (214); 99, 84 (87); 112, 185 (204); 113, 29 (44); *Schlaich/Korioth*, Bundesverfassungsgericht, Rn. 215 f.

verbürgt.[8] Die hiermit geschützte Dispositionsbefugnis schließt die Entscheidung über den Lebenswandel, insbesondere auch die Inkaufnahme von Gesundheitsrisiken (durch Ausübung gefährlicher Sportarten, Konsum potentiell schädlicher Nahrungs- und Genussmittel etc.) bis hin zum bewussten Verzicht auf Diagnose und Therapie von Krankheitssymptomen ein.[9] Teils wird allerdings angenommen, dass das Recht auf Selbstbestimmung über die eigene Gesundheit mit dem Grundrecht auf Leben und körperliche Unversehrtheit garantiert sei (Art. 2 Abs. 2 S. 1 GG).[10] Das leuchtet jedoch allenfalls dann ein, wenn sich dieses Recht im Sinne einer bewussten Verweigerung hoheitlich angeordneter medizinischer Diagnose- und Behandlungsmaßnahmen unmittelbar gegen staatlichen Gesundheitszwang richtet. Hier geht es demgegenüber nicht um die Abwehr einer solchen Zwangsbehandlung, sondern tatsächlich nur um einen Eingriff in die individuelle Dispositionsbefugnis zur Verminderung von Gesundheitsrisiken, vor dem die allgemeine Handlungsfreiheit schützt.

2. Gegenwärtige und unmittelbare Selbstbetroffenheit

12 Darüber hinaus müsste K durch die gesetzliche Regelung selbst, gegenwärtig und unmittelbar beschwert sein, damit ein Eingriff in die allgemeine Handlungsfreiheit hinreichend plausibel erscheint.

Fraglich ist hier bereits, ob K durch die Verbotsregelung des § 4 NiSG „selbst“ betroffen ist. Denn das Verbot richtet sich unmittelbar nur an die Betreiber von Anlagen zur künstlichen UV-Bestrahlung. Allein diese sind demgemäß im Falle eines Verstoßes auch Adressaten der Bußgeldsanktion. Es ist aber anerkannt, dass derart gezielte Eingriffe mit zwangsläufiger Verbotswirkung für Dritte als Eingriffe auch in die Grundrechte dieser Dritten gelten.[11] Der an die Anlagenbetreiber gerichtete Gesetzesbefehl des § 4 NiSG, Jugendliche nicht zuzulassen, betrifft mit seiner Verbotswirkung zwangsläufig als deren Kehrseite sämtliche potentiellen minderjährigen Nutzer und Nutzerinnen von Sonnenstudios, unter ihnen auch die K.[12] K ist damit durch die gesetzliche Verbotsregelung, obwohl nicht deren direkte Adressatin, selbst betroffen.

8 BVerfGE 6, 32 (36) – Elfes; 148, 267 (Rn. 37) – Stadionverbot; *Lang*, in: Epping/Hillgruber, GG, Art. 2 Rn. 2. Im vorliegenden Kontext *Hillgruber*, Der Schutz des Menschen vor sich selbst, S. 121 ff.

9 BVerfG, NJW 2012, S. 1062; vgl. auch *Martens*, in: Drews/Wacke/Vogel/Martens, Gefahrenabwehr, S. 230 f. Die Entscheidung, sich einer Zwangsbehandlung zu widersetzen oder auf lebenserhaltende Maßnahmen zu verzichten und so Einschränkungen der biologischen Funktionstüchtigkeit in Kauf zu nehmen, sieht das Bundesverfassungsgericht, BVerfGE 142, 313 (Rn. 74), 153, 182 (Rn. 209), allerdings auch im allgemeinen Persönlichkeitsrecht verbürgt, bereits oben in Fn. 4; im Anschluss hieran BVerwGE 158, 142 (Rn. 23 f.). – Es liegt indessen nahe, den Schutz der Freiheitsausübung für Fälle des täglichen Lebens auf die allgemeine Handlungsfreiheit zu stützen. Aus der Differenzierung zwischen den beiden Gewährleistungen ergeben sich aber für die hier maßgeblichen Fragen des Prüfungsaufbaus keine Unterschiede, zumal auch das allgemeine Persönlichkeitsrecht nicht vorbehaltlos gewährleistet ist und umgekehrt die allgemeine Handlungsfreiheit nur verhältnismäßige Eingriffe zulässt.

10 BVerfGE 128, 282 (300); 129, 269 (280); 133, 112 (Rn. 49); 146, 294 (Rn. 26); vermittelnd BVerfGE 158, 131 (Rn. 70 ff.).

11 Klassisch: Ladenschluss-Gesetz als Eingriff nicht nur in die Berufsfreiheit der Ladeninhaber, sondern auch in die allgemeine Handlungsfreiheit der Kunden und Kundinnen, BVerfGE 13, 230 (232 f.); ferner: BVerfG, NJW 1999, 3399 – Organtransplantation; BVerfG, NVwZ 2009, S. 1486 (Rn. 15) – Zollflugplatz und jetzt BVerfGE 153, 182 (Rn. 195 f.) – Suizidhilfe. Insofern handelt es sich um einen Spezialfall einer hinreichend engen Beziehung zwischen der Grundrechtsposition des Beschwerdeführers und der angegriffenen Maßnahme, wie sie das BVerfG fordert, wenn die angegriffene Maßnahme nicht an den Beschwerdeführer, sondern an einen Dritten gerichtet ist, *Schlaich/Korioth*, Bundesverfassungsgericht, Rn. 232.

12 BVerfG, NJW 2012, S. 1062 (Rn. 18).

13 Des Weiteren ist das Gesetz im Zeitpunkt der Erhebung der Verfassungsbeschwerde noch nicht in Kraft getreten, entfaltet also gegenüber K aktuell noch keine Verbotswirkung. Es genügt aber für die erforderliche gegenwärtige Betroffenheit nicht, dass ein Beschwerdeführer irgendwann einmal in der Zukunft (virtuell oder potentiell) betroffen sein könnte.[13] Das Gesetz ist indessen bereits erlassen, d.h. ausgefertigt und verkündet. Das Inkrafttreten steht in weniger als einem Monat bevor und hängt nicht vom Eintritt weiterer Bedingungen ab. Es steht damit fest, dass und wie minderjährige Nutzer und Nutzerinnen von Sonnenstudios von der Regelung betroffen sein werden. Bereits jetzt sind die (belastenden) Rechtswirkungen gewiss, die von dem Gesetz mit seinem Inkrafttreten für K ausgehen werden. Insofern bedeutet das gesetzliche Verbot für K auch eine gegenwärtige Beschwer.[14]

14 Das Gesetz entfaltet schließlich seine Verbotswirkung gegenüber K, ohne dass es auf weitere Vollzugsakte ankäme, die dann erst – durch Eingriff in den Rechtskreis der K – das für die Beschwerdebefugnis erforderliche Rechtsschutzbedürfnis auslösen würden.[15] Die K ist vielmehr auch unmittelbar betroffen.[16] Die bloß hypothetische Möglichkeit, dass Betreiber von Sonnenstudios gesetzwidrig handeln und der K Zutritt gewähren könnten, ist nicht mit der Situation vergleichbar, dass ein Gesetz planmäßig auf Umsetzungsakte (etwa durch einen Verordnungs- oder Satzungsgeber) angelegt ist.[17] Das mit § 4 NiSG gegenüber den Betreibern von Solarien statuierte Verbot, Minderjährigen Zutritt zu gewähren, greift daher zugleich, ohne dass es eines weiteren Vollzugsaktes bedarf, in das Grundrecht der K ein.

3. Ergebnis

15 Da K hinreichend substantiiert dargelegt hat, durch die Verbotsregelung des § 4 NiSG in dem ihr zustehenden Grundrecht der allgemeinen Handlungsfreiheit verletzt zu sein, ist sie beschwerdebefugt.

VI. Erschöpfung des Rechtswegs und Grundsatz der Subsidiarität

16 Nach § 90 Abs. 2 S. 1 BVerfGG, der auf der Ermächtigung des Art. 94 Abs. 2 S. 2 GG fußt, muss vor Erhebung einer Verfassungsbeschwerde der Rechtsweg erschöpft sein, sofern ein solcher besteht. Gegen das NiSG als formelles Gesetz (Parlamentsgesetz) ist jedoch ein Rechtsweg nicht eröffnet, der erschöpft werden könnte und müsste (vgl. § 93 Abs. 3 BVerfGG). Ungeachtet dessen muss K nach dem Grundsatz der Subsidiarität der Verfassungsbeschwerde allerdings auch alle weiteren ihr zumutbaren Möglichkeiten ergreifen, um gerichtlichen oder außergerichtlichen Rechtsschutz zu erlangen und so der von ihr geltend gemachten Beschwer abzuhelfen, bevor sie das Bundesverfassungsgericht mit der Angelegenheit befasst.

---

13 BVerfGE 1, 97 (102); 60, 360 (371); 114, 258 (277); 141, 121 (128)); *Kment*, in: Jarass/Pieroth, GG, Art. 93, Rn. 30; *Schlaich/Korioth*, Bundesverfassungsgericht, Rn. 234.

14 *Hillgruber/Goos*, Verfassungsprozessrecht, Rn. 277; *Kment*, in: Jarass/Pieroth, Art. 93, Rn. 31; *Schlaich/Korioth*, Bundesverfassungsgericht, Rn. 235. Vgl. etwa BVerfGE 140, 42 (Rn. 59).

15 *Schlaich/Korioth*, Bundesverfassungsgericht, Rn. 238; vgl. BVerfGE 53, 1 (14); 68, 193 (214 f.); 81, 70 (82); 90, 128 (136); 110, 370 (381 f.); 140, 42 (Rn. 61, 63); 143, 246 (Rn. 207).

16 *Kment*, in: Jarass/Pieroth, GG, Art. 93, Rn. 32.

17 Vgl. BVerfGE 58, 81 (104 f.); 68, 376 (379 f.); 122, 63 (78); *Bethge*, in: Schmidt-Bleibtreu/Klein/Bethge, BVerfGG, § 90 Rn. 373a (Stand: 53. EL, Februar 2018).

Von vornherein scheidet dabei die Erwägung aus, mit einem Verstoß gegen § 4 NiSG einen Bußgeldbescheid zu provozieren, gegen den dann gerichtlich vorgegangen werden könnte. Denn als Besucherin des Sonnenstudios wäre K nicht Adressatin eines solchen Bescheids, der an den Betreiber gerichtet würde.[18] Stattdessen könnte K zunächst zivilgerichtlich auf Zulassung zu einem (bestimmten) Sonnenstudio nach einer Abweisung durch dessen Betreiber klagen. Diese Rechtsschutzmöglichkeit begründet indessen nur dann die Subsidiarität der Verfassungsbeschwerde unmittelbar gegen das Gesetz, wenn sie zu ergreifen der K zumutbar ist. Unzumutbar ist der Verweis auf eine Rechtsschutzmöglichkeit etwa dann, wenn ein Sachverhalt allein spezifisch verfassungsrechtliche Fragen aufwirft, zu deren Beantwortung gerade das Bundesverfassungsgericht berufen ist, so dass von einer vorhergehenden fachgerichtlichen Prüfung kein entscheidender Gewinn für die Aufbereitung der Entscheidungsgrundlagen zu erwarten ist. Auch wenn allfällige fachgerichtliche Rechtsschutzmöglichkeiten einen in zeitlicher und tatsächlicher Hinsicht nicht hinreichend effektiven Rechtsschutz bieten, ist der Verweis auf solche Rechtsschutzmöglichkeiten unzumutbar und die Verfassungsbeschwerde nicht subsidiär.[19] **17**

Ob und inwieweit auch Minderjährige in der individuellen Disposition über Gesundheitsrisiken grundrechtlich geschützt sind („Freiheit zur Krankheit"), stellt eine verfassungsrechtsspezifische Fragestellung dar. Insoweit ist eine weiterführende Klärung und Aufbereitung dieses spezifisch verfassungsrechtlichen Problems von einer vorherigen fachgerichtlichen Befassung nicht zu erwarten. Dies spricht dafür, dass es der K nicht zugemutet werden kann, zunächst Klage auf Zugang zu einem (bestimmten) Sonnenstudio zu erheben, um sich schließlich gegen das letztinstanzlich abweisende Urteil mit der Verfassungsbeschwerde zu wenden. Jedenfalls wäre aber eine solch potentielle Klärung auf dem Zivilrechtsweg nicht innerhalb angemessener Frist zu erreichen, da mit Sicherheit davon auszugehen ist, dass K bei Abschluss des letztinstanzlichen Verfahrens nicht mehr minderjährig wäre und das Gesetz sie dann nicht mehr beträfe. Sie will aber gerade klären lassen, ob Minderjährigen der Zugang fürsorglich verweigert werden darf. Mithin scheitert die Verfassungsbeschwerde der K nicht an ihrer Subsidiarität. **18**

VII. Form und Frist

Die Beschwerde wurde laut Sachverhalt form- und fristgemäß nach § 23 Abs. 1 BVerfGG sowie § 93 Abs. 3 BVerfGG – es läuft eine Jahresfrist ab Inkrafttreten des Gesetzes – erhoben. **19**

VIII. Ergebnis

Die Verfassungsbeschwerde ist zulässig. **20**

18 Zu dieser Möglichkeit näher unten, Teil 2, A VI., b. Fn. 40.

19 Die Pflicht zur Ausschöpfung der prozessualen Möglichkeiten besteht nur im Rahmen des Zumutbaren, etwa BVerfGE 102, 197 (208); 123, 148 (172 f.). Beispiele bei *Bethge*, in: Schmidt-Bleibtreu/Klein/Bethge, BVerfGG, § 90 Rn. 408 (Stand: 53. EL, Februar 2018).

B. Begründetheit

21 Die Verfassungsbeschwerde ist gem. Art. 93 Abs. 1 Nr. 4a GG begründet, wenn die gesetzliche Verbotsregelung des § 4 NiSG die K in ihren Grundrechten oder grundrechtsgleichen Rechten verletzt. Das ist der Fall, wenn der durch das Gesetz bewirkte Eingriff sich nicht im Rahmen der einschlägigen verfassungsrechtlichen Schrankenregelung hält. In Betracht kommt hier eine Verletzung des Grundrechts der allgemeinen Handlungsfreiheit aus Art. 2 Abs. 1 GG.

I. Verletzung des Grundrechts der allgemeinen Handlungsfreiheit, Art. 2 Abs. 1 GG

1. Schutzbereich

22 Der Schutzbereich des Grundrechts der allgemeinen Handlungsfreiheit müsste in persönlicher wie sachlicher Hinsicht eröffnet sein. Nach allgemeiner Auffassung schützt die Garantie der „freien Entfaltung der Persönlichkeit", nicht nur den engeren Persönlichkeitskern, sondern als Jedermannsrecht die allgemeine Handlungsfreiheit des Individuums, d.h. das Recht eines Jeden, nach Belieben tun und lassen zu dürfen, was nicht die Grenzen der verfassungsrechtlich vorgesehenen Schrankenregelung überschreitet, d.h. nicht die Rechte anderer verletzt und nicht gegen die verfassungsmäßige Ordnung oder das Sittengesetz verstößt.[20]

Damit sind auch Verhaltensweisen geschützt, die Risiken für die eigene Gesundheit oder das eigene Leben darstellen.[21] Folglich ist das Verhalten der K, sich ungeachtet möglicher Risikofaktoren künstlicher ultravioletter Strahlung auszusetzen, vom Schutzbereich der allgemeinen Handlungsfreiheit – unabhängig von der medizinischen Beurteilung der Gefährlichkeit – umfasst und dem Grunde nach geschützt.

2. Eingriff

23 Verletzt ist das von K geltend gemachte Grundrecht der allgemeinen Handlungsfreiheit nur, wenn das gesetzliche Verbot des § 4 NiSG ohne ausreichende verfassungsrechtliche Rechtfertigung in dessen Schutzbereich eingreift. Ein Eingriff im klassischen Sinne ist jedes rechtsförmliche ge- oder verbietende (imperative) Handeln des Staates, das unmittelbar ziel- und zweckgerichtet das Verhalten des Befehlsadressaten regelt und dadurch seine grundrechtlich geschützte Freiheitssphäre beeinträchtigt.[22] Das Verbot des

20 Vgl. BVerfGE 6, 32 (36 ff.) – Elfes; BVerfGE 47, 239 (248 f.) – Zwangsweiser Haarschnitt.

21 BVerfGE 90, 145 (171) – Drogenkonsum.

22 *Sachs*, in: ders., GG, Vor Art. 1 Rn. 78, 80; *ders.*, Verfassungsrecht II – Grundrechte, Abschn. 8 Rn. 9 f.; vgl. *Kingreen/Poscher*, Grundrechte, Rn. 332 ff. Wichtig ist es zu sehen, dass die konkrete Gestalt auch des „klassischen" Grundrechtseingriffs vom Schutzgut des betroffenen Grundrechts abhängt. Eingriffe in das Brief-, Post und Fernmeldegeheimnis (Art. 10 GG) oder in die Unverletzlichkeit der Wohnung (Art. 13 GG) etwa kommen auch und gerade als rein faktische Durchbrechung des Privatsphärenschutzes vor. Verhaltensanordnungen, soweit sie ergehen, beschränken sich typischerweise auf Duldungsbefehle, vgl. *Pünder*, in: Ehlers/Fehling/Pünder, Besonderes Verwaltungsrecht, § 69, Rn. 186 f. – Möglich und vertretbar, hier jedoch überflüssig erscheint es, den sogenannten modernen Eingriffsbegriff zu bemühen, nach dem jedes staatliche Handeln als Eingriff anzusehen ist, das dem Einzelnen ein Verhalten, das in den Schutzbereich eines Grundrechts fällt, ganz oder teilweise unmöglich macht, *Kingreen/Poscher*, Grundrechte, Rn. 340. Dann wäre allerdings weiter die Frage aufzuwerfen, ob diese moderne Formel im Zusammenhang mit der allgemeinen Handlungsfreiheit überhaupt Anwendung finden kann, *Kingreen/Poscher*, Grundrechte, Rn. 544; *Pietzcker*, FS Bachof, S. 131.

§ 4 NiSG ist zwar allein an Betreiber von Sonnenstudios und ähnlicher Anlagen (gewissermaßen als „Zweckveranlasser“[23] der unerwünschten Nutzung) gerichtet, nicht dagegen an die potentiellen Nutzer solcher Anlagen. Jedoch tritt die Verbotswirkung zwangsläufig (als Kehrseite des an die Betreiber gerichteten gesetzlichen Verbots) auch beim Personenkreis minderjähriger potentieller Nutzer von Sonnenstudios ein. Denn den Betreibern wird gerade untersagt, diesen Personenkreis zuzulassen. Die Eingriffswirkung der gesetzlichen Regelung ist damit ohne weiteres zu bejahen.[24] Die Bestimmung des § 4 NiSG, die sich für Minderjährige als Totalverbot der Benutzung von Solarien und ähnlicher Einrichtungen auswirkt, greift in deren allgemeine Handlungsfreiheit ein.

3. Verfassungsrechtliche Rechtfertigung

Der Eingriff in die allgemeine Handlungsfreiheit durch § 4 NiSG bedarf der verfas- **24**
sungsrechtlichen Rechtfertigung. Der Eingriff ist verfassungsrechtlich gerechtfertigt, wenn die Bestimmung des § 4 NiSG sich im Rahmen der verfassungsrechtlichen Schrankenregelung des Art. 2 Abs. 1 GG hält, wenn also die grundrechtlich gewährleistete Freiheit eingeschränkt werden kann (Einschränkbarkeit) und auch die verfassungsrechtlichen Anforderungen an eine solche Einschränkung gewahrt sind (Schranken-Schranken).

a) Schrankenregelung (Einschränkbarkeit)

Nach Art. 2 Abs. 1 GG steht die Gewährleistung der allgemeinen Handlungsfreiheit **25**
unter dem Vorbehalt einer Beachtung der Rechte anderer, der verfassungsmäßigen Ordnung und des Sittengesetzes (Schrankentrias). Die Schranke der „verfassungsmäßigen Ordnung“ bezeichnet dabei nicht Verfassungsnormen im engeren (Art. 18, 21 Abs. 2, 9 Abs. 2 GG) oder weiteren (Art. 20 Abs. 3 GG) Sinne. Zur verfassungsmäßigen Ordnung zählen vielmehr sämtliche formell und materiell mit der Verfassung vereinbaren Rechtsnormen. Rechtsnormen, die die allgemeine Handlungsfreiheit verfassungsgemäß beschränken, müssen also nicht nur kompetenzgemäß in den vorgesehenen Verfahren erlassen sein, sondern auch materiell-rechtlich Verfassungsprinzipien und insbesondere den Grundsatz der Verhältnismäßigkeit wahren.[25] Im Ergebnis steht damit die allgemeine Handlungsfreiheit unter einem einfachen Gesetzesvorbehalt, der hier durch die gesetzliche Regelung des § 4 NiSG ausgefüllt wird.

---

23 Zu dieser Rechtsfigur des allgemeinen Polizei- und Ordnungsrechts etwa *Götz/Geis*, Allgemeines Polizei- und Ordnungsrecht, § 13 Rn. 18 ff.; *Graulich*, in: Lisken/Denninger, Hdb. PolR, E, Rn. 210 ff.; *Martens*, in: Drews/Wacke/Vogel/Martens, Gefahrenabwehr, S. 315.

24 Siehe bereits oben zur Selbstbetroffenheit im Rahmen der Beschwerdebefugnis, Teil 1, A V. 2. b. Fn. 11; BVerfGE 13, 230 (232 f.) – Ladenschlussgesetz; BVerfG, NJW 1999, S. 3399 – Organtransplantation; BVerfG, NVwZ 2009, S. 1486 (Rn. 15) – Zollflugplatz. Auf die eingriffsgleiche Wirkung („funktionales Eingriffsäquivalent“) hebt ab – hier indessen nicht naheliegend, da es um die zwangsläufige Wirkung (Kehrseite) eines rechtsförmlichen Verbots geht – BVerfG, NJW 2012, S. 1062 (Rn. 18); vgl. zu dieser Argumentationsfigur auch BVerfGE 148, 40 (Rn. 28); 153, 182 (Rn. 215).

25 BVerfGE 6, 32 (37 f.); 70, 1 (25). *Kingreen/Poscher*, Grundrechte, Rn. 551; *Rixen*, in: Sachs, GG, Art. 2 Rn. 101.

b) Verfassungsmäßigkeit des Schrankengesetzes

26 Die gesetzliche Eingriffsregelung des § 4 NiSG müsste ferner verfassungsrechtlich gerechtfertigt, d.h. formell und materiell verfassungsgemäß sein.

aa) Formelle Verfassungsmäßigkeit

27 Zu prüfen ist, ob dem Bundesgesetzgeber die Kompetenz zum Erlass des „Gesetzes zum Schutz vor nichtionisierenden Strahlen“ (NiSG) zusteht. Nach dem Regel-Ausnahme-Prinzip des Grundgesetzes haben die Länder das Recht der Gesetzgebung, soweit nicht das Grundgesetz dem Bund Gesetzgebungsbefugnisse verleiht (Art. 70 Abs. 1 GG). Es kommt also darauf an, ob eine Gesetzgebungsmaterie durch ausdrückliche grundgesetzliche Regelung dem Bund zugewiesen ist. Die Regelungsgegenstände des NiSG gehören nicht zu den Materien der ausschließlichen Gesetzgebungskompetenz des Bundes nach Art. 73 GG. Jedoch kommen Gegenstände der konkurrierenden Gesetzgebungskompetenz nach Art. 74 GG in Betracht. In diesem Bereich der konkurrierenden Gesetzgebung haben die Länder nur die Befugnis zur Gesetzgebung, „solange und soweit der Bund von seiner Gesetzgebungszuständigkeit nicht durch Gesetz Gebrauch gemacht hat“ (Art. 72 Abs. 1 GG). Ansonsten ist der Bund gesetzgebungsbefugt, gegebenenfalls unter den weiteren Voraussetzungen des Art. 72 Abs. 2 GG. Dabei können verschiedene Regelungen eines Gesetzeswerks auf unterschiedliche Kompetenztitel gestützt werden.[26] Während für die Festsetzung von Grenzwerten zulässiger Strahlung im Bereich der Medizin an „Maßnahmen gegen gemeingefährliche … Krankheiten“ zu denken ist, zu deren Regelung dem Bund die konkurrierende Gesetzgebungskompetenz nach Art. 74 Abs. 1 Nr. 19 GG zusteht, im Übrigen, soweit das Gesetz eine gewerbliche Betätigung regelt, an Art. 74 Abs. 1 Nr. 11 GG (Recht der Wirtschaft)[27], verfolgt das Verbot des § 4 NiSG den speziellen Zweck des Schutzes Jugendlicher. Insofern ergibt sich möglicherweise eine konkurrierende Gesetzgebungskompetenz des Bundes aus Art. 74 Abs. 1 Nr. 7 GG (öffentliche Fürsorge).

28 Der Begriff der öffentlichen Fürsorge (Art. 74 Abs. 1 Nr. 7 GG) ist weit zu verstehen und meint nicht nur die Unterstützung Hilfebedürftiger, sondern darüber hinaus allgemein vorbeugende Maßnahmen zur Förderung des geistigen, körperlichen, sittlichen Wohls der Jugend und insbesondere den Jugendschutz.[28] Auch der (fürsorgliche) Schutz vor Gefährdungen der Gesundheit, hier durch ionisierende Strahlung, ist also von dieser Kompetenzbestimmung umfasst. Für die Gesetzgebungsbefugnis nach Art. 74 Abs. 1 Nr. 7 GG kommt es darüber hinaus darauf an, ob ein Erfordernis länderübergreifender Regelung durch den Bund besteht, Art. 72 Abs. 2 GG. Unterschiedliche Standards im Jugendschutz würden zu einer Zersplitterung der normativen Maßstäbe auf einem für die gesamtstaatliche Entwicklung wichtigen Regelungsgebiet führen und die Akzeptanz der einschlägigen Regelungen schmälern. Zur Wahrung der Rechtseinheit ist daher im Interesse eines wirksamen Jugendschutzes eine bundesweit einheitliche Regelung erfor-

---

26 BVerfG, NVwZ 2022, S. 704 (Rn. 68); *Degenhart*, Staatsrecht I, Rn. 172; *ders.*, in: Sachs, GG, Art. 70 Rn. 58; *Kment*, in: Jarass/Pieroth, GG, Art. 70 Rn. 7, Art 72 Rn. 2: „Kompetenzkombination“.

27 *Degenhart*, in: Sachs, GG, Art. 74 Rn. 51; *Kment*, in: Jarass/Pieroth, GG, Art. 74 Rn. 24.

28 BVerfGE 145, 20 (65); *Degenhart*, in: Sachs, GG, Art. 74 Rn. 36, 38; *Kment*, in: Jarass/Pieroth, GG, Art. 74 Rn. 18.

derlich. Die Bußgeldregelung des Gesetzes fällt dagegen sachlich unter Art. 74 Abs. 1 Nr. 1 GG.[29] Insoweit kommt dem Bund ohne weiteres die Gesetzgebungskompetenz zu (vgl. Art. 72 Abs. 1 GG).

Von der formellen Verfassungsmäßigkeit im Übrigen, also der Einhaltung des Gesetzgebungsverfahrens (Art. 76 ff. GG), ist laut Sachverhalt auszugehen.

bb) Materielle Verfassungsmäßigkeit

Das Gesetz müsste weiterhin auch materiell verfassungsmäßig sein. 29

(1) Allgemeine verfassungsrechtliche Anforderungen

An der Bestimmtheit der gesetzlichen Regelung (als Ausfluss des Rechtsstaatsprinzips, 30 Art. 20 Abs. 3 GG) bestehen in Anbetracht des klar und ohne Ausnahmen für die Benutzung von Solarien durch Minderjährige ausgesprochenen Verbots keinerlei Zweifel. Es handelt sich bei § 4 NiSG ersichtlich auch nicht um ein Einzelfallgesetz (Art. 19 Abs. 1 S. 1 GG), vielmehr eine abstrakt-generelle Regelung. Das Zitiergebot gilt nach allgemeiner Auffassung nicht für das Grundrecht aus Art. 2 Abs. 1 GG (Art. 19 Abs. 1 S. 2 GG), weil und soweit hier nur „selbstverständliche" Freiheitsschranken zur Geltung gebracht werden.[30]

Hinweis zum Aufbau: Die Frage des (verfassungsrechtlich verbotenen) Schutzes vor sich 31 selbst kann bereits an dieser Stelle unter dem Aspekt der Wesensgehaltgarantie, Art. 19 Abs. 2 GG, erörtert werden.[31] Anderenfalls wird das rechtsstaatliche Verbot hoheitlicher paternalistischer Bevormundung entweder im Rahmen der Prüfung der Legitimität des Gesetzeszwecks oder im Rahmen der Verhältnismäßigkeitsprüfung (Verhältnismäßigkeit im engeren Sinne) diskutiert.

(2) Verhältnismäßigkeit des Eingriffs

Grundrechtseingriffe sind verfassungsrechtlich nur gerechtfertigt, wenn sie dem Grundsatz 32 der Verhältnismäßigkeit genügen, d.h. nicht mehr als zur Zweckerreichung nötig in die Freiheit eingreifen. Dies ist der Fall, wenn das Gesetz einem legitimen Zweck dient und zu dessen Erreichung ein geeignetes, erforderliches und angemessenes Mittel darstellt.

(a) Legitimer Zweck

Der Eingriff, hier das gesetzliche Verbot für Minderjährige, Sonnenstudios und ähnliche 33 Einrichtungen zu nutzen, muss einem legitimen Zweck dienen. Der Gesetzgeber verfolgt mit § 4 NiSG das Ziel, Minderjährige vor langfristigen Gesundheitsrisiken, die von nichtionisierenden Strahlen ausgehen, zu schützen. Der Zweck des Gesundheitsschutzes stellt ein allgemein anerkanntes, legitimes Gemeinwohlanliegen dar. Problematisch ist jedoch, dass § 4 NiSG gerade darauf abzielt, Minderjährige entgegen ihrer eigenen, freiverantwortlich getroffenen Entscheidung, sich einem Gesundheitsrisiko auszusetzen, in

29 *Kment,* in: Jarass/Pieroth, GG, Art. 74 Rn. 5; *Oeter,* in: v. Mangoldt/Klein/Starck, GG, Art. 74 Rn. 14.
30 BVerfGE 10, 89 (99); *Enders*, in: Epping/Hillgruber, GG, Art. 19, Rn. 14.
31 Vgl. *Hillgruber*, Der Schutz des Menschen vor sich selbst, S. 119 f.

ihrer Gesundheit zu schützen. Damit werden Grundrechtsträger vor sich selbst in Schutz genommen. Inwiefern der Staat den Einzelnen vor freiwilliger Selbstgefährdung schützen darf, ist aber mit Blick auf die durch Art. 2 Abs. 1 GG jedermann gewährleistete Freiheit, selbst über sich zu bestimmen, auch auf Freiheit oder Rechtsgüter zu verzichten (Autonomie), fraglich. Denn der Staat ist keine Besserungsanstalt, die den Einzelnen zu einem moralisch-sittlich „besseren" Menschen machen soll.[32]

34 Ein Verbot selbstgefährdenden Verhaltens kann darum nur gerechtfertigt werden, wenn entweder seine Folgen zu Nachteilen für Dritte oder die Allgemeinheit, etwa auch die Versichertengemeinschaft führen können[33] oder wenn Anhaltspunkte dafür vorliegen, dass es beim Eingriffsadressaten an der vom Prinzip der Selbstbestimmung vorausgesetzten Entscheidungsfähigkeit, der Fähigkeit zu eigenverantwortlicher Entscheidung fehlt. In beiden Fällen ist das Prinzip der Selbstbestimmung als solches durch die Freiheitseinschränkung nicht berührt. Im ersten Fall, weil die nachteiligen Folgen der Selbstgefährdung nicht auf den Einzelnen begrenzt bleiben, der sich bewusst auf sie einlässt, sondern Dritte ohne ihre Einwilligung betroffen sind. Im letzteren Fall, weil dann, wenn die Selbstbestimmungsfähigkeit beim Einzelnen defizitär (noch nicht oder nicht mehr in vollem Umfang vorhanden) ist, eine gesteigerte Schutzbedürftigkeit fürsorgliche Vorkehrungen der Gemeinschaft erfordert und grundsätzlich rechtfertigt.[34]

35 Die Ultraviolett-Bestrahlung kann beim Menschen zu erheblichen Strahlungsschäden, insbesondere zu Hautkrebs führen. Die Behandlung dieser Krankheiten ist äußerst kostenintensiv, weshalb die Versichertengemeinschaft in erheblichem Umfang belastet wird. Allerdings ist die Nutzung von Sonnenstudios und vergleichbaren Einrichtungen durch § 4 NiSG gerade nur Minderjährigen, nicht auch Erwachsenen verboten, bei denen aber durch die Benutzung gleichfalls kostenverursachende Hautschäden entstehen können. Indessen erklärt sich die Begrenzung des Verbots auf Minderjährige nicht allein aus dem für diese ungleich höheren Gesundheits-, damit einem höheren Kostenrisiko für die Allgemeinheit. Zudem ist vielmehr davon auszugehen, dass es an der vom Prinzip der Selbstbestimmung vorausgesetzten vollumfänglichen Fähigkeit zu eigenverantwortlicher Entscheidung bei Kindern und selbst noch Jugendlichen gerade fehlt. Deshalb erkennt ihnen die Rechtsordnung rechtliche Befähigung vielfach nur gestuft nach dem Alter zu (Bsp.: Geschäftsfähigkeit, §§ 2, 7 BGB; Wahlrecht) und sieht Regelungen auch zum Schutz der Minderjährigen vor Selbstgefährdung und Selbstschädigung vor.[35] Der Jugendschutz ist demgemäß nach einer vom Grundgesetz selbst getroffenen Wertung (Art. 5 Abs. 2 GG) ein Ziel von bedeutsamem Rang und zugleich wichtiges Gemeinschaftsanliegen. Gerade bei Kindern und Jugendlichen ist auch davon auszugehen, dass sie die langfristigen, irreparablen Folgen einer Behandlung mit nichtionisierenden Strahlen entweder nicht voll zu überblicken vermögen oder diese doch in der Hoffnung auf die gesellschaftliche Anerkennung, die ein sonnengebräunter Teint vermitteln könnte, zu verdrängen geneigt sind. Daher ist die mit § 4 NiSG vom Gesetzgeber verfolgte Zielsetzung auch aus der Perspektive der Verfassung legitim.

---

32 BVerfGE 22, 180 (219 f.) – Jugendpflege; vgl. BVerfGE 158, 131 (Rn. 72) – Patientenverfügung im Maßregelvollzug.; *Hillgruber*, Der Schutz des Menschen vor sich selbst, S. 64 f., 119.

33 Vgl. BVerfGE 59, 275 (278); VGH Mannheim, VBlBW 2018, 76 = JuS 2018, 1251.

34 Dazu *Hillgruber*, Der Schutz des Menschen vor sich selbst, S. 121 ff.; vgl. auch BVerfG, NJW 2012, S. 1062 (Rn. 34 f.); BVerwG, NJW 1989, S. 2960 (2960 f.).

35 Vgl. BVerfGE 30, 336 (347) – Jugendgefährdende Schriften.

(b) Geeignetheit des Eingriffsmittels

Die Verbotsregelung des § 4 NiSG müsste geeignet sein, den angestrebten – zulässigen – Zweck zu erreichen. Dabei genügt es, wenn der durch die Maßnahme gewünschte Erfolg gefördert wird, er muss nicht sofort oder in vollem Umfang verwirklicht werden.[36] Die ganz überwiegende Mehrheit in der Wissenschaft vertritt die Auffassung, dass nichtionisierende, insbesondere ultraviolette Strahlung beim Menschen karzinogen wirkt. Dies führt gerade bei der noch in Entwicklung begriffenen Haut von Kindern und Jugendlichen zu einer erheblichen Steigerung des Krebsrisikos im Erwachsenenalter. Insofern ist die Regelung geeignet, das Risiko strahlungsbedingter Folgeschäden zu reduzieren. Dem könnte allerdings entgegenstehen, dass die These von der karzinogenen Wirkung ultravioletter Bestrahlung in der Wissenschaft nicht gänzlich unumstritten ist. Jedoch steht dem Gesetzgeber bei der Beurteilung von Gefahrensituationen eine Einschätzungsprärogative zu, deren Ausübung nur in begrenztem Umfang vom BVerfG überprüft werden kann. Eine Überschreitung des Spielraums kommt erst dann in Betracht, wenn die Erwägungen des Gesetzgebers offenkundig fehlsam sind und keine vernünftige Entscheidungsgrundlage darstellen. Dafür sind im hiesigen Fall keinerlei Anhaltspunkte ersichtlich. 36

Im Übrigen trägt K vor, sie weiche nunmehr in den Garten aus, um sich zu bräunen oder werde künftig eine – noch zu erwerbende – private Sonnenbank nutzen. Ein solches Ausweichverhalten könnte ebenfalls die Geeignetheit der Regelung in Frage stellen. Indessen ist unter dem Aspekt der Geeignetheit nur die Förderung des Gesetzeszwecks zu verlangen. Im Unterschied zur Nutzung natürlicher Sonnenstrahlung können Sonnenstudios zu jeder Zeit aufgesucht werden, gerade dann, wenn es – wie in mitteleuropäischen Regionen des Öfteren – an natürlichem Sonnenlicht mangelt. Die durch § 4 NiSG bewirkte Beschränkung der Möglichkeiten Jugendlicher, sich (zusätzlich) gefährlicher Strahlung auszusetzen, dient dem Gesetzeszweck. Sofern aber das Verbot – wie hier – spürbare Wirkung erwarten lässt, „vermag der Verzicht des Gesetzgebers auf ein faktisch kaum oder nur durch zusätzliche Grundrechtseingriffe zu kontrollierendes Besonnungsverbot im Privatbereich dem Verbot im Übrigen nicht die Eignung zu nehmen".[37] Gegen den Einwand des Selbstkaufes von Sonnenbänken spricht ferner der hohe Anschaffungspreis, weshalb die private Nutzung die Ausnahme bleiben wird und § 4 NiSG die Selbstschädigungsmöglichkeiten effektiv reduziert. Damit ist § 4 NiSG auch insofern geeignet, den Gesetzeszweck des Schutzes gerade Minderjähriger vor gefährlicher Strahlung zu befördern. 37

(c) Erforderlichkeit des Eingriffsmittels

Der durch das gesetzliche Verbot bewirkte Eingriff in die allgemeine Handlungsfreiheit müsste auch erforderlich sein. Es dürfte kein milderes, gleich geeignetes Mittel in Sicht sein, den Gesetzeszweck zu verwirklichen. In Betracht kommen zwar Warnhinweise oder eine Beschränkung der Anzahl möglicher Solarienbesuche für Jugendliche. Diese Maßnahmen sind jedoch sämtlich – bei vertretbarem Kontrollaufwand – nicht gleich 38

36 Zur Verhältnismäßigkeitsprüfung etwa BVerfGE 90, 145 (172 f.); *Grzeszick*, in: Dürig/Herzog/Scholz, GG, Art. 20 Rn. 113 ff. (Stand: 97. EL, Januar 2022); *Kingreen/Poscher*, Grundrechte, Rn. 405 ff. Zum Grundsatz der Verhältnismäßigkeit und seinen Grundlagen *Schlink*, Der Grundsatz der Verhältnismäßigkeit, S. 445 (448, 449 ff.).

37 BVerfG, NJW 2012, S. 1062 (Rn. 26).

effektiv: Warnhinweise wirken aufklärend, können aber, wie beim Tabakkonsum zu beobachten, missachtet werden. Höchstbesuchsgrenzen können leicht unterlaufen werden, indem Jugendliche sich in verschiedenen Sonnenstudios anmelden. Mithin liegt die strikte Verbotsregelung des § 4 NiSG im Interesse einer effektiven Umsetzung des Gesetzeszwecks und ist auch erforderlich.

(d) Angemessenheit des Eingriffsmittels (Verhältnismäßigkeit im engeren Sinne)

39 Schließlich müsste der durch das Gesetz bewirkte Eingriff auch angemessen, d.h. für die Adressaten, hier für K, zumutbar sein. Die zur Erreichung des Ziels durch den Eingriff bewirkte Beeinträchtigung darf zum beabsichtigten Erfolg (dem Gesetzeszweck) nicht außer Verhältnis stehen. Das bedeutet: „Bei einer Gesamtabwägung zwischen der Schwere des Eingriffs in ein Grundrecht und dem Gewicht sowie der Dringlichkeit der ihn rechtfertigenden Gründe muss die Grenze der Zumutbarkeit noch gewahrt sein.“[38]

Der Eingriff in die allgemeine Handlungsfreiheit durch § 4 NiSG lässt die Möglichkeit des „Sonnenbadens“ im Freien sowie eine Benutzung von UV-Licht im privaten häuslichen Bereich unberührt. Zwar wird dadurch die Dispositionsbefugnis Minderjähriger zugleich insoweit eingeschränkt, als sie die Gestaltung des Aussehens betrifft, welche für die Persönlichkeitsentfaltung (Identität; soziale Anerkennung) von Bedeutung ist, ohne dass es sich dabei um ein unmittelbar gemeinwohlschädliches Verhalten handeln würde. Auf der anderen Seite ist zu berücksichtigen, dass der Schutz von Leben und Gesundheit ein wichtiges Gemeinwohlanliegen darstellt, das durch Art. 2 Abs. 2 S. 1 GG ausdrücklich anerkannt ist. Die – für Minderjährige nicht abschätzbaren – Gesundheitsrisiken, die sich in irreparablen Schäden niederschlagen können und vor denen mit dem angegriffenen Gesetz unter dem anerkannten Aspekt des Kinder- und Jugendschutzes geschützt werden soll, sind schwerwiegend. Ergänzend ist zu berücksichtigen, dass das gesetzliche Verbot das verfassungsrechtlich anerkannte Anliegen verfolgt, die Allgemeinheit, hier die Versichertengemeinschaft, vor Zusatzkosten in Gestalt von vermehrt erforderlichen Heilbehandlungskosten zu verschonen. Angesichts dieses hohen Gewichts der eingriffsrechtfertigenden Gründe, führt die auf der anderen Seite überschaubare Schwere des Grundrechtseingriffs (zeitlich begrenztes Nutzungsverbot von kommerziellen Einrichtungen) nicht zu einer unzumutbaren Beeinträchtigung der Verbotsadressaten, hier der K, in ihrer allgemeinen Handlungsfreiheit. Damit ist die Verbotsregelung § 4 NiSG auch verhältnismäßig im engeren Sinne.

4. Ergebnis

40 Der Eingriff in das von K geltend gemachte Grundrecht der allgemeinen Handlungsfreiheit ist verfassungsrechtlich gerechtfertigt.

II. Ergebnis

41 Eine Verletzung der K in ihrem Grundrecht der allgemeinen Handlungsfreiheit aus Art. 2 Abs. 1 GG liegt nicht vor.

38 BVerfG, NJW 2012, S. 1062 (Rn. 32), vgl. BVerfGE 67, 157 (178); 81, 70 (92); 90, 145 (173).

C. Zusammenfassung

Die zulässige Verfassungsbeschwerde der K ist unbegründet und hat keine Aussicht auf Erfolg. 42

Teil 2

Die Verfassungsbeschwerde des S hat Erfolg, soweit sie zulässig und begründet ist. 43

A. Zulässigkeit

Die Zulässigkeit der Verfassungsbeschwerde richtet sich nach den Vorschriften der §§ 90 ff. BVerfGG i.V.m. Art. 93 Abs. 1 Nr. 4a GG. 44

I. Zuständigkeit des Bundesverfassungsgerichts

Das Bundesverfassungsgericht ist für Verfassungsbeschwerden nach Art. 93 Abs. 1 Nr. 4a GG, § 13 Nr. 8a BVerfGG zuständig. 45

II. Beschwerdefähigkeit

Der Beschwerdeführer S müsste beschwerdefähig sein. Nach Art. 93 Abs. 1 Nr. 4a GG, § 90 Abs. 1 BVerfGG kann „jedermann" Verfassungsbeschwerde erheben. Rechtsschutzziel der Verfassungsbeschwerde ist die Feststellung und Beseitigung von Grundrechtsverletzungen, weshalb es für die Beschwerdefähigkeit auf die Grundrechtsfähigkeit ankommt. Grundrechtsfähig sind ohne weiteres jedenfalls natürliche Personen. S ist eine natürliche Person und damit beschwerdefähig. 46

III. Prozessfähigkeit

Die Prozessfähigkeit ist als weitere Zulässigkeitsvoraussetzung einer Verfassungsbeschwerde im BVerfGG nicht ausdrücklich geregelt, bezeichnet jedoch die Fähigkeit, Prozesshandlungen selbst oder durch einen selbst bestimmten Bevollmächtigten vorzunehmen. Grundsätzlich ist entsprechend den Vorschriften für die Fachgerichtsbarkeiten (§ 51 ZPO, § 46 Abs. 2 ArbGG, § 62 VwGO, § 71 SGG, § 58 FGO) jede volljährige, voll geschäftsfähige Person (§§ 2, 104 ff. BGB) prozessfähig. Mangels näherer Angaben ist hier davon auszugehen, dass S volljährig und voll geschäftsfähig ist. Er ist damit prozessfähig. 47

IV. Beschwerdegegenstand

Gegenstand der Verfassungsbeschwerde können Akte öffentlicher Gewalt sein, Art. 93 Abs. 1 Nr. 4a GG, § 90 Abs. 1 BVerfGG. Im Unterschied zu Art. 19 Abs. 4 GG ist der Begriff hier mit Rücksicht auf die grundrechtsbezogene Schutzfunktion der Verfassungsbeschwerde weit zu verstehen (vgl. Art. 1 Abs. 3 GG) und schließt Akte aller drei staatlichen Gewalten, namentlich auch des Gesetzgebers ein (vgl. §§ 93 Abs. 3, 95 Abs. 3 BVerfGG). Bei § 4 NiSG handelt es sich um einen Legislativakt des deutschen Gesetzgebers und damit um einen tauglichen Beschwerdegegenstand. 48

V. Beschwerdebefugnis

49 S kann Verfassungsbeschwerde nur erheben, wenn er beschwerdebefugt ist. Nach Art. 93 Abs. 1 Nr. 4a GG, § 90 Abs. 1 BVerfGG muss S dafür eine Grundrechtsverletzung geltend machen. Darüber hinaus kommt es – besonders für Verfassungsbeschwerden unmittelbar gegen Gesetze – auch darauf an, dass S durch die angegriffene Maßnahme selbst, gegenwärtig und unmittelbar betroffen ist.

1. Geltendmachung der Grundrechtsverletzung

50 S müsste – hinreichend substantiiert – eine Grundrechtsverletzung geltend machen, wobei ausreicht, dass die Möglichkeit besteht, dass S durch die angegriffene Maßnahme, hier das Verbot des § 4 NiSG, in einem seiner Grundrechte verletzt wird.[39] Durch die Verbotsregelung des § 4 NiSG wird der bisherige Betrieb von Sonnenstudios eingeschränkt. Die bislang zulässige entgeltliche Benutzung von Sonnenbanken durch Minderjährige wird verboten. Der gewerbsmäßige Betrieb von Sonnenstudios ist grundrechtlich durch die Berufsfreiheit nach Art. 12 Abs. 1 GG, jedenfalls aber subsidiär durch die allgemeine Handlungsfreiheit nach Art. 2 Abs. 1 GG geschützt. Da S sich auf diese Grundrechte berufen kann und als Betreiber eines Sonnenstudios Adressat des Verbots ist, wird er durch das Verbot möglicherweise in einem ihm zustehenden Grundrecht verletzt. Denkbar ist ferner, dass der mit dem Verbot einhergehende Rückgang von Kundenstamm und Umsatz den eingerichteten und ausgeübten Gewerbebetrieb des S betrifft und dieser durch die Eigentumsgarantie nach Art. 14 Abs. 1 GG geschützt ist. Nicht auszuschließen ist auch, dass das Verbotsgesetz, weil es die Grundrechte jugendlicher Nutzer verletzt, verfassungswidrig ist und damit der Eingriff durch ein derartiges Verbot auch gegenüber S nicht gerechtfertigt ist. S macht damit hinreichend substantiiert geltend, durch das Gesetz in einem seiner Grundrechte verletzt zu sein.

2. Gegenwärtige und unmittelbare Selbstbetroffenheit

51 Darüber hinaus ist S beschwerdebefugt nur, wenn er selbst, gegenwärtig und unmittelbar durch die angegriffene Regelung betroffen ist. Nur unter diesen Voraussetzungen ist ein Eingriff in die genannten Grundrechte dargelegt und eine Grundrechtsverletzung hinreichend plausibel behauptet i.S. des § 90 Abs. 1 BVerfGG.

S müsste selbst betroffen sein. Dies ist jedenfalls anzunehmen, wenn S Adressat der angegriffenen Regelung ist. Hier richtet sich das gesetzliche Verbot an Betreiber von Sonnenstudios. S betreibt mehrere Sonnenstudios und ist damit selbst betroffen.

S müsste auch gegenwärtig betroffen sein. Aktuell (zum Bearbeitungszeitpunkt) ist das Gesetz zwar noch nicht in Kraft getreten. Es ist jedoch bereits erlassen, das heißt ausgefertigt und verkündet. Das Inkrafttreten steht in weniger als einem Monat bevor und hängt nicht vom Eintritt weiterer Bedingungen ab. S ist damit gegenwärtig betroffen (s. oben Teil 1, A V. 2.), zumal er bereits jetzt Dispositionen zu treffen hat, um auf die veränderte Rechtslage zu reagieren und allfällige Umsatzeinbußen auszugleichen.[40]

---

39 Hierzu die Nachweise in Fn. 7.
40 Hierzu die Nachweise in Fn. 14.

S müsste auch unmittelbar betroffen sein. Dies ist der Fall, wenn die angegriffene Rechtsnorm, ohne eines weiteren Vollzugsaktes zu bedürfen, die Rechtsstellung des Beschwerdeführers berührt. Die Rechtswirkung zu seinen Lasten darf also keiner weiteren Aktualisierung oder Konkretisierung, etwa durch Verordnung, Satzung oder einen Verwaltungsakt, bedürfen. Die Vorschrift des § 4 NiSG untersagt ipso iure, ohne dass es eines weiteren Vollzugsaktes bedürfte, den Betreibern von Sonnenstudios, deren Nutzung durch Minderjährige zu gestatten. Die in § 8 NiSG vorgesehene Bußgeldbewehrung normiert keinen Vollzugsakt, sondern eine Sanktionsmöglichkeit bei Verstößen gegen den Normbefehl. Ein Umsetzungsakt ist daher zur Aktualisierung des Verbots nicht erforderlich und S unmittelbar betroffen.

S ist folglich selbst, gegenwärtig und unmittelbar betroffen.

3. Ergebnis

S ist beschwerdebefugt. 52

VI. Rechtswegerschöpfung und Subsidiarität

Nach § 90 Abs. 2 S. 1 BVerfGG, einer Regelung, die auf die Ermächtigung in Art. 94 Abs. 2 S. 2 GG zurückgeht, ist es erforderlich, dass vor Erhebung einer Verfassungsbeschwerde der Rechtsweg erschöpft wird, sofern ein solcher besteht. Gegen das NiSG als formelles Gesetz (Parlamentsgesetz) ist ein solcher jedoch nicht eröffnet, sodass er auch nicht erschöpft werden konnte und musste (vgl. § 93 Abs. 3 BVerfGG). 53

Jedoch müsste S darüber hinaus nach dem Grundsatz der Subsidiarität der Verfassungsbeschwerde alle weiteren ihm zumutbaren Möglichkeiten ausgeschöpft haben, um gerichtlichen oder außergerichtlichen Rechtsschutz zu erlangen, der seiner Beschwer abhilft. Dieses Erfordernis dient nicht zuletzt der Vorklärung der Tatsachen und Rechtsfragen durch die Fachgerichte, die dem BVerfG ihre Fallanschauung vermitteln. Ein Abweichen vom Grundsatz der Subsidiarität ist angezeigt, wenn der Verweis auf andere Rechtsschutzmöglichkeiten unzumutbar ist (vgl. den Rechtsgedanken des § 90 Abs. 2 S. 2 BVerfGG). Dies ist der Fall, wenn ein Sachverhalt ausschließlich spezifisch verfassungsrechtliche Fragen aufwirft, die das Bundesverfassungsgericht zu beantworten hat, ohne dass von einer vorausgegangenen fachgerichtlichen Prüfung verbesserte Entscheidungsgrundlagen zu erwarten wären. Der Umweg über andere Rechtsschutzmöglichkeiten bringt dann den Beschwerdeführer seinem Rechtsschutzziel nicht näher und kann ihm nicht zugemutet werden. Hier stehen gerade spezifische Verfassungsrechtsfragen im Vordergrund, so dass nicht ersichtlich ist, wie die Entscheidungsgrundlage durch eine vorherige fachgerichtliche Aufarbeitung verbessert werden könnte.[41] Am Grundsatz der Subsidiarität der Verfassungsbeschwerde ist ferner insbesondere auch dann nicht festzuhalten, wenn bei Verstößen gegen die gesetzliche Regelung Straf- oder Bußgeldsanktionen drohen. Denn es ist den von einer straf- oder bußgeldbewehrten Rechtsnorm Betroffenen nicht zuzumuten, zunächst gegen diese Regelung verstoßen zu müssen, um dann erst im Straf- oder Bußgeldverfahren die Verfassungswidrigkeit der Norm als Vorfrage 54

41 Eine andere Auffassung ist gut vertretbar. Vereinzelt verlangt das Bundesverfassungsgericht auch bei Verfassungsbeschwerden gegen Verbotsgesetze, dass der Betroffene sich mit einer Feststellungsklage an die Fachgerichte wendet, BVerfG-K NVwZ 2004, S. 977.

überprüfen lassen zu können.[42] Verstöße gegen § 4 NiSG können gem. § 8 NiSG als Ordnungswidrigkeiten mit einem Bußgeld geahndet werden. Sich dieser Sanktion auszusetzen, wenn er verbotswidrig Minderjährigen die Nutzung seines Sonnenstudios gestattet, ist dem S nicht zuzumuten. Folglich scheitert im vorliegenden Fall die Verfassungsbeschwerde nicht am Grundsatz der Subsidiarität.

VII. Form und Frist

55 Die Verfassungsbeschwerde wurde laut Sachverhalt in ordnungsgemäßer Form und fristgemäß erhoben.

VIII. Ergebnis

56 Die Verfassungsbeschwerde ist zulässig.

B. Begründetheit

57 Die Verfassungsbeschwerde müsste auch begründet sein. Dies ist der Fall, wenn das Gesetz Grundrechte oder grundrechtsgleiche Rechte des S verletzt, sich also der Eingriff in den Schutzbereich eines Grundrechts nicht im Rahmen der einschlägigen verfassungsrechtlichen Schrankenregelung hält. Das NiSG könnte die grundrechtlich gewährleistete Berufsfreiheit des S, Art. 12 Abs. 1 GG, die Eigentumsgarantie, Art. 14 Abs. 1 GG, sowie die allgemeine Handlungsfreiheit, Art. 2 Abs. 1 GG, verletzen.

I. Verletzung des Grundrechts der Berufsfreiheit, Art. 12 Abs. 1 GG

58 Das Gesetz verletzt das Grundrecht der Berufsfreiheit des S (aus Art. 12 Abs. 1 GG), wenn es ohne ausreichende verfassungsrechtliche Rechtfertigung in den Schutzbereich des Grundrechts eingreift.

1. Schutzbereich

59 Der Schutzbereich müsste in persönlicher wie in sachlicher Hinsicht eröffnet sein. In persönlicher Hinsicht schützt Art. 12 Abs. 1 GG alle Deutschen (Art. 116 GG). Mangels näherer Angaben im Sachverhalt ist davon auszugehen, dass S Deutscher ist. In sachlicher Hinsicht schützt Art. 12 Abs. 1 GG nicht etwa nur die Freiheit der Berufswahl, während die Berufsausübung gesetzlicher Regelung ohne weiteres offenstünde (vgl. Art. 12 Abs. 1 S. 2 GG). Vielmehr ist die Ausübung eines Berufes Ausdruck der vorangegangenen Berufswahl, ohne diese nicht denkbar und zugleich mit ihr im folglich einheitlichen Grundrecht der Berufsfreiheit geschützt.[43]

60 Beruf ist dabei jede auf gewisse Dauer angelegte Tätigkeit, die der Schaffung und Erhaltung der Lebensgrundlage dient.[44] S betreibt seine Sonnenstudios auf Dauer, um seine

42 Vgl. BVerfGE 81, 70 (82 f.); *Bethge*, in: Schmidt-Bleibtreu/Klein/Bethge, BVerfGG, § 90, Rn. 408 (Stand: 53. EL, Februar 2018); *Schlaich/Korioth*, Bundesverfassungsgericht, Rn. 246.
43 BVerfGE 7, 377 (401 f.); 95, 193 (214); *Jarass*, in: Jarass/Pieroth, GG, Art. 12 Rn. 2.
44 BVerfGE 97, 228 (252); 115, 276 (300); 126, 112 (136); 145, 20 (Rn. 120); *Jarass*, in: Jarass/Pieroth, GG, Art. 12 Rn. 6.

Lebensgrundlage zu erwirtschaften, damit im Rahmen beruflicher Betätigung. Teils wird darüber hinaus noch einschränkend verlangt, dass die als Beruf ausgeübte Tätigkeit nicht schlechthin verboten sein darf, so dass die Berufsfreiheit nur allgemein erlaubtes Verhalten unter dem Aspekt seiner für den Einzelnen spezifisch beruflichen Bedeutung schützen würde (nicht etwa die Tätigkeit des Berufskillers).[45] Ob der Schutzbereich der Berufsfreiheit in diesem Sinne zu bestimmen ist, kann hier indessen dahinstehen, da jedenfalls der Betrieb von Sonnenstudios nicht schlechthin verboten ist. Die Tätigkeit des S stellt damit einen durch das Grundrecht der Berufsfreiheit nach Wahl und Ausübung geschützten Beruf dar.

2. Eingriff

Die von S geltend gemachte Grundrechtsverletzung setzt weiter einen Eingriff in das Grundrecht der Berufsfreiheit voraus. Ein Eingriff im klassischen Sinne ist jedes rechtsförmliche ge- oder verbietende (imperative) Handeln des Staates, das unmittelbar ziel- und zweckgerichtet das Verhalten des Befehlsadressaten regelt und dadurch seine grundrechtliche Freiheit verkürzt.[46] Bei Freiheitseingriffen ohne – nach der (subjektiven) Zwecksetzung der Regelung – klaren Berufsbezug wird zusätzlich eine objektiv berufsregelnde Tendenz gefordert.[47] Hier wird dem S durch Gesetz untersagt, seine Solarien Minderjährigen zur Verfügung zu stellen. Damit wird ihm rechtsförmlich die Ausübung seiner beruflichen Tätigkeit (Betrieb von Sonnenstudios) jedenfalls in bestimmter Hinsicht verboten und so seine Berufsausübung unmittelbar geregelt. Das Gesetz hat insofern eine berufsregelnde Tendenz. Mithin liegt ein Freiheitseingriff vor, der S gerade in der Ausübung seiner beruflichen Tätigkeit beeinträchtigt. 61

Hinweis zum Aufbau: Bereits an dieser Stelle kann eine Einteilung nach der sogenannten Drei-Stufen-Lehre vorgenommen, d.h. nach der Intensität des Eingriffs in die Berufsfreiheit differenziert werden. Die Rechtfertigungsvoraussetzungen sind jedoch erst unter 3. anzusprechen. 62

3. Verfassungsrechtliche Rechtfertigung

Der Eingriff in die Berufsfreiheit des S bedarf der verfassungsrechtlichen Rechtfertigung. Gerechtfertigt ist der Eingriff, wenn die Eingriffsnorm des § 4 NiSG sich im Rahmen der verfassungsrechtlichen Schrankenregelung des Art. 12 Abs. 1 GG hält, wenn also die grundrechtlich gewährleistete Freiheit eingeschränkt werden kann (Einschränkbarkeit) und die verfassungsrechtlichen Anforderungen an eine solche Einschränkung gewahrt sind (Schranken-Schranken). 63

---

45 BVerfGE 7, 377 (397); klarstellend BVerfGE 115, 276 (300 f., nur für „Tätigkeiten …, die schon ihrem Wesen nach als verboten anzusehen sind“, weil sie infolge ihrer Sozial- und Gemeinschaftsschädlichkeit schlechthin nicht am Grundrechtsschutz der Berufsfreiheit teilhaben können); *Kingreen/Poscher*, Grundrechte, Rn. 1084; *Ruffert*, in: Epping/Hillgruber, GG, Art. 12 Rn. 42; a. A. *Jarass*, in: Jarass/Pieroth, GG, Art. 12 Rn. 9; *Mann*, in: Sachs, GG, Art. 12 Rn. 125.

46 *Sachs*, in: ders., GG, Vor Art. 1 Rn. 78, 80; vgl. noch BVerfGE 105, 279 (300). Bereits oben Teil 1, B I. 2.

47 *Jarass*, in: Jarass/Pieroth, GG, Art. 12 Rn. 20; vgl. BVerfGE 97, 228 (254); 111, 191 (213); 128, 1 (82).

a) Schrankenregelung (Einschränkbarkeit)

64 Das Gesetz müsste der Schrankenregelung in Art. 12 Abs. 1 GG entsprechen. Nach dem Wortlaut des Art. 12 Abs. 1 S. 2 GG ist es nur die Berufsausübung, die durch Gesetz oder auf Grund eines Gesetzes geregelt werden darf. Auf Grund des engen Zusammenhangs mit der Berufswahl ist jedoch – der Auffassung vom einheitlichen sachlichen Schutzbereich der Berufsfreiheit entsprechend – von einem einheitlichen Regelungsvorbehalt auszugehen, der wie ein einfacher Gesetzesvorbehalt zu verstehen ist, wobei jedoch je nach Eingriffsintensität zu differenzieren ist und die Rechtfertigungsanforderungen umso höher sind, je nachhaltiger ein Eingriff in die Berufsfreiheit die Berufswahl betrifft.[48] Als Gesetz entspricht das NiSG dem Grunde nach dieser Vorbehaltsregelung der Grundrechtsbestimmung.

b) Verfassungsmäßigkeit des Schrankengesetzes

65 Das Gesetz müsste darüber hinaus verfassungsrechtlich gerechtfertigt, d.h. formell und materiell verfassungsmäßig sein.

aa) Formelle Verfassungsmäßigkeit

66 Das Gesetz ist, wie bereits dargelegt, formell verfassungsmäßig.

bb) Materielle Verfassungsmäßigkeit

67 Das Gesetz müsste materiell verfassungsmäßig sein. Dies ist der Fall, wenn es hinreichend bestimmt ist, die Anforderungen des Art. 19 Abs. 1 und 2 GG erfüllt und verhältnismäßig ist. Außerdem könnte zu prüfen sein, ob das Gesetz in materieller Hinsicht auch mit Grundrechten anderer (wie der K) vereinbar ist.

(1) Allgemeine verfassungsrechtliche Anforderungen

68 Da das Gesetz den Betreibern von Sonnenstudios ohne Unterschied die Zulassung minderjähriger Nutzer untersagt, besteht an der rechtsstaatlich gebotenen Bestimmtheit der gesetzlichen Regelung (Art. 20 Abs. 3 GG) keinerlei Zweifel. Es handelt sich insoweit bei § 4 NiSG ersichtlich auch nicht um ein Einzelfallgesetz (Art. 19 Abs. 1 S. 1 GG). Das in Art. 19 Abs. 1 S. 2 GG normierte Zitiergebot findet nur Anwendung, soweit ein Grundrecht ausdrücklich „durch Gesetz oder auf Grund eines Gesetzes eingeschränkt" werden kann. Die Berufsfreiheit steht indessen nach ihrem Wortlaut gesetzlichen Berufsausübungsregelungen offen (Art. 12 Abs. 1 S. 2 GG), so dass das Zitiergebot hier keine Anwendung findet.[49]

(2) Verhältnismäßigkeit

69 Grundrechtseingriffe sind verfassungsrechtlich nur gerechtfertigt, wenn sie dem Grundsatz der Verhältnismäßigkeit genügen, d.h. nicht mehr als zur Zweckerreichung nötig in die Freiheit eingreifen. Dies ist der Fall, wenn das Gesetz einem legitimen Zweck dient und zu dessen Erreichung ein geeignetes, erforderliches und angemessenes Mittel darstellt.

---

48 Vgl. BVerfGE 54, 224 (234); 54, 237 (246); *Mann*, in: Sachs, GG, Art.12 Rn. 14 f.
49 *Enders*, in: Epping/Hillgruber, GG, Art. 19 Rn. 14.

(a) Legitimer Zweck

Der Eingriff, hier das gesetzliche Verbot für Betreiber von Sonnenstudios und ähnlichen Einrichtungen, Minderjährigen die Benutzung zu gestatten, muss einem legitimen Zweck dienen. Bei Eingriffen in die Berufsfreiheit unterscheidet das Bundesverfassungsgericht seit dem Apothekenurteil hinsichtlich der Anforderungen an die Rechtfertigung nach dem Regelungszweck und damit der Intensität des Eingriffs im Sinne einer Drei-Stufen-Lehre[50]: Soweit ein Eingriff nicht objektive oder subjektive Voraussetzungen der Berufswahl (dritte und zweite Stufe der Berufszugangsvoraussetzungen), sondern lediglich die Berufsausübung (erste Stufe) betrifft, rechtfertigt bereits jede vernünftige Erwägung des Gemeinwohls den Eingriff, soweit dieser auch im Übrigen verhältnismäßig erscheint. Hier begrenzt das Gesetz den Kundenkreis der Solarienbetreiber und regelt somit lediglich die Ausübung des Berufs. Indem nicht etwa die Eröffnung eines Solariums von subjektiven (persönlichen) oder gar objektiven (Kapazitäts-) Voraussetzungen abhängig gemacht wird, verbleibt der Eingriff auf dieser ersten Stufe. Insbesondere ist nicht von einem eigenständigen Erwerbszweig eines ausschließlich oder vornehmlich auf Minderjährige ausgerichteten Solarien-Angebots auszugehen. Mit Rücksicht auf die begrenzten wirtschaftlichen Folgen der Berufsausübungsregelung wirkt sich die Regelung auch nicht etwa faktisch als objektive Berufszugangshürde aus. **70**

Der Gesetzgeber verfolgt mit § 4 NiSG das Ziel, Minderjährige vor langfristigen Gesundheitsrisiken, die von nichtionisierenden Strahlen ausgehen, zu schützen. Der Zweck des Gesundheitsschutzes stellt ein allgemein anerkanntes, legitimes Gemeinwohlanliegen dar und erfüllt insofern auch die Anforderungen an die Rechtfertigung von Eingriffen auf der ersten Stufe. **71**

Problematisch erscheint, dass § 4 NiSG gerade darauf abzielt, Minderjährige entgegen ihrer eigenen, freiverantwortlich getroffenen Entscheidung, sich einem Gesundheitsrisiko auszusetzen, in ihrer Gesundheit zu schützen. Damit werden Grundrechtsträger vor sich selbst in Schutz genommen. Inwiefern der Staat den Einzelnen vor freiwilliger Selbstgefährdung schützen darf, ist, wie bereits dargelegt, mit Blick auf die grundrechtlich geschützte Autonomie des Menschen als Person zweifelhaft (oben T.1, B I. 3. b) bb) (2) zur Legitimität des Eingriffszwecks).

Allerdings fragt sich, ob sich ein Eingriffsbetroffener – hier S – auf die Grundrechte anderer, ebenfalls von diesem Eingriff betroffener Grundrechtsträger berufen kann, hier auf die Grundrechte der jugendlichen Sonnenstudio-Nutzer (Art. 2 Abs. 1 GG). Das kommt wohl nur dann in Betracht, wenn deren Grundrechtsposition zugleich Ausdruck eines objektiven Verfassungsprinzips ist.[51] Ob der Grundsatz „kein Schutz vor sich selbst" ein solches objektives Verfassungsprinzip darstellt (wofür viel spricht), kann aber dahinstehen, wenn dieses Prinzip durch § 4 NiSG nicht verletzt sein sollte: Das ist, wie **72**

50 BVerfGE 7, 377 (405 f.); *Jarass*, in: Jarass/Pieroth, GG, Art. 12 Rn. 42.

51 Zum Problem *Alexy*, Theorie der Grundrechte, S. 356; *Kube*, DVBl. 2005, S. 721 (724 f.); BVerfGE 96, 375 (398) für die Menschenwürde als objektives Prinzip. Nach BVerfGE 153, 182 (Rn. 208, näher 213) erstreckt sich allerdings der Grundrechtsschutz des allgemeinen Persönlichkeitsrechts für zur Selbsttötung entschlossene Menschen darauf, „hierfür bei Dritten Hilfe zu suchen und sie, soweit sie angeboten wird, in Anspruch zu nehmen". Eine für die Grundrechtsausübung annähernd essentielle Bedeutung – so dass sie anderenfalls de facto unmöglich wäre, vgl. BVerfGE 153, 182 (Rn. 216) – kommt aber der Nutzung von Solarien gerade durch minderjähriges Publikum nicht zu.

dargelegt, zu bejahen. Daher ist die mit § 4 NiSG vom Gesetzgeber verfolgte Zielsetzung auch aus der Perspektive der Verfassung legitim.

73 **Hinweis zum Aufbau:** Die Grundrechte Dritter könnten stattdessen als weitere Schrankenschranke im Anschluss an die Verhältnismäßigkeitsprüfung (dann nachfolgend unter (3)) erörtert werden. Diese Schrankenschranke ist allerdings als solche nicht allgemein anerkannt. Ungeachtet dessen ist hier die Frage nach einem Verstoß gegen die Handlungsfreiheit von minderjährigen Nutzern jedenfalls im Ergebnis nicht anders zu beurteilen als die eines Verstoßes gegen den Verfassungsgrundsatz „Kein Schutz vor sich selbst".

(b) Geeignetheit des Eingriffsmittels

74 Die Verbotsregelung des § 4 NiSG müsste geeignet sein, den angestrebten – zulässigen – Zweck zu erreichen. Wie dargelegt ist die Regelung geeignet, das (hohe) Risiko strahlungsbedingter Folgeschäden zu reduzieren.

(c) Erforderlichkeit des Eingriffsmittels

75 Das gesetzliche Verbot ist ferner nur verhältnismäßig, wenn es auch erforderlich erscheint, dieses Mittel zu ergreifen, um das gesetzgeberische Ziel zu erreichen. Es dürfte folglich kein für die Betreiber von Solarien milderes, gleich geeignetes Mittel in Sicht sein, den Gesetzeszweck zu verwirklichen. Neben Warnhinweisen oder einer Beschränkung der Anzahl möglicher Solarienbesuche für Jugendliche kommt insbesondere in Betracht, das Verbot direkt an die Minderjährigen, nicht an die Betreiber von Solarien zu adressieren. Diese Maßnahmen sind jedoch sämtlich – bei vertretbarem Kontrollaufwand – nicht gleich effektiv (oben Teil 1, B I. 3. b) bb) (2) zur Erforderlichkeit). Vor allem stehen zur Durchsetzung eines unmittelbar an die Betreiber von Solarien gerichteten Verbots die spezifischen Instrumente der Gewerbeaufsicht zur Verfügung (etwa: Betretungs- und Nachschaurechte; Gewerbeuntersagung). Mithin ist die Verbotsregelung des § 4 NiSG auch erforderlich.

(d) Angemessenheit des Eingriffsmittels (Verhältnismäßigkeit im engeren Sinne)

76 Schließlich müsste der durch das Gesetz bewirkte Eingriff auch angemessen, das heißt für die Adressaten, hier S als Betreiber mehrerer Solarien, zumutbar sein. Die zur Erreichung des Ziels dem Adressaten auferlegte Beeinträchtigung darf zu dem nach dem Gesetzeszweck beabsichtigten Erfolg nicht außer Verhältnis stehen: „Bei einer Gesamtabwägung zwischen der Schwere des Eingriffs in ein Grundrecht und dem Gewicht sowie der Dringlichkeit der ihn rechtfertigenden Gründe muss die Grenze der Zumutbarkeit noch gewahrt sein."[52]

77 Zwar wird durch das Verbot des § 4 NiSG Gewerbetreibenden ein Betriebskonzept unmöglich gemacht, das wesentlich mit jugendlichen Kunden und Kundinnen kalkuliert. Der Eingriff in die Berufsfreiheit durch § 4 NiSG lässt indessen den Betrieb von Solarien mit volljährigen Kunden und Kundinnen unberührt. Zudem ist auf der anderen Seite zu berücksichtigen, dass der Schutz von Leben und Gesundheit ein wichtiges Gemeinwohlanliegen darstellt, das durch Art. 2 Abs. 2 S. 1 GG ausdrücklich anerkannt ist.

52 BVerfG NJW 2012, S. 1062 (Rn. 32).

Die – für Minderjährige in ihrer vollen Bedeutung nicht einschätzbaren – Gesundheitsrisiken, die sich in irreparablen Schäden niederschlagen können und vor denen mit dem angegriffenen Gesetz unter dem anerkannten Aspekt des Kinder- und Jugendschutzes (s. oben Teil 1 B I. 3. b) bb) (2) zur Legitimität des Eingriffszwecks) geschützt werden soll, sind schwerwiegend. Ergänzend ist zu berücksichtigen, dass die Versichertengemeinschaft absehbar von erheblichen Heilbehandlungskosten betroffen sein wird. Es stellt ein gleichfalls verfassungsrechtlich anerkanntes Anliegen dar, die Allgemeinheit vor solchen Kosten zu schützen. Angesichts dieses hohen Gewichts der eingriffsrechtfertigenden Gründe, führt die auf der anderen Seite überschaubare Schwere des Grundrechtseingriffs (da eine ausschließliche Spezialisierung von Solarienbetreibern auf jugendliche Kunden und Kundinnen nicht zu beobachten und auch bei S nicht gegeben ist) nicht zu einer unzumutbaren Beeinträchtigung der Verbotsadressaten. Damit ist die Verbotsregelung § 4 NiSG auch verhältnismäßig im engeren Sinne.

4. Ergebnis

Das Gesetz verletzt S nicht in seiner Berufsfreiheit, Art. 12 Abs. 1 GG. **78**

II. Verletzung der Eigentumsgarantie (Art. 14 Abs. 1 GG)

Das Gesetz könnte gegen die Eigentumsgarantie verstoßen und das Grundrecht des S **79**
aus Art. 14 Abs. 1 GG verletzen. Dies ist der Fall, wenn es ohne ausreichende verfassungsrechtliche Rechtfertigung in den Schutzbereich des Grundrechts eingreift.

1. Schutzbereich

Als Jedermannsgrundrecht schützt die Eigentumsgarantie nach Art. 14 Abs. 1 GG auch **80**
S. In sachlicher Hinsicht unterfallen dem Eigentumsbegriff alle Rechtspositionen, die dem Einzelnen zu privatem Nutzen nach grundsätzlich freier Verfügung zugeordnet sind, d.h. die privaten vermögenswerten Rechte, insbesondere Eigentumsrechte nach bürgerlichem Recht.[53] Auch subjektive öffentliche Rechte fallen in den Schutzbereich, soweit sie dem Einzelnen nach Art eines Ausschließlichkeitsrechts die Verfügungsbefugnis über die Rechtsposition zur privaten Nutzung zuordnen und auf nicht unerheblicher Eigenleistung beruhen. Ob der Kundenstamm, den S nun (teils) verliert oder nicht dazugewinnen kann, vom Schutz der Eigentumsgarantie umfasst ist, ist dagegen fraglich. In Betracht käme ein solch ausgedehnter Vermögensschutz allenfalls, soweit das Recht am eingerichteten und ausgeübten Gewerbebetrieb, als Zusammenfassung von Rechtspositionen, die in ihrer Gesamtheit den Wert eines Gewerbebetriebs ausmachen, durch die Eigentumsgarantie geschützt würde. Dies ist allerdings umstritten.[54] Nicht erfasst sind jedenfalls bloße Umsatz-, Erwerbs- und Gewinnchancen.[55] Diese fallen unter den Schutz der Berufsfreiheit nach Art. 12 Abs. 1 GG. Im Gegensatz zur Berufsfreiheit schützt Art. 14 GG das Erworbene, nicht den Erwerb. Auch der Kundenstamm eines Unternehmens gehört, soweit es um künftigen Umsatz und Gewinn geht, lediglich zum nicht geschützten Erwerbsbereich. Hier verbietet das Gesetz dem S, in Zukunft mit

53 Vgl. BVerfGE 31, 229 (240 f.); 50, 290 (339); 97, 350 (371).

54 Gegen eine solche Ausdehnung des Eigentumsschutzes *Kingreen/Poscher*, Grundrechte, Rn. 1193 f.; *Wieland*, in: Dreier, GG, Art. 14 Rn. 61 ff.; anders etwa *Wendt*, in: Sachs, GG, Art. 14 Rn. 48 f.

55 BVerfGE 78, 205 (211 f.); 81, 208 (227 f.); 105, 252 (278); *Jarass*, in: Jarass/Pieroth, GG, Art. 14 Rn. 21.

einer bestimmten Gruppe von Kunden Umsatz und Gewinn zu erzielen. Diese unternehmerische Erwartung des S wird als solche nicht durch die Eigentumsgarantie des Art. 14 Abs. 1 GG geschützt. Der Schutzbereich ist damit nicht eröffnet.

2. Ergebnis

81 Das gesetzliche Verbot verletzt nicht die Eigentumsgarantie aus Art. 14 Abs. 1 GG.

III. Verletzung des Grundrechts der allgemeinen Handlungsfreiheit, Art. 2 Abs. 1 GG

82 Das Gesetz könnte das Grundrecht des S aus Art. 2 Abs. 1 GG verletzen. Die allgemeine Handlungsfreiheit kommt jedoch als Auffanggrundrecht im Verhältnis zu den übrigen Freiheitsrechten, so etwa zur Berufsfreiheit nach Art. 12 Abs. 1 GG, nur subsidiär zum Tragen.[56] Hier verdrängt daher kraft Spezialität die Grundrechtsgarantie der Berufsfreiheit den grundrechtlichen Schutz der allgemeinen Handlungsfreiheit.

IV. Ergebnis

83 Das Gesetz verstößt nicht gegen Grundrechte. Die Verfassungsbeschwerde ist unbegründet.

C. Zusammenfassung

84 Die zulässige Verfassungsbeschwerde des S ist unbegründet und hat keine Aussicht auf Erfolg.

85 Literaturverzeichnis

Alexy, Robert	Theorie der Grundrechte, 3. Aufl., Frankfurt a.M. 1996
Birkenkötter, Hannah	Art. 2 Abs. 1 GG als allgemeines Freiheitsrecht und Auffanggrundrecht: Das Elfes-Urteil, in: Dieter Grimm (Hrsg.), Vorbereiter – Nachbereiter? Studien zum Verhältnis von Verfassungsrechtsprechung und Verfassungsrechtswissenschaft, Tübingen 2019, S. 9-37
Degenhart, Christoph	Staatsrecht I. Staatsorganisationsrecht, 38. Aufl., Heidelberg 2022
Dreier, Horst (Hrsg.)	Grundgesetz. Kommentar, Band 1: Präambel, Art. 1-19, 3. Aufl., Tübingen 2013

56 *Lang*, in: Epping/Hillgruber, GG, Art. 2 Rn. 62; *Rixen*, in: Sachs, GG, Art. 2 Rn. 10; *Schlaich/Korioth*, Bundesverfassungsgericht, Rn. 220. Vgl. z.B. BVerfGE 33, 240 (247). – Zu den Hintergründen dieser Rechtsprechung *Birkenkötter*, Art. 2 Abs. 1 GG als allgemeines Freiheitsrecht und Auffanggrundrecht, S. 9 (36 f.).

Drews, Bill (Begr.)/Wacke, Gerhard/Vogel, Klaus/ Martens, Wolfgang	Gefahrenabwehr, Allgemeines Polizeirecht (Ordnungsrecht) des Bundes und der Länder, 9. Aufl. Köln u.a., 1986
Dürig, Günter (Begr.)/Herzog, Roman/Scholz, Rupert	Grundgesetz, München, Stand: 99. EL, September 2022
Ehlers, Dirk/Fehling, Michael/ Pünder, Hermann (Hrsg.)	Besonderes Verwaltungsrecht, Bd. 3, 4. Aufl., Heidelberg 2021
Epping, Volker/Hillgruber, Christian (Hrsg.)	Grundgesetz. Kommentar, 3. Aufl., München 2020
Götz, Volkmar/Geis, Max-Emanuel	Allgemeines Polizei- und Ordnungsrecht, 17. Aufl., München 2022
Hillgruber, Christian	Der Schutz des Menschen vor sich selbst, München 1992
ders./Goos, Christoph	Verfassungsprozessrecht, 4. Aufl., Heidelberg 2015
Kingreen, Thorsten/Poscher, Ralf	Grundrechte. Staatsrecht II, 38. Aufl., Heidelberg 2022
Kube, Hanno	Der subjektive Abwehrgehalt der Grundrechte – Zur grundrechtlichen Rüge der Verletzung von Rechten Dritter, in: DVBl. 2005, S. 721 ff.
v. Mangoldt, Hermann (Begr.)/ Klein, Friedrich/Starck, Christian	Grundgesetz. Kommentar, Band 2: Artikel 20-82, 7. Aufl., München 2018
Jarass, Hans D./Pieroth, Bodo (Begr.)/Kment, Martin (Bearb.)	Grundgesetz für die Bundesrepublik Deutschland. Kommentar, 17. Aufl., München 2022
Lisken, Hans/Denninger, Erhard (Begr.)	Handbuch des Polizeirechts, hrsg. v. M. Bäcker u.a., 7. Aufl., München 2021
Pietzcker, Jost	„Grundrechtsbetroffenheit“ in der verwaltungsrechtlichen Dogmatik, in: G. Püttner (Hrsg.), Festschrift für O. Bachof zum 70. Geburtstag, München 1984, S. 131-149
Sachs, Michael (Hrsg.)	Grundgesetz. Kommentar, 9. Aufl., München 2019
Ders.	Verfassungsrecht II – Grundrechte, 3. Aufl., Berlin/Heidelberg 2017
Schlaich, Klaus/Korioth, Stefan	Das Bundesverfassungsgericht, 12. Aufl., München 2021
Schlink, Bernhard	Der Grundsatz der Verhältnismäßigkeit, in: Badura/Dreier (Hrsg.), Festschrift 50 Jahre Bundesverfassungsgericht, Zweiter Band: Klärung und Fortbildung des Verfassungsrechts, Tübingen 2001, S. 445-465
Schmidt-Bleibtreu, Bruno/ Klein, Franz/Bethge, Herbert	Bundesverfassungsgerichtsgesetz. Kommentar, 62. EL, München 2022

Hausarbeit 2

Verbot der Religionsgemeinschaft

von Thorsten Kingreen

1 Die als eingetragener Verein organisierte Glaubensgemeinschaft G hat ihren Sitz in der nordrhein-westfälischen Stadt S; alle ihre ca. 500 Mitglieder leben dort. Die Satzung des Vereins, die allgemein befolgt wird, enthält u.a. folgende Passagen:

§ 1 Ziel der G

[1]Wir wollen gemeinsam leben nach den Gesetzen des erleuchteten E. [2]Er ist der einzige wahre Herrscher auf Erden. [3]Ein Leben nach seinen Gesetzen ermöglicht jedem schon heute eine Existenz in Frieden und wirtschaftlichem Wohlstand.

§ 2 Pflichten der Mitglieder

[1]Unsere Mitglieder verpflichten sich vor dem göttlichen E, die Ziele der G nach Kräften zu fördern. [2]Jedes Mitglied hat der Gemeinschaft durch Fleiß in seinem alltäglichen Leben Ehre zu machen. [3]Um die Ziele der G zu fördern, sollen unsere Mitglieder wichtige Positionen der Gesellschaft besetzen. [4]Jedes Mitglied sollte an den Versammlungen der jeweiligen Niederlassung der G mindestens alle 2 Wochen teilnehmen. [5]Die Verbreitung unserer Ideen ist wichtiges Ziel aller Mitglieder.

§ 3 Der göttliche Wille

[1]Die christlichen Kirchen sind wegen ihrer Gottlosigkeit Feinde der G. [2]In einer nach den Idealen des E gestalteten Gesellschaft sollten ihre Anhänger keine Menschen- oder Bürgerrechte genießen. [3]Ihre Präsenz im öffentlichen Leben ist nicht göttlich gewollt.

§ 4 Beiträge

[1]Der Mitgliedschaftsbeitrag beträgt 3000,– Euro/Jahr. [2]Für die Teilnahme an unseren Versammlungen werden jeweils 10,– Euro Eintritt berechnet. [3]Die Mittel des Vereins dürfen ausschließlich zur Förderung unserer Versammlungen sowie zur Werbung neuer Mitglieder verwendet werden. [4]Einem Mitglied, das einmalig zur Zahlung fälliger Beiträge nicht in der Lage ist, kann ein Zahlungsaufschub von bis zu 3 Monaten gewährt werden. [5]Sind die Beiträge dann nicht geleistet, so hat sich das Mitglied als der Erleuchtung unwürdig erwiesen, es ist aus der G auszuschließen. [6]In besonderen Fällen können Beiträge durch Arbeitsleistungen für die Gemeinschaft erbracht werden, die mit 12,– Euro/Std. angerechnet werden.

G erlangt im öffentlichen Leben eine zunehmende Präsenz und findet auch durch Stellungnahmen zu allgemeinpolitischen Fragen steigende Beachtung. In vielen Schulen tauchen Flugblätter auf, die Schüler und Schülerinnen mit dem Versprechen, nur in der Glaubensgemeinschaft Liebe, Geborgenheit und Erlösung zu finden, auffordern, Mitglied der G zu werden. G schafft es, in einzelnen Unternehmen des Landes und in Teilen der öffentlichen Verwaltung Mitglieder zu platzieren, die dort ihre Lehren verbreiten. Nach diversen kritischen Medienberichten verbreitet sich insbesondere unter den Mitgliedern der christlichen Kirchen eine gewisse Unruhe.

Nach Anhörung der G stellt der nordrhein-westfälische Innenminister deren Verfassungswidrigkeit fest und erlässt eine Auflösungsverfügung. Die durch ihren Vorstand vertretene G ist empört. Sie sieht sich in ihrer Vereinigungsfreiheit (Art. 9 Abs. 1 GG), in ihrer Religionsfreiheit (Art. 4 Abs. 1, 2 GG) und in ihrem Recht auf religiöse Vereinigung (Art. 140 GG/Art. 137 Abs. 2 WRV) verletzt. Religionsfreiheit und das Recht auf religiöse Vereinigung seien vorbehaltlos gewährleistet, schon aus diesem Grunde sei die Verbotsverfügung verfassungswidrig. Jedenfalls fehle es an einer einfach-rechtlichen Grundlage für die Verbotsverfügung. Im Übrigen zwinge sie, die G, niemanden, Mitglied zu werden. Wer seine Mitgliedschaft beenden wolle, müsse nach der Satzung lediglich die Zahlung seiner Mitgliedsbeiträge einstellen.

Der Innenminister ist demgegenüber der Ansicht, G sei überhaupt keine Religions- oder Weltanschauungsgemeinschaft, sondern vielmehr ein Wirtschaftsunternehmen, das auf Gewinnerzielung ausgerichtet ist. Dies ergebe sich aus den in § 4 der Satzung niedergelegten hohen Beiträgen, der Unnachgiebigkeit gegenüber säumigen Schuldnern und ihrer politischen Ausrichtung. §§ 1, 2 S. 3 und 3 der Satzung belegten die Verfassungsfeindlichkeit der G und ein übermäßiges politisches Machtstreben. Die Demokratie solle abgeschafft werden, Diskriminierungen Andersdenkender gehörten zum Wesen der G. Eine Infiltration staatlicher Institutionen durch Mitglieder der G könne aus rechtsstaatlichen Gründen nicht hingenommen werden. Für solche Fälle enthielten Art. 9 Abs. 2 GG, Art. 140 GG/Art. 137 Abs. 3 S. 1 WRV und Art. 140 GG/Art. 136 Abs. 1 WRV die erforderlichen Verbotsermächtigungen selbst für den Fall, dass die G als Religionsgemeinschaft anzusehen sei.

Nachdem G weder vor dem Verwaltungsgericht noch vor dem Oberverwaltungsgericht mit ihrer Rechtsauffassung durchdringen konnte und auch ihre Nichtzulassungsbeschwerde vor dem Bundesverwaltungsgericht erfolglos blieb, will sie Verfassungsbeschwerde erheben. Mit Aussicht auf Erfolg?

2 Gliederung

Rn.

A. Zulässigkeit der Verfassungsbeschwerde 3
I. Zuständigkeit des Bundesverfassungsgerichts 3
II. Beschwerdefähigkeit 4
III. Prozessfähigkeit 5
IV. Beschwerdegegenstand 6
V. Beschwerdebefugnis 8
1. Möglichkeit einer Grundrechtsverletzung 9
2. Qualifizierte Betroffenheit 11
VI. Rechtswegerschöpfung/Subsidiarität 14
VII. Zwischenergebnis 16
B. Begründetheit der Verfassungsbeschwerde 17
I. Verfassungsrechtlicher Maßstab 18
II. Art. 140 GG/Art. 137 Abs. 2 S. 1 WRV 23
1. Schutzbereich 24
a) Religionsgesellschaft 25
b) Ausschluss durch wirtschaftliche oder politische Betätigung 27
c) Verfassungsrechtliche Loyalitätspflicht als Schutzbereichsbegrenzung 30
2. Eingriff 33
3. Verfassungsrechtliche Rechtfertigung 34
a) Verfassungsrechtliche Eingriffsermächtigung 36
aa) Art. 9 Abs. 2 GG 37
bb) Art. 140 GG/Art. 136 Abs. 1 WRV 42
cc) Art. 140 GG/Art. 137 Abs. 3 S. 1 WRV 43
dd) Grundrechte Dritter 44
b) Verfassungsmäßige Eingriffsgrundlage 46
c) Verfassungsmäßige Anwendung der Eingriffsgrundlage 47
III. Art. 9 Abs. 1 GG 51
IV. Zwischenergebnis 52
C. Ergebnis 53
Literaturverzeichnis 54

Gutachten

A. Zulässigkeit der Verfassungsbeschwerde

I. Zuständigkeit des Bundesverfassungsgerichts

3 Das Bundesverfassungsgericht ist nach Art. 93 Abs. 1 Nr. 4a GG, §§ 13 Nr. 8a, 90 Abs. 1 BVerfGG für die Entscheidung über Verfassungsbeschwerden zuständig.

II. Beschwerdefähigkeit

Gemäß Art. 93 Abs. 1 Nr. 4a GG, § 90 Abs. 1 BVerfGG kann „jedermann" Verfassungsbeschwerde erheben. Gemeint sind alle natürlichen und juristischen Personen, soweit diese Träger von Grundrechten sein können[1]. Als eingetragener Verein ist die G grundsätzlich Trägerin von Grundrechten. Sie ist daher beschwerdefähig. 4

III. Prozessfähigkeit

Prozessfähigkeit meint die Fähigkeit, Prozesshandlungen selbst oder durch einen selbst bestimmten Vertreter geltend zu machen[2]. Die G wird durch ihren Vorstand vertreten (§ 26 Abs. 2 BGB) und ist somit prozessfähig. 5

IV. Beschwerdegegenstand

Beschwerdegegenstand kann gem. Art. 93 Abs. 1 Nr. 4a GG, § 90 Abs. 1 BVerfGG jeder Akt der öffentlichen Gewalt sein, in Anlehnung an die Grundrechtsbindung des Art. 1 Abs. 3 GG also jedes Tun oder Unterlassen (§§ 92, 95 Abs. 1 S. 1 BVerfGG) von Legislative, Exekutive oder Judikative. Welchen Akt der Beschwerdeführer im konkreten Fall oder ob er mehrere Akte angreift, liegt dabei in seinem Ermessen. Er hat grundsätzlich die Wahl, ob er nur das letztinstanzliche Urteil oder zusätzlich die Entscheidungen der Vorinstanzen bzw. den zugrunde liegenden Akt angreifen will[3]. 6

G wendet sich gegen die Verbotsverfügung des Innenministeriums und die diese bestätigenden Entscheidungen. Es handelt sich um Maßnahmen der Exekutive und der Judikative, mithin um Akte der öffentlichen Gewalt und damit geeignete Beschwerdegegenstände. 7

V. Beschwerdebefugnis

G muss beschwerdebefugt sein, d.h. sie muss die Möglichkeit einer Grundrechtsverletzung und eine eigene, gegenwärtige und unmittelbare Beschwer dartun[4]. 8

1. Möglichkeit einer Grundrechtsverletzung

Art. 93 Abs. 1 Nr. 4a GG verlangt die Behauptung einer Grundrechtsverletzung von Seiten des Beschwerdeführers. Aus seinem Vortrag muss sich demnach die Möglichkeit einer Grundrechtsverletzung ergeben[5], eine Verletzung darf also nicht von vornherein ausgeschlossen sein[6]. Durch die vom Innenministerium erlassene Auflösungsverfügung sowie die nachfolgenden verwaltungsgerichtlichen Entscheidungen sieht sich die G in ihrer Vereinigungsfreiheit, ihrer Religionsfreiheit und ihrem Recht auf religiöse Vereinigung verletzt. Da es sich bei der G nach ihrem eigenen Selbstverständnis um eine Glaubensgemeinschaft handelt, die körperschaftlich organisiert ist, kann zumindest eine Verletzung 9

1 *Kingreen/Poscher*, Grundrechte, Rn. 1471.
2 *Kingreen/Poscher*, Grundrechte, Rn. 1472; vgl. auch BVerfGE 72, 122 (132 f.).
3 BVerfGE 19, 377 (389).
4 *Kment*, in: Jarass/Pieroth, GG, Art. 93 Rn. 22 ff.
5 BVerfGE 6, 445 (447); 28, 17 (19); 64, 367 (375); 65, 227 (232 f.); 83, 162 (169).
6 BVerfGE 52, 303 (327 f.); *Hartmann*, JuS 2003, S. 897 (898 ff.).

der in Art. 4 Abs. 1, 2 GG verbürgten Glaubensfreiheit, der in Art. 9 Abs. 1 GG normierten Vereinigungsfreiheit bzw. der in Art. 140 GG/Art. 137 Abs. 2 S. 1 WRV geschützten religiösen Vereinigungsfreiheit nicht von vornherein ausgeschlossen werden.

10 **Hinweis zum Aufbau:** Es ist umstritten, welches Grundrecht die religiöse Vereinigungsfreiheit schützt (vgl. unten B. I.). Diese Frage sollte hier aber noch nicht thematisiert werden, denn verfassungsprozessual muss nur irgendein Grundrecht möglicherweise betroffen sein.

2. Qualifizierte Betroffenheit

11 Nach Art. 93 Abs. 1 Nr. 4a GG, § 90 Abs. 1 BVerfGG muss der Beschwerdeführer behaupten, in einem „seiner" Grundrechte verletzt zu sein. Es muss sich folglich um eigene Rechte des Beschwerdeführers handeln, eine Popularverfassungsbeschwerde ist nicht statthaft[7]. Die G ist Adressatin sowohl der Verbotsverfügung als auch der diese bestätigenden Entscheidungen, mithin selbst betroffen.

12 Sie müsste zudem gegenwärtig, also schon oder noch betroffen sein[8]. Die Verbotsverfügung ist bereits erlassen und nicht wieder aufgehoben. Mit der Ablehnung der Nichtzulassungsbeschwerde durch das Bundesverwaltungsgericht ist auch das Urteil des Oberverwaltungsgerichts in Rechtskraft erwachsen (vgl. § 133 Abs. 5 S. 1 und 3 VwGO), so dass die G durch die in Rede stehenden Akte der öffentlichen Gewalt auch gegenwärtig betroffen ist.

13 Die unmittelbare Beschwer schließlich fehlte dann, wenn nicht der angegriffene Akt selbst, sondern erst ein notwendiger oder in der Verwaltungspraxis üblicher Vollzugsakt in Grundrechte des Beschwerdeführers eingriffe[9]. Weder die Verbotsverfügung noch die angegriffenen Entscheidungen bedürfen indes eines solchen Vollzugsaktes, sondern wirken vielmehr unmittelbar.

VI. Rechtswegerschöpfung/Subsidiarität

14 Die G müsste gem. § 90 Abs. 2 S. 1 BVerfGG den Rechtsweg erschöpft haben. Im Gegenschluss aus § 93 Abs. 3 BVerfGG ergibt sich, dass ihr der Rechtsweg offen steht. Nachdem die G den vorgegebenen Instanzenzug einschließlich der Nichtzulassungsbeschwerde gem. § 133 VwGO[10] durchlaufen hat, ist der nach § 90 Abs. 2 S. 1 BVerfGG erforderliche Rechtsweg erschöpft.

15 Gemäß dem aus dem Gebot der Rechtswegerschöpfung abgeleiteten[11] Grundsatz der Subsidiarität muss der Beschwerdeführer „alle nach Lage der Sache zur Verfügung stehenden prozessualen Möglichkeiten ergreifen, um die geltend gemachte Grundrechtsverletzung in dem unmittelbar mit ihr zusammenhängenden sachnäheren Verfahren zu verhindern oder zu beseitigen"[12]. Anhaltspunkte für derartige Rechtsschutzmöglichkeiten bestehen nicht.

---

7 BVerfGE 72, 122 (131); 79, 1 (14).
8 BVerfGE 60, 360 (371); *Kingreen/Poscher*, Grundrechte, Rn. 1495 f.
9 BVerfGE 53, 366 (389); 70, 35 (50 f.).
10 Vgl. BVerfG-K, NJW 1996, S. 45 (45).
11 *Kment*, in: Jarass/Pieroth, GG, Art. 93 Rn. 34.
12 BVerfGE 114, 258 (279); ähnlich auch BVerfGE 112, 50 (60).

VII. Zwischenergebnis

Bei Wahrung der in § 93 Abs. 1 BVerfGG vorgesehenen Monatsfrist und Einhaltung der in den §§ 92, 23 Abs. 1 BVerfGG normierten Formvorgaben ist die Verfassungsbeschwerde der G zulässig. **16**

B. Begründetheit der Verfassungsbeschwerde

Die Verfassungsbeschwerde der G ist begründet, soweit sie durch die angegriffene Verbotsverfügung und die diese bestätigenden Entscheidungen in ihren Grundrechten verletzt wird. **17**

I. Verfassungsrechtlicher Maßstab

Es könnte ein Verstoß gegen die religiöse Vereinigungsfreiheit vorliegen. Es ist umstritten, welches Grundrecht diese schützt: In Betracht kommen neben Art. 9 Abs. 1 GG vor allem Art. 4 Abs. 1, 2 GG und Art. 140 GG/Art. 137 Abs. 2 S. 1 WRV[13]. **18**

Nur vereinzelt wird Art. 9 Abs. 1 GG als einschlägiges Grundrecht angesehen[14] bzw. wird Art. 9 Abs. 1 GG neben den Gewährleistungen der Religionsfreiheit angewendet[15]. Dagegen spricht nämlich, dass Art. 140 GG/Art. 137 Abs. 2 S. 1 WRV die religiöse Vereinigungsfreiheit explizit schützt[16]. **19**

Überwiegend wird die religiöse Vereinigungsfreiheit daher allein in den Vorschriften über die Religionsfreiheit verortet, wobei hinsichtlich der konkret schützenden Vorschrift keine Einigkeit herrscht: Ein möglicher Ansatzpunkt ist Art. 140 GG/Art. 137 Abs. 2 S. 1 WRV, der die Freiheit der Vereinigung zu Religionsgesellschaften gewährleistet. Zum Teil wird darin eine vorrangige Spezialregelung zu der in Art. 4 Abs. 1, 2 GG garantierten kollektiven Religionsfreiheit und zu der in Art. 9 Abs. 1 GG gewährleisteten allgemeinen Vereinigungsfreiheit gesehen[17]. Nach anderer Ansicht wird die Freiheit zur Vereinigung in Religionsgemeinschaften durch Art. 4 Abs. 1, 2 GG geschützt[18]. Art. 140 GG/Art. 137 Abs. 2 S. 1 WRV wird daneben meist als allein deklaratorische Vorschrift verstanden, die jedenfalls kein Grundrecht enthalte und daher keine rügefähige Rechtsposition i.S.d. Art. 93 Abs. 1 Nr. 4a GG vermitteln könne[19]. Seit der Bahá'í-Entscheidung aus dem Jahre 1991 geht auch das Bundesverfassungsgericht davon aus, „dass Art. 4 Abs. 1 und 2 GG sich für die Gewährleistung der religiösen Vereinigungsfreiheit auf Art. 140 GG/Art. 137 Abs. 2 S. 1 WRV bezieht und sie in diesem normativen Sinne mit umfasst"[20]. Art. 137 Abs. 2 S. 1 WRV ist damit keine selbständige Gewährleistung, sondern Ausprägung der in Art. 4 Abs. 1, 2 GG gewährleisteten kollektiven Religionsfreiheit[21]. **20**

13 *Veelken*, Verbot Weltanschauungs- und Religionsgemeinschaften, S. 94 ff.
14 *Ott*, DÖV 1971, S. 763 (763 f.).
15 *Planker*, DÖV 1997, S. 101 (101 f.); *Veelken*, Verbot Weltanschauungs- und Religionsgemeinschaften, S. 118.
16 *Veelken*, Verbot Weltanschauungs- und Religionsgemeinschaften, S. 101 ff.
17 *Ehlers*, in: Sachs, GG, Art. 140 Rn. 2, Art. 140/Art. 137 WRV Rn. 3; *Muckel*, Religiöse Freiheit, S. 164 f.; wohl auch *Weber*, in: Listl/Pirson, Handbuch des Staatskirchenrechts Bd. II, S. 1068 ff.
18 *Jarass*, in: ders./Pieroth, GG, Art. 140 Rn. 2; *Mager*, in: von Münch/Kunig, GG, Art. 4 Rn. 50; *Morlok*, in: Dreier, GG, Art. 4 Rn. 89.
19 BVerfGE 19, 129 (135).
20 BVerfGE 83, 341 (355).
21 *von Campenhausen*, in: Isensee/Kirchhof, Handbuch des Staatsrechts Bd. VII, § 157 Rn. 98; *Jeand'Heur/Korioth*, Staatskirchenrecht, Rn. 81; *Lücke*, EuGRZ 1995, S. 651 (652).

21 Für die Gesamtbetrachtung des Bundesverfassungsgerichts spricht, dass sich Art. 140 GG/Art. 137 Abs. 2 S. 1 WRV nicht im Grundrechtsabschnitt, sondern im XI. Teil in den Übergangs- und Schlussbestimmungen des Grundgesetzes befindet. Art. 93 Abs. 1 Nr. 4a GG nennt aber enumerativ und damit abschließend diejenigen Normen außerhalb des Grundrechtsabschnittes, die im Wege der Verfassungsbeschwerde gerügt werden können. Dazu gehört Art. 140 GG nicht. Art. 140 GG/Art. 137 Abs. 2 S. 1 WRV wird damit nicht bedeutungslos, denn Art. 4 Abs. 1, 2 GG bildet nur den prozessualen Aufhänger für die Geltendmachung eines Verstoßes gegen die religiöse Vereinigungsfreiheit. Art. 140 GG/Art. 137 Abs. 2 S. 1 WRV ist daher zwar prozessual kein Grundrecht i.S.d. Art. 93 Abs. 1 Nr. 4a GG; über Art. 4 Abs. 1, 2 GG wird er aber materiell zum Maßstab der Begründetheitsprüfung[22].

22 **Hinweis zum Aufbau und zur Bewertung:** Gut vertretbar ist es aber auch, Art. 140 GG/Art. 137 Abs. 2 S. 1 WRV durchgängig, unabhängig von Art. 4 Abs. 1, 2 GG als Spezialnorm zu prüfen. In der Sache, insbesondere im Hinblick auf die Schrankenproblematik, ändert sich dadurch nichts.

II. Art. 140 GG/Art. 137 Abs. 2 S. 1 WRV

23 Die Verbotsverfügung des Innenministeriums könnte gegen Art. 140 GG/Art. 137 Abs. 2 S. 1 WRV verstoßen, der die Freiheit der Vereinigung zu Religionsgemeinschaften gewährleistet.

1. Schutzbereich

24 Art. 140 GG/Art. 137 Abs. 2 S. 1 WRV „umfasst die Freiheit, aus gemeinsamem Glauben sich zu einer Religionsgesellschaft zusammenzuschließen und zu organisieren"[23]. Gleichbedeutend mit „Religionsgesellschaft" wird der Begriff der „Religionsgemeinschaft" verwendet[24].

a) Religionsgesellschaft

25 Fraglich ist, ob es sich bei der G um eine Religionsgesellschaft im Sinne von Art. 140 GG/Art. 137 Abs. 2 S. 1 WRV handelt[25]. Das Grundgesetz gibt den Begriff der Religionsgesellschaft ohne weitere Konkretisierung vor, und auch die Rechtsprechung hat noch keine griffige Definition entwickelt. Dem Problem der begrifflichen Fixierung liegt das Spannungsverhältnis zwischen Selbstbestimmung und Selbstverständnis des Grundrechtsträgers auf der einen und staatlichem Konkretisierungsprimat auf der anderen Seite zugrunde[26]. Inhaltliche Kriterien dürfen, da der Begriff angesichts einer umfas-

22 *Kment*, in: Jarass/Pieroth, GG, Art. 93 Rn. 132.
23 BVerfGE 83, 341 (355).
24 *Hesse*, in: Handbuch des Staatskirchenrechts Bd. I, S. 534.
25 *Poscher*, Der Staat 39 (2000), S. 49 ff.; *Veelken*, Verbot Weltanschauungs- und Religionsgemeinschaften, S. 10 ff.
26 Vgl. etwa *Bock*, AöR 123 (1998), S. 444 (452 ff.); *Isak*, Selbstverständnis, S. 105 ff.; *Jeand'Heur/Korioth*, Staatskirchenrecht, Rn. 88 ff.; *Morlok*, Selbstverständnis, S. 78 ff., 442 ff.; *Muckel*, Religiöse Freiheit, S. 27 ff.

send gewährten Religionsfreiheit kein abendländisches Privileg ist[27], einerseits nicht allein an den bereits bestehenden Religionsgemeinschaften ausgerichtet sein, sondern müssen offen sein für die Besonderheiten neuer religiöser Bewegungen und nichtchristlicher Weltreligionen. Andererseits dürfen staatskirchenrechtliche Grundbegriffe nicht der Beliebigkeit preisgegeben werden, darf mithin nicht alles, was sich als religiös bezeichnet, auch als Religionsgemeinschaft anerkannt werden[28]. Vielmehr muss die Gemeinschaft „nach geistigem Gehalt und äußerem Erscheinungsbild“[29] auf einer Religion beruhen. Dies im Streitfall zu überprüfen und zu entscheiden, obliegt den Gerichten, die dabei „den von der Verfassung gemeinten oder vorausgesetzten, dem Sinn und Zweck der grundrechtlichen Verbürgung entsprechenden Begriff der Religion zugrunde zu legen haben“[30]. Religion in diesem Sinne meint eine Gesamtsicht der Welt, der es um die Stellung des Menschen in dieser, seine Herkunft, sein Ziel und seine Beziehung zu höheren Mächten geht und aus der Folgerungen für die Gestaltung des Lebens gezogen werden[31].

G bezieht sich in ihrem Glauben auf den „erleuchteten E“ als Quelle göttlicher Gesetze (§ 1 der Satzung), leitet aus dieser Beziehung konkrete gesellschaftliche Aufgaben ab (§ 2 S. 2 und 3 der Satzung) und ehrt den E durch Versammlungen mit Gottesdienstcharakter. Sie betätigt sich damit im Prinzip religiös. **26**

b) Ausschluss durch wirtschaftliche oder politische Betätigung

Fraglich ist aber, ob der G wegen ihrer wirtschaftlichen oder politischen Betätigung der Charakter einer Religionsgemeinschaft abzusprechen ist. Religiöse Vereinigungen können eine Vielzahl von Aktivitäten entfalten, die nicht in unmittelbarem Zusammenhang mit religiösen Aufgaben stehen, und sie können auch Stellung zu aktuellen politischen Fragen nehmen. Wirtschaftliche und politische Betätigung als solche schadet dem Charakter als Religion bzw. Religionsgemeinschaft daher grundsätzlich nicht[32]. Das Bundesverwaltungsgericht betont aber, dass das Religiöse von zentraler Bedeutung für das Bekenntnis sein und das Wesen der Bekenntnisgemeinschaft ausmachen müsse[33]. Die Pflege der Religion darf also nicht nur ein Zweck unter anderen sein, darf nicht nur Vorwand für andere, nichtreligiöse Ziele der Vereinigung sein. Anderenfalls ließen sich die Privilegierungen, die Religionsgemeinschaften etwa im Vergleich mit Wirtschaftsunternehmen oder politischen Parteien genießen, nicht rechtfertigen[34]. **27**

Es ist daher zunächst zu prüfen, ob wirtschaftliche Betätigung und Gewinnerzielung den Aktionsradius der G derart prägen, dass dahinter der religiöse Bezug zurücktritt. Neben der Höhe der Einnahmen ist dabei insbesondere entscheidend, ob die im Rahmen der **28**

27 *Kingreen/Poscher*, Grundrechte, Rn. 722; *Müller-Volbehr*, DÖV 1995, S. 301 (304).
28 BVerfGE 83, 341 (353, 355 f.); *Poscher*, Der Staat, 39 (2000), S. 49 (50 f.).
29 BVerfGE 83, 341 (353).
30 BVerfGE 83, 341 (353).
31 BAGE 79, 319 (338); BVerwGE 90, 112 (115); *Isak*, Selbstverständnis, S. 281 ff.; *Kästner*, AöR 123 (1998), S. 408 (409 ff.); *Morlok*, in: Dreier, GG, Art. 4 Rn. 60; *Starck*, in: von Mangoldt/Klein/Starck, GG, Art. 4 Abs. 1, 2 Rn. 33.
32 BVerwGE 37, 344 (362 f.); 90, 112 (118).
33 BVerwGE 61, 152 (156); vgl. ferner *Badura*, Schutz von Religion, S. 55 f.; *Muckel*, Religiöse Freiheit, S. 132 ff.
34 *Pieroth/Kingreen*, NVwZ 2001, S. 841 (843).

wirtschaftlichen Betätigung erzielten Erlöse in einer Weise verwendet werden, die mit der vorgetragenen gemeinschaftlichen Überzeugung unvereinbar sind[35]. Der Jahresbeitrag von 3000,– Euro erscheint relativ hoch und dürfte etwa weit über dem Durchschnitt der abgeführten Kirchensteuer für Mitglieder der christlichen Kirchen liegen. Dies und der Eintritt zu den zweiwöchentlichen Versammlungen spricht eher dafür, dass das Interesse an der Verbreitung und Vertiefung des Glaubens hinter dem Aspekt der Erlöserzielung zurücktritt. Doch dürfte dies hier keine entscheidende Bedeutung haben. Der finanzielle Bedarf kleinerer und neuer Religionsgemeinschaften kann in Einzelfällen weitaus größer sein als der christlicher Kirchen, zumal die G keinerlei Kirchensteuern erhält, sich also selbst finanzieren muss und dabei auch nicht auf die staatliche Infrastruktur zurückgreifen kann. Wie die G ihre Finanzverhältnisse im Einzelnen gestaltet, hat sie daher kraft ihres Selbstbestimmungsrechts grundsätzlich selbst zu entscheiden[36]. Außerdem kann gerade die Höhe der Beiträge auch als Voraussetzung dafür angesehen werden, dass sich die Anhänger der G bewusst für ihre Gemeinschaft entscheiden. Entscheidend dürfte daher vielmehr die Verwendung der Mittel sein, und diese sollen nach § 4 S. 3 der Satzung allein im Sinne der Gemeinschaft verwendet werden. Problematisch könnte allenfalls noch die Unnachgiebigkeit gegenüber säumigen Schuldnern (§ 4 S. 4 und 5 der Satzung) sein. Dies lässt daran zweifeln, ob sich die G wirklich um jede Seele bemühen will; möglicherweise kommt es ihr vielmehr darauf an, zahlungskräftige Mitglieder zu rekrutieren. Allerdings gehört zu den Ideen der G, dass Geldmangel i.d.R. die Ursache mangelnden Fleißes ist, der für die G zentrale Bedeutung besitzt (§ 2 S. 2 der Satzung). Überdies räumt die Glaubensgemeinschaft den Gläubigen die Möglichkeit ein, den Beitrag durch Arbeitsleistung zu erbringen; die insoweit abzuleistende Arbeitszeit dürfte bei 3000,– Euro Jahresbeitrag und einer Vergütung von 12,– Euro/Stunde mit ca. fünf Stunden pro Woche im Vergleich zu anderen Glaubensgemeinschaften noch nicht einmal unverhältnismäßig hoch liegen. Die Art der Finanzierung und der Umgang der G mit ihren Anhängern ändert daher am Charakter der G als Religionsgemeinschaft nichts.

29 Ferner ist zu überlegen, ob die Eigenschaft der G durch ihr politisches Engagement ausgeschlossen sein kann. Dem Sachverhalt ist hier nur zu entnehmen, dass die G jedenfalls auch Stellung zu allgemeinpolitischen Fragen nimmt. Es ist aber nicht ersichtlich, dass dies zum Schwerpunkt der Aktivitäten der G gehört; sie geht vielmehr über die allgemeine Inanspruchnahme des Öffentlichkeitsanspruches, der auch das Engagement im politischen Raum einschließt[37], nicht hinaus.

c) Verfassungsrechtliche Loyalitätspflicht als Schutzbereichsbegrenzung

30 Fraglich ist schließlich, welche Auswirkungen die möglicherweise verfassungsfeindlichen Tendenzen der G auf die Bestimmung des Begriffs der Religionsgemeinschaft haben. Hier wird vereinzelt vertreten, der Schutz beschränke sich auf solche Religionsgemeinschaften, deren Lehren und Praktiken im Einklang mit dem Grundgesetz stehen[38]. Dies umgeht die dogmatische Schwierigkeit, dass Religionsfreiheit und die Freiheit der religiösen Vereinigung nach dem Verfassungstext vorbehaltlos gewährleistet sind. Doch gerade darin

35 *Veelken*, Verbot Weltanschauungs- und Religionsgemeinschaften, S. 54 ff.
36 BVerwGE 90, 112 (116).
37 BVerwGE 37, 344 (362 f.); *Veelken*, Verbot Weltanschauungs- und Religionsgemeinschaften, S. 61 f.
38 *Obermayer*, ZevKR 27 (1982), S. 253 (261); vgl. auch *Poscher*, KritV 2002, S. 298 (304 f.).

besteht das Problem einer Eingrenzung des Schutzbereiches durch eine Loyalitätspflicht: Bei konfliktträchtigen neuen Formen der Religionsausübung können die strengen Rechtfertigungsanforderungen durch eine Ausgrenzung einer Religion aus dem Schutzbereich umgangen werden[39]. Damit wird die differenzierte Systematik der Schrankenanforderungen, und zwar hier besonders der Vorschriften, die Fragen der Verfassungstreue (etwa Art. 5 Abs. 3 S. 2, 9 Abs. 2, 18, 21 Abs. 2 GG) speziell regeln, konterkariert. Eine mögliche Verfassungsfeindlichkeit der G wird damit nicht irrelevant, doch kann sie allein auf der Ebene der Eingriffsrechtfertigung eine Rolle spielen[40]. Die eingreifende Staatsgewalt wird so gezwungen, ihr Handeln konkret an entgegenstehenden Verfassungsgütern zu legitimieren[41]. Auch das früher verwendete Kriterium der „Kulturadäquanz", das auf die Anschauungen der „heutigen Kulturvölker"[42] abgestellt hat, hat das Bundesverfassungsgericht mittlerweile ausdrücklich aufgegeben[43].

Hinweis zum Aufbau: Davon zu trennen ist die Frage, ob Religionsgemeinschaften zur Erlangung des Körperschaftsstatus (Art. 140 GG/Art. 137 Abs. 5 S. 2 WRV) eine gewisse Staatsloyalität nachweisen müssen[44]. 31

Ob es bei der Frage der Grundrechtsträgerschaft juristischer Personen im Rahmen des 32
Art. 4 Abs. 1, 2 GG eines Rückgriffs auf Art. 19 Abs. 3 GG bedarf, ist umstritten[45]. Ihre Grundrechtsträgerschaft ist jedenfalls dann zu bejahen, „wenn ihr Zweck die Pflege oder Förderung eines religiösen oder weltanschaulichen Bekenntnisses ist"[46]. Dies ist bei der G, wie oben dargelegt[47], der Fall, ein Streitentscheid mithin entbehrlich. Die G ist also eine Religionsgemeinschaft im Sinne des Art. 140 GG/Art. 137 Abs. 2 S. 1 WRV. Der Schutzbereich ist damit berührt.

2. Eingriff

Ein Eingriff ist jedes dem Staat zurechenbare Handeln, das dem Grundrechtsträger die 33
Wahrnehmung seines Grundrechts innerhalb des Schutzbereichs rechtlich oder faktisch ganz oder teilweise unmöglich macht[48]. Die Verbotsverfügung des Innenministers und die verwaltungsgerichtlichen Entscheidungen lösen die G auf und hindern ihre Mitglieder an der Wahrnehmung ihrer Freiheit zu religiöser Vereinigung. Somit liegt ein Eingriff vor.

39 Allgemein zu diesem Problem etwa *Kingreen/Poscher*, Grundrechte, Rn. 298 ff.
40 *Fehlau*, JuS 1993, S. 441 (444 f.); *Muckel*, Religiöse Freiheit, S. 208.
41 *Pieroth/Kingreen*, NVwZ 2001, S. 841 (843).
42 BVerfGE 12, 1 (4).
43 BVerfGE 41, 29 (50); vgl. auch *Hassemer/Hömig*, EuGRZ 1999, S. 525 (526); *Jeand,Heur/Korioth*, Staatskirchenrecht, Rn. 95 ff.
44 So BVerwGE 105, 117 (122); dagegen etwa *Huster*, JuS 1998, S. 117 ff.
45 So implizit BVerfGE 105, 279 (293); *von Campenhausen*, in: Isensee/Kirchhof, Handbuch des Staatsrechts, Bd. VII, § 157 Rn. 98; dagegen: *Listl*, in: Handbuch des Staatskirchenrechts, Bd. I, S. 461.
46 BVerfGE 105, 279 (293); ferner: BVerfGE 70, 138 (160 f.); 99, 100 (118).
47 Siehe unter B. II. 1 (Rn. 24 ff.).
48 Vgl. *Kingreen/Poscher*, Grundrechte, Rn. 340.

3. Verfassungsrechtliche Rechtfertigung

34 Der Eingriff ist verfassungsrechtlich gerechtfertigt, wenn die Freiheit der religiösen Vereinigung einschränkbar ist, der Eingriff auf einer verfassungsmäßigen Eingriffsgrundlage beruht und diese im konkreten Fall auch verfassungsmäßig ausgelegt und angewandt worden ist.

35 **Hinweis zum Aufbau:** Die verfassungsrechtliche Rechtfertigung ist der regelmäßig umfangreichste und fehlerträchtigste Prüfungspunkt. Dabei ist es wichtig, zwischen Maßnahmen der Exekutive und Judikative auf der einen und solchen der Legislative auf der anderen Seite zu differenzieren:

- Bei Exekutiv- und Judikativakten bedarf es (1) einer verfassungsrechtlichen Eingriffsermächtigung (Gesetzesvorbehalt oder kollidierendes Verfassungsrecht[49]), (2) eines formell (Gesetzgebungskompetenz, Gesetzgebungsverfahren) und materiell (insbesondere und im Wesentlichen: Grundsatz der Verhältnismäßigkeit) verfassungsgemäßen Gesetzes (kein Eingriff ohne Gesetz – auch bei den Grundrechten ohne Gesetzesvorbehalt!) und (3) der verfassungsgemäßen Anwendung im Einzelfall durch die Verwaltung/das Gericht.
- Bei Gesetzen hingegen muss (1) ebenfalls geprüft werden, ob es eine verfassungsrechtliche Eingriffsermächtigung gibt und (2) ob das Gesetz formell und materiell (insbesondere und im Wesentlichen: Grundsatz der Verhältnismäßigkeit) verfassungsgemäß ist. Der dritte Schritt hingegen entfällt naturgemäß.

a) Verfassungsrechtliche Eingriffsermächtigung

36 Art. 140 GG/Art. 137 Abs. 2 S. 1 WRV selbst enthält keinen Gesetzesvorbehalt. Die verfassungsrechtliche Beschränkungsgrundlage kann sich aber aus anderen Verfassungsnormen ergeben. Zu denken ist an Art. 9 Abs. 2 GG, Art. 140 GG/Art. 137 Abs. 3 S. 1 WRV sowie Art. 140 GG/Art. 136 Abs. 1 WRV.

aa) Art. 9 Abs. 2 GG

37 Fraglich ist, ob Art. 9 Abs. 2 GG auch auf Religionsgemeinschaften anwendbar und damit als Grundlage für eine Einschränkung der religiösen Vereinigungsfreiheit in Betracht kommt.

38 Dies wird mit dem Argument bejaht, bei Art. 9 Abs. 2 GG handele es sich um einen Verbotstatbestand für Vereinigungen aller Art[50]. Ziel sei die Wahrung zentraler, für den Bestand des Staates und seiner Einordnung in die Völkergemeinschaft unverzichtbarer Verfassungsgüter. Insoweit setze Art. 9 Abs. 2 GG dem Wirken von Vereinigungen ohne Rücksicht auf Art und Inhalt ihrer Tätigkeit äußerste, nicht ohne Gefahr für ihre Existenz überschreitbare Grenzen[51]. Tatsächlich unterscheidet Art. 9 Abs. 2 GG nach seinem Wortlaut nicht zwischen religiösen und nichtreligiösen Vereinigungen. Gegen eine Anwendung auf die religiöse Vereinigungsfreiheit sprechen indes systematische Argu-

---

49 *Jarass*, in: ders./Pieroth, GG, Vorb. vor Art. 1 Rn. 38 ff.

50 So BT-Drs. 14/7026, S. 6; BVerwG, NVwZ 2003, S. 986 (987); BVerwG, JZ 2007, S. 144 (145); vgl. auch *Planker*, DÖV 1997, S. 101 (104); *Schmieder*, VBlBW 2002, S. 146 (149).

51 BVerwG, JZ 2007, S. 144 (145); in diesem Sinne auch BVerwGE 37, 344 (364 f.); 105, 117 (121); *Ehlers*, in: Sachs, GG, Art. 140 GG/Art. 137 WRV Rn. 3; *Kokott*, in: Sachs, GG Art. 4 Rn. 151; *Listl*, in: Handbuch des Staatskirchenrechts Bd. I, S. 465; *Starck*, in: von Mangoldt/Klein/Starck, GG, Art. 4 Abs. 1, 2 Rn. 93.

mente: Wenn der Verfassungstext die allgemeine Vereinigungsfreiheit unter einen solchen Vorbehalt stellt, die religiöse Vereinigungsfreiheit aber gerade ausdrücklich und separiert von der allgemeinen Vereinigungsfreiheit erwähnt, ohne ihr eine Schranke anzufügen, so kann daraus nur der Schluss gezogen werden, dass Art. 140 GG/Art. 137 Abs. 2 WRV lex specialis zu Art. 9 Abs. 1 GG ist[52]. Diese grundgesetzlich vorgegebene Differenzierung wird nivelliert, wenn auch die religiöse Vereinigungsfreiheit Art. 9 Abs. 2 GG unterworfen wird[53].

Gegen eine Übertragung der Schranke des Art. 9 Abs. 2 GG auf Art. 140 GG/Art. 137 Abs. 2 S. 1 WRV spricht zudem der systematische Abgleich mit Art. 21 GG, der überwiegend als lex specialis zur allgemeinen Vereinigungsfreiheit verstanden wird[54] und in Art. 21 Abs. 2 GG spezielle Anforderungen an ein Verbotsverfahren enthält. Daraus erhellt, dass das Grundgesetz Sonderregelungen für besondere Vereinigungen kennt, auf die die Vorschriften der allgemeinen Vereinigungsfreiheit nicht anwendbar sind[55]. Die Übertragung des Art. 9 Abs. 2 GG auf Art. 140 GG/Art. 137 Abs. 2 S. 1 WRV würde hier nämlich dazu führen, dass Art. 140 GG/Art. 137 Abs. 2 S. 1 WRV gegenüber Art. 9 Abs. 1 GG nur noch deklaratorische Wirkung hätte, und liefe damit auf eine sonst allgemein abgelehnte Schrankenübertragung[56] hinaus, die die speziellen Schrankenregelungen der Einzelgrundrechte umginge[57]. Zwar kennt das Grundgesetz Regelungen, die nicht auf ein Grundrecht beschränkt sind, sondern für alle Grundrechte gelten sollen. Doch befinden sich diese Regelungen jeweils in separaten Normen, beziehen sich zum Teil ausdrücklich auf einzelne Grundrechte (Art. 17a, 18 GG) oder gelten allgemein für alle Grundrechte (Art. 19 GG); jedenfalls befinden sie sich nicht innerhalb eines Grundrechts[58]. 39

Gegen die hier vertretene Ansicht spricht schließlich auch nicht die Abschaffung des ursprünglich in § 2 Abs. 2 Nr. 3 VereinsG enthaltenen „Religionsprivilegs" durch das Erste Gesetz zur Änderung des Vereinsgesetzes vom 4. Dezember 2001[59]. Denn daraus folgt nur, dass die Eingriffsgrundlagen des Vereinsgesetzes (insbesondere § 3) nunmehr auch für Religionsgesellschaften gelten. Die von Verfassungs wegen zwingende Differenzierung zwischen Religionsgesellschaften und sonstigen Vereinigungen wird dadurch aber nicht berührt. Art. 9 Abs. 2 GG ist daher keine taugliche Ermächtigungsgrundlage für Eingriffe in die religiöse Vereinigungsfreiheit (Art. 140 GG/Art. 137 Abs. 2 S. 1 WRV)[60]. 40

Hinweis zur Bewertung: Die Gegenansicht, die Art. 9 Abs. 2 GG auch auf Religionsgemeinschaften anwendet, ist mit der entsprechenden Argumentation vertretbar! 41

52 *Bauer*, in: Dreier, GG, Art. 9 Rn. 24, 43; *Ehlers*, in: Sachs, GG, Art. 140 GG/Art. 137 WRV Rn. 3; *Kemper*, in: von Mangoldt/Klein/Starck, GG, Art. 9 Abs. 1 Rn. 69; implizit auch BVerfGE 83, 341 (354 ff.).

53 *Michael*, JZ 2002, S. 482 (484); *Pieroth/Kingreen*, NVwZ 2001, S. 841 (844).

54 Vgl. *Kment*, in: Jarass/Pieroth, GG, Art. 21 Rn. 6.

55 *Pieroth/Kingreen*, NVwZ 2001, S. 841 (844).

56 Vgl. *Kingreen/Poscher*, Grundrechte, Rn. 393.

57 *Pieroth/Kingreen*, NVwZ 2001, S. 841 (844).

58 *Veelken*, Verbot Weltanschauungs- und Religionsgemeinschaften, S. 168 f.

59 BGBl. I 2001, S. 3319.

60 So auch *Groh*, KritV 2002, S. 39 (39 f.); *dies.*, Selbstschutz der Verfassung gegen Religionsgemeinschaften, S. 208 ff.; *Hollerbach*, JZ 1997, S. 1117 (1118); *Jarass*, in: ders./Pieroth, GG, Art. 9 Rn. 2; *Veelken*, Verbot Weltanschauungs- und Religionsgemeinschaften, S. 170.

bb) Art. 140 GG/Art. 136 Abs. 1 WRV

42 Als mögliche Eingriffsermächtigung wird darüber hinaus Art. 140 GG/Art. 136 Abs. 1 WRV diskutiert. Der Vorbehalt der bürgerlichen und staatsbürgerlichen Pflichten umfasse sämtliche allgemeinen Rechtspflichten, die durch die Religionsfreiheit nicht bedingt, d.h. als Schranken zu lesen seien[61]. Auch das Bundesverfassungsgericht betont, dass Art. 136 Abs. 1 WRV von Art. 4 Abs. 1, 2 GG „überlagert" werde und sich daher die Frage, „welche staatsbürgerlichen Pflichten im Sinne des Art. 136 Abs. 1 WRV gegenüber dem Freiheitsrecht des Art. 4 Abs. 1 GG mit staatlichem Zwang durchgesetzt werden dürfen, [...] unter der Herrschaft des Grundgesetzes *nur* nach Maßgabe der in Art. 4 Abs. 1 GG getroffenen Wertentscheidung"[62] feststellen lasse. Wenn man zu den staatsbürgerlichen Rechten und Pflichten auch die allgemeine Pflicht zum Gesetzesgehorsam zählt, führt das zu sehr weitgehenden Einschränkungsmöglichkeiten der Religionsfreiheit[63]. Historisch erscheint die Lesart des Art. 136 Abs. 1 WRV als Schranke indes problematisch, weil die Vorschrift nach den Erfahrungen des Kulturkampfes die Religionsfreiheit nicht beschränken, sondern stärken wollte[64]. Gegen die Anwendbarkeit des Art. 136 Abs. 1 WRV spricht auch die verfassungsrechtliche Genese. Anders als die Vorgängernorm Art. 135 WRV enthält Art. 4 GG gerade keinen Gesetzesvorbehalt; eine zunächst vorgesehene Schrankenregelung wurde sogar ausdrücklich verworfen[65]. Gestützt wird dies durch die Tatsache, dass Art. 4 Abs. 1, 2 GG neben der Religions- auch die Gewissensfreiheit schützt, Art. 136 Abs. 1 WRV aber nur die Religionsfreiheit erfasst. Das hätte die sachlich kaum zu rechtfertigende Konsequenz, dass die Gewissensfreiheit in Art. 4 Abs. 1, 2 GG stärker geschützt würde als die Religionsfreiheit[66]. Systematisch ist schließlich zweifelhaft, ob sich Art. 136 Abs. 1 WRV überhaupt auf die in Art. 137 WRV gewährleisteten kollektiven Formen der Religionsfreiheit beziehen kann.

cc) Art. 140 GG/Art. 137 Abs. 3 S. 1 WRV

43 Denkbar wäre schließlich, in Art. 140 GG/Art. 137 Abs. 3 S. 1 WRV eine taugliche Ermächtigungsgrundlage für ein Verbot religiöser Vereinigungen zu sehen. Anknüpfungspunkt ist das in Art. 137 Abs. 3 S. 1 WRV genannte Merkmal „innerhalb der Schranken des für alle geltenden Gesetzes", dem teilweise auch Art. 9 Abs. 2 GG zugeordnet wird[67]. Art. 137 Abs. 2 S. 1 WRV verweist aber gerade nicht auf diese Schranken, die sich nach Wortlaut und Systematik allein auf das Selbstbestimmungsrecht in Art. 137 Abs. 3 WRV, nicht aber auf die davon zu unterscheidende Vereinigungsfreiheit beziehen[68].

61 *Jarass*, in: ders./Pieroth, GG, Art. 4 Rn. 32; *Muckel*, Religiöse Freiheit, S. 225 ff.; *Starck*, in: von Mangoldt/Klein/Starck, GG, Art. 4 Abs. 1, 2 Rn. 87 ff.

62 BVerfGE 33, 23 (30 f.).

63 Ablehnend daher *Fehlau*, JuS 1993, S. 441 (446); *Fleischer*, Religionsbegriff, S. 255; *Veelken*, Verbot Weltanschauungs- und Religionsgemeinschaften, S. 191.

64 *Isak*, Selbstverständnis, S. 255.

65 *Goerlich*, Glaubens- und Religionsfreiheit, S. 221; *Pieroth/Kingreen*, NVwZ 2001, S. 841 (844 f.).

66 *Pieroth/Kingreen*, NVwZ 2001, S. 841 (845).

67 *Planker*, DÖV 1997, S. 101 (105).

68 *Fleischer*, Religionsbegriff, S. 32 f.; *Sachs*, JuS 2004, S. 12 (14); *Veelken*, Verbot Weltanschauungs- und Religionsgemeinschaften, S. 183.

dd) Grundrechte Dritter

Da Art. 140 GG/Art. 137 Abs. 2 WRV mithin keinem, auch keinem aus anderen Verfassungsnormen ableitbaren, Gesetzesvorbehalt unterliegt, können Eingriffe nur unter den auch für andere vorbehaltlose Grundrechte geltenden, erschwerten Voraussetzungen gerechtfertigt werden: Sie sind allein zum Schutz kollidierender Grundrechte Dritter und anderer mit Verfassungsrang ausgestatteter Rechtswerte zulässig.[69] **44**

Hinweis zum Aufbau: Bei diesem ersten Prüfungspunkt der verfassungsrechtlichen Rechtfertigung genügt es, abstrakt darauf hinzuweisen, dass der Schutz der Grundrechte Dritter eine mögliche (aber eben die einzige) Eingriffsgrundlage ist. Welche Grundrechte in Betracht kommen und ob diese den Eingriff tatsächlich legitimieren, ist dann erst eine Frage der Verfassungsmäßigkeit des Gesetzes bzw., und meistens erst, eine solche der verfassungsgemäßen Anwendung des Gesetzes im Einzelfall (vgl. daher entsprechend unten c). Hier kann dann insbesondere im Rahmen der Verhältnismäßigkeitsprüfung und dort beim legitimen Zweck darauf hingewiesen werden, dass als solcher nur der Schutz der Grundrechte Dritter und nicht, wie sonst, alle Zwecke in Betracht kommen, deren Verfolgung nicht verboten ist. **45**

b) Verfassungsmäßige Eingriffsgrundlage

Der Gesetzesvorbehalt gilt auch für schrankenlose Grundrechte. Es bedarf daher eines Gesetzes, das die wesentlichen Eingriffsvoraussetzungen in einer der Eingriffsintensität angemessenen Regelungsdichte enthält. Der Gesetzgeber ist verpflichtet, „die Schranken der widerstreitenden Freiheitsgarantien jedenfalls so weit selbst zu bestimmen, wie sie für die Ausübung dieser Freiheitsrechte wesentlich sind“[70]. Einfachgesetzliche Eingriffsgrundlage für das Verbot von Vereinen ist § 3 VereinsG. Nach Wegfall des zuvor in § 2 Abs. 2 Nr. 3 VereinsG geregelten Religionsprivilegs werden nunmehr grundsätzlich auch Religionsgemeinschaften vom Vereinsbegriff erfasst und damit dem Verbotstatbestand des § 3 VereinsG unterstellt. An der Verfassungsmäßigkeit dieser Norm bestehen keine Zweifel. **46**

c) Verfassungsmäßige Anwendung der Eingriffsgrundlage

Der Innenminister und die Gerichte müssten die Verbotsnorm des § 3 VereinsG verfassungsmäßig ausgelegt und angewandt haben. Das Bundesverfassungsgericht beschränkt sich dabei auf die Prüfung „spezifischen Verfassungsrechts“[71]. Es überprüft Auslegung und Anwendung einfachen Gesetzesrechts demgemäß nur darauf, „ob sie Auslegungsfehler enthalten, die auf einer grundsätzlich unrichtigen Anschauung von der Bedeutung des betreffenden Grundrechts, insbesondere vom Umfang seines Schutzbereichs, beruhen“[72]. Das ist dann der Fall, „wenn die von den Fachgerichten vorgenommene Auslegung der Norm die Tragweite des Grundrechts nicht hinreichend berücksichtigt oder im Ergebnis zu einer unverhältnismäßigen Beschränkung der grundrechtlichen Freiheit führt“[73]. **47**

---

69 BVerfGE 28, 243 (261); 33, 23 (29); 83, 130 (139); 84, 212 (228); 94, 268 (284); *Hassemer/Hömig*, EuGRZ 1999, S. 525 (528); *Lücke*, EuGRZ 1995, S. 651 (656).

70 BVerfGE 83, 130 (142); ferner BVerwGE 90, 112 (122 f.).

71 Vgl. dazu *Kingreen/Poscher*, Grundrechte, Rn. 1518 ff.

72 BVerfGE 85, 248 (257 f.); vgl. auch BVerfGE 89, 276 (285); 95, 96 (128).

73 BVerfGE 85, 248 (258).

48 Das Verbot der G könnte sich darauf stützen, dass die Verbotsbehörde die Religionsfreiheit (Art. 4 Abs. 1, 2 GG) der Mitglieder der G sowie anderer Religionsgemeinschaften schützt. Anknüpfen könnte man insbesondere an die in der Satzung der G enthaltenen Passage, man wolle nach den Gesetzen des erleuchteten E – des einzig wahren Herrschers auf Erden – leben (vgl. § 1 S. 1 und 2), und der Erklärung der „gottlosen" christlichen Kirchen zu Feinden der G, deren Anhänger keine Menschen- oder Bürgerrechte genießen sollten und deren Präsenz im öffentlichen Leben nicht göttlich gewollt sei (vgl. § 3).

49 Bei der Prüfung der Verbotsvoraussetzungen ist allerdings der besondere Rang der Religionsfreiheit und deren enger Bezug zur Menschenwürde gebührend zu berücksichtigen. Das Verbot einer Religionsgemeinschaft ist nur gerechtfertigt, wenn es sich auch nach Abwägung mit dem verfassungsrechtlichen Schutz dieser Vereinigungen zur Wahrung der angegriffenen Verfassungsgüter als unerlässlich erweist[74]. Auch deshalb setzen Verbote von Vereinigungen ganz allgemein eine kämpferisch-aggressive Haltung gegenüber der bestehenden Ordnung voraus[75]. Solange demnach eine religiöse Vereinigung lediglich in ihrer Satzung Auffassungen vertritt, die nicht mit der Verfassung übereinstimmen (Demokratieprinzip, Toleranz, Freiheit und Gleichheit), machen ihre Mitglieder von ihrer Meinungsfreiheit Gebrauch, die sie ebenso wenig wie die Religionsfreiheit zur Verfassungstreue verpflichtet[76].

50 Für eine Auflösung besteht auch kein Bedürfnis. Verhaltensweisen einzelner Mitglieder, die die Ausübung der Religionsfreiheit durch die eigenen Mitglieder oder Mitglieder anderer Religionsgemeinschaften beeinträchtigen, kann mit den bewährten Mitteln des Strafrechts und des allgemeinen Polizei- und Ordnungsrechts begegnet werden, ohne dass es dazu einer Verbotsverfügung gegen die gesamte Vereinigung bedürfte[77]. Der Eingriff ist daher unverhältnismäßig, so dass die Verbotsverfügung des Innenministeriums und die sie bestätigenden verwaltungsgerichtlichen Entscheidungen die G in ihrem Recht aus Art. 140 GG/Art. 137 Abs. 2 S. 1 WRV verletzen.

III. Art. 9 Abs. 1 GG

51 Art. 9 Abs. 1 GG ist lex generalis gegenüber der durch Art. 140 GG/Art. 137 Abs. 2 S. 1 WRV garantierten religiösen Vereinigungsfreiheit und tritt daher zurück[78].

IV. Zwischenergebnis

52 Aufgrund der Verletzung von Art. 140 GG/Art. 137 Abs. 2 S. 1 WRV ist G zugleich in ihrem Grundrecht aus Art. 4 Abs. 1, 2 GG verletzt. Daher ist die Verfassungsbeschwerde begründet.

C. Ergebnis

53 Die Verfassungsbeschwerde der G ist zulässig und begründet. Sie hat somit Aussicht auf Erfolg.

---

74 BVerwG, JZ 2007, S. 144 (145); vgl. auch BVerfG, NJW 2004, S. 47 (48).

75 Vgl. zu Art. 9 Abs. 2 GG BVerwGE 37, 344 (358 f.); 61, 218 (220); *Jarass*, in: ders./Pieroth, GG, Art. 9 Rn. 19.

76 *Isensee*, Essener Gespräche zum Thema Staat und Kirche 19 (1985), S. 111 (143); *Muckel*, Religiöse Freiheit, S. 207 f.

77 *Pieroth/Kingreen*, NVwZ 2001, S. 841 (845 f.); vgl. auch BVerwGE 80, 299 (306 ff.).

78 Vgl. oben I (Rn. 18 ff.).

Literaturverzeichnis

54

Badura, Peter	Der Schutz von Religion und Weltanschauung durch das Grundgesetz – Verfassungsfragen zur Existenz und Tätigkeit der neuen „Jugendreligionen", Tübingen 1989
Bock, Wolfgang	Die Religionsfreiheit zwischen Skylla und Charybdis, in: AöR 123 (1998), S. 444 ff.
von Campenhausen, Axel	Religionsfreiheit, in: J. Isensee/P. Kirchhof (Hrsg.), Handbuch des Staatsrechts Band VII: Freiheitsrechte, Heidelberg 2009, § 157
Dreier, Horst (Hrsg.)	Grundgesetz, Kommentar Band I: Präambel, Art. 1-19, 3. Aufl., Tübingen 2013
Fehlau, Meinhard	Die Schranken der freien Religionsausübung, in: JuS 1993, S. 441 ff.
Fleischer, Thomas	Der Religionsbegriff des Grundgesetzes – Zugleich ein Beitrag zur Diskussion über die „neuen Jugendreligionen", Bochum 1989
Goerlich, Helmut	Glaubens- und Religionsfreiheit in „Zeiten des Multikulturalismus" in völker-, europa- und verfassungsrechtlicher Sicht – oder vom Staatskirchenrecht zu einem allgemeinen Religionsrecht?, in: C. Enders/M. Kahlo (Hrsg.), Toleranz als Ordnungsprinzip? – Die moderne Bürgergesellschaft zwischen Offenheit und Selbstaufgabe, 2007, S. 207 ff.
Groh, Kathrin	Das Religionsprivileg des Vereinsgesetzes, in: KritV 2002, S. 39 ff.
dies.	Selbstschutz der Verfassung gegen Religionsgemeinschaften – Vom Religionsprivileg des Vereinsgesetzes zum Vereinigungsverbot, Berlin 2004
Hartmann, Bernd J.	Die Möglichkeitsprüfung im Prozessrecht der Verfassungsbeschwerde, in: JuS 2003, S. 897 ff.
Hassemer, Winfried/ Hömig, Dieter	Die Rechtsprechung des Bundesverfassungsgerichts im Bereich der Bekenntnisfreiheit, in: EuGRZ 1999, S. 525 ff.
Hesse, Konrad	Das Selbstbestimmungsrecht der Kirchen und Religionsgemeinschaften, in: J. Listl/D. Pirson (Hrsg.), Handbuch des Staatskirchenrechts Band I, 2. Aufl. Berlin 1994, § 17
Hollerbach, Alexander	Anmerkung zum Urteil des BVerwG vom 26.6.1997 – 7 C 11.96 (OVG Berlin), in: JZ 1997, S. 1117 ff.
Huster, Stefan	Körperschaftsstatus unter Loyalitätsvorbehalt? – BVerwG, NJW 1997, 2396, in: JuS 1998, S. 117 ff.
Isak, Axel	Das Selbstverständnis der Kirchen und Religionsgemeinschaften und seine Bedeutung für die Auslegung staatlichen Rechts, Berlin 1994
Isensee, Josef	[Diskussionsbeitrag], in: Essener Gespräche zum Thema Staat und Kirche 19 (1985), S. 111 ff.

Jarass, Hans D./Pieroth, Bodo (Hrsg.) — Grundgesetz für die Bundesrepublik Deutschland. Kommentar, 17. Aufl., München 2022

Jeand'Heur, Bernd/Korioth, Stefan — Grundzüge des Staatskirchenrechts, Stuttgart 2000

Kästner, Karl-Hermann — Das Grundrecht auf Religions- und Weltanschauungsfreiheit in der neueren höchstrichterlichen Rechtsprechung, in: AöR 123 (1998), S. 408 ff.

Kingreen, Thorsten/Poscher, Ralf — Grundrechte. Staatsrecht II, 38. Aufl., Heidelberg 2022

Listl, Joseph — Glaubens-, Bekenntnis- und Kirchenfreiheit, in: J. Listl/D. Pirson (Hrsg.), Handbuch des Staatskirchenrechts Band I, 2. Aufl. Berlin 1994, § 14

Lücke, Jörg — Zur Dogmatik der kollektiven Glaubensfreiheit – Eine Neubestimmung des Verhältnisses von Kirche und Staat am Beispiel des staatlichen Rechtsschutzes gegenüber Maßnahmen der Religionsgesellschaften, in: EuGRZ 1995, S. 651 ff.

Michael, Lothar — Verbote von Religionsgemeinschaften, in: JZ 2002, S. 482 ff.

Mangoldt, Hermann von/Klein, Friedrich/Starck, Christian (Begr./Hrsg.) — Kommentar zum Grundgesetz, Band. 1: Präambel, Artikel 1-19, 7. Aufl.,München 2018

Morlok, Martin — Selbstverständnis als Rechtskriterium, Tübingen 1993

Muckel, Stefan — Religiöse Freiheit und staatliche Letztentscheidung – Die verfassungsrechtlichen Garantien religiöser Freiheit unter veränderten gesellschaftlichen Verhältnissen, Berlin 1997

Müller-Volbehr, Jörg — Das Grundrecht der Religionsfreiheit und seine Schranken, in: DÖV 1995, S. 301 ff.

Münch, Ingo von/Kunig, Philip (Hrsg.) — Grundgesetz-Kommentar, Band 1: Präambel bis Art. 69, Band 2: Art. 70 bis 146, 7. Aufl., München 2021

Obermayer, Klaus — Die Schranken des Grundrechts der Religionsfreiheit – Anmerkungen zu einigen aktuellen Problemen, in: ZevKR 27 (1982), S. 253 ff.

Ott, Sieghart — Zur politischen Betätigung von Religionsgesellschaften und Weltanschauungsgemeinschaften – Bemerkungen zum Urteil des BVerwG vom 23.3.1971, in: DÖV 1971, S. 763 ff.

Pieroth, Bodo/ Kingreen, Thorsten — Das Verbot von Religions- und Weltanschauungsgemeinschaften, in: NVwZ 2001, S. 841 ff.

Planker, Markus — Das Vereinsverbot – einsatzbereites Instrument gegen verfassungsfeindliche Glaubensgemeinschaften? in: DÖV 1997, S. 101 ff.

Poscher, Ralf — Totalität – Homogenität – Zentralität – Konsistenz. Zum verfassungsrechtlichen Begriff der Religionsgemeinschaft, in: Der Staat 39 (2000), S. 49 ff.

ders. — Vereinsverbote gegen Religionsgemeinschaften? – Die Abschaffung des Religionsprivilegs im Vereinsgesetz als Akt unbewusster symbolischer Gesetzgebung, in: KritV 2002, S. 298 ff.

Sachs, Michael (Hrsg.)	Grundgesetz, Kommentar, 9. Aufl., München 2021
Schmieder, Sandra	Der Schutz religiös-weltanschaulicher Vereinigungen – die Abschaffung des Religionsprivilegs, in: VBlBW 2002, S. 146 ff.
Veelken, Sebastian	Das Verbot von Weltanschauungs- und Religionsgemeinschaften, Münster 1999
Weber, Hermann	Rechtsschutz der Kirchen durch staatliche Gerichte, in: J. Listl/D. Pirson (Hrsg.), Handbuch des Staatskirchenrechts Bd. II, 2. Aufl. Berlin 1995, § 72

Hausarbeit 3

Bierdosen-Flashmob für die Freiheit

von Bernd J. Hartmann und Tobias Welzel

1 Torsten Dondrup (T) ist politisch engagiert und teilt diese Leidenschaft mit zwei Freunden aus seiner Skatrunde. Für den 10. Dezember plant T eine öffentliche Demonstration auf dem Marienplatz in Beilfeld. Der Marienplatz liegt am südlichen Ende der Fußgängerzone zentral in der Stadt, umrandet von verschiedenen Geschäften, Cafés, Bars, Arztpraxen, einem Supermarkt, einem Kino und ist mit mehreren Sitzbänken zur Erholung versehen und allgemein für den Publikumsverkehr geöffnet. Der Marienplatz ist in der Innenstadt der einzige größere Platz. Den Rest der Fußgängerzone prägen enge, verschachtelte Gassen mit vielfach leerstehenden Ladenlokalen. Der Platz und die angrenzenden Grundstücke stehen im Eigentum der Konsum-GmbH (K-GmbH). Die K-GmbH befindet sich zu 100 Prozent in privater Hand. Die K-GmbH hat im Ort und im Internet verbreitet, dass sie keine politischen Demonstrationen auf dem Marienplatz zulasse: Der Platz samt umliegenden Geschäften diene dem Konsum, bei dem die Kunden nicht durch sozialkritische Äußerungen belästigt werden sollen.

Die politische Demonstration, die T plant, steht unter dem Motto: „Bierdosen-Flashmob für die Freiheit“. Auf das Kommando des T, „Für die Freiheit – trinkt AUS!“, wollen T und seine beiden Freunde jeweils eine 0,33-Liter-Dose Bier öffnen und schnellstmöglich austrinken (sog. „Dosenschießen“). Danach soll ein ca. 15-minütiger Redebeitrag des T folgen, mit anschließender Diskussion (insgesamt 30 Minuten). Mit der Demonstration möchte T darauf aufmerksam machen, dass der verstärkte Einsatz privater Sicherheitsdienste in Beilfeld (z.B. in S-Bahnen der Stadtwerke oder auf dem Marienplatz selbst) das staatliche Gewaltmonopol unterlaufe, und auf die zunehmende Beschränkung von Freiheitsrechten im Allgemeinen hinweisen. T hat sich für den 10. Dezember entschieden: Diesen Tag, an dem die Vollversammlung 1948 die Allgemeine Erklärung der Menschenrechte beschlossen hatte, haben die Vereinten Nationen als Tag der Menschenrechte ausgerufen. In Beilfeld jährt sich außerdem erstmals ein vielbeachtetes Ereignis. Am 10. Dezember des vergangenen Jahres brach ein Mitarbeiter des privaten Sicherheitsdiensts der Stadtwerke einem Jugendlichen, der den Bus ohne gültige Fahrkarte benutzt hatte, ein Bein. Auf dieses Schicksal in Verbindung mit dem Tag der Menschenrechte möchte T in seinem Vortrag hinweisen.

Nachdem T die K-GmbH über seine Pläne in Kenntnis gesetzt hat, teilt diese ihm am 30. November mit, dass sie die geplante Demonstration auf ihrem Gelände keinesfalls dulden werde, und beruft sich dazu auf ihr Hausrecht gem. §§ 858 ff., 903, 1004 BGB. T möchte die Veranstaltung auf dem Marienplatz gleichwohl durchführen. Weil die Zeit drängt, wendet er sich im einstweiligen Rechtsschutz an die Zivilgerichte, bleibt jedoch in allen Instanzen erfolglos. Der letztinstanzliche Beschluss ergeht am 7. Dezember. T sieht sich dadurch in seinem Grundrecht auf Versammlungsfreiheit verletzt und wendet sich noch am gleichen Tag an das Bundesverfassungsgericht. Per Fax begehrt er die Zulassung der Demonstration, indem er im eigenen Namen und im Namen seiner Skatrunde einen Antrag auf einstweilige Anordnung gem. § 32 BVerfGG stellt und zugleich

Verfassungsbeschwerde erhebt. Die K-GmbH meint, dass das Grundrecht der Versammlungsfreiheit sie unmöglich stärker noch als den Staat in die Pflicht nehmen könne.

Hat der Antrag auf Erlass einer einstweiligen Anordnung Erfolg?

Bearbeitervermerk: Das Bundesverfassungsgericht entscheidet am 9. Dezember. Gehen Sie bei der Bearbeitung von der formellen und materiellen Verfassungsmäßigkeit der zivilrechtlichen Vorschriften aus. Zu prüfen ist nur die Vereinbarkeit mit Art. 8 GG.

2 Gliederung

Rn.

A. Zulässigkeit des Antrags auf eine einstweilige Anordnung 6
I. Zuständigkeit des Bundesverfassungsgerichts 7
II. Statthaftigkeit des Antrags 8
III. Antragsberechtigung 12
IV. Form und Frist 15
1. Form 15
2. Frist 20
V. Keine offensichtliche Unzulässigkeit des Hauptsacheverfahrens 23
1. Zuständigkeit des Bundesverfassungsgerichts 25
2. Beschwerdefähigkeit 26
3. Beschwerdegegenstand 27
4. Beschwerdebefugnis 30
a) Möglichkeit der Grundrechtsverletzung 31
b) Eigene Beschwer 39
c) Gegenwärtige Beschwer 40
d) Unmittelbare Beschwer 41
5. Rechtsschutzbedürfnis Hauptsacheverfahren 42
a) Rechtswegerschöpfung 43
b) Subsidiarität 47
6. Ergebnis 50
VI. Keine Vorwegnahme der Entscheidung in der Hauptsache 51
VII. Rechtsschutzbedürfnis einstweilige Anordnung 54
VIII. Ergebnis 55

B. Begründetheit des Antrags auf eine einstweilige Anordnung 56
I. Prüfungsumfang 56
II. Prüfungsmaßstab 58
III. Schutzbereich 59
1. Persönlicher Schutzbereich 60
2. Sachlicher Schutzbereich 61
a) Begriff der Versammlung 62
aa) Personenzahl 62
bb) Versammlungszweck 66
b) Umfang der Gewährleistung 70
aa) Friedlichkeit und Waffenlosigkeit 70
bb) Ort der Versammlung 72
c) Ergebnis 82
IV. Eingriff 83
V. Rechtfertigung 84
1. Einschränkbarkeit des Grundrechts 85
2. Formelle und materielle Verfassungsmäßigkeit des Gesetzes 86
3. Verfassungsmäßigkeit der Einzelmaßnahme 87
a) Legitimer Zweck 88
b) Geeignetheit 90

c) Erforderlichkeit ... 92
d) Angemessenheit ... 93
e) Ergebnis ... 100
C. Ergebnis ... 101
Literaturverzeichnis ... 103

Gutachten

Hinweis zur Bewertung: Der Sachverhalt ist mit einigen Änderungen angelehnt an den Kammer-Beschluss BVerfG, NJW 2015, 2485 f. („Bierdosen-Flashmob für die Freiheit").[1] Schwerpunkt der Fallbearbeitung ist die Weiterentwicklung der Fraport-Entscheidung[2] durch das Bundesverfassungsgericht (hierzu auch ein ähnlich gelagerter Fall, den der Bundesgerichtshof entschieden hat[3]), wonach auch Versammlungen auf rein privatem Grund gegen den Willen des Eigentümers von Verfassung wegen zulässig seien, wenn die Voraussetzungen eines öffentlichen Forums vorliegen. Das Bundesverfassungsgericht hat diese generelle Linie seiner Rechtsprechung zur „situativ staatsgleichen Grundrechtsbindung Privater"[4] im „Stadionverbot"-Beschluss[5] bestätigt. Die Rechtsprechung des Bundesverfassungsgerichts beeinflusst die Fachgerichte.[6] In einem ähnlich gelagerten Fall ist derzeit ein Verfahren vor dem EGMR anhängig.[7] Eine Entscheidung steht noch aus. Der EGMR hält Versammlungen auf privatem Grund gegen den Willen des Eigentümers ebenfalls für möglich,[8] verfolgt aber einen anderen dogmatischen Ansatz als das Bundesverfassungsgericht.[9] Am Rand der Fallbearbeitung stehen Einzelfragen (Teilnehmerzahl einer Versammlung, Antragstellung im Namen einer Personenmehrheit; einstweiliger Rechtsschutz einschließlich Einreichung eines Antrags per Telefax und Subsidiarität, soweit der Antragssteller nur den Rechtsweg im einstweiligen Rechtschutz ausgeschöpft hat). 3

1 Zu diesem Beschluss siehe nur *Brenneisen/Arndt*, NordÖR 2016, S. 269 (272); *Classen*, Staatsrecht II, § 10 Rn. 74; *Gröpl/Leinenbach*, JA 2018, S. 8 (16); *Hettich*, VBlBW 2018, S. 485 (487 ff.); *Hufen*, Staatsrecht II, § 30 Rn. 8, 41; *Sachs*, JuS 2015, S. 954 f.; *Schulenberg*, DÖV 2016, S. 55 ff.; *Smets*, NVwZ 2016, S. 35 ff.; der Senatsbeschluss BVerfGE 139, 378 ff., behandelt den „Bierdosen-Flashmob für die Freiheit" nicht unter materiell-rechtlichen Gesichtspunkten, sondern verwirft nur den Widerspruch gegen den oben genannten Beschluss.

2 BVerfGE 128, 226 ff. mit ablehnendem Sondervotum *Schluckebier* (269 ff.); zur Fraport Entscheidung siehe nur *Berger*, JA 2013, S. 279 ff.; *Brenneisen/Arndt*, NordÖR 2016, S. 269 (271 f.); *Classen*, Staatsrecht II, § 10 Rn. 74; *Hufen*, Staatsrecht II, § 30 Rn. 8, 22, 41; *Ipsen*, Staatsrecht II, Rn. 67; *Kingreen/Poscher*, Grundrechte, Rn. 966; *Krüger*, DÖV 2012, S. 837 ff.; *Michael/Morlok*, Grundrechte, Rn. 273; *Sachs*, JuS 2011, S. 665 ff.

3 BGH, NJW 2015, S. 2892 ff.

4 *Michl*, JZ 2018, S. 910 (911).

5 BVerfG, NJW 2018, S. 1667 ff.; vgl. dazu auch *Heldt*, NVwZ 2018, S. 813 (818 f.); *Smets*, NVwZ 2019, S. 34 ff.; generell *Droege*, npoR 2018, S. 241 ff.

6 Vgl. OVG Nds., DVBl 2021, S. 123 ff.; VG Lüneburg, Urteil v. 22.05.2019 – 5 A 312/17, BeckRS 2019, 12326.

7 EGMR, Verfahrensmitteilung Nr. 58853/18.

8 EGMR, Urt. v. 6.5.2003, Appleby, 44306/98, Rn. 47, die Entscheidung hatte zwar die Meinungsfreiheit des Art. 10 EMRK zum Gegenstand, die Ausführungen sind aber übertragbar, vgl. Rn. 52.

9 EGMR, Urt. v. 6.5.2003, Appleby, 44306/98, der EGMR schließt eine Übertragung der sog „open forum doctrine" zwar aus, fordert aber eine nationale Anpassung des Eigentumsrechts, sollte eine effektive Nutzung des Versammlungsrechts ausgeschlossen sein, zum Beispiel in rein privatisierten Städten, vgl. Rn. 47.

4 Der Antrag auf Erlass einer einstweiligen Anordnung hat gem. § 32 Abs. 1 BVerfGG Erfolg, soweit er zulässig und begründet ist.

5 **Hinweis zur Bewertung:** Die Formulierung „soweit …" ist gegenüber der Formulierung „wenn …" oder der Kombinationen beider Begriffe vorzugswürdig. In der Sache liegt der Unterschied darin, dass die Konjunktion „wenn" nur zwei Antworten zulässt: Die Voraussetzung liegt vor, oder sie liegt nicht vor. Sie ist gewissermaßen „binär" oder, wenn Sie so wollen, kategorial gefasst.[10] Dagegen lässt die Konjunktion „soweit" auch graduelle Abstufungen zu, die Voraussetzung kann also nicht nur „ganz oder gar nicht", sondern auch teilweise vorliegen.[11] Weil Anträge auf einstweilige Anordnung (genauso wie Verfassungsbeschwerden) auch nur teilweise zulässig[12] oder nur teilweise begründet[13] sein können, ist die Formulierung „soweit" zutreffend. Nur weil die Formulierung „wenn" so verbreitet ist, muss sie als ebenfalls vertretbar bewertet werden.

A. Zulässigkeit des Antrags auf eine einstweilige Anordnung

6 **Hinweis zur Bewertung:** Der hier verwendete Aufbau der Prüfung gem. § 32 BVerfGG ist nur eine von vielen vertretbaren Varianten.[14]

I. Zuständigkeit des Bundesverfassungsgerichts

7 Das Bundesverfassungsgericht ist gem. § 32 Abs. 1 BVerfGG für einstweilige Anordnungen zuständig.

II. Statthaftigkeit des Antrags

8 Der Antrag auf Erlass einer einstweiligen Anordnung durch das Bundesverfassungsgericht müsste statthaft sein. Voraussetzung hierfür ist, dass das Bundesverfassungsgericht überhaupt zur Entscheidung „im Streitfall" (§ 32 Abs. 1 S. 1 BVerfGG) befugt ist.[15] Eine einstweilige Anordnung ist daher nur statthaft, wenn für das Hauptsacheverfahren eine Zuständigkeit des Bundesverfassungsgerichts gegeben ist.[16] Für das Hauptsacheverfahren, die Verfassungsbeschwerde, ist das Bundesverfassungsgericht gem. § 13 Nr. 8a, § 90 Abs. 1 BVerfGG, Art. 93 Abs. 1 Nr. 4a GG zuständig.

---

10 Bundesministerium der Justiz, Handbuch der Rechtsförmlichkeit, Rn. 89; Wissenschaftlicher Rat der Duden Redaktion, Das große Wörterbuch der deutschen Sprache, Bd. 10, S. 4488.

11 Bundesministerium der Justiz, Handbuch der Rechtsförmlichkeit, Rn. 89; Wissenschaftlicher Rat der Duden Redaktion, Das große Wörterbuch der deutschen Sprache, Bd. 8, S. 3613.

12 BVerfG, Beschl. v. 23.6.2015 – 1 BvR 1292/15, juris.

13 BVerfG, Beschl. v. 31.7.2014 – 1 BvR 1858/14, juris.

14 Der hier verwendete Aufbau folgt *Sodan/Ziekow*, Öffentliches Recht, § 57; andere Aufbauschemata bei *Manssen*, Staatsrecht II, Rn. 980 ff.; *Niesler*, Jura 2007, S. 362 ff.

15 *Barczak*, in: ders., BVerfGG, § 32 Rn. 11; *Hillgruber/Goos*, Verfassungsprozessrecht, Rn. 997 f.; *Robbers*, Verfassungsprozessuale Probleme in der öffentlich-rechtlichen Arbeit, S. 90.

16 BVerfGE 3, 267 (277); *Zuck*, in: Lechner/Zuck, BVerfGG, § 32 Rn. 18.

Hinweis zur Bewertung: Die Vorschriften des BVerfGG vor den Vorschriften des GG zu nennen, entspricht dem Anwendungsvorrang des einfachen Rechts und ist daher vorzugswürdig. Weil die umgekehrte Reihung jedoch mindestens ebenso verbreitet ist, darf sie nicht zum Nachteil des Prüflings gewertet werden. 9

T stellt einen Antrag auf einstweilige Anordnung einmal im eigenen Namen und einmal im Namen seiner Skatrunde. Hierbei handelt es sich um zwei Anträge. Beide Anträge sind statthaft. 10

Hinweis zur Bewertung: Ebenfalls richtig wäre es, die beiden Anträge des T getrennt zu prüfen. 11

III. Antragsberechtigung

Zum einen müsste T antragsberechtigt sein. Antragsberechtigt im Sinn des § 32 Abs. 1 BVerfGG ist jeder, der im Hauptsacheverfahren beschwerdefähig ist oder wäre.[17] Verfassungsbeschwerde kann gem. § 90 Abs. 1 BVerfGG, Art. 93 Abs. 1 Nr. 4a GG „jedermann" erheben. „Jedermann" ist jedes Rechtssubjekt, das Träger eines der in § 90 Abs. 1 BVerfGG genannten Rechte sein kann (Grundrechtsfähigkeit).[18] T, eine natürliche Person, ist selbst grundrechtsfähig und konnte daher im eigenen Namen einen Antrag stellen. 12

Zum anderen müsste die Skatrunde, in deren Namen T außerdem einen Antrag gestellt hat, antragsberechtigt sein. Die Grundrechtsfähigkeit von Personenmehrheiten richtet sich nach Art. 19 Abs. 3 GG. Die Skatrunde des T müsste danach eine juristische Person im Sinn des Art. 19 Abs. 3 GG sein. Juristische Person in diesem Sinn ist jede Personenmehrheit, die das einfache Recht berechtigt oder verpflichtet. Erfasst sind also, anders als vom Begriff der juristischen Person des einfachen Rechts, nicht nur vollrechtsfähige, sondern auch teilrechtsfähige Organisationen.[19] Nicht erfasst sind demgegenüber Personenmehrheiten, die nach einfachem Recht nicht einmal teilrechtsfähig sind.[20] Ihnen fehlt das erforderliche Mindestmaß organisatorischer Verfestigung, welches Voraussetzung für die Zurechnung von Grundrechten ist.[21] Ein anderes Verständnis würde die Wortlautgrenze des Begriffs der „juristischen" Person überschreiten.[22] Hinzu kommt, dass eine Gruppe, die in keiner Weise rechtsfähig ist, als solche auch kein Adressat staatlicher Freiheitsverkürzungen sein kann: In einer derartigen Konstellation sind es vielmehr die Individuen in der Gruppe, die adressiert werden und Grundrechtsschutz sowohl benötigen als auch beanspruchen können.[23] 13

17 *Benda/Klein/Klein*, Verfassungsprozessrecht, Rn. 1390.

18 *Hartmann*, in: Pieroth/Silberkuhl, Verfassungsbeschwerde, § 90 BVerfGG Rn. 12; *Scherzberg/Mayer*, Jura 2004, S. 373 (375).

19 BVerfGE 122, 342 (255); *Remmert*, in: Dürig/Herzog/Scholz, GG, Art. 19 III Rn. 37 ff., insb. Rn. 39 (Stand: 55. EL, Mai 2009).

20 *Dreier*, in: ders., GG, Art. 19 Rn. 55; *Remmert*, in: Dürig/Herzog/Scholz, GG, Art. 19 III Rn. 41 (Stand: 55. EL, Mai 2009).

21 *Huber*, in: Mangoldt/Klein/Starck/Huber/Voßkuhle, GG, Art. 19 Rn. 238; *Remmert*, in: Dürig/Herzog/Scholz, GG, Art. 19 III Rn. 41 (Stand: 55. EL, Mai 2009).

22 Vgl. *Dreier*, in: ders., GG, Art. 19 Rn. 55 („rechtstechnischen Begriff der juristischen Person nicht vollständig aushöhlen").

23 *Remmert*, in: Dürig/Herzog/Scholz, GG, Art. 19 III Rn. 41 (Stand: 55. EL, Mai 2009).

14 Die Skatrunde des T ist ein loser Zusammenschluss von Freunden, die sich zum Kartenspielen treffen. Eine besondere Organisationsform oder eine vereinsmäßige Struktur sind nicht ersichtlich. Die (nicht vereinsmäßig organisierte) Skatrunde des T ist keine juristische Person im Sinn des Art. 19 Abs. 3 GG.[24] Ihr Antrag auf Erlass einer einstweiligen Anordnung ist mangels Antragsberechtigung unzulässig.

IV. Form und Frist

1. Form

15 T müsste den Antrag im eigenen Namen formgerecht gestellt haben. Für Anträge gem. § 32 Abs. 1 BVerfGG gilt, wie für alle Verfahren vor dem Bundesverfassungsgericht, § 23 Abs. 1 BVerfGG.[25] Danach sind Anträge an das Bundesverfassungsgericht schriftlich einzureichen und zu begründen. Mangels anderer Angaben im Sachverhalt ist davon auszugehen, dass der Antrag des T eine Begründung enthält.

16 Allerdings hat T den Antrag per Telefax eingereicht. Zu klären ist daher, ob ein Telefax „schriftlich" im Sinn des § 23 Abs. 1 S. 1 BVerfGG eingeht. Wortlaut, Systematik, Genese und Historie des § 23 Abs. 1 S. 1 BVerfGG geben dazu keinen Hinweis. Die Systematik des Prozessrechts spricht für die Zulässigkeit der fernschriftlichen Übermittlung per Telefax: In den anderen Gerichtsbarkeiten ist die Einlegung durch Telefax anerkannt.[26]

17 Der Sinn des Schriftformgebots aus § 23 Abs. 1 S. 1 BVerfGG spricht dafür, diese Übermittlungsform auch in Verfahren vor dem Bundesverfassungsgericht anzuerkennen. Entscheidend ist danach nämlich, ob einer Erklärung ihr Inhalt und die Person, die sie abgibt, hinreichend zuverlässig entnommen werden können.[27] Ob sich der Inhalt einer Erklärung aus einem Schriftsatz ergibt, hängt von diesem selbst ab und ist unabhängig von der gewählten Form der Übermittlung:[28] Der Inhalt der Erklärung steht bei einem per Telefax eingereichten Schriftsatz ebenso eindeutig fest wie bei der Übermittlung auf herkömmliche Weise per Briefpost.[29]

18 Die Zuordnung einer Erklärung zu einer Person erfolgt in erster Linie durch die Nennung des Namens am Anfang und/oder Ende des Schriftsatzes. Eine solche Nennung enthält regelmäßig auch der per Fax übertragene Schriftsatz. Eine eigenhändige Unterschrift verlangt das Bundesverfassungsgericht ohnehin seit jeher nicht.[30] Hinzu kommt, dass die Auslegung des § 23 BVerfGG die grundgesetzliche Vorgabe des Art. 103 Abs. 1 GG zu beachten hat, wonach der Zugang zum Gericht nicht unzumutbar erschwert wer-

---

24 Vgl. zu ähnlichen Konstellationen *Dreier*, in: ders., GG, Art. 19 Rn. 55; *Remmert*, in: Dürig/Herzog/Scholz, GG, Art. 19 III Rn. 41 (Stand: 55. EL, Mai 2009).

25 *Barczak*, in: ders., BVerfGG, § 32 Rn. 18; *Pestalozza*, Verfassungsprozeßrecht, S. 245; *Schneider*, in: Burkiczak/Dollinger/Schorkopf, BVerfGG, § 32 Rn. 61; *Zuck*, in: Lechner/Zuck, BVerfGG, § 32 Rn. 24.

26 Generell BVerfG, NJW 1996, S. 2857 (2857) („Die Übermittlung fristwahrender Schriftsätze per Telefax ist in allen Gerichtszweigen uneingeschränkt zulässig"); für die ZPO *Becker-Eberhard*, in: Rauscher/Krüger, ZPO, § 253 Rn. 12; zur VwGO *Riese*, in: Schoch/Schneider, VwGO, § 81 Rn. 8a (Stand: 38. EL, Januar 2020); zur StPO *Paul*, in: Barthe/Gericke, StPO, § 314 Rn. 13; *Wiedner*, in: Graf, BeckOK StPO, § 341, Rn. 19 ff. (Stand: 46. EL, Januar 2023).

27 BVerfGE 15, 288 (291).

28 *Hartmann*, NJW 2006, S. 1390 (1391).

29 *v. Coelln*, in: Schmidt-Bleibtreu/Klein/Bethge, BVerfGG, § 23 Rn. 29 (Stand: 30. EL, Mai 2009).

30 BVerfGE 15, 288 (291).

den darf.[31] Nach alledem erfüllt ein per Telefax eingereichter Antrag das Schriftformererfordernis des § 23 Abs. 1 S. 1 BVerfGG.[32] Die Form ist gewahrt.

Hinweis zur Bewertung: Eine derart ausführliche Bearbeitung wird nicht erwartet. Es genügt, wenn die Teilnehmer erkennen, dass das Gesetz in § 23 Abs. 1 S. 1 BVerfGG Schriftlichkeit fordert und ein Telefax diese Vorgabe nicht selbstverständlich erfüllt. Im Ergebnis ist auch eine andere Ansicht (zwar nicht überzeugend, aber) vertretbar. 19

2. Frist

Spezifische Fristen für einen Antrag auf Erlass einer einstweiligen Anordnung bestehen nicht.[33] Allerdings wirkt sich ein Versäumnis der Hauptsachefrist negativ auf die Zulässigkeit des Antrags auf einstweilige Anordnung aus:[34] Wer keinen Hauptsacherechtsschutz mehr erreichen kann, hat keinen Bedarf für „einstweiligen" Rechtsschutz, dient dieser doch gerade der Sicherung des Hauptsacherechtsschutzes. 20

Die erhobene Verfassungsbeschwerde richtet sich gegen Entscheidung(en) der Fachgerichte. Sie ist gem. § 93 Abs. 1 S. 1 und S. 2 BVerfGG binnen eines Monats nach Zustellung, Mitteilung oder Verkündung der letztinstanzlichen Entscheidung einzureichen. Die letzte Instanz hat hier am 7. Dezember entschieden, und T hat noch am selben Tag Verfassungsbeschwerde erhoben. Das war fristgerecht. Eine Verfristung der Hauptsache steht dem Antrag auf einstweiligen Rechtsschutz also nicht entgegen. 21

Hinweis zur Bewertung: Ebenfalls vertretbar ist es, die Prüfung der Verfassungsbeschwerdefrist sogleich, unter V., oder am Ende, unter VII., vorzunehmen. Aus der Verortung ergibt sich jedenfalls theoretisch ein Unterschied in der Sache: Unter V. schadet nur ein offensichtliches, unter IV. und VII. dagegen jedes Fristversäumnis. 22

V. Keine offensichtliche Unzulässigkeit des Hauptsacheverfahrens

Der Antrag im einstweiligen Rechtsschutz ist nur zulässig, wenn das etwaige Hauptsacheverfahren nicht offensichtlich unzulässig ist. 23

Hinweis zur Bewertung: Ebenfalls vertretbar ist es, diese Prüfung in der Begründetheit zu unternehmen[35] oder wegen des Maßstabs der Offensichtlichkeit nur „kursorisch" zu prüfen. 24

31 *Hartmann*, NJW 2006, S. 1390 f.

32 BVerfG, NJW-RR 1995, S. 441 f.; NJW 2000, S. 574; NJW 2006, S. 829 (829); NJW 2007, S. 2838; *Detterbeck*, Öffentliches Recht, Rn. 633; *Kingreen/Poscher*, Grundrechte, Rn. 1515.

33 *Barczak*, in: ders., BVerfGG, § 32 Rn. 22.

34 *Barczak*, in: ders., BVerfGG, § 32 Rn. 22; *Benda/Klein/Klein*, Verfassungsprozessrecht, Rn. 1401.

35 So *Hillgruber/Goos*, Verfassungsprozessrecht, Rn. 1049; wie hier *Robbers*, Verfassungsprozessuale Probleme, S. 91.

1. Zuständigkeit des Bundesverfassungsgerichts

25 Das Bundesverfassungsgericht ist zuständig, über Verfassungsbeschwerden zu entscheiden, siehe oben, unter A. II.

2. Beschwerdefähigkeit

26 T ist beschwerdefähig, siehe oben, unter A. III.

3. Beschwerdegegenstand

27 Gem. § 90 Abs. 1 BVerfGG, Art. 93 Abs. 1 Nr. 4a GG ist ein Akt der „öffentliche[n] Gewalt" Gegenstand der Verfassungsbeschwerde.[36] Erfasst sind alle Maßnahmen der Gesetzgebung, der vollziehenden Gewalt und der Rechtsprechung (vgl. Art. 1 Abs. 3 GG).[37]

T ist im einstweiligen Rechtsschutz vor den Fachgerichten in allen Instanzen erfolglos geblieben. Die Beschlüsse der Fachgerichte sind als Akte der Judikative taugliche Beschwerdegegenstände, vgl. § 94 Abs. 3, § 95 Abs. 2 BVerfGG. T hat die Wahl, ob er nur den letztinstanzlichen Beschluss oder auch alle vorangegangenen Beschlüsse angreift. In beiden Fällen handelt es sich um eine Verfassungsbeschwerde.[38]

28 **Hinweis zur Bewertung:** Der Sachverhalt legt nahe, dass T nur den letztinstanzlichen Beschluss angegriffen hat: „Der letztinstanzliche Beschluss ergeht am 7. Dezember. T sieht sich *dadurch* in seinem Grundrecht auf Versammlungsfreiheit verletzt […]"

29 Ein tauglicher Beschwerdegegenstand liegt vor.

4. Beschwerdebefugnis

30 T müsste beschwerdebefugt sein. Beschwerdebefugt ist gem. § 90 Abs. 1 BVerfGG, Art. 93 Abs. 1 Nr. 4a GG, wer behaupten kann, durch den angegriffenen Akt der öffentlichen Gewalt in einem seiner Grundrechte oder grundrechtsgleichen Rechte verletzt worden zu sein.[39]

a) Möglichkeit der Grundrechtsverletzung

31 Eine solche Behauptung setzt zunächst voraus, dass nach dem Vortrag des Beschwerdeführers zumindest die Möglichkeit einer solchen Verletzung besteht.[40] Die Gerichte haben letztinstanzlich entschieden, dass die K-GmbH die Veranstaltung des T auf ihrem Gelände gem. §§ 858 ff., 903, 1004 BGB nicht dulden muss. Eine Verletzung des Grund-

---

36 *Detterbeck*, Öffentliches Recht, Rn. 597; *Hartmann*, in: Pieroth/Silberkuhl, Verfassungsbeschwerde, § 90 BVerfGG Rn. 44; *Kingreen/Poscher*, Grundrechte, Rn. 1474; *Scherzberg/Mayer*, Jura 2004, S. 373 (375).

37 *Hartmann*, in: Pieroth/Silberkuhl, Verfassungsbeschwerde, § 90 BVerfGG Rn. 45; *Hellmann*, in: Barczak, BVerfGG, § 90 Rn. 93; *Kingreen/Poscher*, Grundrechte, Rn. 1474.

38 *Kingreen/Poscher*, Grundrechte, Rn. 1476.

39 Vgl. BVerfGE 49, 1 (8); *Hartmann*, in: Pieroth/Silberkuhl, Verfassungsbeschwerde, § 90 BVerfGG Rn. 84 ff.

40 BVerfGE 80, 137 (150); Einzelheiten bei *Hartmann*, JuS 2003, S. 897 ff.; *Hellmann*, in: Barczak, BVerfGG, § 90 Rn. 193, 195.

rechts der Versammlungsfreiheit gem. Art. 8 Abs. 1 GG könnte in diesem Beschluss aber nur liegen, wenn T sich auch gegenüber der K-GmbH auf dieses Grundrecht berufen kann. Das setzt die Möglichkeit voraus, dass die Grundrechte zwischen Bürgern überhaupt in irgendeiner Weise gelten.

Dagegen spricht, dass Art. 1 Abs. 3 GG seinem Wortlaut nach die Staatsgewalt an die Grundrechte bindet, ohne die Bürger zu nennen. Hinzu kommt systematisch der Umkehrschluss aus Art. 9 Abs. 3 S. 2 GG. Die Grundrechte gelten daher jedenfalls unmittelbar nur im Verhältnis des Bürgers gegen den Staat. **32**

Insbesondere sind deshalb die Zivilgerichte als Teil der Staatsgewalt unmittelbar an die Grundrechte gebunden. Ihre Entscheidungen beschränken sich allerdings auf die Erkenntnis, welche Rechtslage zwischen den am Zivilprozess beteiligten Privaten gilt. Das Rechtsverhältnis, das zwischen diesen Privaten besteht, ändert sich nicht dadurch, dass ein Gericht auf dieses Rechtsverhältnis schaut. Falls die Grundrechte Private also in keiner Weise binden, bleibt es bei diesem Befund auch dann, wenn ein grundrechtsgebundenes Gericht hinzutritt, das die grundrechtsunabhängig bestehende Rechtslage zwischen den Privaten beurteilt. **33**

Die Grundrechte könnten zwischen Privaten aber mittelbar gelten. Grundrechte sind mehr als nur Rechte gegen den Staat. Sie bilden zugleich eine objektive Wertordnung,[41] wirken so in das Privatrecht hinein (Ausstrahlungswirkung) und gelten deshalb, vermittelt über unbestimmte Rechtsbegriffe und Generalklauseln, mittelbar auch zwischen Bürgern untereinander (mittelbare Drittwirkung).[42] **34**

Im vorliegenden Fall verwenden § 858 BGB („Entziehung oder Störung"), § 1004 BGB („in anderer Weise […] beeinträchtigt") und die anderen einschlägigen Normen des Zivilrechts unbestimmte Rechtsbegriffe, bei deren Auslegung die mittelbare Drittwirkung der Grundrechte zu beachten ist. Das gilt auch für die Versammlungsfreiheit des Art. 8 Abs. 1 GG[43], die auf diese Weise auf das Privatrechtsverhältnis von T und der K-GmbH ausstrahlt. **35**

Der Beschluss des letztinstanzlichen Zivilgerichts bestätigt das Hausverbot der K-GmbH und untersagt T so die Durchführung der Demonstration auf dem Marienplatz. Es ist nicht ausgeschlossen, dass das Gericht bei seinem Beschluss gem. §§ 858 ff., 903, 1004 BGB die Bedeutung des Art. 8 Abs. 1 GG als mittelbar auch zwischen Privaten geltende Grundrechtsnorm verkannt hat. T ist daher möglicherweise in seinem Grundrecht auf Versammlungsfreiheit verletzt. **36**

Hinweis zur Bewertung: Bisweilen wird diese Frage zu Beginn der Begründetheit erörtert.[44] **37**

---

41 BVerfGE 7, 198 (206); *Gostomzyk*, JuS 2004, S. 949 ff.; *Wenger*, AöR 130 (2005), S. 618 ff.; umfassend zu objektivrechtlichen Prinzipien der Grundrechte m.w.N. auch der Kritik *Jarass*, AöR 110 (1985), S. 363 ff.; kritisch zur „objektiven Wertordnung" bereits *Hesse*, Grundzüge des Verfassungsrechts, Rn. 299.

42 BVerfGE 7, 198 (204 ff.); 81, 242 (253); allgemein zu den objektiven Grundrechtsgehalten *Herdegen*, in: Dürig/Herzog/Scholz, GG, Art. 1 III Rn. 17 ff. (Stand: 94. EL, Januar 2021) m.w.N.

43 *Hartmann*, in: Kahl/Waldhoff/Walter, GG, Art. 8 Rn. 411 f. (Stand: 191. EL, Juni 2018) m.w.N.

44 So *Augsberg/Viellechner*, JuS 2008, S. 406 (407); *Stock/Achelpöhler*, JuS 1998, S. 245 (246); wie hier *Manssen/Pielemeier*, JuS 1999, L 93 (L 93 f.).

38 T müsste außerdem selbst, gegenwärtig und unmittelbar betroffen sein.[45]

b) Eigene Beschwer

39 Der Beschwerdeführer müsste gem. § 90 Abs. 1 BVerfGG (in einem „seiner" Grundrechte) selbst betroffen sein.[46] Dies ist er jedenfalls insoweit, wie er Adressat eines belastenden Akts der öffentlichen Gewalt ist.[47] T ist Adressat des angegriffenen Beschlusses und somit selbst betroffen.

c) Gegenwärtige Beschwer

40 T müsste gem. § 90 Abs. 1 BVerfGG (verletzt „zu sein") gegenwärtig betroffen sein. Das setzt voraus, dass sich der Beschluss schon oder noch auswirkt.[48] Die Demonstration auf dem Marienplatz soll am 10. Dezember, also morgen, stattfinden. Der Beschluss hat das Hausverbot bestätigt, so dass T nach derzeitigem Stand des Verfahrens nicht demonstrieren darf. Er ist gegenwärtig betroffen.

d) Unmittelbare Beschwer

41 T müsste unmittelbar betroffen sein. Das ist der Fall, wenn die Rechtsstellung des Beschwerdeführers ohne weiteren Vollzugsakt beeinträchtigt wird.[49] Der letztinstanzliche Beschluss verbietet die Demonstration, ohne dass dafür ein weiterer Vollzugsakt notwendig wäre. T ist beschwerdebefugt.

5. Rechtsschutzbedürfnis Hauptsacheverfahren

42 T müsste rechtsschutzbedürftig sein. Im Verfahren der Verfassungsbeschwerde hat diese Voraussetzung zwei Ausprägungen: die Rechtswegerschöpfung und die Subsidiarität.[50]

a) Rechtswegerschöpfung

43 T müsste gem. § 90 Abs. 2 S. 1 BVerfGG den Rechtsweg erschöpft haben. Rechtsweg ist jede gesetzlich vorgesehene Möglichkeit der Anrufung eines Gerichts.[51] Erschöpft ist der Rechtsweg, wenn alle prozessualen Möglichkeiten zur Beseitigung der behaupteten Grundrechtsverletzung in Anspruch genommen wurden.[52] T hat sich im einstweiligen Rechtsschutz an die Fachgerichte gewandt und ist in allen Instanzen erfolglos geblieben. Er hat somit den Eilrechtsweg vor den Fachgerichten erschöpft. Fraglich ist, ob T auf

45 BVerfGE 1, 97 (101 ff.); 97, 157 (164).

46 *Hartmann*, in: Pieroth/Silberkuhl, Verfassungsbeschwerde, § 90 BVerfGG Rn. 141 ff.; *Scherzberg/Mayer*, Jura 2004, S. 513 (514).

47 *Hartmann*, in: Pieroth/Silberkuhl, Verfassungsbeschwerde, § 90 BVerfGG Rn. 145; *Hellmann*, in: Barczak, BVerfGG, § 90 Rn. 240; *Kingreen/Poscher*, Grundrechte, Rn. 1489.

48 Vgl. *Detterbeck*, Öffentliches Recht, Rn. 607; *Hartmann*, in: Pieroth/Silberkuhl, Verfassungsbeschwerde, § 90 BVerfGG Rn. 159.

49 BVerfGE 65, 1 (37); 68, 319 (325); 97, 157 (164); *Hartmann*, in: Pieroth/Silberkuhl, Verfassungsbeschwerde, § 90 BVerfGG Rn. 149; *Hellmann*, in: Barczak, BVerfGG, § 90 Rn. 247.

50 *Kingreen/Poscher*, Grundrechte, Rn. 1500.

51 *Hartmann*, in: Pieroth/Silberkuhl, Verfassungsbeschwerde, § 90 BVerfGG Rn. 169; *Scherzberg/Mayer*, Jura 2004, S. 513 (515).

52 *Hartmann*, in: Pieroth/Silberkuhl, Verfassungsbeschwerde, § 90 BVerfGG Rn. 198 ff.; *Kingreen/Poscher*, Grundrechte, Rn. 1504 ff.

diese Weise die Voraussetzung der Rechtswegerschöpfung im Sinn des § 90 Abs. 2 S. 1 BVerfGG erfüllt hat oder ob er vor den Fachgerichten nicht auch noch das Hauptsacheverfahren hätte durchlaufen müssen.

Der Hauptsacherechtsschutz im Anschluss an das gerichtliche Eilverfahren gehört als Möglichkeit, die behauptete Grundrechtsverletzung vor den Fachgerichten zu beseitigen, zum Rechtsweg,[53] es sei denn, der Beschwerdeführer macht die Verletzung von beschwerdefähigen Rechten gerade durch die letztinstanzliche Eilentscheidung selbst geltend, etwa weil er sich durch die Versagung gerade des einstweiligen Rechtsschutzes in seinen Grundrechten oder grundrechtsgleichen Rechten verletzt sieht[54] oder weil die Eilentscheidung eine Beschwer enthält, der im Hauptsacheverfahren nicht mehr abgeholfen werden kann[55].[56] **44**

Angesichts der Zeitnot – zwischen dem letztinstanzlichen Beschluss (7. Dezember) im einstweiligen Rechtsschutz und dem Demonstrationstermin (10. Dezember) liegen drei Tage, so dass eine rechtzeitige Entscheidung im Hauptsacheverfahren in dieser Zeit weder erreicht werden konnte noch erreicht werden kann – vermag T das Hauptsacheverfahren vor den Fachgerichten nicht mehr rechtzeitig zu durchlaufen. Der Rechtsweg ist erschöpft. **45**

Hinweis zu Aufbau und Bewertung: Der geläufigen Wendung entsprechend, dass Eil- und Hauptsacheverfahren grundsätzlich getrennte Rechtswege seien[57], ist es ohne Nachteil vertretbar, die Frage im Zusammenhang mit der Subsidiarität zu prüfen[58]. **46**

b) Subsidiarität

Der Subsidiaritätsgrundsatz besagt, dass der Beschwerdeführer alle zur Verfügung stehenden und zumutbaren Wege bestreiten muss, um die gerügte Grundrechtsverletzung im Wege des fachgerichtlichen Rechtsschutzes abzuwenden oder zu beseitigen.[59] **47**

Es ist zweifelhaft, ob diese Zulässigkeitsvoraussetzung neben der Rechtswegerschöpfung ihre Berechtigung hat.[60] Der Streit braucht vorliegend aber nicht entschieden zu werden, weil T angesichts der Zeitnot (siehe Punkt A. V. 5. a)) nicht auf das fachgerichtliche Hauptsacheverfahren verwiesen werden kann, würde er so doch praktisch rechtsschutzlos gestellt. Der Grundsatz der Subsidiarität steht der Zulässigkeit einer Verfassungsbeschwerde daher keinesfalls entgegen. **48**

53 BVerfGE 104, 65 (70 f.).
54 BVerfGE 79, 275 (279).
55 BVerfGE 79, 69 (73).
56 *Hartmann*, in: Pieroth/Silberkuhl, Verfassungsbeschwerde, § 90 BVerfGG Rn. 181 m.w.N.
57 BVerfGE 35, 382 (397); *Scherzberg/Mayer*, Jura 2004, S. 513 (515).
58 *Löwer*, in: Isensee/Kirchhof, Handbuch des Staatsrechts, Bd. III, § 70 Rn. 196.
59 BVerfGE 81, 97 (102); 104, 65 (70); 112, 50 (60); *Erichsen*, Jura 1991, S. 638 (641); *Hartmann*, in: Pieroth/Silberkuhl, Verfassungsbeschwerde, § 90 BVerfGG Rn. 234; *Seegmüller*, DVBl. 1999, S. 738 (743 f.).
60 Krit. *Detterbeck*, DÖV 1990, S. 558 (561) („bar jeglicher positivrechtlicher Stütze"); *Hartmann*, in: Pieroth/Silberkuhl, Verfassungsbeschwerde, § 90 BVerfGG Rn. 236 ff. m.w.N.; *Pestalozza*, Verfassungsbeschwerde, Rn. 69, 71; *H. Posser*, in: FS D. Posser, S. 331 (340); *Spranger*, AöR 127 (2002), S. 27 (60 f.) („verfassungswidriges Richterrecht").

49 **Hinweis zur Bewertung:** Es ist ebenfalls vertretbar, die Fragen nach Rechtswegerschöpfung und Subsidiarität gem. S. 2 des § 90 Abs. 2 BVerfGG zu beantworten.

6. Ergebnis

50 Die Verfassungsbeschwerde des T ist nicht offensichtlich unzulässig (sondern sogar zulässig).

VI. Keine Vorwegnahme der Entscheidung in der Hauptsache

51 Aus dem Charakter der einstweiligen Anordnung als Maßnahme im deshalb so genannten *vorläufigen* Rechtsschutz folgt, dass die Hauptsache, d.h. der Rechtsschutz durch die Verfassungsbeschwerde, nicht vorweggenommen werden darf.[61] T begehrt mit der einstweiligen Anordnung die Zulassung der Demonstration auf dem Marienplatz für den 10. Dezember. Angesichts der Zeitnot fällt die Entscheidung über die Durchführung oder Nichtdurchführung der Demonstration im Antragsverfahren mit faktischer Endgültigkeit. Eine einstweilige Anordnung, die das Gericht trifft, nimmt daher die Entscheidung über die Verfassungsbeschwerde vorweg.

52 Eine Vorwegnahme der Hauptsacheentscheidung ist ausnahmsweise zulässig, wenn Rechtsschutz überhaupt nur im vorläufigen Verfahren möglich ist, weil die Hauptsacheentscheidung jedenfalls zu spät käme.[62] Das ist der Fall, wenn T nicht genauso gut zu einer anderen Zeit oder an einem anderen Ort demonstrieren könnte. Doch gewährt das Grundrecht auf Versammlungsfreiheit den Grundrechtsberechtigten ein Selbstbestimmungsrecht über Ort und Zeit der Versammlung.[63] Es stellt sich daher die Frage, ob die Versammlung an einem anderen Ort oder zu einer anderen Zeit noch dieselbe Versammlung wäre. Das ist nicht der Fall, wenn die Demonstration nur an diesem Ort und nur an diesem Tag stattfinden kann. Gegen eine Verlegung der Versammlung an einen anderen Ort spricht, dass ihr Inhalt eng mit dem Demonstrationsort verknüpft ist: T möchte auf den Bedeutungsverlust des staatlichen Gewaltmonopols gerade an einem Ort, dem Marienplatz, hinweisen, den private Kräfte sichern. Gegen eine Verlegung der Versammlung auf einen anderen Tag spricht, dass der gewählte Termin sowohl auf den Jahrestag der Verletzung des Fahrgasts als auch auf den anerkannten „Tag der Menschenrechte" fällt und dieser Termin so mit dem Thema der Demonstration, der Einschränkung von Freiheit, verknüpft ist. Die Demonstration des T ist damit ein zeitlich und örtlich gebundenes Ereignis, dessen Zweck verfehlt würde, müsste T den Abschluss des Hauptsacheverfahrens abwarten.[64] Im Anschluss an das Hauptsacheverfahren würde T nicht die beantragte Versammlung zu einer anderen Zeit und an einem anderen Ort durchführen, sondern eine andere Versammlung. Ihn auf einen anderen Ort oder einen anderen Termin zu verweisen, stellte ihn daher verfassungsgerichtlich rechtsschutzlos. Die Vorwegnahme der Hauptsache ist also vorliegend ausnahmsweise möglich.

---

61 St. Rspr., siehe nur BVerfGE 46, 160 (163 f.) m.w.N.; *Hillgruber/Goos*, Verfassungsprozessrecht, Rn. 1027; *Pestalozza*, Verfassungsprozeßrecht, S. 248.

62 BVerfGE 34, 160 (162 f.); 46, 160 (164); *Barczak*, in: ders., BVerfGG, § 32 Rn. 35; *Benda/Klein/Klein*, Verfassungsprozessrecht, Rn. 1395; *Hillgruber/Goos*, Verfassungsprozessrecht, Rn. 1029; *Pestalozza*, Verfassungsprozeßrecht, S. 247; weiter *Schneider*, in: Burkiczak/Dollinger/Schorkopf, BVerfGG, § 32 Rn. 329 ff., der eine Vorwegahme der Hauptsache im Verfassungsprozess nicht für generell verboten hält.

63 BVerfGE 69, 315 (343); BVerfG, NVwZ 2013, S. 570 (571); *Sodan/Ziekow*, Öffentliches Recht, § 36 Rn. 4.

64 Gerade bei Versammlungen gilt die Zeitgebundenheit als wichtiges Merkmal, siehe *Berkemann*, in: Umbach/Clemens/Dollinger, BVerfGG, § 32 Rn. 215.

Hinweis zur Bewertung: Es ist auch vertretbar, den Punkt „Keine Vorwegnahme der Entscheidung in der Hauptsache" als Teil des Rechtsschutzbedürfnisses[65] oder erst in der Begründetheit[66] zu prüfen.[67] 53

VII. Rechtsschutzbedürfnis einstweilige Anordnung

T müsste des Rechtsschutzes gerade im Eilverfahren bedürfen.[68] Daran fehlt es, wenn die beschwerende fachgerichtliche Entscheidung noch nicht ergangen ist, wenn die Entscheidung in der Hauptsache rechtzeitig käme oder der Antragssteller durch eigene zumutbare Maßnahmen seine Ziele erreichen könnte.[69] Vorliegend haben die Fachgerichte bereits entschieden und käme die Entscheidung in der Hauptsache zu spät. Andere zumutbare Maßnahmen sind nicht ersichtlich. T ist mit Blick auf den Erlass einer einstweiligen Anordnung rechtsschutzbedürftig. 54

VIII. Ergebnis

Der Antrag des T ist zulässig, soweit er ihn im eigenen Namen gestellt hat, und unzulässig, soweit die Skatrunde betroffen ist. 55

B. Begründetheit des Antrags auf eine einstweilige Anordnung

I. Prüfungsumfang

Der Antrag des T müsste begründet sein. Da das Bundesverfassungsgericht gem. § 32 BVerfGG nur eine vorläufige Regelung trifft, kommt es für die Begründetheit der einstweiligen Anordnung in der Regel nicht auf die Erfolgsaussichten in der Hauptsache an,[70] sondern führt das Bundesverfassungsgericht stattdessen bloß eine Folgenabwägung durch.[71] Ausnahmsweise liegen die Dinge anders. Auf die Erfolgsaussichten in der Hauptsache kommt es sehr wohl an, wenn sich die vorläufige Regelung der Sache nach zulässigerweise als endgültige darstellt, also in Fällen, in denen die Hauptsache vorweggenommen wird.[72] So liegen die Dinge hier. Der Antrag auf einstweilige Anordnung ist somit begründet, soweit die Verfassungsbeschwerde begründet ist.[73] 56

65 *Pestalozza*, Verfassungsprozeßrecht, S. 247.

66 *Barczak*, in: ders., BVerfGG, § 32 Rn. 32.

67 Wie hier *Hillgruber/Goos*, Verfassungsprozessrecht, Rn. 1027; *Robbers*, Verfassungsprozessuale Probleme, S. 91.

68 *Robbers*, Verfassungsprozessuale Probleme, S. 92.

69 BVerfGE 16, 220 (226).

70 BVerfGE 111, 147 (153); *Robbers*, Verfassungsprozessuale Probleme, S. 93; *Sachs*, Verfassungsprozessrecht, Rn. 638; *Schlaich/Korioth*, Bundesverfassungsgericht, Rn. 466.

71 *Lenz/Hansel*, BVerfGG, § 32 Rn. 42; *Robbers*, Verfassungsprozessuale Probleme, S. 93; *Schlaich/Korioth*, Bundesverfassungsgericht, Rn. 465.

72 Vgl. BVerfGE 111, 147 (153); *Benda/Klein/Klein*, Verfassungsprozessrecht, Rn. 1408; insbesondere und ausführlich zum Versammlungsrecht *Barczak*, in: ders., BVerfGG, § 32 Rn. 44 („Hier übernimmt das vorläufige Rechtsschutzverfahren praktisch die Bedeutung des Verfahrens in der Hauptsache […]").

73 Allgemein hierzu *Hillgruber/Goos*, Verfassungsprozessrecht, Rn. 1076 m.w.N.; *Walter*, in: ders./Grünewald, BeckOK BVerfGG, § 32 Rn. 58 (Stand: 14. EL, Dezember 2022); siehe auch BVerfG, NJW 2004, S. 2814 (2814 f.).

57 **Hinweis zum Aufbau:** Da der Prüfungsumfang ausnahmsweise den Erfolg in der Hauptsache berücksichtigt, empfiehlt sich für die weitere Prüfung der klassische Aufbau einer Verfassungsbeschwerde, auch wenn ein anderer Aufbau ebenfalls vertretbar ist.

II. Prüfungsmaßstab

58 Entscheidungen der Fachgerichte überprüft das Bundesverfassungsgericht nur eingeschränkt.[74] Andernfalls wäre es eine „Superrevisionsinstanz".[75] Doch das darf das Bundesverfassungsgericht nicht sein. Denn Art. 95 Abs. 1 GG errichtet insbesondere den Bundesgerichtshof als „oberstes" Bundesgericht. Daher muss der Fachgerichtsbarkeit im Zivilrecht ein Bereich verbleiben, in dem der Bundesgerichtshof letztverbindlich entscheidet, also ohne, dass das Bundesverfassungsgericht ihn noch kontrollieren und seine Entscheidungen aufheben könnte.[76] Das Bundesverfassungsgericht überprüft daher, obwohl materiell-rechtlich jede einfach-rechtlich falsche, belastende Rechtsanwendung zugleich ein Grundrecht (und sei es Art. 2 Abs. 1 GG i.V.m. Art. 20 Abs. 3 GG) verletzt, Entscheidungen der Fachgerichte aus prozessualen Gründen nur eingeschränkt: auf die Verletzung spezifischen Verfassungsrechts.[77] Spezifisch das Verfassungsrecht ist verletzt, wenn die angegriffene fachgerichtliche Entscheidung den Einfluss der Grundrechte bzw. grundrechtsgleichen Rechte grundlegend verkennt[78]. Das setzt voraus, dass ein Eingriff in den Schutzbereich vorliegt, der nicht gerechtfertigt werden kann.

III. Schutzbereich

59 Der Schutzbereich des Art. 8 Abs. 1 GG müsste eröffnet sein.

1. Persönlicher Schutzbereich

60 Persönlich schützt die Versammlungsfreiheit jeden Deutschen im Sinn des Art. 116 Abs. 1 GG. Mangels näherer Angaben im Sachverhalt ist davon auszugehen, dass T Deutscher ist. Der persönliche Schutzbereich ist eröffnet.

2. Sachlicher Schutzbereich

61 Die Eröffnung des sachlichen Schutzbereichs setzt zunächst voraus, dass es sich bei der von T geplanten Demonstration um eine Versammlung im Sinn des Art. 8 Abs. 1 GG handelt. Was eine Versammlung in diesem Sinn ausmacht, ist gleich unter mehreren Gesichtspunkten umstritten.

---

74 *Schlaich/Korioth*, Bundesverfassungsgericht, Rn. 281.
75 *Sachs*, Verfassungsprozessrecht, Rn. 509.
76 Hierzu *Schlaich/Korioth*, Bundesverfassungsgericht, Rn. 281.
77 *Schlaich/Korioth*, Bundesverfassungsgericht, Rn. 281.
78 Vgl. BVerfGE 89, 276 (285).

a) Begriff der Versammlung

aa) Personenzahl

Die Versammlungsfreiheit setzt schon begrifflich voraus, dass mehr als eine Person erscheint: Ein Einzelner kann sich nicht versammeln, sondern nur sammeln.[79] Tut er allein seine Meinung kund, ist dies im Rahmen der Meinungsfreiheit gem. Art. 5 Abs. 1 S. 1 Alt. 1 GG grundrechtlich geschützt. 62

Ob der Begriff der Versammlung die Teilnahme von zwei, drei oder mehr Personen verlangt, ist umstritten. Überwiegend werden zwei[80], teilweise auch erst drei Personen[81] für ausreichend gehalten. T und seine beiden Freunde sind zu dritt. Trifft eine der beiden genannten Ansichten zu, ist die erforderliche Mindestzahl also jedenfalls erreicht. 63

Nach anderer (veralteter) Ansicht soll es auf eine Mindestzahl von sieben Teilnehmern ankommen.[82] Diese Zahl erreichen T und seine Freunde nicht, jedenfalls nicht notwendig (von anderen Teilnehmern ist nichts bekannt). Da die Ansichten zu unterschiedlichen Ergebnissen führen, ist eine Stellungnahme erforderlich. 64

Der Wortlaut des Art. 8 Abs. 1 GG („sich […] zu versammeln") enthält keinen Hinweis darauf, dass mehr als zwei oder drei Personen zusammenkommen müssten.[83] In systematischer bzw. normhierarchischer Sicht ist der Vergleich mit den Vorschriften des Vereinsrechts (§§ 56, 73 BGB), der für eine Teilnehmerzahl von sieben Personen angeführt wird, schon deshalb verfehlt, weil das Verfassungsrecht über dem Vereinsrecht steht und selbst zwischen der Versammlungs- und der Vereinsfreiheit unterscheidet[84]. Auch in der Sache besteht ein wesentlicher Unterschied, weil eine Versammlung zeitlich begrenzt stattfindet, während ein Verein auf Beständigkeit ausgelegt ist[85]. Teleologisch ist der Mehrwert des gegenseitigen Austauschens und gemeinsamen Erlebens schon bei zwei Teilnehmern zu erreichen.[86] Der „vereinsrechtlichen" Sicht ist nach alledem nicht zu folgen; die erforderliche Teilnehmerzahl liegt vor. 65

bb) Versammlungszweck

Dass (zwei oder) drei Personen zusammentreffen, macht die Zusammenkunft noch nicht zu einer Versammlung. Hinzukommen muss (kein gleicher, sondern) ein gemeinsamer Zweck, der die Zusammengekommenen verbindet.[87] Streitig ist nur, welche Anforderungen an den gemeinsamen Zweck zu stellen sind.[88] Die weiteste Auffassung lässt jeden 66

79 *Hartmann*, in: Kahl/Waldhoff/Walter, GG, Art. 8 Rn. 154 (Stand: 191. EL, Juni 2018).

80 *Blanke*, in: Stern/Becker, Grundrechte-Kommentar, Art. 8 Rn. 19; *Brenneisen*, NordÖR 2006, S. 97 (97); *Epping*, Grundrechte, Rn. 32; *Höfling*, in: Sachs, GG, Art. 8 Rn. 13; *Manssen*, Staatsrecht II, Rn. 547; *Michael/Morlok*, Grundrechte, Rn. 268; *Sodan*, in: ders., GG, Art. 8 Rn. 2.

81 BayObLG, NJW 1979, S. 1895; OLG Saarbrücken, NStZ-RR 1999, S. 119; *Enders*, Jura 2003, S. 34 (36); *Hölscheidt*, DVBl. 1987, S. 666 (667).

82 *v. Münch*, in: ders., GG, 3. Aufl. 1985, Art. 8 Rn. 9; referierend *Epping*, Grundrechte, Rn. 32, und *Michael/Morlok*, Grundrechte, Rn. 268.

83 *Hartmann*, in: Kahl/Waldhoff/Walter, GG, Art. 8 Rn. 154 (Stand: 191. EL, Juni 2018).

84 *Michael/Morlok*, Grundrechte, Rn. 268.

85 *Blanke*, in: Stern/Becker, Grundrechte-Kommentar, Art. 8 Rn. 19.

86 *Blanke*, in: Stern/Becker, Grundrechte-Kommentar, Art. 8 Rn. 19.

87 *Brenneisen*, NordÖR 2006, S. 97 (98); *Depenheuer*, in: Dürig/Herzog/Scholz, GG, Art. 8 Rn. 47 (Stand: 93. EL, Oktober 2020); *Epping*, Grundrechte, Rn. 33; *Hoffmann-Riem*, in: Merten/Papier, Handbuch der Grundrechte, Bd. IV, S. 1139; *Höfling*, in: Sachs, GG, Art. 8 Rn. 14; *Jarass*, in: ders./Pieroth, GG, Art. 8 Rn. 3; *Kingreen/Poscher*, Grundrechte, Rn. 949 ff.; *Manssen*, Staatsrecht II, Rn. 543; *Michael/Morlok*, Grundrechte, Rn. 269; *Sodan*, in: ders., GG, Art. 8 Rn. 3.

88 *Hartmann*, in: Kahl/Waldhoff/Walter, GG, Art. 8 Rn. 164 (Stand: 191. EL, Juni 2018).

gemeinsamen Zweck genügen und verzichtet auf das Element kollektiver Meinungsbildung.[89] Die engste Auffassung verlangt hingegen, dass die gemeinsame Zweckverfolgung in der kollektiven Meinungsbildung oder -äußerung in öffentlichen Angelegenheiten liegen muss.[90] Eine weitere, vermittelnde Ansicht nimmt zur kollektiven Meinungsbildung oder -äußerung in öffentlichen noch die in privaten Angelegenheiten hinzu.[91]

67 Die Kundgebung des T behandelt den Abbau des staatlichen Gewaltmonopols und die zunehmende Beschränkung von Freiheitsrechten. Das sind öffentliche Angelegenheiten, zu denen sich die Teilnehmer eine Meinung bilden und äußern. Insofern ist sogar die engste Ansicht erfüllt.

68 Ein anderes Ergebnis könnte sich allenfalls aus dem Umstand ergeben, dass T plant, vor dem Vortrag und der anschließenden Diskussion das im Sachverhalt beschriebene sog. „Dosenschießen" durchzuführen. Die Veranstaltung enthält somit jedenfalls zu einem Teil einen „Spaßcharakter". Fraglich ist, ob und ggf. wie sich dieser Umstand auf die Veranstaltung insgesamt auswirkt. Nach der weitesten Ansicht sind auch Veranstaltungen mit Spaßcharakter von der Versammlungsfreiheit geschützt.[92] Die anderen Ansichten setzen eine Meinungsbildung- und -kundgabe voraus. Das Bundesverfassungsgericht hat entschieden, dass „Vergnügungsveranstaltungen" keine Versammlungen sind, auch dann nicht, wenn zwar Meinungskundgaben stattfinden, diese aber als bloßer Nebenzweck hinter den Hauptcharakter der Veranstaltung zurücktreten.[93] Bei derartigen gemischten Veranstaltungen komme es auf das Gesamtgepräge der Veranstaltung an.[94] Bei verbleibenden Zweifeln bewirke der hohe Rang der Versammlungsfreiheit, dass die Veranstaltung wie eine Versammlung zu behandeln sei.[95]

69 T plant für seine Veranstaltung das Dosenschießen mit einer 0,33 l Dose Bier. Daran schließt sich ein fünfzehnminütiger Redebeitrag und eine ebenso lange Diskussion zum Vortragsthema an (insgesamt 30 Minuten). Das „Dosenschießen" nimmt in der Gesamtveranstaltung nur wenige Sekunden bis einige Minuten in Anspruch, der weitaus größere Teil der Veranstaltung dient der Bildung und Kundgabe von Meinungen in öffentlichen Angelegenheiten. Diese bildet somit den Hauptzweck der Veranstaltung und bestimmt den Gesamtcharakter. Dass bei der Veranstaltung auch Bestandteile mit Vergnügungscharakter enthalten sind, beeinträchtigt die Einordnung als Versammlung nicht, wenn die Vergnügungsbestandteile – wie hier – nicht bestimmend für den Gesamtcharakter der Veranstaltung sind.[96] Eine Versammlung liegt daher jedenfalls vor.

---

89 VG Hannover, NVwZ-RR 1997, S. 622 ff.; *Depenheuer*, in: Dürig/Herzog/Scholz, GG, Art. 8 Rn. 47 ff. (Stand: 93. EL, Oktober 2020); *Hartmann*, in: Kahl/Waldhoff/Walter, GG, Art. 8 Rn. 173 (Stand: 191. EL, Juni 2018) mit ausführlicher Begründung; *Höfling*, in: Sachs, GG, Art. 8 Rn. 15 ff.; *Kingreen/Poscher*, Grundrechte, Rn. 953.

90 BVerfG, NJW 2001, S. 2459 ff.; BayObLG, NJW 1970, S. 479 (480); *Bredt*, NVwZ 2007, S. 1358 ff.; *Manssen*, Staatsrecht II, Rn. 543.

91 BVerwGE 56, 63 (69); *Blanke*, in: Stern/Becker, Grundrechte-Kommentar, Art. 8 Rn. 22 ff.; *Deutelmoser*, NVwZ 1999, S. 240 ff.; *Sodan*, in: ders., GG, Art. 8 Rn. 3.

92 Vgl. *Hartmann*, in: Kahl/Waldhoff/Walter, GG, Art. 8 Rn. 173 (Stand: 191. EL, Juni 2018).

93 BVerfG, NJW 2001, S. 2459 (2560 f.).

94 BVerfG, NJW 2001, S. 2459 (2561); *Schneider*, in: Epping/Hillgruber, BeckOK GG, Art. 8 Rn. 10 (Stand: 54. EL, Februar 2023); kritisch hierzu *Hartmann*, in: Kahl/Waldhoff/Walter, GG, Art. 8 Rn. 174 (Stand: 191. EL, Juni 2018).

95 BVerfG, NJW 2001, S. 2459 (2461).

96 *Schneider*, in: Epping/Hillgruber, BeckOK GG, Art. 8 Rn. 11 (Stand: 54. EL, Februar 2023).

b) Umfang der Gewährleistung

aa) Friedlichkeit und Waffenlosigkeit

Die Versammlung müsste gem. Art. 8 Abs. 1 GG „friedlich und ohne Waffen" erfolgen. Es gibt keine Hinweise im Sachverhalt, dass das nicht der Fall sein wird. Von der Friedlichkeit und der Waffenlosigkeit der Versammlung ist daher auszugehen. 70

Hinweis zum Aufbau: Das Merkmal „friedlich und ohne Waffen" kann als ausdrücklich vorgesehene Schutzbereichsbegrenzung auch vor dem Prüfungspunkt „Umfang der Gewährleistung" geprüft werden.[97] 71

bb) Ort der Versammlung

Wie oben bereits beschrieben, enthält die Versammlungsfreiheit auch ein Selbstbestimmungsrecht über den Versammlungsort. In seiner klassischen Funktion als Abwehrrecht gegen den Staat[98] verlangt die Versammlungsfreiheit daher eine verfassungsrechtliche Rechtfertigung, falls der Staat die Versammlung an einem ansonsten zugänglichen Ort (sei das Grundstück in privater, sei es in öffentlicher Hand) verbietet.[99] Verlangen die Veranstalter vom Staat dagegen, dass er einen ansonsten unzugänglichen Ort für Versammlungen zugänglich macht, ist das Grundrecht der Versammlungsfreiheit nicht in seiner klassischen Funktion als Abwehrrecht betroffen, sondern es stellt sich die Frage, inwieweit Art. 8 Abs. 1 GG Leistungsansprüche gewährt.[100] Richten die Veranstalter ihr Verlangen, einen ansonsten unzugänglichen Ort zugänglich zu machen, nicht gegen den Staat, sondern gegen Private, stellt sich die Frage nach dem Leistungsgehalt des Grundrechts außerdem in mittelbarer Drittwirkung (unter Privaten).[101] Die Antwort ist umstritten. 72

Nach Ansicht des Bundesverfassungsgerichts gewährt die Versammlungsfreiheit Privaten einen Leistungsanspruch gegen Private, falls der private Grund, auf dem die Versammlung stattfinden soll, als öffentlicher Kommunikationsraum, als öffentliches „Forum" einzustufen ist.[102] Ein solches Forum kennzeichne, dass auf ihm eine Vielzahl verschiedener Tätigkeiten und Anliegen verfolgt werden und auf diese Weise ein vielseitiges und offenes Kommunikationsgeflecht entstehen könne:[103] 73

„Wenn heute die Kommunikationsfunktion der öffentlichen Straßen, Wege und Plätze zunehmend durch weitere Foren wie Einkaufszentren, Ladenpassagen oder durch private Investoren geschaffene und betriebene Plätze als Orte des Verweilens, der Begegnung, des Flanierens, des Konsums und der Freizeitgestaltung ergänzt wird, kann die Versammlungsfreiheit für die Verkehrsflächen solcher Einrichtungen nicht ausgenommen werden, soweit […] Private im Wege der mittelbaren Drittwirkung in Anspruch genommen werden können."[104]

---

97 *Kingreen/Poscher*, Grundrechte, Rn. 956 mit Rn. 966; wie hier *Hartmann*, in: Kahl/Waldhoff/Walter, GG, Art. 8 Rn. 204 mit Rn. 177 (Stand: 191. EL, Juni 2018).

98 Siehe nur *Gusy*, in: Mangoldt/Klein/Starck/Huber/Voßkuhle, GG, Art. 8 Rn. 44, und allgemein zu den Dimensionen der Grundrechte *Epping*, Grundrechte, Rn. 11 ff.; *Hufen*, Staatsrecht II, § 5 Rn. 1 ff.

99 *Hartmann*, in: Kahl/Waldhoff/Walter, GG, Art. 8 Rn. 192 ff. (Stand: 191. EL, Juni 2018) m.w.N.

100 *Hartmann*, in: Kahl/Waldhoff/Walter, GG, Art. 8 Rn. 195 (Stand: 191. EL, Juni 2018).

101 *Hartmann*, in: Kahl/Waldhoff/Walter, GG, Art. 8 Rn. 197 (Stand: 191. EL, Juni 2018).

102 BVerfGE 128, 226 (253).

103 BVerfGE 128, 226 (253).

104 BVerfGE 128, 226 (252).

74 Abzugrenzen ist das öffentliche Forum danach von Stätten, die der Allgemeinheit nicht oder nur zu bestimmten Zwecken zur Verfügung stehen und entsprechend ausgestaltet sind. Orte, die tatsächlich ausschließlich oder ganz überwiegend nur einer bestimmten anderen Funktion dienen, können auch nach der Rechtsprechung des Bundesverfassungsgerichts nicht gegen den Willen des Eigentümers zur Durchführung von Versammlungen genutzt werden.[105] Entstehe dagegen durch die Verbindung von Ladengeschäften, Dienstleistungsanbietern, Gastronomiebetriebe und Erholungsflächen ein „Raum des Flanierens", ein „Ort des Verweilens und der Begegnung", habe der Eigentümer den Ort auch für kommunikative Nutzungen geöffnet und zum öffentlichen Forum gemacht. Er vermöge daher auf seinem Grund auch die politische Auseinandersetzung in Form kollektiver Meinungskundgaben durch Versammlungen nicht zu verhindern.[106]

75 Das Bundesverfassungsgericht stützt seine Auffassung maßgeblich auf den Kommunikationszweck der Versammlungsfreiheit: Private Unternehmen, welche die Rahmenbedingungen öffentlicher Kommunikation herstellten, träten so in Funktionen ein, die früher allein der Staat erfüllt habe.[107] Die Möglichkeit, auf öffentlichen Foren Aufmerksamkeit zu erzielen, sei als Grundlage der demokratischen Willensbildung versammlungsfreiheitlich gewollt und bilde ein konstituierendes Element der demokratischen Staatsordnung.[108] Die Beschränkung der Eigentumsfreiheit aus Art. 14 Abs. 1 S. 2 GG, die mit der mittelbaren Drittwirkung einhergehe, sei Ausdruck der Sozialbindung des Eigentums gem. Art. 14 Abs. 2 GG. So gesehen entsprechen öffentlich zugänglich gemachte Plätze im Privateigentum den im Gemeingebrauch stehenden öffentlichen Plätzen.[109]

76 Nach der Rechtsprechung genügt es für einen Leistungsanspruch gegen die K-GmbH aus der Versammlungsfreiheit in mittelbarer Drittwirkung also, dass der Marienplatz für den Publikumsverkehr geöffnet ist. Die K-GmbH hat den Marienplatz mit seinen unterschiedlichen Ladenflächen, Gastronomieangeboten und Sitzplätzen zum Verweilen als Ort der Kommunikation geschaffen. Ein öffentliches Forum im Sinn der Rechtsprechung liegt vor und der Schutzbereich ist nach dieser Ansicht eröffnet.

77 Nach anderer Ansicht, die Teile der Lehre vertreten, verschafft das Grundrecht der Versammlungsfreiheit keinen Anspruch, dass für Versammlungen ansonsten unzugängliche Orte für Versammlungen erst geöffnet werden. Auch bei öffentlichen Foren vermag der Eigentümer sein Grundstück danach nur für von ihm bestimmte Kommunikationszwecke zu öffnen und so politische Versammlungen auszuschließen. Diese Ansicht stützt ihre Auffassung maßgeblich auf den Umstand, dass die mittelbare Drittwirkung eines Grundrechts (gegenüber Privaten) nicht weitergehen könne als die unmittelbare Wirkung (gegenüber dem Staat).[110] Für den Fall der unmittelbaren Wirkung gegenüber dem Staat ist allgemein und auch durch das Bundesverfassungsgericht bis heute anerkannt, dass die Versammlungsfreiheit kein Zutrittsrecht zu beliebigen Orten verschaffe. Ein Leistungsrecht gegen den Staat, aufgrund dessen dieser den Zugang zu – ansonsten unzu-

105 BVerfGE 128, 226 (253).
106 Vgl. BVerfGE 128, 226 (253).
107 BVerfGE 128, 226 (249).
108 BVerfGE 128, 226 (254).
109 *Wendt*, NVwZ 2012, S. 606 (608).
110 Vgl. das abweichende Votum *Schluckebier*, BVerfGE 128, 226 (274); *v. Alemann/Scheffczyk*, JA 2013, S. 407 (408); *Hartmann*, in: Kahl/Waldhoff/Walter, GG, Art. 8 Rn. 413 (Stand: 191. EL, Juni 2018) m.w.N.

gänglichen – Orten erst eröffnen muss, gewährt die Versammlungsfreiheit nicht.[111] Es bleibt der öffentlichen Hand daher unbenommen, Orte bestimmten Zwecken vorzubehalten (Krankenhäuser[112], Autobahnen[113]) und so von der Versammlungsfreiheit auszunehmen. Das gilt auch für Orte, welche die Kriterien eines öffentlichen Forums erfüllen (Parlamentslobby, Rathausfoyer).[114]

Findet die Versammlungsfreiheit nicht unmittelbar, sondern wie hier mittelbar Anwendung, können die Gewährleistungsgehalte und Grundrechtsdimensionen, die das Grundrecht gewährt, nicht weiter gehen: Private sind nicht zu mehr Grundrechtsschutz verpflichtet, als es der unmittelbar und primär grundrechtsgebundene Staat ist.[115] Wenn der Staat öffentliche Foren nur für bestimmte Formen der Kommunikation öffnen darf, muss es auch dem privaten Eigentümer möglich sein, sein Einverständnis differenziert zu erklären.[116] Eine darüber hinausgehende Verpflichtung privater Eigentümer, die ihnen verbieten würde, bestimmte Versammlungen generell oder im Einzelfall von einer ansonsten eröffneten Zugänglichkeit auszunehmen, ist eine Inhalts- und Schrankenbestimmung des Eigentums, die gem. Art. 14 Abs. 1 S. 2 GG durch formelles Gesetz zu bestimmen ist, ohne dass die Gerichte diese Aufgabe unter Berufung auf die Versammlungsfreiheit übernehmen dürften.[117] Warum es ihm doch möglich sein soll, erläutert auch das Bundesverfassungsgericht nicht. Es verzichtet im Zusammenhang mit der mittelbaren Drittwirkung weitgehend auf methodengerechte Ableitungen;[118] im Kern erschöpft sich die Rechtsprechung in der Behauptung, dass ein Eigentümer eines allgemein zugänglichen Grundstücks sein Eigentum nicht nur für bestimmte, von ihm ausgewählte Benutzer oder Zwecke soll öffnen dürfen[119]. 78

Die Auffassung des Bundesverfassungsgerichts vermag außerdem nicht zu erklären, warum es für die Qualifikation als öffentliches Forum darauf ankommen soll, dass dort eine „Vielzahl verschiedener Tätigkeiten" verfolgt werden könne, wenn die Eröffnung des Schutzbereichs der Versammlungsfreiheit nach der Rechtsprechung zugleich voraussetzen soll, dass genau eine, ganz bestimmte Tätigkeit ausgeübt wird: die kollektive Meinungsbildung und -äußerung in öffentlichen Angelegenheiten. Insgesamt erscheint zweifelhaft, ob das Bundesverfassungsgericht den Zentralbegriff seiner Ausnahme, das öffentliche Forum, überhaupt trennscharf zu bestimmen vermag.[120] 79

Nach dieser Ansicht aus der Literatur hilft das Grundrecht der Versammlungsfreiheit T nur, falls vorliegend eine Ausnahme einschlägig ist. Die Verpflichtung der K-GmbH, den Marienplatz zur Verfügung zu stellen, könnte vorliegend einer ebensolchen staatlichen Leistungsverpflichtung entsprechen, so dass der Private keineswegs zu mehr 80

111 Vgl. insoweit BVerwGE 91, 135 (138); *Gusy*, in: Mangoldt/Klein/Starck/Huber/Voßkuhle, GG, Art. 8 Rn. 45; *Hartmann*, in: Kahl/Waldhoff/Walter, GG, Art. 8 Rn. 196 (Stand: 191. EL, Juni 2018) m.w.N.

112 BVerfGE 128, 226 (252 f.).

113 VGH Kassel, NJW 2009, S. 312 ff.

114 Vgl. *Hartmann*, in: Kahl/Waldhoff/Walter, GG, Art. 8 Rn. 195 (Stand: 191. EL, Juni 2018) m.w.N.

115 *Hartmann*, in: Kahl/Waldhoff/Walter, GG, Art. 8 Rn. 413 (Stand: 191. EL, Juni 2018).

116 *Hartmann*, in: Kahl/Waldhoff/Walter, GG, Art. 8 Rn. 420 (Stand: 191. EL, Juni 2018).

117 *Hartmann*, in: Kahl/Waldhoff/Walter, GG, Art. 8 Rn. 421 (Stand: 191. EL, Juni 2018).

118 Hierzu insbesondere *Hellgardt*, JZ 2018, S. 901 (902).

119 Vgl. abw. Meinung *Schluckebier*, BVerfGE 128, 226 (275) (keine „tragfähige Rechtfertigung"); *Hartmann*, in: Kahl/Waldhoff/Walter, GG, Art. 8 Rn. 417 (Stand: 191. EL, Juni 2018).

120 *Hartmann*, in: Kahl/Waldhoff/Walter, GG, Art. 8 Rn. 419 (Stand: 191. EL, Juni 2018); *Hettich*, VBlBW 2018, S. 485 (491).

Schutz verpflichtet wäre, als es der Staat ist.[121] Wäre der Staat Eigentümer des Marienplatzes und hätte er diesen Ort für politische Demonstrationen nicht geöffnet, müsste er die Versammlung auf dem Marienplatz gleichwohl ausnahmsweise zulassen: T ist für den Zweck seiner Versammlung auf einen Ort in Beilfeld angewiesen, denn ein anderer geeigneter Ort steht nach der Schilderung der örtlichen Gegebenheiten im Sachverhalt nicht zur Verfügung, s.o. unter A.VI.[122] Auch nach dieser Ansicht ist vorliegend der Schutzbereich eröffnet.

81 **Hinweis zur Bewertung:** Die Prüflinge können sich auch für eine der beiden Ansichten entscheiden und nur unter diese subsumieren. Ggf. ist die Prüfung – wie stets, d.h. auch ohne gesonderten Hinweis im Bearbeitervermerk – hilfsgutachterlich fortzusetzen. Vertretbar erscheint auch eine Lösung, nach der die K-GmbH keine Duldungspflicht trifft. Weil der Sachverhalt die Rechtsauffassung mitteilt, dass das Grundrecht Private unmöglich stärker in die Pflicht nehmen könne als den Staat, war jedenfalls das Problem einer Versammlung auf privatem Grund zu diskutieren.

c) Ergebnis

82 Der sachliche Schutzbereich ist eröffnet.

IV. Eingriff

83 Weiterhin müsste ein Eingriff vorliegen. Ein Eingriff ist jedes staatliche Handeln, das dem Einzelnen ein Verhalten, das in den Schutzbereich fällt, ganz oder teilweise unmöglich macht oder erschwert.[123] Die Beeinträchtigung der Versammlungsfreiheit des T wird allerdings unmittelbar durch die K-GmbH bewirkt. Jedoch hat das Gericht auf Grund der mittelbaren Drittwirkung der Grundrechte die Pflicht, der Versammlungsfreiheit des T auch innerhalb einer Privatrechtsbeziehung zur Beachtung zu verhelfen. Gleichwohl hat es einen dem Klagebegehren des T stattgebenden Beschluss nicht erlassen und ihm seine Versammlung nicht wie gewünscht ermöglicht. In diesem Unterlassen liegt eine vorhersehbare, dem Staat zurechenbare Grundrechtsbeeinträchtigung, die einen Eingriff darstellt.[124]

V. Rechtfertigung

84 Der Eingriff könnte gerechtfertigt sein. Dies ist der Fall, wenn das Grundrecht einschränkbar ist, die Maßnahme auf einer verfassungsgemäßen Grundlage beruht und die Maßnahme selbst verfassungsgemäß ist.

---

121 Vgl. *Hartmann*, in: Kahl/Waldhoff/Walter, GG, Art. 8 Rn. 415 (Stand: 191. EL, Juni 2018); *Jarass*, in: ders./Pieroth, GG, Art. 8 Rn. 15 f.

122 In diese Richtung ebenfalls EGMR, Urteil v. 6.5.2003, Appleby, Nr. 44306/98, der EGMR schließt eine Übertragung der sog „open forum doctrine" zwar aus, fordert aber eine nationale Anpassung des Eigentumsrechts, sollte eine effektive Nutzung des Versammlungsrechts ausgeschlossen sein, zum Beispiel in rein privatisierten Städten, vgl. Rn. 47.

123 *Epping*, Grundrechte, Rn. 39.

124 Ebenso *Augsberg/Viellechner*, JuS 2008, S. 406 (408).

1. Einschränkbarkeit des Grundrechts

Gem. Art. 8 Abs. 2 GG kann das Grundrecht auf Versammlungsfreiheit aus Art. 8 Abs. 1 GG für Versammlungen unter freiem Himmel durch oder auf Grund eines Gesetzes eingeschränkt werden. Streitig ist dabei, wann eine Versammlung unter „freiem" Himmel stattfindet. Nach einer Ansicht kommt es dabei darauf an, ob der Versammlungsort nach oben hin offen ist (so dass unter freiem Himmel eine Versammlung in einem Stadion, nicht aber unter der Überdachung einer Bushaltestelle sei).[125] Nach anderer Ansicht kommt es nicht auf die Öffnung des Versammlungsorts nach oben, sondern zur Seite hin, letztlich also auf die freie Zugänglichkeit zum Versammlungsort und damit auf die freie Teilnahmemöglichkeit an der Versammlung an.[126] Diese Ansicht führt zur Begründung das teleologische Argument an, dass Art. 8 Abs. 2 GG Eingriffe bei Versammlungen mit erhöhtem Konfliktpotenzial zu ermöglichen bezwecke.[127] Die Versammlung des T soll auf dem Marienplatz stattfinden. Der Platz ist weder überdacht noch zu den Seiten geschlossen, sondern bleibt frei zugänglich. Daher liegt nach beiden Ansichten eine Versammlung unter freiem Himmel vor. Der Gesetzesvorbehalt ist eröffnet. **85**

2. Formelle und materielle Verfassungsmäßigkeit des Gesetzes

§§ 858 ff., 903, 1004 BGB sind laut Bearbeitervermerk formell und materiell verfassungsgemäß. **86**

3. Verfassungsmäßigkeit der Einzelmaßnahme

Der aufgrund dieser Vorschriften ergangene letztinstanzliche Beschluss des Zivilgerichts müsste seinerseits verhältnismäßig sein. **87**

a) Legitimer Zweck

Der zivilgerichtliche Beschluss müsste einen legitimen Zweck verfolgen. Ein Zweck ist legitim, wenn der Staat ihn als solchen verfolgen darf.[128] Mit seinem Beschluss entscheidet das Fachgericht den Rechtsstreit über das Hausrecht der K-GmbH. Die Entscheidung von Rechtsstreitigkeiten ist ein legitimer Zweck. **88**

Hinweis zum Aufbau: Das dürfte wohl auch gelten, falls ein Gericht seine Entscheidung rechtsirrig trifft. Als Frage des legitimen Zwecks sollte die Bedeutung der Versammlungsfreiheit des T im Verhältnis zur K-GmbH (s. unten unter Angemessenheit) deshalb besser nicht geprüft werden. **89**

---

125 Vgl. *Hartmann*, in: Kahl/Waldhoff/Walter, GG, Art. 8 Rn. 330 (Stand: 191. EL, Juni 2018) m.w.N.

126 *Epping*, Grundrechte, Rn. 44.

127 BVerfGE 69, 315 (348); 128, 226 (255 f.); *Epping*, Grundrechte, Rn. 44; *Gusy*, in: Mangoldt/Klein/Starck/Huber/Voßkuhle, GG, Art. 8 Rn. 55.

128 *Kingreen/Poscher*, Grundrechte, Rn. 417.

b) Geeignetheit

90 Der zivilgerichtliche Beschluss müsste geeignet sein. Das ist er, wenn er den angestrebten Zweck zumindest fördert.[129] Das Verbot der Versammlung (genauer: die Aufrechterhaltung des Hausverbots) schützt vor der zu Grunde gelegten Verletzung des Hausrechts und beendet den Rechtsstreit. Der Beschluss ist daher auch geeignet.

91 **Hinweis zum Aufbau:** Falls das geschützte Recht in Wahrheit nicht verletzt ist, ist die gerichtliche Entscheidung nur geeignet, das Ziel zu erreichen, dass überhaupt eine Entscheidung fällt (und insofern Rechtsfrieden einkehrt). Dagegen wird das Ziel, dem materiellen Recht Geltung zu verschaffen, verfehlt. Insofern ist die Entscheidung also ungeeignet und kann die Bedeutung der Versammlungsfreiheit des T im Verhältnis zur K-GmbH (s. unten unter Angemessenheit) auch an dieser Stelle geprüft werden. Vorzugswürdig erscheint die hier gewählte Darstellung gleichwohl, weil ansonsten im Rahmen der Geeignetheit (Durchsetzung materiellen Rechts) ein anderes, jedenfalls ein konkreteres Ziel verfolgt wird als im Rahmen des legitimen Zwecks (Entscheidung einer Rechtsstreitigkeit).

c) Erforderlichkeit

92 Der zivilgerichtliche Beschluss müsste erforderlich sein. Das ist er, wenn er unter den gleich geeigneten Mitteln das Mildeste ist.[130] Das Verbot der Versammlung ist der einzige Weg, die zu Grunde gelegte Verletzung des Hausrechts zu vermeiden. Es ist daher auch erforderlich.

d) Angemessenheit

93 Der zivilgerichtliche Beschluss müsste angemessen sein. Angemessenheit bedeutet, dass die Beeinträchtigung, die der Eingriff für den Einzelnen darstellt, und der Zweck, der damit verfolgt wird, in einem abgewogenen Verhältnis zueinander stehen.[131] Kollidieren Grundrechte (mittelbar oder unmittelbar), müssen sie im Sinn praktischer Konkordanz[132] zu einem schonenden Ausgleich[133] gebracht werden, so dass sie jeweils größtmögliche Betätigungs- und Verwirklichungschancen erhalten.[134]

94 Auf Seiten der K-GmbH streiten die Eigentumsfreiheit aus Art. 14 Abs. 1 S. 1 GG und die Berufsfreiheit aus Art. 12 Abs. 1 S. 1 GG (jeweils i.V.m. Art. 19 Abs. 3 GG). Der Eigentümer einer Sache kann mit der Sache grundsätzlich „nach Belieben verfahren und andere von jeder Einwirkung ausschließen“ (vgl. § 903 BGB mit dem Zitat). Der bloße Umstand allein, dass die Versammlung auf dem Privateigentum der K-GmbH stattfinden soll, führt nicht dazu, dass dem Eigentumsrecht ein gegenüber der Versammlungsfreiheit stärkeres Gewicht beizumessen ist; vielmehr ist – wie immer in der Angemessenheitsprüfung – die konkrete Beeinträchtigung des Grundrechts für die Abwägung maßgeblich.[135] Die Freiheit der Berufsausübung gewährt der K-GmbH das Recht, auch über die Außendarstellung des Betriebs zu entscheiden. Für T streitet die Versammlungsfreiheit gem. Art. 8 Abs. 1 GG.

---

129 *Classen*, Staatsrecht II, § 5 Rn. 60.
130 *Kingreen/Poscher*, Grundrechte, Rn. 421.
131 *Kingreen/Poscher*, Grundrechte, Rn. 425.
132 *Hesse*, Grundzüge des Verfassungsrechts, Rn. 317 f.
133 *Lerche*, Übermaß und Verfassungsrecht, S. 153.
134 BVerfG, NJW 2015, S. 2485 (2485 f.).
135 So OVG Nds., DVBl. 2021, S. 123 (127).

In diesem Spannungsverhältnis steht konkret, dass die Kunden der K-GmbH gegen den Willen der K mit Aussagen des T und dessen Versammlung konfrontiert werden, ohne dass die Ansichten des T mit denen der K-GmbH notwendig deckungsgleich sind. Doch das trifft die K-GmbH nicht, jedenfalls nicht schwer, weil ihr die Ansichten der Versammlungsteilnehmer nicht zugerechnet werden: T bleibt als Urheber erkennbar; Rückschlüsse darauf, dass die K-GmbH diese Meinung teilt, werden nicht nahegelegt, zumal die K-GmbH die Versammlung weder unterstützt noch auf sie hinweist. **95**

In dem beschriebenen Spannungsverhältnis steht konkret außerdem, dass die Versammlung der Konzeption der K-GmbH, den Marienplatz als „Ort des Konsums“ zu pflegen, widerspricht, sie hatte dies unter anderem im Internet verbreitet. Aber der betriebliche Ablauf ist angesichts der geringen Zahl der Versammlungsteilnehmer und der kurzen Dauer (insgesamt 30 Minuten) ihrer Versammlung in keiner Weise gefährdet. Die Geschäfte bleiben allesamt erreichbar, die innerbetrieblichen Abläufe werden nicht gestört. Einen nachhaltigen „Image-Schaden“ wird die Versammlung nicht bewirken, der Marienplatz bleibt ein „Ort des Konsums“. **96**

Dagegen trifft das aus dem Hausverbot folgende Verbot der Versammlung den T schwer. Es ist ihm danach unmöglich, seine Versammlung just an jenem Ort durchzuführen, dem wegen der Überwachung durch private Sicherheitsdienste eine inhaltliche Bedeutung für das Thema der Versammlung (zunehmende Beschränkung von Freiheitsrechten und Privatisierung der inneren Sicherheit) zukommt. **97**

Nach alledem werden die Eigentums- und die Berufsfreiheit der K-GmbH durch die Versammlung kaum eingeschränkt, während die Versammlungsfreiheit des T durch ein Versammlungsverbot eine intensive Beschränkung erfährt.[136] Diesen Zusammenhang hat das Zivilgericht verkannt, als es über das Hausrecht befunden hat. Der gerichtliche Beschluss war unangemessen. **98**

Hinweis zur Bewertung: Andere Ansicht selbstredend genauso gut vertretbar. Eine derart ausführliche Behandlung wird ohnehin nicht erwartet. Das Schlagwort des öffentlichen Forums braucht nicht zu fallen. Es genügt, dass ein Funktionsvergleich der Sache nach angestellt wird. Die Prüflinge dürfen das Kriterium des öffentlichen Forums als rechtsdogmatische Figur ohne Nachteil in Bausch und Bogen verwerfen (vgl. das abweichende Votum *Schluckebier*, BVerfGE 128, 226 [269 ff.]) oder die Eigentums- und die Berufsfreiheit der K-GmbH höher bewerten.[137] **99**

e) Ergebnis

Der Antrag des T ist begründet. **100**

---

136 Im Ergebnis ebenso BVerfG, NJW 2015, S. 2485 (2486); *Wendt*, NVwZ 2012, S. 606 (610); zu einem vergleichbaren Fall s. OVG Nds., DVBl. 2021, S. 123 ff.

137 Zur mannigfaltigen Kritik dieser Rechtsprechungslinie von der „Fraport“-Entscheidung (BVerfGE 128, 226) über den „Bierdosen-Flashmob“ (BVerfGE 139, 378) hin zur „Stadionverbot“-Entscheidung (BVerfG, NJW 2018, S. 1667) vgl. nur *Hellgardt*, JZ 2018, S. 901 ff.; *Hollo*, JZ 2021, S. 61 ff.; *Michl*, JZ 2018, S. 910 ff.; *Smets*, NVwZ 2019, S. 34 ff.

C. Ergebnis

101 Der Antrag des T auf Erlass einer einstweiligen Anordnung im eigenen Namen ist zulässig und begründet. Das Bundesverfassungsgericht wird diesem Antrag stattgeben. Der Antrag im Namen der Skatrunde ist unzulässig. Das Bundesverfassungsgericht wird ihn ablehnen. [138]

102 **Hinweis zur Prüfungsrelevanz:** Die Entwicklung der Rechtsprechung besitzt Sprengkraft. Von einem obiter dictum im „Fraport"-Fall entwickelt sich die „situativ staatsgleiche Grundrechtsbindung Privater" *(Michl)* über den „Bierdosen-Flashmob"-Fall bis zum aktuellen „Stadionverbot"-Fall zu einer ständigen Rechtsprechung und besitzt das Potenzial, einen „Paradigmenwechsel" herbeizuführen. Die Rechtsprechung des Bundesverfassungsgerichts geht jedenfalls im Ergebnis in Richtung unmittelbarer Drittwirkung der (Kommunikations-)Grundrechte zwischen Privaten.[139] Die durchaus berechtigte Kritik[140] bezieht sich vor allem auf die mangelhafte Begründung durch das Bundesverfassungsgericht.[141] Einen neuen dogmatischen Ansatz zur Lösung dieser Problemlage verfolgt *Hollo.*[142] Die Prüfungsrelevanz dieses Themas kann kaum überschätzt werden.

103 Literaturvezeichnis

Alemann, Florian v./ Scheffczyk, Fabian	Aktuelle Fragen der Gestaltungsfreiheit von Versammlungen, in: JA 2013, 407 ff.
Augsberg, Ino/Viellechner, Lars	Die Drittwirkung der Grundrechte als Aufbauproblem, in: JuS 2008, 406 ff.
Barczak, Tristan (Hrsg.)	BVerfGG. Mitarbeiterkommentar zum Bundesverfassungsgerichtsgesetz, Berlin 2018
Barthe, Christoph/Gericke, Jan (Hrsg.)	Karlsruher Kommentar zur Strafprozessordnung mit GVG, EGGVG und EMRK, 9. Aufl., München 2023
Benda, Ernst/Klein, Eckart/ Klein, Oliver	Verfassungsprozessrecht, 4. Aufl., Heidelberg u.a. 2020
Berger, Ariane	§§ 903 S. 1, 1004 BGB als „Gesetz" im Sinne von Art. 8 II GG, in: JA 2013, 279 ff.
Bredt, Stephan	„Gemietete" Demonstranten und „Fuckparade" – Der Versammlungsbegriff bleibt in Bewegung, in: NVwZ 2007, 1358 ff.

138 Zur Tenorierung siehe *Barczak*, in: ders., BVerfGG, § 32 Rn. 76; *Hartmann*, in: Pieroth/Silberkuhl, Verfassungsbeschwerde, § 95 BVerfGG Rn. 3.

139 Deutlich *Hellgardt*, JZ 2018, S. 901 (901) („den Rubikon überschritten und eine unmittelbare Drittwirkung praktiziert"); *Michl*, JZ 2018, S. 910 (911) („situativ staatsgleiche Grundrechtsbindung Privater verdrängt in ihrem Anwendungsbereich die Lehre von der mittelbaren Drittwirkung").

140 *Hartmann*, in: Kahl/Waldhoff/Walter, GG, Art. 8 Rn. 415 ff. (Stand: 191. EL, Juni 2018); *Hellgardt*, JZ 2018, S. 901 ff.; *Michl*, JZ 2018, S. 910 ff.; *Müller-Franken*, in: Schmidt-Bleibtreu/Hofmann/Henneke, GG, Art. 8 Rn. 8 (übersteige Grenzen „legitimer richterlicher Verfassungsrechtsfortbildung"); *Smets*, NVwZ 2019, S. 34 ff.; vgl. auch Sondervotum *Schluckebier*, BVerfGE 128, 226 (269 ff.).

141 *Michl*, JZ 2018, S. 910 (916) („argumentative Intransparenz").

142 *Hollo*, JZ 2021, S. 61 (69 f.).

Brenneisen, Hartmut	Numerus clausus von Versammlungstypen? Der Versammlungsbegriff vor dem Bundesverfassungsgericht, in: NordÖR 2006, 97 ff.
Brenneisen, Hartmut/Arndt, Christian	Versammlungen auf privaten Flächen im Lichte der aktuellen Rechtsprechung, in: NordÖR 2016, 269 ff.
Bundesministerium der Justiz (Hrsg.)	Handbuch der Rechtsförmlichkeit, 3. Aufl., Köln 2008
Burkiczak, Christian/ Dollinger, Franz-Wilhelm/ Schorkopf, Frank (Hrsg.)	Bundesverfassungsgerichtsgesetz, 2. Aufl., Heidelberg 2021
Classen, Claus Dieter	Staatsrecht II, München 2018
Detterbeck, Steffen	Der allgemeine Grundsatz der Subsidiarität der Rechtssatzverfassungsbeschwerde nach Art. 93 Abs. 1 Nr. 4a GG, in: DÖV 1990, 558 ff.
ders.	Öffentliches Recht, 12. Aufl., München 2022
Deutelmoser, Anna	Angst vor den Folgen eines weiten Versammlungsbegriffs?, in: NVwZ 1999, 240 ff.
Dreier, Horst (Hrsg.)	Grundgesetz: Kommentar, Band 1: Art. 1-19, 3. Aufl., Tübingen 2013
Droege, Michael	Grundrechtswirkung im öffentlichen Raum, in: npoR 2018, 241 ff.
Dürig, Günter/Herzog, Roman/Scholz, Rupert/ Herdegen, Matthias/Klein, Hans H. (Hrsg.)	Grundgesetz: Kommentar, Band I: Texte, Art. 1-5, Band II: Art. 6-16a, Band III: Art. 17-28, Loseblatt, München, Stand: 100. EL, Januar 2023
Enders, Christoph	Der Schutz der Versammlungsfreiheit (Teil I), in: Jura 2003, 34 ff.
Epping, Volker	Grundrechte, 9. Aufl., Berlin 2021
ders./Hillgruber, Christian (Hrsg.)	Beck'scher Online-Kommentar zum Grundgesetz, München, Stand: 54. EL, Februar 2023
Erichsen, Hans-Uwe	Die Zulässigkeit der Verfassungsbeschwerde (II), in: Jura 1991, 638 ff.
Gostomzyk, Tobias	Grundrechte als objektiv-rechtliche Ordnungsidee, in: JuS 2004, 949 ff.
Graf, Jürgen-Peter	Beck'scher Online-Kommentar zur Strafprozessordnung mit RiStBV und MiStra, München, Stand: 46. EL, Oktober 2022
Gröpl, Christoph/Leinenbach, Isabel	Examensschwerpunkte des Versammlungsrechts, in: JA 2018, 8 ff.
Hartmann, Bernd J.	Die Möglichkeitsprüfung im Prozessrecht der Verfassungsbeschwerde, in: JuS 2003, 897 ff.
ders.	Wahren E-Mails an das Bundesverfassungsgericht und an die Fachgerichte die Form?, in: NJW 2006, 1390 ff.
Heldt, Amélie	Anmerkung zu BVerfG, Beschluss vom 11.4.2018 – 1 BvR 3080/09, in: NVwZ 2018, 818 ff.

Hellgardt, Alexander — Wer hat Angst vor der unmittelbaren Drittwirkung?, in: JZ 2018, 901 ff.

Hesse, Konrad — Grundzüge des Verfassungsrechts der Bundesrepublik Deutschland, 20. Aufl., Heidelberg 1995

Hettich, Matthias — Neue Entwicklungen im Versammlungsrecht, in: VBlBW 2018, 485 ff.

Hillgruber, Christian/Goos, Christoph — Verfassungsprozessrecht, 5. Aufl., Heidelberg u.a. 2020

Hölscheidt, Sven — Das Grundrecht der Versammlungsfreiheit nach dem Brokdorf-Beschluß des Bundesverfassungsgerichts, in: DVBl. 1987, 666 ff.

Hollo, Anna-Lena — Schutz vor Versammlungen auf fremdem Grund, in: JZ 2021, 61 ff.

Hufen, Friedhelm — Staatsrecht II, 9. Aufl., München 2021

Ipsen, Jörn — Staatsrecht II, 24. Aufl., München 2021

Isensee, Josef/Kirchhof, Paul (Hrsg.) — Handbuch des Staatsrechts, Band III: Demokratie – Bundesorgane, 3. Aufl., München 2005

Jarass, Hans D. — Grundrechte als Wertentscheidungen bzw. objektivrechtliche Prinzipien in der Rechtsprechung des Bundesverfassungsgerichts, in: AöR 110 (1985), 363 ff.

ders./Pieroth, Bodo — Grundgesetz für die Bundesrepublik Deutschland Kommentar, 17. Aufl., München 2022

Kahl, Wolfgang/Waldhoff, Christian/Walter, Christian (Hrsg.) — Bonner Kommentar zum Grundgesetz, Band 4: Art. 6-10, Loseblatt, Heidelberg, Stand: 218. EL, Dezember 2022

Kingreen, Thorsten/Poscher, Ralf — Grundrechte. Staatsrecht II, 38. Aufl., Heidelberg 2022

Krüger, Philipp — Versammlungen in privatisierten öffentlichen Räumen, in: DÖV 2012, 837 ff.

Lechner, Hans/Zuck, Rüdiger — Bundesverfassungsgerichtsgesetz, 8. Aufl., München 2019

Lenz, Christofer/Hansel, Ronald — Bundesverfassungsgerichtsgesetz, 3. Aufl., Baden-Baden 2020

Lerche, Peter — Übermaß und Verfassungsrecht. Zur Bindung des Gesetzgebers an die Grundsätze der Verhältnismäßigkeit und der Erforderlichkeit, Köln u. a. 1961

Mangoldt, Hermann v./Klein, Friedrich/Starck, Christian/Huber, Peter/Voßkuhle, Andreas (Hrsg.) — Grundgesetz, Band 1: Präambel, Art. 1-19, 7. Aufl., München 2018

Manssen, Gerrit — Staatsrecht II, 19. Aufl., München 2022

ders./Pielemeier, Cord-Rainer — Zur Übung – Öffentliches Recht: Der Fernsehanwalt, in: JuS 1999, L 93-95

Merten, Detlef/Papier, Hans-Jürgen (Hrsg.) — Handbuch der Grundrechte, Band IV: Grundrechte in Deutschland: Einzelgrundrechte I, München 2011

Michael, Lothar/Morlok, Martin — Grundrechte, 8. Aufl., Baden-Baden 2023

Michl, Fabian — Situativ staatsgleiche Grundrechtsbindung privater Akteure, in: JZ 2018, 910 ff.

Münch, Ingo v. (Hrsg.) — Grundgesetz-Kommentar, Band 1: Präambel bis Art. 20, 3. Aufl., München 1985

Niesler, André — Die einstweilige Anordnung nach § 32 BVerfGG in der Fallbearbeitung, in: Jura 2007, 362 ff.

Pestalozza, Christian — Die echte Verfassungsbeschwerde, Berlin 2007

ders. — Verfassungsprozeßrecht: die Verfassungsgerichtsbarkeit des Bundes und der Länder, 3. Aufl., München 1991

Pieroth, Bodo/Silberkuhl, Peter (Hrsg.) — Die Verfassungsbeschwerde, Münster 2008

Posser, Herbert — Zugangsschranken zum Bundesverfassungsgericht, in: Franz Josef Düwell (Hrsg.), Anwalt des Rechtsstaates – Festschrift für Diether Posser zum 75. Geburtstag, Köln u.a. 1997

Pötters, Stephan/Werkmeister, Christoph — Neue Problemkreise des Versammlungsrechts: Konturierung des Schutzbereichs des Art. 8 Abs. 1 GG, in: ZJS 2011, 222 ff.

Rauscher, Thomas/Krüger, Wolfgang (Hrsg.) — Münchener Kommentar zur Zivilprozessordnung mit Gerichtsverfassungsgesetz und Nebengesetzen, Band 1: §§ 1-354, 6. Aufl., München 2020

Robbers, Gerhard — Verfassungsprozessuale Probleme in der öffentlich-rechtlichen Arbeit, München 1996

Sachs, Michael — Ausstrahlung der Versammlungsfreiheit auf die zivilrechtlichen Grundlagen der Eigentümerbefugnisse, in: JuS 2015, 954 ff.

ders. — Unmittelbare Grundrechtsbindung gemischtwirtschaftlicher Unternehmen; Grundrechtsschutz von Demonstrationen auf Flughafengelände, in: JuS 2011, 665 ff.

ders. — Verfassungsprozessrecht, 4. Aufl., Tübingen 2016

ders. (Hrsg.) — Grundgesetz: Kommentar, 9. Aufl., München 2021

Scherzberg, Arno/Mayer, Matthias — Die Zulässigkeit der Verfassungsbeschwerde (Teil 1), in: Jura 2004, 373 ff.

Schlaich, Klaus/Korioth, Stefan — Das Bundesverfassungsgericht, 12. Aufl., München 2021

Schmidt-Bleibtreu, Bruno/Klein, Franz/Bethge, Herbert (Hrsg.) — Bundesverfassungsgerichtsgesetz: Kommentar, Band I, Loseblatt, München, Stand: 62. EL, Januar 2022

Schoch, Friedrich/Schneider, Jens-Peter (Hrsg.) — Verwaltungsrecht VwGO, München, Loseblatt, Stand: 43. EL, August 2022

Schulenberg, Sebastian — Der „Bierdosen-Flashmob für die Freiheit“: Zu Versammlungen auf Grundstücken im Eigentum Privater, in: DÖV 2016, 55 ff.

Seegmüller, Robert	Die formellen Anforderungen an eine Anordnung der sofortigen Vollziehbarkeit gem. § 80 Abs. 2 Satz 1 Nr. 4, Abs. 3 VwGO, in: DVBl. 1999, 828 ff.
Smets, Christoph	Staatsgleiche Grundrechtsbindung Privater aus Funktionsnachfolge? Zur Aufhebung eines Hausverbots für eine Versammlung auf privatem Grund, in: NVwZ 2016, 35 ff.
ders.	Die Stadionverbotsentscheidung des BVerfG und die Umwälzung der Grundrechtssicherung auf Private, in: NVwZ 2019, 34 ff.
Sodan, Helge (Hrsg.)	Grundgesetz: Beck'scher Kompakt-Kommentar, 4. Aufl., München 2018
ders./Ziekow, Jan	Grundkurs Öffentliches Recht: Staats- und Verwaltungsrecht, 10. Aufl., München 2023
Spranger, Matthias	Die Verfassungsbeschwerde im Korsett des Prozeßrechts, in: AöR 127 (2002), 27 ff.
Stern, Klaus/Becker, Florian (Hrsg.)	Grundrechte-Kommentar, 3. Aufl., Köln 2019
Stock, Martin/Achelpöhler, Doris	Der praktische Fall: Kabelanschluss und Parabolantenne, in: JuS 1998, 245 ff.
Umbach, Dieter C./Clemens, Thomas/Dollinger, Franz-Wilhelm (Hrsg.)	Bundesverfassungsgerichtsgesetz: Mitarbeiterkommentar und Handbuch, 2. Aufl., Heidelberg 2005
Walter, Christian/Grünewald, Benedikt (Hrsg.)	Beck'scher Online-Kommentar zum Bundesverfassungsgerichtsgesetz, München, Stand:14. EL, Dezember 2022
Wendt, Henning	Recht zur Versammlung auf fremdem Eigentum?, in: NVwZ 2012, 606 ff.
Wenger, David R.	Die objektive Verwertung der Grundrechte, in: AöR 130 (2005), 618 ff.
Wissenschaftlicher Rat der Duden Redaktion (Hrsg.)	Das große Wörterbuch der deutschen Sprache, Band 8, 3. Aufl., Mannheim u.a. 1999
Wissenschaftlicher Rat der Duden Redaktion (Hrsg.)	Das große Wörterbuch der deutschen Sprache, Band 10, 3. Aufl., Mannheim u.a. 1999

Hausarbeit 4

Södingers Impfpflicht

von Marje Mülder und Katharina Reitzer

Teil I 1

In Deutschland wird seit Beginn einer durch das A-Virus verursachten Pandemie um eine Impfpflicht gerungen. Nachdem es in der bayerischen Stadt R zuletzt auf Demonstrationen gegen eine Impfpflicht, bei denen die Veranstalter wegen der flashmobartigen Zusammenkunft nicht eindeutig zu identifizieren waren, vereinzelt zu gewalttätigen Auseinandersetzungen zwischen Polizei, Demonstranten und Gegendemonstrantinnen gekommen ist, verabschiedet die zuständige Stadt auf der richtig gewählten, verfassungsmäßigen Grundlage von Art. 15 Abs. 1 BayVersG[1] eine formell verfassungsgemäße Allgemeinverfügung mit folgendem Inhalt:

„Im Stadtgebiet der Stadt R werden alle stationären oder sich fortbewegenden Versammlungen im Zusammenhang mit Protesten gegen eine Impfpflicht untersagt. Das bedeutet, dass sowohl das Veranstalten als auch die Teilnahme an solchen Veranstaltungen verboten ist."

Teil II

Im Bundestag findet sich keine Mehrheit für eine allgemeine Impfpflicht gegen das A-Virus. Bundesgesundheitsministerin Grantig (G) befürchtet aber für den kommenden Herbst rasant steigende Infektionszahlen mit der durch das A-Virus ausgelösten Infektionskrankheit. In 80 % der Fälle verläuft die Krankheit mit leichten, grippeähnlichen Symptomen, in den übrigen Fällen, von denen weit überwiegend ältere Personen über 50 Jahre betroffen sind, erleiden die infizierten Personen einen schweren Verlauf, der im Krankenhaus und dabei in weiten Teilen auf der Intensivstation behandelt werden muss. Vor schweren Verläufen schützt eine Impfung. Alle hierfür in Betracht kommenden Impfstoffe sind gesundheitlich gut verträglich und führen nur in einigen Fällen zu einer leichten Impfreaktion. Sie stellen eine klinische Immunität her, die vor dem Ausbruch der Krankheit bzw. ihren Symptomen schützt, nicht aber eine auch vor Weitergabe an Dritte schützende sterile Immunität.

Trotz eindringlicher Aufforderungen aus Politik, Wirtschaft und Gesellschaft sowie aufwändiger Impfwerbekampagnen haben sich bisher bundesweit nur ca. 67 % aller Erwachsenen impfen lassen. Bei einer deutlich höheren Impfquote würden deutlich weniger Personen wegen der klinischen Immunität Symptome zeigen und müssten folglich nicht im Krankenhaus (intensiv) behandelt werden. So würde eine Art „Herdenimmunität" entstehen, die mittelbar auch solche Personen schützt, die sich medizinisch nicht impfen lassen können oder aus anderen Gründen eine Krankenhausbehandlung benötigen.

1 § 15 Abs. 1 VersG; § 14 Abs. 1 VersFG BE; § 14 Abs. 2 Hess VersFG; § 8 Abs. 2 S. 1 NVersG; § 13 Abs. 2 S. 1 VersG NRW; § 15 Abs. 1 SächsVersG; § 13 Abs. 1 VersG LSA; § 13 Abs. 1 VersFG SH.

Die Bundesregierung befürchtet wegen des ohnehin schon engen Personalschlüssels in der Krankenversorgung eine weitere Belastung des Gesundheitssektors, die im schlimmsten Fall dazu führen kann, dass Patient:innen nicht mehr ausreichend versorgt werden können und dann zwischen den zu behandelnden Personen ausgewählt werden müsste.

Um eine ausreichende Krankenversorgung aufrecht zu erhalten, erlässt G auf Grund von § 20 Abs. 6 des Infektionsschutzgesetzes (IfSG) eine Rechtsverordnung (ImpfpflVO). Diese enthält unter anderem folgende Regelungen:

§ 1 Impfpflicht

Zum Schutz der öffentlichen Gesundheit sind Personen, die das 18. Lebensjahr vollendet haben und sich seit mindestens einem halben Jahr in der Bundesrepublik Deutschland aufhalten, verpflichtet, sich einer Schutzimpfung gegen das A-Virus zu unterziehen.

§ 2 ImpfpflVO normiert Ausnahmen für Schwangere, für Personen, die nicht ohne Gefahr für Leben oder Gesundheit geimpft werden können, sofern dieser Gefahr auch nicht durch die Wahl des Impfstoffes durch den Impfwilligen begegnet werden kann, und für Personen, die eine bestätigte Infektion mit dem A-Virus überstanden haben, für die Dauer von 180 Tagen ab dem Tag der Probenentnahme.

Der Impfnachweis ist nach § 3 ImpfpflVO dem zuständigen Gesundheitsamt vorzulegen. Sollte ein Nachweis nicht erbracht werden, kann das Gesundheitsamt ein empfindliches Bußgeld aussprechen. Weitere Vorschriften benennen die betroffenen Grundrechte sowie die Rechtsgrundlage. Der Bundesrat hat der Rechtsverordnung zugestimmt.

Teil III

Die ImpfpflVO enthält – auch auf die politische Forderung der Ministerpräsidentin des Landes B Södinger (S) – eine besondere Vollzugsregelung für den Gesundheits- und Pflegebereich. Danach müssen alle im Gesundheits- und Pflegebereich tätigen Personen ihrem Arbeitgeber einen Nachweis über die Impfung (oder das Vorliegen einer Ausnahme) vorlegen. Kann ein solcher Nachweis nicht erbracht werden, ist der Arbeitgeber verpflichtet, dies dem Gesundheitsamt zu melden. Dieses kann dann ein Betretungs- und Tätigkeitsverbot aussprechen.

Angesichts sinkender Umfragezahlen ihrer in langen Jahren allein regierenden Partei im Land B ist S darauf angewiesen, mit „mutigen" Aktionen Aufmerksamkeit zu erregen. Daher kommt ihr eines Nachts, nachdem sie wieder einmal mit den Menschen geredet und nachgedacht hat, eine Idee. Wegen der öffentlichen Debatten über die Sinnhaftigkeit und Umsetzbarkeit dieser Impfpflicht kündigt S an, dass die Rechtsverordnung im Gesundheitssektor des Bundeslandes B nicht umgesetzt werde. Zwar verfügen die dortigen Gesundheitsämter über ausreichende personelle Kapazitäten, die geforderten Nachweise zu kontrollieren und ggf. entsprechende Verbote auszusprechen. Wegen des Pflegenotstandes, also des systemischen Fehlens von Pflegekräften im Gesundheitssektor, sorgt sich S aber vor einer Kündigungswelle, die die Notlage noch verstärken würde. Öffentlich äußert sie sich daher dahingehend, dass die Nachweise zwar an die Gesundheitsämter zu senden seien, diese aber keine Betretungs- oder Tätigkeitsverbote aussprechen werden. Dies lässt sie über eine Verwaltungsanweisung auch an die Gesundheitsämter im Bundesland B senden.

S erhält dafür große Zustimmung vor allem aus dem Gesundheitssektor, die Bundesregierung zeigt sich aber entsetzt. Bundesjustizministerin Justitia (J) erklärt, die Nichtumsetzung offenbare ein verantwortungsloses Staatsverständnis. Selbstverständlich sei das Bundesland B zur Umsetzung verpflichtet. Nachdem die Landesregierung unter Ministerpräsidentin S sich auch nach mehrfacher schriftlicher Aufforderung weigert, die Rechtsverordnung umzusetzen, plant die Bundesregierung Beauftragte an die Gesundheitsämter des Bundeslandes B zu entsenden. Diese sollen die Umsetzung in den Gesundheitsämtern überwachen. Dabei geht die Bundesregierung davon aus, dass schon deren Anwesenheit genügt, um die Gesundheitsämter zur Umsetzung zu bewegen. Sie ist sich aber nicht sicher, ob es dazu der Zustimmung des Bundesrates gem. Art. 84 Abs. 3 GG bedarf, weshalb sie sicherheitshalber einen entsprechenden Antrag im Bundesrat stellt. Dabei stimmt das Bundesland B gegen den Antrag, von den drei Delegierten des Bundeslandes D enthält sich einer, ein weiterer stimmt für den Antrag und der Dritte gegen den Antrag. Alle anderen Bundesländer stimmen dem Antrag der Bundesregierung zu.

S hält ein solches Vorgehen der Bundesregierung für eine Frechheit, schließlich stehe es im Ermessen des Landes, ob und wie Gesetze umgesetzt würden. Ohnehin könne der Bund die Umsetzung nicht durch die Entsendung von Beauftragten durchsetzen.

Ihr kommen zudem Zweifel an der Verfassungsmäßigkeit der allgemeinen bußgeldbewehrten Impfpflicht, da ihr Ehemann – anders als sie – die Risiken einer Impfung als relativ hoch einschätzt, die einer Infektion angesichts seines jungen Alters als eher gering. Zudem hatte er Zweifel geäußert, ob eine solche Impfpflicht wirklich per Rechtsverordnung angeordnet werden könne.

Sie machen gerade ein Praktikum in der Staatskanzlei des Bundeslandes B und werden beauftragt, gutachterlich zu prüfen:

1. Ist das Demonstrationsverbot mit den Grundrechten des GG vereinbar? (30%)
2. Ist § 1 ImpfpflVO mit den Grundrechten des GG vereinbar? (50%)
3. Ist die Entsendung der Bundesbeauftragten zu den Gesundheitsämtern des Bundeslandes B verfassungsgemäß? (20%)

Gehen Sie dabei gutachterlich – ggf. hilfsgutachterlich – auf alle im Fall aufgeworfenen juristischen Fragen ein.

Bearbeitungshinweise: Art. 3, 4 und 12 GG sind nicht zu prüfen. Prüfungsmaßstab ist allein das Verfassungsrecht.

§ 20 Abs. 6 IfSG lautet:

[1]Das Bundesministerium für Gesundheit wird ermächtigt, durch Rechtsverordnung mit Zustimmung des Bundesrates anzuordnen, dass bedrohte Teile der Bevölkerung an Schutzimpfungen oder anderen Maßnahmen der spezifischen Prophylaxe teilzunehmen haben, wenn eine übertragbare Krankheit mit klinisch schweren Verlaufsformen auftritt und mit ihrer epidemischen Verbreitung zu rechnen ist. [2]Personen, die auf Grund einer medizinischen Kontraindikation nicht an Schutzimpfungen oder an anderen Maßnahmen der spezifischen Prophylaxe teilnehmen können, können durch Rechtsverordnung nach Satz 1 nicht zu einer Teilnahme an Schutzimpfungen oder an anderen Maßnahmen der spezifischen Prophylaxe verpflichtet werden. [3]§ 15 Abs. 2 gilt entsprechend.

2 Gliederung

Rn.

Frage 1: Ist das Demonstrationsverbot mit den Grundrechten des GG vereinbar? ... 3

A. Vereinbarkeit mit Art. 5 Abs. 1 Alt. 1 GG ... 4
I. Schutzbereich ... 6
II. Eingriff ... 7
III. Verfassungsrechtliche Rechtfertigung ... 8
1. Beschränkbarkeit ... 10
2. Verfassungsmäßigkeit der Schranke ... 12
3. Verfassungsmäßigkeit der Anwendung der gesetzlichen Grundlagen ... 13
a) Legitimes Ziel ... 14
b) Geeignetheit ... 15
c) Erforderlichkeit ... 16
d) Angemessenheit ... 19
IV. Ergebnis ... 21

B. Vereinbarkeit mit Art. 8 Abs. 1 GG ... 22
I. Schutzbereich ... 23
II. Grundrechtskonkurrenz ... 27

C. Ergebnis ... 30

Frage 2: Ist § 1 ImpfpflVO mit den Grundrechten des GG vereinbar? ... 31

A. Vereinbarkeit mit Art. 2 Abs. 2 S. 1 Alt. 2 GG ... 33
I. Schutzbereich ... 34
II. Eingriff ... 35
III. Verfassungsrechtliche Rechtfertigung ... 36
1. Beschränkbarkeit von Art. 2 Abs. 2 S. 1 Alt. 2 GG ... 37
a) Voraussetzungen des Gesetzesvorbehaltes, Art. 2 Abs. 2 S. 3 GG ... 38
b) Anforderungen des Parlamentsvorbehalts ... 39
2. Verfassungsgemäße Ermächtigungsgrundlage ... 43
a) Bestimmtheit ... 44
b) Vereinbarkeit mit Art. 2 Abs. 2 S. 1 GG ... 49
aa) Eingriff in den Schutzbereich ... 50
bb) Verfassungsrechtliche Rechtfertigung ... 52
(1) Legitimes Ziel ... 53
(2) Geeignetheit ... 54
(3) Erforderlichkeit ... 55
(4) Angemessenheit ... 56
c) Ergebnis ... 59
3. Verfassungsmäßigkeit von § 1 ImpfpflVO ... 60
a) Legitimer Zweck ... 61
b) Geeignetheit ... 63
c) Erforderlichkeit ... 64
d) Angemessenheit ... 65
4. Ergebnis ... 72

B. Art. 2 Abs. 1 i.V.m. Art. 1 Abs. 1 GG 73
I. Eröffnung des Schutzbereichs 74
II. Grundrechtskonkurrenz 75
III. Zwischenergebnis 81
C. Ergebnis 82
Frage 3: Ist die Entsendung der Bundesbeauftragten zu den Gesundheitsämtern des Bundeslandes B verfassungsgemäß? 83
A. Rechtsgrundlage der Entsendung 84
B. Tatbestandsvoraussetzungen 85
C. Grundsatz der Verhältnismäßigkeit 94
I. Geeignetheit 95
II. Erforderlichkeit 96
III. Angemessenheit 98
D. Ergebnis 100
Literaturverzeichnis 101

Gutachten

Frage 1: Ist das Demonstrationsverbot mit den Grundrechten des GG vereinbar?

Das Demonstrationsverbot der Allgemeinverfügung der Stadt R könnte die Meinungsfreiheit (Art. 5 Abs. 1 S. 1 Alt. 1 GG) sowie die Versammlungsfreiheit (Art. 8 Abs. 1 GG) verletzen. 3

A. Vereinbarkeit mit Art. 5 Abs. 1 Alt. 1 GG

Hinweis zum Aufbau: Die Prüfung kann auch mit Art. 8 Abs. 1 GG begonnen werden. Dann müssten erst Schutzbereich, Eingriff und verfassungsmäßige Rechtfertigung in Bezug auf Art. 8 Abs. 1 GG geprüft werden und im Anschluss auf Art. 5 Abs. 1 Als. 1 GG. Nach der hier vertretenen Meinung erfordert diese Vorgehensweise aber dann die vollständige Prüfung beider Grundrechte. 4

Art. 5 Abs. 1 S. 1 Alt. 1 GG ist verletzt, wenn die Allgemeinverfügung in den Schutzbereich der Meinungsfreiheit in verfassungsrechtlich nicht zu rechtfertigender Weise eingreift. 5

I. Schutzbereich

6 Die Meinungsfreiheit schützt in sachlicher Hinsicht das Bilden und Haben einer Meinung sowie das Verbreiten in Wort, Bild und Schrift.[2] Geschützt sind auch kollektive Meinungsäußerungen.[3] Der Begriff der Meinung ist weit zu verstehen und erfasst eine Äußerung, die durch Elemente des Dafür- und Dagegenhaltens im Rahmen einer geistigen Auseinandersetzung geprägt ist.[4] Auf den Wert, die Richtigkeit oder die Vernünftigkeit der Äußerung kommt es hingegen nicht an.[5] Auch die zu erwartenden Äußerungen auf den verbotenen Demonstrationen gegen eine Impfpflicht fallen unter diesen Begriff der Meinung, auch wenn diese Äußerungen möglicherweise unvernünftig erscheinen. Der Schutzbereich ist somit eröffnet.

II. Eingriff

7 Indem die Allgemeinverfügung an das Äußern einer bestimmten Meinung anknüpft, wird das grundrechtlich geschützte Verhalten, das Verbreiten einer Meinung auf einer Versammlung, unmöglich gemacht[6] und damit in Art. 5 Abs. 1 S. 1 Alt. 1 GG eingegriffen.

III. Verfassungsrechtliche Rechtfertigung

8 **Hinweis zur Bewertung:** Die Prüfung findet außerhalb eines verfassungsgerichtlichen Verfahrens statt. Ausführungen zum Prüfungsmaßstab des Bundesverfassungsgerichts sind daher nicht angebracht.

9 Der Eingriff könnte verfassungsrechtlich gerechtfertigt sein, wenn die Meinungsfreiheit beschränkbar ist und die Schranke selbst sowie die Rechtsanwendung im Einzelfall verfassungsgemäß sind.

1. Beschränkbarkeit

10 Die Meinungsfreiheit kann gem. Art. 5 Abs. 2 GG insbesondere durch die Vorschriften der allgemeinen Gesetze beschränkt werden.[7] Art. 15 Abs. 1 BayVersG[8] müsste also ein allgemeines Gesetz darstellen. Allgemeine Gesetze richten sich weder gegen bestimmte Meinungen als solche noch sind sie Sonderrecht gegen den Prozess freier Meinungsbildung, sondern dienen vielmehr dem Schutz eines schlechthin zu schützenden Rechtsguts (sog. Kombinationsformel).[9]

---

2 *Kingreen/Poscher*, Grundrechte, Rn. 772.

3 *Schemmer*, in: Epping/Hillgruber, BeckOK GG, Art. 5 Rn. 17 (Stand: 55. EL, Mai 2023).

4 BVerfGE 7, 198 (210); BVerfGE 61, 1 (9).

5 BVerfGE 33, 1; BVerfGE 61, 1 (8); BVerfGE 85, 1 (14 f.); BVerfGE 124, 300 (320); *Kingreen/Poscher*, Grundrechte, Rn. 766 ff.

6 Vgl. zum modernen Eingriffsbegriff etwa *Manssen,* Grundrechte, § 7 Rn. 184.

7 Zum Aufgehen der Schranken Jugendschutz und Recht der persönlichen Ehre in den allgemeinen Gesetzen vgl. nur *Kingreen/Poscher*, Grundrechte, Rn. 809.

8 § 15 Abs. 1 VersG; § 14 Abs. 1 VersFG BE; § 14 Abs. 2 Hess VersFG; § 8 Abs. 2 S. 1 NVersG; § 13 Abs. 2 S. 1 VersG NRW; § 15 Abs. 1 SächsVersG; § 13 Abs. 1 VersG LSA; § 13 Abs. 1 VersFG SH.

9 BVerfGE 7, 198 (209 f.); BVerfGE 95, 220 (235 f.); *Kingreen/Poscher*, Grundrechte, Rn. 815 ff.

Art. 15 Abs. 1 BayVersG richtet sich weder gegen die Meinungsfreiheit an sich noch gegen die Äußerung einer bestimmten Meinung, sondern soll nur einen gewaltfreien Verlauf einer Versammlung sicherstellen und ist daher meinungsneutral. Betroffen sind mit Leib und Leben sowie öffentliche Sicherheit und Ordnung Rechtsgüter, die allgemein und ohne Rücksicht auf Meinungsäußerungen geschützt sind. Art. 15 Abs. 1 BayVersG ist also ein allgemeines Gesetz und damit eine taugliche Schranke i.S.v. Art. 5 Abs. 2 GG. **11**

2. Verfassungsmäßigkeit der Schranke

Laut Sachverhalt ist Art. 15 Abs. 1 BayVersG verfassungsgemäß. **12**

3. Verfassungsmäßigkeit der Anwendung der gesetzlichen Grundlagen

Die Schranke müsste auch im Einzelfall verfassungsgemäß angewendet worden sein. Prüfungsmaßstab ist dabei allein das Verfassungsrecht. Dazu müsste die Allgemeinverfügung formell und materiell verfassungsgemäß sein. Laut Sachverhalt ist sie formell verfassungsgemäß. Für die materielle Verfassungsmäßigkeit müsste die Allgemeinverfügung den Anforderungen des Verhältnismäßigkeitsgrundsatzes genügen. Sie müsste also ein legitimes Ziel verfolgen und hierauf bezogen geeignet, erforderlich und angemessen sein.[10] **13**

a) Legitimes Ziel

Durch das Demonstrationsverbot sollen demonstrationsbegleitende gewalttätige Auseinandersetzungen verhindert werden. Dies stellt als Schutz der öffentlichen Sicherheit ein legitimes Ziel dar. **14**

b) Geeignetheit

Die Allgemeinverfügung müsste geeignet sein, die Ziele der Allgemeinverfügung also mindestens fördern.[11] Durch das Demonstrationsverbot ist es den Demonstranten nicht erlaubt, sich in größeren Gruppen zu treffen. Zusammenstöße zwischen Demonstrantinnen, Gegendemonstranten und Polizei können dadurch verhindert werden. Die Allgemeinverfügung ist also geeignet. **15**

c) Erforderlichkeit

Sie müsste erforderlich sein. Es dürfte kein milderes, genauso gut geeignetes Mittel zur Verfügung stehen.[12] In Betracht kommen statt eines Verbots Beschränkungen[13], wie etwa die Begrenzung der Teilnehmerzahl oder der Ausschluss gewaltbereiter Teilnehmer:innen von der Versammlung. Zumindest Letzteres stellt ein milderes und auch gleich geeignetes Mittel dar. **16**

---

10 Vgl. nur *Kingreen/Poscher*, Grundrechte, Rn. 405 ff.

11 *Kingreen/Poscher*, Grundrechte, Rn. 419.

12 *Kingreen/Poscher*, Grundrechte, Rn. 421.

13 *Hong*, in: Peters/Janz, Handbuch Versammlungsrecht, B. Rn. 78n; *M. Müller*, in: Möstl/Schwabenbauer, BeckOK Polizei- u. Sicherheitsrecht Bayern, Art. 15 BayVersG Rn. 147 (Stand: 21. EL, Januar 2023); siehe auch *Kersten/Rixen*, Verfassungsstaat in der Corona-Krise, S. 163 ff. Siehe in Hessen die ausdrückliche Regelung diesbezüglich in § 14 Abs. 2 S. 2 Hess VersFG.

17 Auch wenn es in der Vergangenheit zu vereinzelten Zusammenstößen mit Polizei, Demonstranten und Gegendemonstrantinnen kam, folgt hieraus nichts Anderes. Zwar dürfen frühere Erfahrungen mit gleichen oder ähnlichen Versammlungen aus dem gleichen Umfeld zur Beurteilung herangezogen werden.[14] Erforderlich ist aber stets eine Prüfung im Einzelfall, die sich an den potentiellen Versammlungsteilnehmer:innen und den örtlichen Gegebenheiten zu orientieren hat.[15] Allein die Verknüpfung einer bestimmten Meinung mit dem Gefährdungspotential genügt dieser Einzelfallprüfung nicht.[16] Insgesamt können die vereinzelt aufgetretenen gewalttätigen Zusammenstöße die Grundrechte der mehrheitlich friedlichen Teilnehmer:innen nicht unterminieren. Damit stellt sich das Verbot schon nicht als erforderlich dar.

18 **Hinweis zur Bewertung:** A.A. mit guter Argumentation vertretbar. Bearbeiter:innen sollten allerdings erkennen und problematisieren, dass es in der Vergangenheit nur vereinzelte Auseinandersetzungen gab und dies in ihre Beurteilung mit einbeziehen.

d) Angemessenheit

19 Schließlich müsste die Allgemeinverfügung auch angemessen sein. Das hängt von einer Güterabwägung ab, die das beabsichtigte Ziel der Maßnahme in Verhältnis zum beeinträchtigten Schutzgut stellt.[17] Nach der vom BVerfG entwickelten sog. Wechselwirkungslehre ist bei der Anwendung des einfachen Rechts die besondere Bedeutung der Meinungsfreiheit für den politischen Diskurs und damit für den demokratischen Rechtsstaat hinreichend zu würdigen.[18] Allgemeine Gesetze müssen im Lichte der Bedeutung des Grundrechts gesehen und so interpretiert werden, dass der besondere Wertgehalt der Meinungsfreiheit auf jeden Fall gewahrt bleibt.[19] Einzubeziehen ist auch, dass das Grundrecht der Meinungsfreiheit ein Recht auch zum Schutz von Minderheiten ist und seine Ausübung nicht „unter den Vorbehalt gestellt werden darf, dass die geäußerten Meinungsinhalte herrschenden sozialen oder ethischen Auffassungen nicht widersprechen."[20] Daher muss sowohl auf der Auslegungs- als auch auf der Anwendungsebene die besondere Bedeutung der Meinungsfreiheit beachtet werden. Staatliche Maßnahmen dürfen sich nicht gegen eine besondere, wenn auch vielleicht nicht sozial adäquate Meinung richten.[21]

20 Die Stadt folgert in ihrer Allgemeinverfügung die Gefährlichkeit aus der zu erwartenden Meinungsäußerung auf der Versammlung, ohne nähere Erwägungen zur Bedeutung der Meinungsfreiheit anzustellen. Stattdessen geht sie davon aus, dass mit der dort vertretenen Meinung Gewaltausschreitungen einhergehen. Sie richtet sich damit gegen eine

---

14 BVerfG Beschl. v. 21.11.2020 – 1 BvQ 135/20, Rn. 11; VG Stuttgart Beschl. v. 27.1.2022 – 1 K 371/22, Rn. 37.
15 BayVGH Beschl. v. 19.1.2022 – 10 CS 22.162, Rn. 22; VG Karlsruhe Beschl. v. 17.1.2022 – 14 K 119/22, Rn. 97; VG Stuttgart Beschl. v. 27.1.2022 – 1 K 371/22, Rn. 37.
16 Vgl. BVerfGE 111, 147 (156 f.).
17 *Kingreen/Poscher*, Grundrechte, Rn. 425.
18 BVerfGE 7, 198 (208 f.).
19 BVerfGE 7, 198 (208 f.).
20 BVerfGE 111, 147 (156).
21 Vgl. etwa BVerwG Urt. v. 20.1.2022 – 8 C 35/20, Rn. 20 f.

bestimmte Meinung. Damit verkennt die Stadt die Bedeutung der Meinungsfreiheit auf der Anwendungsebene. Zudem ist ein vorbeugendes Versammlungsverbot an besonders hohe Hürden geknüpft, bei denen eine Unfriedlichkeit mit besonders hoher Wahrscheinlichkeit erwartet wird.[22] Auf den bisherigen Versammlungen ist es nur vereinzelt zu gewalttätigen Auseinandersetzungen gekommen. Um eine Unfriedlichkeit mit besonders hoher Wahrscheinlichkeit anzunehmen, genügen diese vereinzelten Auseinandersetzungen unter Berücksichtigung der besonderen Bedeutung der Meinungsfreiheit nicht. Die Allgemeinverfügung ist daher auch nicht angemessen. Der Eingriff in Art. 5 Abs. 1 S. 1 Alt. 1 GG lässt sich mithin nicht rechtfertigen.

IV. Ergebnis

Das Versammlungsverbot der Stadt R verletzt Art. 5 Abs. 1 S. 1 Alt. 1 GG. **21**

B. Vereinbarkeit mit Art. 8 Abs. 1 GG

Das Demonstrationsverbot verletzt außerdem die Versammlungsfreiheit gem. Art. 8 **22**
Abs. 1 GG, wenn es ohne verfassungsrechtliche Rechtfertigung in den Schutzbereich eingriffe.

I. Schutzbereich

Dazu müsste der Schutzbereich von Art. 8 Abs. 1 GG eröffnet sein. Als Zusammentref- **23**
fen von mehreren Personen[23], die gegen die Einführung einer Impfpflicht protestieren möchten und damit einen gemeinsamen Zweck mit innerer Verbindung verfolgen[24], stellen die untersagten Demonstrationen Versammlungen gem. Art. 8 Abs. 1 GG dar.

Art. 8 Abs. 1 GG schützt aber nur friedlich und ohne Waffen stattfindende Versammlun- **24**
gen. Problematisch ist daher, dass es in der Vergangenheit bereits zu vereinzelten gewalttätigen Auseinandersetzungen zwischen Polizei, Demonstranten und Gegendemonstrantinnen gekommen ist. Insofern könnte aus dem vergangenen Verhalten geschlossen werden, dass dies auch auf zukünftigen Demonstrationen der Fall sein wird.

Hinweise auf das Tragen von Waffen sind nicht erkennbar. Eine Versammlung ist in **25**
Anlehnung an §§ 5 Nr. 3, 13 Abs. 1 Nr. 2 VersG friedlich, wenn sie keinen gewalttätigen oder aufrührerischen Verlauf nimmt.[25] Für die Unfriedlichkeit muss der gewalttätige oder aufrührerische Verlauf unmittelbar bevorstehen.[26] Dazu ist eine Gefahrenprognose anzustellen,[27] die auf konkrete Anhaltspunkte statt auf vage oder allgemeine Vermutun-

---

22 BVerfGE 69, 315 (362).

23 Umstritten ist, ob eine Versammlung mindestens zwei oder drei Teilnehmer:innen voraussetzt. Hierauf kommt es aber in diesem Fall offensichtlich nicht an.

24 *Jarass*, in: ders./Pieroth, GG, Art. 8 Rn. 3; *Kingreen/Poscher*, Grundrechte, Rn. 949.

25 BVerfGE 73, 206 (248 f.); BVerfGE 104, 92 (106); *Kingreen/Poscher*, Grundrechte, Rn. 958.

26 BVerfGE 69, 315 (360); statt vieler *Schneider*, in: Epping/Hillgruber, BeckOK GG, Art. 8 Rn. 14 (Stand: 55. EL, Mai 2023).

27 *Ernst*, in: von Münch/Kunig, GG, Art. 8 Rn. 57; *Geis*, in: Höfling/Augsberg/Rixen, Berliner Kommentar, GG, Art. 8 Rn. 46 (Stand: 10. EL, September 2004); *Hartmann*, in: Kahl/Waldhoff/Walter, Bonner Kommentar, GG, Art. 8 Rn. 224 (Stand: 191. EL, Juni 2018); *Höfling*, in: Sachs, GG, Art. 8 Rn. 35; *Schneider*, in: Epping/Hillgruber, BeckOK GG, Art. 8 Rn. 14 (Stand: 55. EL, Mai 2023).

gen gestützt werden muss.[28] Insgesamt muss eine hohe Wahrscheinlichkeit einer unfriedlichen Veranstaltung vorliegen.[29] Dabei sind der besondere Wert der Versammlungsfreiheit, das Ausmaß möglicher Schäden und die Wahrscheinlichkeit ihrer Realisierung zu berücksichtigen.[30] Wegen der hohen Bedeutung der Versammlungsfreiheit ist Zurückhaltung bei der Annahme einer unfriedlichen Versammlung geboten.[31] Daher genügen vergangene Verhaltensweisen nur ausnahmsweise, um eine unfriedliche Versammlung anzunehmen[32] und damit den Schutz von Art. 8 Abs. 1 GG zu versagen. Das Schutzbedürfnis der friedlichen Teilnehmer:innen verlangt, dass vergangenes Verhalten einzelner Teilnehmer:innen bei der Schutzbereichsbestimmung außer Betracht bleibt. Daher sind die unter die Allgemeinverfügung fallenden Versammlungen friedlich.

26 Der Schutzbereich des Art. 8 Abs. 1 GG ist mithin eröffnet.

II. Grundrechtskonkurrenz

27 Fraglich ist, wie die Meinungsfreiheit und die Versammlungsfreiheit zueinanderstehen.

28 So könnte angenommen werden, dass eine Spezialität zwischen den beiden Grundrechten besteht. Je nachdem würde dann nur die Verletzung eines Grundrechts vorliegen. Beide Grundrechte könnten aber auch nebeneinander Geltung erlangen, sodass dann eine Verletzung von Art. 5 Abs. 1 S. 1 Alt. 1 GG sowie Art. 8 Abs. 1 GG vorliegen könnte. Zur Abgrenzung der beiden Grundrechte wird auf den Schwerpunkt des Eingriffs abgestellt.[33] Wird allein an den Inhalt der Meinungsäußerung angeknüpft, ohne dass die Art und Weise der Versammlung von Bedeutung ist, so ist allein Art. 5 Abs. 1 S. 1 Alt. 1 GG einschlägig.[34] Umgekehrt soll Art. 8 Abs. 1 GG bei meinungsneutralen Maßnahmen einschlägig sein. Den Schutz speziell der meinungsbildenden und -äußernden Versammlung soll Art. 8 Abs. 1 i.V.m. Art. 5 Abs. 1 S. 1 GG gewährleisten.[35] Vorliegend knüpft das Versammlungsverbot zwar an die besondere Äußerungsform auf der Versammlung an, es zielt aber auf das Verbot speziell dieser Meinung ab. Denn auch bei anderen Versammlungen in diesem Zusammenhang bestehen grundsätzlich die genannten Gefahren. Es geht also gerade um das Verbot dieser Meinung. Daher tritt Art. 8 Abs. 1 GG hinter Art. 5 Abs. 1 S. 1 Alt. 1 GG zurück.

---

28 *Geis*, in: Höfling/Augsberg/Rixen, Berliner Kommentar, GG, Art. 8 Rn. 46 (Stand: 10. EL, September 2004); *Hoffmann-Riem*, in: Denninger/Hoffmann-Riem/u.a., GG, Art. 8 Rn. 25; *Höfling*, in: Sachs, GG, Art. 8 Rn. 35.

29 BVerfGE 69, 315 (360); *Hoffmann-Riem*, in: Denninger/Hoffmann-Riem/u.a., GG, Art. 8 Rn. 46; *Höfling*, in: Sachs, GG, Art. 8 Rn. 35; *Schneider*, in: Epping/Hillgruber, BeckOK GG, Art. 8 Rn. 14 (Stand: 55. EL, Mai 2023).

30 *Ernst*, in: von Münch/Kunig, GG, Art. 8 Rn. 57.

31 *Höfling*, in: Sachs, GG, Art. 8 Rn. 30; *Schneider*, in: BeckOK GG, Art. 8 Rn. 13 (Stand: 55. EL, Mai 2023); *Schulze-Fielitz*, in: Dreier, GG, Art. 8 Rn. 42.

32 VG Berlin Beschl. v. 28.8.2020 – VG 1 L 296/20, Rn. 11 f.; *Ernst*, in: von Münch/Kunig, GG, Art. 8 Rn. 58; *Hoffmann-Riem*, in: Denninger/Hoffmann-Riem/u.a., GG, Art. 8 Rn. 25; für eine Zulässigkeit bei Heranziehung konkreter Anhaltspunkte BayVGH Beschl. v. 11.9.2020 – 10 CS 20.2064, Rn. 26; andeutend auch BVerfG Beschl. v. 30.8.2020 – 1 BvQ 94/20, Rn. 17, 20; BVerfG Beschl. v. 21.11.2020 – 1 BvQ 135/20, Rn. 11; krit. *Kraft*, JÖR 70 (2022), S. 547 (602 ff.); *Lepsius*, JÖR 69 (2021), S. 705 (757 f.).

33 Siehe etwa *Jarass*, in: ders./Pieroth, GG, Art. 8 Rn. 2.

34 *Gusy*, in: v. Mangoldt/Klein/Starck/u.a., GG, Art. 8 Rn. 87; *Jarass*, in: ders./Pieroth, GG, Art. 5 Rn. 2.

35 *Kingreen/Poscher*, Grundrechte, Rn. 953.

Hinweis zur Bewertung: A.A. gut vertretbar; wichtig ist, dass sich die Bearbeiter:innen mit dem Verhältnis von Art. 5 Abs. 1 S. 1 Alt. 1 GG und Art. 8 Abs. 1 GG auseinandersetzen. Bei a.A. ist dann auch auf Eingriff und Rechtfertigung einzugehen. Wird eine Verletzung von Art. 8 Abs. 1 GG geprüft, können die Schranken von Art. 8 Abs. 2 und Art. 5 Abs. 2 GG miteinander verknüpft werden.[36] **29**

C. Ergebnis

Das Demonstrationsverbot der Allgemeinverfügung verletzt Art. 5 Abs. 1 S. 1 Alt. 1 GG. **30**

Frage 2: Ist § 1 ImpfpflVO mit den Grundrechten des GG vereinbar?

§ 1 ImpfpflVO könnte mit der körperlichen Unversehrtheit (Art. 2 Abs. 2 S. 1 Alt. 2 GG) **31**
sowie mit dem allgemeinen Persönlichkeitsrecht (Art. 2 Abs. 1 i.V.m. Art. 1 Abs. 1 GG) unvereinbar sein.

Hinweis zur Bewertung: In der Literatur wird eine Verletzung von Art. 1 Abs. 1 GG angesprochen[37], jedoch verneint. Ausführungen hierzu sollten allenfalls kurz erfolgen. Fehlende Ausführungen werden nicht negativ bewertet. **32**

A. Vereinbarkeit mit Art. 2 Abs. 2 S. 1 Alt. 2 GG

§ 1 ImpfpflVO verletzt Art. 2 Abs. 2 S. 1 Alt. 2 GG, wenn in den Schutzbereich ohne ver- **33**
fassungsrechtliche Rechtfertigung eingegriffen wird.

I. Schutzbereich

Der Schutzbereich von Art. 2 Abs. 2 S. 1 GG umfasst das Recht auf Leben und körperli- **34**
che Unversehrtheit. Die körperliche Unversehrtheit umfasst wiederum die physische und die psychische Gesundheit.[38] Dazu gehört die körperliche Integrität und ein hierauf bezogenes Selbstbestimmungsrecht.[39] Mit der Einführung einer Impfpflicht sind die physische Gesundheit und die körperliche Integrität betroffen. Darüber hinaus betrifft die Impfpflicht die freie Entscheidung über eine Impfung, welche ebenfalls von Art. 2 Abs. 1 S. 1 Alt. 2 GG geschützt wird.[40] Der Schutzbereich von Art. 2 Abs. 2 S. 1 Alt. 2 GG ist mithin eröffnet.

36 Vgl. BVerfGE 111, 147 (155); BayVGH Beschl. v. 28.11.2008 – 10 CS 08.3140, Rn. 18; *Mast/Gafus*, JuS 2021, S. 153 (158).

37 Ablehnend auch BVerfG Beschl. v. 27.4.2022 – 1 BvR 2649/21, Rn. 91.

38 *Kingreen/Poscher*, Grundrechte, Rn. 568.

39 BVerfGE 128, 282 (300); BVerfGE 129, 269 (280); BVerfG Beschl. v. 27.4.2022 – 1 BvR 2649/21, Rn. 111 m.w.N.; *Gebhard*, Impfpflicht und Grundgesetz, S. 201.

40 Vgl. BVerfG Beschl. v. 27.4.2022 – 1 BvR 2649/21, Rn. 111; *Blankenagel*, JZ 2022, S. 267 (269).

II. Eingriff

35 Die Verpflichtung in § 1 ImpfpflVO schränkt die freie Entscheidung über die Impfung, also das Zuführen von Stoffen in den Körper, ein und ist damit ein Eingriff.

III. Verfassungsrechtliche Rechtfertigung

36 Für eine verfassungsrechtliche Rechtfertigung müsste Art. 2 Abs. 2 S. 1 Alt. 2 GG einschränkbar sein und die Schranke selbst sowie § 1 ImpfpflVO verfassungsgemäß sein.

1. Beschränkbarkeit von Art. 2 Abs. 2 S. 1 Alt. 2 GG

37 Art. 2 Abs. 2 S. 1 Alt. 2 GG kann nach Art. 2 Abs. 2 S. 3 GG auf Grund eines Gesetzes eingeschränkt werden. § 20 Abs. 6 IfSG müsste sowohl eine Schranke gem. Art. 2 Abs. 2 S. 3 GG darstellen als auch die Voraussetzungen des Parlamentsvorbehalts wahren.

a) Voraussetzungen des Gesetzesvorbehaltes, Art. 2 Abs. 2 S. 3 GG

38 Gem. Art. 2 Abs. 2 S. 3 GG kann in Art. 2 Abs. 2 S. 1 GG nur „auf Grund eines Gesetzes" eingegriffen werden. Während eine Ansicht den Wortlaut als abschließend ansieht, sodass Eingriffe nur durch Umsetzungsakte möglich sind,[41] erweitert eine andere Ansicht den Schrankenvorbehalt auch auf Eingriffe unmittelbar durch Gesetz.[42] So kann entgegen dem Wortlaut ein Eingriff sowohl durch eine untergesetzliche Vorschrift als auch durch ein Parlamentsgesetz selbst erfolgen.[43] Nach beiden Ansichten bedarf es aber einer gesetzlichen Grundlage für den Eingriff. Diese stellt § 20 Abs. 6 IfSG als Rechtsgrundlage für § 1 ImpfpflVO dar. Der Eingriff erfolgt dann auf Grund von § 20 Abs. 6 IfSG durch § 1 ImpfpflVO. Eine taugliche Schranke i.S.d. Art. 2 Abs. 2 S. 3 GG liegt also vor.

b) Anforderungen des Parlamentsvorbehalts

39 Die Ermächtigung zur Regelung durch eine Rechtsverordnung müsste auch den Parlamentsvorbehalt wahren. Dabei geht es um das „Ob" einer parlamentsgesetzlichen Regelung.[44] Der vom BVerfG entwickelte Parlamentsvorbehalt wird aus dem Rechtsstaatsprinzip gem. Art. 20 Abs. 3 GG und dem Demokratieprinzip gem. Art. 20 Abs. 1, Abs. 2 GG und den Grundrechten abgeleitet. Er wird durch den Wesentlichkeitsvorbehalt konkretisiert und besagt, dass der demokratisch legitimierte Gesetzgeber die wesentlichen Entscheidungen selbst treffen muss.[45] Die Wesentlichkeit ist nach der Rechtsprechung des BVerfG insbesondere gegeben, sobald ein Sachverhalt konkurrie-

---

41 *Kingreen/Poscher*, Grundrechte, Rn. 603; *Wißgott*, Keine ‚self-executing' Ausgangssperre, VerfBlog; *Wittreck*, in: Isensee/Kirchhof, HBStR, § 151 Rn. 27.

42 BVerfG 159, 223 (338 Rn. 268 ff.); *Jarass*, in: ders./Pieroth, GG, Art. 2 Rn. 113; *Lang*, in: Epping/Hillgruber, BeckOK GG, Art. 2 Rn. 243 (Stand: 55. EL, Mai 2023).

43 BVerfG 159, 223 (338 Rn. 268 ff.); *Gebhard*, Impfpflicht und Grundgesetz, S. 211; *Lang*, in: Epping/Hillgruber, BeckOK GG, Art. 2 Rn. 243 (Stand: 55. EL, Mai 2023); *Müller-Terpitz*, in: Isensee/Kirchhof, HBStR, § 147 Rn. 66.

44 *Öller*, JuS 2018, S. 355 (359).

45 BVerfGE 77, 179 (230 f.); BVerfGE 136, 69 (114 Rn. 102); BVerfGE 150, 1 (96 Rn. 191); *Hollo*, Jura 2022, S. 42 (46 f.); *Kingreen/Poscher*, Grundrechte, Rn. 376; *Öller*, JuS 2018, S. 355 (359); *Riegner/Bunse/Gundling/Palmen*, JuS 2022, S. 938 (941).

rende Freiheitsrechte betrifft, die nicht ohne Weiteres abzugrenzen und in einen angemessenen Ausgleich zu bringen sind.[46]

Bei der Einführung einer Impfpflicht ist die körperliche Unversehrtheit in zwei unterschiedlichen Dimensionen betroffen: Einmal in ihrer abwehrrechtlichen Dimension bei zur Impfung verpflichteten Personen und einmal in der Schutzpflichtdimension bei Personen, die sich nicht impfen lassen können.[47] Diese Grundrechte stehen in einem Konkurrenzverhältnis zueinander und müssen in einen angemessenen Ausgleich gebracht werden. Damit stellt die Impfpflicht einen wesentlichen Grundrechtseingriff dar,[48] über dessen wesentliche Grundzüge der Gesetzgeber entscheiden muss.[49] **40**

Problematisch ist zudem die Verwendung von unbestimmten Rechtsbegriffen und Generalklauseln,[50] da diese dem Verordnungsgeber einen zu großen Ermessensspielraum hinsichtlich des Erlasses und der Ausgestaltung der Verordnung einräumen. Hierdurch können die Bedingungen der Grundrechtseinschränkung weiter verschleiert werden. Auch § 20 Abs. 6 S. 1 IfSG enthält unbestimmte Rechtsbegriffe (z.B. „bedrohte Teile der Bevölkerung“) und stellt somit eine „verdeckte Delegation“[51] dar.[52] Durch die unbestimmten Rechtsbegriffe wird die Entscheidung über wesentliche Aspekte, nämlich die Frage, ob überhaupt eine Impfpflicht gegen das Virus erlassen werden soll,[53] an den Verordnungsgeber übertragen. Dies müsste eigentlich in einem Parlamentsgesetz geregelt werden.[54] § 20 Abs. 6 S. 1 IfSG regelt dies aber nicht und stellt auch keine Bedingungen für die Einführung einer Impfpflicht auf. Damit liegen wesentliche Entscheidungen i.S.d. Wesentlichkeitsvorbehalts vor, deren Delegation an den Verordnungsgeber nicht möglich ist. Die Anforderungen an den Parlamentsvorbehalt sind somit nicht gewahrt. **41**

Hinweis zur Bewertung: An dieser Stelle können sich die Bearbeiter:innen mit guter Argumentation anders entscheiden. Nach der hier vertretenen Ansicht kann ab hier im Hilfsgutachten weitergeprüft werden. **42**

2. Verfassungsgemäße Ermächtigungsgrundlage

Darüber hinaus kann die ImpfpflVO Art. 2 Abs. 2 S. 1 Alt. 2 GG nur verfassungsgemäß beschränken, wenn sie auf eine verfassungsgemäße Rechtsgrundlage gestützt wird. Daher müsste § 20 Abs. 6 S. 1 IfSG, der das Bundesministerium für Gesundheit als zulässigen Ermächtigungsadressaten[55] i.S.v. Art. 80 Abs. 1 S. 1 GG zum Erlass einer Rechtsverordnung ermächtigt und der mangels anderer Anhaltspunkte formell verfassungsgemäß ist, **43**

46 BVerfGE 108, 282 (311); BVerfGE 139, 19 (46 Rn. 53).
47 *Gebhard*, Impfpflicht und Grundgesetz, S. 207.
48 *Gebhard*, Impfpflicht und Grundgesetz, S. 206 f., 452.
49 *Gebhard*, Impfpflicht und Grundgesetz, S. 461; anders, soweit die Regelung in Rechtsverordnungen zu einem besseren Grundrechtsschutz führt, BVerfGE 49, 89 (137).
50 *Gebhard*, Impfpflicht und Grundgesetz, S. 462 f.; *Kloepfer*, JZ 1984, S. 685 (691); vgl. *Staupe*, Parlamentsvorbehalt und Delegationsbefugnis, S. 139.
51 *Staupe*, Parlamentsvorbehalt und Delegationsbefugnis, S. 139.
52 *Staupe*, Parlamentsvorbehalt und Delegationsbefugnis, S. 139.
53 Vgl. *Gebhard*, Impfpflicht und Grundgesetz, S. 463.
54 *Gebhard*, Impfpflicht und Grundgesetz, S. 466 f.
55 Dazu *Hollo*, Jura 2022, S. 42 (47); *Kment*, in: Jarass/Pieroth, GG, Art. 80 Rn. 6; *Öller*, JuS 2018, S. 355 (358).

als Rechtsgrundlage der ImpfpflVO materiell verfassungsgemäß sein. Dazu muss der Bestimmtheitsgrundsatz des Art. 80 Abs. 1 S. 2 GG eingehalten worden und § 20 Abs. 6 S. 1 IfSG mit den Grundrechten vereinbar sein.[56]

a) Bestimmtheit

44 § 20 Abs. 6 IfSG müsste gem. Art. 80 Abs. 1 S. 2 GG Inhalt, Zweck und Ausmaß der Ermächtigung hinreichend bestimmen.[57] Dabei richten sich die Anforderungen an die Bestimmtheit des jeweiligen Gesetzes nach der Intensität der Auswirkung.[58] Inhalt, Zweck und Ausmaß sind nach Ansicht des BVerfG nicht klar voneinander zu trennen, sondern vielmehr als einheitlicher Prüfungsmaßstab für die Bestimmtheit zu verstehen.[59] Dagegen richten sich Stimmen der Literatur, welche jedoch selbst „inhaltliche[…] Berührungen und Überschneidungen" als gegeben ansehen.[60] Zur Vermeidung von Unklarheiten ist daher eine einheitliche Prüfung geeigneter. Das BVerfG überprüft die Einhaltung dieser Anforderungen anhand von drei sich gegenseitig ergänzenden Formeln:[61] Es prüft, ob der Gesetzgeber die Grenzen und Ziele einer Regelung selbst festgelegt hat (sog. Selbstentscheidungsvorbehalt/Selbstentscheidungsformel[62]),[63] ob die Ermächtigung der Umsetzung eines „Programms"[64] dient (sog. Programmfestsetzungspflicht/Programmformel[65])[66] und ob Bürger:innen bereits im Gesetz erkennen können, wozu der Verordnungsgeber genau ermächtigt wird (sog. Vorhersehbarkeitsgebot/Vorhersehbarkeitsformel[67]).[68] Dass § 20 Abs. 6 S. 1 IfSG nur die Möglichkeit, nicht aber die Pflicht zum Erlass einer Rechtsverordnung aufstellt, steht der Bestimmtheit noch nicht entgegen.[69]

45 Doch der Selbstentscheidungsvorbehalt könnte nicht eingehalten worden sein. Der Wortlaut von § 20 Abs. 6 S. 1 IfSG selbst bestimmt keine Ziele der Ermächtigung. Diese könnten jedoch durch die Auslegung bestimmbar sein.[70] § 1 Abs. 1 IfSG bestimmt das Ziel, „übertragbare[…] Krankheiten beim Menschen vorzubeugen, Infektionen frühzeitig zu erkennen und ihre Weiterverbreitung zu verhindern". Dieses Ziel hat der Gesetzgeber für das gesamte IfSG vorgegeben, also auch für § 20 Abs. 6 S. 1 IfSG. Die Grenzen der Ermächtigung ergeben sich aus § 20 Abs. 6 S. 2 IfSG. Die Voraussetzungen der Selbstentscheidungsformel sind erfüllt.

---

56 Vgl. *Hollo*, Jura 2022, S. 42 (46 ff.).
57 BVerfGE 157, 30 (172 Rn. 260); *Hollo*, Jura 2022, S. 42 (48); *Öller*, JuS 2018, S. 355 (358).
58 BVerfGE 157, 30 (172 Rn. 260).
59 BVerfGE 150, 1 (100 Rn. 201).
60 *Uhle*, in: Epping/Hillgruber, BeckOK GG, Art. 80 Rn. 19 (Stand: 55. EL, Mai 2023).
61 *Uhle*, in: Epping/Hillgruber, BeckOK GG, Art. 80 Rn. 19 (Stand: 55. EL, Mai 2023) m.w.N.
62 *Uhle*, in: Epping/Hillgruber, BeckOK GG, Art. 80 Rn. 19 (Stand: 55. EL, Mai 2023).
63 BVerfGE 150, 1 (101 Rn. 202).
64 BVerfGE 150, 1 (101 Rn. 202).
65 BVerfGE 150, 1 (101 Rn. 202).
66 BVerfGE 150, 1 (101 Rn. 202); *Uhle*, in: Epping/Hillgruber, BeckOK GG, Art. 80 Rn. 19 (Stand: 55. EL, Mai 2023).
67 *Uhle*, in: Epping/Hillgruber, BeckOK GG, Art. 80 Rn. 19 (Stand: 55. EL, Mai 2023).
68 BVerfGE 150, 1 (101 Rn. 202).
69 Hierzu BVerfGE 78, 249 (272); *Uhle*, in: Epping/Hillgruber, BeckOK GG, Art. 80 Rn. 22.1, 30 (Stand: 55. EL, Mai 2023).
70 BVerfGE 8, 274 (307); BVerfGE 150, 1 (101 Rn. 203); *Hollo*, Jura 2022, S. 42 (48); *Uhle*, in: Epping/Hillgruber, BeckOK GG, Art. 80 Rn. 24 (Stand: 55. EL, Mai 2023) m.w.N.; *Wolff/Zimmermann*, Jura 2022, S. 18 (24).

In § 20 Abs. 6 S. 1 IfSG müsste der Gesetzgeber auch ein vorgegebenes „Programm“ festsetzen. Der Gesetzgeber stellt mit dem IfSG und § 20 Abs. 6 S. 1 IfSG das Programm auf, Infektionen mit übertragbaren Krankheiten zu vermeiden und einzudämmen sowie Maßnahmen einzuführen, die die Verbreitung übertragbarer Krankheiten verhindern. Damit ist die Programmfestsetzungspflicht erfüllt. **46**

Fraglich ist, ob § 20 Abs. 6 S. 1 IfSG auch dem Vorhersehbarkeitsgebot entspricht. Das Tätigwerden der Exekutive hängt von unbestimmten Rechtsbegriffen im Tatbestand von § 20 Abs. 6 S. 1 IfSG ab.[71] Dabei steht der Exekutive ein weiter Beurteilungsspielraum bei der Auslegung der unbestimmten Rechtsbegriffe zu.[72] Diese werden weder legaldefiniert noch einheitlich ausgelegt[73] und gehen zum Teil sehr weit. Unklar ist unter anderem, welche übertragbaren Krankheiten die Ermächtigung erfasst, und damit die Reichweite der Ermächtigung. § 20 Abs. 6 S. 1 IfSG erfüllt das Vorhersehbarkeitsgebot nicht[74] und ist mithin nicht bestimmt i.S.v. Art. 80 Abs. 1 S. 1 GG. Die Ermächtigungsgrundlage ist daher nicht verfassungsgemäß. **47**

Hinweis zur Bewertung: An dieser Stelle können sich die Bearbeiter:innen mit guter Argumentation anders entscheiden. **48**

b) Vereinbarkeit mit Art. 2 Abs. 2 S. 1 GG

§ 20 Abs. 6 S. 1 IfSG könnte zudem auch mit Art. 2 Abs. 2 S. 1 GG unvereinbar, insbesondere unverhältnismäßig sein. **49**

aa) Eingriff in den Schutzbereich

Die in § 20 Abs. 6 IfSG geregelte Frage der Impfpflicht betrifft den Schutzbereich von Art. 2 Abs. 2 S. 1 Alt. 2 GG.[75] **50**

Fraglich ist, ob bereits durch die Verordnungsermächtigung zur Einführung einer Impfpflicht ein grundrechtlich geschütztes Verhalten ganz oder teilweise unmöglich gemacht wird. Allein die Möglichkeit, eine Impfpflicht oder Maßnahmen der spezifischen Prophylaxe durch eine Rechtsverordnung zu erlassen, verhindert das grundrechtlich geschützte Verhalten zwar nicht. Allerdings kann ohne eine normative Ermächtigung ein Grundrechtseingriff durch eine Rechtsverordnung oder andere administrative Maßnahmen nicht erfolgen. Daher ist bereits die normative Ermächtigung ein Eingriff[76] und somit auch § 20 Abs. 6 S. 1 IfSG. **51**

bb) Verfassungsrechtliche Rechtfertigung

Der Eingriff müsste verfassungsrechtlich gerechtfertigt, d.h. verhältnismäßig sein. **52**

---

71 *Gebhard*, in: Kießling, IfSG, § 20 Rn. 31.
72 *Gebhard*, in: Kießling, IfSG, § 20 Rn. 31; vgl. auch wissenschaftlicher Dienst des BT WD 3 – 3000 –198/21, 4 f.
73 Vgl. *Klafki*, Risiko und Recht, S. 348 f.
74 *Klafki*, Risiko und Recht, S. 349.
75 Vgl. oben unter Frage 2, A. I.
76 *Kingreen/Poscher*, Grundrechte, Rn. 337.

(1) Legitimes Ziel

53 § 20 Abs. 6 S. 1 IfSG verfolgt das legitime Ziel, „übertragbare […] Krankheiten beim Menschen vorzubeugen, Infektionen frühzeitig zu erkennen und ihre Weiterverbreitung zu verhindern" (§ 1 Abs. 1 IfSG). Auch der Schutz der Funktionsfähigkeit des Gesundheitswesens ist ein legitimes Ziel.[77] Dieses Ziel wird von Stimmen in der Literatur auf Grund fehlender Konkretisierung abgelehnt.[78] Im vorliegenden Fall besteht jedoch ein konkreter Zusammenhang zwischen hohen Infektionszahlen und der Überlastung von Gesundheitspersonal und Aufnahmekapazitäten. Damit stellt der Schutz der Funktionsfähigkeit des Gesundheitswesens ein ausreichend konkretisiertes und damit legitimes Ziel dar.

(2) Geeignetheit

54 Die Ermächtigung zur Impfpflicht gem. § 20 Abs. 6 S. 1 IfSG ermöglicht eine schnelle und flexible Reaktion auf ein dynamisches Infektionsgeschehen und fördert den Zweck. § 20 Abs. 6 IfSG ist mithin geeignet.

(3) Erforderlichkeit

55 Ein milderes, gleich wirksames Mittel ist nicht ersichtlich. Daher ist § 20 Abs. 6 S. 1 IfSG erforderlich.

(4) Angemessenheit

56 Zu prüfen ist, ob § 20 Abs. 6 S. 1 IfSG angemessen ist. Hier ist die Intensität der Grundrechtsbeeinträchtigung gegen den Zweck normativ abzuwägen.[79] Das BVerfG gesteht dem Gesetzgeber einen Einschätzungsspielraum zu, der vertretbares Handeln gestützt auf eine Prognose zulässt, soweit diese auf einer hinreichend gesicherten Grundlage beruht.[80] § 20 Abs. 6 IfSG ermöglicht – neben anderen Maßnahmen – die Einführung einer Impfpflicht durch Rechtsverordnung zum kollektiven Gesundheitsschutz. Dies ist eine Verpflichtung zur Impfung gegen den eigenen Willen. Dagegen ist der Zweck der Ermächtigung, die Erfüllung der Schutzpflicht aus Art. 2 Abs. 2 S. 1 GG,[81] abzuwägen, die durch die Möglichkeit der Übertragung des A-Virus von Mensch zu Mensch ausgelöst wird.[82] Für die Personen, die sich selbst aus medizinischen Gründen nicht impfen lassen können, kann eine Impfung anderer Personen zum Schutz ihrer körperlichen Unversehrtheit beitragen, indem eine Herdenimmunität hergestellt wird.[83] Die Ermächtigung des § 20 Abs. 6 S. 1 IfSG stellt eine legitime Möglichkeit des flexiblen und einzelfallangepassten Schutzes der körperlichen Unversehrtheit vulnerabler Gruppen dar.

---

77 BVerfG NJW-RR 2004, 705; BVerfGE 121, 317 (356); BVerfGE 126, 112 (140 f.); *Edenharter*, JÖR 69 (2021), S. 555 (562); *Kraft*, JÖR 70 (2022), S. 547 (582); *Lepsius*, Vom Niedergang grundrechtlicher Denkkategorien in der Corona-Pandemie, VerfBlog; differenzierend *Kießling*, in: dies., IfSG, § 1 Rn. 10.

78 *Hofmann/Neuhöfer*, NVwZ 2022, S. 19 (21).

79 *Kingreen/Poscher*, Grundrechte, Rn. 425.

80 BVerfGE 77, 170 (214); BVerfGE 142, 113 (136 f.); BVerfG Beschl. v. 27.4.2022 – 1 BvR 2649/21, Rn. 204; *Kingreen/Poscher*, Grundrechte, Rn. 587.

81 BVerfG Beschl. v. 28.7.1987 – 1 BvR 842/87, Rn. 6 (juris); *Gebhard*, Impfpflicht und Grundgesetz, S. 207 f., 219.

82 *Gebhard*, Impfpflicht und Grundgesetz, S. 219.

83 *Gebhard*, Impfpflicht und Grundgesetz, S. 216.

Auch schützt eine Impfpflicht das Gesundheitssystem und dessen Kapazitäten. Somit ist bereits durch die Ermächtigung der Schutz der Funktionsfähigkeit des Gesundheitswesens gewährt. Damit werden nicht nur vulnerable Personen, die sich nicht impfen lassen können, geschützt, sondern auch Personen mit anderen behandlungsbedürftigen Erkrankungen.[84] Die Interessen für die Ermächtigung überwiegen, sodass § 20 Abs. 6 S. 1 IfSG angemessen ist.[85]

Hinweis zur Bewertung: Es ist nicht negativ zu werten, wenn bereits an dieser Stelle die Eingriffsintensität[86] diskutiert wird. **57**

Der Eingriff durch § 20 Abs. 6 S. 1 IfSG in den Schutzbereich des Art. 2 Abs. 2 S. 1 Alt. 2 GG ist verhältnismäßig. **58**

c) Ergebnis

§ 20 Abs. 6 IfSG ist zwar formell, aber wegen Verstoßes gegen den Parlamentsvorbehalt und gegen die Bestimmtheitsanforderungen aus Art. 80 Abs. 1 GG nicht materiell verfassungsmäßig. Die Vorschrift kann daher keine taugliche Eingriffsgrundlage für § 1 ImpfpflVO darstellen. **59**

3. Verfassungsmäßigkeit von § 1 ImpfpflVO

Auch § 1 ImpfpflVO müsste verfassungsgemäß, also insbesondere verhältnismäßig sein. **60**

a) Legitimer Zweck

Der Erlass der ImpfpflVO soll zu einem Schutz vulnerabler Gruppen führen und darüber hinaus die Möglichkeit der Gesundheitsversorgung durch eine Vermeidung weiterer Belastungen des Gesundheitssektors sichern. Auch hierdurch sollen diejenigen geschützt werden, die aus medizinischen Gründen nicht geimpft werden können. Der Schutz dieser Gruppe und der Allgemeinheit ist von der Schutzpflicht des Staates umfasst und stellt ein legitimes Ziel dar.[87] **61**

Der Einzelne ist für seinen eigenen Gesundheitsschutz selbst verantwortlich, der Eigenschutz stellt daher kein legitimes Ziel dar.[88] **62**

b) Geeignetheit

Die ImpfpflVO müsste ein geeignetes Mittel sein, um diesen Zweck zu verfolgen. Durch die Einführung einer Impfpflicht mit einem Impfstoff, der bei einer hohen Impfquote zu einer Art Herdenimmunität führt, nehmen die (schweren) Erkrankungsfälle ab, die Ver- **63**

84 Vgl. *Hofmann/Neuhöfer*, NVwZ 2022, S. 19 (21 f.).
85 Vgl. dazu auch EGMR Urt. v. 8.4.2021 – 47621/13 u.a.; BVerwG Urt. v. 14.7.1959 – I C 170/56; BVerwG Beschl. v. 7.7.2022 – 1 WB 2/22.
86 Siehe unten Teil 2, A. III. 3.d.
87 *Kingreen*, Jura 2020, S. 1019 (1026 f.); *ders./Poscher*, Grundrechte, Rn. 584; vgl. BVerfG Beschl. v. 27.4.2022 – 1 BvR 2649/21, Rn. 153 f., 11; BT-Drs. 20/188, 4, 30.
88 BVerfGE 128, 282 (304); Wissenschaftlicher Dienst des BT WD 3 – 3000 – 203/21, 8.

breitung des Virus wird eingedämmt, wodurch das Gesundheitssystem vor einer Überlastung geschützt und die Gesundheitsversorgung verbessert wird. Die Ziele werden damit jedenfalls gefördert. Die Impfpflicht ist somit geeignet.

c) Erforderlichkeit

64 Zu prüfen ist, ob § 1 ImpfpflVO auch erforderlich ist. Dabei steht dem Gesetzgeber bei der Auswahl des Mittels ein Einschätzungsspielraum zu, welcher bei komplexen Materien (wie einer Pandemie) weiter gefasst wird.[89] Als milderes Mittel könnte insbesondere das bestehende Aufklärungs- und Informationsangebot erweitert werden.[90] So könnten die Bürger:innen auf freiwilliger Basis von einer Impfung überzeugt werden. Jedoch haben sich trotz der bisherigen Aufforderungen und der durchgeführten Werbekampanien nur 67% der Erwachsenen impfen lassen. Es ist unwahrscheinlich, dass die Weiterverfolgung dieser Strategie zu einer signifikanten Verbesserung der Impfquote führen würde. So ist die Erweiterung der Aufklärungs- und Informationsangebote ein Mittel, das weniger intensiv in die Grundrechte eingreift, jedoch ist dieses nicht gleich effektiv. Damit hat der Gesetzgeber den gegebenen Einschätzungsspielraum nicht überschritten. Das gewählte Mittel ist erforderlich.

d) Angemessenheit

65 § 1 ImpfpflVO müsste schließlich angemessen sein. Dazu muss zwischen der Intensität der Grundrechtsbeeinträchtigung und den rechtfertigenden Gemeinwohlinteressen eine Abwägung vorgenommen werden.[91] Bei der Impfpflicht werden das Abwehrrecht der zur Impfung Verpflichteten und die Schutzpflicht des Staates gegenüber den Impfunfähigen miteinander abgewogen.[92] Einzubeziehen sind insbesondere die nach dem wissenschaftlichen Standard bekannten Risiken der Erkrankung, der Impfung und der Ansteckung.[93]

66 Fraglich ist zunächst, ob die Eingriffsintensität nach subjektiven oder objektiven Maßstäben zu bestimmen ist.[94] Als Grundlage für eine subjektive Beurteilung der Eingriffsintensität hat danach die Ansicht der Betroffenen, Impfungen seien gesundheitsschädlich und mit Schadstoffen vergleichbar, zu dienen.[95] Überprüft werden könnte dies auch nur durch eine „Plausibilitätskontrolle“[96] des entsprechenden Selbstverständnisses.[97] Demnach stellt § 20 Abs. 6 S. 1 IfSG einen schwerwiegenden Eingriff dar.[98]

89 BVerfG Beschl. v. 27.4.2022 – 1 BvR 2649/21, Rn. 187 f.

90 Siehe etwa *Kingreen*, Whatever it takes II, VerfBlog.

91 BVerfGE 83, 1 (19); BVerfGE 120, 378 (428); BVerfGE, 141, 82 (100 f. Rn. 53); *Huster/Rux*, in: Epping/Hillgruber, BeckOK GG, Art. 20 Rn. 197 (Stand: 55. EL, Mai 2023); *Jarass*, in: ders./Pieroth, GG, Art. 20 GG Rn. 120; *Sacksofsky*, Allgemeine Impfpflicht, VerfBlog.

92 *Gebhard*, Impfpflicht und Grundgesetz, S. 207.

93 Wissenschaftlicher Dienst des BT WD 3 – 3000 – 203/21, 14.

94 Vgl. nur *Bull*, „Subjektivierung“ der Grundrechte, VerfBlog; *Gärditz*, Grundrechtsdogmatik auf dem Jahrmarkt der Wahrheiten?, VerfBlog; *ders.*, Abwägungsrationalität und subjektive Beliebigkeit, VerfBlog; *Sacksofsky*, Allgemeine Impfpflicht, VerfBlog; *dies.* Allgemeine Impfpflicht II, VerfBlog.

95 *Miebach*, Zur Willkür- und Abwägungskontrolle des Bundesverfassungsgerichts bei der Verfassungsbeschwerde gegen Gerichtsurteile, S. 108; *Sacksofsky*, Allgemeine Impfpflicht, VerfBlog; wohl auch *Schlink*, Abwägung im Verfassungsrecht, S. 155–158, 135; krit. *Alexy*, Theorie der Grundrechte, S. 143 ff.

96 *Gärditz*, Grundrechtsdogmatik auf dem Jahrmarkt der Wahrheiten, VerfBlog; *Sacksofsky*, Allgemeine Impfpflicht, VerfBlog.

97 *Miebach*, Zur Willkür- und Abwägungskontrolle des Bundesverfassungsgerichts bei der Verfassungsbeschwerde gegen Gerichtsurteile, S. 108; *Sacksofsky*, Allgemeine Impfpflicht, VerfBlog.

98 Vgl. *Sacksofsky*, Allgemeine Impfpflicht, VerfBlog.

Die andere Ansicht will die Eingriffsintensität objektiv beurteilen.[99] Die Grundlage ist dann die Sichtweise des verständigen Dritten, welcher rationalisierte Erwägungen einbringt, um den Ausgleich zwischen den Gemeinwohlerwartungen und den Individualinteressen angemessenen zu gestalten. Diese Ansicht würde den Eingriff in Art. 2 Abs. 2 S. 1 GG auch angesichts der notwendigen Ausnahmeregelung gem. § 20 Abs. 6 S. 2 IfSG als gemäßigt einstufen.[100] **67**

Für die erste Ansicht spricht, dass die Grundrechte subjektive Rechte sind, welche einerseits die Selbstbestimmung und individuelle Freiheiten und andererseits Minderheiten schützen sollen.[101] Dagegen spricht, dass es beim Eingriff und der Rechtfertigung nicht nur um das Grundrecht einer einzelnen Person, also derjenigen, die sich nicht impfen lassen möchte, geht.[102] Stattdessen sind Allgemeininteressen und Interessen mehrerer Grundrechtsträger – mit entgegenstehenden Standpunkten – betroffen.[103] So sind bei einer Impfpflicht die Rechte auf körperliche Unversehrtheit der Impfunfähigen und der Impfpflichtigen betroffen.[104] Um eine ausgewogene Abwägung treffen zu können, ist ein neutraler Maßstab nötig. Dieser ist der des objektiven Dritten.[105] Daher ist die objektive Beurteilung vorzuziehen. Die Impfung führt zu einem Einstich und der Wirkung des Impfstoffes auf den Körper sowie in einigen Fällen zu leichten Nebenwirkungen. Bei objektiver Betrachtung liegt eine lediglich gemäßigte Eingriffsintensität vor. **68**

Dem steht der Schutz der Impfunfähigen[106] in der schutzrechtlichen Dimension und das Allgemeinrechtsgut eines funktionierenden Gesundheitssektors zum Schutz von vulnerablen, erkrankten oder verunglückten Personen gegenüber. Entfällt eine solche Versorgung, kann dies bei einigen Patienten zu deren Tod oder zu schweren Gesundheitsschäden führen. Dies stellt eine schwerwiegende Beeinträchtigung von Art. 2 Abs. 2 S. 1 GG dar. Dies ließe sich durch eine hohe Impfquote, die zu einer klinischen Immunität führt und damit zu weniger schweren Verläufen, die eine umfangreiche Krankenhausversorgung benötigten, verhindern. **69**

Problematisch erscheint allerdings, dass mit den Impfungen nur eine klinische und keine sterile Immunität hergestellt wird.[107] Trotz Impfung kann es also erneut zu einer Infektion und auch zu einer Weitergabe des Virus kommen. Allerdings führt die Impfung zu deutlich weniger schwerwiegenden, klinisch zu behandelnden Fällen. Zudem enthält die ImpfpflVO Ausnahmeregelungen für die Personen, die sich aus medizinischen Gründen nicht impfen lassen können oder eine Infektion überstanden haben. Insgesamt überwiegen daher die Interessen der Allgemeinheit. § 1 ImpfpflVO ist daher angemessen. **70**

---

99 So etwa BVerfGE 92, 277 (327); *Dechsling*, Das Verhältnismäßigkeitsgebot, S. 17 ff.; *Epping*, Grundrechte, Rn. 61; *Kingreen/Poscher*, Grundrechte, Rn. 430 ff.; inzwischen auch *Schlink,* FS 50 Jahre BVerfG, S. 445 (460 ff.).

100 *Sacksofsky*, Allgemeine Impfpflicht II, VerfBlog; vgl. BVerfGE 100, 313 (375 f.); *Sacksofsky*, in: Dreier, GG Bd. 1, Vorb. Art. 1 Rn. 149; *Jarass*, in: ders./Pieroth, GG, Art. 20 GG Rn. 120.

101 *Sacksofsky*, Allgemeine Impfpflicht II, VerfBlog.

102 *Gärditz*, Grundrechtsdogmatik auf dem Jahrmarkt der Wahrheiten?, VerfBlog.

103 *Gebhard*, Impfpflicht und Grundgesetz, S. 207.

104 *Gebhard*, Impfpflicht und Grundgesetz, S. 7, 148 f.

105 Vgl. *Gärditz*, Grundrechtsdogmatik auf dem Jahrmarkt der Wahrheiten?, VerfBlog.

106 *Gebhard*, Impfpflicht und Grundgesetz, S. 207; in diese Richtung wohl auch BVerfG 16.12.2021 – 1 BvR 1541/20, insbes. Rn. 88 ff. in Bezug auf Menschen mit Behinderung.

107 *Kingreen*, Whatever it takes II, VerfBlog.

71 **Hinweis zur Bewertung:** Die Angemessenheit kann mit entsprechender Argumentation auch verneint werden. Entscheidend wird es wohl auf den eingeräumten Beurteilungsspielraum des Verordnungsgebers ankommen.

4. Ergebnis

72 Die Impfpflicht nach § 1 ImpfpflVO ist verhältnismäßig. § 1 ImpfpflVO greift in den Schutzbereich des Art. 2 Abs. 2 S. 1 GG ein, dieser Eingriff kann mangels verfassungsmäßiger Eingriffsgrundlage nicht gerechtfertigt werden. Es liegt eine Verletzung von Art. 2 Abs. 2 S. 1 GG vor.

B. Art. 2 Abs. 1 i.V.m. Art. 1 Abs. 1 GG

73 § 1 ImpfpflVO könnte das allgemeine Persönlichkeitsrecht (Art. 2 Abs. 1 i.V.m. Art. 1 Abs. 1 GG) verletzen.

I. Eröffnung des Schutzbereichs

74 Der Schutzbereich des allgemeinen Persönlichkeitsrechts erfasst die individuelle „Selbstbestimmung, Selbstbewahrung und Selbstdarstellung“[108] und damit die „Integrität der Persönlichkeit“[109]. Die Selbstbestimmung schützt die Bildung und Behauptung der eigenen Identität.[110] Unter dem Recht auf Selbstbewahrung wird die Möglichkeit des Rückzugs und der Abschirmung im sozialen und auch räumlichen Sinn gesehen.[111] Das Recht auf Selbstdarstellung schützt vor „herabsetzender, verfälschender, entstellender und unerbetener öffentlicher Darstellung“[112]. Die in § 1 ImpfpflVO geregelte Impfpflicht stellt eine Entscheidungspflicht für die betroffenen Bürger:innen auf, welche in den Bereich der Selbstbestimmung fällt.[113] Art. 2 Abs. 1 i.V.m. Art. 1 Abs. 1 GG schützt vor dieser Fremdzuschreibung.[114] Der Schutzbereich ist eröffnet.

II. Grundrechtskonkurrenz

75 **Hinweis zum Aufbau:** Es ist auch vertretbar, die Abgrenzung der Schutzbereiche bereits an den Beginn der grundrechtlichen Prüfung zu stellen.

76 Fraglich ist jedoch, in welchem Verhältnis Art. 2 Abs. 1 i.V.m. Art. 1 Abs. 1 GG zu Art. 2 Abs. 2 S. 1 GG steht. Betrachtet man das Konkurrenzverhältnis abstrakt, ist weder das allgemeine Persönlichkeitsrecht noch das Recht auf körperliche Unversehrtheit grundsätzlich subsidiär, jedes dieser Grundrechte kann jeweils in Idealkonkurrenz zum ande-

108 *Kingreen/Poscher*, Grundrechte, Rn. 531; *Martini*, JA 2009, S. 839 (840).
109 *Martini*, JA 2009, S. 839 (839).
110 *Kingreen/Poscher*, Grundrechte, Rn. 532; *Martini*, JA 2009, S. 839 (841).
111 *Kingreen/Poscher*, Grundrechte, Rn. 534.
112 *Kingreen/Poscher*, Grundrechte, Rn. 537.
113 BVerfGE 142, 313 (339 Rn. 74); *Kingreen*, Whatever it takes II, VerfBlog.
114 *Kingreen*, Whatever it takes II, VerfBlog.

ren Grundrecht stehen.[115] Das Konkurrenzverhältnis muss daher auf den Einzelfall der Impfpflicht bezogen untersucht werden. Wie dieses zu beurteilen ist, ist umstritten.

Art. 2 Abs. 2 S. 1 Alt. 2 GG könnte im Verhältnis zu Art. 2 Abs. 1 i.V.m. Art. 1 Abs. 1 GG spezieller sein.[116] Die von der Impfpflicht hauptsächlich betroffene physische Gesundheit und die hierauf bezogene Selbstbestimmung werden von Art. 2 Abs. 2 S. 1 GG bereits vollumfänglich erfasst,[117] sodass das allgemeine Persönlichkeitsrecht und Art. 2 Abs. 2 S. 1 GG in den gleichen Aspekten berührt werden. Nach dieser Ansicht tritt Art. 2 Abs. 1 i.V.m. Art. 1 Abs. 1 GG hinter Art. 2 Abs. 2 S. 1 GG zurück.[118] **77**

Nach einer anderen Ansicht ist das allgemeine Persönlichkeitsrecht das speziellere Grundrecht, da Art. 2 Abs. 1 i.V.m. Art. 1 Abs. 1 GG vor einer Entscheidungspflicht schützt.[119] Eine Impfpflicht beinhalte eine Entscheidungspflicht, welche daher primär über Art. 2 Abs. 1 i.V.m. Art. 1 Abs. 1 GG geschützt werde.[120] Art. 2 Abs. 2 S. 1 GG sei somit nicht primär betroffen und trete hinter Art. 2 Abs. 1 i.V.m. Art. 1 Abs. 1 GG zurück. **78**

Die Impfpflicht und damit zusammenhängend auch die Entscheidung über eine Impfung ist vom Schutzbereich des Art. 2 Abs. 2 S. 1 GG erfasst, da diese Entscheidung Teil der körperlichen Selbstbestimmung ist. Einer besondere Schutzlücke, für die das allgemeine Persönlichkeitsrecht im System der Grundrechte entwickelt wurde,[121] fehlt hier also gerade. Darüber hinaus greift das allgemeine Persönlichkeitsrecht bei der Gefährdung einer „selbstbestimmte[n] Entwicklung und Wahrung der Persönlichkeit".[122] Eine spezifische Gefährdung dieses Schutzguts ist durch die Einführung einer Impfpflicht nicht gegeben. Ein hinreichender Schutz besteht somit bereits. Zudem ist Art. 2 Abs. 2 S. 1 GG das sachnähere Grundrecht, da die Impfung neben der körperlichen Selbstbestimmung auch die körperliche Integrität betrifft. Eine Anwendung des allgemeinen Persönlichkeitsrechts ist damit nicht geboten. **79**

Hinweis zur Bewertung: Das Verhältnis zwischen den Absätzen 1 und 2 des Art. 2 GG sollte von den Bearbeiter:innen diskutiert werden. Die Auflösung des Problems kann in alle Richtungen mit entsprechender Argumentation (vertretbar erscheint mit guter Argumentation auch, beide Grundrechte nebeneinander gelten zu lassen) und entsprechenden Folgen für die weitere Prüfung erfolgen. **80**

115 *Dreier*, in: ders., GG Bd. 1, Art. 2 I Rn. 99; *Schulze-Fielitz*, in: Dreier, GG Bd. 1, Art. 2 II Rn. 119.
116 *Starck*, in: von Mangoldt/Klein/ders., GG Bd. 1, Art. 2 Rn. 58; *Lang*, in: Epping/Hillgruber, BeckOK GG, Art. 2 Rn. 160 (Stand: 55. EL, Mai 2023); so wohl auch BVerfG 27.4.2022 – 1 BvR 2649/21, Rn. 109 ff.
117 *Lang*, in: Epping/Hillgruber, BeckOK GG, Art. 2 Rn. 160 (Stand: 55. EL, Mai 2023); *Rixen*, in: Huster/Kingreen, Kap. 5 Rn. 87; *Starck*, in: von Mangoldt/Klein/ders., GG Bd. 1, Art. 2 Rn. 58, 193 f.; *Jarass*, in: ders./Pieroth, GG, Art. 2 Rn. 99.
118 *Lang*, in: Epping/Hillgruber, BeckOK GG, Art. 2 Rn. 160 (Stand: 55. EL, Mai 2023).
119 *Kingreen*, Whatever it takes II, VerfBlog.
120 *Kingreen*, Whatever it takes II, VerfBlog, bezugnehmend auf BVerfGE 142, 313 (339).
121 *Lang*, in: Epping/Hillgruber, BeckOK GG, Art. 2 Rn. 159 (Stand: 55. EL, Mai 2023), vgl. auch Rn. 70 ff.
122 BVerfGE 141, 186 (202 Rn. 32).

III. Zwischenergebnis

81 Der Schutzbereich des Art. 2 Abs. 1 i.V.m. Art. 1 Abs. 1 GG ist eröffnet. Jedoch tritt Art. 2 Abs. 1 i.V.m. Art. 1 Abs. 1 GG hinter Art. 2 Abs. 2 S. 1 GG zurück. Mithin wird das allgemeine Persönlichkeitsrecht nicht verletzt.

C. Ergebnis

82 § 1 ImpfpflVO greift in den Schutzbereich des Art. 2 Abs. 2 S. 1 Alt. 2 GG in nicht zu rechtfertigender Art ein und ist mithin nicht mit den Grundrechten vereinbar.

Frage 3: Ist die Entsendung der Bundesbeauftragten zu den Gesundheitsämtern des Bundeslandes B verfassungsgemäß?

83 Die Entsendung der Bundesbeauftragten zu den Gesundheitsämtern des Bundeslandes B ist verfassungsgemäß, wenn für die Entsendung eine Rechtsgrundlage besteht, deren Tatbestandsvoraussetzungen erfüllt sind und der Verhältnismäßigkeitsgrundsatz gewahrt ist.

A. Rechtsgrundlage der Entsendung

84 Rechtsgrundlage ist Art. 84 Abs. 3 S. 2 GG, wonach die Bundesregierung zum Zwecke der Verwaltungsaufsicht Beauftragte zu den obersten Landesbehörden sowie unter bestimmten Voraussetzungen auch zu den nachgeordneten Behörden entsenden kann. Diese Vorschrift ist im Verhältnis zu Art. 37 GG spezieller.[123]

B. Tatbestandsvoraussetzungen

85 Art. 84 Abs. 3 S. 2 GG setzt voraus, dass die Bundesregierung in einem konkreten Fall die Rechtsaufsicht über die Ausführung eines Bundesgesetzes durch die Landesverwaltungsbehörden führen möchte.[124] Erforderlich ist bei der Entsendung zu nachgeordneten Behörden die Zustimmung des Landes bzw. des Bundesrates.

86 Hier möchte die Bundesregierung Beauftragte zum Zwecke der Verwaltungsaufsicht über die Umsetzung der ImpfpflVO, also in einem konkreten Fall, zu den nachgeordneten Gesundheitsbehörden des Landes B entsenden, um dort Informationen über die mangelhafte Ausführung zu sammeln.

87 Bundesgesetz i.S.v. Art. 84 GG sind alle bundesrechtlichen Regelsätze, also auch Rechtsverordnungen.[125] Die ImpfpflVO stellt als Rechtsverordnung ein Bundesgesetz dar. Auf die Verfassungsmäßigkeit kommt es hier nicht an, da das Land diese auf anderem Wege angreifen kann.[126]

---

123 *Bauer*, in: Dreier, GG Bd. 2, Art. 37 Rn. 15; *Danwitz*, in: von Mangoldt/Klein/Starck, GG, Art. 37 Rn. 10; *Gubelt/Hanschel*, in: von Münch/Kunig, GG, Art. 37 Rn. 2; *Hellermann*, in: Epping/Hillgruber, BeckOK GG, Art. 37 Rn. 3.1 (Stand: 55. EL, Mai 2023).

124 Zu den Einzelheiten *F. Kirchhof*, in: Dürig/Herzog/Scholz, GG, Art. 84 Rn. 222 ff. (Stand: 93. EL, Oktober 2020).

125 *Kment*, in: Jarass/Pieroth, GG, Art. 83 Rn. 5.

126 Z.B. über Art. 93 I Nr. 2 GG, vgl. BVerfGE 101, 1 (30).

Fraglich ist allerdings, ob die erforderliche Zustimmung erteilt worden ist. Das Land B hat weder durch das zuständige Fachministerium[127] noch durch die Landesregierung[128] der Entsendung zugestimmt. **88**

Es müsste also gem. Art. 84 Abs. 3 S. 2 GG der Bundesrat mit der erforderlichen absoluten Mehrheit[129] i.S.v. Art. 52 Abs. 3 S. 1 GG zugestimmt haben. Problematisch ist, dass die drei Vertreter des Landes D jeweils eine unterschiedliche Stimme abgegeben haben und das Land D damit uneinheitlich abgestimmt hat. Hierdurch kommt eine Verletzung von Art. 51 Abs. 3 S. 2 GG in Betracht, wonach die Stimmen eines Bundeslandes im Bundesrat nur einheitlich abgegeben werden können. **89**

Von Bedeutung wäre dies nur dann, wenn durch die uneinheitliche Stimmabgabe die gesamte Abstimmung ungültig würde,[130] da die übrigen Bundesländer mit Ausnahme des Landes B alle für den Antrag gestimmt haben. **90**

Zwar ist der Wortlaut von Art. 51 Abs. 3 S. 2 GG („kann nur“) insoweit nicht ganz eindeutig:[131] So könnte einerseits der Schluss gezogen werden, die Abstimmung sei als Ganzes ungültig, andererseits trifft er gerade keine Aussage über die Rechtsfolge, sodass daraus auch geschlossen werden könnte, dass nur die Stimmabgabe des betroffenen Landes ungültig sei. **91**

Hinweis zur Bewertung: Eine vertiefte historische Argumentation wird hier nicht erwartet. **92**

Historisch betrachtet wurden gem. Art. 6 Abs. 2, 7 Abs. 3 S. 2 Reichsverfassung 1871 im Bundesrat uneinheitliche Stimmen nicht mitgezählt. Dies spricht dafür, dass nur die Stimmen des Landes D nicht mitgezählt werden.[132] Das Gebot einheitlicher Stimmabgabe ist Folge der Struktur des Bundesrates als föderales Organ:[133] Es soll – anders als im Bundestag – der jeweilige Landeswille geäußert werden, nicht hingegen die Einzelinteressen der Landesvertreter.[134] Schließlich sprechen auch Sinn und Zweck der Regelung dafür, dass nur die Stimmabgabe, nicht aber die Abstimmung insgesamt ungültig ist, da ansonsten die Abstimmung jederzeit durch eine uneinheitliche Stimmabgabe nur eines Landes missbräuchlich erschwert werden könnte und so die Funktionsfähigkeit des Bundesrates beeinträchtigt würde. Es ist daher nur die Stimmabgabe des Landes D ungültig.[135] Da der Antrag der Bundesregierung insgesamt die ausreichende Mehrheit erzielt hat, wirkt sich dies nicht auf die Zustimmung des Bundesrates aus. Die Tatbestandsvoraussetzungen von Art. 84 Abs. 3 S. 2 GG sind erfüllt. **93**

127 *F. Kirchhof*, in: Dürig/Herzog/Scholz, GG, Art. 84 Rn. 235 (Stand: 93. EL, Oktober 2020).
128 *F. Kirchhof*, in: Dürig/Herzog/Scholz, GG, Art. 84 Rn. 236 (Stand: 93. EL, Oktober 2020).
129 Statt vieler *Bauer*, in: Dreier, GG Bd. 2, Art. 52 Rn. 19.
130 So *v. Mangoldt*, Das Bonner GG, Art. 51 Anm. 3.
131 *Kramer*, JuS 2003, S. 645 (647).
132 So die ganz h.M., vgl. nur BVerfGE 106, 310 (330 ff.); *Korioth*, in: von Mangoldt/Klein/Starck, GG, Art. 51 Rn. 21; *Müller-Terpitz*, in: Dürig/Herzog/Scholz, GG, Art. 51 Rn. 60 (Stand: 84. EL, Oktober 2018); *Pieroth*, in: Jarass/ders., GG, Art. 51 Rn. 6; *Robbers*, in: Sachs, GG, Art. 51 Rn. 14.
133 *Müller-Terpitz*, in: Dürig/Herzog/Scholz, GG, Art. 51 Rn. 58 (Stand: 84. EL, Oktober 2018).
134 *Müller-Terpitz*, in: Dürig/Herzog/Scholz, GG, Art. 51 Rn. 58 (Stand: 84. EL, Oktober 2018); *Schenke*, NJW 2002, S. 1318 (1320 f.).
135 So auch BVerfGE 106, 310 (334 f.); *Becker*, NVwZ 2002, S. 569 (572); *Kramer*, JuS 2003, S. 645 (649); *Schenke*, NJW 2002, S. 1318 (1324).

C. Grundsatz der Verhältnismäßigkeit

94 Die Entsendung der Beauftragten müsste zudem verhältnismäßig sein.[136] Zwar benennt Art. 84 Abs. 3 S. 2 GG keinen materiellen Maßstab, bezieht sich aber auf den Zweck von Art. 84 Abs. 3 S. 1 GG, die Rechtmäßigkeit des Vollzugs von Bundesgesetzen durch ein Land sicherzustellen. Dieser Zweck muss mit dem darin liegenden Eingriff in den Zuständigkeitsbereich des Landes B abgewogen werden.

I. Geeignetheit

95 Die Entsendung müsste geeignet sein. Da das Land B sich trotz Aufforderung mehrfach geweigert hat, die ImpfpflVO umzusetzen, könnte die Entsendung von Beauftragten nicht zielfördernd sein. Ziel der Entsendung ist nämlich nur die Informationssammlung über eine mangelhafte Ausführung, nicht aber die „Ersatzausführung".[137] Allerdings erfasst die Aufsicht nicht nur das „Wie" der Ausführung, sondern auch das „Ob", da auch die pflichtwidrige Untätigkeit Grund einer Beanstandung sein kann.[138] Die Bundesregierung glaubt zudem, dass schon die Entsendung ausreichenden Druck auf das Land B ausüben könnte. Zudem kann die Informationsbeschaffung eine Mängelrüge gem. Art. 84 Abs. 4 S. 1 GG und damit ggf. die Einleitung eines Verfahrens vor dem BVerfG gem. Art. 84 Abs. 4 S. 2 GG ermöglichen. Mit Blick auf den Beurteilungsspielraum der Bundesregierung ist die Entsendung daher geeignet.

II. Erforderlichkeit

96 Die Entsendung müsste auch erforderlich sein. Als milderes Mittel kommt hier etwa die Bitte um einen Bericht in Betracht.[139] Dies stellt zwar ein milderes Mittel dar. Allerdings wird allein durch eine solche Bitte noch nicht ein mit einer Entsendung vergleichbarer Druck ausgeübt, sodass die Bitte um einen Bericht sich zwar als milderes, aber weniger geeignetes Mittel erweist.

97 Auch könnte statt der Entsendung von Beauftragten der Erlass von Verwaltungsvorschriften durch den Bund zur Klärung etwaiger unbestimmter Rechtsbegriffe als milderes Mittel in Betracht kommen.[140] Hiergegen spricht aber schon, dass damit der Entscheidungsspielraum der Länder bei der Ausführung der Bundesgesetze eingeschränkt wird. Diesen Eingriff in die Landesverwaltungskompetenzen zeigt auch die Zustimmungspflicht des Bundesrates auf.[141] Im Übrigen kann der Erlass von Verwaltungsvorschriften S nicht zur Umsetzung der Rechtsverordnung bewegen und ist damit nicht geeignet. Die Entsendung ist mithin erforderlich.

---

136 Siehe etwa *Broß/Mayer*, in: von Münch/Kunig, GG, Art. 84 Rn. 63; *Hermes*, in: Dreier, GG Bd. 3, Art. 84 Rn. 104; *Winkler*, in: Sachs, GG, Art. 84 Rn. 47.

137 *Hermes*, in: Dreier, GG Bd. 3, Art. 84 Rn. 103; *F. Kirchhof*, in: Dürig/Herzog/Scholz, GG, Art. 84 Rn. 221 (Stand: 93. EL, Oktober 2020).

138 *F. Kirchhof*, in: Dürig/Herzog/Scholz, GG, Art. 84 Rn. 221 (Stand: 93. EL, Oktober 2020).

139 *Hermes*, in: Dreier, GG Bd. 3, Art. 84 Rn. 104.

140 Dies andeutend, im Ergebnis aber wie hier *Lindner*, Ein Verfassungsverstoß? Nicht unbedingt, VerfBlog.

141 Dazu BVerfGE 11, 6 (18); BVerfGE 26, 338 (397); *Heusch*, Der Grundsatz der Verhältnismäßigkeit im Staatsorganisationsrecht, S. 158.

III. Angemessenheit

Schließlich müsste die Entsendung auch angemessen sein. In die Abwägung sind einerseits das Interesse des Bundes am Vollzug der Bundesgesetze, andererseits die Verwaltungsautonomie des Landes B einzustellen. Der Eingriff in die Verwaltungsautonomie ist im Vergleich etwa zur Mängelrüge gem. Art. 84 Abs. 4 GG oder einem Weisungsrecht wie etwa gem. Art. 85 Abs. 3 S. 1 GG bei der Auftragsverwaltung weniger einschneidend. Durch die Entsendung der Beauftragten werden nur Informationen gesammelt, die Beauftragten können selbst den Vollzug nicht vornehmen und auch keine Weisungen erteilen.[142] Es verbleibt somit bei der Vollzugskompetenz des Landes. **98**

Demgegenüber besteht ein hohes Interesse an der Umsetzung von Bundesrecht durch die Länder. Art. 83 ff. GG stellen das föderale Kernelement bundesstaatlicher Machtverteilung dar,[143] indem sie die Ausführung von Gesetzen zwischen Bund und Ländern verteilen. Wird dieses durch den Nichtvollzug gestört, so liegt darin auch ein Verstoß gegen die Pflicht zur loyalen Umsetzung, die gerade bei einer so umstrittenen Frage wie einer Impfpflicht erforderlich ist. Die Umsetzung von Bundesrecht steht nämlich gerade nicht im Ermessen der Länder.[144] Die Entsendung ist angemessen und damit verhältnismäßig. **99**

D. Ergebnis

Die Entsendung der Beauftragten erfüllt die Tatbestandsvoraussetzungen von Art. 84 Abs. 3 S. 2 GG und ist verhältnismäßig und somit verfassungsgemäß. **100**

Literaturverzeichnis **101**

Alexy, Robert	Theorie der Grundrechte, Baden-Baden 1985
Becker, Florian	Die uneinheitliche Stimmabgabe im Bundesrat – Zur Auslegung von Art. 51 III 2 GG, in: NVwZ 2002, S. 569 ff.
Blankenagel, Alexander	Verfassungsmäßigkeit einer gesetzlichen Impfpflicht gegen Corona?, in: JZ 2022, S. 267 ff.
Bull, Hans Peter	„Subjektivierung“ der Grundrechte – eine verfassungsrechtliche Sackgasse, Verfassungsblog 2.2.2022, https://verfassungsblog.de/subjektivierung-der-grundrechte-eine-verfassungsrechtliche-sackgasse/ [Abruf zuletzt am 15.7.2023]
Dechsling, Rainer	Das Verhältnismäßigkeitsgebot, München 1989
Denninger, Erhard (Hrsg.)	Kommentar zum Grundgesetz für die Bundesrepublik Deutschland, 3. Aufl., Neuwied 2002

142 *Hermes*, in: Dreier, GG Bd. 3, Art. 84 Rn. 103.
143 *Hermes*, in: Dreier, GG Bd. 3, Art. 83 Rn. 16, 18.
144 BVerfGE 37, 363 (385).

Dreier, Horst (Hrsg.) — Grundgesetz-Kommentar Band I: Präambel, Artikel 1-19, 3. Aufl., Tübingen 2013
Grundgesetz-Kommentar Band II: Artikel 20-82, 3. Aufl., Tübingen 2015
Grundgesetz-Kommentar Band III: Artikel 83-146, 3. Aufl., Tübingen 2018

Edenharter, Andrea — Grundrechtseinschränkungen in Zeiten der Corona-Pandemie, in: JÖR 69 (2021), S. 555 ff.

Epping, Volker — Grundrechte, 9. Aufl., Heidelberg 2021

Ders./Hillgruber, Christian (Hrsg.) — Beck'scher Online-Kommentar zum Grundgesetz, München, Stand: 55. EL, Mai 2023

Gärditz, Klaus Ferdinand — Grundrechtsdogmatik auf dem Jahrmarkt der Wahrheiten?, Verfassungsblog 24.1.2022, https://verfassungsblog.de/grundrechts-dogmatik-auf-dem-jahrmarkt-der-wahrheiten/ [Abruf zuletzt am 15.7.2023]

Ders. — Abwägungsrationalität und subjektive Beliebigkeit, Verfassungsblog 29.1.2022, https://verfassungsblog.de/abwagungsrationalitat-und-subjektive-beliebigkeit/ [Abruf zuletzt am 15.7.2023]

Gebhard, Friederike — Impfpflicht und Grundgesetz: Eine verfassungsrechtliche Analyse der Einführung einer allgemeinen Impfpflicht, Tübingen 2022

Dürig, Günter/Herzog, Roman/Scholz, Rupert/Herdegen, Matthias/Klein, Hans H. (Hrsg.) — Grundgesetz. Kommentar, München, Stand: 99. EL, September 2022

Heusch, Andreas — Der Grundsatz der Verhältnismäßigkeit im Staatsorganisationsrecht, Berlin 2003

Hofmann, Andreas/Neuhöfer, Stefan — Das „Corona"-Virus und die allgemeine Impfpflicht, in: NVwZ 2022, S. 19 ff.

Hollo, Anna-Lena — Rechtsverordnungen, in: JURA 2022, S. 42 ff.

Höfling, Wolfram/Augsberg, Steffen/Rixen, Stephan (Hrsg.) — Berliner Kommentar zum Grundgesetz, Berlin, Stand: 2/23 EL, April 2023

Huster, Stefan/Kingreen, Thorsten — Handbuch Infektionsschutzrecht, 2. Aufl. München 2022

Isensee, Josef/Kirchhof, Paul (Hrsg.) — Handbuch des Staatsrechts, 3. Aufl., Heidelberg 2009

Jarass, Hans D./Pieroth, Bodo (Begr.) — Grundgesetz für die Bundesrepublik Deutschland. Kommentar, 17. Aufl., München 2022

Kahl, Wolfgang/Waldhoff, Christian/Walter, Christian (Hrsg.) — Bonner Kommentar zum Grundgesetz, Heidelberg, Stand: 219. EL, Juni 2023.

Kersten, Jens/Rixen, Stephan — Der Verfassungsstaat in der Corona-Krise, 3. Aufl., München 2022

Kießling, Andrea (Hrsg.) — Infektionsschutzgesetz, 3. Aufl., München 2022

Kingreen, Thorsten — Das Studium des Verfassungsrechts in der Pandemie, in: JURA 2020, S. 1019 ff.

Ders. — Whatever it takes II, Verfassungsblog 15.2.2022, https://verfassungsblog.de/whatever-it-takes-ii/ [Abruf zuletzt am 15.7.2023]

Ders./Poscher, Ralf — Grundrechte Staatsrecht II, 38. Aufl., Heidelberg 2022

Klafki, Anika — Risiko und Recht, Tübingen 2017

Kloepfer, Michael — Der Vorbehalt des Gesetzes im Wandel, in: JZ 1984, S. 685 ff.

Kraft, Lara Lucia — Versammlungsverbote in der Corona-Pandemie, in: JÖR 70 (2022), S. 547 ff.

Kramer, Urs — Der Streit um das Zuwanderungsgesetz – BVerfG, NJW 2003, 339, in: JuS 2003, S. 645 ff.

Lepsius, Oliver — Vom Niedergang grundrechtlicher Denkkategorien in der Corona-Pandemie, Verfassungsblog 06.04.2020, https://verfassungsblog.de/vom-niedergang-grundrechtlicher-denkkategorien-in-der-corona-pandemie/ [Abruf zuletzt am 5.7.2023]

Ders. — Partizipationsprobleme und Abwägungsdefizite im Umgang mit der Corona-Pandemie, in: JÖR 69 (2021), S. 705 ff.

Lindner, Josef Franz — Ein Verfassungsverstoß? Nicht unbedingt, Verfassungsblog 10.2.2022, https://verfassungsblog.de/ein-verfassungsverstos-nicht-unbedingt/ [Aufruf zuletzt am 15.7.2023]

Mangoldt, Hermann von — Das Bonner Grundgesetz, Berlin 1953

Ders./Klein, Friedrich/Starck, Christian/Huber, Peter/Voßkuhle, Andreas (Hrsg.) — Grundgesetz. Kommentar Band 1: Präambel, Artikel 1-19, 7. Aufl., München 2018

Manssen, Gerrit — Staatsrecht II. Grundrechte, 19. Aufl., München 2022

Martini, Mario — Das allgemeine Persönlichkeitsrecht im Spiegel der jüngeren Rechtsprechung des Bundesverfassungsgerichts, in: JA 2009, S. 839 ff.

Mast, Tobias/Gafus, Tobias — Referendarsexamensklausur – Öffentliches Recht: Grundrechte – Die Online-Versammlung, in: JuS 2021, S. 153 ff.

Miebach, Martin — Zur Willkür- und Abwägungskontrolle des Bundesverfassungsgerichts bei der Verfassungsbeschwerde gegen Gerichtsurteile, München 1990

Möstl, Markus/Schwabenbauer, Thomas (Hrsg.) — Beck'scher Online-Kommentar Polizei- und Sicherheitsrecht Bayern, München, Stand: 21. EL, Januar 2023, München

Münch, Ingo v./Kunig, Philip (Begr.)/Kämmerer, Jörn-Axel/Kotzur, Markus (Hrsg.) — Grundgesetz Kommentar Band 1: Präambel bis Art 69, 7. Aufl., München 2021

Öller, Thomas — Anfängerklausur – Öffentliches Recht: Staatsorganisationsrecht – Der Bundeskanzler und die Flüchtlinge, in: JuS 2018, S. 355 ff.

Peters, Wilfried/Janz, Norbert (Hrsg.) — Handbuch Versammlungsrecht, 2. Aufl., München 2021

Riegner, Michael/Bunse, Sebastian/Gundling, Lukas/Palmen, Lisa	Anfängerklausur – Öffentliches Recht: Grundrechte – Allgemeine Impfpflicht, in: JuS 2022, 938 ff.
Sachs, Michael (Hrsg.)	Grundgesetz, 9. Aufl., München 2021
Sacksofsky, Ute	Allgemeine Impfpflicht – ein kleiner Piks, ein großes verfassungsrechtliches Problem, Verfassungsblog 21.1.2022, https://verfassungsblog.de/allgemeine-impfpflicht-ein-kleiner-piks-ein-groses-verfassungsrechtliches-problem/ [Abruf zuletzt am 15.7.2023]
Dies.	Allgemeine Impfpflicht II – und die Abwehr des Subjektiven, Verfassungsblog 28.1.2022, https://verfassungsblog.de/allgemeine-impflicht-ii-und-die-abwehr-des-subjektiven/ [Abruf zuletzt am 15.7.2023]
Schenke, Wolf-Rüdiger	Die verfassungswidrige Bundesratsabstimmung, NJW 2002, S. 1318 ff.
Schlink, Bernhard	Abwägung im Verfassungsrecht, Berlin 1976
Ders.	Der Grundsatz der Verhältnismäßigkeit, in: Badura, Peter/Dreier, Horst (Hrsg.), Festschrift 50 Jahre Bundesverfassungsgericht Band 2: Klärung und Fortbildung des Verfassungsrechts, Tübingen 2001, S. 445 ff.
Staupe, Jürgen	Parlamentsvorbehalt und Delegationsbefugnis: zur „Wesentlichkeitstheorie“ und zur Reichweite legislativer Regelungskompetenz, insbesondere im Schuldrecht, Berlin 1986
Wißgott, Tristan	Keine ‚self-executing, Ausganssperre, Verfassungsblog 24.4.2021, https://verfassungsblog.de/keine-self-executing-ausgangssperre/ [Abruf zuletzt am 15.7.2023]
Wolff, Daniel/Zimmermann, Patrick	Der Parlamentsvorbehalt in der COVID-19-Pandemie – Teil 1, in: JURA 2022, S. 18 ff.

Hausarbeit 5

Verfassungsmäßigkeit eines gesetzlichen Mindestlohns

von Tristan Barczak

Im Jahr 2014 verfügten von den 28 Mitgliedstaaten der Europäischen Union 21 Staaten über eine gesetzliche Lohnuntergrenze. Im April 2014 beschließt auch der Deutsche Bundestag auf Initiative der von einer Großen Koalition geführten Bundesregierung die Einführung eines branchenübergreifenden Mindestlohns. Von diesem sollen nach Berechnungen der Bundesregierung rund 6,6 Millionen abhängig Beschäftigte in zahlreichen Berufszweigen profitieren. In der Begründung des neuen Mindestlohngesetzes (MiLoG) heißt es: 1

„Die Ordnung des Arbeitslebens durch Tarifverträge ist in den letzten Jahren deutlich zurückgegangen, weil sich die Arbeitswelt in der modernen Industrie- und Dienstleistungsgesellschaft zunehmend fragmentiert hat. In Deutschland hat die Beschäftigung zu niedrigen Löhnen in den vergangenen Jahren zugenommen. Insbesondere im Bereich einfacher Tätigkeiten sind die Tarifvertragsparteien oftmals nicht mehr selbst in der Lage, Arbeitnehmerinnen und Arbeitnehmer vor unangemessen niedrigen Löhnen zu schützen. Diesem Schutz dient insbesondere die Einführung eines flächendeckenden gesetzlichen Mindestlohns. Zugleich trägt der Mindestlohn dazu bei, dass der Wettbewerb zwischen den Unternehmen nicht zu Lasten der Arbeitnehmer durch die Vereinbarung immer niedrigerer Löhne stattfindet. Darüber hinaus schützt der Mindestlohn die finanzielle Stabilität der sozialen Sicherungssysteme, weil nicht existenzsichernde Arbeitsentgelte durch staatliche Leistungen der Grundsicherung für Arbeitssuchende ‚aufgestockt' werden können, was bislang einen Anreiz für einen Lohnunterbietungswettbewerb zwischen den Unternehmen setzte. Viele geringfügig Beschäftigte, die unter die Mindestlohnregelung fallen werden, müssen derzeit noch ihren Lohn über ergänzende Grundsicherungsleistungen in Form von ALG II ‚aufstocken'. Dies betrifft nach einer statistischen Bereinigung der Bundesagentur für Arbeit aus dem Januar 2014 insgesamt rund 1,3 Millionen Beschäftigte".

Das Gesetz tritt am 31. Dezember 2014 in Kraft und sieht im Wesentlichen folgende Regelungen vor:

§ 1 Mindestlohn

(1) Jede Arbeitnehmerin und jeder Arbeitnehmer hat Anspruch auf Zahlung eines Arbeitsentgelts mindestens in Höhe des Mindestlohns durch den Arbeitgeber.

(2) [1]Die Höhe des Mindestlohns beträgt ab dem 1. Januar 2015 brutto 8,50 Euro je Zeitstunde. [2]Die Höhe des Mindestlohns kann auf Vorschlag einer ständigen Kommission der Tarifpartner (Mindestlohnkommission) durch Rechtsverordnung der Bundesregierung geändert werden.

§ 2 Aufgabe und Zusammensetzung der Mindestlohnkommission

(1) Die Bundesregierung errichtet eine ständige Mindestlohnkommission, die über die Anpassung der Höhe des Mindestlohns befindet.

(2) [1]Die Mindestlohnkommission wird alle fünf Jahre neu berufen. [2]Sie besteht aus einer oder einem Vorsitzenden, sechs weiteren stimmberechtigten ständigen Mitgliedern aus Kreisen der Vereinigungen von Arbeitgebern und Gewerkschaften und zwei Mitgliedern aus Kreisen der Wissenschaft ohne Stimmrecht (beratende Mitglieder).

§ 3 Rechtsverordnung

[1]Die Bundesregierung kann die von der Mindestlohnkommission vorgeschlagene Anpassung des Mindestlohns durch Rechtsverordnung ohne Zustimmung des Bundesrates für alle Arbeitgeber sowie Arbeitnehmerinnen und Arbeitnehmer verbindlich machen. [2]Die Rechtsverordnung gilt, bis sie durch eine neue Rechtsverordnung abgelöst wird.

§ 4 Pflichten des Arbeitgebers zur Zahlung des Mindestlohns

Arbeitgeber mit Sitz im In- oder Ausland sind verpflichtet, ihren im Inland beschäftigten Arbeitnehmerinnen und Arbeitnehmern ein Arbeitsentgelt mindestens in Höhe des Mindestlohns nach § 1 Abs. 2 zu zahlen.

§ 5 Bußgeldvorschriften

(1) Ordnungswidrig handelt, wer vorsätzlich oder fahrlässig entgegen § 4 das dort genannte Arbeitsentgelt nicht oder nicht rechtzeitig zahlt.

(2) Die Ordnungswidrigkeit kann mit einer Geldbuße bis zu fünfhunderttausend Euro geahndet werden.

§ 6 Persönlicher Anwendungsbereich

(1) Dieses Gesetz gilt für Arbeitnehmerinnen und Arbeitnehmer.

(2) Von diesem Gesetz nicht geregelt wird die Vergütung von zu ihrer Berufsausbildung Beschäftigten, Personen im Sinne von § 2 Abs. 1 und 2 des Jugendarbeitsschutzgesetzes (Kinder und Jugendliche), ehrenamtlich Tätigen sowie Langzeitarbeitslosen im Sinne des § 18 Abs. 1 SGB III in den ersten sechs Monaten der Beschäftigung.

§ 7 Übergangsregelung

Bis zum 31. Dezember 2017 gehen abweichende Regelungen eines Tarifvertrages repräsentativer Tarifvertragsparteien dem Mindestlohn vor, wenn sie für alle unter den Geltungsbereich des Tarifvertrages fallende Arbeitgeber mit Sitz im In- oder Ausland sowie deren Arbeitnehmerinnen und Arbeitnehmer verbindlich gemacht worden sind; ab dem 1. Januar 2017 müssen abweichende Regelungen in diesem Sinne mindestens ein Entgelt von brutto 8,50 Euro je Zeitstunde vorsehen.

Die Regierung des Bundeslandes L, die in der Vergangenheit durch arbeitgeberfreundliche Entscheidungen für L als unternehmerischen Standort geworben hat (Erlass eines liberalen Ladenschlussgesetzes, etc.), hält das MiLoG für verfassungswidrig und bereitet ein abstraktes Normenkontrollverfahren vor. Formell fehle dem Bundesgesetzgeber bereits die Gesetzgebungsbefugnis, da eine gesetzliche Lohnuntergrenze als Teil der „öffentlichen Fürsorge“ im Sinne des Art. 74 Abs. 1 Nr. 7 GG anzusehen und eine bundeseinheitliche Regelung nicht erforderlich sei. Auch sei die Gesetzesbegründung mangelhaft, da sich diese überhaupt nicht mit den Auswirkungen des Gesetzes auf die einzelnen betroffenen Berufsgruppen auseinandersetze. Das MiLoG verletze in materieller Hinsicht die Koalitions- und Berufsfreiheit und die in § 6 Abs. 2 vorgesehenen Ausnahmen seien mit Art. 3 Abs. 1 GG nicht vereinbar. Das Aushandeln des Arbeitsentgelts mit der Gegenseite zähle als Teil der Tarifautonomie seit jeher zum Kernbereich der Koalitionsfreiheit. Diese sei vorbehaltslos gewährleistet und ein den Mindestlohn rechtfertigender kollidierender Verfassungsbelang nicht ersichtlich. Eine staatlich verfügte Lohnuntergrenze „gängele“ die Wirtschaft und lasse von der Tarifautonomie nur noch eine „leere Hülle“ übrig. Der Mindestlohn sei auch nicht erforderlich, da die Tarifvertragspartner für ihre jeweilige Branche eine Lohnuntergrenze festlegen könnten. Im Übrigen könne die Bundesregierung gem. § 3 S. 1 MiLoG die von der Mindestlohnkommission vorgeschlagene Anpassung des Mindestlohns nur unverändert in eine Rechtsverordnung übernehmen, ohne eine Möglichkeit zur inhaltlichen Abweichung zu haben. Diese Bindung an das Votum der Mindestlohnkommission sei verfassungswidrig, weil diese „außerstaatliche Kommission" weder materiell noch personell über eine ausreichende demokratische Legitimation verfüge.

Die Bundesregierung wendet in ihrer Stellungnahme ein, sie sei gesetzlich nicht verpflichtet, den Vorschlag der Mindestlohnkommission per Rechtsverordnung verbindlich zu machen. Die Mindestlohnkommission treffe mithin keine Entscheidung mit Außenwirkung, die demokratischer Legitimation bedürfe. Der Bund müsse im Übrigen für arbeitnehmerschützende Regelungen wie den Mindestlohn zuständig sein, da abweichende landesspezifische Regelungen den betroffenen Menschen kaum vermittelbar erscheinen. Eine detaillierte Begründung der streitigen Mindestlohnregelungen habe schon deshalb nicht gegeben werden können, weil die Auswirkungen auf die einzelnen Berufsbranchen viel zu komplex seien, um sie im Einzelnen darstellbar prognostizieren zu können. Der Gesetzgeber „schulde nichts als das Gesetz", insbesondere keine Begründung. Die Koalitionsfreiheit sei nicht verletzt. Auf sie könne der Gesetzesvorbehalt des Art. 9 Abs. 2 GG übertragen werden. Selbst wenn man dies ablehnen wollte, ließe sich der Mindestlohn auf kollidierende Verfassungsbelange stützen. Der Schutz der sozialen Sicherungssysteme sei Teil des Sozialstaatsprinzips (Art. 20 Abs. 1 GG). Daneben treffe den Staat nach neuerer Rechtsprechung des Bundesverfassungsgerichts eine Pflicht zu Gewährleistung eines menschenwürdigen Existenzminimums, welche auch eine Inpflichtnahme Privater rechtfertige; jedenfalls schütze aber eine gesetzliche Lohnuntergrenze die soziale Selbstachtung des Einzelnen und damit sein Allgemeines Persönlichkeitsrecht. Eine gesetzliche Lohnuntergrenze sei auch erforderlich, da – was zutrifft – ein funktionsfähiges Tarifwesen im Niedriglohnsektor nicht existiere.

1. Wäre die beabsichtigte abstrakte Normenkontrolle der Landesregierung begründet?
2. Die V-GmbH, die als Verlagsgesellschaft u.a. mehrere Tageszeitungen herausgibt, sieht ihre Existenz durch das neue MiLoG bedroht. Dieses gelte auch – was zutrifft – für Zeitungszustellerinnen und Zusteller, die bei V bislang einen Stücklohn weit unterhalb des Mindestlohns erhielten (0,20 EUR pro zugestellte Zeitung). V erhebt Verfassungsbeschwerde mit der Begründung, das MiLoG verletze die Pressefreiheit (Art. 5 Abs. 1 S. 2 GG), welche auch die Zustellung des Presseerzeugnisses durch Zeitungsboten erfasse. Diese Zustellform werde durch den Mindestlohn jedoch wirtschaftlich unrentabel. Hat die Verfassungsbeschwerde Erfolg?

Hinweis zur Bearbeitung: Es ist auf alle aufgeworfenen Rechtsfragen – gegebenenfalls im Rahmen eines Hilfsgutachtens – einzugehen. Sozialrechtliche Kenntnisse sind nicht erforderlich.

2 Gliederung

Rn.

Aufgabe 1: Verfassungsmäßigkeit des MiLoG ... 3
A. Formelle Verfassungsmäßigkeit ... 5
I. Gesetzgebungskompetenz ... 7
II. Legislative Begründungspflicht? ... 11
III. Ergebnis ... 18
B. Materielle Verfassungsmäßigkeit ... 19
I. Demokratische Legitimation der Mindestlohnkommission ... 21
II. Vereinbarkeit des MiLoG mit Grundrechten ... 24
1. Koalitionsfreiheit ... 24
a) Eingriff in den Schutzbereich ... 25
b) Rechtfertigung ... 28
aa) Gesetzesvorbehalt oder Vorbehaltslosigkeit? ... 28
bb) Einschränkung durch kollidierendes Verfassungsrecht ... 31
cc) Verhältnismäßigkeit ... 34
(1) Legitimer Zweck ... 34
(2) Geeignetheit ... 35
(3) Erforderlichkeit ... 36
(4) Angemessenheit ... 37
c) Ergebnis ... 39
2. Berufsfreiheit ... 40
3. Allgemeine Handlungsfreiheit ... 42
4. Allgemeiner Gleichheitssatz ... 44
a) Feststellung einer Ungleichbehandlung ... 45
b) Rechtfertigung der Ungleichbehandlung ... 46
c) Ergebnis ... 49
III. Ergebnis ... 50
C. Endergebnis ... 51

Aufgabe 2: Erfolgsaussichten der Verfassungsbeschwerde ... 52
A. Zulässigkeit ... 53
I. Zuständigkeit ... 53
II. Beschwerdegegenstand ... 54
III. Beschwerdeberechtigung ... 55
IV. Beschwerdebefugnis ... 56
1. Möglichkeit der Grundrechtsverletzung ... 57
2. Betroffenheit der V ... 58
V. Rechtswegerschöpfung und Subsidiarität der Verfassungsbeschwerde 59
VI. Form und Frist ... 61
VII. Ergebnis ... 63

B. Begründetheit 64
I. Schutzbereich 66
1. Sachlich 66
2. Persönlich 68
II. Eingriff 69
1. Klassisch 70
2. Mittelbar-faktisch 71
III. Rechtfertigung 74
1. Vorbehalt des allgemeinen Gesetzes 75
2. Verhältnismäßigkeit 79
3. Ergebnis 80
C. Endergebnis 81
Literaturverzeichnis 82

Gutachten

Aufgabe 1: Verfassungsmäßigkeit des MiLoG

Die beabsichtigte abstrakte Normenkontrolle der Landesregierung ist begründet, wenn das MiLoG „förmlich oder sachlich" mit dem Grundgesetz unvereinbar ist (vgl. Art. 93 Abs. 1 Nr. 2 GG, §§ 76 Abs. 1 Nr. 1, 78 S. 1 BVerfGG). 3

Hinweis zum Aufbau: Entscheidend für den Obersatz ist die Fallfrage. Hier war allein nach der Begründetheit der abstrakten Normenkontrolle gefragt; der Maßstab für die Begründetheitsprüfung lässt sich Art. 93 Abs. 1 Nr. 2 GG sowie den Vorschriften des BVerfGG entnehmen. 4

A. Formelle Verfassungsmäßigkeit

Das Gesetz ist insbesondere dann formell verfassungskonform, wenn der Bund über die Gesetzgebungsbefugnis verfügt und der Einwand der Landesregierung, die Begründung des Gesetzes genüge formell-verfassungsrechtlichen Anforderungen nicht, nicht zutrifft. 5

Hinweis zum Aufbau: Da der Sachverhalt keine Zweifel an einem ordnungsgemäßen Gesetzgebungsverfahren aufwirft, ist hierauf nicht einzugehen. 6

I. Gesetzgebungskompetenz

Nach Art. 30, 70 Abs. 1 GG liegt das Recht zur Gesetzgebung grundsätzlich bei den Ländern, es sei denn, das Grundgesetz verleiht dem Bund ausdrücklich die Legislativbefugnis. Fraglich ist somit, ob der Bund sich für den Erlass des MiLoG auf einen Kompetenztitel der Art. 73, 74 GG berufen kann. In Betracht kommen die Kompetenztitel der 7

Art. 74 Abs. 1 Nr. 7 („öffentliche Fürsorge"), Nr. 11 („Recht der Wirtschaft") und Nr. 12 („Arbeitsrecht") GG.

8 **Hinweis zur Bewertung:** Bei der Prüfung potentiell einschlägiger Kompetenztitel für ein Gesetz sollte man stets mehrere Kompetenzmaterien im Blick haben.

9 Die kompetenzrechtliche Qualifikation einer gesetzlichen Regelung erfordert jedoch die eindeutige Zuordnung zu einem bestimmten Kompetenztitel. Zwar kann ein Gesetzeswerk in seiner Gesamtheit auch auf mehrere Materien gestützt sein, aber seine einzelnen, eigenständigen Regelungsinhalte müssen jeweils einer bestimmten Materie zugeordnet (qualifiziert) werden können[1]. Kommen hierfür mehrere Kompetenzmaterien in Betracht, ist für die Abgrenzung der „unmittelbare Zweck"[2], der „Hauptzweck"[3], der „Schwerpunkt" bzw. das „Schwergewicht"[4], die „unmittelbare Wirkung"[5], der „Kern"[6], das „Spezifische"[7] bzw. das „Spezielle"[8] der jeweiligen Regelung entscheidend.

10 Sowohl der Kompetenztitel der „öffentlichen Fürsorge" als auch das „Recht der Wirtschaft" werden weit bzw. „nicht eng" ausgelegt[9]. Ob sie hier sachlich-inhaltlich greifen, kann jedoch dahinstehen, da der Schwerpunkt der Regelung im Bereich des „Arbeitsrechts" liegt. Unter „Arbeitsrecht" ist das Sonderrecht der unselbstständigen Arbeitnehmer einschließlich des Arbeitsschutzrechts zu verstehen, welches die öffentlich-rechtlichen Regelungen des Schutzes vor Gefahren der Arbeit sowie Regelungen zum Arbeitslohn umfasst[10]. Der Mindestlohn wird allein durch den Arbeitgeber entrichtet[11] und stellt daher Arbeitslohn dar. Der „Schwerpunkt" eines Mindestlohns liegt damit im „Arbeitsrecht". Das „Arbeitsrecht" ist nach Art. 74 Abs. 1 Nr. 12 GG eine Materie der konkurrierenden Gesetzgebung, die eine ausreichende Kompetenzgrundlage für eine bundesrechtliche Mindestlohnregelung bereithält. Weil Art. 74 Abs. 1 Nr. 12 GG in Art. 72 Abs. 1 GG nicht explizit als sog. Bedarfskompetenz aufgeführt wird, handelt es sich bei dem „Arbeitsrecht" um eine *Kernkompetenz* des Bundes im Sinne des Art. 72 Abs. 1 GG. Deren Wahrnehmung steht nicht unter dem Vorbehalt der Erforderlichkeit einer bundeseinheitlichen Regelung (vgl. Art. 72 Abs. 2 GG). Der Bund besitzt folglich die Kompetenz für die Einführung eines gesetzlichen Mindestlohns.

---

1 *Zimmermann*, NVwZ 2008, S. 705 (707).
2 BVerfGE 8, 143 (148 ff.); 24, 300 (353); 26, 281 (298).
3 BVerfGE 13, 181 (196).
4 BVerfGE 80, 124 (132); *Barczak*, JuS 2012, S. 156 (159), m.w.N. zum Überschneidungsbereich von ausschließlicher und konkurrierender Gesetzgebungszuständigkeit.
5 BVerfGE 36, 314 (319); 78, 249 (266).
6 BVerfGE 28, 119 (147).
7 BVerfGE 3, 407 (433); 15, 1 (22).
8 BVerfGE 14, 197 (220); eingehend zum Ganzen auch *Kment*, in: Jarass/Pieroth, GG, Art. 70 Rn. 7; *Pieroth/Barczak*, DÖV 2014, S. 66 (70).
9 Vgl. *Kment*, in: Jarass/Pieroth, GG, Art. 74 Rn. 17, 21, m.w.N.
10 BVerfGE 11, 105 (115 f.); 65, 104 (119); *Degenhart*, in: Sachs, GG, Art. 74 Rn. 53.
11 Vgl. zu diesem Kriterium BVerfGE 11, 105 (115 f.).

II. Legislative Begründungspflicht?

Zur formellen Verfassungsmäßigkeit gerechnet werden kann die Frage, ob die Legislative verfassungsrechtlich angehalten ist, ihre Gesetze insbesondere mit Blick auf ihre empirische Notwendigkeit, Grundrechtsrelevanz und Eingriffsfolgen zu begründen. Den Vorschriften über das Gesetzgebungsverfahren (Art. 76-82 GG) lässt sich eine entsprechende Verpflichtung der Legislative jedoch ebenso wenig entnehmen wie Art. 19 Abs. 1, 2 GG, wo eine grundrechtlich geprägte Begründungsobliegenheit normativ-systematisch zu erwarten wäre. **11**

Hinweis zum Aufbau: Aus diesem Grund kann die Frage der gesetzgeberischen Begründungspflicht auch als Teil der *materiellen* Verfassungsmäßigkeit angesehen und im Gutachten behandelt werden. **12**

Die These einer verfassungsrechtlich fundierten Pflicht zur Begründung formeller Gesetze erfährt zwar in der Literatur vereinzelt Zuspruch[12], sie stößt jedoch auf mindestens ebenso erheblichen Widerstand[13]. **13**

Die Gegner betonen, dass die umfassende „Richtigkeit" einer parlamentarischen Entscheidung weder einfach zu beurteilen noch verfassungsrechtlicher Maßstab sei, sodass das Ausweichen auf die Ebene des Verfahrens bequem erscheine und vorgebe, den Gestaltungsspielraum des Gesetzgebers zu wahren. Im Bereich der Verwaltung sei dieses „Ausweichen" zwar möglicherweise angemessen: Dem – nur ausnahmsweise mit Blick auf die funktionale Gewaltenteilung – eingeräumten Spielraum entspreche hier die Kontrolle auf Ermessens-, Beurteilungs- und Abwägungsfehler. In der parlamentarischen Demokratie sei der Spielraum aber nicht „eingeräumt", sondern – jedenfalls im geltenden Verfassungsrecht – Grundlage der staatlichen Souveränität[14]. **14**

Das Begründungserfordernis wird demgegenüber von seinen Befürwortern teils alternativ, teils kumulativ auf das Gebot effektiven gerichtlichen Rechtsschutzes (Art. 19 Abs. 4 GG), auf das aus dem Rechtsstaatsprinzip (Art. 20 Abs. 3 GG) gefolgerte Primat der Rechtssicherheit bzw. die „Selbstkontrollfunktion" des Staates zur Vermeidung verfassungswidriger Gesetze gestützt oder – subjektiv-rechtlich – aus der in Art. 1 Abs. 1 GG verankerten Befriedungsfunktion hergeleitet, wonach der Einzelne nicht zum Objekt (nicht unwesentlich) belastender staatlicher Entscheidungen werden soll[15]. Darüber hinaus wird erwogen, eine Begründungspflicht zur Kompensation für eine ansonsten kaum gegebene materiell-rechtliche Kontrollmöglichkeit des Gesetzgebers durch die Verfassungsgerichte oder im Interesse einer Rationalisierung gesetzgeberischer Abwägungs- und Prognoseentscheidungen zu verankern[16]. Dabei handelt es sich jedoch primär um **15**

---

12 *Lücke*, Begründungszwang und Verfassung, insb. S. 214 ff.; *Pestalozza*, NJW 1981, S. 2081 (2086).

13 *Groß*, DÖV 2006, S. 856 (859 f.); *Hebeler*, DÖV 2010, S. 754 (759 ff.); *Schwarz/Bravidor*, JZ 2011, S. 653 ff; *Waldhoff*, in: Depenheuer/Heintzen/Jestaedt/Axer, FS-Isensee, S. 325 ff.

14 *Tappe*, Die Begründung von Steuergesetzen, S. 427.

15 *Lücke*, Begründungszwang und Verfassung, passim sowie insb. S. 37 ff.; eingehend auch *Kischel*, Die Begründung, S. 63 ff.

16 Zu beiden Ansätzen *Hebeler*, DÖV 2010, S. 754 (760).

außerverfassungsrechtliche Überlegungen[17]. Das Bundesverfassungsgericht hat bislang allenfalls im Einzelfall kontextspezifische Begründungspflichten angenommen[18].

16 Der Streit bedarf vorliegend keiner Entscheidung: Unabhängig von der Frage, ob eine den Gesetzgeber treffende Begründungspflicht eine Grundlage in der Verfassung findet, wäre diese vorliegend jedenfalls nicht verletzt. Aufgrund seiner gerade bei der Ordnung von Massenerscheinungen – als solche kann die Einführung eines flächendeckenden gesetzlichen Mindestlohns unzweifelhaft angesehen werden, betrifft sie doch nach Berechnungen der Regierung bis zu 6,6 Millionen abhängig Beschäftigte in zahlreichen Berufszweigen – bestehenden *Typisierungs- und Generalisierungsbefugnis* musste sich die Gesetzesbegründung insbesondere nicht mit sämtlichen Auswirkungen der gesetzlichen Regelung auf sämtliche betroffenen Personengruppen befassen[19].

17 **Hinweis zur Bewertung:** Andere Auffassung bei entsprechender Argumentation vertretbar.

III. Ergebnis

18 Das MiLoG ist mithin formell verfassungsgemäß.

B. Materielle Verfassungsmäßigkeit

19 Das MiLoG ist materiell verfassungsgemäß, wenn es mit Grundrechten und sonstigen objektiven Werten mit Verfassungsrang in Einklang steht. Im vorliegenden Fall stellt sich zunächst die Frage nach der demokratischen Legitimation der Mindestlohnkommission (I.), sodann ist auf die als verletzt gerügten Grundrechte einzugehen (II.).

20 **Hinweis zum Aufbau:** Die umgekehrte Prüfung (erst Verletzung von Grundrechten, sodann Verfassungsmäßigkeit der Mindestlohnkommission) erscheint ebenso gut denkbar.

I. Demokratische Legitimation der Mindestlohnkommission

21 Die Verfassungswidrigkeit des MiLoG könnte sich zunächst aus einer mangelnden demokratischen Legitimation der Mindestlohnkommission ergeben. Nach § 3 S. 1 MiLoG kann die Bundesregierung die von der Kommission vorgeschlagene Anpassung des Mindestlohns durch eine Rechtsverordnung ohne Zustimmung des Bundesrates für alle Arbeitgeberinnen und Arbeitgeber sowie Arbeitnehmerinnen und Arbeitnehmer verbindlich machen. Für den Fall der Ablehnung des Kommissionsvorschlags durch die Bundesregierung enthält das Gesetz jedoch keine Regelung, gibt der Regierung insbesondere keine Möglichkeit zur inhaltlichen Abweichung. Dies könnte mit Blick auf das in Art. 20 Abs. 2 S. 1, 2 GG enthaltene Gebot demokratischer Legitimation problematisch sein.

---

17 *Hebeler*, DÖV 2010, S. 754 (760, 762).

18 Vgl. BVerfGE 95, 1 (22 f.) – *Südumfahrung Stendal*; 125, 175 (238) – *Hartz IV.*

19 Näher hierzu *Barczak/Pieroth*, Mindestlohnausnahme für Zeitungszusteller?, S. 116 ff.

Zutreffend ist zwar, dass § 3 S. 1 MiLoG keine Möglichkeit zur inhaltlichen Abweichung gibt und die Bundesregierung den Mindestlohn insbesondere nicht selbstständig durch Rechtsverordnung festsetzen kann, insofern der Kommissionsvorschlag eine gewisse konstitutive Wirkung entfaltet. Als Ausübung von Staatsgewalt, die demokratischer Legitimation bedarf, stellt sich nach der Rechtsprechung des Bundesverfassungsgerichts jedenfalls alles amtliche Handeln mit *Entscheidungscharakter* dar[20]. Dabei kommt es zwar nicht darauf an, ob es unmittelbar nach außen wirkt oder nur behördenintern die Voraussetzungen für die Wahrnehmung der Amtsaufgaben schafft; auch solche Entscheidungen bedürfen daher grundsätzlich der demokratischen Legitimation[21]. Die Bundesregierung ist jedoch nach § 3 S. 1 MiLoG („kann") nicht verpflichtet, den Anpassungsvorschlag anzunehmen, der erst über die Rechtsverordnung verbindliche Außenwirkung entfaltet und hierdurch *uno actu* abgeleitete demokratische Legitimation erfährt (sog. *materielle* Legitimation). Amtlichen Entscheidungscharakter im Sinne der Rechtsprechung des Bundesverfassungsgerichts besitzt danach allein die gubernative Rechtsverordnung. Darüber hinaus ist die Bundesregierung bei der Prüfung des Kommissionsvorschlags – mangels gegenteiliger Anhaltspunkte – nicht auf Rechtmäßigkeitserwägungen beschränkt, sondern kann eine eigene umfassende Recht- und Zweckmäßigkeitsprüfung vornehmen. Sie behält demnach die *Letztentscheidungsbefugnis*, sodass das MiLoG mit Blick auf die nach Art. 20 Abs. 2 S. 1, 2 GG erforderliche demokratische Legitimation des Entscheidungsprozesses keinen verfassungsrechtlichen Bedenken begegnet[22]. 22

Hinweis zur Bewertung: Besonders gute Bearbeiter können zudem anführen, dass die Mitglieder der Mindestlohnkommission, die nach § 2 Abs. 1, 2 MiLoG von der Bundesregierung ernannt werden, auch über die erforderliche *personelle* Legitimation verfügen. Die nach Art. 20 Abs. 2 GG notwendige ununterbrochene Legitimationskette vom Volk zu den mit staatlichen Aufgaben betrauten Amtswaltern bleibt nicht nur bei einer Volkswahl, sondern grundsätzlich auch bei anderen kompetenzgemäßen Handlungen, namentlich Ernennungen und Bestellungen, aufrechterhalten[23]. 23

II. Vereinbarkeit des MiLoG mit Grundrechten

1. Koalitionsfreiheit

Das MiLoG könnte zunächst die Koalitionsfreiheit des Art. 9 Abs. 3 S. 1 GG verletzen. Dies wäre dann der Fall, wenn das MiLoG in den Schutzbereich des Grundrechts eingreift (a) und dieser Eingriff verfassungsrechtlich nicht gerechtfertigt ist (b). 24

a) Eingriff in den Schutzbereich

Das Doppelgrundrecht des Art. 9 Abs. 3 S. 1 GG schützt sowohl den Einzelnen in seiner Freiheit, eine Vereinigung zur Wahrung der Arbeits- und Wirtschaftsbedingungen zu gründen, ihr beizutreten oder sie zu verlassen, als auch – i.S. eines Kollektivgrund- 25

20 BVerfGE 83, 60 (73); 93, 37 (68).
21 BVerfGE 93, 37 (68).
22 Vgl. *Barczak*, RdA 2014, S. 290 (292 f.).
23 BVerfGE 47, 253 (275 f.); 77, 1 (40); 83, 60 (72); BSGE 82, 41 (46 f.); *Jarass*, in: ders./Pieroth, GG, Art. 20 Rn. 8 f.

rechts – die Koalition selbst in ihrem Bestand und ihrer Betätigung[24]. Dazu zählt auch die Tarifautonomie als das Recht, Arbeits- und Wirtschaftsbedingungen mit der Gegenseite auszuhandeln und durch Verträge verbindlich zu regeln. Zu den der Regelungsbefugnis der Koalitionen überlassenen Materien gehören insbesondere das Arbeitsentgelt und die anderen materiellen Arbeitsbedingungen[25]. Dies folgt aus der Bedeutung des Art. 9 Abs. 3 S. 1 GG als Freiheitsrecht der Koalitionen und aus dem Umstand, dass die Koalitions- von einer gewissen Staatsfreiheit gekennzeichnet ist[26].

26 Die staatliche Festlegung eines Mindestlohns durch Gesetz beschränkt den Gestaltungsfreiraum der Koalitionen, niedrigere Entgelte als den Mindestlohn zu vereinbaren. Sie entzieht den Koalitionspartnern – jedenfalls teilweise – die Regelungsmacht über die Vergütung und greift damit „eindeutig"[27] in Art. 9 Abs. 3 S. 1 GG ein.

27 **Hinweis zum Aufbau:** Weil der Eingriff in den Schutzbereich des Art. 9 Abs. 3 S. 1 GG vergleichsweise evident ist, bietet sich an dieser Stelle eine zweistufige Prüfung des Grundrechts an.

b) Rechtfertigung

aa) Gesetzesvorbehalt oder Vorbehaltslosigkeit?

28 Die Koalitionsfreiheit kennt nach ihrem Wortlaut keinen Gesetzesvorbehalt. Die wohl h.M. im Schrifttum[28] überträgt daher die Schranke des Art. 9 Abs. 2 GG, der als einfacher Gesetzesvorbehalt verstanden wird, auf Art. 9 Abs. 3 S. 1 GG.

29 Dies vermag aus mehreren Gründen nicht zu überzeugen[29]: Die Koalitionsfreiheit stellt in systematischer Hinsicht keinen bloßen Annex zur Vereinigungsfreiheit, sondern ein eigenständiges Grundrecht dar. Sofern man die Koalitionsfreiheit mit guten Gründen als „Spezialfall" der Vereinigungsfreiheit betrachtet[30], entbindet dies gerade nicht von dem Erfordernis eines eigenen Gesetzesvorbehalts für das speziellere Grundrecht. Speziellere Grundrechte zeichnen sich gegenüber dem jeweils allgemeineren typischerweise durch ihr spezifischeres, oftmals weitergehendes Schutzniveau in persönlicher und/oder sachlicher Hinsicht aus. Es widerspräche folglich dem Willen des Verfassungsgebers, den spezifischen Gehalt des spezielleren Grundrechts durch Rückgriff auf den Vorbehalt des *lex generalis* zu entwerten. Auch der Sinn und Zweck einer Übertragung des Art. 9 Abs. 2 GG erschließt sich nicht, da kaum jemals anzunehmen sein wird, dass Koalitionen i.S.d. Verfassungsvorschrift die Tatbestandsvoraussetzungen des Art. 9 Abs. 2 GG erfüllen[31].

---

24 BVerfGE 103, 293 (304); NZA 2007, S. 394 (395); BAGE 123, 134 (136); 132, 140 (149); *Stern*, Staatsrecht IV/1, S. 2077 ff.

25 BVerfGE 100, 271 (282); 103, 293 (304); BAG, NZI 2014, S. 129 (130).

26 Ähnlich BVerfG-K, NZA 2014, S. 493 (494): „Staatsferne".

27 So explizit *Cornils*, in: Epping/Hillgruber, BeckOK GG, Art. 9 Rn. 78.1 (Stand: 52. EL, August 2022); ähnlich *Ludwig*, in: Grobys/Panzer-Heemeier, SwK Arbeitsrecht, Stichwort „Mindestlohn", Rn. 5.

28 *Franzen/Thüsing/Waldhoff*, Arbeitskampf in der Daseinsvorsorge, S. 62; *Kemper*, in: Huber/Voßkuhle, vMKS-GG I, Art. 9 Abs. 3 Rn. 196; *Scholz*, in: Isensee/Kirchhof, HdbStaatsR VIII, § 175 Rn. 140, a.A. *Winkler*, in: v. Münch/Kunig, GG, Bd. I, Art. 9 Rn. 182.

29 Darauf, dass der Verweis auf „die h.M." ohnehin nicht die eigene Argumentation zu ersetzen vermag, weist zutreffend *Pilniok*, JuS 2009, S. 394 ff. hin.

30 So etwa *Winkler*, in: v. Münch/Kunig, GG, Bd. I, Art. 9 Rn. 106; ausdrücklich a.A. BVerfGE 146, 71 (Rn. 143).

31 Zutreffend *Höfling*, in: Sachs, GG, Art. 9 Rn. 136; *Kingreen/Poscher*, Grundrechte, Rn. 1024.

Aus systematisch-teleologischen Gründen ist daher eine „Schrankenleihe“ bei Art. 9 Abs. 2 GG abzulehnen. Die Koalitionsfreiheit steht lediglich unter dem Vorbehalt der Einschränkung durch kollidierendes Verfassungsrecht[32].

Hinweis zum Aufbau: An dieser Stelle wäre denkbar, den Streitstand dahinstehen zu lassen und direkt auf die Einschränkung durch kollidierendes Verfassungsrecht „zu springen“, da verfassungsunmittelbare Schranken auch bei Grundrechten, die einen Gesetzesvorbehalt aufweisen, möglich sein müssen, um Wertungswidersprüche zu vorbehaltslos gewährleisteten Grundrechten zu vermeiden[33]. Das Erfordernis des Streitentscheids folgt jedoch daraus, dass ein existierender Gesetzesvorbehalt zunächst zu prüfen ist, bevor auf kollidierende Grundrechte oder sonstige Verfassungsgüter zurückzugreifen ist. Nur so kann ein Unterlaufen der geschriebenen Vorbehalte verhindert werden[34]. 30

bb) Einschränkung durch kollidierendes Verfassungsrecht

Fraglich ist somit, ob sich das MiLoG auf kollidierendes Verfassungsrecht stützen lässt. 31

In Betracht kommt zum einen das Sozialstaatsprinzip des Art. 20 Abs. 1 GG mit Blick auf den Schutz der finanziellen Stabilität der sozialen Sicherungssysteme: Nach der Gesetzesbegründung müssen derzeit noch viele geringfügig Beschäftigte, die unter die Mindestlohnregelung fallen, ihren Lohn über sog. ergänzende Grundsicherungsleistungen in Form von ALG II „aufstocken“ (vgl. §§ 11 ff. SGB II). Zum anderen lässt sich das Allgemeine Persönlichkeitsrecht gem. Art. 2 Abs. 1 i.V.m. 1 Abs. 1 GG zur Rechtfertigung heranziehen, da eine angemessene Entlohnung der Arbeit nach verfassungsgerichtlicher Rechtsprechung zur Selbstachtung der Person beiträgt. „Arbeit dient der Entfaltung der Persönlichkeit. Durch Arbeit erfährt der Einzelne Achtung und Selbstachtung. Gesetzliche Entgeltvorgaben können damit auch dem Ziel von Art. 1 Abs. 1 und Art. 2 Abs. 1 GG Rechnung tragen“[35]. Schließlich lässt sich als legitimes Ziel eines Mindestlohngesetzes die von Art. 12 Abs. 1 GG geschützte Vertragsfreiheit der Arbeitnehmer nennen, da ein flächendeckender Mindestlohn, der bei einem spezifischen Vertrags- und Tarifversagen das unterste Maß an Austauschgerechtigkeit markiert, geeignet ist, die entstandenen Strukturen privatrechtswidriger einseitiger Fremdbestimmung im Niedriglohnsektor zu bekämpfen[36]. 32

Das Grundrecht auf ein menschenwürdiges Existenzminimum aus Art. 1 Abs. 1 GG i.V.m. dem als „leistungsrechtlicher Hebel“[37] fungierenden Sozialstaatsprinzip (Art. 20 Abs. 1 GG) stellt demgegenüber hingegen keinen tauglichen kollidierenden Verfassungsbelang dar. Dieses richtet sich ausschließlich *gegen den Staat* und erstreckt sich nur auf diejenigen Mittel, die zur Aufrechterhaltung eines menschenwürdigen Daseins unbe- 33

32 So auch BVerfGE 100, 214 (224); 103, 293 (306); 146, 71 (Rn. 143); BAGE 99, 112 (118); *Höfling*, in: Sachs, GG, Art. 9 Rn. 135 ff.; *Jarass*, in: ders./Pieroth, GG, Art. 9 Rn. 52 f.; *Pieroth*, in: Badura/Dreier, FS-50 Jahre BVerfG, Bd. II, S. 293 (307 ff.).

33 BVerfGE 66, 116 (136); 73, 301 (315); 111, 147 (157 f.).

34 Siehe *Jarass*, in: ders./Pieroth, GG, Vorb. vor Art. 1 Rn. 50.

35 So ausdrücklich BVerfG-K, NJW 2002, S. 2023 (2024), unter Bezugnahme auf BVerfGE 100, 271 (284); in Bezug auf den Mindestlohn auch *Schubert/Jerchel/Düwell*, Das neue Mindestlohngesetz, Rn. 60.

36 *Picker*, RdA 2014, S. 25 (30); ähnlich *Bayreuther*, NJW 2007, S. 2022 (2023 f.).

37 *Aubel*, in: Emmenegger/Wiedmann, Linien der Rspr. des BVerfG, Bd. II, S. 273 (278), m.w.N.

dingt erforderlich sind[38]. Entledigt sich der Staat seiner Pflicht durch Inpflichtnahme Privater und hebt er den Arbeitgeber somit aus der Allgemeinheit heraus, indem er ihn zur Zahlung des Mindestlohns verpflichtet, legt er ihm ein verfassungsrechtlich unzulässiges Sonderopfer auf[39].

cc) Verhältnismäßigkeit

(1) Legitimer Zweck

34 Das MiLoG verfolgt mit dem Schutz der sozialen Sicherungssysteme, der Vertragsfreiheit und der Selbstachtung der abhängig Beschäftigten legitime Ziele.

(2) Geeignetheit

35 Das Gesetz ist auch nicht ungeeignet, diese Ziele zu erreichen. Dem Gesetzgeber steht an dieser Stelle ein weiter Einschätzungs- und Prognosespielraum zu.

(3) Erforderlichkeit

36 Zweifelhaft könnte die Erforderlichkeit der gesetzlichen Mindestlohnregelung sein. Insbesondere freiwillige, namentlich kollektivvertragliche Vereinbarungen zwischen Arbeitgeber und Arbeitnehmer stellen sicherlich ein milderes Mittel gegenüber einer bußgeldbewehrten gesetzlichen Lohnuntergrenze dar. Sie sind jedoch schon deshalb nicht ebenso effektiv, weil ein funktionsfähiges Tarifwesen in vielen Niedriglohnbranchen nicht existiert[40].

(4) Angemessenheit

37 Dass das MiLoG den kollidierenden Verfassungsgütern einseitig den Vorzug gegenüber der Koalitionsfreiheit gegeben hätte, lässt sich nicht erkennen. Zudem enthält § 7 MiLoG eine Übergangsregelung, wonach Abweichungen für einen Übergangszeitraum von zwei Jahren durch Tarifverträge repräsentativer Tarifpartner auf Branchenebene zulässig bleiben. Damit wird den Tarifvertragsparteien die Möglichkeit eingeräumt, von ihrer Freiheit nach Art. 9 Abs. 3 S. 1 GG Gebrauch zu machen. Zugleich wird hierdurch eine stufenweise Heranführung an den zum 1. Januar 2017 geltenden Mindestlohn sowie eine ausreichende Vorlaufzeit für entsprechende Anpassungserfordernisse in den jeweiligen Branchen ermöglicht[41].

38 **Hinweis zur Bewertung:** Andere Ansicht[42] bei entsprechender Argumentation vertretbar.

---

38 BVerfGE 125, 175 (223).

39 *Fischer*, ZRP 2007, S. 20 (21 f.); *Hanau*, ZfA (43) 2012, S. 269 (283); *Lobinger*, in: Anderheiden/Keil/Kirste/Schaefer, GS-Brugger, S. 355 (360 ff.); *Picker*, RdA 2014, S. 25 (29).

40 Übereinstimmend *Schubert/Jerchel/Düwell*, Das neue Mindestlohngesetz, Rn. 62; die Erforderlichkeit in Bezug auf den Schutz der sozialen Sicherungssysteme verneinend, da der Gesetzgeber zur Zweckerreichung auch die Beitragssätze erhöhen und damit die Einnahmen von Sozialversicherungsbeiträgen ohne Eingriff in die Tarifautonomie steigern könnte, *Zeising/Weigert*, NZA 2015, S. 15 (16).

41 So i.E. auch *Greiner*, in: Rolfs/Giesen/Meßling/Udsching, BeckOK Arbeitsrecht, MiLoG, § 1 Rn. 16 (Stand: 65. EL, September 2022); *Ludwig*, in: Grobys/Panzer-Heemeier, SwK Arbeitsrecht, Stichwort „Mindestlohn", Rn. 5.

42 Siehe etwa *Henssler*, RdA 2015, S. 43 (46); differenzierend *Zeising/Weigert*, NZA 2015, S. 15 (19 ff.); offenlassend *Lembke*, NZA 2015, S. 70 (71).

c) Ergebnis

Der Eingriff in die Koalitionsfreiheit ist gerechtfertigt. Art. 9 Abs. 3 S. 1 GG wird durch den gesetzlichen Mindestlohn folglich nicht verletzt. **39**

2. Berufsfreiheit

Die Berufsfreiheit umfasst die Freiheit, das Entgelt für berufliche Leistungen einzelvertraglich – d.h. privatautonom – und verbindlich auszuhandeln[43]. Das einheitliche[44] Grundrecht des Art. 12 Abs. 1 GG schützt als wirtschaftsbezogenes *lex generalis* gerade vor solchen staatlichen Handlungen, die sich spezifisch auf Beruf und Ausbildung beziehen[45]. Die Normierung eines gesetzlichen Mindestlohns greift gezielt, d.h. mit subjektiv-berufsregelnder Tendenz in die Freiheit ein, ein niedrigeres als das staatlich festgesetzte Mindestentgelt auszuhandeln, und stellt mithin eine Berufs*ausübungs*regelung dar. Diese lässt sich jedoch über den Vorbehalt des Art. 12 Abs. 1 S. 2 GG durch vernünftige Erwägungen des Gemeinwohls[46] rechtfertigen, zu denen sozialpolitische Ziele wie die Entlastung der sozialen Sicherungssysteme zu rechnen sind[47]. **40**

Hinweis zum Aufbau: Während die Koalitionsfreiheit das Recht umfasst, den Arbeitslohn kollektivvertraglich auszuhandeln, schützt die Berufsfreiheit die einzelvertragliche Abrede des Arbeitsentgelts. Da die Berufsfreiheit jedoch – zumindest im konkreten Fall – nicht weiterreicht als die Koalitionsfreiheit, kann die Prüfung des Art. 12 Abs. 1 GG weitgehend im Urteilsstil stattfinden. **41**

3. Allgemeine Handlungsfreiheit

Als subsidiäres Auffanggrundrecht der Freiheitsgrundrechte tritt Art. 2 Abs. 1 GG hinter Art. 9 Abs. 3 S. 1 GG bzw. Art. 12 Abs. 1 GG zurück. **42**

Hinweis zur Bewertung: Dieser Satz könnte auch ohne Nachteil für die Bewertung entfallen. **43**

4. Allgemeiner Gleichheitssatz

Es fragt sich, ob die in § 6 Abs. 2 MiLoG enthaltenen Personengruppen in gleichheitsgerechter Art und Weise vom Mindestlohn ausgenommen werden können. Dazu ist zunächst das Vorliegen einer Ungleichbehandlung festzustellen (a), um anschließend auf eine mögliche Rechtfertigung derselben einzugehen (b). **44**

---

43 BVerfGE 101, 331 (347); NJW 2014, S. 46 (46 f.).

44 Grundlegend BVerfGE 7, 377 (402) – *Apotheken-Urteil.*

45 *Kingreen/Poscher*, Grundrechte, Rn. 1098.

46 BVerfGE 103, 1 (10); 123, 186 (238).

47 Vgl. *Barczak*, RdA 2014, S. 290 (296); *Fischer-Lescano*, Verfassungs-, völker- und europarechtlicher Rahmen für die Gestaltung von Mindestlohnausnahmen, S. 10; *Schubert/Jerchel/Düwell*, Das neue Mindestlohngesetz, Rn. 63 f.

a) Feststellung einer Ungleichbehandlung

45 Gem. § 6 Abs. 2 MiLoG sind zur Berufsausbildung Beschäftigte, Minderjährige, ehrenamtlich Tätige und (ehemals) Langzeitarbeitslose in den ersten sechs Monaten der Beschäftigung von einem allgemeinverbindlichen gesetzlichen Mindestlohn ausgenommen. Sämtliche ausgeklammerte Personengruppen lassen sich unter den gemeinsamen Oberbegriff des „Arbeitnehmers" subsumieren. Danach ist Arbeitnehmer, wer aufgrund eines privatrechtlichen Vertrags im Dienste eines anderen zur Leistung weisungsgebundener, fremdbestimmter Arbeit in persönlicher Abhängigkeit verpflichtet ist[48]. Eine rechtfertigungsbedürftige Ungleichbehandlung von wesentlich Gleichem liegt mithin vor.

b) Rechtfertigung der Ungleichbehandlung

46 Die Anforderungen des Allgemeinen Gleichheitssatzes reichen von einer bloßen Willkürprüfung bis zu einer strengen Bindung an Verhältnismäßigkeitserfordernisse[49], je nachdem, ob sich die Ungleichbehandlung eher sach- oder personenbezogen darstellt, zugleich die Wahrnehmung grundrechtlich geschützter Freiheit beeinträchtigt oder sich den unzulässigen Differenzierungskriterien des Art. 3 Abs. 3 S. 1, 2 GG oder des Art. 21 Abs. 1 EUGRCh annähert[50].

47 Zwar muten die in § 6 Abs. 2 MiLoG enthaltenen Ausnahmen auf den ersten Blick personenbezogen an, jedoch geht es bei ihnen jeweils nicht um einen *personen*bezogenen Status, sondern um die Gruppenbildung nach einem *sach*bezogenen Merkmal, nämlich der Absicherung durch anderweitige Einkommens- oder Unterhaltsleistungen bzw. der Förderung sozialversicherungspflichtiger Beschäftigung[51]. Auch wirkt sich die Ungleichbehandlung – bezogen auf die betroffenen Arbeitnehmergruppen – nicht auf die Wahrnehmung sonstiger grundrechtlicher Freiheiten aus und nähert sich nicht den verbotenen Unterscheidungsmerkmalen des Art. 3 Abs. 3 S. 1, 2 GG an, sodass die Ausnahmen lediglich daraufhin zu untersuchen sind, ob sie einer *Willkürprüfung* standhalten. Die Ausklammerung Minderjähriger ist im Interesse der Aufnahme einer Berufsausbildung wohl ebenso als willkürfrei anzusehen wie die Ausnahme Langzeitarbeitsloser, um ihnen den Wiedereinstieg in eine Beschäftigung zu erleichtern. Das Gleiche gilt dem Grunde nach mit Blick auf ehrenamtlich Tätige, da deren Tätigkeit typischerweise freiwillig erfolgt und eine höhere materielle Vergütung wegen des entsprechenden Gemeinwohlbezugs regelmäßig nicht zu erzielen sein dürfte[52].

48 **Hinweis zum Aufbau:** Zweifel wirft in diesem Zusammenhang allerdings die Ausnahme für Minderjährige auf, da eine Ungleichbehandlung nach dem Alter von Art. 21 Abs. 1 EUGRCh ausdrücklich untersagt wird, sich die Ungleichbehandlung somit den verbotenen Kriterien des Art. 3 Abs. 3 GG annähert; selbst wenn man jedoch mit Blick auf die Ausnahme Minderjähriger eine strenge Verhältnismäßigkeitsprüfung anlegte, dürften an dieser i.E. keine verfassungsrechtlichen Zweifel aufkommen (andere Ansicht gut vertretbar).

---

48 Vgl. BAGE 27, 163 (167); 80, 256 (260); 93, 310 (314 f.); st. Rspr.

49 BVerfGE 127, 224 (244); BSGE 82, 83 (90); BVerwGE 125, 21 (29).

50 BVerfGE 124, 199 (220); *Jarass*, in: ders./Pieroth, GG, Art. 3 Rn. 20, 26.

51 *Grzeszick*, ZRP 2014, S. 66 (67).

52 *Barczak*, RdA 2014, S. 290 (298); *Grzeszick*, ZRP 2014, S. 66 (68); *Lakies*, ArbRAktuell 2014, S. 189 (190); eingehend ferner *Greiner*, NZA 2015, S. 285 ff.

c) Ergebnis

Die Ungleichbehandlung durch die Ausnahmen vom Mindestlohn ist gerechtfertigt; Art. 3 Abs. 1 GG wird nicht verletzt. **49**

III. Ergebnis

Das MiLoG ist auch materiell verfassungsgemäß. **50**

C. Endergebnis

Das MiLoG ist sowohl formell als auch materiell verfassungsgemäß. Die beabsichtigte abstrakte Normenkontrolle der Landesregierung ist somit unbegründet. **51**

Aufgabe 2: Erfolgsaussichten der Verfassungsbeschwerde

Die Verfassungsbeschwerde der V-GmbH hat Erfolg, wenn sie zulässig (A.) und begründet (B.) ist. **52**

A. Zulässigkeit

I. Zuständigkeit

Das Bundesverfassungsgericht ist nach Art. 93 Abs. 1 Nr. 4a GG i.V.m. §§ 13 Nr. 8a, 90 ff. BVerfGG für die Entscheidung über eine Verfassungsbeschwerde zuständig. **53**

II. Beschwerdegegenstand

Die Regelungen des MiLoG stellen als Maßnahme der Legislative einen Akt der „öffentlichen Gewalt" i.S.d. Art. 1 Abs. 3 GG und damit einen tauglichen Beschwerdegegenstand dar (vgl. § 90 Abs. 1 BVerfGG). **54**

III. Beschwerdeberechtigung

Die V-GmbH kann über Art. 19 Abs. 3 GG – zumindest theoretisch – Trägerin von Grundrechten sein und ist mithin beschwerdeberechtigt. **55**

IV. Beschwerdebefugnis

Um beschwerdebefugt zu sein, müsste V durch den Beschwerdegegenstand möglicherweise selbst, gegenwärtig und unmittelbar in Grundrechten oder grundrechtsgleichen Rechten betroffen sein. **56**

1. Möglichkeit der Grundrechtsverletzung

Eine Verletzung der V in ihrem Grundrecht der Pressefreiheit gem. Art. 5 Abs. 1 S. 2 GG i.V.m. Art. 19 Abs. 3 GG erscheint hier nicht von vornherein ausgeschlossen. Nach ihrem Vortrag lässt sie ihre Presseerzeugnisse durch Zeitungsboten verteilen, die unter den Mindestlohn fallen, weshalb diese Zustellform unrentabel geworden sei. **57**

2. Betroffenheit der V

58 V ist von der angegriffenen gesetzlichen Regelung selbst und gegenwärtig betroffen. Da sich die Pflicht zur Zahlung des Mindestlohns direkt aus § 4 MiLoG ergibt und es keines weiteren Vollzugsaktes mehr bedarf (sog. *self executing*-Norm), ist V auch unmittelbar betroffen.

V. Rechtswegerschöpfung und Subsidiarität der Verfassungsbeschwerde

59 Gegen Gesetze steht der Rechtsweg grundsätzlich nicht offen (vgl. § 93 Abs. 3 BVerfGG), d.h. der Fachgerichtsbarkeit ist die *prinzipale* Rechtssatzkontrolle des formellen Gesetzgebers entzogen, sodass V nicht auf den Grundsatz der Rechtswegerschöpfung (§ 90 Abs. 2 BVerfGG) verwiesen werden kann. Gleichwohl muss der Beschwerdeführer unter dem Gesichtspunkt der materiellen Subsidiarität der Verfassungsbeschwerde zuvor zumutbare fachgerichtliche Möglichkeiten der *inzidenten* Normenkontrolle in Anspruch nehmen, um eine Korrektur der geltend gemachten Verfassungsverletzung zu erwirken oder eine Grundrechtsverletzung zu verhindern[53]. Hierdurch sollen insbesondere die „sachnäheren" Fachgerichte in den Stand gesetzt werden, die tatsächlichen Auswirkungen eines (zumal neuen) Gesetzes auszuloten und den Streitstoff dem „sachferneren" Bundesverfassungsgericht aufzubereiten[54].

60 Hier könnte man V darauf verweisen, gegen die Pflicht zur Zahlung des Mindestlohns gem. § 4 MiLoG zu verstoßen und im anschließenden, auf § 5 Abs. 1, 2 MiLoG gestützten Ordnungswidrigkeitsverfahren die Verfassungswidrigkeit der zugrundeliegenden gesetzlichen Regelung geltend zu machen. Der Grundsatz der Subsidiarität verlangt nach ständiger Rechtsprechung des Bundesverfassungsgerichts jedoch gerade nicht, dass ein Betroffener vor Erhebung der Verfassungsbeschwerde gegen eine straf- oder bußgeldbewehrte Rechtsnorm verstößt und dann erst im Straf- oder Bußgeldverfahren die Verfassungswidrigkeit der Norm rügt[55]. Da auch V im vorliegenden Fall nicht zuzumuten war, sich ordnungswidrigkeitsrechtlicher Verfolgung auszusetzen, steht auch der Grundsatz der Subsidiarität der Zulässigkeit der Verfassungsbeschwerde nicht entgegen.

VI. Form und Frist

61 Mangels gegenteiliger Sachverhaltsangabe ist auch von der Einhaltung der Jahresfrist des § 93 Abs. 3 BVerfGG und der notwendigen Substantiierung der Verfassungsbeschwerde i.S.d. §§ 23 Abs. 1 S. 2, 92 BVerfGG auszugehen.

62 **Ergänzender Hinweis:** Die ausreichende Begründung der Verfassungsbeschwerde hat zwar in der juristischen Ausbildung keine Relevanz, in der Praxis scheitert jedoch die weit überwiegende Zahl der Verfassungsbeschwerden an der mangelnden Substantiierung einer Grundrechtsverletzung. Dies lässt sich indes statistisch nicht genau nachweisen, weil gerade die Verfassungsbeschwerden, die als nicht ordnungsgemäß begründet und deswegen als unzulässig beurteilt werden, meist gemäß § 93d Abs. 1 S. 3 BVerfGG ohne Begründung nicht zur Entscheidung angenommen werden und die einer solchen Entscheidung zugrunde liegenden Voten der wissenschaftlichen Mitarbeiter am Bundesverfassungsgericht nicht bekannt gemacht werden[56].

53 BVerfGE 123, 148 (172); 134, 242 (Rn. 150); 138, 261 (Rn. 23); 143, 246 (Rn. 209); st. Rspr.

54 *Barczak*, in: Modrzejewski/Naumann, Linien der Rspr. des BVerfG V, S. 17 (25 ff.), m.w.N; *Bethge*, in: Schmidt-Bleibtreu/Klein/Bethge, BVerfGG, § 90 Rn. 403 (Stand: 53. EL, Februar 2018).

55 BVerfGE 81, 70 (82 f.); 97, 157 (165); 138, 261 (Rn. 23); 142, 268 (Rn. 44).

56 *Barczak*, in: ders., BVerfGG, § 92 Rn. 2; *Lenz/Hansel*, BVerfGG, § 92 Rn. 13 f.

VII. Ergebnis

Die Verfassungsbeschwerde der V ist zulässig. **63**

B. Begründetheit

Die Verfassungsbeschwerde ist begründet, wenn das MiLoG gegen die Pressefreiheit verstößt. **64**

Hinweis zum Aufbau: Auch wenn das Bundesverfassungsgericht bei einer zulässigen Verfassungsbeschwerde die angegriffene Maßnahme über das zulässigerweise gerügte Grundrecht hinaus unter jedem in Betracht kommenden verfassungsrechtlichen Gesichtspunkt nachprüft[57], verlangt die Aufgabenstellung hier ausdrücklich nur eine Prüfung der Pressefreiheit. **65**

I. Schutzbereich

1. Sachlich

Art. 5 Abs. 1 S. 2 GG („Die Pressefreiheit und die Freiheit der Berichterstattung durch Rundfunk und Film werden gewährleistet") lässt eine Unterscheidung zwischen geschützten und nicht geschützten Tätigkeiten einer Zeitung oder eines Verlages nicht erkennen[58]. Über den engeren Begriff der „Presse" hinaus gewährleistet Art. 5 Abs. 1 S. 2 Var. 1 GG grundsätzlich sämtliche Druckerzeugnisse wie Zeitungen, Bücher, Flugblätter und Plakate, wobei es auf die Eigenart oder das Niveau des Presseerzeugnisses sowie die Art und Weise der Berichterstattung nicht ankommt. Hinsichtlich des geschützten Verhaltens reicht die Pressefreiheit von der Beschaffung der Information bis zur Verbreitung der Nachricht und der Meinung[59]. Auf der letzten Stufe schützt die Pressefreiheit diejenigen Tätigkeiten, bei denen die kommerzielle Verwertung der Druckerzeugnisse im Mittelpunkt steht, d.h. den Vertrieb bis zum Kiosk oder Briefkasten durch Post- oder hauseigene Botenzustellung[60]. Von dieser sogenannten *Presseverbreitungsfreiheit*[61] bzw. *-vertriebsfreiheit*[62] umfasst sind grundsätzlich der Zeitpunkt, Ort sowie die Modalitäten der Verbreitung[63]. **66**

Die Zustellung der Zeitung durch Zeitungsboten wird daher als von Art. 5 Abs. 1 S. 2 Var. 1 GG geschützt angesehen[64]. Der sachliche Schutzbereich ist auch mit Blick auf eine Neuregelung der Anstellungsverhältnisse der Zeitungszusteller durch das MiLoG eröffnet, der auch die Freiheit zur privatautonomen Gestaltung der Anstellungsverträge umfasst. **67**

---

57 Vgl. statt aller *Schlaich/Korioth*, Das Bundesverfassungsgericht, Rn. 205.

58 *Bethge*, in: Sachs, GG, Art. 5 Rn. 85a.

59 Grundlegend BVerfGE 10, 118 (121) – *Berufsverbot*; siehe ferner BVerfGE 12, 205 (260); 20, 162 (176); BVerfG-K, NJW 2003, S. 3189 (3189) – *Tendenzschutz im verbundenen Unternehmen (Zustellunternehmen für Tageszeitungen)*; siehe auch m.w.N. *Schulze-Fielitz*, in: Dreier, GG, Bd. I, Art. 5 I, II Rn. 95.

60 *Hufen*, Staatsrecht II, § 27 Rn. 5; *Starck/Paulus*, in: Huber/Voßkuhle, vMKS-GG I, Art. 5 Rn. 135; *Wendt*, in: v. Münch/Kunig, GG I, Art. 5 Rn. 63.

61 Siehe zu diesem Begriff *Kemper*, Pressefreiheit und Polizei, S. 36.

62 Vgl. exemplarisch BayObLGSt 1986, 106 (107).

63 *Schulze-Fielitz*, in: Dreier, GG, Bd. I, Art. 5 I, II Rn. 95.

64 BVerfG-K, NJW 1999, S. 2106 (2106); NJW 2003, S. 3189 (3190).

2. Persönlich

68 Träger des Grundrechts sind alle Personen und Unternehmen, welche die in sachlicher Hinsicht geschützten Tätigkeiten vornehmen, über Art. 19 Abs. 3 GG auch juristische Personen des Privatrechts und sonstige Vereinigungen[65]. Die V-GmbH kann sich als juristische Person des Privatrechts (vgl. § 13 Abs. 1 GmbHG) somit auf Art. 5 Abs. 1 S. 2 GG berufen.

II. Eingriff

69 Die gesetzliche Normierung eines flächendeckenden Mindestlohns ohne pressebezogene Ausnahme müsste auch in das Grundrecht der Pressefreiheit eingreifen.

1. Klassisch

70 Unter einem Grundrechtseingriff wird nach klassischem Verständnis ein rechtsförmiger Vorgang verstanden, der unmittelbar und gezielt (final) durch ein vom Staat verfügtes, erforderlichenfalls zwangsweise durchzusetzendes Ge- oder Verbot, also imperativ, zu einer Verkürzung grundrechtlicher Freiheiten führt[66]. Fraglich ist, ob diese Voraussetzungen hier gegeben sind. Das Ziel des Gesetzes liegt darin, den Arbeitnehmerinnen und Arbeitnehmern durch die Festsetzung eines Mindestlohns als unterste Grenze des Arbeitsentgeltes ein ihre Existenz sicherndes Einkommen zu gewährleisten und eine angemessene Teilhabe am gesellschaftlichen und soziokulturellen Leben zu ermöglichen. Mithin geht es nicht darum, staatlicherseits gezielt regulierend auf Presseerzeugnisse und im Pressewesen tätige Personen einzuwirken, sodass es an einem *finalen*, d.h. pressebezogenen Eingriff im Sinne des überkommenen klassischen Eingriffsverständnisses mangelt[67].

2. Mittelbar-faktisch

71 Doch auch für bloß unbeabsichtigte Nebenfolgen eines auf andere Ziele gerichteten Handelns muss sich der Staat unter bestimmten Voraussetzungen rechtfertigen. Nach dem seit langem allgemein anerkannten modernen Eingriffsbegriff liegt ein Eingriff in jedem staatlichen Handeln, das dem Einzelnen ein Verhalten, welches in den Schutzbereich eines Grundrechts fällt, ganz oder teilweise unmöglich macht, gleichgültig ob diese Wirkung final oder unbeabsichtigt, unmittelbar oder mittelbar, rechtlich oder tatsächlich (faktisch, informal), mit oder ohne Befehl und Zwang eintritt[68]. Ein solches *funktionales Eingriffsäquivalent* lässt sich mit Blick auf einen ausnahmslosen gesetzlichen Mindestlohn aus den folgenden Gesichtspunkten bejahen: Zunächst führt die Einführung des Mindestlohns bei der V-GmbH dazu, dass sie die Löhne ihrer Zeitungszusteller erhöhen und von der Stücklohn- auf eine Stundenlohnberechnung umstellen muss. Zwar ist nicht zwingend zu erwarten, dass V hierdurch in ihrer wirtschaftlichen Existenz konkret bedroht wird. Gleichwohl dürften die Folgen des Inkrafttretens des

65 BVerfGE 66, 116 (130); 80, 124 (131); 95, 28 (34); 113, 63 (75); *Jarass*, in: ders./Pieroth, GG, Art. 5 Rn. 26.

66 Siehe beispielhaft BVerfGE 105, 279 (300).

67 *Barczak*, RdA 2014, S. 290 (296 f.); so i.E. auch *Greiner*, in: Rolfs/Giesen/Meßling/Udsching, BeckOK Arbeitsrecht, MiLoG, § 1 Rn. 17 (Stand: 65. EL, September 2022): „[r]eflexhaft betroffen".

68 *Kingreen/Poscher*, Grundrechte, Rn. 340, m.w.N.

MiLoG für V derart „spürbar“ sein, dass mit Blick auf die Intensität der Auswirkungen ein grundrechtlich relevanter Eingriff in die Pressefreiheit angenommen werden kann. Im Zusammenhang mit der Eingriffsintensität ist ferner zu beachten, dass die Einhaltung des Mindestlohns auch „mit Befehl und Zwang“ durchsetzbar ist. So können Verstöße des Arbeitgebers als Ordnungswidrigkeit mit einer Geldbuße bis zu fünfhunderttausend Euro geahndet werden (vgl. § 5 Abs. 1, 2 MiLoG).

Diese Auswirkungen sind dem Bundesgesetzgeber auch zuzurechnen. Zwar verkürzt er nicht *subjektiv*, d.h. in zielgerichteter Weise die Freiheitsgewährleistung des Art. 5 Abs. 1 S. 2 Var. 1 GG. Gleichwohl sind dem Staat die aufgezeigten Folgen *objektiv* zuzurechnen: Normiert er in bewusster Abkehr von dem bisherigen System sektoraler, branchenspezifischer Mindestentgelte einen ausnahmslosen branchenübergreifenden Mindestlohn, ist die „Streubreite“ einer solchen gesetzlichen Regelung besonders groß. Von ihr erfasst werden danach typischerweise auch solche Tätigkeiten, die der Gesetzgeber bei Erlass der betreffenden Regelung nicht unmittelbar vor Augen gehabt haben mag. So liegt es auch mit Blick auf die Pressefreiheit der V[69]. **72**

Hinweis zum Aufbau: Denkbar erscheint im Rahmen der Eingriffsprüfung auch, sich auf eine „Jedenfalls“-Argumentation zu beschränken und festzuhalten, dass das MiLoG zumindest die Anforderungen des modernen Eingriffsbegriffs erfüllt. Für die Fortführung der differenzierten Prüfung von klassischem und modernem Eingriffsbegriff spricht dagegen, dass die vier Kriterien des klassischen Eingriffs zwar keine notwendige, aber doch eine *hinreichende* Voraussetzung für die Annahme einer Grundrechtsbeeinträchtigung darstellen[70]. **73**

III. Rechtfertigung

Staatliche Eingriffe in die Pressefreiheit sind jedoch verfassungsrechtlich gerechtfertigt, wenn sie insbesondere durch oder aufgrund der Vorschriften der allgemeinen Gesetze erfolgen (1.) und darüber hinaus diejenigen Anforderungen einhalten, welche an ein grundrechtsbeschränkendes Staatshandeln zu stellen sind, mithin insbesondere dem Verhältnismäßigkeitsgrundsatz Rechnung tragen (2.). **74**

1. Vorbehalt des allgemeinen Gesetzes

Die Pressefreiheit steht nach Art. 5 Abs. 2 Var. 1 GG unter dem Vorbehalt der allgemeinen Gesetze, neben denen die Bestimmungen zum Schutze der Jugend und das Recht der persönlichen Ehre nur eine untergeordnete Bedeutung haben[71]. **75**

Unter einem allgemeinen Gesetz sind zunächst solche Gesetze zu verstehen, die nicht eine Meinung als solche verbieten, die sich nicht gegen die Äußerung der Meinung als solche richten, sondern dem Schutz eines schlechthin ohne Rücksicht auf eine bestimmte Meinung zu schützenden Rechtsguts dienen[72]. Dieses Rechtsgut muss in der **76**

69 Siehe auch *Barczak/Pieroth*, Mindestlohnausnahme für Zeitungszusteller?, S. 94 ff.
70 Siehe *Voßkuhle/Kaiser*, JuS 2009, S. 313 (313).
71 Für den vorliegenden Fall spielen diese keine Rolle und bleiben daher im Folgenden außer Acht.
72 BVerfGE 7, 198 (209 f.); 28, 282 (292); 71, 162 (175 f.); 93, 266 (291); 124, 300 (322), st. Rspr.; zu den zur Bestimmung des „allgemeinen“ Gesetzes vertretenen Argumentationslinien vgl. zusammenfassend statt aller *Schulze-Fielitz*, in: Dreier, GG, Bd. I, Art. 5 I, II Rn. 136 ff., m.w.N.

Rechtsordnung allgemein und damit unabhängig davon geschützt sein, ob es durch Meinungsäußerungen oder auf andere Weise verletzt werden kann[73]. Übertragen auf die Medienfreiheiten des Art. 5 Abs. 1 S. 2 GG, zu denen auch die Pressefreiheit zählt, kommt es darauf an, ob sich Gesetze speziell gegen die Medien oder gegen eine bestimmte Meinung richten oder aber dem Schutz eines schlechthin, ohne Rücksicht auf bestimmte Informationen oder Meinungen zu schützenden Rechtsguts dienen, das dem Grundrechtsschutz der Medien nicht nachsteht[74]. Umgekehrt bedeutet dies, dass „Sondermaßnahmen jeder Art, die die Pressefreiheit beeinträchtigen", verboten sind (vgl. § 1 Abs. 3 PresseG NRW).

77 Keine Sonderregelungen, sondern „allgemeine Gesetze" im Sinne des Art. 5 Abs. 2 Var. 1 GG stellen dagegen die arbeitsrechtlichen Bestimmungen zur Wahrung der Belange der Arbeitnehmerinnen und Arbeitnehmer dar, was das Bundesverfassungsgericht etwa mit Blick auf das Betriebsverfassungsgesetz und das Arbeitszeitgesetz ausdrücklich angenommen hat[75]. Nichts anderes kann jedoch für das MiLoG gelten, denn dieses zielt – meinungs- und medienneutral – auf die soziale Sicherung der Arbeitnehmer und die Entlastung der sozialen Sicherungssysteme.

78 **Hinweis zum Aufbau:** Ob sich das MiLoG über Art. 5 Abs. 2 Var. 1 GG hinaus auf kollidierendes Verfassungsrecht stützen lässt[76], bedarf hier somit keiner Entscheidung.

2. Verhältnismäßigkeit

79 Das MiLoG verfolgt einen legitimen Zweck und ist zur Zweckerreichung geeignet und erforderlich[77]. Vorliegend ist nicht ersichtlich, dass der Gesetzgeber die Abwägung zwischen der sozialen Sicherung der Arbeitnehmerschaft einerseits und der Pressefreiheit der Verlage andererseits einseitig zum Nachteil letzterer vorgenommen haben könnte. Dies wäre nur dann anders zu beurteilen, wenn die Auswirkungen des MiLoG zu einer unzumutbaren Belastung für die Verlage und Zustellgesellschaften führen würden, wofür jedoch nach dem Sachverhalt nichts spricht[78].

3. Ergebnis

80 Der Eingriff in die Pressefreiheit ist gerechtfertigt, Art. 5 Abs. 1 S. 2 GG mithin nicht verletzt.

C. Endergebnis

81 Die Verfassungsbeschwerde ist zulässig, aber unbegründet. Sie hat keinen Erfolg.

---

73 BVerfGE 111, 147 (155); 117, 244 (260); 124, 300 (322).

74 BVerfGE 91, 125 (135); ähnlich BVerfGE 113, 63 (78); ferner *Jarass*, in: ders./Pieroth, GG, Art. 5 Rn. 67.

75 BVerfG-K, NJW 2003, S. 3189 (3190).

76 Siehe oben Aufgabe 1.

77 Siehe oben Aufgabe 1.

78 So i.E. auch *Zeising/Weigert*, NZA 2015, S. 15 (21); *Barczak/Pieroth*, Mindestlohnausnahme für Zeitungszusteller?, S. 85 ff.

Literaturverzeichnis

82

Aubel, Tobias	Das Gewährleistungsrecht auf ein menschenwürdiges Existenzminimum, in: Emmenegger, Sigrid/Wiedmann, Ariane (Hrsg.), Linien der Rechtsprechung des Bundesverfassungsgerichts, Band II, Berlin/Boston 2011, S. 273298
Barczak, Tristan	Referendarexamensklausur – Öffentliches Recht: Sexualstraftäter auf Abstand, in: JuS 2012, S. 156-162
ders.	Mindestlohngesetz und Verfassung, in: RdA 2014, S. 290-298
ders./Pieroth, Bodo	Mindestlohnausnahme für Zeitungszusteller?, Baden-Baden 2014
ders. (Hrsg.)	BVerfGG – Mitarbeiterkommentar zum Bundesverfassungsgerichtsgesetz, Berlin/Boston 2018
ders.	Feststellungsklage gegen Parlamentsgesetze und Subsidiarität der Rechtssatzverfassungsbeschwerde – Eine notwendige Neubestimmung des Verhältnisses von inzidenter fach- und prinzipaler verfassungsgerichtlicher Kontrolle formellen Gesetzesrechts, in: Modrzejewski, Matthias/Naumann, Kolja (Hrsg.), Linien der Rechtsprechung des Bundesverfassungsgerichts, Band V, Berlin/Boston 2019, S. 17-49
Bayreuther, Frank	Gesetzlicher Mindestlohn und sittenwidrige Arbeitsbedingungen, in: NJW 2007, S. 2022-2025
Dreier, Horst (Hrsg.)	Grundgesetz-Kommentar, Band I: Art. 1-19, 3. Aufl., Tübingen 2013
Epping, Volker/Hillgruber, Christian (Hrsg.)	Beck'scher Online Kommentar zum GG, München, Stand: 52. EL, August 2022
Fischer, Mattias G.	Gesetzlicher Mindestlohn – Verstoß gegen die Koalitionsfreiheit?, in: ZRP 2007, S. 20-22
Fischer-Lescano, Andreas	Verfassungs-, völker- und europarechtlicher Rahmen für die Gestaltung von Mindestlohnausnahmen, Rechtsgutachten im Auftrag des Wirtschafts- und Sozialwissenschaftlichen Instituts in der Hans-Böckler-Stiftung (WSI) und des Deutschen Gewerkschaftsbundes (DGB), Bremen 2014
Franzen, Martin/Thüsing, Gregor/Waldhoff, Christian	Arbeitskampf in der Daseinsvorsorge – Vorschläge zur gesetzlichen Regelung von Streik und Aussperrung in Unternehmen der Daseinsvorsorge, Tübingen 2012
Greiner, Stefan	Mindestlohn und Ehrenamt, in: NZA 2015, S. 285-287
Grobys, Marcel/Panzer-Heemeier, Andrea (Hrsg.)	Stichwort-Kommentar Arbeitsrecht, 4. Aufl., Baden-Baden 2022
Groß, Thomas	Von der Kontrolle der Polizei zur Kontrolle des Gesetzgebers – Transformationen rechtsstaatlicher Kontrollinstrumente, in: DÖV 2006, S. 856-861

Grzeszick, Bernd	Ausnahmen vom gesetzlichen Mindestlohn: Verfassungsrechtlich zulässiger Kompromissweg?, in: ZRP 2014, S. 66-69
Hanau, Peter	Mindestlohn und Natur des Arbeitsverhältnisses, in: ZfA (43) 2012, S. 269-290
Hebeler, Timo	Ist der Gesetzgeber verfassungsrechtlich verpflichtet, Gesetze zu begründen? – Grundsätzliche Überlegungen anlässlich des Bundesverfassungsgerichtsurteils zur Leistungsgestaltung im SGB II, in: DÖV 2010, S. 754-762
Henssler, Martin	Mindestlohn und Tarifrecht, in: RdA 2015, S. 43-56
Huber, Peter M./Voßkuhle, Andreas (Hrsg.)/Mangoldt, Hermann von (Begr.)/ Klein, Friedrich/Starck, Christian (fortgef.)	Grundgesetz-Kommentar, Band I: Art. 1-19, 7. Aufl., München 2018
Hufen, Friedhelm	Staatsrecht II – Grundrechte, 9. Aufl., München 2021
Isensee, Josef/Kirchhof, Paul (Hrsg.)	Handbuch des Staatsrechts, Band VIII – Grundrechte: Wirtschaft, Verfahren, Gleichheit, 3. Aufl., Heidelberg 2010
Jarass, Hans D./Pieroth, Bodo	Grundgesetz-Kommentar, 17. Aufl., München 2022
Kemper, Gerd H.	Pressefreiheit und Polizei, Berlin 1964
Kingreen, Thorsten/Poscher, Ralf	Grundrechte – Staatsrecht II, 38. Aufl., Heidelberg u.a. 2022
Kischel, Uwe	Die Begründung – Zur Erläuterung staatlicher Entscheidungen gegenüber dem Bürger, Tübingen 2003
Lakies, Thomas	Das „Tarifautonomiestärkungsgesetz“: Der Mindestlohn ist auf dem Weg, in: ArbRAktuell 2014, S. 189-193
Lembke, Mark	Das Mindestlohngesetz und seine Auswirkungen auf die arbeitsrechtliche Praxis, in: NZA 2015, S. 70-78
Lenz, Christofer/Hansel, Ronald	Bundesverfassungsgerichtsgesetz Handkommentar, 3. Aufl., Baden-Baden 2020
Lobinger, Thomas	Mindestlohn und Menschenwürde, in: Anderheiden, Michael/ Keil, Rainer/Kirste, Stephan/Schaefer, Jan P. (Hrsg.), Verfassungsvoraussetzungen – Gedächtnisschrift für Winfried Brugger, Tübingen 2013, S. 355-385
Lücke, Jörg	Begründungszwang und Verfassung – Zur Begründungspflicht der Gerichte, Behörden und Parlamente, Tübingen 1987
Münch, Ingo von/Kunig, Philip (Hrsg.)	Grundgesetz-Kommentar, Band I: Art. 1-69, 7. Aufl., München 2021
Pestalozza, Christian	Gesetzgebung im Rechtsstaat, in: NJW 1981, S. 2081-2087
Picker, Christian	Niedriglohn und Mindestlohn, in: RdA 2014, S. 25-36
Pieroth, Bodo	Koalitionsfreiheit, Tarifautonomie und Mitbestimmung, in: Badura, Peter/Dreier, Horst (Hrsg.), Festschrift 50 Jahre Bundesverfassungsgericht, Band II: Klärung und Fortbildung des Verfassungsrechts, Tübingen 2001, S. 293-317

ders./Barczak, Tristan	Dürfen die Länder Tabakwarenautomaten verbieten?, in: DÖV 2014, S. 66-73
Pilniok, Arne	„h.M." ist kein Argument – Überlegungen zum rechtswissenschaftlichen Argumentieren für Studierende in den Anfangssemestern, in: JuS 2009, S. 394-397
Rolfs, Christian/Giesen, Richard/Meßling, Miriam/Udsching, Peter (Hrsg.)	Beck'scher Onlinekommentar zum Arbeitsrecht, München, Stand: 65. EL, September 2022
Sachs, Michael (Hrsg.)	Grundgesetz-Kommentar, 9. Aufl., München 2021
Schlaich, Klaus/Korioth, Stefan	Das Bundesverfassungsgericht, 12. Aufl., München 2021
Schmidt-Bleibtreu, Bruno/Klein, Franz/Bethge, Herbert (Hrsg.)	Bundesverfassungsgerichtsgesetz, München, Stand: 55. EL, Oktober 2018
Schubert, Jens M./Jerchel, Kerstin/Düwell, Franz J.	Das neue Mindestlohngesetz – Grundlagen und Auswirkungen, Baden-Baden 2014
Schwarz, Kyrill-A./Bravidor, Christoph	Kunst der Gesetzgebung und Begründungspflichten des Gesetzgebers, in: JZ 2011, S. 653-659
Stern, Klaus	Staatsrecht, Band IV/1, Die einzelnen Grundrechte – Der Schutz und die freiheitliche Entfaltung des Individuums, München 2006
Tappe, Henning	Die Begründung von Steuergesetzen, Habilitationsschrift, unveröffentlichtes Manuskript, Münster 2012
Voßkuhle, Andreas/Kaiser, Anna-B.	Grundwissen – Öffentliches Recht: Der Grundrechtseingriff, in: JuS 2009, S. 313-315
Waldhoff, Christian	„Der Gesetzgeber schuldet nichts als das Gesetz" – Zu alten und neuen Begründungspflichten des parlamentarischen Gesetzgebers, in: Depenheuer, Otto/Heintzen, Markus/Jestaedt, Matthias/Axer, Peter (Hrsg.), Staat im Wort, Festschrift für Josef Isensee, Heidelberg 2007, S. 325-343
Zimmermann, Markus	Landesrechtliche Rauchverbote in Gaststätten und die Grundrechte der Betreiber von (Klein-)Gaststätten, in: NVwZ 2008, S. 705-710
Zeising, Patrick/Weigert, Daniel-R.	Verfassungsmäßigkeit des Mindestlohngesetzes, in: NZA 2015, S. 15-22

Hausarbeit 6

Der Europäische Finanzausgleich

von Jan Henrik Klement und Annchristin Streuber

1 Die Mitgliedstaaten der Europäischen Union verhandeln seit geraumer Zeit über eine Vertiefung der Wirtschafts- und Währungsunion. Im Gespräch ist unter anderem die Errichtung eines Finanzausgleichsystems zwischen den Mitgliedstaaten, welches dazu beitragen soll, bestehende soziale und wirtschaftliche Ungleichheiten abzuschwächen. Ursprünglich hatten die Kommission und einzelne mitgliedstaatliche Regierungen beabsichtigt, einen solchen Finanzausgleich durch eine Änderung des europäischen Primärrechts einzuführen. Nachdem entsprechende Vorschläge politisch gescheitert sind, will die Kommission auf Grundlage der geltenden Verträge tätig werden. Gestützt auf Art. 125 Abs. 2 AEUV erarbeitet sie den Entwurf einer Europäischen Finanzausgleichsverordnung (EU-FAVO). Am 5. November 2022 wird die Verordnung auf Vorschlag der Kommission und nach Anhörung des Parlaments vom Rat erlassen. Dabei stimmt auf Anweisung der Bundesregierung auch der deutsche Vertreter im Rat für die Annahme der Verordnung. An der Vorbereitung des Ratsbeschlusses wirkte der Wirtschafts- und Finanzausschuss nach Maßgabe des Art. 134 Abs. 2 S. 1 AEUV mit.

Dem deutschen Länderfinanzausgleich vergleichbar sieht die EU-FAVO eine Umverteilung öffentlicher Einnahmen zwischen den Mitgliedstaaten vor. Mitgliedstaaten mit unterdurchschnittlicher Finanzkraft sollen Ausgleichszahlungen erhalten, die durch Ausgleichsverpflichtungen von Mitgliedstaaten mit überdurchschnittlicher Finanzkraft finanziert werden. Die Ausgleichszahlungen sind so bemessen, dass die öffentlichen Einnahmen der EU-Mitgliedstaaten (ohne Kreditaufnahme) nur noch um maximal zwanzig Prozent voneinander abweichen. Eine absolute Obergrenze für die Transferbelastung einzelner Mitgliedstaaten ist nicht vorgesehen. Im Jahr 2023 wird die Bundesrepublik Deutschland nach einer methodisch einwandfrei erstellten Prognose der Kommission von Ende 2022 eine Transferlast von rund 200 Milliarden Euro zu tragen haben.

Die EU-FAVO tritt am 1. Januar 2023 in Kraft. Der wahlberechtigte deutsche Staatsbürger A ist entsetzt, als er am Tag darauf von den neuen Regelungen erfährt. Er ist der Ansicht, dass „Brüssel" keine derart weitreichenden Entscheidungen über die Staatsfinanzen der Bundesrepublik treffen darf. Der Rat habe mit dem Erlass der Verordnung seine Kompetenzen klar überschritten. Angesichts der finanziellen „Gleichmacherei" in Europa frage er sich außerdem, wozu er überhaupt noch einen Bundestag wähle, wenn dieser nicht mehr souverän über den Haushalt entscheiden könne.

Aufgabe 1: Ist ein von A am 3. Januar 2023 eingelegter, unmittelbar gegen die EU-FAVO gerichteter Rechtsbehelf zulässig?

Abwandlung

A hat schon Ende Oktober 2022 aus den Medien von den Plänen zum Erlass der EU-FAVO und dem entsprechenden Verordnungs-Entwurf der Kommission erfahren. Nach den zutreffenden Berichten haben die Ratsmitglieder der Mitgliedstaaten – unter ihnen der Bundesminister der Finanzen als Vertreter der Bundesrepublik Deutschland – bereits angekündigt, dem Erlass der EU-FAVO in der nächsten Sitzung des Rates zustimmen zu wollen.

Aufgabe 2: Verspricht ein gerichtliches Vorgehen des A gegen das Zustandekommen der Verordnung Erfolg?

Bearbeiterhinweis: Bearbeiten Sie die Aufgaben in einem Rechtsgutachten, das auf alle im Sachverhalt aufgeworfenen Rechtsfragen eingeht. Soweit die Einholung einer Vorabentscheidung des Gerichtshofes der Europäischen Union zur Gültigkeit der EU-FAVO für erforderlich gehalten wird, ist davon auszugehen, dass ein solches Verfahren stattgefunden und der Gerichtshof die Gültigkeit der Verordnung bestätigt hat. Auf Rechtsbehelfe des einstweiligen Rechtsschutzes ist nicht einzugehen.

2 Gliederung

Rn.

Aufgabe 1: Rechtsbehelf unmittelbar gegen die EU-FAVO ... 3

A. Rechtsbehelf beim EuGH ... 3

I. Sachliche Zuständigkeit ... 4

II. Aktive Parteifähigkeit ... 5

III. Richtiger Beklagter sowie passive Parteifähigkeit ... 6

IV. Tauglicher Klagegegenstand ... 7

V. Klagegrund ... 8

VI. Klageberechtigung ... 9

1. An den A gerichtete Handlung (Art. 263 Abs. 4 Var. 1 AEUV) ... 10
2. Unmittelbare und individuelle Betroffenheit des A (Art. 263 Abs. 4 Var. 2 AEUV) ... 11

a) Betroffenheit ... 12

b) Individuelle Betroffenheit ... 14

3. Den A unmittelbar betreffender Rechtsakt mit Verordnungscharakter (Art. 263 Abs. 4 Var. 3 AEUV) ... 15

a) Rechtsakt mit Verordnungscharakter ... 16

b) Unmittelbare Betroffenheit ... 18

4. Zwischenergebnis ... 20

VII. Ergebnis ... 21

B. Rechtsbehelf im deutschen Verwaltungsrechtsweg ... 22

C. Verfassungsbeschwerde ... 25

I. Beteiligungsfähigkeit des Beschwerdeführers ... 26

II. Tauglicher Beschwerdegegenstand ... 27

III. Ergebnis ... 33

D. Gesamtergebnis ... 34

Aufgabe 2: Vorgehen gegen das Zustandekommen der Verordnung ... 35

A. Rechtsbehelf beim EuGH ... 36

I. Zulässigkeit ... 37

1. Tauglicher Klagegenstand ... 37
2. Klageberechtigung ... 38

II. Ergebnis ... 40

B. Rechtsbehelf im deutschen Verwaltungsrechtsweg ... 41

I. Eröffnung des Verwaltungsrechtswegs ... 43

1. Öffentlich-rechtliche Streitigkeit ... 44
2. Nichtverfassungsrechtlicher Art ... 45

a) Doppelte Verfassungsunmittelbarkeit ... 46

b) Andere Konzeptionen des Begriffs der verfassungsrechtlichen Streitigkeit ... 48

II. Ergebnis ... 50

C. Verfassungsbeschwerde gegen die Zustimmung des deutschen Vertreters im Rat 51
I. Zulässigkeit 52
1. Beteiligungsfähigkeit des Beschwerdeführers 53
2. Tauglicher Beschwerdegegenstand 54
3. Beschwerdebefugnis 57
a) Möglichkeit der Verletzung in einem Grundrecht oder grundrechtsgleichen Recht 58
aa) Mögliche Verletzung von Freiheitsgrundrechten 59
bb) Mögliche Verletzung eines Rechts aus Art. 38 Abs. 1 S. 1 GG 60
(1) Mögliche Verletzung des Anspruchs auf Wahrung der Verfassungsidentität 61
(2) Mögliche Verletzung eines Abwehrrechts gegen Ultra-vires-Akte (Art. 38 Abs. 1 S. 1 GG i.V.m. Art. 79 Abs. 3 GG und Art. 20 Abs. 1 und 2 GG) 65
cc) Zwischenergebnis 68
b) Eigene, gegenwärtige und unmittelbare Betroffenheit 69
aa) Eigene Betroffenheit 70
bb) Gegenwärtige Betroffenheit 71
cc) Unmittelbare Betroffenheit 75
4. Rechtswegerschöpfung und materielle Subsidiarität 77
a) Rechtswegerschöpfung, Art. 94 Abs. 2 S. 2 Var. 1 GG, § 90 Abs. 2 S. 1 BVerfGG 77
b) Materielle Subsidiarität 78
5. Ordnungsgemäßer Antrag, § 23 Abs. 1, § 92 BVerfGG 79
6. Frist, § 93 BVerfGG 80
7. Zwischenergebnis 81
II. Begründetheit 82
1. Verletzung des Abwehrrechts gegen Ultra-vires-Akte 84
a) Gewährleistungsgehalt des Art. 38 Abs. 1 S. 1 GG 85
b) Voraussetzungen der Rechtsverletzung 86
aa) Kompetenzüberschreitung 86
(1) Art. 125 Abs. 2 AEUV 87
(2) Art. 3 Abs. 3 UAbs. 3 EUV 88
(3) Art. 122 Abs. 1 AEUV 89
(4) Art. 122 Abs. 2 AEUV 90
(5) Art. 136 Abs. 3 AEUV 91
(6) Zwischenergebnis 93
bb) Hinreichend qualifizierte Kompetenzüberschreitung 94
(1) Offensichtlichkeit der Kompetenzüberschreitung 95
(2) Strukturelle Bedeutsamkeit der Kompetenzüberschreitung 96
c) Keine Einschränkung der Prüfungskompetenz des BVerfG 97
d) Zwischenergebnis 99

2. Verletzung des Anspruchs auf Wahrung der Verfassungsidentität 100
a) Gewährleistungsgehalt des Art. 38 Abs. 1 S. 1 GG 101
b) Voraussetzungen der Rechtsverletzung 102
c) Keine Einschränkung der Prüfungskompetenz des BVerfG 105
d) Zwischenergebnis 106
III. Ergebnis 107
Literaturverzeichnis 109

Gutachten

Aufgabe 1: Rechtsbehelf unmittelbar gegen die EU-FAVO

A. Rechtsbehelf beim EuGH

3 Ein unmittelbar gegen die EU-FAVO gerichteter Rechtsbehelf wäre zunächst eine beim Gerichtshof der Europäischen Union (EuGH) zu erhebende Nichtigkeitsklage. A könnte damit möglicherweise erreichen, dass die EU-FAVO für nichtig erklärt wird (Art. 264 Abs. 1 AEUV). Zu prüfen sind die sich aus Primär- und Sekundärrecht ergebenden Zulässigkeitsvoraussetzungen.

I. Sachliche Zuständigkeit

4 Die Zuständigkeit des EuGH (Art. 19 EUV) für die Entscheidung über eine Nichtigkeitsklage ergibt sich aus Art. 263 Abs. 2–4 AEUV. Innerhalb des EuGH ist für Entscheidungen im ersten Rechtszug über Nichtigkeitsklagen gemäß Art. 256 Abs. 1 S. 1 AEUV grds. das Gericht (EuG) zuständig. Die in Art. 256 Abs. 1 UAbs. 1 S. 1 a.E. AEUV i.V.m. Art. 51 EuGH-Satzung vorgesehenen Ausnahmen sind bei Individualklagen nicht einschlägig.

II. Aktive Parteifähigkeit

5 A ist als natürliche Person gemäß Art. 263 Abs. 4 AEUV aktiv parteifähig.

III. Richtiger Beklagter sowie passive Parteifähigkeit

6 Die Nichtigkeitsklage ist gegen dasjenige EU-Organ zu richten, das den angegriffenen Gesetzgebungsakt erlassen oder die sonstige Handlung vorgenommen hat (Art. 263 Abs. 1 AEUV).[1] Die EU-FAVO wurde im besonderen Gesetzgebungsverfahren gemäß Art. 125 Abs. 2 AEUV i.V.m. Art. 289 Abs. 2 AEUV erlassen. Zwar wurde das Verfahren durch einen Vorschlag der Kommission eingeleitet und das Parlament durch eine Anhörung beteiligt, die abschließende Entscheidung über den Erlass der Verordnung traf der Rat aber

1 *Dörr*, in: Grabitz/Hilf/Nettesheim, Das Recht der Europäischen Union, Art. 263 AEUV Rn. 23 (Stand: 49. EL, November 2012).

allein und in eigener Verantwortung. Die Nichtigkeitsklage ist daher gegen den Rat zu richten.[2] Dessen passive Parteifähigkeit ergibt sich aus Art. 263 Abs. 4, Abs. 1 AEUV.

IV. Tauglicher Klagegegenstand

Gegenstand einer Nichtigkeitsklage können gemäß Art. 263 Abs. 4 i.V.m. Abs. 1 S. 1 **7**
AEUV Gesetzgebungsakte und sonstige Handlungen der europäischen Organe sein, die verbindliche Rechtswirkungen erzeugen.[3] Ein Gesetzgebungsakt ist nach Art. 289 Abs. 3 AEUV ein Rechtsakt, der gemäß einem Gesetzgebungsverfahren angenommen wurde. Die Verträge unterscheiden zwischen dem ordentlichen Gesetzgebungsverfahren, in dem ein Rechtsakt nur mit Zustimmung sowohl des Parlaments als auch des Rates zustande kommt (Art. 289 Abs. 1, Art. 294 AEUV), und verschiedenen besonderen Gesetzgebungsverfahren, die sich dadurch auszeichnen, dass eines dieser beiden Organe alleine entscheidet und das jeweils andere lediglich beteiligt wird (Art. 289 Abs. 2 AEUV). Vorliegend wurde die EU-FAVO gemäß Art. 125 Abs. 2 AEUV i.V.m. Art. 289 Abs. 2 AEUV vom Rat nach Anhörung des Parlaments, also in einem besonderen Gesetzgebungsverfahren verabschiedet. Sie ist damit ein Gesetzgebungsakt i.S.d. Art. 289 Abs. 3 AEUV. Des Weiteren leidet die Verordnung nicht an einem besonders schweren und offensichtlichen Fehler, der *ipso iure* zu ihrer Unwirksamkeit führen würde[4] und damit der Zulässigkeit eines gerichtlichen Aufhebungsverfahrens entgegenstehen könnte.[5] Die EU-FAVO ist somit ein tauglicher Klagegegenstand.

V. Klagegrund

A müsste einen Klagegrund geltend machen. Taugliche Klagegründe sind die in Art. 263 **8**
Abs. 2 AEUV abschließend aufgeführten Gründe für die Rechtswidrigkeit eines Gesetzgebungsaktes. Vorliegend kommt der Klagegrund der Unzuständigkeit in Betracht. Unter diesen Oberbegriff fallen Verstöße gegen die Verbandskompetenz,[6] die Organkompetenz sowie die örtliche und sachliche Zuständigkeit.[7] Nach Ansicht des A hat der Rat bei Erlass der Verordnung die der EU in den Verträgen eingeräumten Zuständigkeiten und damit die Verbandskompetenz der EU überschritten. A kann diesen Klagegrund geltend machen, indem er die Unzuständigkeit der EU in der Klageschrift rügt.

VI. Klageberechtigung

Als natürliche Person gehört A zu den nichtprivilegierten Klägern i.S.d. Art. 263 Abs. 4 **9**
AEUV, sodass es für die Zulässigkeit seiner Klage einer besonderen Klageberechtigung bedarf.[8] Natürliche oder juristische Personen können gemäß Art. 263 Abs. 4 AEUV Nichtigkeitsklage nur erheben gegen „an sie gerichtete Handlungen" (Var. 1), gegen sie

---

2 Vgl. EuG, Urt. v. 8. Okt. 2008, Sogelma/EAR, T-411/06, EU:T:2008:419, Rn. 49; *Dörr*, in: Grabitz/Hilf/Nettesheim, Das Recht der Europäischen Union, Art. 263 AEUV Rn. 23 (Stand: 49. EL, November 2012).

3 EuGH, Urt. v. 3. Okt. 2013, Inuit Tapiriit Kanatami, C-583/11 P, EU:C:2013:625, Rn. 56.

4 Vgl. EuGH, Urt. v. 26. Feb. 1987, Consorzio Cooperative d'Abruzzo/Kommission, Rs. 15/85, EU:C:1987:111, Rn. 10.

5 Zur Nichtangreifbarkeit von sog. „Nichtakten" mit der Nichtigkeitsklage *Ehricke*, in: Streinz/Michl, EUV/AEUV, Art. 263 AEUV Rn. 12.

6 Zum Begriff *Ehricke*, in: Streinz/Michl, EUV/AEUV, Art. 263 AEUV Rn. 75.

7 *Ehricke*, in: Streinz/Michl, EUV/AEUV, Art. 263 AEUV Rn. 74 ff.

8 *Ehricke*, in: Streinz/Michl, EUV/AEUV, Art. 263 AEUV Rn. 57.

„unmittelbar und individuell betreffende Handlungen" (Var. 2) sowie gegen „Rechtsakte mit Verordnungscharakter, die sie unmittelbar betreffen und keine Durchführungsmaßnahmen nach sich ziehen" (Var. 3).

1. An den A gerichtete Handlung (Art. 263 Abs. 4 Var. 1 AEUV)

10 Die EU-FAVO könnte eine an den A gerichtete Handlung i.S.v. Art. 263 Abs. 4 Var. 1 AEUV sein. Der Begriff der Handlung wird in Art. 263 Abs. 4 Var. 1 und Var. 2 AEUV als Oberbegriff für alle rechtserheblichen Maßnahmen verwendet. Anders als in Art. 263 Abs. 1 S. 1 AEUV schließt er auch Gesetzgebungsakte wie die EU-FAVO ein. An den Kläger „gerichtet" ist eine Handlung, wenn dieser Adressat der angegriffenen Maßnahme ist.[9] Adressat ist nur, wer in dem betreffenden Rechtsakt als verpflichtete Person individualisiert wird. Eine Individualisierung der Verpflichteten erfolgt in der Praxis vor allem bei Beschlüssen nach Art. 288 Abs. 4 S. 2 AEUV.[10] Durch die EU-FAVO werden allenfalls die der EU im Zeitpunkt des Verordnungserlasses angehörenden Mitgliedstaaten als Verpflichtete individualisiert, nicht aber einzelne Privatpersonen. Eine an den A gerichtete Handlung liegt mithin nicht vor.

2. Unmittelbare und individuelle Betroffenheit des A (Art. 263 Abs. 4 Var. 2 AEUV)

11 Fraglich ist, ob sich eine Klageberechtigung des A aus Art. 263 Abs. 4 Var. 2 AEUV ergibt. Zu prüfen ist die unmittelbare und individuelle Betroffenheit des A durch die EU-FAVO.

a) Betroffenheit

12 Betroffen ist der Kläger durch eine Handlung, die ihn rechtlich beschwert.[11] Die Maßnahme muss für ihn mithin rechtlich nachteilige Auswirkungen zeitigen, so dass er ein besonderes, rechtlich relevantes Interesse an der Aufhebung hat.[12] Liegt die Beeinträchtigung in der Zukunft, muss der Kläger nachweisen, dass sie bereits im Klagezeitpunkt „feststeht".[13] Vorliegend ergeben sich aus der EU-FAVO erhebliche Zahlungsverpflichtungen der Bundesrepublik Deutschland, die sich höchstwahrscheinlich auch auf die staatsbürgerlichen Rechte und Pflichten des A auswirken werden. So könnte er als Steuerzahler von zur Finanzierung der Transferleistung notwendigen Steuererhöhungen betroffen sein oder als Empfänger staatlicher Leistungen (etwa im Bereich der Daseinsvorsorge, der Bildung oder von Sozialleistungen) Kürzungen hinzunehmen haben. Dies genügt für eine Betroffenheit i.S.v. Art. 263 Abs. 4 Var. 2 AEUV.

---

9 *Dörr*, in: Grabitz/Hilf/Nettesheim, Das Recht der Europäischen Union, Art. 263 AEUV Rn. 57 (Stand: 49. EL, November 2012).

10 *W. Cremer*, in: Calliess/Ruffert, EUV/AEUV, Art. 263 AEUV Rn. 32.

11 EuG, Urt. v. 17. Sept. 1992, NBV und NVB/Kommission, T-138/89, EU:T:1992:95, Rn. 31; *Dörr*, in: Grabitz/Hilf/Nettesheim, Das Recht der Europäischen Union, Art. 263 AEUV Rn. 60 (Stand: 49. EL, November 2012).

12 Vgl. *Dörr*, in: Grabitz/Hilf/Nettesheim, Das Recht der Europäischen Union, Art. 263 AEUV Rn. 60 (Stand: 49. EL, November 2012); *Ehricke*, in: Streinz/Michl, EUV/AEUV, Art. 263 AEUV Rn. 58.

13 EuG, Urt. v. 17. Sept. 1992, NBV und NVB/Kommission, T-138/89, EU:T:1992:95, Rn. 33; *Ehricke*, in: Streinz/Michl, EUV/AEUV, Art. 263 AEUV Rn. 58.

Hinweis: Die gesonderte Prüfung der Betroffenheit ist nicht allgemein üblich. Die hier angesprochenen Gesichtspunkte können auch in die nachfolgend dargestellte Prüfung der *unmittelbaren* und *individuellen* Betroffenheit einbezogen werden. 13

b) Individuelle Betroffenheit

A müsste durch die EU-FAVO außerdem individuell betroffen sein. Nach der „Plaumann- Formel" des EuGH ist eine individuelle Betroffenheit nur zu bejahen, wenn die streitige Vorschrift den Kläger „wegen bestimmter persönlicher Eigenschaften oder besonderer, ihn aus dem Kreis aller übrigen Personen heraushebender Umstände berührt und ihn daher in ähnlicher Weise individualisiert wie den Adressaten einer Entscheidung."[14] Vorliegend ist A von den absehbaren rechtlichen Folgewirkungen der EU-FAVO in Deutschland (z.B. Steuererhöhungen, Leistungsabsenkungen) nur als ein Staatsbürger unter vielen betroffen. Er ist nicht aufgrund ihn kennzeichnender Besonderheiten aus dem Kreis der Betroffenen herausgehoben und unterscheidet sich damit deutlich von einer Person, die formal Adressat einer Entscheidung ist. A ist mithin nicht individuell betroffen. 14

Eine Klageberechtigung folgt daher nicht aus Art. 263 Abs. 4 Var. 2 AEUV.

3. Den A unmittelbar betreffender Rechtsakt mit Verordnungscharakter (Art. 263 Abs. 4 Var. 3 AEUV)

Eine Klageberechtigung des A könnte sich schließlich aus Art. 263 Abs. 4 Var. 3 AEUV ergeben. Nach dieser mit dem Vertrag von Lissabon in das Unionsrecht eingefügten Vorschrift können nicht privilegierte Kläger – ohne i.S.d. Art. 264 Abs. 4 Var. 2 AEUV individuell betroffen zu sein – Nichtigkeitsklagen gegen Rechtsakte „mit Verordnungscharakter" erheben, die sie unmittelbar betreffen und keine Durchführungsmaßnahmen nach sich ziehen. 15

a) Rechtsakt mit Verordnungscharakter

Die EU-FAVO wurde vom Rat in der Form der Verordnung (Art. 288 Abs. 2 AEUV) erlassen. Auf den ersten Blick liegt es daher nahe, sie für einen Rechtsakt „mit Verordnungscharakter" zu halten.[15] Im Schrifttum wird sogar die Ansicht vertreten, angesichts des Wortlauts der Norm sei es schlechthin unvertretbar anzunehmen, dass es Verordnungen ohne „Verordnungscharakter" geben könnte.[16] Dem ist allerdings zu widersprechen. In Art. 263 Abs. 4 Var. 3 AEUV wird gerade nicht der durch Art. 288 Abs. 2 AEUV definierte Begriff der Verordnung verwendet, sondern mit dem „Verordnungscharakter" ein im übrigen Unionsrecht nicht geläufiger und damit auslegungsfähiger und -bedürftiger Begriff. Nach der Rspr. des EuGH,[17] der die herrschende Lehre gefolgt ist,[18] umfasst der 16

---

14 EuGH, Urt. v. 15. Juli 1963, Plaumann/Kommission, Rs. 25/62, EU:C:1963:17; Urt. v. 13. Dez. 2005, Kommission/Aktionsgemeinschaft Recht und Eigentum, C-78/03 P, EU:C:2005:761, Rn. 33.

15 So im Ergebnis etwa *Schwarze/Voet van Vormizeele*, in: Schwarze/Becker/Hatje/Schoo, EU-Kommentar, Art. 263 AEUV Rn. 51; *Everling*, EuZW 2010, S. 572 (575).

16 *Everling*, EuZW 2010, S. 572 (575).

17 EuGH, Urt. v. 3. Okt. 2013, Inuit Tapiriit Kanatami, C-583/11 P, EU:C:2013:625, Rn. 51 ff.

18 Siehe etwa *W. Cremer*, in: Calliess/Ruffert, EUV/AEUV, Art. 263 AEUV Rn. 56; *Dörr*, in: Grabitz/Hilf/Nettesheim, Das Recht der Europäischen Union, Art. 263 AEUV Rn. 81 f. (Stand: 49. EL, November 2012); schon zuvor *Hatje/Kindt*, NJW 2008, S. 1761 (1767).

Begriff des Rechtsaktes mit Verordnungscharakter zwar grds. alle Normen des abgeleiteten Unionsrechts, nicht aber die in einem Gesetzgebungsverfahren erlassenen und damit als Gesetzgebungsakte zu qualifizierenden Normen (Art. 289 Abs. 3 AEUV), zu denen nach dem oben Gesagten auch die in einem besonderen Gesetzgebungsverfahren erlassene EU-FAVO gehört. Diese Auslegung misst der auf den gescheiterten Verfassungsvertrag zurückgehenden Entwicklungsgeschichte der Vorschrift[19] entscheidende Bedeutung bei.[20] Im Entwurf des Verfassungsvertrags war abweichend vom geltenden Recht die eigenständige Rechtsform eines Europäischen Gesetzes und eines Europäischen Rahmengesetzes vorgesehen (Art. I-33 Abs. 1 UAbs. 1). Als Verordnung hingegen sollte nur noch ein Rechtsakt mit zwar allgemeiner Geltung, aber ohne Gesetzescharakter bezeichnet werden (Art. I-33 Abs. 1 UAbs. 4). Hätte der Verfassungsvertrag Geltung erlangt, wäre der Verordnungsbegriff also enger als bisher gefasst und auf solche Rechtsnormen beschränkt worden, die ohne eine Beteiligung des Parlaments ergehen (insb. sog. Tertiärrechtsakte). Nur auf diese Rechtsnormen hätte sich das erweiterte Individualklagerecht gegen Rechtsnormen „mit Verordnungscharakter" bezogen. Nach dem Scheitern des Verfassungsvertrags wurden einige der im Entwurf vorgesehenen Änderungen in den Vertrag von Lissabon und damit in das heute geltende Unionsrecht überführt. Dazu gehörte auch das erweiterte Individualklagerecht gegen Rechtsakte mit Verordnungscharakter. Nach dem heute vorherrschenden Verständnis sollte mit dieser Regelung genau das in Geltung gesetzt werden, was im Verfassungsvertrag vorgesehen war:[21] Der Einzelne soll die Möglichkeit haben, sich gegen ihn unmittelbar, aber nicht individuell betreffende untergesetzliche Rechtsakte zur Wehr zu setzen, wenn es mangels Vollzugsakts ansonsten keine Rechtsschutzmöglichkeit gäbe.[22] Hingegen wollten die Mitgliedstaaten als „Herren der Verträge" kein erweitertes Klagerecht gegen die mit besonderer demokratischer Legitimation ausgestatteten Gesetzgebungsakte einführen, die nach dem Verfassungsentwurf ja keinen „Verordnungscharakter" gehabt hätten. Nur aus Unachtsamkeit ist die an sich erforderliche Anpassung an den abweichenden terminologischen Rahmen des heutigen Art. 288 AEUV unterblieben, wodurch die hier diskutierte weite Auslegung möglich geworden ist.

17 Angesichts der erheblichen Bedeutung, die ein erweitertes Klagerecht gegen Gesetzgebungsakte für die institutionelle Balance in der EU hätte, ist der engen Auslegung durch Rspr. und h.L. im Ergebnis zu folgen. Zwar rechtfertigt es allein eine angebliche oder tatsächliche Regelungsabsicht der Mitgliedstaaten nicht, den Wortlaut der Verträge zu ignorieren. Doch spricht der Wortlaut des Art. 263 Abs. 4 Var. 3 AEUV – wie dargelegt – eben nicht eindeutig für eine Einbeziehung aller Verordnungen in das Klagerecht. Eine derart weitreichende Abweichung von einer „vor Lissabon" etablierten Auslegung der Verträge hätte indes einer klaren Regelung bedurft.

Die EU-FAVO stellt mithin keinen Rechtsakt mit Verordnungscharakter i.S.v. Art. 263 Abs. 4 Var. 3 AEUV dar.

---

19 *Ehricke*, in: Streinz/Michl, EUV/AEUV, Art. 263 AEUV Rn. 54; *Everling*, EuR Beiheft 1/2009, S. 71 (73 f.).

20 *Ehricke*, in: Streinz/Michl, EUV/AEUV, Art. 263 AEUV Rn. 54; *Hatje/Kindt*, NJW 2008, S. 1761 (1767).

21 In diesem Sinne EuGH, Urt. v. 3. Okt. 2013, Inuit Tapiriit Kanatami, C-583/11 P, EU:C:2013:625, Rn. 59.

22 *Dörr*, in: Grabitz/Hilf/Nettesheim, EUV/AEUV, Art. 263 AEUV Rn. 80 f. (Stand: 49. EL, November 2012).

b) Unmittelbare Betroffenheit

Sähe man entgegen der hier vertretenen Rechtsansicht in der EU-FAVO einen Rechtsakt mit Verordnungscharakter, müsste A zudem unmittelbar betroffen sein. Unmittelbarkeit ist jedenfalls dann gegeben, wenn die Rechtsstellung des Betroffenen direkt durch die angegriffene EU-Handlung verändert wird, ohne dass es eines weiteren, ausführenden Rechtsaktes bedarf (sog. formelle Unmittelbarkeit).[23] Richtet sich die Maßnahme – wie hier – an die Mitgliedstaaten, ist eine Unmittelbarkeit in diesem engen Sinne nicht gegeben.[24] Darüber hinaus ist eine unmittelbare Betroffenheit aber auch dann zu bejahen, wenn für die Veränderung der Rechtsstellung des Einzelnen zwar noch ein behördlicher Durchführungsakt erforderlich ist, dieser aber eine unausweichliche Folge des mit der Nichtigkeitsklage angegriffenen Rechtsaktes und inhaltlich vollständig durch diesen determiniert ist (sog. materielle Unmittelbarkeit).[25] Dafür spricht im vorliegenden Fall, dass die prognostizierten Transferzahlungen von 200 Mrd. EUR angesichts eines Bundeshaushalts von 476 Mrd. EUR im Jahr 2023[26] voraussichtlich nur finanziert werden können, wenn entweder erheblich höhere Staatseinnahmen herbeigeführt oder Ausgaben drastisch gekürzt werden. Jedoch obliegt es von Rechts wegen der Bundesrepublik zu entscheiden, wie sie die Zahlungen finanziert. Theoretisch könnte die Bundesrepublik die Ausgleichspflicht durch eine Absenkung ihrer öffentlichen Einnahmen sogar in mehr oder weniger großem Umfang zu vermeiden suchen. Auch wenn Steuern erhöht werden, ist nicht absehbar, ob und in welchem Umfang A hiervon betroffen ist. Das gleiche gilt für die Kürzung staatlicher Leistungen. Die Bundesrepublik ist angesichts dieser Umstände weder rechtlich noch tatsächlich[27] auf ein bestimmtes Handeln zu Lasten des A festgelegt. Eine unmittelbare Betroffenheit ist deshalb zu verneinen. 18

Hinweis: Wird eine unmittelbare Betroffenheit bejaht, bleibt noch das Merkmal „keine Durchführungsmaßnahmen nach sich ziehen“ zu prüfen. Dieses Merkmal verengt die Klageberechtigung im Ergebnis auf Rechtsakte, die den Kläger in einem *formellen Sinne* unmittelbar treffen.[28] Das ist vorliegend – wie gezeigt – eindeutig nicht der Fall. 19

4. Zwischenergebnis

A ist nicht klageberechtigt. 20

---

23 *Dörr*, in: Grabitz/Hilf/Nettesheim, Das Recht der Europäischen Union, Art. 263 AEUV Rn. 63 f. (Stand: 49. EL, November 2012).

24 *Ehricke*, in: Streinz/Michl, EUV/AEUV, Art. 263 AEUV Rn. 60.

25 In diesem Sinne EuGH, Urt. v. 5. Mai 1998, Dreyfus/Kommission, C-386/96 P, EU:C:1998:193, Rn. 43; Urt. v. 5. Mai 1998, Glencore Grain/Kommission, C-403/96 P, EU:C:1998:195, Rn. 43; EuG, Urt. v. 25. Okt. 2011, Microban/Kommission, T-262/10, EU:T:2011:623, Rn. 27; *Dörr*, in: Grabitz/Hilf/Nettesheim, Das Recht der Europäischen Union, Art. 263 AEUV Rn. 63, 66 (Stand: 49. EL, November 2012).

26 https://www.bundestag.de/dokumente/textarchiv/2022/kw45-pa-haushalt-bereinigungssitzung-918112 (abgerufen am 30. Dezember 2022).

27 Zur Unmittelbarkeit der Betroffenheit bei einer (nur) tatsächlichen Determination des Ausführungshandelns *Dörr*, in: Grabitz/Hilf/Nettesheim, Das Recht der Europäischen Union, Art. 263 AEUV Rn. 67 (Stand: 49. EL, November 2012).

28 *Dörr*, in: Grabitz/Hilf/Nettesheim, Das Recht der Europäischen Union, Art. 263 AEUV Rn. 84 (Stand: 49. EL, November 2012); *Pechstein*, EU-Prozessrecht, Rn. 434, 522; *Thiele*, EuR 2010, S. 30 (44).

VII. Ergebnis

21 Eine von A erhobene Nichtigkeitsklage gegen die EU-FAVO wäre mangels Klageberechtigung unzulässig.

B. Rechtsbehelf im deutschen Verwaltungsrechtsweg

22 Fraglich ist, ob ein unmittelbar gegen die EU-FAVO gerichteter Rechtsbehelf bei einem deutschen Verwaltungsgericht zulässig wäre. Eine prinzipale Normenkontrolle – also eine unmittelbar auf eine abstrakt-generelle Vorschrift und nicht auf einen Vollzugsakt bezogene gerichtliche Prüfung der Vereinbarkeit mit höherrangigem Recht – ist in der VwGO nur in § 47 Abs. 1 vorgesehen. Nach dem Wortlaut dieser Vorschrift kann eine Entscheidung über die Gültigkeit der Norm nur „im Rahmen der Gerichtsbarkeit" des für diese Verfahren zuständigen OVG[29] erfolgen. Damit verweist § 47 Abs. 1 VwGO auf die Vorschriften über die Eröffnung des Verwaltungsrechtswegs und insb. die Generalklausel des § 40 Abs. 1 S. 1 VwGO. Üblicherweise steht bei der Anwendung der Generalklausel (nur) die Abgrenzung der öffentlich-rechtlichen von der zivilrechtlichen Streitigkeit in Rede. Vorliegend geht es hingegen nicht um die Trennlinie zwischen der Verwaltungsgerichtsbarkeit und der ordentlichen Gerichtsbarkeit, sondern um die vertikale Abgrenzung der Kompetenzen der deutschen Verwaltungsgerichtsbarkeit im europäischen Rechtsschutzsystem. Der Begriff der öffentlich-rechtlichen Streitigkeit ist dabei im Lichte der Vorgaben des Unionsrechts auszulegen, das gegenüber dem mitgliedstaatlichen Recht Anwendungsvorrang hat. Der unmittelbar gegen Handlungen von Stellen der EU gerichtete Rechtsschutz wird durch den AEUV exklusiv dem EuGH zugewiesen (siehe die Nichtigkeitsklage in Art. 263 AEUV).[30] Eine unmittelbare Kontrolle europäischer Hoheitsakte durch deutsche Verwaltungsgerichte scheidet deshalb im Ergebnis aus. Der Begriff der öffentlich-rechtlichen Streitigkeit ist dementsprechend so auszulegen, dass nur solche Streitigkeiten gemeint sind, die unmittelbar ein der deutschen Hoheitsgewalt zurechenbares Handeln zum Gegenstand haben.[31] Eine europäische Verordnung kann deshalb nur vorfrageweise Gegenstand der verwaltungsgerichtlichen Prüfung sein, wobei die sich aus Art. 267 Abs. 1 lit. b AEUV ergebende Verwerfungskompetenz des EuGH[32] zu beachten ist.

23 **Hinweis:** Vertretbar ist es auch, eine § 40 Abs. 1 S. 1 VwGO vorausliegende Prüfung der „internationalen Zuständigkeit" der deutschen Gerichte vorzunehmen.[33]

24 Eine prinzipale Normenkontrolle einer EU-Verordnung ist im Übrigen auch deshalb unzulässig, weil Kontrollgegenstand nach § 47 Abs. 1 Nr. 1 und Nr. 2 VwGO nur Normen des Landesrechts sein können.

---

29 Bzw. VGH (§ 184 VwGO).

30 *Ruthig*, in: Kopp/Schenke, VwGO, § 40 Rn. 37c; zum sog. Trennungsmodell des europäischen Rechtsschutzes *Gärditz*, JuS 2009, S. 385.

31 *Ruthig*, in: Kopp/Schenke, VwGO, § 40 Rn. 37c; *Sodan*, in: ders./Ziekow, VwGO, § 40 Rn. 124.

32 EuGH, Urt. v. 13. Feb. 1979, Granaria BV, Rs. 101/78, EU:C:1979:38, Rn. 4 f.; Urt. v. 22. Okt. 1987, Foto Frost, Rs. 314/85, EU:C:1987:452, Rn. 15 ff.; *Mächtle*, JuS 2015, S. 28 (29).

33 Vgl. *Schenke*, Verwaltungsprozessrecht, Rn. 183.

C. Verfassungsbeschwerde

Eine beim BVerfG erhobene Verfassungsbeschwerde des A unmittelbar gegen die EU-FAVO wäre zulässig, wenn die Sachentscheidungsvoraussetzungen des Art. 93 Abs. 1 Nr. 4a GG und der § 13 Nr. 8a, §§ 90 ff. BVerfGG vorliegen. 25

I. Beteiligungsfähigkeit des Beschwerdeführers

A müsste beteiligungsfähig sein. Nach Art. 93 Abs. 1 Nr. 4a GG, § 90 Abs. 1 BVerfGG kann „jedermann" mit der Behauptung Verfassungsbeschwerde erheben, durch die öffentliche Gewalt in einem seiner Grundrechte oder grundrechtsgleichen Rechte verletzt zu sein. Mit Rücksicht auf die Funktion der Verfassungsbeschwerde, Grundrechtsverletzungen prozessual geltend zu machen, setzt die Beschwerdefähigkeit allerdings die materiell-rechtlich zu beurteilende Grundrechtsfähigkeit des Beschwerdeführers voraus. Beschwerdefähig ist damit jedenfalls, wer Träger eines im konkreten Fall für die Beurteilung der Verfassungskonformität des angegriffenen Hoheitsakts relevanten Grundrechts ist und die Verletzung dieses Grundrechts in der Beschwerdeschrift gerügt hat.[34] Im vorliegenden Fall kommt eine Verletzung des grundrechtsgleichen Rechts aus Art. 38 Abs. 1 S. 1, Abs. 2 Hs. 1 GG in Betracht. Das aktive Wahlrecht steht gemäß Art. 38 Abs. 2 Hs. 1, Abs. 3 GG i.V.m. § 12 BWG grds. allen Deutschen (Art. 116 Abs. 1 GG) zu, die das 18. Lebensjahr vollendet haben. A ist mithin jedenfalls dann beschwerdeberechtigt, wenn er die Verletzung des Art. 38 Abs. 1 S. 1 GG in der Beschwerdeschrift rügt. 26

II. Tauglicher Beschwerdegegenstand

Die EU-FAVO müsste ein tauglicher Beschwerdegegenstand sein. Gegenstand einer Verfassungsbeschwerde kann gemäß Art. 93 Abs. 1 Nr. 4a GG, § 90 Abs. 1 BVerfGG jeder Akt der „öffentlichen Gewalt" sein, und zwar sowohl ein Handeln wie auch ein Unterlassen (vgl. §§ 92, 95 Abs. 1 S. 1 BVerfGG). Problematisch ist vorliegend, dass die EU-FAVO vom Rat erlassen wurde, also einem Organ der EU (Art. 13 Abs. 1 EUV). Öffentliche Gewalt i.S.d. Art. 93 Abs. 1 Nr. 4a GG, § 90 Abs. 1 BVerfGG ist aber nur die *deutsche* Staatsgewalt.[35] Nur diese wird durch das Grundgesetz verfasst und darf völkerrechtlich durch das Grundgesetz verfasst werden, deshalb ist auch nur sie gemäß Art. 1 Abs. 3 GG an die Grundrechte des Grundgesetzes gebunden. Eine Ausdehnung der Verfassungsbeschwerde auf eine nicht an die Grundrechte gebundene fremde Hoheitsgewalt wäre sinnlos.[36] 27

---

34 Das ist der kleinste gemeinsame Nenner der unterschiedlichen Ansätze zur Bestimmung der Beschwerdeberechtigung. Nach Ansicht des BVerfG und von Teilen der Lit. muss der Beschwerdeführer Träger gerade eines von ihm als verletzt gerügten Grundrechts oder grundrechtsgleichen Rechts sein (BVerfGE 115, 205 (227); BVerfG, Beschl. v. 10. Mai 2016 – 1 BvR 2871/13, juris Rn. 3; *Hillgruber/Goos*, Verfassungsprozessrecht, Rn. 145; *Benda/Klein*, Verfassungsprozessrecht, Rn. 529 f.). Nach anderer Ansicht soll es genügen, dass der Beschwerdeführer überhaupt Träger eines Grundrechts oder grundrechtsgleichen Rechts sein könne – es komme nicht darauf an, ob dieses Recht als verletzt gerügt wurde oder bei der Beurteilung der Verfassungskonformität des angegriffenen Hoheitsakts eine Rolle spiele (sog. abstrakte Theorie, siehe *Sachs*, Verfassungsprozessrecht, Rn. 515 ff.).

35 St. Rspr. seit BVerfGE 1, 10 (11); 6, 15 (18); 22, 91 (92); *Hillgruber/Goos*, Verfassungsprozessrecht, Rn. 200, 202, 1191; *Sachs*, Verfassungsprozessrecht, Rn. 534.

36 *Eifert/Gerberding*, Jura 2016, S. 628 (635); *Hillgruber/Goos*, Verfassungsprozessrecht, Rn. 1192.

28 Möglicherweise üben allerdings auch die Organe und sonstigen Stellen der EU deutsche Hoheitsgewalt aus. Gemäß Art. 23 Abs. 1 S. 2 GG ist die Bundesrepublik verfassungsrechtlich ermächtigt, Hoheitsrechte auf die EU zu „übertragen". Dies könnte so zu verstehen sein, dass die Hoheitsakte der EU-Organe, soweit sie im Hoheitsgebiet der Bundesrepublik Deutschland wirken, substanziell deutsche und mithin grundrechtsgebundene Staatsgewalt sind.[37] Die Rspr. des BVerfG war in der Frage der Grundrechtsbindung der EU schwankend. Zunächst beschränkte das Gericht den Kreis der mit der Verfassungsbeschwerde angreifbaren Hoheitsakte auf die von deutschen Staatsorganen ausgeübte öffentliche Gewalt. So erklärte es im Jahr 1967 die erste gegen eine Verordnung der damaligen EWG gerichtete Verfassungsbeschwerde, über die es zu entscheiden hatte, mit der Begründung für unzulässig, dass es sich um einen Akt „einer besonderen, durch den Vertrag geschaffenen, von der Staatsgewalt der Mitgliedstaaten deutlich geschiedenen ‚supranationalen, öffentlichen Gewalt" handele.[38] In der Entscheidung „Solange-I" von 1974 prüfte das Gericht zwar die Wirksamkeit einer Verordnung der damaligen EWG im abstrakten Normenkontrollverfahren (Art. 100 Abs. 1 GG) am Maßstab der Grundrechte, wies aber zugleich – nicht konsequent – darauf hin, dass eine unmittelbar gegen eine solche Verordnung gerichtete Verfassungsbeschwerde unzulässig wäre.[39] Im Maastricht-Urteil von 1993 vertrat das BVerfG dagegen die Auffassung, dass auch Akte der EG bzw. EU unmittelbar selbst Angriffsgegenstand der Verfassungsbeschwerde sein können.[40] Gedanklicher Ansatzpunkt hierfür war, dass infolge der Übertragung von Hoheitsrechten auf die EU diese bei materieller Betrachtung gegenüber dem Bürger an die Stelle der deutschen öffentlichen Gewalt getreten ist und auf die Rechtsstellung der Grundrechtsberechtigten in Deutschland unmittelbar einwirken kann.[41] In dieser Situation sah sich das BVerfG in der Pflicht, einen „Grundrechtsschutz in Deutschland"[42] zu gewährleisten – was implizierte, dass es die Hoheitsakte der Union auch materiell-rechtlich nach Art. 1 Abs. 3 GG für an die deutschen Grundrechte gebunden hielt. Allerdings schränkte das BVerfG seine Prüfungskompetenz insoweit ein, dass es seine Gerichtsbarkeit in einem „Kooperationsverhältnis" zum EuGH ausübe.[43] Das BVerfG habe sich auf die generelle Gewährleistung der unabdingbaren Grundrechtsstandards zu beschränken, während der EuGH den Grundrechtsschutz im Einzelfall garantieren müsse.[44] Verfassungsbeschwerden gegen mutmaßlich grundrechtswidriges sekundäres Unionsrecht seien deshalb von vornherein unzulässig, wenn ihre Begründung nicht darlege, dass die europäische Rechtsentwicklung einschließlich der Rspr. des EuGH unter den erforderlichen Grundrechtsstandard generell abgesunken sei.[45] Mit dieser Einschränkung trug das BVerfG dem in Art. 23 Abs. 1 S. 1 GG verankerten verfassungsrechtlichen Auftrag zur Herstellung und

---

37 Zu diesem Ansatz *Ruppert*, Die Integrationsgewalt, S. 91 ff.; anders die ganz h.M.: BVerfGE 22, 293 (295, 297); 89, 155 (158) – Maastricht; *Calliess*, in: Dürig/Herzog/Scholz, GG, Art. 24 Rn. 38 (Stand: 79. EL, Dezember 2016); *Classen*, in: v. Mangoldt/Klein/Stark, GG, Art. 24 Rn. 11.

38 BVerfGE 22, 293 (295 f.).

39 BVerfGE 37, 271 (283) – Solange I. Ebenso im Ergebnis hinsichtlich der Verfassungsbeschwerde BVerfGE 58, 1 (27) – Eurocontrol I.

40 BVerfGE 89, 155 (174 f.) – Maastricht; so auch die Interpretation von *Hillgruber/Goos*, Verfassungsprozessrecht, Rn 163; *Sachs*, Verfassungsprozessrecht, Rn. 536. Siehe auch BVerfGE 102, 147 (162 ff.) – Bananenmarktordnung.

41 *Sauer*, Staatsrecht III, § 9 Rn. 87.

42 BVerfGE 89, 155 (175) – Maastricht.

43 BVerfGE 89, 155 (175) – Maastricht.

44 BVerfGE 89, 155 (175) – Maastricht.

45 BVerfGE 102, 147 (164) – Bananenmarktordnung; 123, 267 (399) – Lissabon.

Entwicklung einer europäischen supranationalen Rechtsgemeinschaft Rechnung: Eine solche Rechtsgemeinschaft könnte nicht funktionieren, wenn die Akte der gemeinsam ausgeübten Hoheitsgewalt an die nationalen Verfassungsrechte gebunden wären und unter der Aufsicht nationaler Gerichte stünden.

Die spätere Rspr. des BVerfG hat die von der Maastricht-Entscheidung beanspruchte Prüfungskompetenz ohne Begründung wieder aufgegeben:[46] Maßnahmen von Organen, Einrichtungen und sonstigen Stellen der EU seien „keine Akte deutscher öffentlicher Gewalt i.S.v. Art. 93 Abs. 1 Nr. 4a GG, § 90 Abs. 1 BVerfG und daher auch nicht unmittelbarer Beschwerdegegenstand im Verfahren der Verfassungsbeschwerde".[47] Auch in der Lit. wird mit unterschiedlichen Begründungen überwiegend davon ausgegangen, dass ein Akt der Unionsgewalt nicht tauglicher Beschwerdegegenstand sein kann.[48] **29**

Hinweis: Wohl nicht zuletzt angesichts der eigenen schwankenden Rechtsprechung hat das BVerfG Beschwerdeführern mit einer korrigierenden Auslegung von Rechtsschutzbegehren „geholfen", die dem Wortlaut nach unmittelbar gegen einen Unionsrechtsakt gerichtet waren und mit diesem Inhalt als unzulässig hätten verworfen werden müssen.[49] **30**

Der Ausschluss der EU-Hoheitsakte aus dem Kreis der tauglichen Gegenstände einer Verfassungsbeschwerde ist im Ergebnis richtig. Der Begriff der „Übertragung" von Hoheitsrechten auf die EU (Art. 23 Abs. 1 S. 2 GG) ist nicht wörtlich in dem Sinne zu verstehen, dass sich die Bundesrepublik hierdurch ihrer Hoheitsgewalt „entledige" und mit gleichsam „dinglicher" Wirkung auf die EU übertrage.[50] Vielmehr wird die deutsche Rechtsordnung lediglich für die Handlungen der EU geöffnet.[51] Hierzu wird den deutschen Staatsorganen die Anwendung und Ausführung der EU-Rechtsakte sowie die Duldung eigener Vollzugsakte der EU befohlen. Die nationale Rechtsordnung nimmt korrespondierend den Geltungsanspruch ihrer eigenen Vorschriften zurück.[52] Was als europäische Hoheitsgewalt bezeichnet wird,[53] ist damit im Kern die Möglichkeit der EU-Organe, die Tatbestände der nationalen Rechtsanwendungs- und Duldungsbefehle aus- **31**

---

46 Siehe nur BVerfGE 118, 79 (95); 129, 124 (175 f.) – EFS; 134, 366 (Rn. 132) – OMT-Beschluss; 142, 123 (Rn. 97) – OMT-Urteil; BVerfG, NJW 2017, S. 149 (Rn. 16 f.); BVerfGE 151, 202 (Rn. 112) – Bankenunion; s. dazu *Hillgruber/Goos*, Verfassungsprozessrecht, Rn. 227.

47 BVerfGE 142, 123 (Rn. 97) – OMT-Urteil; BVerfG, NJW 2017, S. 149 (Rn. 16); BVerfGE 151, 202 (Rn. 112) – Bankenunion; 154, 17 (Rn. 93) – PSPP-Urteil; BVerfG, Beschl. v. 6. Nov. 2022 – 2 BvR 2480/10 u.a., Rn. 116 – EPA; vgl. auch BVerfGE 129, 124 (175 f.).

48 *Bethge*, in: Schmidt-Bleibtreu/Klein, BVerfGG, § 90 Rn. 333 (Stand: 53. EL, Februar 2018); *Eifert/Gerberding*, Jura 2016, S. 628 (635); *Hellmann*, in: Barczak, BVerfGG, § 90 Rn. 142; *Hillgruber/Goos*, Verfassungsprozessrecht, Rn. 1185, 1191 ff.; kritisch *Sauer*, Staatsrecht III, § 9 Rn. 89; differenzierend *Wollenschläger*, in: Dreier, GG, Bd. II, Art. 23 Rn. 170.

49 BVerfGE 134, 366 (Rn. 1); Zweifel an dieser Auslegung im Sondervotum der Richterin *Lübbe-Wolf*, Rn. 106; siehe auch *Eifert/Gerberding*, Jura 2016, S. 628 (636).

50 *Sauer*, in: Kahl/Waldhoff/Walter, GG, Art. 24 Rn. 37 (Stand: 198. EL, Mai 2019); *Calliess*, in: Dürig/Herzog/Scholz, GG, Art. 24 Rn. 38 (Stand: 79. EL, Dezember 2016).

51 BVerfGE 37, 271 (280) – Solange I; 58, 1 (28) – Eurocontrol; *Streinz*, in: Sachs, GG, Art. 23 Rn. 60 f.

52 BVerfGE 37, 271 (280) – Solange I; 58, 1 (28) – Eurocontrol; *Calliess*, in: Dürig/Herzog/Scholz, GG, Art. 24 Rn. 40 (Stand: 79. EL, Dezember 2016); *Classen*, in: v. Mangoldt/Klein/Starck, GG, Art. 24 Rn. 12; *König*, Übertragung von Hoheitsrechten, S. 77.

53 Nach h.M. haben die Mitgliedstaaten die EU völkervertraglich als Trägerin von Hoheitsrechten konstituiert, siehe nur BVerfGE 22, 293 (295 f.); *Calliess*, in: Dürig/Herzog/Scholz, GG, Art. 24 Rn. 39 (Stand: 79. EL, Dezember 2016).

zufüllen. Üben die Organe der EU mithin nicht deutsche Hoheitsgewalt aus, vermag die rein funktionale Argumentation des BVerfG im Maastricht-Urteil (Grundrechtsschutz wird gewährt, weil es erforderlich ist) kein anderes Ergebnis zu begründen. Hinzuweisen ist außerdem darauf, dass die Bindungswirkung bundesverfassungsgerichtlicher Urteile supranationale Organisationen schon nach dem Wortlaut des § 31 Abs. 1 BVerfGG nicht erfasst und aus völkerrechtlichen Gründen auch nicht erfassen kann.[54] Ebenso wenig kann das Bundesverfassungsgericht einen Akt der Unionsgewalt gemäß § 95 BVerfGG aufheben oder einen Gesetzgebungsakt für nichtig erklären.[55] Auch deshalb kann die Verwirklichung des grundgesetzlichen Kontrollanspruchs sinnvollerweise nur bei den Trägern der deutschen öffentlichen Gewalt ansetzen.[56] Schutzlücken ergeben sich hierdurch nicht: Meist werden grundrechtliche Schutzgegenstände vermittelt durch unionsrechtlich determinierte deutsche öffentliche Gewalt beeinträchtigt, sodass die Mitwirkungsakte der deutschen Stellen als Beschwerdegegenstände herangezogen werden können.[57] Bei nicht umsetzungsbedürftigen Handlungen der Unionsorgane kommt eine Geltendmachung staatlicher Schutz- und Handlungspflichten in Betracht, womit wiederum ein nationaler Akt als tauglicher Beschwerdegegenstand vorliegt.[58]

Die EU-FAVO ist somit kein tauglicher Beschwerdegegenstand einer Verfassungsbeschwerde.

32 **Hinweis 1:** Etwas anderes ergibt sich auch nicht aus den Entscheidungen *Recht auf Vergessen I*[59] und *II*[60], in denen das BVerfG den Prüfungsmaßstab im Verfassungsbeschwerdeverfahren neu bestimmt hat.[61] Die dort aufgestellten Grundsätze finden nur Anwendung, soweit Gegenstand der Verfassungsbeschwerde die fachgerichtliche Anwendung von Unionsrecht ist, mithin mitgliedstaatliches Handeln. Vorliegend wendet sich A aber unmittelbar gegen eine Maßnahme des Unionsgesetzgebers.

Hinweis 2: Unter bestimmten Voraussetzungen prüft das BVerfG bei der Beurteilung der Grundrechtskonformität eines deutschen Hoheitsaktes *vorfrageweise*, ob ein diesen Hoheitsakt veranlassender EU-Rechtsakt den Anforderungen des Grundgesetzes genügt. Mittelbar wird so auch eine Kontrolle der Grundrechtskonformität des EU-Rechtsaktes möglich. Dazu gehört zum einen die sog. *Identitätskontrolle*, also die Prüfung der Vereinbarkeit des EU-Rechtsakts mit den sog. Ewigkeitsgarantien nach Art. 79 Abs. 3 GG des Grundgesetzes, zu denen insbesondere auch die Garantie der Menschenwürde sowie die Menschwürdegehalte der einzelnen Grundrechte gehören. Zum anderen erachtet sich das BVerfG unter bestimmten, eng gefassten Voraussetzungen für zuständig, einen EU-Rechtsakt ohne die Beschränkung auf den Menschenwürdekern am Maßstab der Grundrechte zu messen. So heißt es im Lissabon-Urteil, das

---

54 *Hillgruber/Goos*, Verfassungsprozessrecht, Rn. 1192.
55 BVerfG, Beschl. v. 8. November 2022 – 2 BvR 2480/10, Rn. 119 – EPA.
56 *Eifert/Gerberding*, Jura 2016, S. 628 (634).
57 *Eifert/Gerberding*, Jura 2016, S. 628 (636); *Wollenschläger*, in: Dreier, GG, Bd. II, Art. 23 Rn. 170.
58 *Eifert/Gerberding*, Jura 2016, S. 628 (636); *Wollenschläger*, in: Dreier, GG, Bd. II, Art. 23 Rn. 170. Diesen Ansatz wählte das BVerfG in BVerfGE 134, 366 (Rn. 44 ff.) – OMT-Beschluss; BVerfG, NJW 2019, S. 3204 (Rn. 141) sowie zuletzt in BVerfGE 154, 17 (Rn. 89) – PSPP-Urteil.
59 BVerfGE 152, 152 – Recht auf Vergessen I.
60 BVerfGE 152, 216 – Recht auf Vergessen II.
61 Dazu mit Fällen *Knoth/Seyer*, JuS 2021, S. 1018 (1022 ff.); Fallbearbeitung zur Entscheidung Recht auf Vergessen II auch bei *Hussendörfer*, Jura 2021, S. 705.

BVerfG übe seine Gerichtsbarkeit über die Anwendbarkeit von sekundärem Unionsrecht, das die Rechtsgrundlage für ein Handeln deutscher Staatsgewalt ist, lediglich solange nicht mehr aus, wie die EU eine Grundrechtsgeltung gewährleistet, die nach Inhalt und Wirksamkeit dem Grundrechtsschutz, wie er nach dem Grundgesetz unabdingbar ist, im Wesentlichen gleichkomme (sog. *Solange-Vorbehalt*).[62]

III. Ergebnis

Eine Verfassungsbeschwerde gegen die EU-FAVO ist unzulässig. **33**

D. Gesamtergebnis

Dem A steht unmittelbar gegen die EU-FAVO kein zulässiger Rechtsbehelf zur Verfügung. **34**

Aufgabe 2: Vorgehen gegen das Zustandekommen der Verordnung

A fragt, ob ein gerichtliches Vorgehen gegen das Zustandekommen der EU-FAVO **35** Erfolg verspricht.

A. Rechtsbehelf beim EuGH

Zunächst könnte A eine Nichtigkeitsklage nach Art. 263 Abs. 4, Abs. 1 AEUV bei dem **36** hierfür zuständigen Gericht (Art. 19 Abs. 1 S. 1 EUV) erheben. Diese hat Erfolg, wenn sie zulässig und begründet ist.

I. Zulässigkeit

1. Tauglicher Klagegenstand

Hinsichtlich der Zulässigkeit stellt sich zunächst die Frage, ob ein noch nicht verab- **37** schiedeter Verordnungsentwurf ein tauglicher Klagegegenstand ist. Grundsätzlich sind die von Art. 263 Abs. 1, Abs. 4 AEUV erfassten Unionshandlungen erst dann mit der Nichtigkeitsklage angreifbar, wenn sie in dem dafür vorgesehenen Verfahren verabschiedet worden sind.[63] Zuvor hat sich der Gestaltungswille des für die abschließende Entscheidung zuständigen Organs noch nicht endgültig in einem Rechtsakt manifestiert, auch wenn die Absicht zum Erlass eines Rechtsaktes in naher Zukunft kundgetan worden sein mag. Es ist in einer auf Rechtsstaatlichkeit gegründeten Ordnung (Art. 2 EUV) zunächst die Pflicht der rechtsetzenden und vollziehenden Gewalten selbst, ein beabsichtigtes Handeln auf seine Rechtmäßigkeit zu prüfen und rechtswidriges Handeln unbedingt zu unterlassen. Die gerichtliche Kontrolle kann zur Wahrung der Effektivität und der politischen Unabhängigkeit der Justiz grds. erst eingreifen, wenn der Willensbildungsprozess der anderen Hoheitsgewalten abgeschlossen ist und die rechtswidrige

62 BVerfGE 123, 267 (335) – Lissabon.
63 *Dörr*, in: Grabitz/Hilf/Nettesheim, Das Recht der Europäischen Union, Art. 263 AEUV Rn. 38 (Stand: 49. EL, November 2012).

Handlung vorgenommen wurde. Aus dem gleichen Grund können auch vorbereitende Maßnahmen wie z.B. die Vorschläge der Kommission für einen Rechtsetzungsakt[64] oder Zwischenmaßnahmen in einem mehrphasigen Verfahren nicht selbstständig angefochten werden.[65] Erst recht stellt die bloße Ankündigung eines EU-Organs, eine bestimmte Handlung vornehmen zu wollen, keinen tauglichen Klagegegenstand dar.[66]

2. Klageberechtigung

38 Der Zulässigkeit einer Nichtigkeitsklage steht außerdem die fehlende Klageberechtigung des A entgegen. Wenn A nach dem oben Gesagten durch die Verordnung noch nicht einmal nach ihrem Erlass unmittelbar betroffen ist (siehe Aufgabe 1), kann vor dem Erlass der Verordnung erst recht nichts anderes gelten. Das Erfordernis der unmittelbaren Betroffenheit nach Art. 263 Abs. 4 Var. 2 und Var. 3 AEUV schließt vorbeugende Nichtigkeitsklagen im Gegenteil selbst gegen solche Rechtsakte grds. aus, die den Kläger nach ihrem Inkrafttreten unmittelbar betreffen.[67]

39 **Hinweis:** Ob von dem Grundsatz der Unzulässigkeit vorbeugender Nichtigkeitsklagen zur Gewährleistung eines effektiven Rechtsschutzes (Art. 47 Abs. 1 GRC) in bestimmten Konstellationen Ausnahmen zu machen sind, bedarf vorliegend keiner Entscheidung.

II. Ergebnis

40 Eine Nichtigkeitsklage des A ist unzulässig.

B. Rechtsbehelf im deutschen Verwaltungsrechtsweg

41 Fraglich ist, ob A vor den deutschen Verwaltungsgerichten erreichen kann, dass die Bundesrepublik Deutschland dazu verurteilt wird, im Rat nicht für den Erlass der EU-FAVO zu stimmen.

42 **Hinweis:** Es kommt nicht darauf an, ob sich der deutsche Vertreter im Rat der Stimme enthält oder gegen die Verordnung stimmt. Nicht anders als eine Nein-Stimme trägt auch eine Stimmenthaltung nicht zur Erreichung der für die Annahme des Rechtsaktes erforderlichen qualifizierten Mehrheit i.S.v. Art. 16 Abs. 4 UAbs. 1 EUV bei. Auch für die Sperrminorität im Sinne des Art. 16 Abs. 4 UAbs. 2 EUV zählen Enthaltungen und Gegenstimmen gleichermaßen.

---

64 *Dörr*, in: Grabitz/Hilf/Nettesheim, Das Recht der Europäischen Union, Art. 263 AEUV Rn. 39 (Stand: 49. EL, November 2012).

65 EuGH, Urt. v. 14. März 1990, Nashua Corporation u.a./Kommission und Rat, C-133/87 und C-150/87, EU:C:1990:115, Rn. 9; Urt. v. 22. Juni 2000, Niederlande/Kommission, C-147/96, EU:C:2000:335, Rn. 26; *Dörr*, in: Grabitz/Hilf/Nettesheim, Das Recht der Europäischen Union, Art. 263 AEUV Rn. 39 (Stand: 49. EL, November 2012).

66 EuGH, Beschl. v. 8. März 1991, Emerald Meats, C-66/91 und C-66/91 R, EU:C:1991:110, Rn. 27 f.; Urt. v. 5. Mai 1998, Vereinigtes Königreich/Kommission, C-180/96, EU:C:1998:192, Rn. 27 ff.; *Dörr*, in: Grabitz/Hilf/Nettesheim, Das Recht der Europäischen Union, Art. 263 AEUV Rn. 40 (Stand: 49. EL, November 2012).

67 Vgl. *Pechstein/Görlitz*, in: Pechstein/Nowak/Häde, EUV/GRC/AEUV, Art. 263 AEUV Rn. 107.

I. Eröffnung des Verwaltungsrechtswegs

Zu prüfen ist, ob für einen Rechtsbehelf des A der Verwaltungsrechtsweg eröffnet ist. 43
Gemäß § 40 Abs. 1 S. 1 VwGO ist der Verwaltungsrechtsweg in allen öffentlich-rechtlichen Streitigkeiten nichtverfassungsrechtlicher Art gegeben, soweit keine abdrängende Sonderzuweisung eingreift.

1. Öffentlich-rechtliche Streitigkeit

Die Rechtsnatur einer Streitigkeit richtet sich nach der streitentscheidenden Norm.[68] 44
A macht einen Anspruch auf ein bestimmtes Abstimmungsverhalten der Bundesrepublik Deutschland bei der anstehenden Abstimmung über die EU-FAVO im Rat geltend. Dieser Anspruch kann, wenn er besteht, aufgrund der öffentlich-rechtlichen Natur der Erfüllungshandlung selbst nur öffentlich-rechtlicher Art sein.[69] Als mögliche Anspruchsgrundlage kommt insb. Art. 38 Abs. 1 Satz 1 GG in Betracht. Es liegt damit eine öffentlich-rechtliche Streitigkeit vor.

2. Nichtverfassungsrechtlicher Art

Die Streitigkeit müsste zudem nichtverfassungsrechtlicher Art sein. Verfassungsrechtli- 45
cher Art ist nicht jede Streitigkeit, für die eine Zuständigkeit des BVerfG oder eines Landesverfassungsgerichts begründet ist.[70] Andernfalls wäre das Merkmal der Streitigkeit nichtverfassungsrechtlicher Art weitgehend überflüssig, weil die eine verfassungsgerichtliche Zuständigkeit eröffnende Norm zugleich eine abdrängende Sonderzuweisung i.S.v. § 40 Abs. 1 S. 1 VwGO wäre.[71] Der Begriff der nichtverfassungsrechtlichen Streitigkeit und der Komplementärbegriff der verfassungsrechtlichen Streitigkeit sind daher auch anhand inhaltlicher Kriterien zu definieren.

a) Doppelte Verfassungsunmittelbarkeit

Nach einer weit verbreiteten Auffassung ist eine verfassungsrechtliche Streitigkeit durch 46
eine doppelte Verfassungsunmittelbarkeit gekennzeichnet:[72] Zum einen müssen die Verfahrensbeteiligten unmittelbar am Verfassungsleben beteiligt sein und zum anderen muss es in der Streitsache materiell im Kern um die Anwendung oder Auslegung von Verfassungsrecht gehen.[73] Unmittelbar am Verfassungsleben nehmen nur solche Akteure teil, die ihre rechtliche Existenz direkt aus dem Verfassungsrecht ableiten, also insb. Verfassungsorgane und Teile von solchen.[74] Streitigkeiten, an denen – wie hier – ein

---

68 *Ehlers*, in: ders./Schoch, Rechtsschutz im öffentlichen Recht, § 25 Rn. 91; abweichend GmS OGB, BGHZ 97, 312 (313 f.).

69 Zu diesem Zusammenhang *Ehlers/Schneider*, in: Schoch/Schneider, Verwaltungsrecht, § 40 VwGO, Rn. 210 (Stand: 28. EL, März 2015).

70 *Schenke*, Verwaltungsprozessrecht, Rn. 141.

71 *Schenke*, Verwaltungsprozessrecht, Rn. 141.

72 BayVerfGH, BayVBl. 2015, S. 154 (156); OVG Berlin-Brandenburg, NVwZ-RR 2017, S. 126 (Rn. 12); *Guckelberger*, Allgemeines Verwaltungsrecht, § 5 Rn. 25; *Hufen*, Verwaltungsprozessrecht, § 11 Rn. 49. Kritisch: *Bethge*, JuS 2001, S. 1100; *Ehlers*, Jura 2008, S. 183 (186 f.); *Ruthig*, in: Kopp/Schenke, VwGO, § 40 Rn. 32a ff.

73 OVG Berlin-Brandenburg, NVwZ-RR 2017, S. 126 (Rn. 12); *Detterbeck*, Allgemeines Verwaltungsrecht, Rn. 1327; *Hufen*, Verwaltungsprozessrecht, § 11 Rn. 49.

74 *Detterbeck*, Allgemeines Verwaltungsrecht, Rn. 1327; *Guckelberger*, Allgemeines Verwaltungsrecht, § 5 Rn. 25.

Bürger beteiligt ist, sind deshalb bei strikter Anwendung der Formel von der doppelten Verfassungsunmittelbarkeit niemals verfassungsrechtlicher Art, und zwar auch dann nicht, wenn die inhaltlichen Maßstäbe zur Streitentscheidung dem Verfassungsrecht entstammen (Grundrechte).[75] Allerdings gibt es Fälle, in denen ein Rechtsschutzbegehren direkt die verfassungsrechtlichen Kompetenzen eines Verfassungsorgans berührt und so derart vom Verfassungsrecht geprägt ist, dass trotz Beteiligung eines Bürgers eine verfassungsrechtliche Streitigkeit anzunehmen sein soll.[76] So verhält es sich etwa dann, wenn ein formelles Gesetz unmittelbar angegriffen wird.[77] Die stark am Organstreit als „Urbild" einer verfassungsrechtlichen Streitigkeit ausgerichtete Formel von der doppelten Verfassungsunmittelbarkeit wird insoweit also nicht angewandt oder jedenfalls stark modifiziert.

47 Fraglich ist, ob im vorliegenden Fall ein vergleichbar enger Bezug zum Verfassungsrecht gegeben ist und die Streitigkeit deshalb nicht im Verwaltungsrechtsweg ausgetragen werden kann. A begehrt ein bestimmtes Handeln bzw. Unterlassen des deutschen Vertreters im Rat und damit einen Akt der auswärtigen Gewalt, der einem grds. von der Bundesregierung (Art. 32 Abs. 1 GG) oder ausnahmsweise vom Bundesrat (Art. 23 Abs. 6 GG i.V.m. § 6 Abs. 2 EUZBLG) benannten Vertreter obliegt. Im Binnenverhältnis der Verfassungsorgane zueinander könnte Rechtsschutz hinsichtlich des Abstimmungsverhaltens nur im Wege des Organstreits (Art. 93 Abs. 1 Nr. 1 GG) und im Bund-Länder-Verhältnis mit dem Bund-Länder-Streit (Art. 93 Abs. 1 Nr. 3 GG) erlangt werden, nicht aber im Verwaltungsrechtsweg. Dem Grundgesetz ist damit die Wertung zu entnehmen, dass Streitigkeiten, die das Abstimmungsverhalten der Bundesrepublik im Rat betreffen, verfassungsrechtlicher Art sind. Diese Rechtsnatur haben sie auch dann, wenn ausnahmsweise ein einzelner Bürger um Rechtsschutz nachsucht. Ohne diesem Aspekt in den Entscheidungsgründen Aufmerksamkeit zu schenken, ging auch das BVerfG in seiner OMT[78]-Entscheidung[79] und der PSPP[80]-Entscheidung[81] davon aus, dass die Zulässigkeit einer gegen die Beteiligung deutscher Verfassungsorgane an einem Ultra-vires-Akt gerichteten, ohne vorherige Einlegung fachgerichtlicher Rechtsbehelfe erhobenen Verfassungsbeschwerde nicht an der fehlenden Erschöpfung des Rechtswegs (§ 90 Abs. 2 S. 1 BVerfGG) scheitert.

Auch wer im Ausgangspunkt die Formel von der doppelten Verfassungsunmittelbarkeit anwendet, wird hier deshalb eine verfassungsrechtliche Streitigkeit anzunehmen haben.

---

75 *Detterbeck*, Allgemeines Verwaltungsrecht, Rn. 1328; *Guckelberger*, Allgemeines Verwaltungsrecht, § 5 Rn. 25; *Ruthig*, in: Kopp/Schenke, VwGO § 40 Rn. 32.

76 BayVerfGH, BayVBl. 2015, S. 154 (156); *Detterbeck*, Allgemeines Verwaltungsrecht, Rn. 1328.

77 BVerfGE 70, 35 (55); BVerwGE 80, 355 (358); *Detterbeck*, Allgemeines Verwaltungsrecht, Rn. 1328; *Ruthig*, in: Kopp/Schenke, VwGO, § 40 Rn. 32a.

78 „OMT" steht für „Outright Monetary Transactions". In der Sache ging es um die Ankündigung der EZB, unter bestimmten Bedingungen in unbegrenztem Umfang Staatsanleihen von „Euroländern" zu erwerben und damit den Marktpreis für die Kreditaufnahme zu korrigieren.

79 BVerfGE 142, 123 (Rn. 76 ff.) – OMT-Urteil.

80 PSPP steht für „Public Sector Purchase Programme". Dabei handelt es sich um ein Programm der EZB zum Ankauf von Staatsanleihen der Eurozone am Sekundärmarkt.

81 BVerfGE 154, 17 (Rn. 85 ff,) – PSPP-Urteil.

b) Andere Konzeptionen des Begriffs der verfassungsrechtlichen Streitigkeit

Nach einer vom BVerwG vertretenen Ansicht liegt eine verfassungsgerichtliche Streitigkeit vor, wenn die Auslegung und Anwendung verfassungsrechtlicher Normen den eigentlichen Kern des Rechtsstreits bilden[82] oder – anders ausgedrückt – das streitige Rechtsverhältnis entscheidend vom Verfassungsrecht geprägt ist.[83] Vorliegend geht es im Kern um den Gewährleistungsgehalt des Art. 38 Abs. 1 S. 1 GG und die daraus folgenden (Unterlassungs-)Pflichten deutscher Verfassungsorgane im Zusammenhang mit (drohenden) Ultra-vires-Akten und Verletzungen der Verfassungsidentität. Auch auf Grundlage der Rspr. des BVerwG wäre die Streitigkeit deshalb als verfassungsrechtliche zu qualifizieren. **48**

Hinweis: In der Literatur finden sich weitere Ansätze zur Bestimmung des Begriffs der verfassungsrechtlichen Streitigkeit, die den erkennbaren Defiziten der Formel von der doppelten Verfassungsunmittelbarkeit und ihrer unterkomplexen Ausrichtung an der Organstreitigkeit Rechnung tragen. So liegt nach der sog. materiellen Subjektstheorie eine verfassungsrechtliche Streitigkeit vor, wenn der Rechtsschutz*gegner* ein Verfassungssubjekt ist, das als solches verpflichtet werden soll.[84] Eine weitere Ansicht stellt darauf ab, ob die Streitigkeit aufgrund verfassungsrechtlicher Zuständigkeitsvorschriften grds. den Verfassungsgerichten vorbehalten sein soll. Dies soll auch dann der Fall sein können, wenn eine Zuständigkeit der Verfassungsgerichte im konkreten Fall gerade nicht gegeben ist.[85] **49**

II. Ergebnis

Eine Klage vor einem deutschen Verwaltungsgericht, die darauf gerichtet ist, dass der deutsche Vertreter im Rat der EU-FAVO nicht zustimmt, wäre unzulässig. **50**

C. Verfassungsbeschwerde gegen die Zustimmung des deutschen Vertreters im Rat

Zu prüfen sind schließlich die Erfolgsaussichten einer Verfassungsbeschwerde des A beim BVerfG gegen die vom Bundesminister der Finanzen angekündigte Zustimmung der Bundesrepublik Deutschland zur EU-FAVO im Rat. Ein solcher Rechtsbehelf hätte Aussicht auf Erfolg, soweit er zulässig und begründet wäre. **51**

I. Zulässigkeit

Eine Verfassungsbeschwerde ist zulässig, wenn die Sachentscheidungsvoraussetzungen des Art. 93 Abs. 1 Nr. 4a GG und der § 13 Nr. 8a, §§ 90 ff. BVerfGG gegeben sind. **52**

---

82 BVerwGE 80, 355 (357).

83 BVerwGE 80, 355 (357); BVerwG, NJW 1985, S. 2344 (2344); BVerwGE 109, 258 (259 f.).

84 *Ehlers*, Jura 2008, S. 183 (187); *ders./Schneider*, in: Schoch/Schneider, Verwaltungsrecht, § 40 VwGO Rn. 144 (Stand: 28. EL, März 2015); *Wöckelt*, in: Eyermann, VwGO, § 40 Rn. 21; *Sodan*, in: ders./Ziekow, VwGO, § 40 Rn. 215.

85 *Kraayvanger*, Verfassungsrechtliche Streitigkeit, S. 49 f.; *Ruthig*, in: Kopp/Schenke, VwGO, § 40 Rn. 32d; *Schenke*, Verwaltungsprozessrecht, Rn. 144 ff.

1. Beteiligungsfähigkeit des Beschwerdeführers

53 Die Beteiligungsfähigkeit des A gemäß Art. 93 Abs. 1 Nr. 4a GG, § 90 Abs. 1 BVerfGG ist nach dem oben Gesagten[86] jedenfalls dann zu bejahen, wenn A in der Beschwerdeschrift eine Verletzung des grundrechtsgleichen aktiven Wahlrechts aus Art. 38 Abs. 1 S. 1 GG geltend macht.

2. Tauglicher Beschwerdegegenstand

54 Die angekündigte Zustimmung zum Erlass der EU-FAVO müsste zudem einen tauglichen Beschwerdegegenstand darstellen. Tauglicher Gegenstand einer Verfassungsbeschwerde ist gemäß Art. 93 Abs. 1 Nr. 4a GG, § 90 Abs. 1 BVerfGG jeder Akt der deutschen[87] öffentlichen Gewalt. Zu klären ist, ob der Vertreter der Bundesrepublik im Rat bei der Abstimmung über Rechtsakte der EU deutsche Staatsgewalt ausübt. Gemäß Art. 13 Abs. 1 UAbs. 2 EUV ist der Rat ein Organ der EU, das gemäß Art. 16 Abs. 2 EUV aus je einem Vertreter jedes Mitgliedstaates auf Ministerebene zusammengesetzt ist. Im Rat wirken die Angehörigen der mitgliedstaatlichen Regierungen mithin an der Willensbildung eines EU-Organs mit und üben europäische Hoheitsgewalt aus. Zugleich bleiben sie aber – anders als etwa die Mitglieder der Kommission (Art. 17 Abs. 3 u. 8 EUV) – eben auch Vertreter ihrer jeweiligen Mitgliedstaaten.[88] Ihre unionsrechtlichen Kompetenzen knüpfen an eine aus dem mitgliedstaatlichen Verfassungsrecht und der aus ihm abgeleiteten Rechtsordnung resultierende Bevollmächtigung an. Das Unionsrecht nimmt dieses Vertretungsmodell nicht nur als Folge der quasi-föderalen Verfasstheit der EU hin, sondern es sieht darin eine notwendige Abstützung der demokratischen Legitimation der EU-Hoheitsgewalt. Gemäß Art. 10 Abs. 2 UAbs. 2 EUV beruht die Demokratie in der EU auch auf der – in den meisten Staaten über die nationalen Parlamente vermittelten – Verantwortlichkeit der Ratsmitglieder gegenüber dem eigenen Staatsvolk. Die Vertreter im Rat haben mithin funktional eine Doppelstellung; sie üben (auch) die Staatsgewalt ihres Mitgliedstaats aus.[89] Die Zustimmung zu einem Sekundärrechtsakt ist der letzte Akt der mitgliedstaatlichen Staatsgewalt vor der Entstehung eines unionsrechtlichen Aktes.[90]

---

86 Aufgabe 1, C. I., Rn. 26.

87 Siehe Aufgabe 1, C. II., Rn. 27 ff.

88 *W. Cremer*, EuR 2014, S. 195 (206).

89 *Cornils*, AöR 129 (2004), S. 336 (350 f.); *W. Cremer*, EuR 2014, S. 195 (206); *Huber*, AöR 116 (1991), S. 210 (231); *Sauer*, Staatsrecht III, § 9 Rn. 89a; a.A. *Heintzen*, Der Staat 31 (1992), S. 367 (380 ff.); wohl auch *Nicolaysen*, EuR 1989, S. 215 (218 f.). Die Rspr. des BVerfG war in der Vergangenheit nicht eindeutig. Zwar sprach BVerfG, NVwZ 1993, S. 883 (883) davon, dass die Zustimmung im Rat „der letzte von der deutschen Staatsgewalt gesetzte Mitwirkungsakt" an einer möglichen Grundrechtsverletzung sei. Dennoch gelangt das Gericht zu der Auffassung, es liege „kein Akt öffentlicher Gewalt gegenüber der Beschwerdeführerin" vor. Ähnlich verneinte es in BVerfGE 129, 124 (174 f.) die Zulässigkeit der Verfassungsbeschwerde, da die Beschwerdeführer nicht „unmittelbar beschwert" seien, sprach aber gleichzeitig davon, dass die Mitwirkungshandlungen der Bundesregierung keine „mit der Verfassungsbeschwerde angreifbaren Akte öffentlicher Gewalt gegenüber den Beschwerdeführern" seien. Dies wurde teilweise so verstanden, dass das Gericht schon das Vorliegen eines tauglichen Beschwerdegegenstands verneinte und nicht – was das vorzugswürdige Verständnis sein dürfte – mangels unmittelbarer Betroffenheit erst die Beschwerdebefugnis. In seinem jüngsten Urteil zur Bankenunion hat das BVerfG nun klargestellt, dass Mitwirkungsakte deutscher Verfassungsorgane beim Zustandekommen von Sekundärrechtsakten der EU taugliche Beschwerdegegenstände der Verfassungsbeschwerde sind, BVerfGE 151, 202 (Rn. 102 f.). Vgl. zur Angreifbarkeit der Abstimmungsweisung der Bundesregierung an ihren Vertreter im Rat im Organstreit BVerfGE 92, 203 (227).

90 *Kahl*, in: ders./Waldhoff/Walter, GG, Art. 1 Abs. 3 Rn. 71 (Stand: 218. EL, Dezember 2022).

Allerdings könnte der Begriff des Aktes der öffentlichen Gewalt angesichts der Funktion der Verfassungsbeschwerde, die Grundrechtsbindung der Staatsgewalt prozessual durchzusetzen, einschränkend auszulegen sein. So könnte es hier an einem tauglichen Beschwerdegegenstand dann fehlen, wenn der Vertreter der Bundesrepublik Deutschland bei der Abstimmung im Rat nicht an die Grundrechte und die grundrechtsgleichen Rechte gebunden und eine Verletzung dieser Rechte schon deshalb unter jedem Gesichtspunkt auszuschließen wäre. Grundsätzlich ist die Grundrechtsbindung indes die unmittelbare Folge der soeben getroffenen Feststellung, dass der deutsche Vertreter durch sein Abstimmungsverhalten im Rat deutsche Staatsgewalt ausübt. Die Grundrechtsbindung aller drei Staatsgewalten ist grundsätzlich umfassend und lückenlos (Art. 1 Abs. 3, Art. 20 Abs. 3 GG).[91] Zwar erfährt dieser Grundsatz – wie noch zu zeigen sein wird – mit Rücksicht auf die Europarechtsfreundlichkeit[92] gewisse Durchbrechungen. Eine vollständige Aufhebung der Grundrechtsbindung bei der Mitwirkung an Angelegenheiten der EU widerspräche jedoch der Regelung des Art. 23 Abs. 1 S. 3 GG, der zufolge selbst der Hoheitsrechte übertragende Gesetzgeber zumindest an einen Kerngehalt der Verfassung (Art. 79 Abs. 3 GG) gebunden bleibt. Allein unter Hinweis auf die Europarechtsfreundlichkeit des Grundgesetzes kann die Grundrechtsbindung daher nicht gänzlich ausgeschlossen werden, mag damit auch wie mit jeder inhaltlichen Vorabfestlegung die Kompromissfindung im Rat erschwert werden. Es ist im Übrigen auch nicht ersichtlich, dass das geltende europäische Recht überhaupt den Anspruch erhebt, die Bindung des mitgliedstaatlichen Vertreters an das jeweilige Verfassungsrecht per se auszuschließen. 55

Damit ist die angekündigte Zustimmung zum Erlass der EU-FAVO ein tauglicher Beschwerdegegenstand.

Hinweis: Es ist gut vertretbar, die Grundrechtsbindung erst im Prüfungspunkt „Beschwerdebefugnis“ anzusprechen. 56

3. Beschwerdebefugnis

A müsste beschwerdebefugt sein. Nach Art. 93 Abs. 1 Nr. 4a GG, § 90 Abs. 1 BVerfGG setzt die Beschwerdebefugnis die Behauptung des Beschwerdeführers voraus, durch den angegriffenen Hoheitsakt in einem Grundrecht oder grundrechtsgleichen Recht verletzt zu sein. Eine Rechtsverletzung ist behauptet, wenn sie zumindest möglich erscheint (nachfolgend a).[93] Darüber hinaus muss der Beschwerdeführer selbst, gegenwärtig und unmittelbar betroffen sein (b).[94] 57

91 Eine Bindung an das GG bejahend BVerfGE 92, 203 (227 f.); 123, 267 (395, 411, 413 f., 424 f.); *W. Cremer*, EuR 2014, S. 195 (206); a.A. *Heintzen*, Der Staat 31 (1992), S. 367 (380 ff.); *Nicolaysen*, EuR 1989, S. 215 (218 f.).

92 BVerfGE 123, 267 (354 f.) – Lissabon.

93 St. Rspr., siehe nur BVerfGE 125, 39 (73); 129, 78 (91).

94 BVerfGE 140, 42 (Rn. 55); *Hillgruber/Goos*, Verfassungsprozessrecht, Rn. 268; *Sachs*, Verfassungsprozessrecht, Rn. 560 ff.

a) Möglichkeit der Verletzung in einem Grundrecht oder grundrechtsgleichen Recht

58 Möglich ist eine Rechtsverletzung, die nicht von vornherein ausgeschlossen ist.[95]

aa) Mögliche Verletzung von Freiheitsgrundrechten

59 A wird durch die EU-FAVO unmittelbar zu nichts verpflichtet, so dass ein Eingriff in den grundrechtlichen Schutzbereich einer Handlungsfreiheit nicht ersichtlich ist. Unberührt bleiben auch der Bestand, die Zuordnung und die Ausübung von subjektiven Rechten des A, die Gegenstand eines Schutzes insb. durch Art. 14 Abs. 1 GG sein könnten. Ferner verpflichtet die Verordnung auch nicht die Mitgliedstaaten zu Grundrechtseingriffen oder veranlasst sie in anderer Weise dazu, so dass es nicht in Betracht kommt, die Zustimmung zur Verordnung als mittelbaren Grundrechtseingriff zu qualifizieren. Wie oben[96] ausführlich dargestellt, können sich die Mitgliedstaaten die zur Erfüllung einer aus der EU-FAVO folgenden Zahlungsverpflichtung erforderlichen finanziellen Mittel auf unterschiedliche Weise beschaffen und zudem die Höhe der Zahlungsverpflichtung beeinflussen. Eine Verletzung von Freiheitsgrundrechten durch die Zustimmung zu der Verordnung im Rat scheidet deshalb von vornherein aus.

bb) Mögliche Verletzung eines Rechts aus Art. 38 Abs. 1 S. 1 GG

60 In Betracht zu ziehen ist die Möglichkeit einer Verletzung eines grundrechtsgleichen Rechts aus Art. 38 Abs. 1 S. 1 GG.

(1) Mögliche Verletzung des Anspruchs auf Wahrung der Verfassungsidentität

61 Seinem Wortlaut nach gewährt Art. 38 Abs. 1 S. 1 GG ein subjektives Recht, an der Wahl der Abgeordneten des Deutschen Bundestages teilzunehmen. Nach Ansicht des BVerfG ist damit nicht nur das formale Wahlrecht und die Einhaltung der verfassungsrechtlichen Wahlrechtsgrundsätze garantiert, sondern es wird dem Einzelnen auch ein Anspruch darauf gegeben, mit seiner Stimme Einfluss auf die politische Willensbildung zu nehmen und damit tatsächlich etwas bewirken zu können.[97] Daraus folgert das Gericht, dass die Kompetenzen des Bundestags nicht dergestalt ausgehöhlt werden dürfen, dass die Ausübung des Wahlrechts seine Schlüsselrolle bei der politischen Selbstbestimmung des deutschen Volkes verliert[98] und damit das Demokratieprinzip als einer der Identitätskerne des Grundgesetzes (Art. 79 Abs. 3 i.V.m. Art. 20 Abs. 1 u. 2 GG) verletzt wird.[99] Der Verfassungsgrundsatz der Demokratie wird vom BVerfG mithin nicht nur als formales Zurechnungsprinzip zwischen Staatsvolk und Hoheitsgewalt verstanden, sondern als tatsächliche Gestaltungsmacht des deutschen Volkes über seine Angelegenheiten.[100] Das Recht auf demokratische Selbstbestimmung vermittele den Bürgerinnen und

95 BVerfGE 125, 39 (73); *Hellmann*, in: Barczak, BVerfGG, § 90 Rn. 193.

96 Aufgabe 1, A. VI. 3. b), Rn. 18.

97 BVerfGE 89, 155 (171 f.) – Maastricht; 123, 267 (358) – Lissabon; 142, 123 (Rn. 81) – OMT-Urteil; 151, 202 (Rn. 91) – Bankenunion; 154, 17 (Rn. 99) – PSPP-Urteil.

98 *Eifert/Gerberding*, Jura 2016, S. 628 (638).

99 BVerfGE 89, 155 (172) – Maastricht; 123, 267 (330) – Lissabon; 134, 366 (Rn. 51) – OMT-Beschluss; 142, 123 (Rn. 81) – OMT-Urteil; 151, 202 (Rn. 91) – Bankenunion; 154, 17 (Rn. 101, 103) – PSPP-Urteil.

100 *Klement*, ZG 2014, S. 169 (180 ff.).

Bürgern Schutz vor einer „substantiellen Erosion" der Gestaltungsmacht des Deutschen Bundestages.[101] Selbst wenn dem Bundestag *rechtlich* hinreichende Kompetenzen verbleiben, könne eine Verletzung der Verfassungsidentität daraus resultieren, dass diese Kompetenzen *faktisch* entwertet werden. Dies sei der Fall, wenn die Festlegung von Abgaben in Art und Höhe in wesentlichem Umfang supranationalisiert werde und der Bundestag in der Folge die Kontrolle über die Ein- und Ausnahmen des Staates (Budgethoheit) verliere oder nicht mehr über hinreichende „freie" finanzielle Mittel zur politischen Gestaltung verfüge.[102]

Vorliegend bewirkt die EU-FAVO angesichts der erheblichen Unterschiede zwischen den Volumina der öffentlichen Haushalte in der EU voraussichtlich eine sehr große Ausgleichsverpflichtung der Bundesrepublik Deutschland. Allein im Jahr 2023 liegt die Transferlast nach den Prognosen bei 200 Mrd. Euro. Eine erhebliche Beeinträchtigung der Gestaltungsmöglichkeiten des Bundestages und seiner Kompetenz, über die Verwendung der Staatseinnahmen nach eigenem politischen Ermessen zu entscheiden, ist damit nicht von der Hand zu weisen. **62**

Die Möglichkeit einer Rechtsverletzung könnte allerdings auszuschließen sein, wenn und soweit der deutsche Vertreter im Rat nur einer inhaltlich beschränkten Grundrechtsbindung unterliegt.[103] Für eine Einschränkung der Bindung spricht die Regelung zur Übertragung von Hoheitsrechten auf die EU in Art. 23 Abs. 1 S. 3 GG, die es dem deutschen Gesetzgeber ermöglicht, an Änderungen des europäischen Primärrechts auch dann mitzuwirken, wenn hierdurch das Grundgesetz „seinem Inhalt nach" geändert wird. Schranken ergeben sich hierfür nur aus den Vorgaben des Art. 79 Abs. 2 GG und der sog. Ewigkeitsklausel in Art. 79 Abs. 3 GG, die wiederum auf die in Art. 1 und Art. 20 GG niedergelegten Grundsätze, nicht aber auf das vollständige grundrechtliche „Prüfprogramm" verweist. Dann aber kann für die Grundrechtsbindung des deutschen Vertreters im Rat beim Erlass von abgeleitetem Recht (Sekundärrecht) nichts anderes gelten.[104] Aus der Perspektive des Grundgesetzes kommt es nicht darauf an, ob das Primärrecht eine grundrechtswidrige Entscheidung unmittelbar selbst trifft oder eine EU-Stelle dazu ermächtigt, dies im Wege der Rechtsetzung zu tun. Einschlägig ist auch die Ratio des Art. 23 Abs. 1 S. 3 GG, der darauf abzielt, einerseits einen bestimmten „Identitätskern" der Verfassung der Bundesrepublik zu bewahren und andererseits dem Fortgang der europäischen Integration nicht durch überhöhte verfassungsrechtliche Vorgaben im Wege zu stehen.[105] Mit einer umfassenden Grundrechtsbindung des deutschen **63**

101 BVerfG, Urt. v. 6. Dez. 2022 – 2 BvR 547/21, 2 BvR 798/21, Rn. 121 – ERatG/NGEU.

102 BVerfGE 135, 317 (Rn. 161, 174) – ESM; 146, 216 (Rn. 129) – PSPP-Vorlagebeschluss; 154, 17 (Rn. 104); 157, 332 (Rn. 84 f.) – ERatG; BVerfG, Urt. v. 6. Dez. 2022 – 2 BvR 547/21, 2 BvR 798/21, Rn. 134 – ERatG/NGEU.

103 Für eine uneingeschränkte Bindung des Ratsmitglieds an die Grundrechte *Friauf/Scholz*, Europarecht und Grundgesetz, S. 41 ff., 52; *Höfling*, in: Sachs, GG, Art. 1 Rn. 94; *Jarass*, in: ders./Pieroth, GG, 16. Aufl. 2020, Art. 23 Rn. 49; *Rickert*, Grundrechtsgeltung, S. 196; für eine eingeschränkte Bindung: *Cornils*, AöR 129 (2004), S. 336 (341); *W. Cremer*, EuR 2014, S. 195 (223); *Herdegen*, Europarecht, § 7 Rn. 39 ff.; *Kahl*, in: ders./Waldhoff/Walter, GG, Art. 1 Abs. 3 Rn. 71 (Stand: 218. EL, Dezember 2022); siehe auch schon *Huber*, AöR 116 (1991), S. 210 (232).

104 Siehe *Calliess*, in: ders./Ruffert, EUV/AEUV, Art. 16 EUV Rn. 8; *W. Cremer*, EuR 2014, S. 195 (223, 229).

105 Würden die Ratsvertreter aller Mitgliedstaaten auf die strikte Einhaltung ihrer nationalen Verfassungen bestehen, würde dies den europäischen Integrationsprozess erheblich erschweren: *Herdegen*, Europarecht, § 7 Rn. 39.

Vertreters würde der Raum für eine politische Kompromissfindung im Rat und die Entwicklung eines von deutschen Konzepten abweichenden europäischen Rechts sehr stark eingeschränkt, was mit dem Loyalitätsgebot des Art. 4 Abs. 3 UAbs. 1, 3 EUV unvereinbar wäre.

64 Vorliegend wäre mit einem Verstoß gegen Art. 38 Abs. 1 S. 1 GG allerdings mittelbar auch das Demokratieprinzip (Art. 20 Abs. 1, 2 GG) verletzt und damit der „Identitätskern" der Verfassung betroffen. Dies zu unterlassen, ist der deutsche Vertreter im Rat entsprechend Art. 23 Abs. 1 S. 3 GG auch bei Annahme einer nur eingeschränkten Grundrechtsbindung verpflichtet. Eine Verletzung des aus Art. 38 Abs. 1 GG i.V.m. Art. 79 Abs. 3 GG und Art. 20 Abs. 1 u. 2 GG abgeleiteten grundrechtsgleichen Rechts auf Demokratie ist damit möglich.

(2) Mögliche Verletzung eines Abwehrrechts gegen Ultra-vires-Akte (Art. 38 Abs. 1 S. 1 GG i.V.m. Art. 79 Abs. 3 GG und Art. 20 Abs. 1 und 2 GG)

65 Darüber hinaus könnte das Recht aus Art. 38 Abs. 1 GG i.V.m. Art. 79 Abs. 3 GG und Art. 20 Abs. 1 und 2 GG auch deshalb möglicherweise verletzt sein, weil mit der EU-FAVO ein nicht hinreichend demokratisch legitimierter Hoheitsakt in der deutschen Rechtsordnung Geltung erlangte und zur Grundlage des weiteren Handelns der deutschen Staatsgewalt würde. Nach Ansicht des BVerfG gewährt Art. 38 Abs. 1 S. 1 GG auch einen Schutz vor hinreichend qualifizierten Kompetenzüberschreitungen durch Stellen der EU,[106] und zwar unabhängig davon, ob der einzelne Wahlberechtigte von der EU-Maßnahme überhaupt materiell betroffen ist.[107] Jede hinreichend qualifizierte Kompetenzüberschreitung sei zugleich eine Verletzung des Demokratieprinzips, weil die Kompetenzen der EU durch den deutschen Gesetzgeber (mit-)definiert werden (Art. 23 Abs. 1 S. 2 GG) und nur insoweit auf den Willen des deutschen Volkes zurückzuführen seien. Aus diesen Überlegungen leitet das BVerfG ein subjektiv-rechtlich bewehrtes Verbot einer Mitwirkung deutscher Verfassungsorgane an Ultra-vires-Akten ab; seit den OMT-Entscheidungen sogar die *Pflicht*, aktiv etwas gegen das Zustandekommen und die Umsetzung von Ultra-vires-Akten zu unternehmen.[108]

66 Der Rat stützt den Erlass der EU-FAVO auf Art. 125 Abs. 2 AEUV. Dieser ist nach seinem Wortlaut eine Grundlage für eine sekundärrechtliche Konkretisierung der Verbote aus Art. 123–125 AEUV.[109] Dass die Vorschrift zur Einrichtung eines Europäischen Finanzausgleichssystems ermächtigt, ist hingegen nicht direkt ersichtlich. Andere Kompetenzgrundlagen für die EU-FAVO drängen sich nicht auf. Es erscheint daher jedenfalls möglich, dass der Rat mit dem Erlass der EU-FAVO seine Kompetenzen überschritten hat. Auch die weiteren Bedingungen, die das BVerfG für eine Aktivierung der Ultra-vires-Kontrolle formuliert, nämlich die Offensichtlichkeit und strukturelle Bedeutsam-

---

106 BVerfGE 142, 123 (Rn. 83) – OMT-Urteil; 146, 216 (Rn. 75) – PSPP-Vorlagebeschluss; 151, 202 (Rn. 92) – Bankenunion; BVerfG, Urt. v. 6. Dez. 2022 – 2 BvR 547/21, 2 BvR 798/21, Rn. 121 – ERatG/NGEU.

107 Kritisch *Gerhardt*, Abweichende Meinung zu BVerfGE 134, 366 (Rn. 6 f.).

108 BVerfGE 134, 366 (Rn. 33, 49) – OMT-Beschluss; 142, 123 (Rn. 83, 166 ff.) – OMT-Urteil; 146, 216 (Rn. 71 ff.) – PSPP-Vorlagebeschluss; 151, 202 (Rn. 94, 140 ff.) – Bankenunion; 154, 17 (Rn. 105 ff., 229 ff.) – PSPP-Urteil; 157, 332 (Rn. 86) – ERatG; BVerfG, Urt. v. 6. Dez. 2022 – 2 BvR 547/21, 2 BvR 798/21, Rn. 141.

109 *Häde*, in: Calliess/Ruffert, EUV/AEUV, Art. 125 AEUV Rn. 4.

keit der Kompetenzüberschreitung (sog. hinreichend qualifizierte Kompetenzüberschreitung),[110] könnten erfüllt sein.[111] Auch insoweit ist daher die Möglichkeit einer Verletzung des grundrechtsgleichen Rechts aus Art. 38 Abs. 1 GG zu bejahen.

Hinweis: Das weite Verständnis des Art. 38 Abs. 1 S. 1 GG und die damit verbundene Subjektivierung des Demokratiegrundsatzes wird in der rechtswissenschaftlichen Literatur mit guten Argumenten kritisiert.[112] Die Lösung folgt der Linie des BVerfG, eine kritische Auseinandersetzung mit der Rechtsprechung würde bei der Bewertung einer Hausarbeit aber honoriert. **67**

cc) Zwischenergebnis

A ist möglicherweise in einem grundrechtsgleichen Recht aus Art. 38 Abs. 1 S. 1 GG verletzt. **68**

b) Eigene, gegenwärtige und unmittelbare Betroffenheit

A müsste von dem hoheitlichen Handeln, das Gegenstand der Verfassungsbeschwerde ist, zudem selbst, gegenwärtig und unmittelbar in seinen Rechten betroffen sein. **69**

aa) Eigene Betroffenheit

Die EU-FAVO, deren Geltung durch die Zustimmung im Rat herbeigeführt werden könnte, betrifft jeden wahlberechtigten deutschen Staatbürger und damit auch den A in seinem grundrechtsähnlichen Recht aus Art. 38 Abs. 1 S. 1 GG. **70**

bb) Gegenwärtige Betroffenheit

Gegenwärtig betroffen ist der Beschwerdeführer, wenn der angegriffene Hoheitsakt aktuell und nicht nur potentiell wirkt.[113] Vorliegend ist die gegenwärtige Betroffenheit zweifelhaft, weil A die Verfassungsbeschwerde bereits vor der Abstimmung im Rat und damit zu einem Zeitpunkt erhebt, in dem noch nicht mit Sicherheit feststeht, wie sich der deutsche Vertreter im Rat verhalten wird und welchen Inhalt der Entwurf der EU-FAVO bei der abschließenden Abstimmung haben wird. **71**

Allerdings liegt die Funktion des ungeschriebenen Kriteriums der gegenwärtigen Betroffenheit lediglich darin zu verhindern, dass das BVerfG über ein Rechtsschutzbegehren früher als notwendig in der Sache entscheidet. Es dient einerseits der Entlastung des BVerfG und andererseits der Wahrung der Gewaltenteilung, darf dabei aber nicht die Effektivität des Rechtsschutzes beeinträchtigen. Aus diesem Grund ist der Begriff der unmittelbaren Betroffenheit nicht formal, sondern materiell zu bestimmen. Unmittelbare Betroffenheit liegt mithin auch dann vor, wenn der angegriffene Hoheitsakt den **72**

---

110 BVerfGE 142, 123 (Rn. 147) – OMT-Urteil; 154, 17 (Rn. 110) – PSPP-Urteil.

111 Das BVerfG prüft in seinen jüngeren Urteilen in der Zulässigkeit die Möglichkeit eines hinreichend qualifizierten Kompetenzverstoßes, vgl. BVerfGE 142, 123 (Rn. 79) – OMT-Urteil; 151, 202 (Rn. 95) – Bankenunion; anders insoweit zuvor der Honeywell-Beschluss BVerfGE 126, 286.

112 Siehe statt vieler *Klement*, ZG 2014, S. 169 (177); *Ruffert*, EuGRZ 2017, S. 241 (248).

113 BVerfGE 146, 71 (Rn. 117). Siehe auch BVerfGE 1, 97 (102); *Scherzberg/Mayer*, Jura 2004, S. 513 (515).

Beschwerdeführer bereits zum Zeitpunkt der Einlegung der Verfassungsbeschwerde zu einer später nicht mehr korrigierbaren Entscheidung zwingt[114] oder klar abzusehen und gewiss ist, dass und wie der Beschwerdeführer in Zukunft betroffen sein wird.[115] Vorbeugende Verfassungsbeschwerden werden außerdem mit Blick auf Zustimmungsgesetze zu völkerrechtlichen Verträgen i.S.v. Art. 59 Abs. 2 GG zugelassen: Um zu vermeiden, dass ein Vertrag im Außenverhältnis völkerrechtlich verbindlich wird, der mit den Grundrechten oder grundrechtsgleichen Rechten nicht vereinbar ist, kann ein Zustimmungsgesetz ausnahmsweise schon vor seinem Inkrafttreten Gegenstand einer Verfassungsbeschwerde sein.[116]

73 Fraglich ist, ob die angekündigte Zustimmung des deutschen Ratsvertreters zu einer Verordnung mit dieser letzten Konstellation vergleichbar ist. Dagegen wird vorgebracht, dass im Fall des Zustimmungsgesetzes zu einem völkerrechtlichen Vertrag immerhin der Inhalt des Gesetzes schon endgültig feststehe,[117] während über den Inhalt eines Sekundärrechtsakts noch bis zur Abstimmung im Rat beraten werden könne.[118] Dieses Argument überzeugt zumindest dann nicht, wenn – wie vorliegend – der Entwurf des zu erlassenden Sekundärrechtsakts öffentlich diskutiert worden ist und die Vertreter der Mitgliedstaaten bereits angekündigt haben, dem Entwurf in der letzten bekannten Fassung zuzustimmen. In diesem Fall sind die Rechtsfolgen einer Zustimmungserklärung hinreichend konkretisiert. Vergleichbar mit dem Fall des Zustimmungsgesetzes zu einem völkerrechtlichen Vertrag käme es bei einer Zustimmung des deutschen Ratsvertreters zum Erlass einer Verordnung, die später vom BVerfG als Ultra-vires-Akt qualifiziert oder als für mit der Verfassungsidentität unvereinbar angesehen wird, zu einem offenen Konflikt zwischen der Bindung der deutschen Verfassungsorgane an das Grundgesetz und den völkervertraglichen Verpflichtungen der Bundesrepublik. Folge einer Nichtanwendung der Verordnung in Deutschland könnte insb. die Einleitung eines Vertragsverletzungsverfahrens (Art. 258 ff. AEUV) sein.[119] Das spricht dafür, die grundrechtliche Kontrolle vorzuziehen. Mit einer der Verfassungsbeschwerde stattgebenden Entscheidung würde die Verabschiedung der Verordnung zwar nicht rechtlich unmöglich, aber doch weniger wahrscheinlich.

74 Für die Zulässigkeit einer vorbeugenden Verfassungsbeschwerde spricht auch der Gedanke des effektiven Rechtsschutzes, der allen genannten Fallgruppen im Kern zugrunde liegt. Nach ihrem Erlass gilt die Verordnung nämlich unmittelbar (Art. 288 Abs. 2 AEUV) und mit Anwendungsvorrang grds. auch gegenüber nationalem Verfassungsrecht.[120] Zwar könnte der Einzelne auch nachträglich im Wege der Verfassungsbeschwerde gegen die Anwendung der EU-FAVO durch deutsche Staatsorgane vorgehen. Doch wären diese bis zu einer Entscheidung des BVerfG verpflichtet, die EU-FAVO

---

114 BVerfGE 43, 291 (386); 74, 297 (320); 102, 197 (207); 106, 225 (230 f.); 146, 71 (Rn. 117).

115 BVerfGE 26, 246 (251 f.); 97, 157 (164); 101, 54 (73 f.); 146, 71 (Rn. 117).

116 BVerfGE 24, 33 (53 f.); 112, 363 (367); 123, 267 (329) – Lissabon; 157, 332 (Rn. 76) – ERatG.

117 *Nicolaysen*, EuR 1989, S. 215 (218).

118 *Nicolaysen*, EuR 1989, S. 215 (218).

119 *Mayer/Walter*, Jura 2011, S. 532 (539). So leitete die EU-Kommission wegen des PSPP-Urteils, in dem das BVerfG das PSPP-Programm der EZB und ein vorangegangenes Urteil des EuGH als Ultra-vires-Akt qualifizierte, ein Vertragsverletzungsverfahren gegen Deutschland ein. Das Verfahren wurde im Dezember 2021 unter Berufung auf im Vorverfahren getroffene Zusagen der Bundesregierung eingestellt.

120 EuGH, Urt. v. 17. Dez. 1970, Internationale Handelsgesellschaft, Rs. 11/70, EU:C:1970:114, Rn. 3.

umzusetzen.[121] Diese vorläufige Umsetzung könnte bereits nicht mehr korrigierbare Folgen für den Staatshaushalt der Bundesrepublik haben, was die Gewährung vorbeugenden Rechtsschutzes gebietet.[122] Zudem wäre nicht klar, ob die deutschen Staatsorgane einer Entscheidung des BVerfG Folge leisten würden, die sie nach europäischem Recht dem Risiko eines Vertragsverletzungsverfahrens aussetzt.

Hinweis: Soweit die Einstufung eines Unionsrechtsakts als Ultra-vires-Akt in Rede steht, ließe sich gegen die Zulässigkeit einer vorbeugenden Verfassungsbeschwerde argumentieren, dass die Gefahr eines Konflikts zwischen der völkerrechtlichen Bindung nach außen und der Bindung an das Grundgesetz deshalb nicht bestehe, weil die Bundesrepublik durch Erhebung einer Nichtigkeitsklage vor dem EuGH darauf hinwirken könne, dass die Maßnahme für nichtig erklärt wird.[123] Wie das PSPP-Verfahren zeigt, ist ein Konflikt zwischen der Bindung der deutschen Verfassungsorgane an das Grundgesetz und den unionsrechtlichen Verpflichtungen der Bundesrepublik dadurch aber keinesfalls ausgeschlossen.

A ist mithin gegenwärtig betroffen.

cc) Unmittelbare Betroffenheit

A müsste durch den Zustimmungsakt zudem unmittelbar betroffen sein. Eine unmittelbare Betroffenheit des Beschwerdeführers ist gegeben, wenn die grundrechtsbeeinträchtigenden Rechtswirkungen eintreten, ohne dass es weiterer Vollzugsakte bedarf.[124] **75**

Teilweise wird vertreten, gegen Mitwirkungsakte der Bundesregierung im Rahmen des Rats beim Erlass von Sekundärrecht sei eine Verfassungsbeschwerde mangels unmittelbarer Betroffenheit grds. nicht zulässig.[125] Mit dieser Begründung hat auch das BVerfG Rechtsschutzbegehren gegen die Zustimmung der Bundesregierung im Rat zum Erlass bzw. der Änderung von Richtlinien zurückgewiesen.[126] Allerdings ist zu beachten, dass es in den einschlägigen Entscheidungen um den Erlass von Richtlinien ging, die als solche einer Umsetzung in nationales Recht bedurften (Art. 288 Abs. 3 AEUV). Demgegenüber steht vorliegend eine Verordnung in Rede, die ab ihrem Inkrafttreten unmittelbar gilt (Art. 288 Abs. 2 AEUV). Eine unmittelbare Betroffenheit des Grundrechtsträgers ist daher zu bejahen.[127] Folglich ist A durch die bevorstehende Zustimmung zur EU-FAVO auch unmittelbar beschwert. **76**

---

121 Zur Monopolisierung des nationalen Kontrollzugriffs beim BVerfG: BVerfGE 123, 267 (354) – Lissabon; 140, 317 (Rn. 43) – Europäischer Haftbefehl I; 142, 123 (Rn. 155) – OMT-Urteil.

122 So auch die Argumentation in BVerfGE 134, 366 (Rn. 34 f.) – OMT-Beschluss und BVerfGE 142, 123 (Rn. 91) – OMT-Urteil. Für die Zulässigkeit einer vorbeugenden Verfassungsbeschwerde auch *W. Cremer*, EuR 2014, S. 195 (229).

123 Vgl. BVerfGE 157, 332 (Rn. 77) – ERatG.

124 *Sachs*, Verfassungsprozessrecht, Rn. 567.

125 *Kahl*, in: ders./Waldhoff/Walter, GG, Art. 1 Abs. 3 Rn. 71 (Stand: 218. EL, Dezember 2022).

126 BVerfG, NJW 1990, S. 974 – Tabaketikettierung; NVwZ 1993, S. 883 (883) – Tabaksteuer; BVerfGK 2, 75 (76).

127 A.A. *W. Cremer*, EuR 2014, S. 195 (212 ff.), der aber eine Ausnahme vom Unmittelbarkeitserfordernis zulassen will.

4. Rechtswegerschöpfung und materielle Subsidiarität

a) Rechtswegerschöpfung, Art. 94 Abs. 2 S. 2 Var. 1 GG, § 90 Abs. 2 S. 1 BVerfGG

77 Gemäß Art. 94 Abs. 2 S. 2 Var. 1 GG, § 90 Abs. 2 S. 1 BVerfGG müsste A vor Einlegung einer Verfassungsbeschwerde zunächst erfolglos alle ihm zur Korrektur der gerügten Rechtsverletzung zur Verfügung stehenden ordentlichen Rechtsbehelfe eingelegt haben. Ein anderer Rechtsbehelf gegen die angegriffene Zustimmungserklärung steht dem A jedoch, wie bereits geprüft, nicht zur Verfügung.

b) Materielle Subsidiarität

78 Gemäß dem Gebot der Rechtswegerschöpfung i.w.S. (sog. materielle Subsidiarität) trifft den Beschwerdeführer auch die Obliegenheit, vor Einlegung einer Verfassungsbeschwerde alle sonstigen nach Lage der Sache zur Verfügung stehenden zumutbaren Rechtsschutzmöglichkeiten zu nutzen, um eine Korrektur der Grundrechtsverletzung zu erwirken.[128] Für A bestehen hier aber keine anderen Möglichkeiten, Rechtsschutz zu erlangen.

5. Ordnungsgemäßer Antrag, § 23 Abs. 1, § 92 BVerfGG

79 A müsste die Verfassungsbeschwerde schriftlich einreichen (§ 23 Abs. 1 S. 1 BVerfGG) und entsprechend der Anforderungen des § 92 BVerfGG begründen (§ 23 Abs. 1 S. 2 BVerfGG).

6. Frist, § 93 BVerfGG

80 Da A die Verfassungsbeschwerde vorbeugend erhebt, sind die eine Entscheidung oder einen sonstigen Hoheitsakt voraussetzenden Fristbestimmungen in § 93 Abs. 1 S.1, Abs. 3 BVerfGG nicht anwendbar.

7. Zwischenergebnis

81 Eine Verfassungsbeschwerde des A gegen die Zustimmung des deutschen Ratsvertreters zur EU-FAVO wäre zulässig.

II. Begründetheit

82 Eine Verfassungsbeschwerde wäre begründet, wenn der deutsche Vertreter im Rat mit einer Zustimmung zur EU-FAVO das grundrechtsgleiche Recht des A aus Art. 38 Abs. 1 S. 1 GG verletzte.

83 **Hinweis:** Das Verhältnis von Ultra-vires-Kontrolle und Identitätskontrolle ist, soweit es um die (mittelbare) Kontrolle des Handelns von Unionsorganen geht, nicht abschließend geklärt.[129] Vorliegend wird entsprechend der Konzeption des BVerfG[130] davon ausgegangen, dass es sich trotz möglicher Überschneidungen um zwei eigenständige Kontrollzugriffe handelt, weshalb diese separat geprüft werden.

---

128 BVerfGE 112, 50 (60); 134, 242 (Rn. 150); *Hillgruber/Goos*, Verfassungsprozessrecht, Rn. 285.

129 Siehe hierzu *Sauer*, EuR 2017, S. 186 (190 ff.).

130 BVerfGE 123, 267 (353 f.) – Lissabon; 126, 286 (302) – Honeywell; 142, 123 (Rn. 153) – OMT-Urteil; 151, 202 (Rn. 204) – Bankenunion.

1. Verletzung des Abwehrrechts gegen Ultra-vires-Akte

Möglicherweise verletzt die angekündigte Zustimmung zur EU-FAVO ein aus Art. 38 Abs. 1 S. 1 GG abzuleitendes Abwehrrecht des A gegen eine Mitwirkung deutscher Staatsorgane an Ultra-vires-Akten der EU. **84**

a) Gewährleistungsgehalt des Art. 38 Abs. 1 S. 1 GG

Wie bereits dargelegt, gewährt Art. 38 Abs. 1 S. 1 GG den Wahlberechtigten unabhängig von einer Betroffenheit in materiellen Rechten Schutz vor einer nicht von einem deutschen Zustimmungsgesetz (Art. 23 Abs. 1 S. 2 GG) gedeckten und mithin nicht hinreichend demokratisch legitimierten Ausübung von Hoheitsgewalt durch die EU.[131] Mangels einer Grundgesetzbindung der europäischen Hoheitsgewalt manifestiert sich dieser Schutzanspruch in einem an die deutschen Verfassungsorgane gerichteten, subjektivrechtlich bewehrten Verbot, an der Entstehung eines Ultra-vires Aktes mitzuwirken oder zu seiner praktischen Wirksamkeit beizutragen.[132] Insb. dürfen die deutschen Verfassungsorgane einem die Kompetenzen der EU überschreitenden Rechtsakt im Rat nicht zustimmen. Allerdings wird das sich daraus ergebende grundrechtsähnliche Recht durch das verfassungsrechtliche Gebot der Europarechtsfreundlichkeit (insbes. Art. 23 Abs. 1 S. 1 GG) immanent beschränkt.[133] Das Abwehrrecht wird daher nicht durch jedes primärrechtswidrige Handeln einer Stelle der Union verletzt, sondern nur durch hinreichend qualifizierte Kompetenzüberschreitungen.[134] Hinreichend qualifiziert ist eine Kompetenzüberschreitung, wenn das kompetenzwidrige Handeln der Unionsgewalt offensichtlich ist und der angegriffene Akt im Kompetenzgefüge zwischen Mitgliedstaaten und Union erheblich ins Gewicht fällt, mithin „strukturell bedeutsam" ist.[135] **85**

b) Voraussetzungen der Rechtsverletzung

aa) Kompetenzüberschreitung

Zunächst müsste der Rat mit dem beabsichtigten Erlass der EU-FAVO seine Kompetenzen überschreiten. Zu prüfen ist damit in erster Linie, ob dem Rat durch die europäischen Verträge eine Zuständigkeit zur Regelung eines Europäischen Finanzausgleichs, wie ihn die EU-FAVO vorsieht, übertragen worden ist. **86**

(1) Art. 125 Abs. 2 AEUV

Bei Erlass der EU-FAVO stützt sich der Rat ausdrücklich auf Art. 125 Abs. 2 AEUV. Nach dieser Vorschrift kann der Rat erforderlichenfalls die Definitionen für die Anwendung der in Art. 123, 124 und Art. 125 AEUV vorgesehenen Verbote näher bestimmen. **87**

---

131 Siehe oben unter C.I.3a)bb)(2), Rn. 65.

132 BVerfGE 142, 123 (Rn. 83, 166 f.); 146, 216 (Rn. 70) – PSPP-Vorlagebeschluss; 151, 202 (Rn. 140) – Bankenunion; 154, 17 (Rn. 105) – PSPP-Urteil; 157, 332 (Rn. 86) – ERatG; BVerfG, Urt. v. 6. Dez. 2022 – 2 BvR 547/21, 2 BvR 798/21, Rn. 122 – ERatG/NGEU.

133 BVerfGE 126, 286 (303 f.) – Honeywell; 134, 366 (Rn. 24) – OMT-Beschluss.

134 BVerfGE 124, 123 (Rn. 147) – OMT-Urteil; 151, 202 (Rn. 150) – Bankenunion; 154, 17 (Rn. 110) – PSPP-Urteil; BVerfG, Urt. v. 6. Dez. 2022 – 2 BvR 547/21, 2 BvR 798/21, Rn. 129 – ERatG/NGEU.

135 BVerfGE 126, 286 (304) – Honeywell; 142, 123 (Rn. 147) – OMT-Urteil; 146, 216 (Rn. 63) – PSPP-Vorlagebeschluss; 151, 202 (Rn. 150) – Bankenunion; 154, 17 (Rn. 110) – PSPP-Urteil; BVerfG, Urt. v. 6. Dez. 2022 – 2 BvR 547/21, 2 BvR 798/21, Rn. 129 – ERatG/NGEU.

Die genannten Vorschriften errichten mit dem Ziel der Sicherung der haushälterischen Eigenverantwortung und der Disziplinierung der Haushaltspolitik der Mitgliedstaaten eine sog. Verbotstrias.[136] Sie enthalten *erstens* das Verbot der monetären Haushaltsfinanzierung durch die Zentralbanken (Art. 123 Abs. 1 AEUV),[137] *zweitens* das Verbot von Maßnahmen, die öffentlichen Stellen der Union und der Mitgliedstaaten einen bevorrechtigten Zugang zu den Finanzinstituten – also eine Kreditaufnahme unter günstigeren als den Marktbedingungen – ermöglichen (Art. 124 AEUV), und *drittens* das Verbot der Übernahme einer Haftung für Verbindlichkeiten eines Mitgliedstaats durch die Europäische Union oder durch einen anderen Mitgliedstaat (Art. 125 Abs. 1 AEUV). Art. 125 Abs. 2 AEUV ist die Grundlage für eine sekundärrechtliche Konkretisierung dieser Verbote.[138] Sekundärrechtliche Regelungen über einen Europäischen Finanzausgleich – also Regelungen zum Ausgleich der finanziellen Möglichkeiten der Mitgliedstaaten unabhängig von konkreten Verbindlichkeiten (siehe Art. 107 Abs. 2 S. 1 GG) – lassen sich hierauf offensichtlich nicht stützen.

(2) Art. 3 Abs. 3 UAbs. 3 EUV

88 Art. 3 Abs. 3 UAbs. 3 EUV verpflichtet die EU auf das Ziel, den wirtschaftlichen, sozialen und territorialen Zusammenhalt sowie die Solidarität zwischen den Mitgliedstaaten zu fördern. Diesen Zielen entspricht die geplante EU-FAVO. Aus Zielen der Union nach Art. 3 EUV lassen sich jedoch grds. keine Kompetenzen der Unionsorgane ableiten.[139] Vielmehr stellt Art. 3 Abs. 6 EUV ausdrücklich klar, dass die Union ihre Ziele nur entsprechend den Zuständigkeiten verfolgt, die ihr in den Verträgen übertragen sind. Somit stellt auch Art. 3 Abs. 3 UAbs. 3 EUV keine taugliche Grundlage für die Einführung eines Europäischen Finanzkraftausgleichs dar.[140]

(3) Art. 122 Abs. 1 AEUV

89 Gemäß Art. 122 Abs. 1 AEUV kann der Rat „im Geiste der Solidarität zwischen den Mitgliedstaaten" der „Wirtschaftslage angemessene Maßnahmen" beschließen. Klare Tatbestandsvoraussetzungen lassen sich aus diesem Wortlaut zunächst nicht ableiten. Aus Art. 122 Abs. 1 Hs. 2 AEUV, der beispielhaft das Auftreten „gravierender Schwierigkeiten in der Versorgung mit bestimmten Waren, vor allem im Energiebereich" nennt, lässt sich aber schließen, dass ein Tätigwerden auf Grundlage von Art. 122 Abs. 1 AEUV nur im Fall wirtschaftlicher Schwierigkeiten erfolgen kann.[141] Es handelt sich also um keine umfassende Kompetenzgrundlage für wirtschaftspolitische Maßnahmen, sondern um ein für Ausnahmefälle gedachtes Instrument des Rates zur Krisenbewältigung.[142] Aus der Systematik des Art. 122 AEUV ergibt sich zudem, dass Art. 122 Abs. 1 AEUV keine geeignete

---

136 *Häde*, in: Calliess/Ruffert, EUV/AEUV, Art. 123 AEUV Rn. 3 f.; *Herrmann/Dausinger*, in: Pechstein/Nowak/Häde, EUV/GRC/AEUV, Art. 125 AEUV Rn. 1.

137 *Häde*, in: Calliess/Ruffert, EUV/AEUV, Art. 123 AEUV Rn. 1, 7 ff.

138 *Häde*, in: Calliess/Ruffert, EUV/AEUV, Art. 125 AEUV Rn. 4.

139 *Häde*, in: Hatje/Müller-Graff, Europäisches Organisations- und Verfassungsrecht, § 20 Rn. 144; *Ruffert*, in: Calliess/Ruffert, EUV/AEUV, Art. 3 EUV Rn. 12.

140 *Häde*, in: Hatje/Müller-Graff, Europäisches Organisations- und Verfassungsrecht, § 20 Rn. 144.

141 *Herrmann/Dausinger*, in: Pechstein/Nowak/Häde, EUV/GRC/AEUV, Art. 122 AEUV Rn. 9.

142 *Herrmann/Dausinger*, in: Pechstein/Nowak/Häde, EUV/GRC/AEUV, Art. 122 AEUV Rn. 9; *Kempen*, in: Streinz/Michl, EUV/AEUV, Art. 122 AEUV Rn. 3.

Rechtsgrundlage für Maßnahmen darstellt, die eine finanzielle Unterstützung der Mitgliedstaaten vorsehen, da Abs. 2 insofern die spezielle Vorschrift ist.[143]

Die EU-FAVO kann daher auch nicht auf der Grundlage des Art. 122 Abs. 1 AEUV ergehen.

(4) Art. 122 Abs. 2 AEUV

Ist ein Mitgliedstaat aufgrund von Naturkatastrophen oder außergewöhnlichen Ereignis- **90**
sen, die sich seiner Kontrolle entziehen, von Schwierigkeiten betroffen oder von gravierenden Schwierigkeiten ernstlich bedroht, kann der Rat auf Grundlage von Art. 122 Abs. 2 S. 1 AEUV beschließen, dem betreffenden Mitgliedstaat unter bestimmten Bedingungen finanziellen Beistand der Union zu gewähren. Nach dem Wortlaut des Art. 122 Abs. 1 AEUV muss es sich dabei allerdings um einen Beistand „der Union" handeln,[144] d.h. er muss den Unionshaushalt belasten.[145] Auf diese Weise kann die EU mittelbar eine Umverteilung von finanziellen Ressourcen zwischen den Mitgliedstaaten bewirken, indem sie (aufgrund anderer Rechtsgrundlagen geschuldete) Zahlungen finanzstärkerer Mitgliedstaaten an den Unionshaushalt nach bestimmten Kriterien zur Vergabe von Leistungen an schwächere Mitgliedstaaten nutzt.[146] Die EU-FAVO würde die Mitgliedstaaten demgegenüber direkt zu gegenseitigen Transferleistungen verpflichten. Das ist auf der Grundlage von Art. 122 Abs. 2 AEUV nicht möglich.[147] Zudem setzt Art. 122 Abs. 2 AEUV voraus, dass die Unterstützungsmaßnahme im Zusammenhang mit Schwierigkeiten aufgrund eines „außergewöhnlichen Ereignisses" [148] steht.[149] „Außergewöhnlich" sind nur Ereignisse, die sich der Kontrolle der betreffenden Mitgliedstaaten entziehen. Auf eine hohe Staatsverschuldung oder die Strukturschwäche eines Mitgliedstaates trifft das nicht zu.[150]

Auch Art. 122 Abs. 2 AEUV ist daher keine Kompetenzgrundlage für den Erlass der EU-FAVO.

(5) Art. 136 Abs. 3 AEUV

Fraglich ist zuletzt, ob der Erlass der EU-FAVO auf die Regelung in Art. 136 Abs. 3 **91**
AEUV gestützt werden könnte. Danach können die Mitgliedstaaten, deren Währung der Euro ist, einen Stabilitätsmechanismus einrichten, der aktiviert wird, wenn dies unab-

143 EuGH, Urt. v. 27. Nov. 2012, Pringle, C-270/12, EU:C:2012:756, Rn. 116; *Häde*, in: Calliess/Ruffert, EUV/AEUV, Art. 122 AEUV Rn. 6; *Herrmann/Dausinger*, in: Pechstein/Nowak/Häde, EUV/GRC/AEUV, Art. 122 AEUV Rn. 12.

144 EuGH, Urt. v. 27. Nov. 2012, Pringle, C-270/12, EU:C:2012:756, Rn. 118; *Kempen*, in: Streinz/Michl, EUV/AEUV, Art. 122 AEUV Rn. 11.

145 *Häde*, in: Calliess/Ruffert, EUV/AEUV, Art. 122 AEUV Rn. 10.

146 Ausführlich hierzu *Häde*, in: Hatje/Müller-Graff, Europäisches Organisations- und Verfassungsrecht, § 20 Rn. 134 ff.

147 *Häde*, in: Calliess/Ruffert, EUV/AEUV, Art. 122 AEUV Rn. 10; *Kempen*, in: Streinz/Michl, EUV/AEUV, Art. 122 AEUV Rn. 11.

148 Kritisch zu der in jüngerer Zeit großzügigen Handhabung dieses Merkmals *Hattenberg*, in: Schwarze/Becker/Hatje/Schoo, EU-Kommentar, Art. 122 AEUV Rn. 6.

149 *Nettesheim*, AöR 145 (2020), S. 381, 409.

150 *Hattenberg*, in: Schwarze/Becker/Hatje/Schoo, EU-Kommentar, Art. 122 AEUV Rn. 6; *Herrmann/Dausinger*, in: Pechstein/Nowak/Häde, EUV/GRC/AEUV, Art. 122 AEUV Rn. 17. Siehe auch *Häde*, in: Hatje/Müller-Graff, Europäisches Organisations- und Verfassungsrecht, § 20 Rn. 145; *Seidel*, in: FS Vieregge, S. 793 (797).

dingbar ist, um die Stabilität des Euro-Währungsgebiets insgesamt zu wahren (Art. 136 Abs. 3 S. 1 AEUV). Diese Vorschrift wurde durch Beschluss des Rates (EU) 2011/199 mit Wirkung zum 1. Januar 2013 eingefügt, um die Mitgliedstaaten zur – außerhalb der Verträge bereits zuvor erfolgten – Errichtung des Europäischen Stabilitätsmechanismus (ESM) zu berechtigen.[151] Die Aktivierung eines auf Grundlage des Art. 136 Abs. 3 AEUV geschaffenen Stabilitätsmechanismus ist nach der Rspr. des EuGH nur dann mit dem Unionsrecht vereinbar, wenn sie für die Wahrung der Stabilität des Euro-Währungsgebiets insgesamt unabdingbar ist und strengen Auflagen unterliegt.[152]

92 Der Stabilitätsbegriff des Art. 136 Abs. 3 AEUV umfasst das Ziel der Preisstabilität und die weiteren in Art. 119 Abs. 3 AEUV genannten Stabilitätsgrundsätze (gesunde öffentliche Finanzen und monetäre Rahmenbedingungen, tragfähige Zahlungsbilanz).[153] Der in der EU-FAVO vorgesehene Finanzausgleich soll jedoch darüber hinaus der Gewährleistung bzw. Herstellung der sozialen und wirtschaftlichen Einheit innerhalb der EU dienen. Die Maßnahme ist somit kein Stabilitätsmechanismus i.S.d. Art. 136 Abs. 3 AEUV. Zudem ist sie nicht auf die Mitgliedstaaten beschränkt, deren Währung der Euro ist. Die Durchführung des Finanzausgleichs ist schließlich auch nicht auf Situationen begrenzt, in denen seine Aktivierung für die Wahrung der Stabilität unabdingbar ist, und ist an keinerlei Auflagen geknüpft.

Art. 136 Abs. 3 AEUV ist damit keine Rechtsgrundlage für die Einführung eines Europäischen Finanzkraftausgleichs.[154]

(6) Zwischenergebnis

93 Mit dem Erlass der EU-FAVO handelte der Rat außerhalb der ihm primärrechtlich zugewiesenen Kompetenzen. Umsetzen ließe sich ein EU-Finanzausgleich nur durch eine Änderung des Primärrechts oder möglicherweise durch ein Vorgehen außerhalb des institutionellen Rahmens der EU.[155]

bb) Hinreichend qualifizierte Kompetenzüberschreitung

94 Die Kompetenzüberschreitung müsste hinreichend qualifiziert sein. Das ist der Fall, wenn die Rechtswidrigkeit des beabsichtigten Handelns der Unionsgewalt offensichtlich ist und der angegriffene Akt im Kompetenzgefüge zwischen Mitgliedstaaten und Union erheblich ins Gewicht fällt, mithin „strukturell bedeutsam" wäre.[156]

(1) Offensichtlichkeit der Kompetenzüberschreitung

95 Der geplante Erlass der EU-FAVO müsste zunächst offensichtlich außerhalb der dem Rat übertragenen Kompetenzen liegen. Dies ist der Fall, wenn sich die Kompetenz unter

151 *Häde*, in: Hatje/Müller-Graff, Europäisches Organisations- und Verfassungsrecht, § 20 Rn. 147. Zur verfassungsrechtlichen Zulässigkeit dieser Vertragsänderung BVerfGE 135, 317 (Rn. 177 ff.) – ESM.

152 EuGH, Urt. v. 27. Nov. 2012, Pringle, C-270/12, EU:C:2012:756, Rn. 136.

153 *Kempen*, in: Streinz/Michl, EUV/AEUV, Art. 136 Rn. 9; *Palm*, in: Grabitz/Hilf/Nettesheim, Das Recht der Europäischen Union, Art. 136 AEUV Rn. 55 (Stand: 54. EL, September 2014).

154 *Häde*, in: Hatje/Müller-Graff, Europäisches Organisations- und Verfassungsrecht, § 20 Rn. 148.

155 *Häde*, in: Hatje/Müller-Graff, Europäisches Organisations- und Verfassungsrecht, § 20 Rn. 149.

156 BVerfGE 126, 286 (304) – Honeywell; 142, 123 (Rn. 147) – OMT-Urteil; 146, 216 (Rn. 63) – PSPP-Vorlagebeschluss; 151, 202 (Rn. 150) – Bankenunion; 154, 17 (Rn. 110) – PSPP-Urteil.

Beachtung der allgemeinen methodischen Standards der Rechtswissenschaft unter keinem Gesichtspunkt begründen lässt.[157] Dass der Rat sich bei Erlass der Verordnung nicht auf den von ihm herangezogenen Art. 125 Abs. 2 AEUV stützen könnte, ergibt sich – wie oben gesehen – schon aus dem durch den Wortlaut der Norm hergestellten Bezug auf die Verbotsnormen in Art. 123 und 124 und 125 Abs. 1 AEUV. Eine andere Ansicht ist nicht vertretbar. Auch alle anderen oben geprüften Kompetenzgrundlagen sind – auch unter Berücksichtigung der verfügbaren juristischen Literatur[158] – unstreitig nicht einschlägig. Die Kompetenzüberschreitung wäre mithin offensichtlich.

(2) Strukturelle Bedeutsamkeit der Kompetenzüberschreitung

Die Kompetenzüberschreitung müsste zudem von struktureller Bedeutung für die Kom- 96
petenzverteilung zwischen der EU und den Mitgliedstaaten sein.[159] Eine strukturell bedeutsame Verschiebung zulasten mitgliedstaatlicher Kompetenzen liegt vor, wenn die Kompetenzüberschreitung ein für das Demokratieprinzip und die Volkssouveränität erhebliches Gewicht besitzt.[160] Aufgrund der in der EU-FAVO getroffenen Regelungen wird die Bundesrepublik laut Sachverhalt im Jahr 2023 eine Transferlast von rund 200 Mrd. EUR zu tragen haben, wobei eine Obergrenze für die Transferbelastung nicht vorgesehen ist. Angesichts der Tatsache, dass der Bundeshaushalt für das Jahr 2023 Ausgaben in Höhe von insgesamt ca. 476 Mrd. EUR vorsieht,[161] würde damit erheblich in die Haushaltshoheit und die finanziellen Gestaltungsmöglichkeiten des Bundestags eingegriffen. Eine für das Demokratieprinzip und die Souveränität des Bundestags in Haushaltssachen strukturell bedeutsame Verschiebung von Kompetenzen auf die EU durch die EU-FAVO läge daher vor.

c) Keine Einschränkung der Prüfungskompetenz des BVerfG

Das BVerfG trägt der sich aus dem Wesen der EU als einer Rechtsgemeinschaft erge- 97
benden Notwendigkeit einer jedenfalls grundsätzlichen Letztentscheidungskompetenz des EuGH (Art. 19 Abs. 1 EUV) nicht nur durch eine erkennbar zurückhaltende Definition und Anwendung der materiellen Voraussetzungen für die Annahme eines Ultra-vires-Aktes Rechnung. Es nimmt die Kompetenz zur Feststellung eines Ultra-vires-Aktes außerdem erst für sich in Anspruch, nachdem es dem EuGH zuvor im Rahmen eines Vorabentscheidungsersuchens Gelegenheit gegeben hat, das streitgegenständliche Unionshandeln primärrechtskonform auszulegen bzw. selbst für ungültig zu erklären (Art. 267 Abs. 1 AEUV).[162] Mit Rücksicht darauf, dass die Auslegung und Anwendung

157 BVerfGE 142, 123 (Rn. 149) – OMT-Urteil; 151, 202 (Rn. 151) – Bankenunion; BVerfG, Urt. v. 6. Dez. 2022 – 2 BvR 547/21, 2 BvR 798/21, Rn. 130 – ERatG/NGEU; *Klement*, JZ 2015, S. 754 (756 f.).

158 Die Annahme einer offensichtlichen Kompetenzüberschreitung setzt nach BVerfGE 151, 202 (Rn. 152); 154, 17 (Rn. 113) – PSPP-Urteil; BVerfG, Urt. v. 6. Dez. 2022 – 2 BvR 547/21, 2 BvR 798/21, Rn. 131– ERatG/NGEU jedoch nicht zwingend voraus, dass keine unterschiedlichen Rechtsauffassungen zu dieser Frage vertreten werden.

159 BVerfGE 142, 123 (Rn. 147) – OMT-Urteil; 146, 216 (Rn. 63) – PSPP-Vorlagebeschluss; 151, 202 (Rn. 150) – Bankenunion.

160 BVerfGE 142, 123 (Rn. 151) – OMT-Urteil; 146, 216 (Rn. 63) – PSPP-Vorlagebeschluss; 151, 202 (Rn. 153) – Bankenunion; 154, 17 (Rn. 110) – PSPP-Urteil.

161 https://www.bundestag.de/dokumente/textarchiv/2022/kw45-pa-haushalt-bereinigungssitzung-918112 (abgerufen am 30. Dezember 2022).

162 BVerfGE 126, 286 (304) – Honeywell; 134, 366 (Rn. 24) – OMT-Beschluss; so legte das BVerfG auch im Verfahren um das PSPP-Programm der EZB dem EuGH erneut vor (BVerfGE 146, 216).

der Verträge zuvörderst Aufgabe des Gerichtshofs ist, legt das BVerfG seiner Prüfung grundsätzlich den Inhalt und die Beurteilung zugrunde, die die Maßnahme durch den Gerichtshof erhält.[163] Etwas anderes gilt jedoch im Fall einer schlechterdings nicht mehr nachvollziehbaren und daher objektiv willkürlichen Auslegung der Verträge durch den EuGH. In diesem Fall nimmt das BVerfG eine Überschreitung des dem EuGH erteilten Mandats an, qualifiziert die Entscheidung des EuGH selbst als Ultra-vires-Akt und sieht sich folglich nicht an dessen Auslegung gebunden.[164]

Laut Bearbeitervermerk hat der Gerichtshof die Gültigkeit der EU-FAVO im Wege der Vorabentscheidung bestätigt. Da die Verträge aber offensichtlich keine Kompetenzgrundlage für den Erlass der EU-FAVO erhalten, muss die Bestätigung des Rechtsakts durch den EuGH als nicht mehr vertretbar angesehen werden. Eine Bindung an die vom EuGH geäußerte Rechtsauffassung besteht daher nicht.

98 **Hinweis:** In der Praxis könnte ein bestimmtes Abstimmungsverhalten des deutschen Vertreters im Rat allenfalls in einem Verfahren des einstweiligen Rechtsschutzes nach § 32 BVerfGG verhindert werden. In diesem Verfahren kann eine Vorabentscheidung des EuGH aus Zeitgründen nicht eingeholt werden.[165]

d) Zwischenergebnis

99 Die angekündigte Zustimmung zur EU-FAVO verletzt A in seinem grundrechtsähnlichen Abwehrrecht gegen Ultra-vires-Akte aus Art. 38 Abs. 1 S. 1 GG.

2. Verletzung des Anspruchs auf Wahrung der Verfassungsidentität

100 Die angekündigte Zustimmung des deutschen Ratsvertreters zur EU-FAVO könnte A auch in einem aus Art. 38 Abs. 1 S. 1 GG abzuleitenden Anspruch auf Wahrung der in Art. 79 Abs. 3 i.V.m. Art. 1 und Art. 20 Abs. 1 und 2 GG niedergelegten Grundsätze der Verfassung (sog. Verfassungsidentität) verletzen.[166]

a) Gewährleistungsgehalt des Art. 38 Abs. 1 S. 1 GG

101 Wie bereits dargelegt,[167] gehört zu der durch Art. 79 Abs. 3 i.V.m. Art. 20 Abs. 1 und 2 GG geschützten und durch Art. 38 Abs. 1 S. 1 GG subjektiv-rechtlich bewehrten Verfassungsidentität, dass dem Bundestag rechtlich Kompetenzen von substantiellem Gewicht zur Gestaltung der Lebensverhältnisse in der Bundesrepublik Deutschland verbleiben und er auch in tatsächlicher Hinsicht in der Lage ist, diese Kompetenzen wirksam auszuüben. Der deutsche Vertreter muss dementsprechend im Rat einem europäischen Rechtsakt seine Stimme verweigern, der die Kompetenzen des Bundestages rechtlich oder faktisch in einer nicht mehr vom Integrationsauftrag des Art. 23 Abs. 1 S. 1 GG gedeckten, gegen Art. 23 Abs. 1 S. 3 i.V.m. Art. 79 Abs. 3 GG verstoßenden Weise aushöhlen würde.

163 BVerfGE 154, 17 (Rn. 112, 118 ff.) – PSPP-Urteil.
164 BVerfGE 154, 17 (Rn. 118) – PSPP-Urteil.
165 Siehe die einstweilige Anordnung BVerfG, Beschl. v. 18. Aug. 2017 – 2 BvR 424/17.
166 Zum Prüfungsmaßstab der Identitätskontrolle BVerfGE 140, 317 (Rn. 43).
167 C.I.3.a)bb)(1), Rn. 61 ff.

b) Voraussetzungen der Rechtsverletzung

Zu prüfen ist daher, ob die rechtlichen Kompetenzen und faktischen Handlungsmöglichkeiten des Deutschen Bundestags durch die Geltung der EU-FAVO dergestalt beeinträchtigt würden, dass die durch Art. 20 Abs. 2 GG i.V.m. Art. 79 Abs. 3 GG geschützte demokratische Selbstgestaltungsfähigkeit[168] des deutschen Staates nicht mehr gegeben wäre. **102**

Die sog. Budgethoheit des Parlaments, das heißt die Befugnis, über Einnahmen und Ausgaben des Staates zu entscheiden, gehört zu den historisch hart erkämpften, für eine parlamentarische Demokratie grundlegenden Errungenschaften. Sie ist eine notwendige Bedingung für die wirksame Wahrnehmung der dem Bundestag vom Grundgesetz zugewiesenen Steuerungs- und Kontrollfunktionen. Ohne die Möglichkeit, über Einnahmen und Ausgaben der öffentlichen Hand zu entscheiden, ist die demokratische Selbstgestaltungsfähigkeit einer Gesellschaft gefährdet.[169] Es könnten dann beispielsweise nicht mehr die Einnahmen erhöht werden, wenn die Wahrnehmung einer neuen Staatsaufgabe für erforderlich gehalten wird. Umgekehrt könnte das Parlament die Abgabenbelastung der Bürger nicht mehr verringern, wenn es der Selbststeuerung der Gesellschaft im marktwirtschaftlichen System breiteren Raum geben möchte. Die haushaltspolitische Gesamtverantwortung[170] muss daher in dem vom Grundgesetz verfassten Staat, in dem die demokratische Legitimation der gesamten Bundesstaatsgewalt exklusiv über die Wahl zum Deutschen Bundestag vermittelt wird, bei eben diesem liegen.[171] Die Abgeordneten müssen über Einnahmen und Ausgaben entscheiden und sich hierfür vor dem Volk verantworten.[172] Wird die Haushaltsautonomie des Bundestages durch supranationale Zahlungsmechanismen nicht nur eingeschränkt, sondern läuft sie praktisch leer, ist das Demokratieprinzip verletzt.[173] Das bedeutet, dass supranational vereinbarte, nicht an strikte Vorgaben gebundene und in ihren Auswirkungen nicht begrenzte Leistungsautomatismen, die der Kontrolle und Einwirkung des Bundestags entzogen sind, den unübertragbaren Kern der Verfassungsidentität betreffen.[174] Der Bundestag muss dauerhaft „Herr seiner Entschlüsse“ bleiben.[175] **103**

Vorliegend hätte die Bundesrepublik Deutschland aufgrund der in der EU-FAVO getroffenen Regelungen im Jahr 2023 eine Transferlast von rund 200 Mrd. EUR zu tragen, die fast die Hälfte des vorgesehenen Bundeshaushalts in Höhe von insgesamt ca. 476 Mrd. EUR ausmachen würde. Eine Zustimmung des Bundestages hierzu wäre nicht erforderlich, vielmehr würde die Transferschuld jedes Jahr aufgrund der autonomen europäischen Regelungen der EU-FAVO automatisch entstehen. Eine Obergrenze ist nicht vorgesehen, sodass die Transferlast unabhängig von einer Beteiligung des Bundestages oder anderer deutscher Verfassungsorgane in Zukunft noch weiter steigen **104**

168 BVerfGE 123, 267 (359) – Lissabon; 132, 195 (Rn. 106) – ESM.
169 BVerfGE 132, 195 (Rn. 106) – ESM; 129, 124 (177) – EFS; 123, 267 (359) – Lissabon.
170 BVerfGE 134, 366 (Rn. 28) – OMT-Beschluss; 151, 202 (Rn. 123) – Bankenunion.
171 BVerfGE 151, 202 (Rn. 123) – Bankenunion.
172 BVerfGE 132, 195 (Rn. 106) – ESM; 129, 124 (177) – EFS; 151, 202 (Rn. 123) – Bankenunion.
173 BVerfGE 157, 332 (Rn. 96) – ERatG; BVerfG, Urt. v. 6. Dez. 2022 – 2 BvR 547/21, 2 BvR 798/21, Rn. 136 – ERatG/NGEU.
174 Vgl. BVerfGE 157, 332 (Rn. 85) – ERatG; BVerfG, Urt. v. 6. Dez. 2022 – 2 BvR 547/21, 2 BvR 798/21, Rn. 135, 219 – ERatG/NGEU.
175 BVerfGE 132, 195 (240) – ESM; 129, 124 (179 f.) – EFS.

könnte. Jede Erhöhung der staatlichen Einnahmen hätte zugleich eine Erhöhung der Transferbelastung in nahezu der gleichen Höhe zur Folge, so dass eine Übernahme neuer staatlicher Aufgaben praktisch nur noch durch Umschichtungen innerhalb der bestehenden Haushaltsansätze zu leisten wäre. Dies würde den Deutschen Bundestag in weiten Teilen und ohne eine zeitliche Begrenzung seiner Gestaltungsmacht im Hinblick auf die Ausgaben der öffentlichen Hand und damit mittelbar im Hinblick auf die Gestaltung gesellschaftlicher Aufgaben insgesamt berauben. Mit dem in Art. 79 Abs. 3 GG i.V.m. Art. 20 Abs. 2 GG niedergelegten Grundsatz einer parlamentarischen Demokratie wäre dies nicht zu vereinbaren.

c) Keine Einschränkung der Prüfungskompetenz des BVerfG

105 Wiederum ist die Kompetenz des BVerfG zur Feststellung einer Verletzung der Verfassungsidentität durch einen europäischen Rechtsakt zur Wahrung der Europarechtsfreundlichkeit durch das Erfordernis einer vorherigen Vorlage zum EuGH beschränkt.[176] Ein Vorabentscheidungsverfahren zum EuGH hat laut Bearbeitervermerk stattgefunden.

d) Zwischenergebnis

106 Eine Zustimmung des deutschen Ratsvertreters zu EU-FAVO würde eine Mitwirkung an einer Verletzung der Verfassungsidentität des Grundgesetzes (Art. 79 Abs. 3 i.V.m. Art. 20 Abs. 1 und Abs. 2 GG) darstellen und den A auch deshalb in seinem Recht aus Art. 38 Abs. 1 S. 1 GG verletzen.

III. Ergebnis

107 Eine vorbeugende Verfassungsbeschwerde des A gegen die Zustimmung des deutschen Vertreters im Rat zum Erlass der EU-FAVO hätte Aussicht auf Erfolg. A kann damit das Zustandekommen der EU-FAVO mangels Einstimmigkeitserfordernis im Rat nicht verhindern, aber weniger wahrscheinlich machen.

108 **Anregung:** Denken Sie den Fall weiter! Wie wäre es, wenn A zunächst nichts unternimmt und die EU-FAVO erlassen wird? Kann A die deutschen Verfassungsorgane jetzt mit gerichtlicher Hilfe daran hindern, die Verordnung anzuwenden?

---

176 BVerfGE 134, 366 (Rn. 27) – OMT-Beschluss; 140, 317 (Rn. 46) – Europäischer Haftbefehl.

Literaturverzeichnis

109

Barczak, Tristan (Hrsg.)	BVerfGG. Mitarbeiterkommentar zum Bundesverfassungsgerichtsgesetz, Berlin 2018
Benda, Ernst/Klein, Eckardt/ Klein, Oliver	Verfassungsprozessrecht, 4. Aufl., Heidelberg 2020
Bethge, Herbert	Das Phantom der doppelten Verfassungsunmittelbarkeit, in: JuS 2001, S. 1100 ff.
Calliess, Christian/Ruffert, Matthias (Hrsg.)	EUV/AEUV, 6. Aufl., München 2022
Cornils, Matthias	Art. 23 Abs. 1 GG: Abwägungsposten oder Kollisionsregel?, in: AöR 129 (2004), S. 336 ff.
Cremer, Wolfram	Grundgesetzliche Bindungen des deutschen Vertreters bei Abstimmungen im Rat der Europäischen Union und ihre prozessuale Durchsetzbarkeit, in: EuR 2014, S. 195 ff.
Detterbeck, Steffen	Allgemeines Verwaltungsrecht, 20. Aufl., München 2022
Dreier, Horst (Hrsg.)	Grundgesetz, Band II: Artikel 20-82, 3. Aufl., Tübingen 2015
Dürig, Günther (Begr.)/ Herzog, Roman/Scholz, Rupert (Hrsg.)	Grundgesetz, München, Stand: 100. EL, Januar 2023
Ehlers, Dirk	Allgemeine Sachentscheidungsvoraussetzungen verwaltungsgerichtlicher Rechtsschutzanträge (Teil II.), in: Jura 2008, S. 183 ff.
Ehlers, Dirk/Schoch, Friedrich	Rechtsschutz im Öffentlichen Recht, Neubearbeitung, München 2021
Eifert, Martin/Gerberding, Johannes	Verfassungsbeschwerde und Unionsgewalt, in: Jura 2016, S. 628 ff.
Everling, Ulrich	Lissabon-Vertrag regelt Dauerstreit über Nichtigkeitsklage Privater, in: EuZW 2010, S. 572 ff.
ders.	Rechtsschutz in der Europäischen Union nach dem Vertrag von Lissabon, in: EuR 2009 Beiheft 1, S. 71 ff.
Eyermann, Erich (Begr.)	Verwaltungsgerichtsordnung, 16. Aufl., München 2022
Friauf, Karl Heinrich/Scholz, Rupert	Europarecht und Grundgesetz, Berlin 1990
Gärditz, Klaus Ferdinand	Europäisches Verwaltungsprozessrecht, in: JuS 2009, S. 385 ff.
Grabitz, Eberhard/Hilf, Meinhard/Nettesheim, Martin (Hrsg.)	Das Recht der Europäischen Union, München, Stand: 77. EL, Januar 2023
Guckelberger, Annette	Allgemeines Verwaltungsrecht, 11. Aufl., Baden-Baden 2023

Häde, Ulrich	§ 20 Finanzordnung der Europäischen Union, in: Hatje, Armin/ Müller-Graff, Peter-Christian (Hrsg.), Europäisches Organisations- und Verfassungsrecht (EnzEuR Bd. 1), 2. Aufl., Baden-Baden 2022, S. 1111 ff.
Hatje, Armin/Kindt, Anne	Der Vertrag von Lissabon – Europa endlich in guter Verfassung?, in: NJW 2008, S. 1761 ff.
Heintzen, Markus	Zur Frage der Grundrechtsbindung der deutschen Mitglieder des EG-Ministerrats, in: Der Staat 31 (1992), S. 367 ff.
Herdegen, Matthias	Europarecht, 24. Aufl., München 2023
Hillgruber, Christian/Goos, Christoph	Verfassungsprozessrecht, 5. Aufl., Heidelberg 2020
Huber, Peter M.	Bundesverfassungsgericht und Europäischer Gerichtshof als Hüter der Gemeinschaftsrechtlichen Kompetenzordnung, in: AöR 116 (1991), S. 210 ff.
Hufen, Friedhelm	Verwaltungsprozessrecht, 12. Aufl., München 2021
Hussendörfer, Zachariasz	ÖR-Examensklausur zur Verfassungsbeschwerde im Mehrebenensystem. Recht auf Vergessenwerden II, in: Jura 2021, S. 705 ff.
Jarass, Hans D./Pieroth, Bodo	Grundgesetz, 17. Aufl., München 2022
Kahl, Wolfgang/Waldhoff, Christian/Walter, Christian (Hrsg.)	Bonner Kommentar zum Grundgesetz, Heidelberg, Stand: 218. EL, Dezember 2022
Klement, Jan Henrik	Der geldpolitische Kompetenzmechanismus, in: JZ 2015, S. 754 ff.
ders.	Der Euro und seine Demokratie, in: ZG 2014, S. 169 ff.
König, Doris	Die Übertragung von Hoheitsrechten im Rahmen des europäischen Integrationsprozesses – Anwendungsbereich und Schranken des Art. 23 des Grundgesetzes, Berlin 2000
Kopp, Ferdinand O./Schenke, Wolf-Rüdiger	Verwaltungsgerichtsordnung, 28. Aufl., München 2022
Kraayvanger, Jan	Der Begriff der verfassungsrechtlichen Streitigkeit im Sinne des § 40 Abs. 1 Satz 1 VwGO, Berlin 2004
Knoth, Annchristin/Seyer, Till	Grundfälle zur Grundrechtecharta, Teil 2: Einzelne Grundrechte und Rechtsschutz, in: JuS 2021, S. 1018 ff.
Mächtle, Cathrin	Individualrechtsschutz in der Europäischen Union, in: JuS 2015, S. 28 ff.
von Mangoldt, Hermann/ Klein, Friedrich/Starck, Christian (Hrsg.)	Grundgesetz, 7. Aufl., München 2018
Mayer, Franz C./Walter, Maja	Die Europarechtsfreundlichkeit des BVerfG nach dem Honeywell-Beschluss, in: Jura 2011, S. 532 ff.
Nettesheim, Martin	„Next Generation EU": Die Transformation der EU-Finanzverfassung, in: AöR 145 (2020), S. 381 ff.
Nicolaysen, Gert	Tabakrauch, Gemeinschaftsrecht und Grundgesetz, in: EuR 1989, S. 215 ff.

Pechstein, Matthias — EU-Prozessrecht, 4. Aufl., Tübingen 2011

ders./Nowak, Carsten/Häde, Ulrich (Hrsg.) — Frankfurter Kommentar zu EUV, GRC und AEUV, Tübingen 2017

Rickert, Beate — Die Grundrechtsgeltung bei der Umsetzung europäischer Richtlinien in innerstaatliches Recht, Berlin 1997

Ruffert, Matthias — Das BVerfG als Akteur im Prozess der europäischen Integration, in: EuGRZ 2017, S. 241 ff.

Ruppert, Andreas — Die Integrationsgewalt, Hamburg 1969

Sachs, Michael (Hrsg.) — Grundgesetz, 9. Aufl., München 2021

ders. — Verfassungsprozessrecht, 4. Aufl., Tübingen 2016

Sauer, Heiko — Staatsrecht III, 7. Auflage, München 2022

ders. — Der novellierte Kontrollzugriff des Bundesverfassungsgerichts auf das Unionsrecht, in: EuR 2017, S. 186 ff.

Schenke, Wolf-Rüdiger — Verwaltungsprozessrecht, 18. Aufl., Heidelberg 2023

Scherzberg, Arno/Mayer, Matthias — Die Zulässigkeit der Verfassungsbeschwerde (Teil 2), in: Jura 2004, S. 513 ff.

Schmidt-Bleibtreu, Bruno/Klein, Franz/Bethge, Herbert (Hrsg.) — Bundesverfassungsgerichtsgesetz, München, Stand: 62. EL, Januar 2022

Schoch, Friedrich/Schneider Jens-Peter (Hrsg.) — Verwaltungsrecht, München, Stand: 43. EL, August 2022 (Bände zur VwGO)

Schwarze, Jürgen/Becker, Ulrich/Hatje, Armin/Schoo, Johann (Hrsg.) — EU-Kommentar, 4. Aufl., Baden-Baden 2019

Seidel, Martin — Probleme der Währungsunion der Europäischen Union, in: Baur, Jürgen F./Lieb, Manfred/Müller-Graff, Peter-Christian (Hrsg.), Festschrift für Ralf Vieregge, 1995, S. 793 ff.

Sodan, Helge/Ziekow, Jan (Hrsg.) — Verwaltungsgerichtsordnung. 5. Aufl., Baden-Baden 2018

Streinz, Rudolf/Michl, Walther (Hrsg.) — EUV/AEUV, 3. Aufl., München 2018

Thiele, Alexander — Das Rechtsschutzsystem nach dem Vertrag von Lissabon – (K)ein Schritt nach vorn?, in: EuR 2010, S. 30 ff.

Hausarbeit 7

Geheimdienstkooperation und deren parlamentarische Kontrolle

von Fabian Wittreck

1 Nach diversen Enthüllungen wird die Zusammenarbeit des Bundesnachrichtendienstes (BND) mit der US-amerikanischen National Security Agency (NSA) in der Öffentlichkeit wie im politischen Berlin intensiv diskutiert und in unterschiedlichen Foren durchleuchtet. Soweit bekannt, hat sich Folgendes abgespielt:

Der BND betrieb gemeinsam mit der NSA auf der Grundlage eines „Memorandum of Agreement" (MoA) unter dem Projektnamen „Joint SIGINT Activity" in Bad Aibling eine Kooperation zur Fernmeldeaufklärung des internationalen Fernmeldeverkehrs zwischen verschiedenen Krisenregionen. Das MoA war dabei kein förmlicher völkerrechtlicher Vertrag i.S.v. Art. 59 Abs. 2 GG, sondern ein formloses Protokoll über zwischenstaatliche Absprachen; es legte die Modalitäten für die gemeinsame Arbeit fest. Hiernach war eine Aufklärung europäischer Ziele nur beschränkt auf bestimmte Sachbereiche zulässig. Auch sollte ausschließlich solche Kommunikation aufgeklärt werden, an denen kein von Art. 10 GG geschützter Teilnehmer beteiligt war (im Kern also sog. Ausland-Ausland-Kommunikation, etwa zwischen Terrorverdächtigen im Gebiet des „Islamischen Staates" und ihren mutmaßlichen Geldgebern in der Golfregion).

Im Rahmen dieser Kooperation durchsuchten BND-Mitarbeiter die aus einem Internetknotenpunkt in Frankfurt am Main ausgeleiteten Daten nach von der NSA definierten Merkmalen, den sog. Selektoren. Diese Selektoren wurden von Bad Aibling aus regelmäßig abgerufen und nach entsprechender Prüfung durch den BND in die Erfassungssysteme eingestellt. Aufgrund der hohen Anzahl an Selektoren wurde die Prüfung in einem automatisierten Verfahren durchgeführt. Diese automatisierte Prüfung bezog sich dabei auf eine G 10-Relevanz der Selektoren und auf einen möglichen Verstoß gegen deutsche Interessen.

Bereits Ende des Jahres 2005 fiel BND-Mitarbeitern bei einer Durchsicht von NSA-Selektoren auf, dass die NSA auch Selektoren übergeben hatte, die nach Einschätzung des BND gegen deutsche Interessen verstießen (also namentlich G 10-relevante Inlandskommunikation oder sog. Inland-Ausland-Kommunikation betrafen). Nachdem im Sommer 2013 in der Presse berichtet worden war, dass EU-Vertretungen und auch Deutsche von der Fernmeldeaufklärung im Rahmen der „Joint SIGINT Activity" betroffen seien, führte der BND eine interne Untersuchung der Selektoren durch. Dabei stellte sich heraus, dass die überprüften Selektoren nur zu einem Teil bei der ersten Filterung bereits von der weiteren Verwendung ausgeschlossen und nicht in die Erfassungssysteme übernommen worden waren. Ein anderer Teil war für unterschiedlich lange Zeiträume gesteuert worden. Nachdem der Deutsche Bundestag zur Aufarbeitung des „Selektorenskandals" am 20. März 2014 den I. Untersuchungsausschuss der 18. Wahlperiode (sog. NSA-Untersuchungsausschuss) eingesetzt hatte, wurden die Selektoren, welche von der NSA im Rahmen der Zusammenarbeit in Bad Aibling an den BND übergeben und durch diesen abgelehnt worden waren, aus den nachrichtendienstlichen Datenbanken generiert und sodann zu den sog. NSA-Selektorenlisten zusammengefasst.

Diese Listen, aus denen im Kern hervorgeht, an welchen Personen und Sachverhalten die NSA Interesse hat, werden nun gleich mehrfach zum Objekt der Begierde. Zunächst verlangt die vom Bundestag eingesetzte G 10-Kommission die Herausgabe der Listen (hilfsweise Einsicht in dieselben), um festzustellen, ob Verstöße gegen Art. 10 GG sowie das einschlägige konkretisierende Gesetz (G 10-Gesetz) stattgefunden haben. Dies wird von der Bundesregierung jedoch abgelehnt. Sie übermittelt der Kommission lediglich einen Bericht der von der Regierung eingesetzten Vertrauensperson, die nach Einsichtnahme in die Selektorenlisten auch dem einschlägigen Untersuchungsausschuss des Deutschen Bundestages über den Inhalt der Listen berichten soll.

Die G 10-Kommission ist darüber hochgradig verärgert und beantragt beim Bundesverfassungsgericht form- und fristgerecht die Feststellung, dass die Bundesregierung durch die Verweigerung der Herausgabe der Listen wie der Möglichkeit der Einsichtnahme in dieselben die verfassungsmäßigen Rechte der Kommission verletzt und es ihr unmöglich gemacht habe, ihrem Verfassungsauftrag zum Schutz der Grundrechte der Bürgerinnen und Bürger nachzukommen.

Die Bundesregierung tritt dem entgegen: Der Antrag sei bereits unzulässig, weil die G 10-Kommission im Organstreitverfahren gar nicht parteifähig sei. Sie sei weder oberstes Bundesorgan noch Teil eines solchen; auch werde sie im Grundgesetz nicht explizit mit eigenen Rechten ausgestattet, sondern lediglich als wohlgemerkt *mögliche* institutionelle Absicherung des Grundrechts aus Art. 10 GG erwähnt (anders etwa der Wehrbeauftragte des Bundestages oder das parlamentarische Kontrollgremium, vgl. Art. 45b und 45d GG).

Auch im NSA-Untersuchungsausschuss des Deutschen Bundestages kommt es rasch zum Streit. Dieser verlangt von der Bundesregierung die Herausgabe sämtlicher Beweismittel, die Auskunft darüber geben, welche Erkenntnisse beim BND darüber vorliegen, inwiefern die NSA im Rahmen der Kooperation Aufklärung gegen deutsche Ziele oder deutsche Interessen betrieben hat. Die Bundesregierung stellt in der Folge Beweismaterial zur Verfügung; im Hinblick auf die NSA-Selektorenlisten gelangt sie hingegen zu der Einschätzung, dass eine Herausgabe an den Untersuchungsausschuss ohne Einverständnis der Vereinigten Staaten von Amerika einen Verstoß gegen die gegenseitig zugesagte Vertraulichkeit darstellen und die internationale Kooperationsfähigkeit Deutschlands erheblich beeinträchtigen würde.

Mit ihren form- und fristgerechten Anträgen im Organstreitverfahren begehren die Fraktion DIE LINKE im Deutschen Bundestag, die Fraktion BÜNDNIS 90/DIE GRÜNEN im Deutschen Bundestag sowie zwei Mitglieder des NSA-Untersuchungsausschusses, die den vorgenannten Fraktionen angehören, die Feststellung, dass die Bundesregierung durch die Ablehnung der Herausgabe das Beweiserhebungsrecht des Bundestages aus Art. 44 GG verletzt hat. Die beiden Fraktionen zählen allerdings nur 64 resp. 63 Mitglieder des 18. Deutschen Bundestages, in dem insgesamt 631 Mandate zu verzeichnen sind.

1. Ist der Antrag der G 10-Kommission zulässig?
2. Sind die Anträge der Fraktionen bzw. der Abgeordneten zulässig und begründet?

Auf § 126a GOBT wird hingewiesen. Die Vorschrift lautet in der anwendbaren Fassung:

§ 126a GOBT a.F.

(gültig für die 18. Legislaturperiode vom 22.10.2013 – 23.10.2017)

§ 126a Besondere Anwendung von Minderheitsrechten in der 18. Wahlperiode

(1) Für die Dauer der 18. Wahlperiode gelten folgende Regelungen:

1. Auf Antrag von 120 seiner Mitglieder setzt der Bundestag einen Untersuchungsausschuss gemäß Artikel 44 des Grundgesetzes ein. Die Zahl der Mitglieder des Untersuchungsausschusses wird nach dem vom Bundestag beschlossenen Verteilverfahren (Bundestagsdrucksache 18/212) so bestimmt, dass die Fraktionen, die nicht die Bundesregierung tragen, gemeinsam ein Viertel der Mitglieder stellen.

2. Der Verteidigungsausschuss stellt sicher, dass auf Antrag aller Ausschussmitglieder der Fraktionen, die nicht die Bundesregierung tragen, gemäß Artikel 45a Absatz 2 des Grundgesetzes eine Angelegenheit der Verteidigung zum Gegenstand seiner Untersuchung gemacht wird und die Rechte, die nach dem Untersuchungsausschussgesetz einem Viertel der Ausschussmitglieder zustehen, von diesen Mitgliedern entsprechend geltend gemacht werden können.

3. Auf Antrag von 120 Mitgliedern des Bundestages beruft der Präsident den Bundestag ein.

4. Auf Antrag von 120 seiner Mitglieder erhebt der Bundestag wegen Verstoßes eines Gesetzgebungsakts der Europäischen Union gegen das Subsidiaritätsprinzip Klage vor dem Gerichtshof der Europäischen Union entsprechend Artikel 23 Absatz 1a des Grundgesetzes.

5. Auf Antrag von 120 seiner Mitglieder macht der Bundestag deren Auffassung entsprechend § 12 Absatz 1 des Integrationsverantwortungsgesetzes in Verbindung mit § 93d in der Klageschrift deutlich, sofern sie die Erhebung einer Klage wegen Verstoßes eines Gesetzgebungsakts der Europäischen Union gegen das Subsidiaritätsprinzip vor dem Gerichtshof der Europäischen Union nicht stützen.

6. Einem Verlangen, die Bundesregierung möge nach § 8 Absatz 5 des Gesetzes über die Zusammenarbeit von Bundesregierung und Deutschem Bundestag in Angelegenheiten der Europäischen Union die Gründe erläutern, aus denen nicht alle Belange einer Stellungnahme des Bundestages berücksichtigt wurden, tritt der Bundestag dann bei, wenn es von 120 seiner Mitglieder erhoben wird.

7. Einem Verlangen nach Unterrichtung des Haushaltsausschusses gemäß § 5 Absatz 4 des ESM-Finanzierungsgesetzes durch den von Deutschland nach Artikel 5 Absatz 1 des Vertrags zur Einrichtung des Europäischen Stabilitätsmechanismus ernannten Gouverneur und dessen Stellvertreter wird der Haushaltsausschuss dann beitreten, wenn es von allen Ausschussmitgliedern der Fraktionen, die nicht die Bundesregierung tragen, erhoben wird.

8. Bei Anträgen oder Vorlagen der Bundesregierung gemäß § 5 Absatz 6 des ESM-Finanzierungsgesetzes oder § 4 Absatz 5 des Stabilisierungsmechanismusgesetzes führt der Haushaltsausschuss auf Verlangen aller Ausschussmitglieder der Fraktionen, die nicht die Bundesregierung tragen, eine öffentliche Anhörung entsprechend § 70 Absatz 1 Satz 2 durch.

9. Bei überwiesenen Vorlagen führt der federführende Ausschuss auf Verlangen aller Ausschussmitglieder der Fraktionen, die nicht die Bundesregierung tragen, eine öffentliche Anhörung entsprechend § 70 Absatz 1 Satz 2 durch.

10. Eine Plenarberatung statt einer erweiterten öffentlichen Ausschusssitzung (§ 69a Absatz 5) findet statt, wenn es von allen Mitgliedern des Ausschusses, die nicht die Bundesregierung tragen, verlangt wird.

11. Auf Antrag von 120 seiner Mitglieder setzt der Bundestag entsprechend § 56 Absatz 1 eine Enquete-Kommission ein.

(2) Auf die Regelungen nach Absatz 1 findet § 126 keine Anwendung.

Gliederung

2

Rn.

Frage 1: Antrag der G 10-Kommission ... 3

A. Zulässigkeit ... 3

I. Zuständigkeit des Bundesverfassungsgerichts, § 13 Nr. 5 BVerfGG ... 4

II. Parteifähigkeit der Kommission, § 63 BVerfGG bzw. Art. 93 Abs. 1 Nr. 1 GG ... 6

1. G 10-Kommission als oberstes Bundesorgan ... 9
2. G 10-Kommission als Teil des Bundestages ... 15
3. G 10-Kommission als „anderer Beteiligter" i.S.v. Art. 93 Abs. 1 Nr. 1 GG ... 19

III. Zwischenergebnis ... 23

B. Ergebnis ... 24

Frage 2: Anträge der Fraktionen und Ausschussmitglieder ... 25

A. Zulässigkeit des Organstreitverfahrens ... 26

I. Zuständigkeit des Bundesverfassungsgerichts ... 27

II. Parteifähigkeit, § 63 BVerfGG bzw. Art. 93 Abs. 1 Nr. 1 GG ... 28

1. Fraktionen ... 29
2. Einzelne Abgeordnete ... 32
3. Bundesregierung ... 33

III. Antragsbefugnis, § 64 Abs. 1 BVerfGG ... 34

1. Fraktionen ... 36
2. Einzelne Abgeordnete ... 39

IV. Antragsgegner ... 42

V. Form und Frist, §§ 23 Abs. 1, 64 Abs. 2 und 3 BVerfGG ... 44

VI. Rechtsschutzbedürfnis ... 46

VII. Zwischenergebnis ... 47

B. Begründetheit der Anträge im Organstreitverfahren ... 48

I. Betroffenheit des Untersuchungsrechts nach Art. 44 Abs. 1 GG ... 50

II. Grenzen des Beweiserhebungsrechts ... 53

1. Völkerrecht ... 54
2. Deckung durch den Einsetzungsbeschluss ... 55
3. Gewaltenteilungsgrundsatz ... 56
   a) Kernbereich exekutiver Eigenverantwortung ... 57
   b) Funktionsgerechte und organadäquate Aufgabenwahrnehmung ... 58
4. Staatswohl bzw. Wohl des Bundes oder eines Landes ... 62
5. Grundrechte und Rechtsmissbrauch ... 63

III. Begründungspflicht der Bundesregierung ... 64

IV. Anwendung auf den Einzelfall ... 65

1. Umfang des Beweiserhebungsrechts ... 65
2. Einsetzung der sachverständigen Vertrauensperson ... 66

3. Interesse der Regierung an funktionsgerechter und organadäquater Aufgabenwahrnehmung ... 67
4. Begründungspflicht ... 69
V. Zwischenergebnis ... 70
C. Gesamtergebnis ... 71
Literaturverzeichnis ... 72

Gutachten

Frage 1: Antrag der G 10-Kommission

A. Zulässigkeit

3 Der Antrag der G 10-Kommission auf Einleitung eines Organstreitverfahrens ist zulässig, wenn er alle Voraussetzungen nach den Art. 93 Abs. 1 Nr. 1 GG, §§ 13 Nr. 5, 23, 63 ff. BVerfGG erfüllt.

I. Zuständigkeit des Bundesverfassungsgerichts, § 13 Nr. 5 BVerfGG

4 Das Bundesverfassungsgericht ist zur Entscheidung von Organstreitverfahren zuständig.

5 **Hinweis:** Das häufig zu lesende Normzitat „Art. 93 Abs. 1 Nr. 1 GG i.V.m. § 13 Nr. 5 BVerfGG ist streng genommen falsch, da es gegen den sog. Anwendungsvorrang des einfachen Rechts verstößt – wenn das Ergebnis wie hier zweifelsfrei aus dem BVerfGG folgt, ist der Rückgriff auf die Verfassungsurkunde versperrt[1].

II. Parteifähigkeit der Kommission, § 63 BVerfGG bzw. Art. 93 Abs. 1 Nr. 1 GG

6 Die G 10-Kommission (sowie die Bundesregierung als Antragsgegnerin) müsste parteifähig sein.

7 **Hinweis:** Neben der *Parteifähigkeit* begegnen noch die *Antragsberechtigung* oder die *Beteiligungsfähigkeit* (bitte nicht: *Beteiligtenfähigkeit* – dieser Begriff bezeichnet Fähigkeiten der Beteiligten, also etwa das Vermögen des Antragstellers, einen Purzelbaum zu schlagen; dieses hilft aber weder in der Hausarbeit noch in der verfassungsprozessualen Praxis weiter). Wichtig ist ferner, dass derlei begriffliche Variationen keinen „Meinungsstreit" darstellen, den es zu „entscheiden" gilt. Sie wählen eine gängige Terminologie aus und halten diese möglichst durch.

1 Näher *Wittreck*, AL 2018, S. 217 ff.

Parteifähig sind nach der vorrangig anzuwendenden Bestimmung in § 63 BVerfGG die dort aufgelisteten obersten Verfassungsorgane sowie die im Grundgesetz oder in den jeweiligen Geschäftsordnungen mit eigenen Rechten ausgestatteten Teile der Verfassungsorgane Bundesrat und Bundestag[2]. **8**

1. G 10-Kommission als oberstes Bundesorgan

Ungeachtet ihrer fehlenden ausdrücklichen Erwähnung in § 63 BVerfGG könnte die G 10-Kommission zunächst ein oberstes Bundesorgan sein. **9**

Hinweis: Der Rechtsbegriff *oberstes Bundesorgan* ist (ebenso wie das sinngleich benutzte „Verfassungsorgan") schillernd und in vieler Hinsicht unklar. Unstreitig zählen dazu Bundestag und Bundesrat, die Bundesregierung sowie der Bundespräsident. Das Bundesverfassungsgericht hat sich diesen Status selbst zuerkannt[3]. **10**

Das Bundesverfassungsgericht hat die in Art. 10 Abs. 2 S. 2 GG nicht ausdrücklich erwähnte Kommission (dort ist lediglich davon die Rede, dass an die Stelle einer gerichtlichen Überprüfung „die Nachprüfung durch von der Volksvertretung bestellte Organe und Hilfsorgane tritt") als „Kontrollorgan eigener Art außerhalb der rechtsprechenden Gewalt, das als Ersatz für den fehlenden gerichtlichen Rechtsschutz dient", bezeichnet[4]. **11**

Die Kommission werde von der Verfassung nicht in ihrer Existenz, ihrem Status und ihren Kompetenzen konstituiert. Sie werde in Art. 10 Abs. 2 S. 2 GG nicht einmal ausdrücklich erwähnt; der Gesetzgeber „kann" vielmehr an die Stelle des Rechtsweges die Kontrolle durch Organe bzw. Hilfsorgane des Parlaments setzen. Das bedeutet im Umkehrschluss, dass es ihm freisteht, den Schutz des Grundrechts aus Art. 10 Abs. 1 GG wieder den Gerichten zu überantworten und die G 10-Kommission abzuschaffen. Dementsprechend folgt aus Art. 10 Abs. 2 S. 2 GG weder dem Grunde noch dem (Kompetenz-)Umfang nach ein verbindlicher Verfassungsauftrag; Status wie Kompetenzausstattung der G 10-Kommission lassen sich vielmehr allein dem einfachen Recht (G 10-Gesetz) entnehmen[5]. **12**

Zudem weist die Verfassung der Kommission keine eigenständigen Aufgaben im Bereich der politischen Staatsleitung zu; sie hat keinen „verfassungsunmittelbaren Status im Prozess demokratischer Willensbildung und staatlicher Entscheidungsfindung"[6], sondern übt eine dem gerichtlichen Rechtsschutz gleichwertige Rechtskontrolle aus. **13**

2 Näher dazu *Barczak*, in: ders., BVerfGG, § 63 Rn. 20 ff.

3 Und zwar in der berühmt-berüchtigten Status-Denkschrift: JZ 1953, S. 157 f.; knapp dazu *Barczak*, in: ders., BVerfGG, Einl. Rn. 7 sowie *Volp*, ebda., § 1 Rn. 39 ff.

4 BVerfGE 143, 1 (13 f., Rn. 41). Eingehend aus der Literatur *Hornung*, in: Morlok/Schliesky/Wiefelspütz, Parlamentsrecht, § 30 Rn. 67 ff.

5 BVerfGE 143, 1 (14 f., Rn. 45). Aus der Literatur *Jarass*, in: ders./Pieroth, GG, Art. 10 Rn. 30; *Kment*, in: Jarass/Pieroth, GG, Art. 93 Rn. 65. Gegenauffassung bei *Walter*, in: Dürig/Herzog/Scholz, GG, Art. 93 Rn. 212 (Stand: 80. EL, Juni 2017).

6 BVerfGE 143, 1 (15, Rn. 46).

14 Die G 10-Kommission ist daher kein oberstes Bundesorgan und nicht unmittelbar nach § 63 BVerfGG parteifähig im Organstreitverfahren.

2. G 10-Kommission als Teil des Bundestages

15 Die G 10-Kommission könnte aber als *Teil* des obersten Bundesorgans Bundestag parteifähig sein[7].

16 Das Bundesverfassungsgericht lehnt dies eindeutig ab: „Die G 10-Kommission ist weder durch das Grundgesetz noch durch die Geschäftsordnung des Deutschen Bundestages mit eigenen Rechten ausgestattet. Soweit sich die Befugnisse der G 10-Kommission aus einfachem Recht – hier insbesondere § 15 G 10 – ergeben, wäre dies im Organstreit allenfalls relevant, wenn das Gesetz unmittelbar aus der Verfassung selbst folgende Rechte und Pflichten des am Organstreit Beteiligten widerspiegeln würde; eine Verletzung einfachen Rechts kann im Organstreit nicht geltend gemacht werden"[8].

17 Das Gericht führt weiter aus: „Die G 10-Kommission ist nicht Teil des Deutschen Bundestages. Ungeachtet des Umstandes, dass das Grundgesetz sie schon nicht explizit erwähnt, bezeichnet Art. 10 Abs. 2 Satz 2 GG das Hilfsorgan – anders als den Wehrbeauftragten in Art. 45b GG – nicht als eines ‚des Bundestages'. Auch wird die G 10-Kommission nicht wie das Parlamentarische Kontrollgremium in Art. 45d GG als Pflichtgremium des Deutschen Bundestages statuiert. Zwar wird das Organ oder Hilfsorgan nach Art. 10 Abs. 2 Satz 2 GG von der Volksvertretung bestellt. Diesen Akt hat der Gesetzgeber durch das G 10 auf das Parlamentarische Kontrollgremium delegiert, welches gemäß § 15 Abs. 1 Satz 4 G 10 die Mitglieder der G 10-Kommission nach Anhörung der Bundesregierung für die Dauer einer Wahlperiode des Deutschen Bundestages wählt. Allein die Tatsache, dass die Mitglieder der G 10-Kommission durch ein parlamentarisches Gremium gewählt werden, qualifiziert die G 10-Kommission aber noch nicht als Teil des Deutschen Bundestages, vielmehr wird dadurch die demokratische Legitimation der G 10-Kommission sichergestellt […]. Zudem gehört zum Wesen von parlamentarischen Hilfsorganen deren Abhängigkeit, Weisungsgebundenheit und Rechenschaftspflicht im Verhältnis zum Parlament. Zwar ist die G 10-Kommission beim Deutschen Bundestag ‚angesiedelt' […]. Die Mitglieder der G 10-Kommission, die nicht zwingend Abgeordnete sein müssen, sind aber in ihrer Amtsführung unabhängig sowie Weisungen nicht unterworfen (§ 15 Abs. 1 Satz 3 G 10). Sie nehmen ihr Amt ehrenamtlich wahr (§ 15 Abs. 1 Satz 4 G 10). Die G 10-Kommission unterliegt nicht – wie etwa Ausschüsse – dem Grundsatz der Diskontinuität (§ 15 Abs. 1 Satz 4 G 10). Eine Berichtspflicht gegenüber dem Deutschen Bundestag besteht nicht. Die G 10-Kommission ist daher nicht in der Organisationsgewalt des Deutschen Bundestages verankert"[9].

18 Schließlich übt die G 10-Kommission auch keine parlamentarische Kontrollfunktion aus. Diese ist wichtige Ausformung der Gewaltenteilung (vgl. Art. 20 Abs. 2 und 3 GG)

7 Näher dazu *Barczak*, in: ders., BVerfGG, § 63 Rn. 30 ff.

8 BVerfGE 143, 1 (16, Rn. 49). Die Literatur stimmt dem zu: *Barczak*, in: ders., BVerfGG, § 64 Rn. 20; Gegenauffassung etwa bei *B. Huber*, NVwZ 2016, S. 1701 (1707).

9 BVerfGE 143, 1 (16 f., Rn. 50).

und dient der gegenseitigen Mäßigung und Kontrolle der Gewalten[10]. Gemeint ist damit eine politische, nicht aber administrative Kontrolle. Die *politische* Kontrolle obliegt im Anwendungsbereich des G 10 dem Parlamentarischen Kontrollgremium nach Art. 45d GG; dieses soll losgelöst von Einzelfällen sicherstellen, dass die Beschränkungsmaßnahmen nach dem G 10 nicht überhand nehmen[11]. Die G 10-Kommission wird hingegen im ‚operativen' Bereich"[12] tätig, indem sie über die Zulässigkeit und Notwendigkeit von konkreten Beschränkungsmaßnahmen zu Lasten der in Art. 10 Abs. 1 GG gewährleisteten Grundrechte entscheidet.

3. G 10-Kommission als „anderer Beteiligter" i.S.v. Art. 93 Abs. 1 Nr. 1 GG

Fraglich ist schließlich, ob die G 10-Kommission als „anderer Beteiligter" i.S.v. Art. 93 **19**
Abs. 1 Nr. 1 GG eingestuft werden kann.

Das Bundesverfassungsgericht hat seine Rechtsprechung zu dieser Rechtsfigur wie folgt **20**
zusammengefasst: „Neben den obersten Bundesorganen lässt Art. 93 Abs. 1 Nr. 1 GG andere Beteiligte, die durch das Grundgesetz oder in der Geschäftsordnung eines obersten Bundesorgans mit eigenen Rechten ausgestattet sind, zu. Außerhalb des Kreises der Organteile mit eigenen Rechten aus dem Grundgesetz oder der Geschäftsordnung eines Bundesorgans hat das Bundesverfassungsgericht nur zwei Kompetenzträger als ‚andere Beteiligte' anerkannt. Es handelt sich dabei zum einen um einzelne Bundestagsabgeordnete [...] und zum anderen um politische Parteien"[13].

Die Erstreckung dieser Rechtsprechung auf die G 10-Kommission hat das Gericht abge- **21**
lehnt, da sie „keine mit Verfassungsorganen vergleichbare organschaftliche Stellung hat und sie nicht [...] verfassungsrechtlich notwendige Institution ist"[14].

Vielmehr diene die Kontrolle durch die G 10-Kommission dem prozeduralen Schutz des **22**
Grundrechts der Telekommunikationsfreiheit nach Art. 10 GG. Das Organstreitverfahren sei aber nicht dafür gedacht, etwaige Grundrechtsverstöße zu rügen; dies sei dem einzelnen Grundrechtsträger resp. der einzelnen Grundrechtsträgerin im Verfahren der Verfassungsbeschwerde vorbehalten. Da lediglich in 5% der Fälle keinerlei Mitteilung über die Überwachungsmaßnahme erfolge, sei dem Gros der Betroffenen die nachträgliche gerichtliche Kontrolle eröffnet, die wiederum nach Erschöpfung des Rechtsweges den Gang nach Karlsruhe ermögliche. Im besonderen Fall von § 5 G 10 habe das Gericht überdies klargestellt, dass es ausreiche, wenn der Bürger bzw. die Bürgerin darlegt, er oder sie sei mit einiger Wahrscheinlichkeit von Maßnahmen der strategischen Überwachung betroffen[15].

---

10 Näher dazu *Roggan*, G-10-Gesetz, 2. Online-Aufl. 2018, § 15 Rn. 4. – Allgemein zum Grundsatz der Gewaltenteilung und seiner Ausformung im Grundgesetz *Schulze-Fielitz*, in: Dreier, GG II, Art. 20 (Rechtsstaat), Rn. 67 ff.

11 Näher zum Parlamentarischen Kontrollgremium nach Art. 45d GG *Hornung*, in: Morlok/Schliesky/ Wiefelspütz, Parlamentsrecht, § 30 Rn. 11 ff.

12 BVerfGE 143, 1 (18, Rn. 54).

13 BVerfGE 143, 1 (10, Rn. 32).

14 BVerfGE 143, 1 (19, Rn. 56).

15 BVerfGE 143, 1 (21, Rn. 60).

III. Zwischenergebnis

23 Der Antrag der G 10-Kommission ist bereits mangels Parteifähigkeit unzulässig.

B. Ergebnis

24 Der Antrag der G 10-Kommission ist unzulässig.

Frage 2: Anträge der Fraktionen und Ausschussmitglieder

25 Die Anträge der verschiedenen Antragsteller im Organstreitverfahren haben Aussicht auf Erfolg, wenn sie zulässig und begründet sind.

A. Zulässigkeit des Organstreitverfahrens

26 Die Zulässigkeitsvoraussetzungen ergeben sich aus Art. 93 Abs. 1 Nr. 1 GG, §§ 13 Nr. 5, 63 ff. BVerfGG.

I. Zuständigkeit des Bundesverfassungsgerichts

27 Sie folgt aus § 13 Nr. 5 BVerfGG.

II. Parteifähigkeit, § 63 BVerfGG bzw. Art. 93 Abs. 1 Nr. 1 GG

28 Die verschiedenen Antragsteller müssten zunächst parteifähig sein. Parteifähig im Organstreitverfahren sind oberste Bundesorgane (vgl. § 63 BVerfGG) und andere Beteiligte, die durch das Grundgesetz oder die Geschäftsordnung eines obersten Bundesorgans mit eigenen Rechten ausgestattet sind (Art. 93 Abs. 1 Nr. 1 GG).

Insofern ist vorliegend zu differenzieren:

1. Fraktionen

29 Als Fraktionen des Deutschen Bundestages sind die Antragstellerinnen zu 1 und 2 sowohl nach der Geschäftsordnung als auch nach der Verfassung anerkannte Teile des Verfassungsorgans Deutscher Bundestag. Sie sind dabei sowohl als Fraktionen als auch in der Gesamtheit ihrer Mitglieder parteifähig im Organstreit[16]. Dabei ist bezüglich des letzten Punktes allerdings nochmals zu differenzieren:

30 Das Recht nach Art. 44 Abs. 1 GG ist bewusst als Minderheitenrecht ausgestaltet, da das Recht auf Einsetzung eines Untersuchungsausschusses im Kern ein Recht der Opposition auf Sachverhaltsaufklärung unabhängig von der Regierung und der sie tragenden Parlamentsmehrheit darstellt. Danach ist die sog. *konkrete* Einsetzungsminderheit, die sich durch die erfolgreiche Stellung des Antrags nach Art. 44 Abs. 1 S. 1 GG konstituiert hat, vom Grundgesetz als Trägerin kompetenzieller Rechte ausgewiesen und parteifähig im Organstreitverfahren[17].

---

16 Ganz h.M.: *Wieland*, in: Dreier, GG III, Art. 93 Rn. 59; *Detterbeck*, in: Sachs, GG, Art. 93 Rn. 46.
17 BVerfGE 143, 101 (124 f., Rn. 76); aus der Literatur *Glauben*, NVwZ 2017, S. 129 (130).

Gleiches gilt für die sogenannte *potentielle* Einsetzungsminderheit, also eine Gruppe von Bundestagsabgeordneten, die ein Viertel der Gesamtzahl der Mandate erreicht[18]. Wäre sie nicht als Organteil anerkannt, hätte es die Mehrheit stets in der Hand, durch Einsetzung einer sog. Mehrheitsenquete die Minderheit zu überstimmen bzw. die Minderheit müsste stets mit einer Minderheitsenquete „dagegenhalten". Es reicht mithin aus, wenn sich die einsetzungsberechtigte Minderheit mit einem Antrag konstituieren *könnte*. Vorliegend bleibt das Problem, dass Linke (64 Sitze) und Grüne (63 Sitze) gemeinsam nur über gut 20% der 631 Sitze des Deutschen Bundestages der 18. Wahlperiode verfügen und damit das Quorum nach Art. 44 Abs. 1 S. 1 GG verfehlen. Allerdings folgt ihre Parteifähigkeit aus § 126a Abs. 1 Nr. 1 S. 1 GOBT, der sie in dieser Situation für die Dauer der 18. Wahlperiode mit eigenen Rechten i.S.v. Art. 93 Abs. 1 Nr. 1 GG ausstattet (danach ist ein Untersuchungsausschuss auf Antrag von 120 Mitgliedern des Bundestages einzusetzen)[19]. 31

2. Einzelne Abgeordnete

Fraglich ist, ob auch die einzelnen Abgeordneten parteifähig sind. 32

Das wird von der Rechtsprechung des Bundesverfassungsgerichts grundsätzlich bejaht: „Der Regelungsgehalt von Art. 44 Abs. 1 Satz 1 GG erschöpft sich nicht in der Pflicht des Bundestages, auf Antrag eines Viertels seiner Mitglieder einen Untersuchungsausschuss einzusetzen. Die bei der Einsetzung des Ausschusses von Verfassungs [sic] wegen vorhandene Spannung zwischen Mehrheit und qualifizierter Minderheit setzt sich daher im Untersuchungsverfahren fort (vgl. BVerfGE 105, 197 [223]). Art. 44 GG wirkt insoweit in den Untersuchungsausschuss hinein. Die in den Untersuchungsausschuss entsandten Abgeordneten einer Fraktion oder mehrerer Fraktionen, die allein oder zusammen mindestens ein Viertel der Mitglieder des Deutschen Bundestages umfassen, repräsentieren den einsetzungsberechtigten Teil des Deutschen Bundestages im Ausschuss jedenfalls so lange, wie kein Dissens zwischen der jeweiligen Fraktion und ihren Vertretern im Ausschuss erkennbar ist (sog. Fraktion im Ausschuss)"[20]. Als Repräsentanten der Fraktionen sind mithin auch die einzelnen Abgeordneten parteifähig nach Art. 44 Abs. 1 S. 1 GG i.V.m. § 126a Abs. 1 Nr. 1 S. 1 GOBT.

3. Bundesregierung

Als Antragsgegnerin ist die Bundesregierung nach § 63 BVerfGG unmittelbar parteifähig. 33

III. Antragsbefugnis, § 64 Abs. 1 BVerfGG

Die verschiedenen Antragsteller müssten ferner antragsbefugt sein. Dies bestimmt sich nach § 64 Abs. 1 BVerfGG. Dessen Voraussetzungen hat das Bundesverfassungsgericht wie folgt zusammengefasst: 34

„Nach § 64 Abs. 1 BVerfGG ist der Antrag nur zulässig, wenn der Antragsteller geltend macht, dass er oder das Organ, dem er angehört, durch eine Maßnahme oder Unterlas-

18 BVerfGE 143, 101 (125, Rn. 77); aus der Literatur *Glauben*, NVwZ 2017, S. 129 (130).
19 BVerfGE 143, 101 (125 f., Rn. 80); aus der Literatur *Morlok*, in: Dreier, GG II, Art. 44 Rn. 36.
20 BVerfGE 143, 101 (126, Rn. 82); zustimmend *Barczak*, in: ders., BVerfGG, § 64 Rn. 25.

sung des Antragsgegners in seinen ihm durch das Grundgesetz übertragenen Rechten und Pflichten verletzt oder unmittelbar gefährdet ist“[21]. Anders gewendet: „Der Organstreit zielt auf die Auslegung des Grundgesetzes aus Anlass von Streitigkeiten über die Rechte und Pflichten von Verfassungsorganen (Art. 93 Abs. 1 Nr. 1 GG). Die als verletzt geltend gemachte Rechtsposition muss in einem Verfassungsrechtsverhältnis gründen (vgl. BVerfGE 118, 277 [318]; 131, 152 [191]). Ein Verfassungsrechtsverhältnis liegt vor, wenn auf beiden Seiten des Streits Verfassungsorgane oder Teile von Verfassungsorganen stehen und um verfassungsrechtliche Positionen streiten (vgl. BVerfGE 118, 277 [318]). Rechte, die sich lediglich auf Vorschriften einfachen Gesetzesrechts oder der Geschäftsordnung stützen, reichen für die Begründung der Antragsbefugnis nicht aus“[22].

35 Die Antragstellerinnen wenden sich gegen die Weigerung der Antragsgegnerin, an sie gerichtete Beweisbeschlüsse zu erfüllen. Der Organstreit betrifft damit die Reichweite des aus Art. 44 Abs. 1 GG abzuleitenden Beweiserhebungsrechts des Deutschen Bundestages. Träger dieses Rechts ist das Plenum, das es aber nicht als Ganzes wahrnehmen kann. Es bedient sich dabei des Untersuchungsausschusses. Dementsprechend ist einmal mehr zu differenzieren:

1. Fraktionen

36 Die Fraktionen können nicht geltend machen, in eigenen Rechten verletzt zu sein, da sie nicht das nötige Quorum nach Art. 44 Abs. 1 S. 1 GG erfüllen. Eine erweiternde Auslegung scheidet aus, da der Verfassungsgeber in Kenntnis des Problems des Minderheitenschutzes das Quorum von 25% bewusst angeordnet hat. Auch § 126a Abs. 1 Nr. 1 GOBT hilft über diese Hürde nicht hinweg. Als Norm des Geschäftsordnungsrechts geht sie über das verfassungsrechtlich Gebotene hinaus, begründet aber keine materielle Position (vgl. oben).

37 **Hinweis:** Diese Unterscheidung mag man je nach Geschmack als haarfein oder haarspalterisch einstufen.

38 Die Fraktionen können aber behaupten, dass sie das Recht des Bundestages auf Beweisvorlage im Wege der sog. Organstandschaft (auch: Prozessstandschaft) geltend machen[23]; dieses ist durch die Weigerung der Bundesregierung auch möglicherweise verletzt. Dafür reicht schon die Verzögerung, da sie die Wirksamkeit der parlamentarischen Kontrolle in Frage zu stellen vermag[24].

2. Einzelne Abgeordnete

39 Fraglich ist ferner, ob die einzelnen Abgeordneten antragsbefugt sind. Dagegen spricht, dass die Fraktionen als solche nicht antragsbefugt sind. Dementsprechend können auch ihre Vertreter im Untersuchungsausschuss nicht antragsbefugt sein[25].

---

21 BVerfGE 143, 101 (126 f., Rn. 85); aus der Literatur *Sachs*, JuS 2017, S. 185 (186).

22 BVerfGE 143, 101 (127, Rn. 86); zustimmend statt aller *Schorkopf*, in: Burkiczak/Dollinger/Schorkopf, BVerfGG, § 64 Rn. 7.

23 Dazu näher BVerfGE 140, 160 (185); *Kment*, in: Jarass/Pieroth, GG, Art. 93 Rn. 22.

24 So BVerfGE 143, 101 (132, Rn. 102).

25 BVerfGE 143, 101 (129, Rn. 94). Kritisch allerdings *Barczak*, in: ders., BVerfGG, § 64 Rn. 26.

Sie könnten aber als Viertelminderheit im Untersuchungsausschuss im Wege der Prozessstandschaft gemäß § 18 Abs. 3 PUAG Rechte des Bundestages geltend machen. Das Bundesverfassungsgericht hat das im Ergebnis verneint, weil sich auf diese Weise eine „Loslösung“ vom Konzept des Art. 44 Abs. 1 S. 1 GG ergeben würde. Es sei nicht jede Minderheit im Untersuchungsausschuss antragsbefugt, sondern „nur die von der konkreten oder potentiellen Einsetzungsminderheit im Deutschen Bundestag im Sinne des Art. 44 Abs. 1 Satz 1 GG getragene Ausschussminderheit“[26]. Andernfalls würde erneut in Ansehung des Art. 44 Abs. 1 S. 1 GG die Wortlautgrenze überschritten. Das PUAG könne als verfassungsinterpretatorisches und insoweit deklaratorisches Gesetz keine über das Grundgesetz hinausgehenden Rechtspositionen schaffen; das gelte auch für § 18 Abs. 3 PUAG. **40**

Hinweis: Letztlich geht es hier – wie immer bei der Frage nach Rechten einzelner Abgeordneter – um eine Dreiecks-Abwägung zwischen den Rechten aus dem Abgeordnetenstatus gem. Art. 38 Abs. 1 GG, der Funktionsfähigkeit des Bundestages sowie der Belastung des Bundesverfassungsgerichts. In Teilen ist die Karlsruher Rechtsprechung nur so zu erklären, dass sie schlicht von der Sorge getrieben wird, da könne – klassisches Argument der bayerischen inneren Verwaltung – „ja jeder kommen“. **41**

IV. Antragsgegner

Die Fraktionen müssten sich an den „richtigen“ Antragsgegner halten. Hier wenden sie sich gegen die Bundesregierung, die für das gerügte Unterlassen (Vorlage der Selektorenlisten) die Verantwortung trägt. Die Bundesregierung ist auch parteifähig (s.o.). **42**

Hinweis: Dieser Eintrag im Schema „vagabundiert“ ein wenig (m.a.W.: es gibt mehrere Wege nach Rom). Im Kern geht es darum, dass in der Fallbearbeitung zwei Fragen gedanklich getrennt werden. Die erste lautet, ob der Antragsgegner überhaupt parteifähig ist (Beispiel: Eine Partei wendet sich gegen eine Kommune, deren Oberbürgermeister sie öffentlich für verfassungsfeindlich erklärt hat – hier „trifft“ es zwar den Richtigen, eine Stadt ist aber sicher nicht parteifähig im Organstreit). Die zweite Frage lautet, ob sich der Antragsteller auch gegen denjenigen wendet, der für die behauptete Verletzung in eigenen Rechten verantwortlich ist bzw. den Antragsteller „klaglos“ stellen kann, indem er nach der Entscheidung des Bundesverfassungsgerichts die begehrten Informationen bereitstellt (Beispiel: Wenn sich die Fraktionen im vorliegenden Fall gegen den Bundesrat wendeten, so wäre dieser nach § 63 BVerfGG unzweifelhaft parteifähig, könnte aber mit Fug und Recht darauf hinweisen, dass er mit der ganzen Angelegenheit nun wirklich nichts zu tun hat). **43**

V. Form und Frist, §§ 23 Abs. 1, 64 Abs. 2 und 3 BVerfGG

Die Anträge wahren die Schriftform und die Sechsmonatsfrist. **44**

---

26 BVerfGE 143, 101 (129, Rn. 96). – Anders ist die Lage in der umgekehrten Konstellation, dass sich ein einzelner Abgeordneter gegen die nachrichtendienstliche Beobachtung wehrt; dazu jetzt im Überblick *F. Hanschmann/C. Paskowski*, Jura 2022, S. 1271 ff.

45 **Hinweis:** Einmal mehr gilt: Auch im Gutachten darf Offensichtliches im Urteilstil festgestellt werden; derlei Dinge müssen auch nicht aufwendig belegt werden.

VI. Rechtsschutzbedürfnis

46 Als ungeschriebenes Merkmal müssen die Fraktionen ferner rechtsschutzbedürftig sein[27]. Den Fraktionen stehen vorliegend keine anderen Möglichkeiten zu Gebote, die von ihnen geltend gemachten Rechte durchzusetzen.

VII. Zwischenergebnis

47 Die Anträge der Fraktionen (Bündnis 90/Die Grünen sowie Die Linke) sind teilweise zulässig, die der beiden Abgeordneten im Untersuchungsausschuss sind unzulässig.

B. Begründetheit der Anträge im Organstreitverfahren

48 **Obersatz:** Die Anträge der Fraktionen sind begründet, wenn die Bundesregierung nicht berechtigt war, die Vorlage der Selektorenliste zu verweigern.

49 **Hinweis:** Der Aufbau der Prüfung der Begründetheit eines Antrags im Organstreitverfahren gilt aus guten Gründen als anspruchsvoll. Während die Normenkontrollverfahren hier einem klaren Schema folgen (formelle Verfassungsmäßigkeit mit Zuständigkeit, Verfahren und Form, gefolgt von materieller Verfassungsmäßigkeit), sind die Verfasserinnen und Verfasser im Verfahren nach Art. 93 Abs. 1 Nr. 1 GG vielleicht nicht auf sich allein gestellt, aber darauf angewiesen, sich ein eigenes Raster oder Schema zu erarbeiten, das für den konkreten Einzelfall „passt". Dabei hilft als Grundgerüst die Überlegung, dass man in loser Anlehnung an die Grundrechtsprüfung (vgl. Hausarbeit 1) zunächst herauszuarbeiten hat, welche Rechtsposition der Antragsteller überhaupt innehat. Sodann ist zu erörtern, ob der Antragsgegner diese verkürzt/tangiert hat (bitte nicht: „verletzt" – das ist das Endergebnis der Prüfung). Daran schließt sich die Überlegung an, ob es für diese Verkürzung Rechtfertigungsgründe gibt, die in der Sache dann gegen die Rechtsposition des Antragstellers abgewogen werden müssen. Das Ergebnis dieses Abwägungsprozesses ist unter Prüfungsbedingungen kaum einmal eindeutig oder zwingend.

I. Betroffenheit des Untersuchungsrechts nach Art. 44 Abs. 1 GG

50 Das von den beiden Fraktionen geltend gemachte Recht müsste zunächst überhaupt vom sog. parlamentarischen Enqueterecht, das in Art. 44 Abs. 1 GG niedergelegt ist, umfasst oder gedeckt sein.

51 Das Bundesverfassungsgericht hat dazu in seiner jüngsten Entscheidung zur Sache ausgeführt: „Das in Art. 44 GG gewährleistete Untersuchungsrecht gehört zu den ältesten und wichtigsten Rechten des Parlaments (vgl. BVerfGE 124, 78 [114]). Über das Zitier-

27 Näher *Barczak*, in: ders., BVerfGG, § 64 Rn. 36 ff.

recht nach Art. 43 Abs. 1 GG und das Frage- und Informationsrecht aus Art. 38 Abs. 1 Satz 2 und Art. 20 Abs. 2 Satz 2 GG hinaus verschafft es die Möglichkeiten der Sachverhaltsaufklärung, die das Parlament zur Vorbereitung seiner Entscheidungen und vor allem zur Wahrung seiner Kontrollfunktion gegenüber der ihm verantwortlichen Regierung benötigt (vgl. BVerfGE 49, 70 [85]; 124, 78 [114]). Der Untersuchungsausschuss ist als Aufklärungsinstrument im Rahmen der politischen Kontroverse (vgl. BVerfGE 105, 197 [225 f.]) dabei ein spezifisches Instrument parlamentarischer Kontrolle"[28].

Erfasst sein müsste ferner – über die bloße Information hinaus – konkret das Recht des Ausschusses, Akten vorgelegt zu bekommen. Dazu das Gericht: „Das Recht auf Aktenvorlage gehört zum Kern des Untersuchungsrechts. Der Anspruch auf Vorlage von Akten im Verantwortungsbereich der Regierung folgt nicht lediglich aus dem Recht auf Amtshilfe gemäß Art. 44 Abs. 3 GG; er ist Bestandteil des Kontrollrechts aus Art. 44 Abs. 1 Satz 1 GG und des Rechts der Beweiserhebung nach Art. 44 Abs. 2 Satz 1 GG (vgl. BVerfGE 67, 100 [128 f., 132]; 124, 78 [116]). Akten sind bei der Untersuchung politischer Vorgänge ein besonders wichtiges Beweismittel. Sie haben gegenüber Zeugenaussagen in der Regel einen höheren Beweiswert, weil das Gedächtnis von Zeugen aus mancherlei Gründen unergiebig werden kann (vgl. BVerfGE 67, 100 [132]; 124, 78 [117]). Der Untersuchungsausschuss muss sich nicht mit Aktenauskünften zufrieden geben oder sein Verlangen auf bestimmte Aktenteile beschränken. Vielmehr soll er sich anhand der vollständigen Akten selbst ein Bild vom Umfang ihrer Entscheidungserheblichkeit machen können (vgl. BVerfGE 124, 78 [117]). Der Vorlageanspruch bezieht sich grundsätzlich auf alle Akten, die mit dem Untersuchungsgegenstand in Zusammenhang stehen. Bei einem Ersuchen auf Aktenvorlage muss nicht bereits feststehen, dass die Unterlagen auch tatsächlich entscheidungserhebliches Material oder entsprechende Beweismittel enthalten. Es reicht aus, wenn sie Hinweise hierauf geben könnten (vgl. BVerfGE 124, 78 [117])"[29]. 52

Danach ist der Gewährleistungs- oder Garantiebereich von Art. 44 Abs. 1 S. 1 GG eröffnet; die beiden Fraktionen haben (in Prozessstandschaft für den Bundestag) grundsätzlich einen Anspruch auf Auskunft bzw. Aktenvorlage.

II. Grenzen des Beweiserhebungsrechts

Das Enqueterecht unterliegt allerdings Grenzen; diese folgen lediglich unmittelbar aus dem Verfassungsrecht – auch dann, wenn sie *formaliter* im einfachen Gesetzesrecht niedergelegt sind. 53

1. Völkerrecht

In Betracht kommen die völkerrechtlichen Verpflichtungen der Bundesrepublik. Allerdings folgt aus Art. 25 GG wie Art. 59 Abs. 2 GG, dass völkerrechtlichen Verpflichtungen als solchen gerade kein Verfassungsrang zukommt[30]; diese Wertung kann auch nicht 54

---

28 BVerfGE 143, 101 (133, Rn. 107); bestätigend BVerfGE 154, 152 (289, Rn. 271; 300, Rn. 300); siehe ferner *Jarass*, in: Jarass/Pieroth, GG, Art. 44 Rn. 13. Konkret zur parlamentarischen Kontrolle der Nachrichtendieste *Shirvani*, DVBl. 2023, S. 798 ff.

29 BVerfGE 143, 101 (134 f., Rn. 110); aus der Literatur *Peters*, NVwZ 2012, S. 1574 (1578).

30 So auch *Sachs*, JuS 2017, S. 185 (186); *Jarass*, in: ders./Pieroth, GG, Art. 25 Rn. 2.

durch den pauschalen Hinweis auf die sog. Völkerrechtsfreundlichkeit des Grundgesetzes unterlaufen werden[31].

2. Deckung durch den Einsetzungsbeschluss

55 Das Verlangen nach Vorlage der Selektorenliste müsste ferner durch den Einsetzungsbeschluss des Bundestages gedeckt sein; die Fraktionen dürften m.a.W. nicht unter dem Deckmantel des Untersuchungsausschusses eine eigene Agenda verfolgen.

Das Begehren ist vorliegend erkennbar vom Einsetzungsbeschluss des Untersuchungsausschusses gedeckt.

3. Gewaltenteilungsgrundsatz

56 Grenzen des Untersuchungs- bzw. Vorlagerechts könnten sich aus dem Grundsatz der Gewaltenteilung ergeben. Diesen hat das Bundesverfassungsgericht in seiner jüngeren Rechtsprechung wie folgt konkretisiert: „Der Grundsatz der Gewaltenteilung zielt auf Machtverteilung und die sich daraus ergebende Mäßigung staatlicher Herrschaft. In seiner grundgesetzlichen Ausformung als Gebot der Unterscheidung zwischen gesetzgebender, vollziehender und rechtsprechender Gewalt (Art. 20 Abs. 2 Satz 2 GG) dient er zugleich einer funktionsgerechten Zuordnung hoheitlicher Befugnisse zu unterschiedlichen, jeweils aufgabenspezifisch ausgeformten Trägern öffentlicher Gewalt und sichert die rechtliche Bindung aller Staatsgewalt (Art. 20 Abs. 3 GG) (vgl. BVerfGE 124, 78 [120]; 137, 185 [233 Rn. 135]). In der Verfassungsordnung des Grundgesetzes ist die Teilung der Gewalten nicht als absolute Trennung realisiert und geboten. Die Zweige der Staatsgewalt sind aufeinander bezogen und miteinander verschränkt, dürfen aber ihrer jeweiligen Eigenheit und ihrer spezifischen Aufgaben und Zuständigkeiten nicht beraubt werden (vgl. BVerfGE 9, 268 [279 f.]; stRspr). Das Gewaltenteilungsprinzip ist damit zugleich Grund und Grenze des Informationsanspruchs des Parlaments gegenüber der Regierung (vgl. BVerfGE 110, 199 [219]; 124, 78 [122]; 137, 185 [233 Rn. 135])“[32]. Dementsprechend kann der Grundsatz der Gewaltenteilung sowohl auf Seiten des Parlaments bzw. des Untersuchungsausschusses als auch auf Seiten der Regierung in Anschlag gebracht werden.

a) Kernbereich exekutiver Eigenverantwortung

57 Auf Seiten oder besser zugunsten der Regierung könnte der Gewaltenteilungsgrundsatz in Gestalt der Figur des Kernbereichs exekutiver Eigenverantwortung wirken[33].

Diesen beschreibt das Bundesverfassungsgericht wie folgt: „Die Verantwortung der Regierung gegenüber Parlament und Volk setzt notwendigerweise einen Kernbereich exekutiver Eigenverantwortung voraus, der einen grundsätzlich nicht ausforschbaren Initiativ-, Beratungs- und Handlungsbereich einschließt. Dazu gehört die Willensbildung der Regierung selbst, sowohl hinsichtlich der Erörterungen im Kabinett als auch bei der Vorbereitung von Kabinetts- und Ressortentscheidungen, die sich vornehmlich in res-

---

31 Näher BVerfGE 143, 101 (135 ff., Rn. 112 ff.). Vgl. ferner *Walter*, 60 Jahre offene Staatlichkeit, in: Wittreck (Hrsg.), 60 Jahre Grundgesetz, 2010, S. 61 ff.

32 BVerfGE 143, 101 (136 f., Rn. 118); siehe aus der Literatur noch *Morlok*, in: Dreier, GG II, Art. 44 Rn. 26.

33 Aus der Literatur *Morlok*, in: Dreier, GG II, Art. 44 Rn. 27.

sortübergreifenden und -internen Abstimmungsprozessen vollzieht“[34]. Geschützt ist neben der Phase der Vorbereitung auch das Verlangen, sich dem nachträglichen parlamentarischen Zugriff zu entziehen.

b) Funktionsgerechte und organadäquate Aufgabenwahrnehmung

Zu den fundamentalen Staatszwecken zählen die Sicherheit und der Schutz der Bevölkerung. Es geht in individueller Perspektive um Schutzpflichten zugunsten von Würde, Leben und Freiheit der Bürger (Art. 1 Abs. 1, 2 Abs. 2 S. 1, 2 Abs. 2 S. 2 GG), in überindividueller Hinsicht um den Schutz der verfassungsmäßigen Ordnung sowie den Bestand und die Sicherheit des Bundes und der Länder. Namentlich die Abwehr der Gefahren des internationalen Terrorismus ist vor diesem Hintergrund legitim; das Grundgesetz geht dabei davon aus, dass sich der Bund zu diesem Zweck auch nachrichtendienstlicher Mittel bedient (vgl. Art. 10 Abs. 2, 45d, 73 Abs. 1 Nr. 10 lit. b, 87 Abs. 1 S. 2 GG; vgl. auch die Bestimmungen zur sog. wehrhaften Demokratie, namentlich Art. 9 Abs. 2, 18, 20 Abs. 4, 21 Abs. 2 bis 4, 98 Abs. 2 und 5 GG)[35]. **58**

Hinweis: Die Normketten mögen auf den ersten Blick abschreckend wirken oder zum Weiterblättern verleiten. In der Hausarbeit (wie in der Klausur) zählt es sich allerdings aus, wenn man selbst für an sich selbsterklärende Aussagen (natürlich darf sich die Bundesrepublik gegen Terroristen verteidigen) Normen nennt, die diese Aussage stützen. Hier hilft – auch wenn es banal klingt – der Blick in das Stichwortverzeichnis der gängigen Textausgaben. **59**

Dabei erfolgt die Festsetzung der strategischen Ausrichtung der nachrichtendienstlichen Tätigkeit – insbesondere die Entscheidung zu einer internationalen Kooperation – durch die Bundesregierung. Ihr obliegt dabei auch die Gestaltung dieser Kooperation, namentlich der Abschluss der zur Wahrung der gebotenen Vertraulichkeit notwendigen völkerrechtlichen Verpflichtungen[36]. **60**

Gewichtig ist hier auch die traditionelle Zuständigkeit der Regierung für die Ausübung der Auswärtigen Gewalt i.S.v. Art. 32 GG. Zwar hat der Bundestag hier Mitwirkungsrechte (etwa Art. 24 Abs. 2 oder Art. 59 Abs. 2 GG), doch haben diese jeweils Bezug zu seinem Gesetzgebungsrecht. Dementsprechend obliegt das Aushandeln von Geheimschutzabkommen als Grundlage einer nachrichtendienstlichen Kooperation allein der Bundesregierung. Zugleich muss Deutschland in der Lage sein, sich wirksam zur Geheimhaltung zu verpflichten, weil es andernfalls nicht fähig wäre, die Geheimhaltung eigener Verschlusssachen im Partnerstaat zu gewährleisten. **61**

4. Staatswohl bzw. Wohl des Bundes oder eines Landes

Dieses könnte durch das Bekanntwerden geheimhaltungsbedürftiger Informationen gefährdet werden. Dazu einmal mehr das Bundesverfassungsgericht: „Welche Grenzen die Verfassung dem parlamentarischen Untersuchungsrecht setzt, ist unter Berücksichti- **62**

34 BVerfGE 143, 101 (137, Rn. 119).
35 Näher *Glauben*, NVwZ 2017, S. 129 (131). – Eingehend zum Sachproblem jetzt *Vogt*, Strategische Auslandstelekommunikationsüberwachung durch den Bundesnachrichtendienst, 2023.
36 BVerfGE 143, 101 (140, Rn. 128).

gung seiner Bedeutung im Verfassungsgefüge zu beantworten. Dies gilt auch für die Auslegung und Anwendung des Begriffs der Gefährdung des Staatswohls. Für die Frage, ob Zeugenaussagen oder die Vorlage von Akten das Staatswohl gefährden würden, ist danach zunächst zu berücksichtigen, dass der Umgang mit Informationen in einem Untersuchungsausschuss eigenen Geheimschutzbestimmungen unterliegt und dass das Staatswohl nicht allein der Bundesregierung, sondern dem Bundestag und der Bundesregierung gemeinsam anvertraut ist (vgl. BVerfGE 124, 78 [123 f.]). Das Parlament und seine Organe können nicht als Außenstehende behandelt werden, die zum Kreis derer gehören, vor denen Informationen zum Schutz des Staatswohls geheimzuhalten sind. Die Berufung auf das Staatswohl kann daher gegenüber dem Deutschen Bundestag in aller Regel dann nicht in Betracht kommen, wenn beiderseits wirksame Vorkehrungen gegen das Bekanntwerden von Dienstgeheimnissen getroffen wurden. Dass auch die Beachtung von Vorschriften zur Wahrung von Dienstgeheimnissen deren Bekanntwerden nicht völlig ausschließt, steht dem nicht entgegen. Diese Tatsache betrifft alle drei Gewalten"[37]. Diesem Zweck dienen neben der Geheimschutzordnung des Bundestages die strafrechtliche Sanktion nach § 353b Abs. 2 Nr. 1 StGB sowie Bestimmungen des PUAG (namentlich §§ 14 Abs. 1 Nr. 4, 15, 16, 18 Abs. 2). Gleichwohl ist die Regierung nicht gehalten, Dienstgeheimnisse dem Parlament vorzulegen, wenn deren Geheimhaltung dort nicht gewährleistet ist.

5. Grundrechte und Rechtsmissbrauch

63 Diese Grenzen dürften vorliegend fernliegend sein.

III. Begründungspflicht der Bundesregierung

64 Die Bundesregierung ist unmittelbar nach der Verfassung verpflichtet, eine Begründung zu liefern, sofern sie einem Untersuchungsausschuss Unterlagen vorenthält. Dafür spricht schon das Gebot gegenseitiger Rücksichtnahme, weil andernfalls das Parlament nicht zu einer effektiven Kontrolle der Regierung in der Lage wäre[38]. Dies soll nach § 18 Abs. 2 S. 2 PUAG schriftlich erfolgen. Das schließt eine ergänzende mündliche Unterrichtung nicht aus; diese kann sogar notwendig sein.

IV. Anwendung auf den Einzelfall

1. Umfang des Beweiserhebungsrechts

65 Die NSA-Selektorenlisten sind vom Beweiserhebungsrechts des Untersuchungsausschusses umfasst. Anderenfalls könnte sich die Bundesregierung bloß durch internationale Kooperation der Nachrichtendienste der parlamentarischen Kontrolle entziehen. Dabei ist auch die Schwere der in Rede stehenden möglichen Grundrechtseingriffe zu berücksichtigen.

---

37 BVerfGE 143, 101 (142 f., Rn. 138). Zur Funktionsfähigkeit der Nachrichtendienste als Staatswohlbelang jüngst *Shirvani*, DVBl. 2023, S. 798 (799 f.).

38 BVerfGE 143, 101 (144, Rn. 143).

2. Einsetzung der sachverständigen Vertrauensperson

Dem Recht auf Vorlage der Listen ist nicht durch den Bericht der sachverständigen Vertrauensperson Genüge getan. Diese ist im PUAG nicht vorgesehen bzw. kein Sachverständiger i.S.v. § 28 PUAG, der als Hilfsorgan des Ausschusses ermittelt. Die Person ist aber von der Regierung eingesetzt worden; ihre Ausführungen sind als – unvollständige – Antwort auf die Fragen des Ausschusses zu werten. **66**

3. Interesse der Regierung an funktionsgerechter und organadäquater Aufgabenwahrnehmung

Die Einschätzung der Bundesregierung, die Herausgabe der Liste ohne das Einverständnis der USA würde die Funktions- und Kooperationsfähigkeit der Nachrichtendienste und damit die außen- und sicherheitspolitische Handlungsfähigkeit erheblich beeinträchtigen, ist verfassungsrechtlich nicht zu beanstanden. Unter Zugrundelegung der allgemein anerkannten „Third Party Rule" (keine Weitergabe ausgetauschter Informationen ohne Zustimmung des Informationsgebers) ist der Untersuchungsausschuss aufgrund der ausdrücklichen Einstufung durch die USA als „Dritter" anzusehen[39]. Die Einschätzung der Bundesregierung, wie die USA auf einen Bruch dieser Regel reagieren würden, unterliegt dabei nur einer eingeschränkten gerichtlichen Kontrolle; hier ist erneut in Rechnung zu stellen, dass die Regierung im Bereich der Auswärtigen Gewalt i.S.v. Art. 32 GG frei sein muss, auf Umstände zu reagieren, die sich ihrem Einfluss entziehen. **67**

Dagegen vertreten ernstzunehmende Stimmen, die parlamentarische Kontrolle gehöre zum Nachrichtendienst wie die Geheimhaltungsbedürftigkeit[40]. Dem folgt das Gericht nicht und malt ein Bild einerseits der terroristischen Bedrohung, andererseits der Gefahr eines Abbruchs der Kooperation durch die USA[41]. Angesichts der offen von den US-Amerikanern gerügten „Lecks" sei die Geheimhaltung im Bundestag offenbar nicht gewährleistet. Ferner sei die Völkerrechtsfreundlichkeit auch in Ansehung der US-Interessen in Anschlag zu bringen; i.Ü. entstehe kein „rechtsfreier" Raum, da mit Ausnahme der Selektorenlisten dem Untersuchungsausschuss hinreichend Unterlagen zur Verfügung gestellt worden seien. **68**

Hinweis: In jüngster Rechtsprechung betont das Bundesverfassungsgericht entgegen der damaligen Position: „Für die Zukunft sind jedoch durch die Art und Ausgestaltung der Kontrollinstanzen sowie durch veränderte Absprachen mit den ausländischen Diensten die Bedingungen dafür zu schafften, dass die mit der Rechtskontrolle betrauten Instanzen nicht mehr als ‚Dritte' angesehen werden"[42]. Man folgt neuerdings also bereits gehegter Kritik, unter anderem mit dem Verweis auf die britische Regelung, welche eine vollumfängliche Kontrolle unter Zugriff auf alle erforderlichen Unterlagen ermöglicht.[43]

39 BVerfGE 143, 101 (152 f., Rn. 167 f.); a.A. etwa *Gärditz*, DVBl. 2015, S. 903 (907).
40 So namentlich *B. Huber*, NVwZ 2015, S. 1354 (1357).
41 BVerfGE 143, 101 (153 f., Rn. 171 f.).
42 BVerfGE 154, 152 (298, Rn. 294).
43 BVerfGE 154, 152 (298, Rn. 295). – Vgl. zum Parallelproblem der Unterrichtungspflicht der Bundesregierung in Angelegenheiten der Europäischen Union bzw. der jüngsten Rechtsprechung dazu jetzt *Stein*, Jura 2022, S. 334 ff.

4. Begründungspflicht

69 Schließlich genügt auch die – mündlich ergänzte – Begründung der Bundesregierung den Anforderungen[44].

V. Zwischenergebnis

70 Die Anträge der Fraktionen sind unbegründet.

C. Gesamtergebnis

71 Die Anträge sind teils schon unzulässig, im Übrigen aber unbegründet. Sie haben keine Aussicht auf Erfolg.

72 Literaturverzeichnis

Barczak, Tristan (Hrsg.)	BVerfGG. Mitarbeiterkommentar zum Bundesverfassungsgerichtsgesetz, Berlin 2018
Bundesverfassungsgericht	Die Stellung des Bundesverfassungsgerichts, in: JZ 1953, S. 157 ff.
Burkiczak, Christian/ Dollinger, Franz-Wilhelm/ Schorkopf, Frank (Hrsg.)	Bundesverfassungsgerichtsgesetz, 2. Aufl., Heidelberg 2022
Dreier, Horst (Hrsg.)	Grundgesetz: Kommentar, Band 2: Artikel 20–82, 3. Aufl., Tübingen 2015
Gärditz, Klaus F.	Anmerkung zu BVerwG, Beschluss vom 29.4.2015 – 20 F 8.14 – Verweigerung der Vorlage von Geheimdienstakten – „Third Party Rule": Der Vertraulichkeitsvorbehalt als Grenze der Verwertung ausländischer nachrichtendienstlicher Informationen, in: DVBl. 2015, S. 903 ff.
Glauben, Paul	Minderheitenrechte im Untersuchungsrecht und staatlicher Geheimnisschutz mit Verfassungsrang, in: NVwZ 2017, S. 129 ff.
Hanschmann, Felix/Paskowski, Christopher	Die Beobachtung von Abgeordneten und Parteien durch den Verfassungsschutz, in: Jura 2022, S. 1271 ff.
Hornung, Gerrit	§ 30 Parlamentarisches Kontrollgremium und G 10-Kommission, in: Morlok, Martin/Schliesky, Utz/Wiefelspütz, Dieter, Parlamentsrecht: Praxishandbuch, Baden-Baden 2016, S. 928 ff.
Huber, Bertold	Keine Parteifähigkeit der G10-Kommission im Organstreitverfahren, in: NVwZ 2016, S. 1701 ff.
ders.	Selektorenlisten und Sonderermittler, in: NVwZ 2015, S. 1354 ff.

44 BVerfGE 143, 101 (157 f., Rn. 181 ff.).

Jarass, Hans D./Pieroth, Bodo	Grundgesetz für die Bundesrepublik Deutschland: Kommentar, 17. Aufl., München 2022
Dürig, Günter (Begr.); Herzog, Roman/Scholz, Rupert u.a. (Hrsg.)	Grundgesetz: Kommentar, München, Stand: 100. EL, Januar 2023
Peters, Butz	Unzulässige Beweiserhebungen durch parlamentarische Untersuchungsausschüsse, in: NVwZ 2012, S. 1574 ff.
Roggan, Fredrik	G-10-Gesetz, 2. Aufl., Baden-Baden 2018
Sachs, Michael	Staatsorganisationsrecht: Untersuchungsausschüsse, in: JuS 2017, S. 185 ff.
ders. (Hrsg.)	Grundgesetz: Kommentar, 9. Aufl., München 2021
Stein, Sebastian	Die Unterrichtungspflicht der Bundesregierung gegenüber dem Bundestag nach Art. 23 Abs. 2 S. 2 GG in Angelegenheiten der Europäischen Union, in: Jura 2022, S. 334 ff.
Shirvani, Foroud	Parlamentarisches Informations- und Untersuchungsrecht als Mittel nachrichtendienstlicher Kontrolle, in: DVBl 2023, S. 798 ff.
Vogt, Jannis	Strategische Auslandstelekommunikationsüberwachung durch den Bundesnachrichtendienst, Berlin 2023
Walter, Christian	60 Jahre offene Staatlichkeit, in: Wittreck, Fabian (Hrsg.): 60 Jahre Grundgesetz – Verfassung mit Zukunft!?, Baden-Baden 2010, S. 61 ff.
Wittreck, Fabian	Der Anwendungsvorrang des einfachen Rechts – Eine unterschätzte Figur des Öffentlichen Rechts, in: Ad Legendum 2018, S. 217 ff.

Hausarbeit 8

Fraktionsausschluss

von Thorsten Ingo Schmidt

1 Um ein stärkeres Wirtschaftswachstum zu erreichen, strebt die von den Fraktionen A und B getragene Bundesregierung eine weitere Lockerung des Kündigungsschutzes durch Beschränkung des Geltungsbereichs des Kündigungsschutzgesetzes (KSchG) auf Betriebe mit mehr als 20 Arbeitnehmern an. Dagegen wendet sich in mehreren Fernsehinterviews der Bundestagsabgeordnete und Gewerkschaftssekretär X, der der Bundesregierung eine Demontage des Sozialstaates vorwirft. Er wird von weiteren Abgeordneten unterstützt, die dem Arbeitnehmerflügel der A-Fraktion zuzurechnen sind und der gesamten arbeits- und wirtschaftspolitischen Linie der Bundesregierung ablehnend gegenüberstehen. Die Bundesregierung befürchtet daher, für ihre Politik im Parlament keine eigene Mehrheit mehr zu finden.

Der Bundeskanzler verbindet deshalb die Abstimmung über die Änderung des KSchG mit der Vertrauensfrage. Daraufhin beschließt der Bundestag bei Anwesenheit von 706 seiner 709 Abgeordneten mit 356 Ja-Stimmen zu 347 Nein-Stimmen bei drei Enthaltungen, dem Kanzler das Vertrauen auszusprechen und lehnt mit 340 Ja-Stimmen zu 366 Nein-Stimmen die Änderung des KSchG ab. Abgeordneter X hat zusammen mit sieben weiteren Abgeordneten der A-Fraktion gegen die Änderung des KSchG gestimmt.

Der Bundeskanzler fordert nunmehr den Bundespräsidenten auf, den vor zwei Jahren gewählten Bundestag aufzulösen. Der Bundespräsident meint, keine andere Wahl zu haben, teilt in einer Fernsehansprache die Auflösung des Bundestages mit und ordnet für den fünften Sonntag nach der Bundestagsauflösung Neuwahlen an. Eine Gegenzeichnung der Auflösung hält der Bundespräsident für entbehrlich, denn dass er mit Willen des Kanzlers handele, sei ohnehin ersichtlich.

Einen Tag nach der Abstimmung im Bundestag beschließt der Vorstand der A-Fraktion, den X „wegen grob parteischädigenden Verhaltens“ mit sofortiger Wirkung aus der Fraktion auszuschließen. Hinsichtlich der übrigen Abweichler wird keine Entscheidung getroffen.

Der empörte X sieht sich durch die Bundestagsauflösung und den Fraktionsausschluss um seine parlamentarischen Wirkungsmöglichkeiten gebracht. Er meint, der Bundespräsident hätte den Bundestag niemals auflösen dürfen, immerhin sei dem Kanzler das Vertrauen ausgesprochen worden. Als Inhaber eines freien Mandats könne er gar nicht aus der Fraktion ausgeschlossen werden. So enthalte die Fraktionsgeschäftsordnung – was zutrifft – dafür auch keine Regelung. Zumindest möchte er aber an der für den übernächsten Tag angesetzten Fraktionssitzung teilnehmen, um seinen Standpunkt darlegen zu können.

X erwägt die Einleitung gerichtlicher Schritte und möchte von Ihnen wissen:

Aufgaben:

1. Wird ein Verfahren vor dem BVerfG gegen die Bundestagsauflösung Erfolg haben?
2. Erfolgte der Fraktionsausschluss rechtmäßig?
3. Vor welchem Gericht und auf welche Weise kann der Fraktionsausschluss angefochten werden?
4. Wie kann die Teilnahme an der Fraktionssitzung erzwungen werden?

2 Gliederung

Rn.

Aufgabe 1: Wird ein Verfahren vor dem BVerfG gegen die Bundestagsauflösung Erfolg haben? ... 3

A. Zulässigkeit ... 4
I. Antragsteller (Art. 93 Abs. 1 Nr. 1 GG; § 63 BVerfGG) ... 5
II. Antragsgegner (Art. 93 Abs. 1 Nr. 1 GG; § 63 BVerfGG) ... 6
III. Antragsgegenstand (Art. 93 Abs. 1 Nr. 1 GG; § 64 BVerfGG) ... 7
IV. Antragsbefugnis (Art. 93 Abs. 1 Nr. 1 GG; § 64 BVerfGG) ... 8
V. Form und Frist (§§ 23; 64 Abs. 2, 3 BVerfGG) ... 9
VI. Rechtsschutzbedürfnis ... 10
VII. Zwischenergebnis ... 11

B. Begründetheit ... 12
I. Formelle Voraussetzungen der Bundestagsauflösung ... 13
1. Zuständigkeit des Bundespräsidenten ... 13
2. Verfahren ... 14
3. Form? ... 15
a) Fernsehansprache? ... 16
b) Gegenzeichnung notwendig? ... 18
4. Frist zur Auflösung ... 22
II. Materielle Voraussetzungen der Bundestagsauflösung ... 23
1. Mangelndes Vertrauen des Bundestages in den Bundeskanzler ... 24
a) Ausdrückliche Verweigerung des Vertrauens? ... 24
b) Verweigerung des Vertrauens durch Ablehnung der verbundenen Sachentscheidung? ... 25
aa) Zulässigkeit der Verbindung ... 26
bb) Rechtsfolgen der unzulässigen isolierten Abstimmung ... 27
2. Situation politischer Instabilität ... 28
III. Rechtsfolge ... 29
Ergebnis zu Aufgabe 1 ... 30

Aufgabe 2: Erfolgte der Fraktionsausschluss rechtmäßig? ... 31

A. Rechtsgrundlage ... 32
I. § 10 Abs. 4, 5 PartG analog ... 34
1. Regelungslücke ... 35
2. Planwidrigkeit der Regelungslücke ... 36
3. Tatbestandliche Gleichwertigkeit zwischen dem geregelten und dem ungeregelten Fall ... 37
4. Übertragbarkeit der Rechtsfolge ... 39
II. Allgemeine Rechtsgrundsätze, konkretisiert durch Art. 38 Abs. 1 S. 2 GG ... 40

B. Formelle Rechtmäßigkeit des Ausschlusses ... 41
I. Zuständigkeit ... 41
II. Verfahren ... 42
III. Form ... 43

IV. Begründung ... 44
V. Zwischenergebnis ... 45

C. Materielle Rechtmäßigkeit des Ausschlusses? ... 46
I. Vorsätzlicher Satzungsverstoß ... 47
II. Verstoß gegen Grundsätze oder Ordnung der Fraktion ... 48
1. Grundsätze der Fraktion ... 49
2. Ordnung der Fraktion ... 50
3. Verstoß gegen die Grundsätze oder Ordnung der Partei ... 51
III. Kausaler Schaden? ... 52
IV. Zwischenergebnis ... 53

D. Rechtsfolge: Ermessen ... 54
Ergebnis zu Aufgabe 2 ... 55

Aufgabe 3: Vor welchem Gericht und auf welche Weise kann der Fraktionsausschluss angefochten werden? ... 56

A. Zivilgerichtliches Verfahren ... 57

B. Verwaltungsgerichtliches Verfahren ... 58

C. Organstreit vor dem BVerfG ... 59
I. Antragsteller (Art. 93 Abs. 1 Nr. 1 GG; § 63 BVerfGG) ... 60
II. Antragsgegnerin (Art. 93 Abs. 1 Nr. 1 GG; § 63 BVerfGG) ... 61
III. Antragsgegenstand (Art. 93 Abs. 1 Nr. 1 GG; § 64 BVerfGG) ... 62
IV. Antragsbefugnis (Art. 93 Abs. 1 Nr. 1 GG; § 64 BVerfGG) ... 63
V. Form und Frist (§§ 23; 64 Abs. 2, 3 BVerfGG) ... 64
VI. Rechtsschutzbedürfnis ... 65
Ergebnis zu Aufgabe 3 ... 67

Aufgabe 4: Wie kann die Teilnahme an der Fraktionssitzung erzwungen werden? ... 68

A. Zulässigkeit ... 69
I. Statthaftigkeit der einstweiligen Anordnung ... 69
II. Antragsteller ... 70
III. Antragsgegner ... 71
IV. Antragsgegenstand ... 72
V. Antragsbefugnis ... 73
VI. Form und Frist ... 74
VII. Rechtsschutzbedürfnis ... 77
VIII. Zwischenergebnis ... 78

B. Begründetheit ... 79
I. Folgenabwägung ... 81
II. Besondere Eilbedürftigkeit ... 83
III. Keine Vorwegnahme der Hauptsache ... 85
IV. Zwischenergebnis ... 86
Ergebnis zu Aufgabe 4 ... 87

Literaturverzeichnis ... 88

Gutachten

Aufgabe 1: Wird ein Verfahren vor dem BVerfG gegen die Bundestagsauflösung Erfolg haben?

3 In Betracht kommt ein Organstreitverfahren. Dieses hat Aussicht auf Erfolg, wenn es zulässig (A.) und begründet (B.) ist.

A. Zulässigkeit

4 Die Rechtsgrundlagen des Organstreitverfahrens liegen in Art. 93 Abs. 1 Nr. 1 GG; §§ 13 Nr. 5, 63 ff. BVerfGG.

I. Antragsteller (Art. 93 Abs. 1 Nr. 1 GG; § 63 BVerfGG)

5 X müsste beteiligtenfähig sein. Ein einzelner Abgeordneter zählt nicht zu den in § 63 BVerfGG ausdrücklich genannten Antragstellern. Gleichwohl könnte er unter die Alternative Teil des Organs Bundestag gemäß § 63 BVerfGG zu subsumieren sein. Ob einzelne Abgeordnete darunter fallen, ist umstritten.[1] Da allerdings unzweifelhaft ist, dass der einzelne Abgeordnete zumindest ein anderer mit eigenen Rechten ausgestatteter Beteiligter nach Art. 93 Abs. 1 Nr. 1 GG und daher beteiligtenfähig ist, sofern er die mit seinem besonderen verfassungsrechtlichen Status verbundenen Rechte geltend macht[2], bedarf es an dieser Stelle keiner vertieften Auseinandersetzung mit dieser Streitigkeit. Vorliegend macht X seine Statusrechte aus Art. 38 Abs. 1 S. 2 GG geltend und ist somit nach Art. 93 Abs. 1 Nr. 1 GG beteiligtenfähig. Da das Verfassungsrecht normhierarchisch über § 63 BVerfGG steht, ist die einfachgesetzliche Norm verfassungskonform extensiv auszulegen.

II. Antragsgegner (Art. 93 Abs. 1 Nr. 1 GG; § 63 BVerfGG)

6 Auch der Antragsgegner müsste beteiligtenfähig sein. Fraglich ist hier, wer als Antragsgegner in Betracht kommt. Erwogen werden können der Bundestag, der Bundeskanzler sowie der Bundespräsident. Der Bundestag scheidet als Antragsgegner aus, da er aufgelöst wurde und daher bloßes Objekt der Auflösung ist. Der Bundeskanzler hat die Auflösung vorgeschlagen und muss diese ggf. gegenzeichnen. Insofern könnte er als Antragsgegner in Betracht kommen. Allerdings ordnete letztlich der Bundespräsident die Auflösung an. Folglich ist er richtiger Antragsgegner. Er ist auch als oberstes Bundesorgan beteiligtenfähig gemäß § 63 BVerfGG.

III. Antragsgegenstand (Art. 93 Abs. 1 Nr. 1 GG; § 64 BVerfGG)

7 Es müsste weiterhin ein tauglicher Antragsgegenstand gegeben sein. Dieser liegt bei einer rechtserheblichen Maßnahme oder einem Unterlassen des Antragsgegners vor, § 64

1 *Benda/Klein*, Verfassungsprozessrecht, § 28 Rn. 1012; *Nellesen/Pützer*, JuS 2018, S. 429 (430 f.).

2 BVerfGE 2, 143 (166); 10, 4 (10); 60, 374 (378); 104, 310 (325); 108, 251 (271 f.); 112, 363 (365); 118, 277 (317); 137, 185 (223); *Voßkuhle*, in: v. Mangoldt/Klein/Starck, GG, Art. 93 Rn. 106; *Walter*, in: Dürig/Herzog/Scholz, GG, Art. 93 Rn. 213 (Stand: 80. EL, Juni 2017); *Lechner/Zuck*, BVerfGG, § 63 Rn. 16.

BVerfGG. Vorliegend ordnete der Bundespräsident die Auflösung des Bundestages an. Dies stellt eine rechtserhebliche Maßnahme dar. Ein tauglicher Antragsgegenstand liegt daher vor.

IV. Antragsbefugnis (Art. 93 Abs. 1 Nr. 1 GG; § 64 BVerfGG)

Der X müsste auch antragsbefugt sein. Hierfür müsste er gemäß § 64 Abs. 1 BVerfGG geltend machen können, durch eine Maßnahme bzw. Unterlassung des Antragsgegners in seinen ihm durch das Grundgesetz übertragenen Rechten oder Pflichten verletzt oder unmittelbar gefährdet zu sein. Es genügt hierbei, wenn die Rechtsverletzung oder die unmittelbare Gefährdung zumindest möglich, also nicht von vornhinein ausgeschlossen erscheint.[3] 8

Hier steht eine mögliche Verletzung der Abgeordnetenstellung des X nach Art. 38 Abs. 1 S. 2 GG in Rede, denn das Mandat des Bundestagsabgeordneten erstreckt sich über die gesamte Legislaturperiode. Durch die Bundestagsauflösung wird das Mandat jedoch eingeschränkt. Somit ist eine Verletzung bzw. Gefährdung der Rechte des X jedenfalls nicht von vornhinein ausgeschlossen. Folglich ist er antragsbefugt.

V. Form und Frist (§§ 23; 64 Abs. 2, 3 BVerfGG)

Schließlich müsste die Schriftform (§ 23 Abs. 1 BVerfGG) gewahrt und die verletzten Bestimmungen des Grundgesetzes (§ 64 Abs. 2 BVerfGG) im Antrag bezeichnet worden sein. Hiervon ist mangels entgegenstehender Angaben auszugehen. Ferner müsste der Antrag binnen sechs Monaten nach Bekanntwerden der zu beanstandenden Maßnahme gestellt werden (§ 64 Abs. 3 BVerfGG). Von der Einhaltung dieser Frist kann hier ebenfalls ausgegangen werden. 9

VI. Rechtsschutzbedürfnis

Für ein Fehlen des Rechtsschutzbedürfnisses ist nichts ersichtlich. 10

VII. Zwischenergebnis

Der Antrag des Bundestagsabgeordneten X ist zulässig. 11

B. Begründetheit

Der Antrag im Organstreitverfahren ist begründet, soweit der Antragsteller durch die Maßnahme des Antragsgegners in seinen verfassungsmäßigen Organrechten verletzt wird. Dies ist dann der Fall, wenn die Auflösung des Bundestages verfassungswidrig gewesen ist und den X in seinen Rechten als Bundestagsabgeordneter verletzt hat. 12

3 BVerfGE 90, 286 (337); 94, 351 (362 f.); 99, 19 (28); *Schlaich/Korioth*, Das Bundesverfassungsgericht, Rn. 94; *Pestalozza*, Verfassungsprozessrecht, § 7 Rn. 35; *Lechner/Zuck*, BVerfGG, § 64 Rn. 13.

I. Formelle Voraussetzungen der Bundestagsauflösung

1. Zuständigkeit des Bundespräsidenten

13 Nach Art. 68 Abs. 1 S. 1 GG ist der Bundespräsident für die Auflösung des Bundestages zuständig.

2. Verfahren

14 Hierbei wird der Bundespräsident auf Vorschlag des Bundeskanzlers gemäß Art. 68 Abs. 1 S. 1 GG aktiv. Dies ist hier der Fall gewesen.

3. Form?

15 Fraglich ist, ob und gegebenenfalls, welche Formerfordernisse der Bundespräsident bei der Auflösung einzuhalten hat (a) und ob eine Gegenzeichnung durch den Bundeskanzler erforderlich ist (b).

a) Fernsehansprache?

16 Eine ausdrückliche Formvorschrift, vergleichbar etwa dem Art. 82 Abs. 1 GG, existiert hier nicht. Daher ließe sich vertreten, dass die Auflösung nicht nur schriftlich, sondern auch mündlich oder in anderer Form erklärt werden kann.[4] Somit wäre auch eine Fernsehansprache möglich. Hiergegen könnte eingewendet werden, dass der Adressat der Auflösung der Bundestagspräsident ist und nicht etwa das Staatsvolk.[5] Darüber hinaus könnte darauf abgestellt werden, dass nur durch die Einhaltung der Schriftform Rechtssicherheit erreicht werden könne. Ferner ließe sich das Formerfordernis der Schriftlichkeit aus der Bedeutung der Auflösung als Staatsakt herleiten.[6]

17 **Hinweis zur Bewertung:** Beide Ansichten sind – mit entsprechender Argumentation – gut vertretbar.

b) Gegenzeichnung notwendig?

18 Für eine Gegenzeichnungspflicht im Fall des Art. 68 GG spricht die Grundregel des Art. 58 S. 1 GG. Danach bedürfen Anordnungen und Verfügungen des Bundespräsidenten zu ihrer Gültigkeit der Gegenzeichnung durch den Bundeskanzler oder durch den zuständigen Bundesminister. Der Satz 2 des Art. 58 GG macht davon eine Ausnahme für die Auflösung des Bundestages nach Art. 63 GG. Allerdings wird die Auflösung nach Art. 68 GG nicht erwähnt. Daher könnte im Wege des Umkehrschlusses gefolgert werden, dass diese einer Gegenzeichnung bedarf.[7]

---

4 *Epping*, in: v. Mangoldt/Klein/Starck, GG, Art. 68 Rn. 44; *Brinktrine*, in: Sachs, GG, Art. 68 Rn. 38.

5 Vgl. *Schenke*, in: Kahl/Waldhoff/Walter, GG, Art. 68 Rn. 303 (Stand: 187. EL, November 2017).

6 Siehe dazu *Schreibe/Schnappauf*, AöR 109 (1984), S. 370 (399).

7 BVerfGE 62, 1 (16, 33, 34 f.); *Epping*, in: v. Mangoldt/Klein/Starck, GG, Art. 68 Rn. 45; *Herzog*, in: Dürig/Herzog/Scholz, GG, Art. 68 Rn. 55 (Stand: 53. EL, Oktober 2008); *Hermes*, in: Dreier, GG, Art. 68 Rn. 25; *Brinktrine*, in: Sachs, GG, Art. 68 Rn. 38; *Schenke*, in: Kahl/Waldhoff/Walter, GG, Art. 68 Rn. 306 (Stand: 187. EL, November 2017); *Pieroth*, in: Jarass/Pieroth, GG, Art. 68 Rn. 4.

Ferner sichere die Gegenzeichnung die Verantwortung vor der Öffentlichkeit.[8] Auch die Ministerernennung nach Art. 64 Abs. 1 GG bedarf trotz eines Vorschlags des Kanzlers zusätzlich dessen Gegenzeichnung. Schließlich gilt es zu bedenken, dass der Kanzler den Vorschlag der Auflösung als politisches Druckmittel gegenüber dem Bundestag gebraucht haben könnte.[9] Daher müsse ihm auch weiterhin die letzte Entscheidung über dessen Einsatz zustehen.[10] Im Übrigen ändere sich selbst bei erforderlicher Gegenzeichnung verfassungsprozessual nichts, denn der Bundestag könnte sich auch dann immer noch im Wege des Organstreits gegen den Bundespräsidenten wehren. **19**

Gegen eine Gegenzeichnungspflicht im Fall des Art. 68 GG spricht, dass neben den in Art. 58 S. 2 GG genannten Fällen weitere Maßnahmen nicht der Gegenzeichnung bedürfen, z.B. der Wahlvorschlag des Bundespräsidenten nach Art. 63 Abs. 1 GG, das Verlangen nach Einberufung des Bundestages nach Art. 39 Abs. 3 S. 3 GG, die Anrufung des BVerfG nach Art. 93 Abs. 1 Nr. 1 GG oder die Delegation der Ernennungsbefugnisse nach Art. 60 Abs. 3 GG[11]. Ferner ließe sich vertreten, die Regelung des Art. 58 S. 2 GG analog auf die Auflösung nach Art. 68 GG heranzuziehen.[12] Auch könnte gegen eine Gegenzeichnungspflicht sprechen, dass die Gegenzeichnung die parlamentarische Verantwortlichkeit des Bundespräsidenten durch Zwischenschaltung des Bundeskanzlers oder eines Bundesministers sichern soll, im Fall der Bundestagsauflösung kann der Bundestag diese Verantwortlichkeit aber nicht mehr einfordern. Die Gegenzeichnung könne das Ziel der Einheitlichkeit der Staatsleitung hier nicht mehr sichern, denn der Bundespräsident kann sich auch gegen die Auflösung und damit gegen den Vorschlag des Bundeskanzlers entscheiden.[13] Auch die Rechte der Regierung können durch die Gegenzeichnung nicht gesichert werden, weil der Bundespräsident ohnehin nur auf Vorschlag des Bundeskanzlers tätig werden kann.[14] Art. 68 GG räume dem Bundespräsidenten eine eigene Entscheidungsbefugnis ein, diese könne nicht durch die Gegenzeichnungspflicht eingeschränkt werden.[15] Dem Argument, der Kanzler müsse letztlich über den Einsatz der Auflösung entscheiden können, kann insofern entgegengetreten werden, als bereits in dem Vorschlag des Bundeskanzlers zum Ausdruck kommt, dass dieser mit der Parlamentsauflösung einverstanden ist; der Kanzler würde sich zu seinem früheren Verhalten in Widerspruch setzen, wenn er zuerst die Auflösung vorschlüge und sie sodann durch unterlassene Gegenzeichnung verhinderte. Im Übrigen gehe mit dem Vorschlag das Entscheidungsrecht auf den Bundespräsidenten über, der politisch frei und unabhängig über die Auflösung entscheiden solle[16]. Schließlich sei der Bundeskanzler mittelbar selbst von der Bundestagsauflösung betroffen, weil sein Amt mit Zusammentritt des neuen Bundestages nach Art. 69 Abs. 2 GG ende. In solchen Fällen verzichte das Grundgesetz aber gerade auf die Gegenzeichnungspflicht. **20**

---

8 *Fink*, in: v. Mangoldt/Klein/Starck, GG, Art. 58 Rn. 3; *Heun*, in: Dreier, GG, Art. 58 Rn. 1; *Nierhaus*, Präsidialakt, S. 59 f.

9 *Nawiasky*, Grundgedanken, S. 101.

10 *Schenke*, in: Kahl/Waldhoff/Walter, GG, Art. 68 Rn. 306 (Stand: 187. EL, November 2017).

11 Weitere Beispiele bei *Nierhaus/Brinktrine*, in: Sachs, GG, Art. 58 Rn. 14.

12 Krit. demgegenüber *Schenke*, in: Kahl/Waldhoff/Walter, GG, Art. 68 Rn. 306 (Stand: 187. EL, November 2017).

13 Der Wortlaut des Art. 68 GG spricht im Gegensatz zu Art. 67 GG davon, dass der Bundespräsident den Bundestag auflösen „kann", worauf BVerfGE 62, 1 (35) auch hinweist.

14 *Nierhaus*, Präsidialakt, S. 57.

15 *Fink*, in: v. Mangoldt/Klein/Starck, GG, Art. 58 Rn. 76; *Nierhaus*, Präsidialakt, S. 153.

16 *Heun*, in: Dreier, GG, Art. 58 Rn. 22.

21 **Hinweis zur Bewertung:** Beide Ansichten sind – mit entsprechender Argumentation – gut vertretbar.

4. Frist zur Auflösung

22 Mangels gegenteiliger Angaben im Sachverhalt kann von der Einhaltung der 21-Tage-Frist aus Art. 68 Abs. 2 S. 1 GG ausgegangen werden (der im Sachverhalt genannte fünfte Sonntag betrifft den Zeitpunkt der Neuwahl).

II. Materielle Voraussetzungen der Bundestagsauflösung

23 Auf der Tatbestandsseite müsste der Bundestag dem Bundeskanzler das Vertrauen verweigert (1.) sowie eine Situation politischer Instabilität (2.) vorgelegen haben.

1. Mangelndes Vertrauen des Bundestages in den Bundeskanzler

a) Ausdrückliche Verweigerung des Vertrauens?

24 Der Bundestag hat dem Bundeskanzler das Vertrauen ausgesprochen mit 356 Ja-Stimmen zu 347 Nein-Stimmen bei drei Enthaltungen. Art. 68 Abs. 1 S. 1 GG verlangt die Mehrheit der Mitglieder des Bundestages. Das ist nach Art. 121 GG die Mehrheit der gesetzlichen Mitgliederzahl einschließlich etwaiger Überhang- und Ausgleichsmandate. Diese Mehrheit liegt bei 355 von 709 Stimmen und wurde von dem Kanzler erreicht. Eine isolierte Vertrauensfrage hätte der Kanzler gewonnen.

b) Verweigerung des Vertrauens durch Ablehnung der verbundenen Sachentscheidung?

25 In der Ablehnung der Lockerung des Kündigungsschutzes könnte aber gleichwohl eine Verweigerung des Vertrauens zu erblicken sein.

aa) Zulässigkeit der Verbindung

26 Die Zulässigkeit der Verbindung von der Vertrauensfrage und der Abstimmung über die Gesetzesvorlage wird in Art. 81 Abs. 1 S. 2 GG vorausgesetzt.[17]

bb) Rechtsfolgen der unzulässigen isolierten Abstimmung

27 Die Rechtsfolge der unzulässigen isolierten Abstimmung ist nicht ausdrücklich im Grundgesetz geregelt und daher aus dem Zweck der kombinierten Vertrauensfrage zu bestimmen. Die förmliche Verbindung von Vertrauensfrage und Gesetzesvorlage soll dem Bundeskanzler ermöglichen, durch Androhung der Auflösung des Bundestages dessen Zustimmung zu einer Sachfrage zu erzwingen, da nunmehr nur noch eine einheitliche

17 *Hermes*, in: Dreier, GG, Art. 68 Rn. 19; *Herzog*, in: Dürig/Herzog/Scholz, GG, Art. 68 Rn. 25 ff. (Stand: 53. EL, Oktober 2008); *Schenke*, in: Kahl/Waldhoff/Walter, GG, Art. 68 Rn. 243 ff. (Stand: 187. EL, November 2017); restriktiver *Epping*, in: v. Mangoldt/Klein/Starck, GG, Art. 68 Rn. 11.

Abstimmung möglich ist.[18] Will der Bundestag durch Aufspaltung die Sachfrage ablehnen, gleichzeitig aber von einer möglichen Auflösung verschont bleiben, so kann in dieser Aufspaltung nur eine Verweigerung des Vertrauens für den Kanzler erblickt werden. Folglich hat der Bundestag dem Bundeskanzler das Vertrauen verweigert.

2. Situation politischer Instabilität

Ferner setzt Art. 68 GG eine Situation politischer Instabilität zwischen Bundeskanzler **28**
und Bundestag voraus. Dieses ungeschriebene Tatbestandsmerkmal, vom BVerfG[19] im Zuge der Parlamentsauflösung 1982/83 entwickelt, wurde zuletzt mit Urteil vom 25. August 2005[20] bestätigt. Der Bundeskanzler darf demnach den Vertrauensantrag nur stellen, „wenn es politisch für ihn nicht mehr gewährleistet ist, mit den im Bundestag bestehenden Kräfteverhältnissen weiterzuregieren. Die politischen Kräfteverhältnisse im Bundestag müssen die Handlungsfähigkeit des Bundeskanzlers so beeinträchtigen oder lähmen, dass er eine vom stetigen Vertrauen der Mehrheit getragene Politik nicht sinnvoll zu verfolgen vermag".[21] Präziser formuliert heißt das, dass „die Handlungsfähigkeit einer parlamentarisch verankerten Bundesregierung verloren gegangen ist. Handlungsfähigkeit bedeutet, dass der Bundeskanzler mit politischen Gestaltungswillen die Richtung der Politik bestimmt und hierfür die Mehrheit der Abgeordneten hinter sich weiß".[22]

Vorliegend hat der Bundestag zwar dem Kanzler persönlich das Vertrauen ausgesprochen, gleichwohl herrschen knappe politische Mehrheitsverhältnisse. Daher erscheint die Abstimmungsniederlage in der Sachfrage nicht zufällig. In der Niederlage manifestiert sich vielmehr eine feste Strömung innerhalb der die Koalitionsregierung tragenden Fraktionen. So lehnen der Abgeordnete X und die anderen Abweichler die gesamte arbeits- und wirtschaftspolitische Linie der Bundesregierung ab, weshalb auch für die Zukunft mit vergleichbaren Abstimmungsergebnissen zu rechnen ist. Daraus folgt, dass die wirtschaftspolitische Handlungsfähigkeit eingeschränkt und die Umsetzung größerer Reformen unwahrscheinlich erscheint. Mithin liegt eine Situation politischer Instabilität vor.

III. Rechtsfolge

Auf der Rechtsfolgenseite eröffnet der Wortlaut von Art. 68 Abs. 1 S. 1 GG Ermessen. In **29**
seiner Entscheidung vom 16. Februar 1983[23] hat das BVerfG umfassend zum Instrument der Vertrauensfrage Stellung genommen und festgestellt, dass die Entscheidung des Bundespräsidenten über die Annahme oder Ablehnung des Vorschlags des Bundeskanzlers auf Auflösung des Bundestages „eine politische Leitentscheidung" in eigener Verantwortung sei und seinem pflichtgemäßen Ermessen obliege (Punkt 2 des Tenors der Entscheidung). Ein Ermessen im Rahmen des Art. 68 GG ist dem Bundespräsidenten allerdings nur eröffnet, wenn im Zeitpunkt seiner Entscheidung die Voraussetzungen des

18 *Epping*, in: v. Mangoldt/Klein/Starck, GG, Art. 68 Rn. 10; *Herzog*, in: Dürig/Herzog/Scholz, GG, Art. 68 Rn. 37 (Stand: 53. EL, Oktober 2008); *Hermes*, in: Dreier, GG, Art. 68 Rn. 19.
19 BVerfGE 62, 1 (42, 44).
20 BVerfGE 114, 121 (149 ff.).
21 BVerfGE 62,1 (2, 44).
22 BVerfGE 114, 121 (121 f., 149).
23 BVerfGE 62, 1.

Art. 68 GG erfüllt sind.[24] „Es bedarf keiner abschließenden Entscheidung, ob der Bundespräsident über eine Evidenzkontrolle hinaus verpflichtet ist, die Einhaltung dieser verfassungsrechtlichen Anforderungen vor seiner Entscheidung zu prüfen. Das Bundesverfassungsgericht kann im Organstreitverfahren mit dem Ziel angerufen werden, die Beachtung von Art. 68 GG zu überprüfen. Kommt eine verfassungsgerichtliche Überprüfung zu dem Ergebnis, dass die Tatbestandserfordernisse des Art. 68 GG nicht erfüllt sind, ist die Auflösung des Deutschen Bundestages verfassungswidrig".[25]

Im vorliegenden Fall liegt ein staatsrechtlicher Ermessensnichtgebrauch hinsichtlich des Ob der Auflösung vor, denn der Bundespräsident meint, keine andere Wahl zu haben; darin ist ein Ermessenfehler zu erblicken, wenn keine Ermessensreduktion auf Null vorliegt[26]. Eine solche Ermessensreduktion auf Null könnte hier gegeben sein. Nicht jede Situation politischer Instabilität führt schon zwingend zu einer Bundestagsauflösung. Auch hier erscheint es nicht ausgeschlossen, dass der Bundeskanzler wieder eine Mehrheit im Bundestag zusammenbringt, immerhin haben mehr Bundestagsabgeordnete dem Kanzler als Person das Vertrauen ausgesprochen als ausdrücklich verweigert, und es handelte sich nur um eine – wenngleich bedeutsame – Sachfrage. Folglich wäre auch die Nichtauflösung möglich gewesen. Somit liegt keine Ermessensreduktion auf Null vor. Fraglich ist daher, ob der Ermessensnichtgebrauch einen Ermessensfehler darstellt. Hinsichtlich des Umgangs mit Ermessensfehlern ist zunächst festzuhalten, dass es hierfür keine ausdrückliche verfassungsrechtliche Regelung gibt. In Betracht könnte daher die Heranziehung des Maßstabs des § 114 VwGO kommen. Allerdings ist schon fraglich, ob das hier zugrundeliegende Ermessen überhaupt mit den Kategorien des Verwaltungsermessens in adäquater Weise erfasst werden kann.[27] Ungeachtet dessen ist jedoch offenkundig, dass sich der Bundespräsident vorliegend hinsichtlich der Auflösung gebunden fühlte, daher überhaupt keine Ermessenerwägungen anstellte und somit auch keine Gesamtabwägung vornahm. Sein Ermessensnichtgebrauch führt daher zur Verfassungswidrigkeit der Bundestagsauflösung. Diese verfassungswidrige Bundestagsauflösung verletzt den X in seinem freien Mandat nach Art. 38 Abs. 1 S. 2 GG.

Ergebnis zu Aufgabe 1

30 Das zulässige und begründete Organstreitverfahren hat Aussicht auf Erfolg.

Aufgabe 2: Erfolgte der Fraktionsausschluss rechtmäßig?

31 Der Fraktionsausschluss könnte rechtmäßig erfolgt sein. Dies setzt voraus, dass eine entsprechende Rechtsgrundlage (A.) vorliegt und der Ausschluss formell (B.) und materiell (C.) rechtmäßig, insbesondere ermessensfehlerfrei (D.) war.

24 BVerfGE 62, 1 (35); 114, 121 (159).
25 BVerfGE 62, 1 (36).
26 Eine Ermessensreduktion kommt für *Brinktrine*, in: Sachs, GG, Art. 68 Rn. 34 von vornhinein nicht in Betracht.
27 *Schenke*, in: Kahl/Waldhoff/Walter, GG, Art. 68 Rn. 300 (Stand: 187. EL, November 2017).

A. Rechtsgrundlage

Fraglich ist, welche Vorschrift als Rechtsgrundlage heranzuziehen ist.[28] Weder das Grundgesetz noch die §§ 45 ff. AbgG enthalten eine ausdrückliche Regelung. Auch das BGB-Vereinsrecht regelt den Ausschluss nicht. Der § 39 BGB regelt lediglich den Austritt, nicht aber den Ausschluss. Schließlich befindet sich weder in der Geschäftsordnung der Bundestagsfraktion (laut Sachverhalt) noch in der Geschäftsordnung des Bundestages eine Regelung. Somit liegt eine Regelungslücke vor. **32**

Dies wirft die Frage auf, ob der Fraktionsausschluss dann überhaupt zulässig ist. Trotz fehlender ausdrücklicher Rechtsgrundlage kommt die Unzulässigkeit des Fraktionsausschusses jedoch allein schon deswegen nicht in Betracht, weil anderenfalls selbst wiederholtes und weitgehendes Abweichen von der Fraktionslinie ohne Folgen bliebe und sich die Fraktion somit nicht von unliebsamen Mitgliedern trennen könnte[29]. Dennoch kann der Fraktionsausschluss nicht im rechtsfreien Raum erfolgen, sondern bedarf im Sinne der Wesentlichkeitstheorie als belastende Maßnahme wegen des Rechtsstaatsprinzips sowie als wesentliche Entscheidung über die Wirkungsmöglichkeiten eines Bundestagsabgeordneten angesichts des Demokratieprinzips einer rechtlichen Grundlage[30]. Eine solche kann entweder analog § 10 Abs. 4, 5 PartG entwickelt oder aus allgemeinen Rechtsgrundsätzen hergeleitet werden. **33**

I. § 10 Abs. 4, 5 PartG analog

Zunächst müssten die Voraussetzungen für eine analoge Anwendung gegeben sein. **34**

1. Regelungslücke

Eine Regelungslücke besteht (siehe oben). **35**

2. Planwidrigkeit der Regelungslücke

Diese Regelungslücke ist auch planwidrig, denn hätte der Regelungsgeber den Fraktionsausschluss bedacht, dann hätte er ihn auch ausdrücklich geregelt. Dies ist allerdings nicht geschehen. **36**

3. Tatbestandliche Gleichwertigkeit zwischen dem geregelten und dem ungeregelten Fall

Schließlich fragt sich, ob als weitere Voraussetzung einer Analogie eine tatbestandliche Gleichwertigkeit gegeben ist. **37**

Hierfür spricht, dass die Fraktion geradezu als „Partei im Parlament" auftritt.[31] Ferner wird für die Partei als Sonderform des Vereins eine Regelung getroffen, diese muss dann auch auf die ebenfalls politischen Zwecken dienende Fraktion als weitere Spezialform des Vereins übertragbar sein.

---

28 Siehe dazu *Schmidt*, DÖV 2003, S. 846 ff.

29 *Klein/Schwarz*, in: Dürig/Herzog/Scholz, GG, Art. 38 Rn. 280 (Stand: 94. EL, Januar 2021); *Lenz*, NVwZ 2005, S. 364 ff.

30 *Klein/Schwarz*, in: Dürig/Herzog/Scholz, GG, Art. 38 Rn. 281 (Stand: 94. EL, Januar 2021) sieht hier kein Bedürfnis für eine ausdrückliche gesetzliche Ermächtigungsgrundlage, da der rechtsstaatliche Gesetzesvorbehalt nicht greife.

31 *Grimm*, in: Schneider/Zeh, Parlamentsrecht, § 6 Rn. 28; *Schmidt*, Der Staat 9 (1970), S. 481 (488 f.).

Gegen eine tatbestandliche Gleichwertigkeit spricht, dass eine Partei eine privatrechtliche Vereinigung darstellt, wohingegen die Fraktion den Zusammenschluss von Abgeordneten als Organwalter eines Verfassungsorgans und damit dessen Binnengliederung bildet[32]. Ferner setzt § 10 Abs. 4, 5 PartG Parteisatzung und Parteischiedsgericht voraus, daran fehlt es bei einer Bundestagsfraktion.[33]

38 **Hinweis zur Bewertung:** Beide Ansichten sind – mit entsprechender Argumentation – gut vertretbar.

4. Übertragbarkeit der Rechtsfolge

39 § 10 Abs. 4, 5 PartG sieht auf Rechtsfolgenseite eine Ermessensentscheidung des Schiedsgerichts vor. Für den Fraktionsausschluss erscheint der Entscheidungsmaßstab (Ermessen) übertragbar, nicht aber das entscheidende Organ (Schiedsgericht).

II. Allgemeine Rechtsgrundsätze, konkretisiert durch Art. 38 Abs. 1 S. 2 GG

40 Die Voraussetzungen des Ausschlusses sind mangels ausdrücklicher Regelung unter direktem Rückgriff auf verfassungsrechtliche Wertungen zu ermitteln.[34] Dabei ist insbesondere auf Art. 38 Abs. 1 S. 2 GG abzustellen, aus dem eine positive und negative Kooperationskompetenz fließt.[35] Kooperationskompetenz meint – vergleichbar dem sachlichen Schutzbereich der Vereinigungsfreiheit aus Art. 9 Abs. 1 GG – die Freiheit des Abgeordneten, Fraktionen zu gründen, ihnen beizutreten oder wieder aus ihnen auszutreten.[36] Durch den Fraktionsausschluss wird in die positive Kooperationskompetenz eingegriffen. Dieser Eingriff ist nur durch kollidierende Verfassungsgüter Dritter, hier insbesondere das freie Mandat der restlichen Fraktionsmitglieder und die Funktionsfähigkeit der Fraktion als Teil des Parlaments, zu rechtfertigen.[37] Ferner hat der Fraktionsausschluss demokratischen und rechtsstaatlichen Grundsätzen zu genügen.

B. Formelle Rechtmäßigkeit des Ausschlusses

I. Zuständigkeit

41 Fraglich ist, ob der Fraktionsvorstand oder das Fraktionsplenum für den Ausschluss zuständig ist. Der Fraktionsvorstand führt die laufenden Geschäfte. Da hier schnell reagiert werden musste, spricht dies für eine Eilkompetenz des Vorstandes. Dagegen ist indes anzuführen, dass das höchste Organ der Fraktion für eine solche Grundsatzentscheidung

32 *Klein/Schwarz*, in: Dürig/Herzog/Scholz, GG, Art. 38 Rn. 281 (Stand: 94. EL, Januar 2021); *Schmidt*, DÖV 2003, S. 846 (847).

33 *Schmidt*, DÖV 2003, S. 846 (847).

34 *Bäcker*, Ausschluss, S. 166 ff.; *Hölscheidt*, Parlamentsfraktion, S. 476 ff.; *Schmidt*, DÖV 2003, S. 846 (847 f.).

35 *Schmidt*, DÖV 2003, S. 846 (847 f.); *Bäcker*, Ausschluss S. 166.

36 *Schmidt*, DÖV 2003, S. 846 (847 f.).

37 *Schmidt*, DÖV 2003, S. 846 (848); *Bäcker*, Ausschluss S. 170 ff.

zuständig sein sollte.[38] Ferner kann der Fraktionsvorstand aufgrund einer etwaigen Eilkompetenz allenfalls vorläufige Maßnahmen treffen, der Fraktionsausschluss ist aber eine endgültige Maßnahme[39]. Auch eine gewisse fraktionsinterne Gewaltenteilung ist zu fordern: Fraktionsdisziplin wird maßgeblich vom Vorstand geprägt, der dann nicht auch noch über die Sanktionen bei Verstößen entscheiden kann[40]. Die genannten Argumente sprechen daher für die Kompetenz des Fraktionsplenums. Hier erfolgte allerdings der Ausschluss durch den unzuständigen Fraktionsvorstand.

II. Verfahren

Hinsichtlich des Verfahrens wird zumindest zu fordern sein, dass dem Auszuschließenden, hier X, vor dem Ausschluss als belastende Maßnahme Gelegenheit zur Stellungnahme gegeben wird[41], vgl. den Rechtsgedanken des § 28 Abs. 1 VwVfG, auch wenn der Ausschluss selbst keinen Verwaltungsakt darstellt. Vorliegend beschloss der Fraktionsvorstand einen Tag nach der Abstimmung im Bundestag den Ausschluss des X, dem damit rechtsstaatswidrig keine Gelegenheit zur Stellungnahme gegeben wurde. **42**

Im Übrigen würde der Ausschluss durch das Fraktionsplenum eine entsprechende Mehrheit voraussetzen[42], vermutlich eine Zweidrittelmehrheit sämtlicher Fraktionsmitglieder. Dies ist hier ebenso unterblieben, da lediglich der Fraktionsvorstand entschieden hat.

III. Form

Hierzu enthält der Sachverhalt keine näheren Angaben. **43**

IV. Begründung

Es wird zumindest verlangt werden dürfen, dass überhaupt eine Begründung vorliegt[43]. **44**
Diese erfolgte hier mit dem Hinweis auf „grob parteischädigendes Verhalten".

V. Zwischenergebnis

Der Ausschluss ist formell rechtswidrig. **45**

C. Materielle Rechtmäßigkeit des Ausschlusses?

In Analogie zu §§ 737, 723 Abs. 1 S. 2 BGB über den Ausschluss eines Gesellschafters **46**
sowie zu § 314 BGB über die Kündigung von Dauerschuldverhältnissen wird stets ein

---

38 *Klein/Schwarz*, in: Dürig/Herzog/Scholz, GG, Art. 38 Rn. 282 (Stand: 94. EL, Januar 2021); *Stevens*, S. 169; *Bäcker*, Ausschluss S. 191; *Hölscheidt*, Parlamentsfraktion S. 477; *Lenz*, NVwZ 2005, S. 364 (366); *Schmidt*, DÖV 2003, S. 846 (848).

39 *Schmidt*, DÖV 2003, S. 846 (848).

40 *Stevens*, S. 169.

41 LVerfG MV, DÖV 2003, S. 765 (768); *Bäcker*, Ausschluss, S. 197 ff.; *Stevens*, Rechtsstellung, S. 170; *Hölscheidt*, Parlamentsfraktion, S. 476; *Schmidt*, DÖV 2003, S. 846 (848).

42 Siehe hierzu *Bäcker*, Ausschluss, S. 293 ff.; *Hölscheidt*, Parlamentsfraktion, S. 477 f.; *Stevens*, Rechtsstellung, S. 170 f.; *Morlok*, ZParl 2004, S. 633 (644 f.); *Schmidt*, DÖV 2003, S. 846 (848 f.).

43 *Hölscheidt*, Parlamentsfraktion, S. 476; *Stevens*, Rechtsstellung, S. 170.

wichtiger Grund für den Ausschluss zu fordern sein.[44] Dieser wichtige Grund kann inhaltlich in Anlehnung an § 10 Abs. 4 PartG präzisiert werden.[45]

Danach ist ein vorsätzlicher Satzungsverstoß (I.) oder ein erheblicher Verstoß gegen Grundsätze und Ordnung der Fraktion (II.) erforderlich, der dieser schweren Schaden zufügt.

I. Vorsätzlicher Satzungsverstoß

47 1. Eine Fraktionssatzung besteht nicht.

2. Eine Gleichsetzung der Fraktionsgeschäftsordnung mit der Parteisatzung könnte erwogen werden, der Sachverhalt trifft über den Inhalt der Geschäftsordnung indes keine weitere Aussage.

3. Ein möglicher Verstoß gegen die Parteisatzung begründet nicht ohne weiteres einen Fraktionsausschluss. Zumindest wäre die Entscheidung des Parteischiedsgerichts abzuwarten.

II. Verstoß gegen Grundsätze oder Ordnung der Fraktion

48 Der zweite Ausschlussgrund „Verstoß gegen Grundsätze oder Ordnung der Partei" kann übertragen werden als „Verstoß gegen Grundsätze oder Ordnung der Fraktion".

1. Grundsätze der Fraktion

49 Die Grundsätze der Fraktion sind programmatische Entscheidungen zu wesentlichen Fragen der Politik. Die Entscheidung, eine Änderung des KSchG anzustreben, wurde von der Bundesregierung getroffen, nicht von der A-Fraktion. Zwar unterstützt die A-Fraktion regelmäßig die Bundesregierung, daraus kann indes noch auf keine Identität der Meinung der Bundesregierung mit den Grundsätzen der Fraktion geschlossen werden. Vielmehr stellt die Fraktion eine Vereinigung von Bundestagsabgeordneten nach Art. 38 Abs. 1 S. 1 GG dar, deren Kontrollaufgabe gegenüber der Regierung leer liefe, würden sie unkritisch die Regierungsposition zu übernehmen haben. Diese parlamentarische Kontrollaufgabe ist zwar in der Rechtspraxis maßgeblich auf die jeweiligen Oppositionsfraktionen übergegangen, dies entbindet aber auch die die Regierung tragenden Fraktionen nicht von ihrer parlamentarischen Kontrollaufgabe. Dass die Fraktion einen eigenen Grundsatzbeschluss der Lockerung des Kündigungsschutzes gefällt hätte, ist aus dem Sachverhalt nicht ersichtlich. Zwar handelt es sich bei der Lockerung des Kündigungsschutzes um eine Einzelfallentscheidung, so dass deshalb ein Verstoß gegen einen Grundsatz der Fraktion abgelehnt werden könnte, indes ist diese Einzelfallentscheidung so bedeutsam, dass durch sie auch die grundsätzliche Ausrichtung der Fraktion geprägt wird; vgl. die Parallele bei der Richtlinienkompetenz des Kanzlers, die auch Einzelfallentscheidungen umfassen kann[46].

---

44 *Klein/Schwarz*, in: Dürig/Herzog/Scholz, GG, Art. 38 Rn. 252 (Stand: 94. EL, Januar 2021); *Müller*, in: v. Mangoldt/Klein/Starck, GG, Art. 38 Rn. 58; *Morlok*, in: Dreier, GG, Art. 38 Rn. 192; *Bäcker*, Ausschluss, S. 177 ff.; *Stevens*, Rechtsstellung, S. 171 ff.; *Hölscheidt*, Parlamentsfraktion, S. 478 f.; *Lenz*, NVwZ 2005, S. 364 (368 f.); *Schmidt*, DÖV 2003, S. 846 (849 f.).

45 *Morlok*, in: Dreier, GG, Art. 38 Rn. 192; *ders.*, ZParl 2004, S. 633 (640); *Schmidt*, DÖV 2003, S. 846 (849); *Stevens*, Rechtsstellung, S. 172.

46 Siehe hierzu *Herzog*, in: Dürig/Herzog/Scholz, GG, Art. 65 Rn. 7 ff. (Stand: 53. El, Oktober 2008).

2. Ordnung der Fraktion

Zur Ordnung der Fraktion gehören demokratische Grundsätze nach Art. 21 Abs. 1 S. 2 GG sowie ungeschriebene Verhaltensregeln, nach denen jedes Fraktionsmitglied bei öffentlichen Äußerungen zur Rücksichtnahme und Loyalität gegenüber abweichenden Mehrheitsmeinungen in seiner Partei verpflichtet ist.[47] Zwar verpflichtet die Ordnung der Fraktion zur Respektierung abweichender Mehrheitsauffassungen in der Fraktion, doch kann dies nur die Form der Auseinandersetzung beeinflussen, letztlich aber die nach Art. 38 Abs. 1 S. 2 GG zu treffende Sachentscheidung nicht determinieren.[48] **50**

3. Verstoß gegen die Grundsätze oder Ordnung der Partei

Ein möglicher Verstoß gegen die Grundsätze oder Ordnung der Partei kann nur zu einem Parteiausschluss führen, nicht aber ipso iure einen Fraktionsausschluss nach sich ziehen. Dem steht die rechtliche Selbstständigkeit der Fraktion gegenüber der Partei entgegen.[49] Im vorliegenden Fall wurde noch gar nicht über einen Parteiausschluss befunden, so dass der Fraktionsvorstand gleichsam „in vorauseilendem Gehorsam" den Ausschluss verfügte. Auch hier wäre zumindest die Entscheidung des Parteischiedsgerichts abzuwarten gewesen. **51**

III. Kausaler Schaden?

Da es an einem Verstoß gegen Grundsätze oder Ordnung der Fraktion fehlt, kommt es auf einen möglichen kausalen Schaden nicht mehr an.[50] **52**

IV. Zwischenergebnis

Ein wichtiger Grund zum Ausschluss des X lag nicht vor. Der Ausschluss ist auch materiell rechtswidrig. **53**

D. Rechtsfolge: Ermessen

Selbst bei Vorliegen aller formellen und materiellen Voraussetzungen eines Ausschlusses handelte es sich um eine Ermessensentscheidung, wie sich aus der Parallele zu § 10 Abs. 4, 5 PartG und allen übrigen Regelungen, die sich mit dem Ausschluss aus Vereinigungen beschäftigen und stets eine Ermessensentscheidung vorsehen, ergibt[51]. **54**

Hier hat der Fraktionsvorstand nur den X, nicht aber die übrigen Abweichler aus der Fraktion ausgeschlossen. Sachliche Gründe für diese ermessenswidrige Ungleichbehandlung liefert der Sachverhalt kaum, allenfalls könnte eine die übrigen Abweichler übertreffende Medienpräsenz des X dem Sachverhalt entnommen werden. Damit wurde auch das Ausschlussermessen fehlerhaft ausgeübt.

---

47 *Klein/Schwarz*, in: Dürig/Herzog/Scholz, GG, Art. 38 Rn. 252 (Stand: 94. EL, Januar 2021); *Morlok*, in: Dreier, GG, Art. 38 Rn. 195 f.

48 *Morlok*, in: Dreier, GG, Art. 38 Rn. 196.

49 *Bäcker*, Ausschluss, S. 179 f.; *Hölscheidt*, Parlamentsfraktion, S. 479; *Schmidt*, DÖV 2003, S. 846 (850).

50 Siehe hierzu *Morlok*, ZParl 2004, S. 633 (642).

51 *Schmidt*, DÖV 2003, S. 846 (851).

Ergebnis zu Aufgabe 2

55 Der Fraktionsausschluss erfolgte rechtswidrig.

Aufgabe 3: Vor welchem Gericht und auf welche Weise kann der Fraktionsausschluss angefochten werden?

56 Der gerichtliche Rechtsschutz gegen den Fraktionsausschluss hängt von dessen Rechtsnatur ab. In Betracht kommt ein Verfahren vor dem Zivilgericht (A.), dem Verwaltungsgericht (B.) oder dem BVerfG (C.):

A. Zivilgerichtliches Verfahren

57 **Eröffnung des Rechtsweges**

Nach § 13 GVG gehören vor die ordentlichen Gerichte u.a. bürgerliche Rechtsstreitigkeiten. Hier geht es um einen Streit zwischen einem Abgeordneten und seiner Fraktion.

Der Bundestagsabgeordnete X ist Teil des Verfassungsorgans Bundestag und nach Art. 38 Abs. 1 S. 2 GG mit eigenen Rechten ausgestattet. Er hat somit eine öffentlich-rechtliche Stellung inne. Problematisch erscheint die Rechtsnatur der Fraktion.[52] Sie könnte privat- oder auch öffentlich-rechtlicher Natur sein. Für eine privatrechtliche Natur spricht, dass die Fraktion eine Sonderform des Vereins ist und dieser privatrechtlich organisiert ist.[53] Auch ist die Fraktion als „Partei im Parlament“ anzusehen[54] und die Partei ist eine privatrechtliche Vereinigung. Schließlich spricht § 46 Abs. 3 AbgG davon, dass die Fraktionen nicht Teil der öffentlichen Verwaltung sind und keine öffentliche Gewalt ausüben.

Für eine öffentlich-rechtliche Natur spricht, dass die Fraktion B eine Binnengliederung des Verfassungsorgans Bundestag und nach Art. 53a Abs. 1 S. 2 GG mit eigenen Rechten ausgestattet ist.[55] Ferner sind Fraktion und Partei rechtlich streng zu trennen.[56] Dem Wortlautargument des § 46 Abs. 3 AbgG kann entgegen gehalten werden, dass es sich nur um eine einfachgesetzliche Definition handelt, die für die verfassungsrechtliche Begriffsbestimmung allenfalls einen Hinweis bietet; im Übrigen kann man § 46 Abs. 3 AbgG auch so verstehen, dass Fraktionen zwar nicht zur öffentlichen Verwaltung zählen, wohl aber zur öffentlichen Gesetzgebung[57]. Ferner sollte § 46 Abs. 3 AbgG lediglich die Anwendung des BetrVG statt des BPersVG ermöglichen, weitergehende Bedeutung kommt ihm nicht zu.[58] Somit sprechen die überzeugenderen Argumente dafür, die Fraktion als eine öffentlich-rechtliche Vereinigung anzusehen.

---

52 Siehe hierzu *Klein/Schwarz*, in: Dürig/Herzog/Scholz, GG, Art. 38 Rn. 249 (Stand: 94. EL, Januar 2021); *Müller*, in: v. Mangoldt/Klein/Starck, GG, Art. 38 Rn. 97 ff.; *Morlok*, in: Dreier, GG, Art. 38 Rn. 184; *Hölscheidt*, Parlamentsfraktion, S. 283 ff.; *Bäcker*, Ausschluss, S. 64 ff.; *Stevens*, Rechtsstellung, S. 43 ff; *Ipsen*, NVwZ 2005, S. 361, (362 ff.).

53 Siehe hierzu *Hölscheidt*, Parlamentsfraktion, S. 303 ff.; *Stevens*, Rechtsstellung, S. 63 ff.

54 Siehe dazu oben Aufgabe 2.

55 *Hölscheidt*, Parlamentsfraktion, S. 316 ff.; *Bäcker*, Ausschluss, S. 89 ff.

56 Siehe dazu oben Aufgabe 2.

57 *Hölscheidt*, Parlamentsfraktion, S. 323 f.; *Bäcker*, Ausschluss, S. 76 f.

58 ArbG Berlin, Urteil v. 17.1.2003 – 96 Ca 30440/02 = NZA-RR 2003, 656; *Kania*, in: Erfurter Kommentar, BetrVG, § 130 Rn. 4; *Annuß*, in: Richardi, BetrVG, § 130 Rn. 3.

Mithin ist das Verhältnis zwischen dem öffentlich-rechtlichen Abgeordneten und der öffentlich-rechtlichen Fraktion ebenfalls öffentlich-rechtlich. Folglich ist der Zivilrechtsweg nach § 13 GVG nicht eröffnet.

B. Verwaltungsgerichtliches Verfahren

Eröffnung des Verwaltungsrechtsweges 58

Aufgrund des öffentlich-rechtlichen Verhältnisses zwischen dem Abgeordneten und der Fraktion könnte der Verwaltungsrechtsweg eröffnet sein.

Eine aufdrängende Sonderzuweisung ist nicht ersichtlich. Somit könnte sich die Eröffnung des Verwaltungsrechtsweges nach § 40 Abs. 1 VwGO richten.

Es handelt sich um eine öffentlich-rechtliche Streitigkeit. Diese müsste ferner nicht verfassungsrechtlicher Art sein. Die Streitigkeit ist dann verfassungsrechtlicher Art, wenn beide Streitsubjekte Verfassungsorgane bzw. deren Teile oder sonst am Verfassungsleben unmittelbar Beteiligte sind und um Rechte und Pflichten streiten, die unmittelbar dem Verfassungsrecht entnommen werden.[59] Abgeordneter X streitet als Teil des Verfassungsorgans Bundestag mit der A-Fraktion als Teil des Verfassungsorgans Bundestag um seine aus der verfassungsrechtlichen Abgeordnetenstellung nach Art. 38 Abs. 1 S. 2 GG fließenden Rechte. Insofern liegt eine verfassungsrechtliche Streitigkeit vor. Folglich ist der Verwaltungsrechtsweg nach § 40 Abs. 1 VwGO nicht eröffnet.

C. Organstreit vor dem BVerfG[60]

In Betracht kommt ein Organstreitverfahren vor dem Bundesverfassungsgericht nach 59
Art. 93 Abs. 1 Nr. 1 GG; §§ 13 Nr. 5, 63 ff. BVerfGG.

I. Antragsteller (Art. 93 Abs. 1 Nr. 1 GG; § 63 BVerfGG)

Als Abgeordneter ist X kraft eigener Organstellung Antragsteller, da er nach Art. 93 60
Abs. 1 Nr. 1; 38 Abs. 1 S. 2 GG mit eigenen Rechten ausgestattet ist[61].

II. Antragsgegnerin (Art. 93 Abs. 1 Nr. 1 GG; § 63 BVerfGG)

Die A-Fraktion ist Antragsgegnerin, da sie mit eigenen Rechten nach Art. 53a Abs. 1 61
S. 2 GG ausgestattet ist, zudem ist sie Teil des Verfassungsorgans Bundestag. Die Handlung des Fraktionsvorstandes ist entsprechend § 26 Abs. 2 BGB der Fraktion zuzurechnen. Auch hat die Fraktion entsprechend § 31 BGB für von dem Vorstand verursachten Schaden einzustehen.

---

59 *Ehlers/Schneider*, in: Schoch/Schneider, VwGO, § 40 Rn. 136 (Stand: 28. EL, März 2015); *Sodan*, in: Sodan/Ziekow, VwGO, § 40 Rn. 189.
60 Siehe hierzu *Ipsen*, NVwZ 2005, S. 361 ff.
61 Siehe hierzu oben Aufgabe 1.

III. Antragsgegenstand (Art. 93 Abs. 1 Nr. 1 GG; § 64 BVerfGG)

62 Vorliegend liegt eine rechtserhebliche Maßnahme der Antragsgegnerin in Form des Ausschlusses des X aus der A-Fraktion vor.

IV. Antragsbefugnis (Art. 93 Abs. 1 Nr. 1 GG; § 64 BVerfGG)

63 X müsste ferner antragsbefugt sein. Dies ist er dann, wenn zumindest die Möglichkeit der Verletzung oder unmittelbaren Gefährdung seiner Rechte oder Pflichten aus dem Grundgesetz besteht, § 64 Abs. 1 BVerfGG. Hier erscheint es zumindest möglich, dass der X in seinem Recht auf Zusammenschluss mit anderen Bundestagsabgeordneten nach Art. 38 Abs. 1 S. 2 GG durch den Fraktionsausschluss verletzt wird. Folglich ist er antragsbefugt.

V. Form und Frist (§§ 23; 64 Abs. 2, 3 BVerfGG)

64 Anträge, die das Verfahren einleiten, bedürfen der Schriftform, § 23 Abs. 1 BVerfGG. Ferner haben sie die verletzte Bestimmung des Grundgesetzes zu bezeichnen, § 64 Abs. 2 BVerfGG, dies stellt hier Art. 38 Abs. 1 S. 2 GG dar. X hat den Antrag im Organstreitverfahren binnen sechs Monaten zu stellen, § 64 Abs. 3 BVerfGG.

VI. Rechtsschutzbedürfnis

65 Grundsätzlich ist das Rechtsschutzbedürfnis gegeben. Es entfällt nur bei Rechtsmissbrauch, Verzicht, Verwirkung, Nutzlosigkeit des erstrebten Ziels oder bei einem einfacheren Weg, das Rechtsschutzziel zu erreichen.[62]

66 **Hinweis zur Bearbeitung:** Hält ein Bearbeiter entgegen der hier vertretenen Ansicht die Auflösung des Bundestages für verfassungsgemäß (vgl. Frage 1), dann endet gemäß Art. 39 Abs. 1 S. 2 GG die Wahlperiode des alten 19. Bundestages mit dem Zusammentritt des neuen 20. Die A-Fraktion war aber eine Untergliederung des 19. Bundestages und endet mit diesem. Ein Rechtsschutzbedürfnis des X, auch nach dem Zusammentritt des neuen Bundestages die Verfassungswidrigkeit seines Ausschlusses aus der A-Fraktion des vergangenen Bundestages festzustellen, besteht nicht. Eine rechtliche Identität zwischen der A-Fraktion des 19. und der eines folgenden Bundestages kann nicht angenommen werden; so könnte beispielsweise die A-Partei im Zuge der Neuwahlen an der 5 %-Hürde scheitern und es würde sich überhaupt keine A-Fraktion konstituieren.

Ergebnis zu Aufgabe 3

67 Der Organstreit ist zulässig, sofern der Bearbeiter die Bundestagsauflösung für verfassungswidrig hält.

62 *Bethge*, in: Schmidt-Bleibtreu/Klein/Bethge, BVerfGG, § 64 Rn. 94 ff. (Stand: 50. El, Januar 2017).

Aufgabe 4: Wie kann die Teilnahme an der Fraktionssitzung erzwungen werden?

In Betracht kommt der Erlass einer einstweiligen Anordnung nach § 32 BVerfGG. Diese müsste zulässig (A.) und begründet (B.) sein. **68**

A. Zulässigkeit

I. Statthaftigkeit der einstweiligen Anordnung

Eine einstweilige Anordnung kann nur ergehen, wenn ein Hauptsacheverfahren vor dem BVerfG statthaft wäre.[63] Hier wird in der Hauptsache schon ein Organstreit geführt (vgl. Frage 3). **69**

II. Antragsteller

Antragsteller der einstweiligen Anordnung kann nur sein, wer auch in der Hauptsache das Verfahren vor dem BVerfG betreiben kann.[64] X ist ein geeigneter Antragsteller des Organstreits (vgl. Frage 3), er ist folglich auch möglicher Antragsteller im Verfahren auf Erlass einer einstweiligen Anordnung. **70**

III. Antragsgegner

Soll die einstweilige Anordnung zur Unterstützung eines kontradiktorischen Hauptsacheverfahrens erlassen werden, wird man auch einen Antragsgegner anzunehmen haben. Hier hat sich die einstweilige Anordnung gegen die A-Fraktion zu richten, die geeignete Antragsgegnerin ist (s.o.). **71**

IV. Antragsgegenstand

Die Antragsgegenstände des Hauptsacheverfahrens und des Verfahrens des vorläufigen Rechtsschutzes decken sich nicht. Während der B sich im Hauptsacheverfahren gegen seinen dauernden Ausschluss aus der Fraktion wendet, wehrt er sich im Verfahren auf Erlass einer einstweiligen Anordnung gegen den Ausschluss von der für den übernächsten Tag angesetzten Fraktionssitzung. **72**

V. Antragsbefugnis

Angesichts der von der Prüfung einer einstweiligen Anordnung nach § 123 VwGO abweichenden Rechtsprechung des BVerfG [dazu sogleich bei der Begründetheit] erscheint nicht zweifelsfrei, inwieweit eine Antragsbefugnis zu fordern ist[65]. Indes muss aber auch hier eine Verletzung des X in seinen Rechten durch die Nichtteilnahme an der Fraktionssitzung zumindest als möglich erscheinen. Dies ist hier der Fall. **73**

---

63 *Lechner/Zuck*, BVerfGG, § 32 Rn. 17; *Graßhof*, in: Schmidt-Bleibtreu/Klein/Bethge, BVerfGG, § 32 Rn. 43 (Stand: 21. EL, Juli 2002).

64 *Graßhof*, in: Schmidt-Bleibtreu/Klein/Bethge, BVerfGG, § 32 Rn. 44 (Stand: 21. EL, Juli 2002).

65 Siehe hierzu *Pestalozza*, Verfassungsprozessrecht, § 18 Rn. 6.

VI. Form und Frist

74 Die Schriftform richtet sich direkt nach § 23 BVerfGG.

75 **Hinweis zur Bearbeitung:** Anders als im Verwaltungsprozess ist also keine Analogie zur Schriftform der Klage (§ 81 VwGO) erforderlich.

76 Das Erfordernis einer Antragsfrist kann in Verfahren des einstweiligen Rechtsschutzes wegen der diesen innewohnenden besonderen Eilbedürftigkeit keine Rolle spielen.

VII. Rechtsschutzbedürfnis

77 Das Rechtsschutzbedürfnis ist grundsätzlich gegeben. Es entfällt nur bei Rechtsmissbrauch, Verzicht, Verwirkung, Nutzlosigkeit des erstrebten Ziels oder bei einem einfacheren Weg, das Rechtsschutzziel zu erreichen. Hier ist kein einfacherer Weg ersichtlich, insbesondere verspricht ein an die Fraktion gerichteter Antrag auf Zulassung als Gast keinen Erfolg.

VIII. Zwischenergebnis

78 Der Antrag auf Erlass einer einstweiligen Anordnung ist zulässig.

B. Begründetheit

79 Der Antrag auf Erlass einer einstweiligen Anordnung nach § 32 BVerfGG ist begründet, wenn die Folgen, die den Antragsteller träfen, wenn eine einstweilige Anordnung nicht erginge, der Hauptsacheantrag aber Erfolg hätte, schwerer wögen als die Nachteile, die entstünden, wenn die begehrte einstweilige Anordnung zwar erlassen würde, dem Hauptsacheantrag aber der Erfolg zu versagen wäre.

80 **Hinweis zur Bearbeitung:** Der Antragsteller kann den Erlass einer einstweiligen Anordnung gegen den Antragsgegner gemäß § 32 Abs. 1 BVerfGG beantragen, wenn dies zur Abwehr schwerer Nachteile, zur Verhinderung drohender Gewalt oder aus einem anderen wichtigen Grund dringend geboten ist. Wenngleich diese Gesetzesformulierung erhebliche Ähnlichkeit zu § 123 VwGO aufweist, lehnt das BVerfG es doch ab, in Parallele zu den verwaltungsgerichtlichen Vorschriften den Erlass einer einstweiligen Anordnung von den Erfolgsaussichten in der Hauptsache abhängig zu machen[66]. Vielmehr wägt das BVerfG zwischen den Folgen ab, die eintreten würden, wenn eine einstweilige Anordnung nicht erginge, der Hauptsacheantrag aber Erfolg hätte, gegenüber den Nachteilen, die entstünden, wenn die begehrte einstweilige Anordnung erlassen würde, dem Hauptsacheantrag aber der Erfolg zu versagen wäre. Diese von der materiellen Rechtslage abgelöste, fester Kriterien ermangelnde Folgenabschätzung ist in der Literatur zu Recht auf erhebliche Kritik gestoßen.

---

66 Zur Diskussion siehe *Graßhof*, in: Schmidt-Bleibtreu/Klein/Bethge, BVerfGG, § 32 Rn. 90 ff. (Stand: 21. EL, Juli 2002); *Schoch*, in: FS 50 Jahre BVerfG, Bd. 1, S. 695 (701 ff.).

I. Folgenabwägung

Hinweis zur Bearbeitung: Bei Verfahren nach § 123 VwGO würde an dieser Stelle der Anordnungsanspruch geprüft werden. 81

Würde eine einstweilige Anordnung nicht erlassen, könnte der Antragsteller an der Fraktionssitzung nicht teilnehmen, würde sich der Fraktion weiter entfremden und könnte selbst bei Erfolg seines Hauptsacheantrags nur schwer wieder in die Fraktionsarbeit eingebunden werden. Für die Zwischenzeit würde er seiner parlamentarischen Wirkungsmöglichkeiten beraubt. 82

Würde der Antragsteller vorübergehend zur Fraktionssitzung zugelassen, müsste sich die A-Fraktion inzwischen weiterhin mit dem unliebsamen Mitglied auseinandersetzen, würde aber in ihrer parlamentarischen Arbeit nicht wesentlich eingeschränkt. Gegebenenfalls könnte die A-Fraktion die ihr zustehende Redezeit auf andere Mitglieder verteilen und den X aus Ausschüssen zurückrufen, wobei die rechtliche Zulässigkeit dieser Maßnahmen im Einzelnen indes auch strittig ist. Daher wögen die Folgen bei Nichterlass der einstweiligen Anordnung schwerer als die bei ihrem Erlass.

II. Besondere Eilbedürftigkeit

Hinweis zur Bearbeitung: Bei Verfahren nach § 123 VwGO würde an dieser Stelle der Anordnungsgrund geprüft werden. 83

Die Fraktionssitzung ist schon für den übernächsten Tag angesetzt, bis dahin wird es zu keiner Hauptsacheentscheidung kommen. 84

III. Keine Vorwegnahme der Hauptsache

Vorliegend geht es um ein zeitgebundenes Recht auf Teilnahme an der Fraktionssitzung; ein Abwarten der Hauptsacheentscheidung würde dieses Recht leerlaufen lassen. 85

IV. Zwischenergebnis

Der zulässige Antrag auf Erlass einer einstweiligen Anordnung ist auch begründet. 86

Ergebnis zu Aufgabe 4

Die Teilnahme an der für den übernächsten Tag angesetzten Fraktionssitzung kann durch einen (zulässigen und begründeten) Antrag auf Erlass einer einstweiligen Anordnung erzwungen werden. 87

88 Literaturverzeichnis

Bäcker, Alexandra	Der Ausschluss aus der Bundestagsfraktion, Berlin 2011.
Benda, Ernst/Klein, Eckart	Verfassungsprozessrecht. Ein Lehr- und Handbuch, 4. Aufl., Heidelberg 2020.
Müller-Glöge, Rudi/Preis, Ulrich/Schmidt, Ingrid (Hrsg.)	Erfurter Kommentar zum Arbeitsrecht, 23. Aufl., München 2023.
Hölscheidt, Sven	Das Recht der Parlamentsfraktionen, Rheinbreitbach 2001.
Dreier, Horst (Hrsg.)	Grundgesetz, Kommentar, Band II: Artikel 20–82, 3. Aufl., Tübingen 2015
Ipsen, Jörn	Rechtsschutz gegen Fraktionsausschluss, in: NVwZ 2005, S. 361–364.
Jarass, Hans D./Pieroth, Bodo	Grundgesetz für die Bundesrepublik Deutschland, Kommentar, 17. Aufl., München 2022.
Kahl, Wolfgang/Waldhoff, Christian/Walter, Christian (Hrsg.)	Bonner Kommentar zum Grundgesetz, Loseblattsammlung, Heidelberg, Band 13: Art. 61-68, Stand: 219. EL, Juni 2023.
Lechner, Hans/Zuck, Rüdiger	Bundesverfassungsgerichtsgesetz, Kommentar, 7. Aufl., München 2015.
Lenz, Christofer	Der Fraktionsausschluss – Zwischenbilanz nach den Fällen Möllemann und Hohmann, in: NVwZ 2005, S. 364–370.
ders.	Der Fraktionsausschluss und seine verfassungsgerichtliche Kontrolle, in: NVwZ 2021, S. 699–702.
Mangoldt, Hermann v./Klein, Friedrich/Starck, Christian/Huber, Peter M./Voßkuhle, Andreas (Hrsg.)	Grundgesetz, Kommentar, Band 2: Artikel 20–82, 7. Aufl., München 2018, Band 3: Artikel 83–146, 7. Aufl., München 2018.
Dürig, Günter/Herzog, Roman/Scholz, Rupert Schmidt-Bleibtreu, (Hrsg.)	Grundgesetz, Kommentar, Loseblattsammlung, München, Stand: 97. EL, Januar 2022.
Bruno/Klein, Franz/Bethge, Herbert (Hrsg.)	Bundesverfassungsgerichtsgesetz, Kommentar, Band 1, München, Stand: 55. EL, Oktober 2018.
Morlok, Martin	Austritt, Ausschluss, Rechte: Der fraktionslose Abgeordnete, in: ZParl. 2004, S. 633–645.
Nawiasky, Hans	Die Grundgedanken des Grundgesetzes für die Bundesrepublik Deutschland. Systematische Darstellung und kritische Würdigung, Stuttgart 1950.
Nellesen, Sebastian/Pfützer, Benno	Die Stellung des Bundestagsabgeordneten im Organsteitverfahren, in: JuS 2018, S. 429–433.
Nierhaus, Michael	Entscheidung, Präsidialakt und Gegenzeichnung. Ein Beitrag zur verfassungsrechtlichen Stellung des Bundespräsidenten im System des Grundgesetzes, München 1973.

Pestalozza, Christian — Verfassungsprozessrecht. Die Verfassungsgerichtsbarkeit des Bundes und der Länder mit einem Anhang zum Internationalen Rechtsschutz, 3. Aufl., München 1991.

Sachs, Michael (Hrsg.) — Grundgesetz, Kommentar, 9. Aufl., München 2021.

Schlaich, Klaus/Korioth, Stefan — Das Bundesverfassungsgericht – Stellung, Verfahren, Entscheidungen, 12. Aufl., München 2021.

Schmidt, Thorsten Ingo — Der Fraktionsausschluss als Eingriff in das freie Mandat des Abgeordneten, in: DÖV 2003, S. 846–853.

Schmidt, Walter — Chancengleichheit der Fraktion unter dem Grundgesetz, in: Der Staat 9 (1970), S. 481–500.

Schneider, Hans-Peter/Zeh, Wolfgang (Hrsg.) — Parlamentsrecht und Parlamentspraxis in der Bundesrepublik Deutschland, Berlin 1989.

Schoch, Friedrich — Einstweilige Anordnung, in: Badura, Peter/Dreier, Horst (Hrsg.), Festschrift 50 Jahre Bundesverfassungsgericht, Erster Band, Tübingen 2001, S. 695–723.

Schoch, Friedrich/Schneider, Jens-Peter (Hrsg.) — Verwaltungsgerichtordnung, Band I, Kommentar, München, Stand: 43. EL, Februar 2022.

Schreiber, Wolfgang/Schnappauf, Klaus-Dieter — Rechtsfragen „im Schatten" der Diskussion um die Auflösung des deutschen Bundestages nach Art. 68 GG, in: AöR 109 (1984), S. 370–416.

Sodan, Helge/Ziekow, Jan (Hrsg.) — Verwaltungsgerichtsordnung, Großkommentar, 5. Aufl., Baden-Baden 2018.

Stevens, Berthold — Die Rechtsstellung der Bundestagsfraktion, Frankfurt am Main 2010.

Hausarbeit 9

Beschäftigungsverbot an Samstagen

von Bernd J. Hartmann und Stefan Jansen

1 Die A-Fraktion im niedersächsischen Landtag möchte die Lebensbedingungen der Beschäftigten in Verkaufsstellen verbessern und ihnen häufiger als bisher einen arbeitsfreien Samstag gewährleisten. Daher bringt sie einen Entwurf zur Änderung des Niedersächsischen Gesetzes über Ladenöffnungs- und Verkaufszeiten (NLöffVZG) in den Landtag ein. § 7 Abs. 4 NLöffVZG soll folgender Absatz 5 angefügt werden:

„(5) [1]Verkaufspersonal darf an mindestens zwei Samstagen in jedem Kalendermonat nicht beschäftigt werden. [2]Die zuständige Behörde kann in begründeten Einzelfällen Ausnahmen zulassen."

Im Landtag zeichnet sich schnell eine Mehrheit für den Gesetzentwurf ab. Die Landesregierung zweifelt jedoch an der Verfassungsmäßigkeit des Entwurfs und weist daher den Präsidenten des Landtags an, die Abstimmung über den Entwurf für vier Wochen auszusetzen. In dieser Zeit wolle man, auch im Interesse der Abgeordneten, den Entwurf eingehend prüfen. Zwei Monate später kommt es im Landtag zur Abstimmung. Der Gesetzentwurf wird mit einer breiten Mehrheit angenommen; auch die B-Fraktion, die ein Viertel der Mitglieder des Landtags umfasst, stimmt geschlossen zu.

Da den Mitgliedern der B-Fraktion jedoch Zweifel an der Verfassungsmäßigkeit des Gesetzes bleiben, stellen sie nach der Verkündung des Gesetzes im Gesetz- und Verordnungsblatt sowohl beim Bundesverfassungsgericht als auch beim Niedersächsischen Staatsgerichtshof den Antrag, § 7 Abs. 5 NLöffVZG für nichtig zu erklären. Das Gesetz sei schon deshalb verfassungswidrig, weil das Gesetzgebungsverfahren einen schweren Fehler aufweise. Die Intervention der Landesregierung verstoße gegen den Grundsatz der Gewaltenteilung und müsse zur Nichtigkeit des Gesetzes führen. Zudem fehle dem Landesgesetzgeber die Gesetzgebungskompetenz für die betreffende Regelung. Der Bund habe von seiner Kompetenz für das Arbeitszeitrecht abschließend Gebrauch gemacht. Nach dem Arbeitszeitgesetz (ArbZG) sei der Samstag – was zutrifft – ein gewöhnlicher Werktag, und § 17 Abs. 4 des Gesetzes über den Ladenschluss (LadSchlG) normiere einen Anspruch der Beschäftigten in Verkaufsstellen auf lediglich einen arbeitsfreien Samstag je Kalendermonat. Des Weiteren verstoße § 7 Abs. 5 NLöffVZG nicht nur gegen Grundrechte der Arbeitgeber, sondern auch gegen die Berufsfreiheit der Beschäftigten, da diesen nicht nur ein Anspruch auf zwei arbeitsfreie Samstage gewährt, sondern ein Arbeitsverbot normiert werde und sie somit bevormundet würden. Ihnen werde die Möglichkeit genommen, samstags zu arbeiten, um an einem Tag von Montag bis Freitag von der Arbeit freigestellt zu werden und Erledigungen zu tätigen, denen – wie etwa Behördengänge – am Wochenende nicht nachgegangen werden kann. Schließlich sei auch der Gleichheitssatz verletzt, da es eine vergleichbare Vorschrift in anderen Ländern nicht gebe.

Die Landesregierung teilt die Zweifel der Mitglieder der B-Fraktion nicht. § 7 Abs. 5 NLöffVZG diene dem Arbeitsschutz und insbesondere der Vereinbarkeit von Erwerbstätigkeit und Familienleben. Die Norm sei auch kompetenzgemäß erlassen. Das NLöffVZG regele den Ladenschluss, und diese Materie falle seit der Einfügung der Wörter „ohne das Recht des Ladenschlusses“ in Art. 74 Abs. 1 Nr. 11 GG durch die Föderalismusreform I aus dem Jahr 2006 in die Kompetenz der Länder. Zudem verstoße § 7 Abs. 5 NLöffVZG auch nicht gegen das ArbZG, da dieses keine speziellen Schutzvorschriften für die Samstagsarbeit vorsehe.

Wie wird das Bundesverfassungsgericht bzw. der Niedersächsische Staatsgerichtshof entscheiden?

2 Gliederung

Rn.

Teil 1: Entscheidung des Bundesverfassungsgerichts (BVerfG) 4

Teil 2: Entscheidung des Niedersächsischen Staatsgerichtshofs (StGH) 7

A. Zulässigkeit 8
- **I. Zuständigkeit des StGH** 9
- **II. Antragsberechtigung** 10
- **III. Antragsbefugnis** 11
- **IV. Antragsgegenstand** 13
- **V. Form und Begründung** 14
- **VI. Allgemeines Rechtsschutzbedürfnis** 15
- **VII. Zwischenergebnis** 16

B. Begründetheit 17
- **I. Formelle Verfassungsmäßigkeit** 18
  - 1. Gesetzgebungskompetenz 18
    - a) Recht des Ladenschlusses 22
    - b) Keine abschließende Regelung des Arbeitsrechts 31
    - c) Zwischenergebnis 43
  - 2. Gesetzgebungsverfahren 44
  - 3. Verkündung des Gesetzes 47
  - 4. Zwischenergebnis 48
- **II. Materielle Verfassungsmäßigkeit** 49
  - 1. Berufsfreiheit der Arbeitgeber 50
    - a) Eingriff in den Schutzbereich 51
    - b) Verfassungsrechtliche Rechtfertigung 53
      - aa) Schranke 54
      - bb) Schranken-Schranken 55
        - (1) Legitimer Zweck 58
        - (2) Geeignetheit 59
        - (3) Erforderlichkeit 61
        - (4) Angemessenheit 63
    - c) Zwischenergebnis 65
  - 2. Koalitionsfreiheit der Arbeitgeber 66
  - 3. Berufsfreiheit der Beschäftigten 68
    - a) Eingriff in den Schutzbereich 69
    - b) Verfassungsrechtliche Rechtfertigung 70
      - aa) Legitimer Zweck und Geeignetheit 71
      - bb) Erforderlichkeit 72
      - cc) Angemessenheit 73
    - c) Zwischenergebnis 77
  - 4. Gleichheitssatz 78
  - 5. Zwischenergebnis 79

C. Ergebnis 80

Literaturverzeichnis 81

Gutachten

Vorbemerkung: Der Fall war Gegenstand der Ersten Prüfung in Niedersachsen; die Lösungsskizze wurde an den Erwartungshorizont einer Hausarbeit angepasst. Er ist dem Beschluss des Ersten Senats des Bundesverfassungsgerichts vom 14. Januar 2015 (BVerfGE 138, 261) zu einer vergleichbaren Regelung des Thüringer Ladenöffnungsgesetzes nachgebildet. Als prozessuale Einkleidung wurde das Verfahren der Verfassungsbeschwerde durch ein abstraktes Normenkontrollverfahren ersetzt. Die entscheidungserheblichen verfassungsrechtlichen Fragen ändern sich hierdurch (nur) hinsichtlich der rechtlichen Anknüpfung. 3

Teil 1: Entscheidung des Bundesverfassungsgerichts (BVerfG)

Die Entscheidung des BVerfG hängt ab von der Zulässigkeit und Begründetheit des Antrags der Mitglieder der B-Fraktion. 4

Der Antrag ist nur zulässig, soweit die Sachentscheidungsvoraussetzungen vorliegen.

Die Zuständigkeit des BVerfG für das mit dem Antrag eingeleitete Verfahren der abstrakten Normenkontrolle ergibt sich aus § 13 Nr. 6 BVerfGG i.V.m. Art. 93 Abs. 1 Nr. 2 GG.

Antragsberechtigt sind nach § 13 Nr. 6, § 76 Abs. 1 BVerfGG i.V.m. Art. 93 Abs. 1 Nr. 2 GG die Bundesregierung, eine Landesregierung oder ein Viertel der Mitglieder des Bundestags. Die antragstellenden Mitglieder der B-Fraktion sind Mitglieder nicht des Bundestags, sondern des niedersächsischen Landtags und damit im bundesverfassungsgerichtlichen Verfahren der abstrakten Normenkontrolle nicht antragsberechtigt.

§ 13 Nr. 6, § 76 Abs. 1 BVerfGG sowie Art. 93 Abs. 1 Nr. 2 GG benennen den Kreis der Antragsberechtigten abschließend[1]; eine Ausweitung der Antragsberechtigung auf Mitglieder eines Landtags im Wege der Analogie kommt daher nicht in Betracht. Eigenständige verfassungsrechtliche Befugnisse der Landtage auf Bundesebene, etwa in den Verfahren nach § 13 Nr. 6a BVerfGG, Art. 93 Abs. 1 Nr. 2a GG sowie § 13 Nr. 6b BVerfGG, Art. 93 Abs. 2 S. 1 GG, stellen eng begrenzte Ausnahmefälle dar[2]. Es ist daher davon auszugehen, dass der (verfassungsändernde und der einfache) Gesetzgeber bislang bewusst davon abgesehen hat, den Volksvertretungen der Länder im Verfahren nach Art. 93 Abs. 1 Nr. 2 GG eine Antragsberechtigung einzuräumen. Nichts anderes kann für die Antragsberechtigung eines bestimmten Quorums von Mitgliedern eines Landtags gelten[3]. Daher fehlt es schon an der für eine analoge Anwendung einer Norm erforderlichen planwidrigen Regelungslücke[4]. 5

Folglich ist der beim BVerfG gestellte Antrag mangels Antragsberechtigung unzulässig. Das BVerfG wird den Antrag verwerfen[5].

1 *Benda/Klein/Klein*, Verfassungsprozessrecht, Rn. 701; *Graßhof*, in: Burkiczak/Dollinger/Schorkopf, BVerfGG, § 76 Rn. 10 m.w.N.
2 BVerfGE 129, 108 (120 ff.); 136, 1 (Rn. 19 ff.).
3 *Benda/Klein/Klein*, Verfassungsprozessrecht, Rn. 703.
4 Vgl. zur Analogie *Müller/Christensen*, Juristische Methodik, Rn. 371.
5 So die „allgemeinen prozessualen Gepflogenheiten“ (*Lenz/Hansel*, BVerfGG, § 78 Rn. 4).

6 **Hinweis:** Da nach der Entscheidung des BVerfG gefragt ist, darf der erste Teil der Frage nicht schlicht mit der Feststellung, der Antrag sei unzulässig, habe keinen Erfolg o.Ä. beantwortet werden.

Ein anderes Verfahren als das Verfahren nach § 13 Nr. 6 BVerfGG, Art. 93 Abs. 1 Nr. 2 GG zur Prüfung des § 7 Abs. 5 NLöffVZG kommt offensichtlich nicht in Betracht. Die Verfahren nach § 13 Nr. 6a BVerfGG, Art. 93 Abs. 1 Nr. 2a GG[6] sowie § 13 Nr. 6b BVerfGG, Art. 93 Abs. 2 S. 1 GG erfassen jeweils nur Bundesrecht.

Teil 2: Entscheidung des Niedersächsischen Staatsgerichtshofs (StGH)

7 Die Entscheidung des StGH hängt ab von der Zulässigkeit (A.) und der Begründetheit (B.) des Antrags der Mitglieder der B-Fraktion.

A. Zulässigkeit

8 Der Antrag ist zulässig, soweit die Sachentscheidungsvoraussetzungen vorliegen.

I. Zuständigkeit des StGH

9 Die Zuständigkeit des StGH zur Prüfung des § 7 Abs. 5 NLöffVZG in einem landesverfassungsgerichtlichen Verfahren der abstrakten Normenkontrolle ergibt sich aus § 8 Nr. 8 NStGHG i.V.m. Art. 54 Nr. 3 NV.

II. Antragsberechtigung

10 Nach Art. 54 Nr. 3 NV sind sowohl die Landesregierung als auch ein Fünftel der Mitglieder des Landtags antragsberechtigt. Vorliegend stellen alle Mitglieder der B-Fraktion den Antrag zur Prüfung des § 7 Abs. 5 NLöffVZG. Die B-Fraktion umfasst ein Viertel der Mitglieder des Landtags. Mithin ist das Quorum von einem Fünftel der Landtagsmitglieder gewahrt, und die betreffenden Landtagsmitglieder sind antragsberechtigt.

III. Antragsbefugnis

11 Nach § 8 Nr. 8, § 33 NStGHG i.V.m. Art. 54 Nr. 3 NV müssen „Meinungsverschiedenheiten oder Zweifel" über die Vereinbarkeit von Landesrecht mit der Verfassung bestehen. Hier äußern die Antragsteller „Zweifel" an der Verfassungsmäßigkeit des § 7 Abs. 5 NLöffVZG. Sie sind daher antragsbefugt; eines weitergehenden Für-Nichtig-Haltens der Norm bedarf es nicht (mehr)[7].

---

6 Ein „Gesetz", welches den Voraussetzungen des Art. 72 Abs. 2 GG entsprechen muss, kann nur ein Bundesgesetz sein; insoweit ist § 76 Abs. 2 BVerfGG nur deklaratorischer Natur, vgl. *Benda/Klein/Klein*, Verfassungsprozessrecht, Rn. 732.

7 Vgl. *Hüpper*, Staatsgerichtshof des Landes Niedersachsen, S. 189.

Hinweis: Der aus dem bundesverfassungsgerichtlichen Verfahren der abstrakten Normenkontrolle bekannte Streit um das Verhältnis von § 76 Abs. 1 Nr. 1 BVerfGG zu Art. 93 Abs. 1 Nr. 2 GG findet daher im Verfassungsprozessrecht des Landes Niedersachsen keine Entsprechung. Ausführungen zu diesem Streit liegen neben der Sache. 12

IV. Antragsgegenstand

Antragsgegenstand kann nach § 8 Nr. 8, § 33 NStGHG i.V.m. Art. 54 Nr. 3 NV nur „Landesrecht" sein. § 7 Abs. 5 NLöffVZG ist eine (sogar formell-gesetzliche) Norm des Landesrechts und damit tauglicher Antragsgegenstand. 13

V. Form und Begründung

Der das Verfahren einleitende Antrag wurde, wie von § 12 Abs. 1 NStGHG i.V.m. § 23 Abs. 1 BVerfGG gefordert, schriftlich und mit einer Begründung gestellt. Dabei wurde § 7 Abs. 5 NLöffVZG als das zu prüfende Landesrecht bezeichnet (vgl. § 33 NStGHG). 14

VI. Allgemeines Rechtsschutzbedürfnis

Das Rechtsschutzbedürfnis der Antragsteller wird durch die Erfüllung der besonderen Sachentscheidungsvoraussetzungen indiziert. Es fehlt hier auch nicht mit Blick auf den Umstand, dass die Antragsteller dem Gesetzentwurf in der parlamentarischen Abstimmung zugestimmt haben[8]. Das Verfahren der abstrakten Normenkontrolle ist ein objektives Verfahren zum Schutz der Verfassung. Die Antragsteller verteidigen keine eigenen Rechte, sondern treten als Sachwalter des Allgemeinwohls auf[9]. Daher kann ihnen die Rechtsverfolgung auch nicht wegen eines widersprüchlichen Verhaltens verwehrt werden. Für rechtsmissbräuchliches Handeln ist nichts ersichtlich. 15

VII. Zwischenergebnis

Der Antrag ist daher zulässig. 16

B. Begründetheit

Der Antrag ist begründet, soweit § 7 Abs. 5 NLöffVZG mit der Niedersächsischen Verfassung unvereinbar ist. Dies ist dann der Fall, wenn die Norm nicht formell (I.) und materiell (II.) verfassungsgemäß ist. 17

Prüfungsmaßstab ist im landesverfassungsgerichtlichen Verfahren der abstrakten Normenkontrolle nur die Landesverfassung. Art. 54 Nr. 3 NV bestimmt ausdrücklich, dass die Vereinbarkeit des zur Prüfung gestellten Landesrechts mit „dieser Verfassung", also der Niedersächsischen Verfassung, zu prüfen ist.

---

8 Für das Bundesrecht: *Lenz/Hansel*, BVerfGG, § 76 Rn. 18; ebenso für eine Landesregierung, die einem Gesetz im Bundesrat zugestimmt hat, s. BVerfGE 101, 158 (213); 122, 1 (17); 127, 165 (190).

9 Vgl. *Hagebölling*, NV, Art. 54 Erl. 2.3; *Ipsen*, NV, Art. 54 Rn. 20 (jeweils unter Verweis auf das Bundesrecht).

I. Formelle Verfassungsmäßigkeit

1. Gesetzgebungskompetenz

18 **Hinweis:** Für gewöhnlich beginnt die Prüfung der formellen Verfassungsmäßigkeit eines Gesetzes mit der Erörterung der Gesetzgebungskompetenz. In der vorliegenden prozessualen Konstellation ist jedoch Obacht geboten. Zwar ist ein kompetenzwidrig erlassenes Landesgesetz stets – wegen Verstoßes gegen Art. 70 Abs. 1 GG – bundesverfassungswidrig. Ob es auch gegen die Landesverfassung, die vorliegend alleiniger Prüfungsmaßstab ist, verstößt, hängt davon ab, ob diese den Landesgesetzgeber auch auf die Einhaltung der bundesstaatlichen Kompetenzvorschriften verpflichtet[10]. Für die NV hat sich der StGH mit dieser Frage bisher – soweit ersichtlich – nicht eingehend befasst[11]. Letztlich kann diese Frage offen bleiben, da die Gesetzgebungskompetenz jedenfalls bei der Prüfung der Vereinbarkeit des Gesetzes mit Grundrechten erörtert werden muss, da nur ein kompetenzgemäß erlassenes Gesetz einen Grundrechtseingriff rechtfertigen kann. Wer gleichwohl bereits an dieser Stelle (isoliert) die Gesetzgebungskompetenz prüft, muss zu erkennen geben, gegen welche Norm der NV ein kompetenzwidriges Gesetz verstoßen könnte. Als solche käme Art. 2 Abs. 2 NV in Betracht, wonach der Gesetzgeber ausdrücklich auch an die verfassungsmäßige Ordnung des Bundes gebunden wird. Art. 1 Abs. 2 NV („Das Land Niedersachsen ist ein … Rechtsstaat in der Bundesrepublik Deutschland“) hingegen kann eine solche Bindung nur schwerlich entnommen werden.

19 Dem Land Niedersachsen müsste für die betreffende Sachmaterie die Gesetzgebungskompetenz zustehen. Da im vorliegenden Verfahren allein die NV Prüfungsmaßstab ist, müsste der NV eine Verpflichtung des Landesgesetzgebers auf die bundesstaatliche Kompetenzordnung zu entnehmen sein. Nach Art. 2 Abs. 2 NV ist die niedersächsische Gesetzgebung nicht nur an die Vorgaben der Landesverfassung gebunden, sondern auch an die „verfassungsmäßige Ordnung [im] Bund“. Damit öffnet sich die NV über Art. 2 Abs. 2 NV für die Vorschriften des Grundgesetzes über die Verteilung der Gesetzgebungskompetenzen, die damit auch vor dem Staatsgerichtshof zum Prüfungsmaßstab des Normenkontrollverfahrens gehören.

20 Nach Art. 70 Abs. 1 GG haben die Länder das Recht der Gesetzgebung, soweit das Grundgesetz nicht dem Bund Gesetzgebungsbefugnisse verleiht. Vorliegend könnte sich eine Kompetenz des Landesgesetzgebers einerseits über die dem Bund ausdrücklich entzogene Materie des Rechts des Ladenschlusses (a) ergeben, andererseits könnte der Bund von seiner Kompetenz zur Regelung des Arbeitsrechts nicht abschließend Gebrauch gemacht haben (b).

---

10 Zum Problem allgemein siehe *Benda/Klein/Klein*, Verfassungsprozessrecht, Rn. 56; *Degenhart*, in: Sachs, GG, Art. 70 Rn. 69; aus der Rspr: BVerfGE 103, 332 (356 ff.) [als Verfassungsgericht des Landes Schleswig-Holstein]; VerfGH Berlin LVerfGE 25, 115 (124 f.); StGH Bremen LVerfGE 24, 133 (142 ff. sowie 151 ff. [Sondervotum]); StGH Hessen LVerfGE 25, 295 (301 ff.); VerfGH Sachsen LVerfGE 23, 245 (267 f.).

11 In LVerfGE 16, 377 (384 f.) führt der StGH aus, Art. 21 Abs. 3 GG (heute Art. 21 Abs. 5 GG) stehe einer Regelung des NMedienG über den Zugang politischer Parteien zum privaten Rundfunk nicht entgegen. Eine Norm der NV, gegen die eine kompetenzwidrig erlassene Norm des Landesrechts verstoßen soll, nennt er aber nicht. Für eine Bindung kraft NV: *Hagebölling*, NV, Art. 2 Erl. 5; *Hüpper*, Staatsgerichtshof des Landes Niedersachsen, S. 192; wohl auch: *Epping*, in: Butzer u.a., NV, Art. 2 Rn. 22 f.; *Ipsen*, NV, Art. 2 Rn. 11; unklar: *Smollich*, in: Butzer u.a., NV, Art. 54 Rn. 24.

Angegriffen ist § 7 Abs. 5 NLöffVZG, also sowohl die Verbotsnorm des S. 1 als auch die Befreiungsmöglichkeit nach S. 2. Die beiden Vorschriften stehen in einem untrennbaren Zusammenhang, da die Befreiungsmöglichkeit einerseits ohne das Beschäftigungsverbot nicht denkbar ist und andererseits die Auswirkungen des Beschäftigungsverbots abmildern soll. Damit ist § 7 Abs. 5 S. 2 NLöffVZG kompetenzgemäß erlassen, wenn eine Kompetenz zur Normierung des Beschäftigungsverbots gem. § 7 Abs. 5 S. 1 NLöffVZG besteht. **21**

a) Recht des Ladenschlusses

Nach Art. 72 Abs. 1 i.V.m. Art. 74 Abs. 1 Nr. 11 GG fällt das Recht der Wirtschaft in die Kompetenz des Bundes. Das Recht des Ladenschlusses ist jedoch ausdrücklich ausgenommen, sodass sich insoweit eine Kompetenz des Landes aus Art. 70 Abs. 1 GG ergibt. **22**

Fraglich ist jedoch, ob sich die vorliegende Regelung des § 7 Abs. 5 S. 1 NLöffVZG, welche die Beschäftigung von Personal in Verkaufsstellen an zwei Samstagen im Monat untersagt, als Recht des Ladenschlusses qualifizieren lässt. Unerheblich ist insoweit, dass die Regelung im Gesetz über Ladenöffnungs- und Verkaufszeiten zu finden ist, welches an die Stelle des Bundesgesetzes über den Ladenschluss getreten ist (vgl. § 1 Abs. 3 NLöffVZG, Art. 125a Abs. 1 S. 2 GG). Maßgeblich für die Qualifikation ist nicht der Name eines Gesetzes oder dessen zentraler Regelungsbereich, sondern die durch die jeweilige Norm getroffene Regelung[12]. **23**

Was zum „Recht des Ladenschlusses" in Art. 74 Abs. 1 Nr. 11 GG gehört, ist im Grundgesetz nicht näher definiert. Nach dem Wortlaut erfasst der Ladenschluss diejenigen Regelungen, die sich auf die Schließung von Verkaufsstellen („Läden") beziehen. Es geht – anders formuliert – um Regelungen über die Ladenöffnungszeiten. § 7 Abs. 5 S. 1 NLöffVZG regelt nicht, wann Läden geöffnet werden dürfen bzw. wann sie zu schließen sind, sondern betrifft die Beschäftigung des Personals. Ein inhabergeführter Laden, der ohne Verkaufspersonal auskommt, erfährt durch § 7 Abs. 5 S. 1 NLöffVZG weder unmittelbar noch mittelbar eine Einschränkung der Öffnungszeiten. Bei einem solchen (engen) Verständnis des Wortlauts unterfällt § 7 Abs. 5 S. 1 NLöffVZG dem Recht des Ladenschlusses also nicht. **24**

Andererseits finden Verkäufe in Verkaufsstellen typischerweise nur statt, wenn Verkaufspersonal anwesend ist. Eine Regelung über die Beschäftigungsmöglichkeiten des Verkaufspersonals kann somit rein tatsächlich sehr wohl Auswirkungen auf die Ladenöffnungszeiten haben. Versteht man den Begriff des Ladenschlusses in diesem weiten Sinne, könnten auch solche Regelungen als Recht des Ladenschlusses einzuordnen sein. Selbst aus dieser Warte verbietet § 7 Abs. 5 S. 1 NLöffVZG allerdings nicht den Einsatz von (allen) Beschäftigten in Verkaufsstellen an Samstagen, sondern nur den Einsatz einzelner Beschäftigter an zwei Samstagen je Monat. Jeder Verkaufsstelleninhaber kann also bei entsprechender Personalplanung seine Verkaufsstelle an allen Samstagen nach allgemeinen Regeln öffnen. Er muss nur sicherstellen, dass nicht dieselben Verkäuferinnen und Verkäufer an allen (typischerweise) vier Samstagen tätig sind, sondern sein Personal auf die Samstage aufteilen. Daher lässt sich § 7 Abs. 5 S. 1 NLöffVZG auch bei einem erweiterten Verständnis nicht als Recht des Ladenschlusses einordnen. **25**

12 Das ist selbstverständlich und wird nur wegen des entsprechenden, im Sachverhalt genannten Arguments der Landesregierung erwähnt.

26 Systematische Erwägungen sprechen ebenfalls dagegen, § 7 Abs. 5 S. 1 NLöffVZG als Recht des Ladenschlusses aufzufassen. § 7 Abs. 5 S. 1 NLöffVZG normiert ein Beschäftigungsverbot an zwei Samstagen je Monat bezogen auf den einzelnen Beschäftigten und enthält damit eine neben die allgemeinen Regelungen des ArbZG tretende Arbeitszeitregelung. Regelungen über die Arbeitszeit, auch wenn sie Beschäftigte in Verkaufsstellen betreffen, unterfallen aber der Materie des Arbeitsrechts aus Art. 74 Abs. 1 Nr. 12 GG. Die insoweit bestehende Bundeskompetenz würde unterlaufen werden, wäre § 7 Abs. 5 S. 1 NLöffVZG als Recht des Ladenschlusses einzuordnen.

27 Fraglich ist, ob sich etwas anderes aus der Genese des mit der Föderalismusreform I neugefassten Art. 74 Abs. 1 Nr. 11 GG ergibt. Zuvor war das Recht des Ladenschlusses als Recht der Wirtschaft bundesrechtlich durch das LadSchlG geregelt. Dieses regelte nicht nur den Ladenschluss (2. Abschnitt), sondern in § 17 LadSchlG (die einzige Norm des 3. Abschnitts) auch einen verkaufsstellenspezifischen Arbeitsschutz. Daher ließe sich argumentieren, dass das Recht des Ladenschlusses in Art. 74 Abs. 1 Nr. 11 GG alle Regelungskomplexe erfasst, die bisher im LadSchlG geregelt waren[13]. Da § 17 Abs. 4 LadSchlG die Samstagsarbeit reguliert, wären damit auch verkaufsstellenspezifische Regelungen zur Samstagsarbeit dem Recht des Ladenschlusses zuzuordnen. Diese Sichtweise überzeugt jedoch nicht. Das LadSchlG wurde nicht nur auf der Grundlage eines Kompetenztitels erlassen[14]. § 17 LadSchlG enthält kein Recht der Wirtschaft, sondern Arbeitsrecht. Nachdem die Norm aber nur Beschäftigte in Verkaufsstellen betrifft, lag es systematisch nahe, diese Regelung in das LadSchlG einzufügen und nicht in das ArbZG. Dass § 17 LadSchlG aber eine Sonderregelung des Arbeitsschutzes enthält, verrät die Überschrift des 3. Abschnitts. Geregelt wird der „[b]esonder[e]" Arbeitsschutz der Beschäftigten, der neben den allgemeinen Schutz durch das ArbZG tritt.

28 Auch der Telos der Herausnahme des Rechts des Ladenschlusses aus dem Recht der Wirtschaft nach Art. 74 Abs. 1 Nr. 11 GG spricht dagegen, § 7 Abs. 5 S. 1 NLöffVZG als Recht des Ladenschlusses anzusehen. Der verfassungsändernde Gesetzgeber wollte den Ländern eine eigenständige Regelung der Ladenöffnungszeiten ermöglichen, damit diese die mit einer Ladenöffnung einhergehende Geschäftigkeit des öffentlichen Lebens nach eigenen landespolitischen Vorstellungen regulieren können[15]. § 7 Abs. 5 S. 1 NLöffVZG hat aber keinen Einfluss auf die tatsächlichen Möglichkeiten der Ladenöffnung (s.o.) und kann daher auch nicht die Geschäftigkeit des öffentlichen Lebens beeinflussen.

29 Im Ergebnis ist § 7 Abs. 5 S. 1 NLöffVZG mithin kein Recht des Ladenschlusses, sodass insoweit eine Kompetenz des Landes nicht besteht (a.A. mit genetischer Argumentation vertretbar).

30 **Hinweis:** So prüft auch das BVerfG. Ebenso vertretbar – und eigentlich richtiger – erscheint es, eine Ersetzungsbefugnis des Landes nach Art. 125a Abs. 1 S. 2 GG mit Blick auf § 17 Abs. 4 LadSchlG zu erörtern. Dann wäre zu fragen, ob diese als Bundesrecht erlassene Norm wegen einer Änderung des Art. 74 Abs. 1 GG (Herausnahme des Rechts des Ladenschlusses aus Nr. 11) heute nicht mehr erlassen werden könnte. In der Folge wäre wie vorstehend der

---

13 So VerfGH Sachsen LVerfGE 23, 245 (268 ff.); vgl. auch *Degenhart*, in: Sachs, GG, Art. 74 Rn. 46 m.w.N.
14 Vgl. BVerfGE 13, 230 (233); 111, 10 (28); 138, 261 (Rn. 33).
15 Vgl. BT-Drs. 16/813, S. 9 („Kompetenzen mit besonderem Regionalbezug").

Umfang dieses Sachbereichs abzugrenzen mit dem Ergebnis, dass § 17 Abs. 4 LadSchlG kein Recht des Ladenschlusses darstellt und mithin diese Norm auch nicht nach Art. 125a Abs. 1 S. 2 GG ersetzt werden kann.

b) Keine abschließende Regelung des Arbeitsrechts

Nach Art. 74 Abs. 1 Nr. 12 GG erstreckt sich das Gebiet der konkurrierenden Gesetzgebung des Bundes auf das Arbeitsrecht, welches ausdrücklich auch den Arbeitsschutz erfasst. Im Bereich der konkurrierenden Gesetzgebung haben die Länder nach Art. 72 Abs. 1 GG die Befugnis zur Gesetzgebung, solange und soweit der Bund von seiner Gesetzgebungszuständigkeit nicht durch Gesetz Gebrauch gemacht hat. Vorliegend steht nicht im Streit, ob der Bund hiervon in zeitlicher Hinsicht („solange“) Gebrauch gemacht hat. Fraglich ist vielmehr, ob der Bundesgesetzgeber in der Sache eine abschließende Regelung betreffend die Samstagsarbeit in Verkaufsstellen getroffen hat („soweit“). 31

Die Bestimmungen zur Arbeitszeit im ArbZG sowie in § 17 Abs. 4 LadSchlG sind Teil des Arbeitsrechts und damit der Kompetenz aus Art. 74 Abs. 1 Nr. 12 GG zuzuordnen. Eine Gesetzgebungskompetenz des Landes betreffend die Regelung der Samstagsarbeit in Verkaufsstellen kommt damit nur in Betracht, soweit der Bundesgesetzgeber von seiner Kompetenz aus Art. 74 Abs. 1 Nr. 12 GG keinen abschließenden Gebrauch gemacht hat. 32

Ein abschließendes Gebrauchmachen von einer Gesetzgebungskompetenz liegt vor, wenn zu erkennen ist, dass der Bundesgesetzgeber einen bestimmten Regelungsbereich erschöpfend regeln wollte. Dies kann auch dadurch geschehen, dass eine Materie bewusst nicht geregelt wird, sodass insoweit die übrigen bundesrechtlichen Regelungen zur Anwendung kommen, ohne dass den Ländern eine Kompetenz zur Schließung einer „Lücke“ zusteht[16]. 33

Das ArbZG gilt, soweit nicht eine der Sonderregelungen in den §§ 18 ff. ArbZG einschlägig ist, für alle Arbeitsverhältnisse und unterscheidet zwischen Sonn- und Feiertagen (3. Abschnitt: „Sonn- und Feiertagsruhe“) sowie Werktagen (2. Abschnitt: „Werktägliche Arbeitszeit …“), zu denen folglich auch der Samstag zählt. Es enthält zwar weder spezielle Regelungen betreffend die Beschäftigung in Verkaufsstellen noch solche zur Samstagsarbeit. Es ist aber nichts dafür ersichtlich, weshalb die Länder neben dieses ausdifferenzierte Regelungssystem ein eigenes – ergänzendes – Arbeitszeitrecht stellen dürften. Soweit für einzelne Arbeitsverhältnisse ergänzende bzw. abweichende Regelungen gelten sollen, hat der Bundesgesetzgeber dies in den §§ 18 ff. ArbZG (6. Abschnitt: „Sonderregelungen“) selbst normiert. Die Beschäftigten in Verkaufsstellen sind hiervon nicht erfasst. Für diese hat er vielmehr mit § 17 LadSchlG eine neben das ArbZG tretende Sondervorschrift geschaffen, deren abschließender Charakter sogleich gesondert zu prüfen sein wird. Das ArbZG jedenfalls enthält insoweit abschließende Regelungen, die eine Landesgesetzgebung sperren. Dass es keine Regelung der Samstagsarbeit enthält, stellt eine bewusste Nichtregelung dar, die bewirken soll, dass die allgemeinen Regelungen über die Arbeit an Werktagen gelten. Eine Öffnung zugunsten der Landesgesetzgebung wird dadurch nicht bewirkt. 34

16 Ausführlich zur Frage des „Gebrauchmachens“ *Degenhart*, in: Sachs, GG, Art. 72 Rn. 25 ff.; *Oeter*, in: v. Mangoldt/Klein/Starck/Huber/Voßkuhle, GG, Art. 72 Rn. 70 ff.

35 **Hinweis:** BVerfGE 138, 261 geht auf den abschließenden Charakter des ArbZG nicht ein. Da aber dieser Gesichtspunkt im Sachverhalt angesprochen ist, müssen die Prüflinge zur Erstellung eines umfassenden Rechtsgutachtens auch hierauf eine Antwort geben.

36 Fraglich ist jedoch, ob auch § 17 Abs. 4 LadSchlG eine abschließende bundesrechtliche Regelung darstellt oder ob die Länder befugt sind, bezogen auf Verkaufsstellen über den bloßen Freistellungsanspruch hinaus weitere die Samstagsarbeit betreffende Schutzvorschriften zu erlassen.

37 **Hinweis:** § 1 Abs. 3 NLöffVZG hilft nicht weiter. Da § 17 LadSchlG kein Recht des Ladenschlusses darstellt, besteht insoweit auch keine Ersetzungskompetenz des Landes nach Art. 125a Abs. 1 S. 2 GG. Daher kann § 1 Abs. 3 NLöffVZG nicht bestimmen, § 17 LadSchlG gelte im Land Niedersachsen nicht.

38 Nach § 17 Abs. 4 LadSchlG können die Beschäftigten in Verkaufsstellen „verlangen, in jedem Kalendermonat an einem Samstag von der Beschäftigung freigestellt zu werden". Dem Wortlaut der Norm kann eine Öffnung zugunsten der Landesgesetzgebung nicht ausdrücklich entnommen werden. Der Gesetzgeber hätte etwa normieren können, der Freistellungsanspruch bestehe „vorbehaltlich abweichenden/weitergehenden Landesrechts". Dass § 17 Abs. 4 LadSchlG nur eine Mindestgarantie enthält, hätte auch durch die Formulierung „können mindestens verlangen" verdeutlicht werden können. Andererseits hat der Gesetzgeber auch einen abschließenden Charakter des § 17 Abs. 4 LadSchlG nicht deutlich zum Ausdruck gebracht. Zwar erscheint es nicht angebracht, insoweit eine Klausel „Diese Norm ist abschließend" zu verlangen. Der Gesetzgeber hätte einen abschließenden Charakter aber unschwer durch eine Verwendung des Wortes „nur" oder eine Festlegung auf „genau" einen Samstag je Kalendermonat vorgeben können. Der Wortlaut des § 17 Abs. 4 LadSchlG ist daher mit Blick auf dessen abschließenden Charakter nicht aussagekräftig.

39 In systematischer Hinsicht fällt auf, dass § 17 LadSchlG nach seiner amtlichen Überschrift die „Arbeitszeit an Sonn- und Feiertagen" regelt. § 17 Abs. 4 LadSchlG gewährt allerdings einen Freistellungsanspruch bezogen auf die Samstagsarbeit und wirkt daher wie ein Fremdkörper in § 17 LadSchlG. Daraus könnte geschlossen werden, dass § 17 Abs. 4 LadSchlG kein in sich geschlossenes, ausdifferenziertes und damit abschließendes Regelungskonzept zu Grunde liegt.

40 Die Entstehungsgeschichte des § 17 Abs. 4 LadSchlG liefert mit Blick auf dessen abschließenden Charakter kein eindeutiges Bild. Die Bestimmung wurde erst auf Initiative des Ausschusses für Wirtschaft und Arbeit in das Gesetzgebungsverfahren eingeführt und schließlich mit dem Gesetz zur Verlängerung der Ladenöffnung an Samstagen vom 15. Mai 2003[17] in das LadSchlG eingefügt. Der betreffende Freistellungsanspruch sollte den Beschäftigten als Ausgleich für die beabsichtigte verlängerte Ladenöffnung

---

17 BGBl. I S. 658.

„zumindest einen arbeitsfreien Samstag im Monat ermöglichen"[18]. Der betreffende Änderungsantrag fand im Ausschuss eine breite Mehrheit. Gleichzeitig lehnten aber die Ausschussmitglieder der Fraktion der SPD eine Länderkompetenz im Bereich des Ladenschlusses ausdrücklich ab[19] und die Begründung des Ausschusses verweist darauf, dass die „Ausgestaltung als Individualanspruch [...] eine flexible Handhabung sowohl im Interesse der Beschäftigten als auch des Einzelhandelsbetriebs"[20] zulasse. Damit lässt sich der betreffende Freistellungsanspruch einerseits als Mindestgarantie („zumindest") zugunsten der Beschäftigten in Verkaufsstellen deuten – wobei freilich unklar bleibt, ob die Länder oder nicht vielmehr die Sozialpartner im Wege eines Tarifvertrags weitergehende Schutzvorschriften sollen schaffen können. Andererseits stand dem Ausschuss eine Öffnung zugunsten der Länder nicht vor Augen und sah der Ausschuss offenbar gerade in der Ausgestaltung als Individualanspruch einen sachgerechten Ausgleich der divergierenden Interessen.

Die Staatspraxis ist nach der Föderalismusreform I davon ausgegangen, § 17 Abs. 4 **41**
LadSchlG stelle keine erschöpfende Regelung über die Samstagsarbeit in Verkaufsstellen dar. Diese Auffassung hat das Bundesministerium für Arbeit und Soziales in zwei Schreiben aus Juli 2006 und Februar 2012 vertreten[21]. In der Folge haben einzelne Länder über § 17 Abs. 4 LadSchlG hinausgehende Schutzvorschriften erlassen[22]. Diese Entwicklung kann aber über den abschließenden Charakter des § 17 Abs. 4 LadSchlG nichts aussagen[23]. Ob der Bundesgesetzgeber von einer ihm eingeräumten Kompetenz erschöpfend Gebrauch macht, hat allein dieser zu entscheiden; insoweit fehlt es aber an einer Äußerung des Gesetzgebers, die freilich nicht durch Schreiben eines Bundesministeriums ersetzt werden kann. Generell gilt das Grundgesetz nicht nach Maßgabe der Staatspraxis, sondern hat sich letztere nach den jeweiligen verfassungsrechtlichen Vorgaben zu richten, hier mit Blick auf eine etwaige Sperrwirkung zu Lasten der Länder aus Art. 72 Abs. 1 GG.

Hinweis: Die Frage, ob § 17 Abs. 4 LadSchlG einen abschließenden, die Landesgesetzgebung **42**
sperrenden Charakter aufweist, muss als völlig offen angesehen werden. Das BVerfG hat diese Frage mit 5 zu 3 Stimmen entschieden (Rn. 64). Gefordert ist daher, dass sich die Prüflinge mit der Norm auseinandersetzen und ein begründetes Ergebnis formulieren. Auch die vermittelnde Auffassung, § 17 Abs. 4 LadSchlG sei zwar hinsichtlich der Einräumung eines Freistellungsanspruchs abschließend, nicht aber mit Blick auf die Anzahl der Samstage je Monat, erscheint gut vertretbar.

18 BT-Drs. 15/591, S. 2; siehe auch die Einschätzung der Mitglieder der Fraktion der CDU/CSU („Anspruch auf mindestens einen freien Samstag" [BT-Drs. 15/591, S. 12]).
19 BT-Drs. 15/591, S. 12.
20 BT-Drs. 15/591, S. 13.
21 Vgl. hierzu BVerfGE 138, 261 (Rn. 7).
22 Vgl. § 7 Abs. 5 S. 5 LöffG M-V (ein beschäftigungsfreies Wochenende im Kalendermonat); § 12 Abs. 3 S. 1 ThürLadÖffG (zwei beschäftigungsfreie Samstage je Monat).
23 Anders mit Blick auf das durch die Föderalismusreform I gewandelte normative Umfeld BVerfGE 138, 261 (Rn. 49).

c) Zwischenergebnis

43 § 7 Abs. 5 NLöffVZG stellt kein Recht des Ladenschlusses dar, sondern ist Arbeits(schutz)-recht. Der Bund hat mit § 17 Abs. 4 LadSchlG von seiner Kompetenz aus Art. 74 Abs. 1 Nr. 12 GG keinen abschließenden Gebrauch gemacht. Daher steht dem Land Niedersachsen gem. Art. 72 Abs. 1 GG insoweit die Gesetzgebungskompetenz zu. Der Landesgesetzgeber hat seine Bindung an die verfassungsmäßige Ordnung des Bundes aus Art. 2 Abs. 2 NV nicht verletzt.

2. Gesetzgebungsverfahren

44 Des Weiteren müsste das Gesetzgebungsverfahren verfassungsgemäß vonstatten gegangen sein. Der Gesetzentwurf wurde von der A-Fraktion, mithin aus der Mitte des Landtags gem. Art. 42 Abs. 3 NV, eingebracht. Fraglich ist jedoch, ob die Einwirkung der Landesregierung, die zu einer Verzögerung der Abstimmung geführt hat, einen Verfahrensverstoß darstellt. Nach Art. 42 Abs. 2 NV kann die Landesregierung vor einer Abstimmung über einen Gesetzentwurf im Landtag verlangen, dass diese bis zu 30 Tage ausgesetzt wird. Inhaltliche Voraussetzungen oder auch nur eine Begründungspflicht für die Ausübung des Verzögerungsrechts sieht Art. 42 Abs. 2 NV nicht vor. Da vorliegend eine Suspendierung der Abstimmung um vier Wochen, also um weniger als 30 Tage verlangt wurde, hat die Landesregierung die Grenzen ihres Aussetzungsverlangens nicht überschritten. Anhaltspunkte für eine rechtsmissbräuchliche Ausübung des Rechts sind nicht ersichtlich[24]. Damit liegt kein Verfahrensfehler vor.

45 Art. 42 Abs. 2 NV verstößt auch nicht gegen höherrangiges Recht. Gem. Art. 28 Abs. 1 S. 1 GG muss die Niedersächsische Verfassung den Grundsätzen des demokratischen Rechtsstaats im Sinn des Grundgesetzes entsprechen. Dass eine Regierung vom Parlament verlangen kann, dass es die Abstimmung über ein Gesetz für eine begrenzte, kurze (an der Dauer eines typischen Gesetzgebungsverfahrens gemessen) Zeit vertagt, ist mit diesen Grundsätzen vereinbar, wie Art. 76 Abs. 3 S. 3 und 4 GG nahe legen. Auch der Grundsatz der Gewaltenteilung, verstanden nicht als Gebot einer absoluten Trennung, sondern einer gegenseitigen Kontrolle, Hemmung und Mäßigung der Gewalten[25], steht einer (beschränkten[26]) Einwirkungsmöglichkeit der Landesregierung im Gesetzgebungsverfahren nicht entgegen. Insoweit ist zu berücksichtigen, dass in den Ländern – anders als im Bund mit dem Bundesrat – kein weiteres Gesetzgebungsorgan besteht und daher eine *politische* Hemmung der Legislativgewalt nur durch die Landesregierung erfolgen kann. Angesichts der Parlamentsverantwortlichkeit der Landesregierung (vgl. Art. 29 NV) kann schließlich nicht ernsthaft an der Vereinbarkeit des Art. 42 Abs. 2 NV mit Art. 28 Abs. 1 S. 1 GG gezweifelt werden.

46 **Hinweis:** Ausführungen zur Vereinbarkeit des Art. 42 Abs. 2 NV mit Art. 28 Abs. 1 S. 1 GG sind zu honorieren, ihr Fehlen aber nicht zu bemängeln.

---

24 Zu dieser Grenze vgl. *Mehde*, in: Butzer u.a., NV, Art. 42 Rn. 19.

25 BVerfGE 34, 52 (59); 95, 1 (15); 139, 321 (Rn. 125).

26 Das bloße Aussetzungsverlangen ist eine vergleichsweise schwache Einwirkungsmöglichkeit; zum Teil bestehen (noch) Einspruchs- und Einwendungsrechte, die nach einem Gesetzesbeschluss eine erneute Beschlussfassung des Landtags erforderlich machen (vgl. Art. 119 Verf HE).

3. Verkündung des Gesetzes

Das Gesetz zur Änderung des NLöffVZG wurde ordnungsgemäß im Gesetz- und Verordnungsblatt gem. Art. 45 Abs. 1 S. 1 NV verkündet. **47**

4. Zwischenergebnis

§ 7 Abs. 5 NLöffVZG wurde formell verfassungsgemäß erlassen. **48**

II. Materielle Verfassungsmäßigkeit

§ 7 Abs. 5 NLöffVZG müsste darüber hinaus auch materiell verfassungsgemäß sein. In Frage steht vorliegend allein die Vereinbarkeit von § 7 Abs. 5 S. 1 NLöffVZG mit den gem. Art. 3 Abs. 2 S. 1 NV inkorporierten Grundrechten des Grundgesetzes. **49**

1. Berufsfreiheit der Arbeitgeber

Eine Verletzung der nach Art. 3 Abs. 2 S. 1 NV i.V.m. Art. 12 Abs. 1 GG gewährleisteten Berufsfreiheit ist gegeben, wenn § 7 Abs. 5 S. 1 NLöffVZG einen Eingriff in den Schutzbereich bewirkt, der verfassungsrechtlich nicht gerechtfertigt werden kann. **50**

a) Eingriff in den Schutzbereich

Art. 3 Abs. 2 S. 1 NV i.V.m. Art. 12 Abs. 1 GG schützt nicht nur die Wahl, sondern auch die Ausübung eines Berufs. Beruf ist jede auf Dauer angelegte Tätigkeit, die der Erhaltung oder Schaffung einer Lebensgrundlage dient, und damit auch eine Tätigkeit als Verkaufsstelleninhaber[27]. Soweit Arbeitgeberin eine inländische juristische Person des Privatrechts (oder ein teilrechtsfähiges Rechtssubjekt) ist, kommt die Berufsfreiheit nach Art. 19 Abs. 3 GG auch ihr zugute[28]. Als Ausübung eines Berufs ist die gesamte Tätigkeit geschützt, in der ein gewählter Beruf seinen Niederschlag findet[29]. Hierzu zählt auch der Abschluss berufsbezogener Verträge; insoweit enthält Art. 12 Abs. 1 GG eine berufsbezogene Vertragsfreiheit[30]. Daher unterfallen dem Schutz der Berufsfreiheit auch arbeitsvertragliche Vereinbarungen über die Arbeitszeiten der Beschäftigten bzw. das Recht der Arbeitgeber, den Tag, an dem die Arbeitsleistung zu erbringen ist, im Rahmen ihres Direktionsrechts (vgl. § 106 S. 1 GewO) einseitig vorzugeben. **51**

§ 7 Abs. 5 S. 1 NLöffVZG verkürzt diese Freiheit. Die Bestimmung untersagt den Einsatz von Verkaufspersonal an zwei Samstagen je Monat. Damit werden vertragliche Vereinbarungen über eine zu leistende Samstagsarbeit insoweit sinnlos, da eine Erfüllung der vertraglichen Verpflichtungen rechtlich unmöglich ist. Mit Blick auf bestehende Arbeitsverhältnisse wird Arbeitgebern verwehrt, ihr Direktionsrecht dahingehend auszuüben, Beschäftigte an Samstagen zur Arbeit heranzuziehen. Da § 7 Abs. 5 S. 1 NLöffVZG ausschließlich beruflich ausgeübte Tätigkeiten erfasst, kommt der Norm auch die erforderliche (subjektive und/oder objektive) berufsregelnde Tendenz zu[31]. Mithin wird durch § 7 Abs. 5 S. 1 NLöffVZG in die Berufsfreiheit der Inhaber von Verkaufsstellen eingegriffen. **52**

---

27 BVerfGE 104, 357 (364); 111, 10 (28).
28 *Jarass*, in: ders./Pieroth, GG, Art. 12 Rn. 16 m.w.N.
29 Vgl. *Breuer*, in: Isensee/Kirchhof, Handbuch des Staatsrechts, § 170 Rn. 82.
30 BVerfGE 116, 202 (221); 128, 157 (176); 134, 204 (Rn. 66 f.).
31 Vgl. hierzu *Kingreen/Poscher*, Grundrechte, Rn. 1098.

b) Verfassungsrechtliche Rechtfertigung

53 Dieser Eingriff ist gerechtfertigt, soweit das Grundrecht beschränkbar ist und sich die konkrete Beschränkung innerhalb der verfassungsrechtlich vorgegebenen Grenzen („Schranken-Schranken") bewegt.

aa) Schranke

54 Nach Art. 3 Abs. 2 S. 1 NV i.V.m. Art. 12 Abs. 1 S. 2 GG kann die Berufsausübung durch Gesetz „geregelt" werden. Dieser Regelungsvorbehalt ist wie ein einfacher Gesetzesvorbehalt zu lesen. Als Schranke der Berufsfreiheit kommt vorliegend § 7 Abs. 5 S. 1 NLöffVZG als förmliches Landesgesetz in Betracht.

bb) Schranken-Schranken

55 § 7 Abs. 5 S. 1 NLöffVZG müsste die über Art. 3 Abs. 2 S. 1 NV inkorporierten, im Grundgesetz verankerten Grenzen der Beschränkbarkeit eines Grundrechts wahren.

56 **Hinweis:** Wer die Gesetzgebungskompetenz nicht bereits im Rahmen der formellen Verfassungsmäßigkeit geprüft hat (s.o., B. I. 1.), muss sich an dieser Stelle hierzu verhalten. Zur Grundrechtsbeschränkung ist § 7 Abs. 5 S. 1 NLöffVZG nur dann in der Lage, wenn die Norm nicht (wegen Verfassungswidrigkeit) nichtig, sondern verfassungsgemäß ist. Dafür ist Voraussetzung, dass ein kompetenziell zuständiger Gesetzgeber über den Grundrechtseingriff entschieden hat.

57 Bei Eingriffen in die Berufsfreiheit muss der Gesetzgeber das Zitiergebot aus Art. 19 Abs. 1 S. 2 GG nicht wahren, da nach Art. 12 Abs. 1 S. 2 GG die Berufsausübung durch Gesetz oder aufgrund eines Gesetzes „geregelt" und damit nicht – wie von Art. 19 Abs. 1 S. 1 GG gefordert – „eingeschränkt" werden kann[32]. Damit steht einzig die Vereinbarkeit des § 7 Abs. 5 S. 1 NLöffVZG mit dem Verhältnismäßigkeitsprinzip in Frage. Eine gesetzliche Regelung ist verhältnismäßig, soweit sie zur Erreichung eines legitimen Zwecks geeignet, erforderlich und angemessen ist.

(1) Legitimer Zweck

58 Das durch § 7 Abs. 5 S. 1 NLöffVZG normierte Beschäftigungsverbot an zwei Samstagen je Monat dient laut Sachverhalt dem Arbeitsschutz sowie der besseren Vereinbarkeit von Erwerbstätigkeit und Familienleben, mithin legitimen Zwecken.

(2) Geeignetheit

59 Eine Maßnahme ist zur Erreichung eines Ziels geeignet, wenn sie das angestrebte Ziel jedenfalls fördert. Dies setzt vorliegend voraus, dass Samstagsarbeit überhaupt eine Gefahr für die Beschäftigten darstellt. Der Gesetzgeber reguliert vorliegend nicht die zu leistende Wochenarbeitszeit, sondern die Beschäftigungsmöglichkeiten an einem bestimmten Wochentag.

32 Zu diesem engen Wortlautverständnis allgemein *Kingreen/Poscher*, Grundrechte, Rn. 454; zur Berufsfreiheit s. BVerfGE 64, 72 (80 f.).

Ginge es nur darum, den Beschäftigten einen Zeitraum der Erholung von der Erwerbsarbeit zu gewähren, bedürfte es keiner Festlegung gerade auf einen arbeitsfreien Samstag; Erholung und Regeneration können vielmehr an jedem arbeitsfreien Tag gelingen. Hier geht es jedoch um mehr: Der Samstag ist Teil des Wochenendes. An diesem können bestehende soziale Beziehungen in besonderer Weise gepflegt werden, da die Mehrzahl der Beschäftigten von der Erwerbsarbeit befreit ist. Hiervon sind diejenigen Beschäftigten ausgeschlossen, die an einem Samstag Arbeitsleistungen erbringen (müssen). Damit schützt das (begrenzte) Verbot der Samstagsarbeit den Menschen in seinem bestehenden Sozialgefüge.

Dem Gesetzgeber geht es zudem um eine Verbesserung der Vereinbarkeit von Erwerbstätigkeit und Familienleben. Wer an einem Samstag berufstätig ist, muss eine Betreuung der Kinder sicherstellen. Dies ist am Wochenende mit besonderen Schwierigkeiten verbunden. Insbesondere bei schulpflichtigen Kindern geht den Eltern durch eine Berufstätigkeit am Wochenende zudem eine wesentliche Zeit des gemeinsamen Erlebens mit ihren Kindern verloren. Eine Stärkung der 5-Tage-Woche fördert somit auch die Koordination von Erwerbs- und Familienleben.

Hinweis: Die Erläuterung der Kausalkette zwischen der gesetzgeberischen Maßnahme und den vom Gesetzgeber verfolgten Zielen kann wahlweise auch bereits im Rahmen der Darstellung des legitimen Zwecks erfolgen. 60

(3) Erforderlichkeit

Eine Maßnahme ist erforderlich, wenn es kein milderes Mittel gibt, durch welches das Ziel gleichermaßen wirksam erreicht werden kann. Ob ein vom Gesetzgeber verfolgtes Ziel bei einer anderen als der ergriffenen Maßnahme gleichermaßen wirksam erreicht werden kann, ist nicht nur eine Prognoseentscheidung, sondern gleichzeitig eine – vornehmlich politische – Frage nach der gewünschten Sicherheit der Zielerreichung; insoweit muss dem Gesetzgeber eine Einschätzungsprärogative hinsichtlich der Wirksamkeit der Zielerreichung zustehen. Ein besonderer Gestaltungsspielraum kommt dem Gesetzgeber bei der Ausgestaltung der Wirtschafts- und Sozialordnung zu[33]. 61

Vorliegend kommt in Betracht, von einem strikten Arbeitsverbot abzusehen und den Beschäftigten entsprechend dem bundesrechtlichen Vorbild in § 17 Abs. 4 LadSchlG einen Anspruch auf zwei arbeitsfreie Samstage je Monat zu gewähren. Nähmen die Beschäftigten diesen Anspruch wahr, würden die angestrebten Ziele gleichermaßen erreicht werden.

Es bedarf keiner Entscheidung, ob die Gewährung eines Freistellungsanspruchs aus Sicht der Arbeitgeber tatsächlich eine mildere Maßnahme darstellt. Denn wenn alle Beschäftigten ihre Ansprüche geltend machen, ist das Ergebnis nicht anders als bei einem (begrenzten) Arbeitsverbot. Ein solcher Freistellungsanspruch erscheint jedenfalls nicht gleichermaßen wirksam. Das Arbeitsverhältnis ist gekennzeichnet durch die strukturelle Abhängigkeit des Arbeitnehmers vom Arbeitgeber; für die Beschäftigten in Verkaufsstellen gilt nichts anderes. Es besteht daher die naheliegende Möglichkeit, dass 62

33 BVerfGE 50, 290 (338); 103, 293 (307); 134, 204 (Rn. 79); 138, 261 (Rn. 59).

die Beschäftigten aufgrund der mannigfaltigen Abhängigkeiten innerhalb eines Betriebs und mit Blick auf potenzielle zukünftige negative Konsequenzen auf die Geltendmachung ihrer Ansprüche verzichten. Dann aber könnten die vom Gesetzgeber verfolgten Ziele nicht, jedenfalls nicht gleichermaßen wirksam, erreicht werden. Insoweit ist die Einschätzung des Gesetzgebers nicht zu beanstanden, dass nur ein (begrenztes) Verbot der Samstagsarbeit die Erreichung der gesetzgeberischen Ziele hinreichend sicherstellt; seinen Einschätzungsspielraum hat er jedenfalls nicht überschritten.

(4) Angemessenheit

63 Eine Maßnahme ist angemessen, wenn die Schwere des durch sie bewirkten Eingriffs mit Blick auf das Gewicht der vom Gesetzgeber verfolgten Zwecke die Grenze des Zumutbaren nicht überschreitet. Mit der Gewährleistung von Zeiten der Wochenenderholung und der Freizeitgestaltung zur Förderung der sozialen Beziehungen sowie der Verbesserung der Vereinbarkeit von Familienleben und Erwerbstätigkeit verfolgt der Gesetzgeber gewichtige sozial- und familienpolitische Ziele von Verfassungsrang gem. Art. 2 Abs. 1, Art. 2 Abs. 2 S. 1 GG (Schutz bestehender sozialer Beziehungen, Erholung) bzw. Art. 6 Abs. 1, Art. 3 Abs. 2 GG (Vereinbarkeit von Familie und Beruf), jeweils i.V.m. Art. 3 Abs. 2 S. 1 NV. Diese kommen im Ergebnis auch einem Arbeitgeber zugute, da der Erholungseffekt die Belastbarkeit der Beschäftigten während der Arbeitszeiten erhält. Die Beeinträchtigungen auf Seiten der Arbeitgeber erscheinen gering. Der Gesetzgeber verändert nicht die zu leistende Wochenarbeitszeit, sondern beschränkt den Einsatz der Arbeitskräfte an einem von sechs Werktagen und dies auch nur für (etwa) die Hälfte der Samstage. Dies führt zwar mitunter zu Schwierigkeiten bei der Personalplanung und erfordert insoweit entsprechende organisatorische Voraussicht. Es ist aber nicht ersichtlich, inwieweit dies mit Blick auf die vom Gesetzgeber verfolgten Ziele unzumutbar sein soll. Dass ein Unternehmen aufgrund der beschriebenen Umstellungen nicht mehr wirtschaftlich geführt werden kann, erscheint ausgeschlossen. In Fällen einer besonderen Belastung kann zudem nach § 7 Abs. 5 S. 2 NLöffVZG eine Ausnahme vom (begrenzten) Verbot der Samstagsarbeit zugelassen werden.

64 **Hinweis:** Das Gutachten kommt ganz ohne die sog. Drei-Stufen-Lehre aus. Dies verwundert nicht: § 7 Abs. 5 S. 1 NLöffVZG stellt eine Berufsausübungsregelung dar. Insoweit gehen die Anforderungen der Drei-Stufen-Lehre nicht über die „gewöhnlichen“ Überlegungen zur Verhältnismäßigkeit hinaus; ein besonderes „Stufendogma“ (Eingriff auf einer niedrigeren Stufe; besonderes Gewicht der verfolgten Gemeinwohlbelange) ist nicht zu prüfen. Ausführungen zur Drei-Stufen-Lehre sind selbstredend zulässig, aber nicht erforderlich.

c) Zwischenergebnis

65 Nachdem § 7 Abs. 5 S. 1 NLöffVZG einen verhältnismäßigen Eingriff in den Schutzbereich bewirkt, verletzt er die Berufsfreiheit der Arbeitgeber nicht.

2. Koalitionsfreiheit der Arbeitgeber

66 § 7 Abs. 5 S. 1 NLöffVZG verletzt auch nicht die Koalitionsfreiheit der Arbeitgeber aus Art. 3 Abs. 2 S. 1 NV i.V.m. Art. 9 Abs. 3 GG. Zwar wird in den Schutzbereich der Koali-

tionsfreiheit eingegriffen, da das (begrenzte) Verbot der Samstagsarbeit tarifvertraglichen Regelungen über einen großzügigeren Einsatz von Beschäftigten an Samstagen entgegensteht. Eine Abweichung von § 7 Abs. 5 S. 1 NLöffVZG ist nur zu Gunsten („mindestens"), nicht aber zu Lasten der Arbeitnehmerseite möglich. Der Eingriff ist jedoch ebenfalls aus Gründen des Arbeitsschutzes sowie der Verbesserung der Vereinbarkeit von Familienleben und Erwerbstätigkeit gerechtfertigt. Hierbei handelt es sich um kollidierendes Verfassungsrecht; ansonsten ergeben sich keine Unterschiede zur Rechtfertigung des Eingriffs in die Berufsfreiheit.

Hinweis: BVerfGE 138, 261 (Rn. 62) begnügt sich mit der Feststellung „Es ist jedoch weder hinreichend vorgetragen noch sonst ersichtlich, dass die hier angegriffene Regelung einen Handlungsrahmen stecken würde, der die Koalitionsfreiheit in unverhältnismäßiger Weise beeinträchtigen würde". Es ist daher bereits zu honorieren, wenn Prüflinge überhaupt auf die Koalitionsfreiheit eingehen und zu erkennen geben, dass Eingriffe insoweit, anders als bei der Berufsfreiheit, nur durch kollidierendes Verfassungsrecht gerechtfertigt werden können. **67**

3. Berufsfreiheit der Beschäftigten

Schließlich ist zu fragen, ob § 7 Abs. 5 S. 1 NLöffVZG die im Verkauf Beschäftigten in ihrer Berufsfreiheit verletzt. **68**

a) Eingriff in den Schutzbereich

Die Berufsfreiheit schützt nicht nur die Selbständigen, sondern auch die abhängig Beschäftigten[34] und gewährt auch ihnen eine berufsbezogene Vertragsfreiheit. Damit ist auch das Bestreben erfasst, mit dem jeweiligen Arbeitgeber eine Vereinbarung über eine samstägliche Arbeitszeit zu schließen bzw. seine Arbeitskraft einem Arbeitgeber an einem Samstag zur Verfügung zu stellen. Dies verhindert § 7 Abs. 5 S. 1 NLöffVZG. Zwar sind die Beschäftigten nicht Adressaten der Regelung: Der Arbeitgeber ist es, dem Verkaufspersonal an Samstagen zu beschäftigen verboten wird. Eine Abweichung hiervon mit dem Ziel, die Beschäftigten in größerem Umfang an Samstagen zu beschäftigen, ist jedoch weder einzel- noch tarifvertraglich möglich („mindestens"). Mittelbar sind die Beschäftigten daher ebenso wie die Arbeitgeberseite in ihrer Berufsfreiheit beeinträchtigt. § 7 Abs. 5 S. 1 NLöffVZG trifft die Beschäftigten nicht nur reflexhaft und greift daher im Sinn des modernen Eingriffsbegriffs[35] subjektiv und objektiv berufsregelnd in deren Berufsfreiheit ein. **69**

b) Verfassungsrechtliche Rechtfertigung

Dieser Eingriff ist gerechtfertigt, soweit sich § 7 Abs. 5 S. 1 NLöffVZG auch aus der Sicht der Beschäftigten als verhältnismäßig erweist. **70**

---

34 St. Rspr. seit BVerfGE 7, 377 (398).

35 Zur Erweiterung des klassischen Eingriffsbegriffs vgl. *Kingreen/Poscher*, Grundrechte, Rn. 339 ff.

aa) Legitimer Zweck und Geeignetheit

71 Der Gesetzgeber verfolgt mit dem Arbeitsschutz sowie der Verbesserung der Vereinbarkeit von Familienleben und Erwerbstätigkeit legitime Zwecke, zu deren Erreichung das (begrenzte) Verbot der Samstagsarbeit auch geeignet ist (s.o., B. II. 1. b) bb) (2)).

bb) Erforderlichkeit

72 Fraglich ist jedoch, ob die angegriffene Regelung auch aus Sicht der Beschäftigten erforderlich ist. Auch insoweit käme als Alternative die Einräumung eines (bloßen) Freistellungsanspruchs in Betracht. Dann könnte der einzelne Beschäftigte selbst entscheiden, ob er seiner Arbeitstätigkeit an einem Samstag oder an einem der übrigen Werktage nachgehen möchte. Es stellt sich jedoch die Frage, ob eine solche Regelung überhaupt als eine mildere, namentlich als eine weniger belastende, Maßnahme angesehen werden kann. Zwar wäre hierdurch der belastende Eingriff in die Vertragsfreiheit behoben. Geht man jedoch davon aus, dass das Arbeitsverhältnis von der strukturellen Abhängigkeit der Arbeitnehmerseite von der Arbeitgeberseite geprägt ist, wäre zugleich zu befürchten, dass eine Mehrheit der Beschäftigten einen solchen Freistellungsanspruch nicht geltend machen und damit der vom Gesetzgeber bezweckte Schutz für ebendiese Beschäftigten leerlaufen würde. Der Verzicht auf ein striktes, weil nicht disponibles, Arbeitsverbot kann daher insgesamt nicht als begünstigend, sondern muss aus Arbeitnehmersicht sehr wohl als belastend angesehen werden. Daher kommt ein Freistellungsanspruch als mildere Maßnahme insoweit nicht in Betracht. Jedenfalls wäre ein solches Konzept aus den vorgenannten Gründen nicht gleichermaßen wirksam, sodass sich das (begrenzte) Verbot der Samstagsarbeit als erforderlich darstellt.

cc) Angemessenheit

73 Schließlich müsste sich die Belastung der Beschäftigten im Rahmen des Zumutbaren bewegen. Die aufgezwungene Arbeitsfreistellung an Samstagen mag, wie die Mitglieder der B-Fraktion als Antragsteller vortragen, in der Tat nicht von allen Beschäftigten als Begünstigung begriffen werden. Eine solche aufgezwungene Begünstigung ist nicht nur formal mit Blick auf die Vertragsfreiheit eine Belastung, sondern beschränkt auch die realen Dispositionsmöglichkeiten der Beschäftigten. Sie stellt, da der einzelne Beschäftigte auf ein arbeitsfreies Wochenende aus Samstag und Sonntag festgelegt wird, insofern eine Bevormundung dar.

74 Diese erfolgt jedoch nicht, um die Beschäftigten vor einem selbstschädigenden Verhalten zu bewahren. Vielmehr beruht das Arbeitsverbot auf der strukturellen Unterlegenheit der Arbeitnehmerseite im Arbeitsverhältnis und gleicht diese insoweit aus. Verzichtete der Gesetzgeber hierauf, würde dies zu Lasten der Mehrheit der Beschäftigten gehen. Dass Einzelne Belastungen zum Nutzen der Mehrheit in Kauf nehmen müssen, ist ein Wesensmerkmal des demokratischen Gemeinwesens, solange sichergestellt ist, dass die Einzelnen nicht unzumutbar belastet werden. Daher stellt sich in der vorliegenden Konstellation die Frage nach der Zulässigkeit paternalistischen Staatshandelns in Fällen einer ausschließlichen Selbstgefährdung nicht.

75 Zudem verbietet § 7 Abs. 5 S. 1 NLöffVZG eine Beschäftigung nicht an allen, sondern nur an zwei Samstagen im Monat. Dem einzelnen Beschäftigten verbleiben daher etwa die Hälfte der Samstage, an denen er einer Beschäftigung nachgehen und einen der übri-

gen Werktage zur Erholung und Freizeitgestaltung einsetzen kann. Im Vergleich zur Mehrheit der abhängig Beschäftigten, die – nicht gesetzlich, aber tarifvertraglich – auf die klassische 5-Tage-Woche festgelegt sind, verbleibt damit insgesamt sogar noch ein Mehr an Flexibilität. Eine unzumutbare Belastung ergibt sich daher aus dem (begrenzten) Verbot der Samstagsarbeit nicht.

Daneben können Fälle, in denen eine Beschäftigung auch im wahren Interesse der **76**
Beschäftigten selbst liegt, etwa weil an einem Samstag bei einem provisionsbasierten Vergütungsmodell besondere Verdienstmöglichkeiten bestehen[36], durch die Gewährung einer Ausnahme im Sinn des § 7 Abs. 5 S. 2 NLöffVZG erfasst werden. Im Ergebnis erweist sich § 7 Abs. 5 S. 1 NLöffVZG damit auch als angemessen.

c) Zwischenergebnis

Mithin verletzt § 7 Abs. 5 S. 1 NLöffVZG auch nicht die Berufsfreiheit der Beschäftigten. **77**

4. Gleichheitssatz

Der allgemeine Gleichheitssatz aus Art. 3 Abs. 2 S. 1 NV i.V.m. Art. 3 Abs. 1 GG ver- **78**
langt zur Rechtfertigung einer Ungleichbehandlung das Vorliegen eines sachlichen Grunds. § 7 Abs. 5 S. 1 NLöffVZG führt zu Ungleichbehandlungen, da der Schutz vor Samstagsarbeit nur die in Niedersachsen Beschäftigten erfasst und ebenso nur die Verkaufsstelleninhaber in Niedersachsen zu personalwirtschaftlichen Anpassungen gezwungen sind. Der Gleichheitssatz erfasst jedoch nur Ungleichbehandlungen, die von dem identischen Hoheitsträger ausgehen[37]. In der föderalen Ordnung der Bundesrepublik ist die Verfolgung unterschiedlicher Politiken unter Ausnutzung der bestehenden Gesetzgebungskompetenzen keine zu rechtfertigende Ungleichbehandlung, sondern Ausdruck gelebter Eigenstaatlichkeit der Länder. Das dogmatische Argument ist letztlich ein systematisches: Art. 3 Abs. 1 GG kann, im Zusammenhang mit den Differenzierungen der Art. 70 ff. GG gelesen, nicht so verstanden werden, als müssten die verschiedenen Gesetzgeber stets Regelungen gleichen Inhalts treffen. Die verschiedenen landesgesetzlichen Regelungen über den Schutz vor Samstagsarbeit sind daher nicht am Gleichheitssatz zu messen. Art. 3 Abs. 2 S. 1 NV i.V.m. Art. 3 Abs. 1 GG ist nicht verletzt.

5. Zwischenergebnis

Im Ergebnis ist § 7 Abs. 5 S. 1 NLöffVZG und damit auch § 7 Abs. 5 NLöffVZG materi- **79**
ell verfassungsgemäß.

C. Ergebnis

Der Antrag der Mitglieder der B-Fraktion ist zulässig, aber unbegründet. Der StGH wird **80**
feststellen, dass § 7 Abs. 5 NLöffVZG mit der Niedersächsischen Verfassung vereinbar ist.

---

36 Vgl. BVerfGE 138, 261 (Möbelhaus mit dem Samstag als umsatzstärkstem Verkaufstag).

37 *Jarass*, in: ders./Pieroth, GG, Art. 3 Rn. 13; *Wollenschläger*, in: v. Mangoldt/Klein/Starck/Huber/Voßkuhle, GG, Art. 3 Rn. 68; mit Blick auf Landesgesetzgebung: BVerfGE 52, 42 (57 f.); 93, 319 (351); 106, 225 (241); 138, 261 (Rn. 61).

81 # Literaturverzeichnis

Benda, Ernst/Klein, Eckart/ Klein, Oliver	Verfassungsprozessrecht, 4. Aufl., Heidelberg 2020
Burkiczak, Christian/ Dollinger, Franz Wilhelm/ Schorkopf, Frank (Hrsg.)	Bundesverfassungsgerichtsgesetz, 2. Aufl., Heidelberg 2022
Butzer, Hermann/Epping, Volker/Brosius-Gersdorf, Frauke/Germelmann, Claas Friedrich/Mehde, Veith/ Rademacher, Timo/ Waechter, Kay (Hrsg.)	Hannoverscher Kommentar zur Niedersächsischen Verfassung, 2. Aufl., Baden-Baden 2021
Hagebölling, Lothar	Niedersächsische Verfassung, 2. Aufl., Wiesbaden 2011
Hüpper, Guido	Der Staatsgerichtshof des Landes Niedersachsen, Baden-Baden 2000
Ipsen, Jörn	Niedersächsische Verfassung, Stuttgart 2011
Isensee, Josef/Kirchhof, Paul (Hrsg.)	Handbuch des Staatsrechts der Bundesrepublik Deutschland, Band VIII: Grundrechte: Wirtschaft, Verfahren, Gleichheit, 3. Aufl., Heidelberg 2010
Jarass, Hans D./Pieroth, Bodo	Grundgesetz für die Bundesrepublik Deutschland, 17. Aufl., München 2022
Kingreen, Thorsten/Poscher, Ralf	Grundrechte, 38. Aufl., Heidelberg 2022
Lenz, Christofer/Hansel, Ronald	Bundesverfassungsgerichtsgesetz, 3. Aufl., Baden-Baden 2020
Müller, Friedrich/Christensen, Ralph	Juristische Methodik, Band I: Grundlegung für die Arbeitsmethoden der Rechtspraxis, 11. Aufl., Berlin 2013
Sachs, Michael (Hrsg.)	Grundgesetz, 9. Aufl., München 2021
v. Mangoldt, Hermann (Begr.)/ Klein, Friedrich/Starck, Christian/Huber, Peter/ Voßkuhle, Andreas (Hrsg.)	Grundgesetz, 7. Aufl., München 2018

Hausarbeit 10

Kostenbeteiligung für Polizeieinsätze

*von Henning Tappe und Jan Niklas Klein**

Der Innenminister des Landes Rheinland-Pfalz möchte Veranstalter gewinnorientierter Großveranstaltungen, insbesondere im Zusammenhang mit dem Profifußball, an den polizeilichen Einsatzkosten finanziell beteiligen. 1

Er fragt:

1. Ist es schon nach dem gegenwärtigen in Rheinland-Pfalz geltenden Recht möglich, Kosten und/oder Gebühren zu erheben?
2. Angenommen dies wäre nicht möglich: Kann der Landesgesetzgeber eine entsprechende Regelung einführen oder sollte er eine bestehende Regelung ändern?
3. Wie könnte eine solche Regelung ausgestaltet sein? Erläutern Sie Ihren Regelungsvorschlag.

Beantworten Sie die Fragen des Innenministers und begründen Sie Ihre Antworten!

---

* Der Beitrag ist nicht in dienstlicher Eigenschaft verfasst und gibt ausschließlich die persönliche Auffassung der Autoren wieder.

2 Gliederung

Rn.

A. Frage 1 4
I. Einführung 5
II. Möglichkeit einer Beteiligung im Rahmen des Polizei- bzw. Verwaltungsvollstreckungsrechts 6
1. Grundlagen 6
2. Polizeirechtliche Verantwortlichkeit 8
a) Verhaltensstörer 9
b) Veranstalter als Zweckveranlasser? 10
3. Vertretbarkeit der Handlung 14
4. Zwischenergebnis 15
III. Möglichkeit einer Beteiligung nach dem Gebührenrecht 16
IV. Vertragliche Haftung 17
V. Öffentlich-rechtliche Geschäftsführung ohne Auftrag §§ 670, 683 S. 1 BGB analog 18
VI. Öffentlich-rechtlicher Erstattungsanspruch 19
Ergebnis 20
B. Frage 2 21
I. Gesetzgebungskompetenz 23
II. Verfassungsrechtliche Begrenzung für Kostenbeteiligung aus den Grundrechten 24
1. Begrenzung aus allgemeinen Staatsprinzipien 24
2. Art. 12 Abs. 1 GG 25
3. Art. 14 Abs. 1 GG 26
4. Art. 3 Abs. 1 GG 27
5. Art. 8 Abs. 1 GG 28
6. Art. 9 Abs. 1 GG 29
7. Art. 2 Abs. 1 GG 30
III. Begrenzung für Kostenbeteiligung aus Europarecht 31
Ergebnis 32
C. Frage 3 33
I. Eigener Regelungsvorschlag 35
II. Erläuterungen zum Regelungsvorschlag 36
1. Rechtsnatur und Regelungsstandort der Vorschrift 36
2. Begriff des Veranstalters 37
3. Beschränkung auf Maßnahmen der Gefahrenabwehr 39
4. Mindestteilnehmerzahl 40
5. Erfahrungswerte 41
6. Höhe und Art der Gebühr 42
7. Beschränkung auf kommerzielle Veranstaltungen bzw. Veranstaltungen mit erhöhtem Konfliktpotential 44
8. Ermessen und Billigkeitsregelung 46
Literaturverzeichnis 47

Gutachten

Hinweis zum Aufbau und zur Bewertung: Die vorliegende Art der Aufgabenstellung ist im Rahmen einer öffentlich-rechtlichen Hausarbeit eher ungewöhnlich. Die Prüfungsaufgabe zielt nicht auf die Prüfung der Zulässigkeit und Begründetheit eines Rechtsbehelfs und enthält auch keine prozessualen Probleme. Vielmehr nähert sich die Hausarbeit durch die offene Fragestellung und die Freiheit im Aufbau einer Seminararbeit an und kann als „Themenarbeit" bezeichnet werden. Inhaltlich greift die Hausarbeit einen rechtlichen Sachverhalt auf, der sich zunächst in Bremen ereignet hat. Dort hat sich der (Landes-)Gesetzgeber dazu entschlossen, gewinnorientierte Großveranstalter (insbesondere von Fußballspielen) an entstehenden Polizeikosten zu beteiligen. Obwohl die Diskussion um das Thema nicht neu ist, hat sie durch diese Regelung und die sich daran anschließenden Rechtsstreitigkeiten Auftrieb bekommen. 3

A. Frage 1

Hinweis zur Bewertung: Schwerpunktmäßig befasst sich die erste Frage mit polizeirechtlichen Problemen. Gefordert sind hier vor allem die Auseinandersetzung mit der Figur des Zweckveranlassers und das Erkennen weiterer möglicher Ermächtigungsgrundlagen. 4

I. Einführung

Das Erheben von Kosten und Gebühren auf dem Gebiet des Polizeirechts bewegt sich zwischen den zwei Grundprinzipien der Kostentragung, dem Gemeinlastprinzip und dem Verursacherprinzip.[1] Nach dem Gemeinlastprinzip trägt der Staat die Kosten der polizeilichen Gefahrenabwehr. Die öffentliche Sicherheit ist ein öffentliches Gut, weshalb Polizeikosten in erster Linie als Staatsaufwand betrachtet werden.[2] Einfach-gesetzlich kommt dieser Grundsatz auch in § 94 Abs. 1 POG RP[3] zum Ausdruck. Außerhalb dieses „Kernbereichs polizeilicher Gefahrenabwehr"[4] kann auf der Sekundärebene[5] in gesetzlich geregelten Fällen jedoch der polizeirechtlich Verantwortliche (der sog. „Störer") für die Kosten der Gefahrenabwehr in Anspruch genommen werden. Hier gilt das Verursachungsprinzip: Um Kosten auf den Bürger überwälzen zu können, muss dieser eine Gefahr verursachen. 5

1 Zu diesen zwei Prinzipien eingehend *Götz*, in: Jachmann/Stober, Finanzierung der inneren Sicherheit unter Berücksichtigung des Sicherheitsgewerbes, S. 25 ff.; vgl. auch die Beiträge von *Schoch* bzw. *P. Kirchhof*, in: F.A.Z. Nr. 86 v. 11.4.2019, S. 7 (Staat und Recht).

2 Zu den verfassungsrechtlichen Hintergründen s. *Gusy*, DVBl. 1996, S. 722 (722 f.) und *Buchberger*, in: Lisken/Denninger, Handbuch Polizeirecht, L, Rn. 88 ff.; *P. Kirchhof/G. Kirchhof*, Das Recht auf unentgeltliche Sicherheit, S. 25 f.

3 Vgl. zu ähnlichen landesrechtlichen Vorschriften: § 124 BremPolG; § 81 HSOG; § 76 Abs. 1 SOG LSA; § 162 Abs. 1 LVwGSH.

4 *Buchberger*, in: Lisken/Denninger, Handbuch Polizeirecht, L, Rn. 108.

5 Im Gefahrenabwehrrecht wird unterschieden zwischen der sog. Primärebene, also der Gefahrenabwehrhandlung (insb. der Störerauswahl und der Beseitigung einer Gefahr) und der Frage nach den Kosten der Gefahrenabwehr bzw. deren Erstattung als sog. Sekundärebene, s. hierzu *Kugelmann/Alberts*, Jura 2013, S. 898 (898 f.).

Bei der Frage nach dem Erheben von Kosten oder Gebühren *de lege lata* ist zunächst zwischen den unmittelbar im Polizeirecht wurzelnden Kostenersatzansprüchen (siehe hierzu II.) und dem Gebührenrecht (III.) zu differenzieren. Ferner sind auch gesetzlich nicht geregelte Anspruchsgrundlagen zu prüfen (IV.-VIII.)

II. Möglichkeit einer Beteiligung im Rahmen des Polizei- bzw. Verwaltungsvollstreckungsrechts

1. Grundlagen

6 Im Rahmen der Durchsetzung ordnungsrechtlicher Maßnahmen kommen als öffentlich-rechtliche Zwangsmittel nach § 62 Abs. 1 LVwVG RP[6] die Ersatzvornahme, das Zwangsgeld und der unmittelbare Zwang in Betracht. Taugliche Ermächtigungsgrundlagen für die Kostentragung für Polizeieinsätze bei (Sport-)Großveranstaltungen sind dabei insbesondere die unmittelbare Ausführung nach § 6 Abs. 1, Abs. 2 S. 1 POG RP[7] bzw. die Ersatzvornahme nach § 76 Abs. 1 POG RP i.V.m. §§ 63, 83 LVwVG RP[8]. Kennzeichen der Ersatzvornahme ist es, dass die eigentlich vom Vollstreckungsschuldner geschuldete Leistung auf Veranlassung der Polizei- oder Ordnungsbehörde durch diese selbst oder durch einen beauftragten Dritten erfolgt.[9] Im Unterschied zur Ersatzvornahme fehlt es bei der unmittelbaren Ausführung an einer vorausgegangenen Grundverfügung. Diese kommt nur in Betracht, wenn es keinen erklärten oder erkennbar entgegenstehenden Willen des Verantwortlichen gibt.[10]

7 Die Pflichtigkeit nach dem POG RP setzt in jedem Fall eine Gefahr voraus. Diese ist gegeben, wenn Tatsachen vorliegen, die bei ungehindertem Geschehensablauf mit hinreichender Wahrscheinlichkeit in absehbarer Zeit zu einem nicht nur völlig belanglosen Schaden an einem Schutzgut der öffentlichen Sicherheit oder Ordnung führen.[11] Bei Großveranstaltungen kommt es erfahrungsgemäß einerseits zu „normalen" Gefahren wie Verkehrsbehinderungen vor und nach Beginn der jeweiligen Veranstaltungen, andererseits aber auch zu Ausnahmesituationen wie Körperverletzungen und Sachbeschädigungen im Rahmen von Ausschreitungen und Krawallen von Fußball-Fans oder Hooligans. Das Bestehen einer Gefahr wird demnach regelmäßig gegeben sein.[12]

---

6 § 19 Abs. 1 BWVwVG; Art. 71 Abs. 1 BayPAG; § 8 Abs. 1 BlnVwVfG i.V.m. § 9 Abs. 1 VwVG; § 27 Abs. 2 VwVGBbg; § 13 Abs. 1 BremVwVG; § 11 Abs. 1 HmbVwVG; § 48 Abs. 1 HSOG; § 86 Abs. 1 SOG M-V; § 65 Abs. 1 NPOG; § 57 Abs. 1 VwVG NRW; § 45 Abs. 1 SPolG; § 19 Abs. 2 SächsVwVG; § 54 Abs. 1 SOG LSA; § 235 Abs. 1 LVwGSH; § 44 Abs. 2 ThürVwZVG.

7 § 8 BWPolG; Art. 9, 70 Abs. 2 BayPAG; § 15 ASOG Bln; § 7 HmbSOG; § 47 Abs. 2 HSOG; §§ 70a, 81 Abs. 1 SOG M-V; § 8 SächsPVDG; §§ 9, 53 Abs. 2 SOG LSA; §§ 9, 51 Abs. 2 ThürPAG. Die Gesetzgebung in den Ländern Brandenburg, Bremen, Niedersachsen, Nordrhein-Westfalen, Saarland und Schleswig-Holstein sieht nur den Sofortvollzug vor.

8 § 63 Abs. 1 BWPolG, § 25 BWVwVG; Art. 72 BayPAG; § 8 BlnVwVfG i.V.m. § 10 VwVG; § 55 Abs. 1 BbgPolG, § 32 VwVGBbg; § 15 BremVwVG; § 13 HmbVwVG; § 49 Abs. 1 HSOG; § 89 Abs. 1 SOG M-V; § 66 Abs. 1 NPOG; § 52 PolG NRW, § 59 VwVG NRW; § 46 Abs. 1 SPolG; § 39 Abs. 1 SächsPVDG i.V.m. § 24 Abs. 1 SächsVwVG; § 55 Abs. 1 SOG LSA; § 238 Abs. 1 LVwGSH; § 53 Abs. 1 ThürPAG, § 50 ThürVwZVG.

9 *Rühle*, Polizei- und Ordnungsrecht für Rheinland-Pfalz, S. 292 f.

10 *Roos/Lenz*, Polizei- und Ordnungsrecht für Rheinland-Pfalz, § 6 Rn. 3.

11 Zum Begriff der Gefahr statt vieler *Schenke*, Polizei- und Ordnungsrecht, Rn. 74 ff.

12 So auch *Wahlen*, Polizeikostenerstattung, S. 19.

Ersatzvornahme und unmittelbare Ausführung erfordern zudem als Tatbestandsvoraussetzung einen Verantwortlichen als Schuldner (s. hierzu 2.) sowie eine vertretbare Handlung (3.).

2. Polizeirechtliche Verantwortlichkeit

Die Kostenverantwortlichkeit knüpft an die Störerverantwortlichkeit an. Der Veranstalter muss also Störer i.S.d. Polizeirechts sein. Unterschieden wird zwischen dem Verhaltensstörer (§ 4 POG RP[13]), dem Zustandsstörer (§ 5 POG RP[14]) und dem sog. Nichtstörer (§ 7 POG RP[15]). Die Verantwortlichkeit als Zustandsstörer, die sich gegen den Inhaber der tatsächlichen Gewalt und zusätzlich den Eigentümer richtet[16], kommt vorliegend nicht in Betracht. Entscheidend für die Zustandshaftung ist, dass die Gefahr durch den Zustand einer Sache entsteht. Dies ist bei einer Großveranstaltung aber nicht der Fall, da die Gefahren in aller Regel nicht von einer Sache ausgehen, sondern von den Besuchern der Veranstaltung.[17] Fraglich aber bleibt, ob der (Groß-)Veranstalter als Verhaltensstörer oder Nichtstörer anzusehen ist. 8

a) Verhaltensstörer

Verhaltensstörer ist, wer eine Gefahr verursacht. Die Ursächlichkeit wird dabei allgemein nach der Theorie von der unmittelbaren Verursachung bestimmt, wonach das „letzte Glied in der Kette" entscheidend ist.[18] Die Verhaltenshaftung ist verschuldensunabhängig und trifft denjenigen, der durch sein Verhalten die entscheidende Grenze überschreitet und dadurch die Gefahr unmittelbar begründet.[19] Eine Gefahr wird von Seiten des Großveranstalters in aller Regel jedoch nicht in eigener Person verwirklicht. Vielmehr entsteht diese erst durch die Beiträge Dritter.[20] Der Großveranstalter ist somit nicht (unmittelbarer) Verhaltensstörer.[21] 9

13 § 6 Abs. 1 BWPolG; Art. 7 Abs. 1 BayPAG; § 13 Abs. 1 ASOG Bln; § 5 Abs. 1 BbgPolG; § 5 Abs. 1 BremPolG; § 8 Abs. 1 HmbSOG; § 6 Abs. 1 HSOG; § 69 Abs. 1 SOG M-V; § 6 Abs. 1 NPOG; § 4 Abs. 1 PolG NRW; § 4 Abs. 1 SPolG; § 6 Abs. 1 SächsPVDG; § 7 Abs. 1 SOG LSA; § 218 LVwGSH; § 7 Abs. 1 ThürPAG.

14 § 7 BWPolG; Art. 8 BayPAG; § 14 ASOG Bln; § 6 BbgPolG; § 6 BremPolG; § 9 HmbSOG; § 7 HSOG; § 70 SOG M-V; § 7 NPOG; § 5 PolG NRW; § 5 SPolG; § 7 SächsPVDG; § 8 SOG LSA; § 219 LVwGSH; § 8 ThürPAG.

15 § 9 BWPolG; Art. 10 BayPAG; § 16 ASOG Bln; § 7 BbgPolG; § 7 BremPolG; § 10 HmbSOG; § 9 HSOG; § 71 SOG M-V; § 8 NPOG; § 6 PolG NRW; § 6 SPolG; § 9 SächsPVDG; § 10 SOG LSA; § 220 LVwGSH; § 10 ThürPAG.

16 Statt vieler *Götz/Geis*, Allgemeines Polizei- und Ordnungsrecht, § 13 Rn. 53 ff.

17 *Wahlen*, Polizeikostenerstattung, S. 20.

18 Vgl. zur Zurechnungsproblematik allgemein *Gusy*, Polizei- und Ordnungsrecht, Rn. 335 ff.

19 OVG Koblenz, DVBl. 2012, S. 515 (519).

20 Vgl. *Deusch*, Sportgroßveranstaltungen S. 220; *Wahlen*, Polizeikostenerstattung, S. 23. *Schmidt*, ZRP 2007, S. 120 (120), geht sogar noch etwas weiter und spricht davon, dass der Veranstalter nicht als „Störer, sondern als Gestörter" erscheine. In diese Richtung auch *Buchberger*, in: Lisken/Denninger, Handbuch Polizeirecht, L, Rn. 147.

21 Vgl. auch *Buchberger*, in: Lisken/Denninger, Handbuch Polizeirecht, L, Rn. 146. Eine andere Auffassung vertreten hier *Broß*, DVBl. 1983, S. 377 (380); *Götz*, DVBl. 1984, S. 14 (17) und *Lege*, NdsVBl. 2018, S. 353 (355), die den Veranstalter als (unmittelbaren) Gefahrverursacher ansehen. Der Veranstalter locke eine Menschenmenge an; diese sei als Gefahr zu qualifizieren.

b) Veranstalter als Zweckveranlasser?

10 Naheliegend ist aber, dass es ohne die Großveranstaltung zu keinen Gefahren in der oben genannten Form kommen würde. Als Ausnahme von der Theorie der unmittelbaren Verursachung könnte eine Zurechnung daher über die Rechtsfigur des sog. „Zweckveranlassers" erfolgen. In dieser Situation steht der Zweckveranlasser, dessen Verhalten isoliert betrachtet noch keine Störung darstellt, am Beginn einer Kausalkette, die letztlich den Eintritt einer Gefahr durch das Verhalten eines Dritten zur Folge hat.[22]

11 Im Einzelnen ist hier vieles ungeklärt. So stehen Teile des Schrifttums der Figur des Zweckveranlassers insgesamt ablehnend gegenüber.[23] Fraglich ist aber vor allem, unter welchen Voraussetzungen eine Verantwortlichkeit als Zweckveranlasser begründet wird. Nach der sog. subjektiven Theorie muss der Veranlasser die Herbeiführung einer Gefahr durch eine andere Person zumindest billigend in Kauf nehmen.[24] Vertreter eines objektiven Ansatzes fragen hingegen, ob die Gefahr aus Sicht eines unbeteiligten Dritten typischerweise durch die Veranlassung herbeigeführt wird.[25] Eine vermittelnde Ansicht kombiniert schließlich die beiden vorgenannten Theorien und sieht denjenigen als Zweckveranlasser an, der die Gefahr subjektiv bezweckt oder aus dessen Verhalten sich zwangsläufig eine Gefahr ergibt.[26] In Zusammenhang mit diesen Zurechnungsfragen ist im Rahmen der Veranstaltung von gewinnorientierten Großveranstaltungen umstritten, ob der Veranstalter überhaupt als Zweckveranlasser angesehen werden kann. Eine Ansicht verneint dies mit dem Hinweis auf das rechtmäßige Verhalten des Veranstalters und die Gefahr einer ansonsten zu weitgehenden Zurechnung.[27] Insbesondere könne sich der Veranstalter auf seine Grundrechte aus Art. 12 und 14 GG berufen.[28] Der entgegengesetzte Ansatz bejaht die Störereigenschaft des Veranstalters als Zweckveranlasser mit dem Hinweis darauf, dass für die polizeirechtliche Verantwortlichkeit schon die Verursachung einer Gefahr ausreiche.[29] Schon begrifflich sei zwischen Störung und Gefahrverursachung zu unterscheiden.[30] Zudem seien zwar die Grundrechte des Veranstalters tangiert, jedoch seien diese durch ein „allgemeines Gefahrverursachungsverbot"[31] beschränkt.[32]

---

22 *Schenke*, Polizei- und Ordnungsrecht, Rn. 316.

23 Vgl. *Erbel*, JuS 1985, S. 257 (257 ff.), der auf Widersprüche mit dem polizeirechtlichen Haftungssystem und Verstöße mit den Grundrechten der Beteiligten verweist. Nach *Gusy*, Polizei- und Ordnungsrecht, Rn. 336, besteht für den Zweckveranlasser wegen der möglichen Inanspruchnahme als Nichtstörer kein „praktisches Bedürfnis". Krit. auch *Kingreen/Poscher*, Polizei- und Ordnungsrecht, § 9 Rn. 29.

24 VGH Kassel, NVwZ 1992, S. 1111 (1113); VGH Mannheim, DVBl. 1990, S. 1044; *Gädeke*, Sportgroßveranstaltungen, S. 168; *Knemeyer*, Polizei- und Ordnungsrecht, Rn. 328 f.; *Selmer*, JuS 1992, S. 97 (99 f.).

25 OVG Lüneburg, NVwZ 1988, S. 638 (639); *Broß*, DVBl. 1983, S. 377 (383), *Schoch*, Jura 2009, S. 360 (363).

26 *Erbel*, JuS 1985, S. 257 (259 ff.); *Schneider/Kensbrock*, VBlBW. 1999, S. 168 (169).

27 *Braun*, Die Polizei 2013, S. 321 (322); *Deusch*, Sportgroßveranstaltungen, S. 220; *König*, VBlBW. 2018, S. 497 (500); *Leines*, Kostentragung für Polizeieinsätze, S. 118 ff.; *Rühle*, Polizei- und Ordnungsrecht für Rheinland-Pfalz, S. 99 f.; *Buchberger*, in: Lisken/Denninger, Handbuch Polizeirecht, L, Rn. 147; *Schenke*, NJW 1983, S. 1882 (1883); *ders.*, Polizei- und Ordnungsrecht, Rn. 246.

28 Vgl. *Schenke*, NJW 1983, S. 1882 (1883); *Stopper/Holzhäuser/Knerr*, SpuRt 2013, S. 49 (50).

29 *Broß*, DVBl. 1983, S. 377 (380); *Gädeke*, Sportgroßveranstaltungen, S. 170 f.; *Götz/Geis*, Allgemeines Polizei- und Ordnungsrecht, § 13 Rn. 32; *Lege*, VerwArch 89 (1998), S. 71 (81 ff.); *Wahlen*, Polizeikostenerstattung, S. 26 f.

30 *Wahlen*, Polizeikostenerstattung, S. 26 f.

31 *Lege*, VerwArch 89 (1998), S. 71 (82).

32 Vgl. auch *Wahlen*, Polizeikostenerstattung, S. 26.

Vorzugswürdig erscheint eine differenziertere Betrachtung. So dürften in der Tat zunächst gute Gründe für die Verantwortlichkeit des Veranstalters als Zweckveranlasser sprechen. Der Veranstalter nimmt Gefahren, die durch die Ansammlung von vielen Menschen entstehen, billigend in Kauf.[33] Als Gefahr im polizeirechtlichen Sinne sind nicht nur Ausschreitungen anzusehen, sondern beispielsweise auch Verkehrsbehinderungen. Wegen seiner Gewinnorientierung nimmt der Veranstalter diese hin. Auch wenn man einen objektiven Maßstab anlegt, führt dies zu dem Ergebnis, dass durch die Veranstaltung Störungen entstehen. Die Gefahren, angefangen von solchen für die Leichtigkeit und Sicherheit des Straßenverkehrs bis hin zu Fan-Ausschreitungen, begründen einen Zurechnungszusammenhang, da sie Resultat des bezweckten Anlockens einer größeren Menschenmenge sind.[34] Nähme man an, der Veranstalter sei hier nicht Verhaltensstörer, sondern Nichtstörer, stünde ihm konsequenterweise auch der Entschädigungsanspruch des § 87 Abs. 1 POG RP[35] zu. Dies erscheint aber als unbillig.[36] **12**

Eine generelle Veranstalterverantwortlichkeit ist jedoch abzulehnen. Diese ginge zu weit, wenn der Veranstalter seinen Sicherheits-, Informations- und Kooperationspflichten[37] in ausreichendem Maße nachkommt und es dennoch zu einer Gefahr durch das grob sachwidrige und vollverantwortliche Verhalten eines Besuchers (oder mehrerer Besucher) kommt. In diesen Fällen eines atypischen Veranstaltungsablaufes erscheint der Veranstalter eher als Nichtstörer, weshalb den Kritikern eines uferlosen Zurechnungszusammenhangs an dieser Stelle Recht zu geben ist.[38] Im Ergebnis bedeutet dies also einen Zurechnungsausschluss für das rechtswidrige Verhalten eines Dritten und der hierdurch entstehenden Gefahr. Der Veranstalter ist somit auf der Primärebene im Ergebnis nur teilweise als Verhaltensstörer zu qualifizieren. **13**

3. Vertretbarkeit der Handlung

Die Ermächtigungsgrundlage der Ersatzvornahme nach § 76 Abs. 1 POG RP i.V.m. §§ 63, 83 LVwVG RP[39] setzt zudem die Vertretbarkeit der Handlung durch den Störer voraus. Eine Handlung ist vertretbar, wenn die zuständige Behörde sie vornehmen kann und es für den Berechtigten rechtlich oder tatsächlich gleichgültig ist, ob der Verantwortliche oder ein Dritter die Handlung vornimmt.[40] Die Vertretbarkeit ist auch im Rahmen der unmittelbaren Ausführung einer Maßnahme nach § 6 Abs. 1, Abs. 2 S. 1 POG **14**

33 So auch *Gädeke*, Sportgroßveranstaltungen, S. 170; *Lege*, VerwArch 89 (1998), S. 71 (82); *Buchberger*, in: Lisken/Denninger, Handbuch Polizeirecht, L, Rn. 147; a.A. *Siegel*, DÖV 2014, S. 867 (869); *Stopper/ Holzhäuser/Knerr*, SpuRt 2013, S. 49 (50). *Schmidt*, ZRP 2007, S. 120 (120) spricht davon, dass dem Veranstalter die Störung durch Dritte „höchst unerwünscht" sei. Für das „Billigen" der Gefahr ist dies aber unerheblich.

34 *Gädeke*, Sportgroßveranstaltungen, S. 170 f.

35 § 100 Abs. 1 BWPolG; Art. 87 Abs. 1 BayPAG; § 59 Abs. 1 ASOG Bln; § 38 Abs. 1 lit. a) BbgOBG i.V.m. § 70 BbgPolG; § 117 Abs. 1 BremPolG; § 10 Abs. 3 HmbSOG; § 64 Abs. 1 HSOG; § 72 Abs. 1 SOG M-V; § 80 Abs. 1 NPOG; § 39 Abs. 1 lit. a) OBG NRW i.V.m. § 67 PolG NRW; § 68 Abs. 1 SPolG; § 47 Abs. 1 SächsPVDG; § 69 Abs. 1 SOG LSA; § 221 Abs. 1 LVwGSH; § 68 Abs. 1 ThürPAG.

36 S. auch *Lege*, VerwArch 89 (1998), S. 71 (85).

37 Näheres zu zivilrechtlichen Schutzpflichten s. *Braun*, Die Polizei 2013, S. 321 (322); zu Informations- und Kooperationspflichten *Deusch*, Sportgroßveranstaltungen, S. 155 f. und *Gädeke*, Sportgroßveranstaltungen, S. 179.

38 Für eine differenzierte Betrachtungsweise auch *Heise*, NVwZ-Extra 05/2015, S. 1 (5 f.); *Mayer*, Polizeikosten im Profifußball, S. 167 ff.; *Schenke*, NJW 1983, S. 1882 (1883 f.).

39 Vgl. zu anderen landesrechtlichen Vorschriften o. Fn. 8.

40 *Schenke*, Polizei- und Ordnungsrecht, Rn. 611.

RP[41] Voraussetzung.[42] Eine solche vertretbare Handlung wird bei Großveranstaltungen aber regelmäßig nicht gegeben sein, da die typischen Maßnahmen der Polizei[43] wie z.B. die Regelung des Verkehrsaufkommens, Platzverweise oder Festnahmen ganz überwiegend hoheitlicher Natur sind und der private Veranstalter hierzu nicht befugt ist.[44] Es mangelt daher an der Vertretbarkeit der Handlung.

4. Zwischenergebnis

15 Obwohl die Pflichtigkeit auf der Primärebene und die Kostentragungspflicht auf der Sekundärebene miteinander korrespondieren, folgt aus der Qualifikation des Veranstalters als Verhaltensstörer noch nicht die Heranziehung zur Kostenerstattung.[45] Trotz des Wortlautes des § 4 Abs. 1 POG RP[46] obliegt den Behörden nämlich ein Auswahlermessen. Grds. soll derjenige Störer in Anspruch genommen werden, der die Gefahr oder Störung am schnellsten und wirksamsten beseitigen kann.[47] In erster Linie sind als Verantwortliche deshalb unmittelbar Verantwortliche wie z.B. Hooligans heranzuziehen. Zudem fehlt es zumeist, wie gezeigt, an einer vertretbaren Handlung, weshalb eine Kostentragung über Polizei- und Ordnungsrecht in der Regel ausscheidet. Eine Kostentragungspflicht über polizeirechtliche Ermächtigungsgrundlagen ist lediglich in den Fällen gegeben, in denen der Veranstalter seinen eigenen Verkehrssicherungspflichten auf dem Gelände des Veranstaltungsortes nicht nachkommt und die Polizei diese Aufgaben übernimmt.[48]

III. Möglichkeit einer Beteiligung nach dem Gebührenrecht

16 Das Gebührenrecht sieht in § 2 Abs. 1 LGebG RP[49] vor, dass für Amtshandlungen, die zum Vorteil einzelner vorgenommen werden (sog. Vorteilsprinzip) oder wegen des Verhaltens einzelner erforderlich sind (sog. Verursachungsprinzip), Gebühren erhoben werden. Dies ist auch für Amtshandlungen der Polizei eine taugliche Ermächtigungsgrundlage.[50] § 2 Abs. 2 LGebG RP[51] bestimmt jedoch, dass die Amtshandlung, für die eine Gebühr erhoben werden soll, in einem Gebührenverzeichnis bestimmt sein muss. Neben dem Allgemeinen Gebührenverzeichnis, das für Amtshandlungen wie beispielsweise

---

41 Vgl. zu anderen landesrechtlichen Vorschriften o. Fn. 7.

42 *Roos/Lenz*, Polizei- und Ordnungsrecht für Rheinland-Pfalz, § 6 Rn. 16.

43 Zur Übersicht von möglichen Maßnahmen s. *Deusch*, Sportgroßveranstaltungen, S. 60 ff.; *Nolte*, NVwZ 2001, S. 147 ff.

44 *Braun*, Die Polizei 2013, S. 321 (322); *Schmidt*, ZRP 2007, S. 120 (120); *Stopper/Holzhäuser/Knerr*, SpuRt 2013, S. 49 (51).

45 *Lege*, VerwArch 89 (1998), S. 71 (85 ff.); *Buchberger*, in: Lisken/Denninger, Handbuch Polizeirecht, L, Rn. 148.

46 Vgl. zu anderen landesrechtlichen Vorschriften o. Fn. 13.

47 *Schenke*, Polizei- und Ordnungsrecht, Rn. 357.

48 *Braun*, Die Polizei 2013, S. 321 (322).

49 Vergleichbare andere landesrechtliche Regelungen: §§ 1, 3 f. GebG BW; Art. 1 BayKostG; § 2 Abs. 1 GebBeitrG Bln; §§ 1, 3 GebG Bbg; §§ 1, 3 BremGebBeitrG; § 3 Abs. 1 GebG Hmb; § 1 Abs. 1 HVwKostG; § 1 Abs. 1 VwKostG M-V; § 1 Abs. 1 Nds. VwKostG; § 1 Abs. 1 GebG NRW; § 1 Abs. 1 SaarlGebG; § 1 Abs. 1 SächsVwKG; § 1 Abs. 1 VwKostG LSA; § 1 Abs. 1 VwKostG SH; § 1 Abs. 1 ThürVwKostG.

50 Vgl. *Braun*, Die Polizei 2013, S. 321 (323); a.A. *Klein*, DVBl. 2015, S. 275 (277) und *Majer*, VerwArch 73 (1982), S. 167 (191), die die Polizeigesetze als abschließende Regelungen ansehen.

51 Vgl. auch § 4 GebG BW; Art. 5 Abs. 1 BayKostG; § 6 Abs. 1 GebBeitrG Bln; § 3 Abs. 1 GebG Bbg; § 3 Abs. 1 BremGebBeitrG; § 2 Abs. 1 GebG Hmb; § 2 Abs. 1 HVwKostG; § 2 Abs. 1 VwKostG M-V; § 3 Abs. 1 Nds. VwKostG; § 2 Abs. 1 GebG NRW; § 5 SaarlGebG; § 3 SächsVwKG; § 3 VwKostG LSA; § 2 VwKostG SH; § 21 Abs. 1 ThürVwKostG.

Auskunftserteilung, Akteneinsicht oder Beglaubigungen gilt, ist dies vor allem das Besondere Gebührenverzeichnis der allgemeinen und inneren Verwaltung einschließlich der Polizeiverwaltung[52]. Hiernach sind u.a. Gebühren für Maßnahmen zur Gefahrenabwehr vorgesehen.[53] Amtshandlungen, die im Rahmen von Großveranstaltungen relevant werden, sind im Besonderen Gebührenverzeichnis jedoch nicht zu finden. Eine gebührenrechtliche Ermächtigungsgrundlage für die Kostenübertragung existiert damit zur Zeit nicht.

IV. Vertragliche Haftung

Denkbar erscheint es auch, den Ersatz von Polizeikosten im Wege eines öffentlich-rechtlichen Vertrages zu regeln. Hier dürfte es aber regelmäßig schon an der Zustimmung des Veranstalters scheitern. Ferner bestehen auch Bedenken hinsichtlich der generellen Zulässigkeit der Vertragsform in Form eines möglichen Verstoßes gegen den Vorrang des Gesetzes bzw. ein nicht ausreichender Sachzusammenhang.[54] **17**

V. Öffentlich-rechtliche Geschäftsführung ohne Auftrag §§ 670, 683 S. 1 BGB analog

Ein Anspruch der Polizei könnte sich aus öffentlich-rechtlicher GoA analog §§ 670, 683 S. 1 BGB ergeben. Hier liegt ein sog. „Auch-fremdes Geschäft" vor, da die Polizei neben der Aufgabe der Gefahrenabwehr auch im Interesse des Veranstalters handelt. Allerdings stellen die polizeirechtlichen Kostenersatzansprüche Spezialregelungen dar, die bei Anwendung der zivilrechtlichen Geschäftsführung ohne Auftrag unterlaufen würden.[55] **18**

VI. Öffentlich-rechtlicher Erstattungsanspruch

Eine Erstattung der Polizeikosten könnte über das Institut des öffentlich-rechtlichen Erstattungsanspruches erfolgen, der ungerechtfertigte Vermögensverschiebungen im öffentlichen Recht ausgleichen soll. Erforderlich ist hierfür aber, dass erfolgte Vermögensverschiebung rechtsgrundlos vorgenommen worden sein muss. Ein Rechtsgrund ist hier aber wegen der polizeilichen Aufgabe der Gefahrenabwehr gegeben.[56] **19**

Ergebnis

Die Erhebung von Kosten und/oder Gebühren ist nach dem gegenwärtigen in Rheinland-Pfalz geltenden Recht nicht möglich. **20**

---

52 Landesverordnung über die Gebühren der allgemeinen und inneren Verwaltung einschließlich der Polizeiverwaltung (Besonderes Gebührenverzeichnis) v. 11.12.2001, GVBl. 2002, S. 38.

53 Z.B. nach Nr. 14.1 für die unmittelbare Ausführung einer Maßnahme, nach Nr. 14.2 für die Ingewahrsamnahme einer Person oder Nr. 14.6 für polizeiliche Maßnahmen bei Transporten.

54 Vgl. *Würtenberger*, NVwZ 1983, S. 192 (194 ff.). *Wahlen*, Polizeikostenerstattung, S. 114 ff., hält hingegen den Abschluss eines sog. hinkenden Austauschvertrages für möglich.

55 Vgl. BGH, NJW 2004, S. 513 (514); *Moser*, Kostenbeteiligungsmodelle für Polizeieinsätze, S. 155; *Schmidt*, ZRP 2007, S. 120 (121).

56 *Moser*, Kostenbeteiligungsmodelle für Polizeieinsätze, S. 156; *Schmidt*, ZRP 2007, S. 120 (121). Zum Anspruch aus GoA auf dem Gebiet der Gefahrenabwehr ausführlich *Oldiges*, JuS 1989, S. 616 (620 ff.).

B. Frage 2

21 **Hinweis zum Aufbau:** Frage 2 zielt vor allem auf die verfassungsrechtliche Problematik des Sachverhalts ab. Die Bearbeiter sollen dabei vor allem auf die Gesetzgebungskompetenz eingehen und die Problematik aus verfassungsrechtlicher Sicht beleuchten.

22 Dem Gesetzgeber könnte es aus (verfassungs-)rechtlichen Gründen verwehrt sein, eine gesetzliche Kostentragungspflicht zu begründen. So stellt sich neben der Frage nach der Gesetzgebungskompetenz des Landes in diesem Fall (s. hierzu I.) vor allem die Problematik eines möglichen Verstoßes gegen höherrangiges Recht (s. hierzu II. und III.).

I. Gesetzgebungskompetenz

23 Die Auferlegung von Kosten oder Gebühren setzt voraus, dass das Land Rheinland-Pfalz auch die entsprechende Gesetzgebungszuständigkeit besitzt. Aus den Gesetzgebungskompetenzen der Art. 70 GG ff. ergibt sich jedoch keine Verteilungsnorm für das Gebiet des Gebührenrechts.[57] Die Gesetzgebungskompetenz bestimmt sich nach der übergeordneten Sachmaterie, hier also dem Polizei- und Ordnungsrecht.[58]Auf dem Gebiet des allgemeinen Polizei- und Ordnungsrechts haben grds. die Länder die Gesetzgebungskompetenz gem. Art. 70 GG.[59] Polizeigebühren und -kosten stellen demnach einen Annex zu den präventiven Maßnahmen des Gefahrenabwehrrechts dar, weshalb die Frage der Kostenerstattung auch der Gesetzgebungskompetenz des Landesgesetzgebers unterliegt.[60] Anders liegt der Fall für das repressive Handeln der Polizei: Hier besitzt der Bund die Gesetzgebungskompetenz gem. Art. 74 Abs. 1 Nr. 1 GG und hat mit den §§ 464 ff. StPO spezielle Kostenregelungen erlassen.[61] Das Land Rheinland-Pfalz wäre somit für die Erhebung von Kosten und/oder Gebühren auf dem Gebiet des Gefahrenabwehrrechts zuständig.

II. Verfassungsrechtliche Begrenzung für Kostenbeteiligung aus den Grundrechten

1. Begrenzung aus allgemeinen Staatsprinzipien

24 Versuche, auf dem Gebiet des Polizeirechts Kosten oder Gebühren zu erheben, haben in der Vergangenheit immer wieder Kritik dahingehend erfahren, dass hierin ein Verstoß gegen tragende Verfassungsprinzipien zu sehen sei.[62] In ihrem Kern bewegt sich diese Diskussion im anfangs angesprochenen Spannungsfeld zwischen Gemeinlast- und Ver-

---

57 Eine Ausnahme ergibt sich für Straßenbenutzungsgebühren, welche nach Art. 74 Abs. 1 Nr. 22 GG der konkurrierenden Gesetzgebung unterfallen.

58 *Schaffarzik*, NJW 2003, S. 3250 (3251).

59 *Schenke*, Polizei- und Ordnungsrecht, Rn. 24; *Wahlen*, Polizeikostenerstattung, S. 56. Ausführlich zur Gesetzgebungskompetenz *Habermann*, Gebühren für Gefahrenabwehr, S. 307 ff.

60 BVerwGE 165, 138 (142); *Braun*, Die Polizei 2013, S. 321 (324); *Schmidt*, ZRP 2007, S. 120 (122); *Wienbracke*, NordÖR 2018, S. 518 (521); *Würtenberger*, NVwZ 1983, S. 192 (197).

61 *Klein*, DVBl. 2015, S. 275 (278). Zum Spannungsfeld zwischen präventiver und repressiver Tätigkeit s. bereits *Albrecht*, FS Samper, S. 174 f.

62 Vgl. zu verschiedenen Fällen aus der Vergangenheit *Buchberger*, in: Lisken/Denninger, Handbuch Polizeirecht, L, Rn. 89.

ursacherprinzip.[63] Die dogmatische Verortung des Gemeinlastprinzips an sich wurde bisher weitgehend offen gelassen. Gute Gründe sprechen aber für eine Herleitung aus den Freiheitsgrundrechten (insbesondere Art. 2 Abs. 1 GG), da der Staat seine Einnahmen vorwiegend aus (an der finanziellen Leistungsfähigkeit ausgerichteten) Steuern erzielen muss. Knüpft er darüber hinaus an grundrechtlich geschütztes Verhalten an, kann auch die daraus resultierende Lenkungswirkung einen Eingriff darstellen, der über den Eingriff der Geldentziehung hinaus zu rechtfertigen ist. Dabei ist die Gewährleistung der öffentlichen Sicherheit und Ordnung wegen der verfassungsrechtlichen Verpflichtung des Staates zum Schutz von Leben und Gesundheit seiner Bürger in erster Linie Staatsaufgabe. Dem staatlichen Gewaltmonopol ist eine Kosten- oder Gebührenpflicht prinzipiell fremd.[64] Dies ergibt sich auch aus dem finanzverfassungsrechtlichen Steuerstaatsprinzip[65] und dem Konnexitätsgrundsatz des Art. 104a Abs. 1 GG, der Aufgabenzuständigkeit und Finanzierungsverantwortung miteinander verknüpft[66]. Freilich darf es von diesem Grundsatz Ausnahmen geben, und auch das Polizeirecht kennt eine Finanzierung über Gebühren.[67] Eine Gebührenfinanzierung ist jedenfalls dann gerechtfertigt, wenn das private Interesse des potentiell Begünstigten das öffentliche Sicherheitsinteresse überlagert.[68] Dies wird bei Großveranstaltungen angesichts der Gewinnerzielungsabsicht des Veranstalters regelmäßig der Fall sein. Hier ist für die Geltung eines allgemeinen Gemeinlastprinzips kein Raum mehr. Stattdessen ist die Verfassungsmäßigkeit einer Gebührenpflicht an den konkret einschlägigen Freiheitsgrundrechten zu messen.

2. Art. 12 Abs. 1 GG

Fraglich ist, ob eine Kostenbeteiligung den Veranstalter in seinem Grundrecht aus Art. 12 **25**
Abs. 1 GG verletzen würde. Sofern der Veranstalter als juristische Person organisiert ist, findet die Berufsfreiheit über Art. 19 Abs. 3 GG Anwendung.[69] Eine teilweise Kostenüberwälzung greift auch in den Schutzbereich der Berufsfreiheit des Großveranstalters ein.[70] Im Rahmen der vom Bundesverfassungsgericht im Apotheken-Urteil[71] entwickelten Systematik der Drei-Stufen-Theorie dürfte ein Eingriff auf erster Stufe vorliegen.[72] Eingriffe sind also verfassungsrechtlich gerechtfertigt, soweit vernünftige Erwägungen des Allgemeinwohls diese Berufsausübungsregelung als zweckmäßig erscheinen lassen. Ein legitimer Zweck ist mit der (Teil-)Finanzierung des Polizeieinsatzes und der damit verbundenen

---

63 Vgl. zur Diskussion *Schiffbauer/Wieland*, ZRP 2018, S. 90.

64 *P. Kirchhof/G. Kirchhof*, Das Recht auf unentgeltliche Sicherheit, S. 1 f. Sichtbar wird dies auch im regelmäßig fehlendenden Kostenersatzanspruch bei Anwendung von unmittelbarem Zwang durch die Polizei. Vgl. hierzu *Götz/Geis*, Allgemeines Polizei- und Ordnungsrecht, § 21 Rn. 37.

65 Vgl. hierzu *Tappe/Wernsmann*, Öffentliches Finanzrecht, Rn. 198 ff. und *P. Kirchhof/G. Kirchhof*, Das Recht auf unentgeltliche Sicherheit, S. 42 ff.

66 S. hierzu *Wahlen*, Polizeikostenerstattung, S. 8. Eingehend zum Grundsatz der Konnexität *Tappe/Wernsmann*, Öffentliches Finanzrecht, Rn. 99 ff.

67 *Götz*, DVBl. 1984, S. 14 (18).

68 *Buchberger*, in: Lisken/Denninger, Handbuch Polizeireicht, L, Rn. 150 ff.

69 Eingetragene Vereine können sich dagegen nur auf die Berufsfreiheit berufen, sofern sie die erforderliche Gewinnerzielungsabsicht besitzen, vgl. *Deusch*, Sportgroßveranstaltungen, S. 70 f.

70 Vgl. zum Schutzbereich der Berufsfreiheit in diesem Fall ausführlich *Wahlen*, Polizeikostenerstattung, S. 86 ff.

71 BVerfGE 7, 377 (403, 405 ff.).

72 Vgl. *Kempny*, DVBl. 2017, S. 862 (867); *Klein*, DVBl. 2015, S. 275 (280); *Moser*, Kostenbeteiligungsmodelle für Polizeieinsätze, S. 171 f.; *Schmidt*, ZRP 2007, S. 120 (121); *Wahlen*, Polizeikostenerstattung, S. 87 ff.

Entlastung der Allgemeinheit unzweifelhaft gegeben.[73] Auch mit Blick auf die Geeignetheit der Regelung bestehen keine Bedenken. Im Rahmen der Verhältnismäßigkeitsprüfung werden seitens der Literatur jedoch vor allem Erforderlichkeit und Angemessenheit der Kostentragung problematisiert. So wird als milderes Mittel die Heranziehung von vorrangigen Verhaltensstörern, bspw. randalierenden Fans, genannt.[74] Dieses Mittel ist jedoch als nicht gleich geeignet zu erachten, da die Inanspruchnahme der Randalierer ein ungleich höheres finanzielles Risiko bergen würde.[75] Auch in anderen Maßnahmen wie Ticket-Limitierungen[76] kann wegen der vergleichbaren finanziellen Belastung des Veranstalters kein milderes Mittel gesehen werden. Ferner ist eine teilweise Kostenüberwälzung auch verhältnismäßig im engeren Sinne. Hier bedarf es einer Abwägung zwischen dem Interesse des Großveranstalters einerseits und der Öffentlichkeit andererseits, welche wegen der Zumutbarkeit für den Veranstalter zugunsten letzterer ausfällt. Möglicherweise spricht gegen eine zusätzliche Gebührenbelastung, dass der Veranstalter „bereits beträchtliche Summen an Steuergeldern" entrichtet, „von welchen auch die öffentliche Sicherheit profitiert".[77] Dieser vom Äquivalenzprinzip[78] geleitete Gedanke übersieht indes den fehlenden Gegenleistungsbezug der Steuer und darf nicht in die Abwägung miteinfließen.[79] Die Gebühr darf den Veranstalter nicht übermäßig finanziell belasten.[80] Eine maßvolle Gebühr ist vertretbar. So kann der Veranstalter die Kosten auch in den Eintrittspreis einkalkulieren und auf die Besucher abwälzen.[81] Im Ergebnis erfolgt durch eine Kostenverpflichtung zwar ein Eingriff in den Schutzbereich der Berufsfreiheit, der jedoch verfassungsrechtlich gerechtfertigt ist[82].

3. Art. 14 Abs. 1 GG

26 Des Weiteren ist zu problematisieren, ob die Einführung einer (teilweisen) Kostentragungspflicht eine Verletzung der Eigentumsfreiheit des Großveranstalters bedeuten könnte. Nach herrschender Meinung umfasst der Eigentumsbegriff aber nicht das Vermögen als solches.[83] Schlagwortartig schützt Art. 14 Abs. 1 GG das Erworbene, nicht aber den Erwerb.[84] Letzterer genießt den Schutz der Berufsfreiheit.[85] Etwas anderes würde auch hier nur gelten, wenn die Gebühr eine „erdrosselnde Wirkung" auf den Ver-

73 *Klein*, DVBl. 2015, S. 275 (280); *Schiffbauer*, NVwZ 2014, S. 1282 (1285).

74 *Schiffbauer*, NVwZ 2014, S. 1282 (1285); vgl. auch *P. Kirchhof/G. Kirchhof*, Das Recht auf unentgeltliche Sicherheit, S. 64. *Wahlen*, Polizeikostenerstattung, S. 114 ff., erachtet hingegen den Abschluss eines hinkenden Austauschvertrages als milderes Mittel.

75 *Klein*, DVBl. 2015, S. 275 (280).

76 Vorgeschlagen von *Schiffbauer*, NVwZ 2014, S. 1282 (1285), der auf das Beispiel in Hamburg verweist, vgl. OVG Hamburg, DVBl. 2012, 784.

77 *Schiffbauer*, NVwZ 2014, S. 1282 (1285). In diese Richtung auch *Drechsler*, NVwZ 2020, S. 433 (434) und *Klein*, DVBl. 2015, S. 275 (280).

78 S. hierzu unten.

79 Vgl. auch *Heise*, NVwZ 2015, S. 262 (267); *Kempny*, DVBl. 2017, S. 862 (867); *Mayer*, Polizeikosten im Profifußball, S. 214.

80 Für einen Verstoß in diesem Fall auch *Lege*, VerwArch 89 (1998), S. 71 (89); *Schenke*, NJW 1983, S. 1882 (1887).

81 So für die Flugsicherheitsgebühr BVerfG, NVwZ 1999, S. 176 (177). Vgl. auch BVerwGE 165, 138 (148, 153); *Schenke*, NJW 1983, S. 1882 (1887); *Schmidt*, ZRP 2007, S. 120 (121).

82 So auch *Hebeler*, JA 2019, S. 876 (878).

83 Vgl. zur Diskussion rund um die Definition des Eigentums statt vieler *Kingreen/Poscher*, Grundrechte, Rn. 1190 ff.

84 BVerfGE 30, 292 (335); 88, 366 (377); 126, 112 (135 f.).

85 Statt vieler *Epping*, Grundrechte, Rn. 456.

anstalter hätte.[86] Mit anderen Worten müsste die Kostentragung den Veranstalter also finanziell allzu sehr überfordern.[87] Die Regelung darf daher dem Veranstalter nicht die vollständigen Kosten überbürden, sodass ein potentieller Gewinn verzehrt werden würde. Im Ergebnis ist jedoch bereits der Schutzbereich der Eigentumsfreiheit im Falle einer maßvollen Gebühr in Form einer teilweisen Kostentragungspflicht nicht eröffnet.[88]

4. Art. 3 Abs. 1 GG

Neben Berufs- und Eigentumsfreiheit spielt der allgemeine Gleichheitssatz aus Art. 3 **27**
Abs. 1 GG die größte Rolle bei der Frage, ob eine Kostenpflicht für Veranstalter gewinnorientierter Großveranstaltungen einen Grundrechtsverstoß darstellen könnte. Nach der sog. neuen Formel des BVerfG liegt ein Gleichheitsverstoß vor, wenn eine Vergleichsgruppe im Vergleich zu einer anderen Gruppe anders behandelt wird, obwohl zwischen beiden Gruppen keine Unterschiede von solcher Art und solchem Gewicht bestehen, dass sie die ungleiche Behandlung rechtfertigen könnte.[89] Zunächst kommt ein solcher Verstoß in Frage, wenn die Regelung auf gewinnorientierte Veranstaltungen beschränkt wird. Dies ist allerdings mit der Überlegung gerechtfertigt, dass nichtkommerzielle Veranstaltungen regelmäßig durch Art. 4 GG, Art. 5 GG oder insbesondere Art. 8 GG besonderen Schutz genießen.[90] Dem Gesetzgeber ist deshalb eine Differenzierung im Rahmen seiner Einschätzungsprärogative zuzubilligen.[91] Dasselbe gilt für das mögliche Tatbestandsmerkmal einer Mindestteilnehmerzahl an der Veranstaltung. Sachlicher Grund der Ungleichbehandlung ist hier das größere Gefahrenpotential.[92] Als problematischer erscheint die Auswahl des richtigen Kostenadressaten. In Zusammenhang mit der bremischen Regelung soll wohl vornehmlich die Deutsche Fußball Liga (DFL) als Adressat einer etwaigen Kostenforderung in Anspruch genommen werden[93], was in der Literatur auf große Bedenken hinsichtlich einer Verletzung von Art. 3 Abs. 1 GG gestoßen ist[94]. Eine Heranziehung des Großveranstalters an sich impliziert jedoch noch keinen Verstoß, da dieser nach dem oben gesagten (s. Rn. 13) als Störer im polizeirechtlichen Sinne angesehen werden kann und die Veranlasserhaftung auch dem Gebührenrecht nicht fremd ist.[95]

---

86 BVerfGE 30, 250 (272); 87, 153 (169); *Kingreen/Poscher*, Grundrechte, Rn. 1102 f.

87 Vgl. *Deusch*, Sportgroßveranstaltungen, S. 234; *Wahlen*, Polizeikostenerstattung, S. 84.

88 So auch BVerwGE 165, 138 (155); *Lege*, VerwArch 89 (1998), S. 71 (89); *Moser*, Kostenbeteiligungsmodelle für Polizeieinsätze, S. 172 f.; *Schenke*, NJW 1983, S. 1882 (1887); *Wahlen*, Polizeikostenerstattung, S. 85; a.A. Bremische Bürgerschaft, Bericht des Senats zum Beschluss der Bremischen Bürgerschaft zur Finanzierung von Polizeieinsätzen bei gewinnorientierten Großveranstaltungen vom 10. Dezember 2013 (zu Drs. 18/1201) v. 22.7.2014, Drs. 18/1501, S. 32 und *Schmidt*, ZRP 2007, S. 120 (122), die die Auferlegung von Polizeikosten aber als zulässige Inhalts- und Schrankenbestimmung ansehen.

89 St. Rspr., vgl. etwa BVerfGE 107, 205 (214); *Ipsen*, Grundrechte, Rn. 805 ff.

90 *Gädeke*, Sportgroßveranstaltungen, S. 59 f.; *Wahlen*, Polizeikostenerstattung, S. 149 f.; *Würtenberger*, NVwZ 1983, S. 192 (197). Auch *Schmidt*, ZRP 2007, S. 120 (122) verneint einen Verstoß aus dieser Hinsicht.

91 Vgl. zur bremischen Regelung auch Bremische Bürgerschaft, Drs. 18/1501 (o. Fn. 87), S. 32.

92 Vgl. *Kämmerer/Kleiner*, JuS 2020, S. 155 (159); *Klein*, DVBl. 2015, S. 275 (281) und *Siegel*, DÖV 2014, S. 867 (871).

93 Vgl. Mitteilung des Senats an die Bremische Bürgerschaft, Drs. 18/1501 (o. Fn. 87), S. 33.

94 Vgl. *Klein*, DVBl. 2015, S. 275 (281); *Schiffbauer*, NVwZ 2014, S. 1281 (1285) und *Brüning*, NVwZ 2019, S. 1416 (1419). Auch *Lege*, VerwArch 89 (1998), S. 71 (89) weist auf das grds. Problem einer willkürlichen Auswahl hin.

95 Vgl. *Wahlen*, Polizeikostenerstattung, S. 148.

5. Art. 8 Abs. 1 GG

28 Gewinnorientierte Großveranstaltungen fallen in aller Regel nicht in den Schutzbereich der Versammlungsfreiheit, da es an den nötigen Elementen der Teilhabe an der öffentlichen Meinungsbildung bzw. der inneren Verbindung der Besucher fehlt.[96]

6. Art. 9 Abs. 1 GG

29 Man könnte einen Verstoß gegen die Vereinigungsfreiheit in Form der externen Betätigungsfreiheit[97] mit der Begründung annehmen, dass sich eine mögliche Kostentragungspflicht auf die Geschäftsführung bzw. die Bestimmung des Vereinssitzes auswirke, da mit Ticketbeschränkungen oder sogar einer Sitzverlegung des Vereins zu rechnen sei.[98] Dieser Ansatz überzeugt indes nicht, zumal zumindest die Sitzverlegung in ein Bundesland ohne Kostentragungsregelung praxisfern sein dürfte. Schon der Schutzbereich des Art. 9 Abs. 1 GG ist nicht eröffnet, da dieser hinter den spezielleren Grundrechten (insbesondere Art. 12 Abs. 1 GG) zurückstehen muss. Der Veranstalter tritt durch die Durchführung der Veranstaltung insoweit im Rechtsverkehr nicht anders auf als eine natürliche Person, weshalb es an einer besonderen Schutzbedürftigkeit durch Art. 9 Abs. 1 GG mangelt.[99]

7. Art. 2 Abs. 1 GG

30 Die allgemeine Handlungsfreiheit aus Art. 2 Abs. 1 GG ist gegenüber den anderen Freiheitsgrundrechten subsidiär und nur dann eigener Prüfungsmaßstab, wenn der hier in Rede stehende Bereich nicht durch besondere Grundrechte geschützt ist. Wie gezeigt fällt die finanzielle Beteiligung an den polizeilichen Einsatzkosten aber in den Schutzbereich von Art. 12 Abs. 1 GG. Die allgemeine Handlungsfreiheit muss aus diesem Grund als subsidiär zurücktreten.[100]

III. Begrenzung für Kostenbeteiligung aus Europarecht

31 Der Veranstalter kann sich zwar im Anwendungsbereich der Verträge auf die Dienstleistungsfreiheit nach Art. 56 AEUV berufen, allerdings sind unionsrechtliche Hürden nicht ersichtlich. Im Gegenteil könnte in der Nichterhebung von Polizeikosten sogar eine unzulässige staatliche Beihilfe nach Art. 107 AEUV zu sehen sein.[101]

---

96 Ausführlich hierzu *Gädeke*, Sportgroßveranstaltungen, S. 55; *Moser*, Kostenerstattungspflicht für Polizeieinsätze, S. 170 f.; *Wahlen*, Polizeikostenerstattung, S. 80 f. Zur Problematik der Kostenerhebung bei Versammlungen *v. Brünneck*, NVwZ 1984, S. 273 ff.; krit. mit Blick auf die unterschiedliche Zurechnung von Gefahrentatbeständen *Brüning*, NVwZ 2019, S. 1416 (1418).

97 Ob die externe Betätigungsfreiheit vom Schutzbereich umfasst ist, ist schon umstritten. Mit der ganz h.M. ist davon auszugehen, dass nur die „interne Vereinsbetätigung“ und der „vereinssichernde Außenkontakt der Mitglieder“ durch Art. 9 Abs. 1 GG geschützt ist. Vgl. hierzu *Höfling*, in: Sachs, GG, Art. 9 Rn. 18 ff.

98 *Schiffbauer*, NVwZ 2014, S. 1282 (1285).

99 So auch *Deusch*, Sportgroßveranstaltungen, S. 234. Vgl. auch BVerfGE 70, 1 (25); *Höfling*, in: Sachs, GG, Art. 9 Rn. 21; *Jarass*, in: ders./Pieroth, GG, Art. 9 Rn. 9.

100 *Wahlen*, Polizeikostenerstattung, S. 145. Anders wäre dies zu beurteilen, wenn der Veranstalter nicht mit Gewinnerzielungsabsicht handeln würde.

101 *Schmidt*, ZRP 2007, S. 120 (122). *Moser*, Kostenbeteiligungsmodelle für Polizeieinsätze, S. 164 f. und *Walker*, SpuRt 2019, S. 256 ff. sehen hingegen keinen Verstoß.

Ergebnis

Unter Beachtung der verfassungsrechtlichen Vorgaben wäre die Einführung einer entsprechenden Regelung durch den Landesgesetzgeber zulässig. 32

C. Frage 3

Hinweis zur Bewertung: Die dritte Frage weist den höchsten Schwierigkeitsgrad der Hausarbeit auf. Hier soll der Bearbeiter zum ersten Mal gestalterisch tätig werden. Inhaltlich baut die Frage dabei auf der vorherigen Frage auf. Gefragt ist nicht mehr nach den rechtlichen Problemen, sondern nach der Vermeidung derselben. 33

Aus den obigen Ausführungen ergibt sich, dass eine Kostentragungspflicht *de lege lata* nicht zu begründen ist. Fraglich ist, wie eine Kostenbeteiligung *de lege ferenda* aussehen könnte. 34

I. Eigener Regelungsvorschlag

Angesichts der dargestellten rechtlichen Vorgaben könnte eine Regelung wie folgt aussehen: 35

(1) Für Maßnahmen der Gefahrenabwehr soll eine Pauschalgebühr von bis zu 400 000 € von Veranstaltern erhoben werden,

1. die eine Veranstaltung mit Gewinnerzielungsabsicht durchführen,
2. an der voraussichtlich mehr als 5000 Personen zeitgleich teilnehmen werden und
3. wenn im Rahmen der Veranstaltung am Veranstaltungsort oder in dessen räumlichem Umfeld Straftaten von erheblicher Bedeutung zu befürchten sind, die den Einsatz von zusätzlichen Polizeikräften vorhersehbar erforderlich machen.

(2) Die Gebühr soll dabei den zu erwartenden Gewinn der Veranstaltung nicht überschreiten und sich an dem Mehraufwand orientieren, der aufgrund der zusätzlichen Bereitstellung von Polizeikräften entsteht. Der Veranstalter ist vor der Veranstaltung über die voraussichtliche Gebührenpflicht zu unterrichten.

(3) Von der Erhebung der Gebühr kann ganz oder teilweise abgesehen werden, wenn die Erhebung unbillig ist oder dem öffentlichen Interesse widerspricht.

II. Erläuterungen zum Regelungsvorschlag

1. Rechtsnatur und Regelungsstandort der Vorschrift

Wie gezeigt bedeutet eine Kostentragungspflicht einen Eingriff in die Rechte des betroffenen Veranstalters. Der Vorbehalt des Gesetzes macht es demnach erforderlich, dass Grundlage der Gebührenpflicht ein formelles oder materielles Gesetz sein muss.[102] Konkret möglich wäre die Begründung einer Kostentragungspflicht deshalb über die Erweiterung eines Besonderen Gebührenverzeichnisses um den Tatbestand „Polizeieinsätze bei Großveranstaltungen, die zugleich der Erzielung wirtschaftlichen Gewinns die- 36

102 *Deusch*, Sportgroßveranstaltungen, S. 230.

nen".[103] Eine Literaturauffassung hält diese Art der Regelungstechnik wegen des Ausnahmecharakters der Kostentragung von Polizeieinsätzen dagegen für unzulässig.[104] Um dem Rechtsstaatsprinzip und dem Demokratiegebot Rechnung zu tragen, müsse eine solch wesentliche Entscheidung vom Gesetzgeber getragen werden.[105] Dagegen spricht jedoch, dass der Gesetzgeber mit den Regeln des LGebG bereits wesentliche Entscheidungen bezüglich einer Gebührenpflicht getroffen hat und der Verordnungsgeber ausdrücklich in § 2 Abs. 2 LGebG RP[106] dazu ermächtigt wird, kostenpflichtige Amtshandlungen in Rechtsverordnungen auszunehmen. Inhalt und Ausmaß der Ermächtigung werden dagegen durch die §§ 3 ff. LGebG RP[107] konkretisiert. Einer auf Verordnungsebene eingeführten Kostentragungspflicht steht deshalb nichts entgegen.[108] Ferner erscheint auch ein Sondertatbestand im POG denkbar.[109]

2. Begriff des Veranstalters

37 Als Veranstalter bzw. potentieller Gebührenschuldner kommt bei Fußballspielen unstreitig der austragende Heimverein in Betracht, dem die organisatorische Verantwortung vor Ort obliegt.[110] Strittig ist jedoch, ob darüber hinaus auch die DFL (Mit-)Veranstalter und damit Gebührenschuldner sein kann. In Bezug auf die bremische Regelung wird dies in Teilen der Literatur abgelehnt. So sei die DFL nicht in der Lage Einfluss auf die Sicherheitslage zu nehmen, sondern schaffe lediglich die Rahmenbedingungen für die Spielaustragung.[111] Zudem entstehe ein finanzieller Vorteil durch den Polizeieinsatz im Wesentlichen nur bei den Vereinen, nicht aber bei der DFL.[112]

38 Richtiger erscheint es aber, auch die DFL als Veranstalter anzusehen. Der gebührenrechtliche Grundsatz des Vorteilsausgleichs stellt auf einen erlangten Vorteil aus einer staatlichen Handlung als Auslöser für die Gebühr ab. Ein monetärer Vorteil besteht angesichts der beträchtlichen Einnahmen (insb. aus der von der DFL organisierten Vermarktung der Ver-

---

103 Konkret käme in Rheinland-Pfalz eine Aufnahme in die Anlage zur Landesverordnung über die Gebühren der allgemeinen und inneren Verwaltung einschließlich der Polizeiverwaltung (Besonderes Gebührenverzeichnis) v. 11.12.2001 in Frage. Die Abs. 2 und 3 des Regelungsvorschlags wären dann als Anmerkung zu fassen.

104 *Siegel*, DÖV 2014, S. 867 (869); *Würtenberger*, NVwZ 1983, S. 192 (196).

105 *Leines*, Kostentragung für Polizeieinsätze, S. 247; *Schmidt*, ZRP 2007, S. 120 (122).

106 § 4 GebG BW; Art. 5 Abs. 1 BayKostG; § 6 Abs. 1 GebBeitrG Bln; § 3 Abs. 1 GebG Bbg; § 3 Abs. 1 BremGebBeitrG; § 2 Abs. 1 GebG Hmb; § 2 Abs. 1 HVwKostG; § 2 Abs. 1 VwKostG M-V; § 3 Abs. 1 Nds. VwKostG; § 2 Abs. 1 GebG NRW; § 5 SaarlGebG; § 4 Abs. 1 SächsVwKG; § 3 VwKostG LSA; § 2 VwKostG SH; § 21 Abs. 1 ThürVwKostG.

107 §§ 5 ff. GebG BW; Art. 2, 6 ff. BayKostG; §§ 8 ff. GebBeitrG Bln; §§ 4 ff. GebG Bbg; §§ 5 ff. BremGebBeitrG; §§ 6 ff. GebG Hmb; §§ 3 ff. HVwKostG; §§ 3 ff. VwKostG M-V; §§ 4 ff. Nds. VwKostG; §§ 3 ff. NRW; §§ 6 ff. SaarlGebG; § 4 Abs. 2 ff. SächsVwKG; §§ 4 ff. VwKostG LSA; §§ 3 ff. VwKostG SH; §§ 1 ff. ThürVwKostG.

108 Hierfür auch *Braun*, Die Polizei 2013, S. 321 (323); *Deusch*, Sportgroßveranstaltungen, S. 230 f.; *Lege*, VerwArch 89 (1998), S. 71 (90); *Schiffbauer*, NVwZ 2014, S. 1282 (1285); *Stopper/Holzhäuser/Knerr*, SpuRt 2013, S. 49 (51).

109 In diese Richtung auch *Klein*, DVBl. 2015, S. 275 (277) und *Würtenberger*, NVwZ 1983, S. 192 (196).

110 *König*, VBlBW. 2018, S. 497 (502); *Leines*, Kostentragung für Polizeieinsätze, S. 203; *Mayer*, Polizeikosten im Profifußball, S. 232; *Weill*, NVwZ 2018, S. 846 (850 f.).

111 *Leines*, Kostentragung für Polizeieinsätze, S. 199 ff.; *Schiffbauer*, NVwZ 2014, S. 1282 (1284). *Müller-Eiselt*, SpuRt 2020, S. 54 (59 ff.) sieht die bremische Regelung insgesamt als verfassungswidrig an.

112 *Mayer*, Polizeikosten im Profifußball, S. 236.

wertungsrechte) auch für die DFL.[113] Erst durch das arbeitsteilige Zusammenwirken von Vereinen und DFL wird dieser Nutzen finanziell maximiert. Deshalb ist es folgerichtig, dass Heimverein und DFL im Ergebnis als Gesamtschuldner nach § 13 Abs. 2 LGebG RP[114] haften.[115]

3. Beschränkung auf Maßnahmen der Gefahrenabwehr

Durch die Beschränkung auf Maßnahmen der Gefahrenabwehr soll klargestellt werden, **39** dass der Veranstalter nicht für die Kosten repressiver Polizeitätigkeit herangezogen wird.[116] Hierfür hätte nach Art. 74 Abs. 1 Nr. 1 GG allein der Bund die Gesetzgebungskompetenz.

4. Mindestteilnehmerzahl

Die Kostenregelung soll erst ab einer gewissen Teilnehmerzahl Anwendung finden, da **40** die Risiken mit steigender Teilnehmerzahl steigen.[117] Dies ist vor dem Hintergrund von Art. 3 Abs. 1 GG gerechtfertigt (s. Rn. 27) und dürfte zudem zur Wahrung der Verhältnismäßigkeit der Gebührenregelung beitragen.[118]

5. Erfahrungswerte

Entgegen der bremischen Regelung sieht die hier vorgeschlagene Regelung nicht vor, **41** dass es „erfahrungsgemäß“ zu Gewalttaten kommen wird. Dies hat seine Begründung darin, dass dies vor dem Hintergrund des allgemeinen Gleichbehandlungsgrundsatzes aus Art. 3 Abs. 1 GG als problematisch erscheint. So werden hier regelmäßig stattfindende Veranstaltungen schlechter gestellt als Veranstaltungen, die zum ersten Mal stattfinden. Im letzteren Fall mangelt es nämlich an Erfahrungswerten.[119]

6. Höhe und Art der Gebühr

Eine zentrale Frage einer Kostenregelung ist die der Höhe und Art der Gebühr. Einen **42** einheitlichen Gebührenbegriff gibt die Verfassung nicht vor.[120] Verfassungsfestes Merk-

113 Vgl. BVerwGE 165, 138 (157); *Kämmerer/Kleiner*, JuS 2020, S. 155 (160); *Lege*, NdsVBl. 2018, S. 353 (355); *Weill*, NVwZ 2018, S. 846 (851 f.).

114 § 5 Abs. 2 GebG BW; Art. 2 Abs. 4 BayKostG; § 10 Abs. 4 GebBeitrG Bln; § 13 Abs. 2 GebG Bbg; § 13 Abs. 4 BremGebBeitrG; § 9 Abs. 7 GebG Hmb; § 11 Abs. 2 HVwKostG; § 13 Abs. 2 VwKostG M-V; § 5 Abs. 1 S. 2 Nds. VwKostG; § 13 Abs. 2 GebG NRW; § 12 Abs. 2 SaarlGebG; § 9 Abs. 2 SächsVwKG; § 5 Abs. 1 S. 2 VwKostG LSA; § 13 Abs. 2 VwKostG SH; § 6 Abs. 3 ThürVwKostG.

115 Ebenso OVG Bremen, NVwZ 2018, S. 913 (919 f.); *Kempny*, DVBl. 2017, S. 862 (866); *Lege*, NdsVBl. 2018, S. 353 (356); *Weill*, NVwZ 2018, S. 846 (851 f.). Auch das BVerwG hat die Inanspruchnahme der DFL als Mitveranstalter als rechtmäßig angesehen, vgl. BVerwGE 165, 138 (159). Zur gesamtschuldnerischen Haftung von Veranstalter und polizeirechtlichem Störer vgl. auch BVerwG, NVwZ 2022, S. 418 (420) – BVerfG-Az.: 1 BvR 548/22.

116 Vgl. auch die Kritik von *Klein*, DVBl. 2015, S. 275 (278) an der fehlenden Klarstellung der bremischen Regelung diesbezüglich.

117 Der Regelungsvorschlag von *Schmidt*, ZRP 2007, S. 120 (122 f.) enthält dagegen keine Mindestteilnehmerzahl.

118 Vgl. auch OVG Bremen, NVwZ 2018, S. 913 (918).

119 Vgl. zu diesem Problemkreis auch *Klein*, DVBl. 2015, S. 275 (281) und *Schiffbauer*, NVwZ 2014, S. 1282 (1286). Nach OVG Bremen, NVwZ 2018, S. 913 (917) und BVerwGE 165, 138 (149 f.), verstößt der Begriff „erfahrungsgemäß“ dagegen nicht gegen das Bestimmtheitsgebot.

120 *Kirchhof*, Die Höhe der Gebühr, S. 17.

mal einer Gebühr ist allein, dass sie – im Gegensatz zu Steuern[121] – eine Gegenleistung für die Erbringung staatlicher Leistung sein muss.[122] Gebühren sind demnach grds. bemessungsoffen. Gleichwohl gibt es tragende Prinzipien, teilweise von der Rechtsprechung entwickelt, die regelmäßig bei der Gebührenerhebung Anwendung finden. Diese Prinzipien müssen jedoch einfachgesetzlich festgeschrieben werden, erst dann erwachsen sie zu einer Bemessungsgrundlage.[123] So schreibt das Äquivalenzprinzip ein angemessenes Verhältnis zwischen in Anspruch genommener Leistung und Gebühr vor.[124] Wegen des Kostendeckungsprinzips müssen die erhobenen Gebühren zwar die Kosten decken, die Gebühr darf aber den erwarteten Gewinn nicht überschreiten.[125] Eine willkürfreie Absenkung unter die Kostendeckung ist in diesem Zusammenhang aber zulässig. [126] Erforderlich ist zudem, dass aus der Norm ersichtlich wird, in welcher Höhe eine Belastung erfolgt. Um dem Rechtsstaatsprinzip bzw. dem Bestimmtheitsgebot Rechnung zu tragen, sollte die Höhe der Gebühr deshalb im Voraus mitgeteilt werden.[127]

43 Hinsichtlich der Ausgestaltung der Gebühr ist zwischen einer Pauschalgebühr und einer Gebühr, die nach den tatsächlichen Mehrkosten berechnet wird, zu unterscheiden. Die bremische Regelung sieht eine Wahlmöglichkeit vor. Vorzugswürdig erscheint jedoch die Wahl einer Pauschalgebühr, da der entstandene Mehraufwand nur äußerst schwierig zu berechnen sein dürfte.[128] Angesichts der erheblichen Polizeikosten[129] ist eine Höhe von bis zu 400 000 € vertretbar.

---

121 Vgl. zur Abgrenzung von Steuern und den sog. Vorzugslasten (Gebühren und Beiträge) *Tappe/Wernsmann*, Öffentliches Finanzrecht, Rn. 267 ff. Die Erhebung einer „Großveranstaltungs-Steuer" bzw. einer Sonderabgabe scheitert am Tatbestandsmerkmal der fehlenden Gegenleistung, da die Geldleistung als Gegenleistung für die Inanspruchnahme einer staatlichen Leistung – nämlich des Polizeieinsatzes – anzusehen wäre. Vgl. zu diesen Finanzierungsmöglichkeiten auch Bremische Bürgerschaft, Drs. 18/1501 (o. Fn. 87), S. 30.

122 Vgl. *Tappe/Wernsmann,* Öffentliches Finanzrecht, Rn. 269 f.

123 Vgl. bspw. § 3 LGebG RP. Entsprechend: § 7 GebG BW; Art. 5 Abs. 3 BayKostG; § 8 GebBeitrG Bln; § 4 GebG Bbg; § 4 Abs. 2 und 3 BremGebBeitrG; § 6 Abs. 1 GebG Hmb; § 3 Abs. 1 HVwKostG; § 3 VwKostG M-V; § 3 Abs. 2 Nds. VwKostG; § 3 Abs. 1 GebG NRW; § 6 Abs. 3 SaarlGebG; § 4 Abs. 1 SächsVwKG; § 3 Abs. 2 VwKostG LSA; § 3 Abs. 1 VwKostG SH; § 21 Abs. 4 ThürVwKostG.

124 BVerfGE 20, 257 (270); BVerwGE 22, 209 (305); 26, 305 (308 f.). Vgl. auch *Tappe/Wernsmann*, Öffentliches Finanzrecht, Rn. 226 f.

125 *Schmidt*, ZRP 2007, S. 120 (120); *Braun*, Die Polizei 2013, S. 321 (324); *Siegel*, DÖV 2014, S. 867 (871). Für die Gebührenbemessung gilt im Übrigen auch § 9 LGebG RP. Vgl. entsprechend § 7 GebG BW; Art. 6 BayKostG; § 8 GebBeitrG Bln; § 4 GebG Bbg; § 4 Abs. 2 und 3 BremGebBeitrG; § 6 GebG Hmb; § 3 HVwKostG; § 9 VwKostG M-V; § 9 Nds. VwKostG; § 9 GebG NRW; § 6 SaarlGebG; § 4 SächsVwKG; § 10 VwKostG LSA; § 9 VwKostG SH; § 21 Abs. 4 ThürVwKostG.

126 Vgl. zum Kostendeckungsprinzip ausführlich *Tappe/Wernsmann*, Öffentliches Finanzrecht, Rn. 280 ff.

127 So auch *Braun*, Die Polizei 2013, S. 321 (324); *Buchberger*, in: Lisken/Denninger, Handbuch Polizeirecht, L, Rn. 150; *Deusch*, Sportgroßveranstaltungen, S. 233; *Gusy*, DVBl. 1996, S. 722 (727). *Leines*, Kostentragung für Polizeieinsätze, S. 251, hält eine Vorabinformation dagegen nicht für erforderlich. Zur Vorhersehbarkeit der konkreten Gebührenhöhe vgl. BVerwGE 165, 138 (152 f.).

128 Vgl. *Götz/Geis*, Allgemeines Polizei- und Ordnungsrecht, § 21 Rn. 41. Für diese Lösung auch *Gädeke*, Sportgroßveranstaltungen, S. 178 f.; *Lege*, VerwArchiv 89 (1998), S. 71 (89 f.); *Siegel*, DÖV 2014, S. 867 (871). Gegen eine Pauschalgebühr *Leines*, Kostentragung für Polizeieinsätze, S. 264.

129 S. zu detaillierteren Berechnungen Bremische Bürgerschaft, Drs. 18/1501 (o. Fn. 87), S. 32 oder *Moser*, Kostenbeteiligungsmodelle für Polizeieinsätze, S. 99 ff.

7. Beschränkung auf kommerzielle Veranstaltungen bzw. Veranstaltungen mit erhöhtem Konfliktpotential

Würde man die Regelung auch auf nichtkommerzielle Veranstaltungen ausweiten, würde dies gegen Art. 4 GG, Art. 5 Abs. 1 GG oder Art. 8 GG verstoßen. Dies ist auch mit Hinblick auf Art. 3 Abs. 1 GG gerechtfertigt (s. Rn. 27). **44**

Auch bei der Beschränkung auf Veranstaltungen mit erhöhtem Risiko ist Art. 3 GG betroffen.[130] Kritik hat die bremische Regelung hier bezüglich des Abstellens auf den Begriff der „Gewalthandlung" erfahren. So sei dieser Begriff zu unbestimmt und als Tatbestandsmerkmal deshalb untauglich.[131] Vorgeschlagen wird stattdessen eine Beschränkung auf die „Gefahr erheblicher Straftaten".[132] **45**

8. Ermessen und Billigkeitsregelung

Während die bremische Vorschrift weder eine Ermessensvorschrift darstellt noch eine Härtefallregelung enthält, sind diese beiden Elemente im hier dargestellten Regelungsvorschlag vorgesehen.[133] So erscheint eine Soll-Vorschrift wegen des Grundsatzes der Gesetzmäßigkeit der Verwaltung und dem haushaltsrechtlichen Gebot der Wirtschaftlichkeit und Sparsamkeit einerseits als sinnvoll.[134] Andererseits muss es auch möglich sein in atypischen Fällen von einer Gebühr abzusehen.[135] **46**

Literaturverzeichnis **47**

Albrecht, Karl-Dieter	Probleme der Kostenerhebung für polizeiliche Maßnahmen, in: Schreiber, Manfred (Hrsg.), Polizeilicher Eingriff und Grundrechte. Festschrift zum 70. Geburtstag von Rudolf Samper, Stuttgart 1982, S. 165 ff.
Braun, Frank	Polizeikostenerstattung bei Fußballbundesligaspielen?, in: Die Polizei 2013, S. 321 ff.
Broß, Siegfried	Zur Erstattung der Kosten von Polizeieinsätzen, in: DVBl. 1983, S. 377 ff.
Brüning, Christoph	Gebührenpflicht für Polizeieinsätze bei Hochrisiko-Fußballspielen, in: NVwZ 2019, S. 1416 ff.
Deusch, Florian	Polizeiliche Gefahrenabwehr bei Sportgroßveranstaltungen, Berlin 2005
Drechsler, Jannes	Rechtspolitische Aspekte der Polizeikostenbeteiligung bei Sportgroßveranstaltungen, in: NVwZ 2020, S. 433 ff.

130 Vgl. die Prüfung im Rahmen von Frage 2 und *Siegel*, DÖV 2014, S. 867 (870 f.).

131 *Klein*, DVBl. 2015, S. 275 (281); *Mayer*, Polizeikosten im Profifußball, S. 223 ff. Dagegen aber OVG Bremen, NVwZ 2018, S. 913 (916) und BVerwGE 165, 138 (149).

132 Ähnlich *Klein*, DVBl. 2015, S. 275 (281).

133 Der Wortlaut des Regelungsvorschlags ist in diesem Punkt dem Vorschlag von *Schmidt*, ZRP 2007, S. 120 (123) nachempfunden, der ebenfalls intendiertes Ermessen bzw. eine Billigkeitsklausel vorsieht.

134 Vgl. zum Begriff der Wirtschaftlichkeit und Sparsamkeit *Tappe/Wernsmann*, Öffentliches Finanzrecht, Rn. 564 ff.

135 Bspw. bei Fußball-Länderspielen.

Epping, Volker Grundrechte, 9. Aufl. 2021

Erbel, Günter Forum – Zur Polizeipflichtigkeit des sog „Zweckveranlassers“, in: JuS 1985, S. 257 ff.

Gädeke, Henning Sportgroßveranstaltungen als staatliche Herausforderung, Frankfurt am Main 2012

Götz, Volkmar Kostenrecht der Polizei und Ordnungsverwaltung, in: DVBl. 1984, S. 14 ff.

ders./Geis, Max-Emanuel Allgemeines Polizei- und Ordnungsrecht, 17. Aufl., München 2022

Gusy, Christoph Polizeikostenüberwälzung auf Dritte, in: DVBl. 1996, S. 722 ff.

ders. Polizei- und Ordnungsrecht, 10. Aufl., Tübingen 2017

Hebeler, Timo Gebührenpflicht für besonderen polizeilichen Aufwand bei Hochrisikoveranstaltung, in: JA 2019, S. 876 ff.

Heise, Svend Überwälzung von Einsatzkosten der Polizei bei Spielaustragungen im Profifußball. Der polizeikostenrechtliche Ansatz, in: NVwZ-Extra 05/2015, S. 1 ff.

ders. Überwälzung von Einsatzkosten der Polizei bei Spielaustragungen im Profifußball. Der gebührenrechtliche Ansatz, in: NVwZ 2015, S. 262 ff.

Ipsen, Jörn Staatsrecht II. Grundrechte, 24. Aufl., München 2021

Jachmann, Monika/Stober, Rolf (Hrsg.) Finanzierung der inneren Sicherheit unter Berücksichtigung des Sicherheitsgewerbes, Köln u.a. 2003

Jarass, Hans D./Pieroth, Bodo Grundgesetz für die Bundesrepublik Deutschland, Kommentar, 17. Aufl., München 2022

Kämmerer, Axel/Kleiner, Philipp Referendarexamensklausur – Öffentliches Recht: Verfassungsrecht und Polizeirecht – Veranstalter in der Pflicht?, JuS 2020, S. 155 ff.

Kempny, Simon Steuerstaat oder Gebührenstaat? – Zur Finanzierung von Polizeieinsätzen bei Fußballspielen, in: DVBl. 2017, S. 862 ff.

Kingreen, Thorsten/Poscher, Ralf Grundrechte. Staatsrecht II, 38. Aufl., München 2022

dies. Polizei- und Ordnungsrecht, 12. Aufl., München 2022

Kirchhof, Ferdinand Die Höhe der Gebühr, Berlin 1981

Kirchhof, Paul/Kirchhof, Gregor Das Recht auf unentgeltliche Sicherheit, Zur Sicherheitsgebühr bei Risikoveranstaltungen, Tübingen 2020

Klein, Nicolas Fußballveranstaltungen und Polizeikosten – Die Verfassungsmäßigkeit einer kostenrechtlichen lex-Fußball in Bremen, in: DVBl. 2015, S. 275 ff.

Knemeyer, Franz-Ludwig Polizei- und Ordnungsrecht, 11. Aufl., München 2007

König, Marco Polizeikostenersatz bei kommerziellen Großveranstaltungen, insbesondere bei Fußballspielen, in: VBlBW. 2018, S. 497 ff.

Kugelmann, Dieter/Alberts, Cornelia	Kosten der Gefahrenabwehr und ihre Erstattung, in: Jura 2013, S. 898 ff.
Lege, Joachim	Polizeieinsätze bei Fußball-Bundesligaspielen, in: VerwArch 89 (1998), S. 71 ff.
ders.	Polizeikosten bei Fußball-Bundesligaspielen, in: NdsVBl. 2018, S. 353 ff.
Leines, Marcel	Die Kostentragung für Polizeieinsätze anlässlich von Fußballspielen, Baden-Baden 2018
Lisken, Erhard/Denninger, Frederik (Hrsg.)	Handbuch des Polizeirechts, 7. Aufl., München 2021
Majer, Dietmut	Die Kostenerstattungspflicht für Polizeieinsätze aus Anlaß von privaten Veranstaltungen, in: VerwArch 73 (1982), S. 167 ff.
Mayer, Marius	Polizeikosten im Profifußball, Berlin 2018
Moser, Christian	Kostenbeteiligungsmodelle für Polizeieinsätze bei sportlichen Großveranstaltungen, Hamburg 2009
Müller-Eiselt, Gerrit	Polizeikosten bei Fußballspielen – eine verfassungsrechtliche Besprechung und Bewertung des vorletzten Worts aus Leipzig, in: SpuRt 2020, S. 54 ff.
Nolte, Martin	Aufgaben und Befugnisse der Polizeibehörden bei Sportgroßveranstaltungen, in: NVwZ 2001, S. 147 ff.
Oldiges, Martin	Kostenerstattung einer Gemeinde für polizeiliche Gefahrenabwehr, in: JuS 1989, S. 616 ff.
Roos, Jürgen/Lenz, Thomas	Polizei- und Ordnungsbehördengesetz Rheinland-Pfalz (POG), 5. Aufl., Stuttgart 2018
Rühle, Dietrich G.	Polizei- und Ordnungsrecht für Rheinland-Pfalz, 8. Aufl., Baden-Baden 2021
Sachs, Michael (Hrsg.)	Grundgesetz, Kommentar, 9. Aufl., München 2021
Schaffarzik, Bert	Zuständigkeit und Verhältnismäßigkeit im Gebührenrecht, in: NJW 2003, S. 3250 ff.
Schenke, Wolf-Rüdiger	Erstattung der Kosten von Polizeieinsätzen, in: NJW 1983, S. 1882 ff.
ders.	Polizei- und Ordnungsrecht, 11. Aufl., Heidelberg 2021
Schiffbauer, Björn	Unhaltbar? Zum Bremer Vorstoß einer Kostentragungspflicht für Polizeieinsätze im Profifußball, in: NVwZ 2014, S. 1282 ff.
ders./Wieland, Joachim	Pro & Contra: Polizeieinsatzkosten bei Großveranstaltungen reine Staatssache?, in: ZRP 2019, S. 90
Schmidt, Thorsten Ingo	Der Anspruch auf Ersatz der Polizeikosten bei Großveranstaltungen, in: ZRP 2007, S. 120 ff.
Schneider, Tobias/Kensbrock, Karsten	Aktion saubere Stadt – Der Freier als Zweckveranlasser, in: VBlBW. 1999, S. 168 ff.
Schoch, Friedrich	Der Zweckveranlasser im Gefahrenabwehrrecht, in: Jura 2009, S. 360 ff.

Siegel, Thorsten	Erneut auf dem Prüfstand: Kostentragung für Polizeieinsätze bei Fußballspielen?, in: DÖV 2014, S. 867 ff.
Stopper, Martin/Holzhäuser, Felix/Knerr, Florian	Kostenpflicht der Vereine für Polizeieinsätze im Fußballstadion, in: SpuRt 2013, S. 49 ff.
Tappe, Henning/Wernsmann, Rainer	Öffentliches Finanzrecht, 3. Aufl., Heidelberg 2023
v. Brünneck, Alexander	Die Kostenerhebung der Polizei bei Demonstrationen, in: NVwZ 1984, S. 273 ff.
Wahlen, Swantje	Polizeikostenerstattung kommerzieller Großveranstalter – zugleich ein Beitrag zur „Beamtenüberlassung" –, Saarbrücken 2008
Walker, Michael	Die Verwaltungspraxis infolge des Polizeikostenurteils des BVerwG im Lichte des Europäischen Beihilfenrecht, in: SpuRt 2019, S. 256 ff.
Weill, Tim	Die DFL als „Veranstalterin" und Schuldnerin von Verwaltungsgebühren im deutschen Profifußball, in: NVwZ 2018, S. 846 ff.
Wienbracke, Mike	§ 4 Abs. 4 BremGebBeitrG: Gebührencharakter und Gesetzgebungskompetenz, in: NordÖR 2018, S. 518 ff.
Würtenberger, Thomas	Erstattung von Polizeikosten, in: NVwZ 1983, S. 192 ff.

Sachregister

E bezieht sich auf die Einführung, **G** auf die Gestaltungsrichtlinien, **S** auf Sprache und Stil und **1**, **2** usw. auf die entsprechende Hausarbeit; die mager gedruckten Zahlen beziehen sich auf die Randnummern.

Abgeordneter **7** 32, 39 ff.
– Beteiligtenfähigkeit **8** 5 f.
– Statusrechte **8** 5
– Stellung **8** 8
Abhängigkeit, strukturelle **9** 62, 72, 74
Abkürzungsverzeichnis **G** 3, 10
Abstrakte Normenkontrolle **9** 4, 7
– Antragsberechtigung **9** 4, 10
– Prüfungsmaßstab **9** 17
– Rechtsschutzbedürfnis **9** 15
– Sachentscheidungsvoraussetzungen **9** 4, 8
Abwertungen **S** 25
Aktenvorlage **7** 52, 62
Aktionsformen **S** 28
Aktiv **S** 23
Allgemeinverfügung **4** 3 ff.
Amtshilfe **7** 52
Amtssprache **S** 26
Analogie **8** 33 ff., 46, **9** 5
– Gleichwertigkeit, tatbestandliche **8** 37
– Planwidrigkeit **8** 36
– Regelungslücke **8** 35
– Übertragbarkeit der Rechtsfolge **8** 39
Angemessenheit *s. Verhältnismäßigkeit*
Annexkompetenz *s. Gesetzgebungskompetenz*
Anordnung, einstweilige **3** 7 ff., **8** 68 ff.
– Begründetheit **3** 56 ff., **8** 79 ff.
– Eilbedürftigkeit, besondere **3** 54, **8** 83 f.
– Folgenabwägung **3** 56, **8** 81 f.
– Statthaftigkeit **3** 8, **8** 69
– Vorwegnahme der Hauptsache **3** 51 f., **8** 85
– Zulässigkeit **3** 6 ff., **8** 68 ff.
Anwendung, analoge *s. Analogie*
Äquivalenzprinzip **10** 42
Arbeitnehmer **5** 45
Arbeitsrecht **5** 10, **9** 26, 31
Arbeitsschutz **9** 27, 31, 58, 66, 71
Argumente **E** 9, 17 f., **G** 6
– Argumentensammlung **E** 17
– Erörterungsmethode **E** 9, 18
– Struktur **G** 6
Artikel **S** 11
Aufgabe **E** 1 f.
Aufklärungsangebote **4** 64
Aufsatz **G** 23, 39
Ausführung
– mangelhafte **4** 86, 95
– unmittelbare **10** 6
Auslassungen **G** 26
Auslegung
– Auslegungskanon **E** 9
– Entstehungsgeschichte/Genese **E** 9, **9** 27, 40
– Historie **E** 9
– Systematik **E** 9, **9** 26, 39
– Teleologie **E** 9, **9** 28
– verfassungskonforme **8** 5
– Wortlaut **E** 9, **9** 24, 38
Ausstrahlungswirkung **3** 34
Auswärtige Gewalt **7** 60, 67
Autoren **G** 18, 34

Bände **G** 36
Begründungspflicht **5** 11 ff., **7** 64, 69
Bekräftigungen **S** 21
Bemessungsgrundlage **10** 42
Berufsfreiheit **1** 58 ff., **9** 50, 68, **10** 25
– Beruf **9** 51
– berufsregelnde Tendenz **9** 52, 69
Beschwerdebefugnis **1** 10 ff., **6** 57 ff.
Beschwerdegegenstand **2** 6 f., **5** 54
– Europäische Sekundärrechtsakte **6** 27 ff., 31
– Handeln des deutschen Vertreters im Rat **6** 54 f.
Beteiligter, anderer *s. Organstreitverfahren*
Betroffenheit, individuelle **6** 14
Bevormundung **9** 73
Beweiserhebungsrecht **7** 35, 53, 55
Blogbeiträge **G** 24, 41

Botschaft, verschlüsselte **S** 18
Bundesbeauftragte, Entsendung von **4** 83 ff.
Bundesorgan, oberstes **7** 9 ff.
Bundesrat **4** 85
– Gebot einheitlicher Stimmabgabe **4** 89 ff.
Bundestagsauflösung
– Form **8** 15 ff.
– Frist **8** 22
– Verfahren **8** 14
– Voraussetzungen, materielle **8** 23 ff.
– Zuständigkeit **8** 13

Datenbanken **E** 15, **G** 25, 32, 41
Deckblatt **G** 3, 5
Definition **E** 9, 20 ff.
Demokratie
– Demokratieprinzip **6** 61 ff., 65 ff., 96, 103 f., **10** 36
– Demokratische Legitimation **5** 21 f.
– wehrhafte **7** 58
Dienstleistungsfreiheit **10** 31
Direktionsrecht des Arbeitgebers **9** 51
Diskontinuität **7** 17
Diskussionsbeitrag **G** 40
Dissertation **E** 17, **G** 40
Download **G** 11, 43
Dozentenmeinung **E** 18
Drei-Sekunden-Regel **S** 9
Drei-Stufen-Lehre **1** 70 f., **9** 64, **10** 25
Drittwirkung, mittelbare **3** 34

Eigentumsgarantie **1** 80 ff., **10** 26
Eilverfahren **3** 44
Eingriffsbegriff
– klassischer **1** 23, **5** 70
– moderner **1** 23, **5** 71 ff., **9** 69
Eingriffsintensität **4** 66 ff.
Einschätzungsprärogative **9** 61
Einstweilige Anordnung *s. Anordnung, einstweilige*
Einverständnis **3** 78
Entscheidung, gerichtlich **G** 25
Entscheidungsanmerkung **G** 39
Ergänzungen **G** 27
Erholung **9** 59, 63, 75
Ermessen **8** 29, 54
– Fehler **8** 29, 54
– Nichtgebrauch **8** 29
– Reduktion auf Null **8** 29
Ersatzvornahme **10** 6
Erscheinungsjahr **G** 34 ff., 40
Erscheinungsort **G** 34, 40
Ersetzungsbefugnis **9** 30, 37
Erstattungsanspruch, öffentlich-rechtlicher **10** 19

Fallfrage **E** 6 f.
Familienleben **9** 59, 63, 66, 71
Festschrift **G** 23, 39
Föderale Ordnung **9** 18, 78
Föderalismusreform I **9** 27, 41
Folgenabwägung **3** 56
Formalia **G** 1
Formatvorlage **G** 42
Forum, öffentliches **3** 73 ff., 99
Fragerecht **7** 51
Fraktion **7** 29 f., 36 ff.
– Ausschluss *s. Fraktionsausschluss*
– Rechtsnatur **8** 57
Fraktionsausschluss **8** 31 ff.
– Begründung **8** 44
– Rechtmäßigkeit **8** 31
– Rechtmäßigkeit, formelle **8** 41 ff.
– Rechtmäßigkeit, materielle **8** 46 ff.
– Rechtsgrundlage **8** 32 ff.
– Verfahren **8** 42
– Verstoß gegen Grundsätze oder Ordnung **8** 48 ff.
– Zuständigkeit **8** 41
Fremdwörter **S** 18
Füllwörter **S** 24
Fußnoten **G** 17 f.
Fußnotenzeichen **G** 28

G 10-Kommission **7** 6 ff.
Gebührenrecht **10** 16
– Gebührenbegriff **10** 16
– Gebührenschuldner **10** 37
Gefahrenabwehr **10** 5, 39
Gefahrenprognose **4** 25
Gegenzeichnung **8** 18 ff.

Gemeinlastprinzip **10** 5, 24
Gerichte **G** 18
Gerichtssprache **S** 26
Geschäftsführung ohne Auftrag **10** 18
Gesetzesvorbehalt **2** 36
– einfacher **9** 54
Gesetzgebungskompetenz **5** 7 ff., **9** 20, 56, 78, **10** 23
– Annexkompetenz **10** 23
– ausschließliche Gesetzgebungskompetenz eines Landes **9** 22
– Gebrauchmachen **9** 33
– konkurrierende **9** 31
– Recht der Wirtschaft **5** 10
– Recht des Ladenschlusses **9** 24, 37
Gesetzgebungsverfahren **9** 40, 44
Gewaltenteilung **7** 56 ff., **9** 45
– Hilfsorgan **7** 17
Gleichheitssatz, allgemeiner **5** 44 ff., **9** 78
– Gebühren **10** 27
– Ungleichbehandlung **5** 45
– Willkürprüfung **5** 47
Gliederung **G** 6 ff.
Grundrecht auf ein menschenwürdiges Existenzminimum **5** 33
Grundrechtsbindung des deutschen Vertreters im Rat **6** 63
Gutachten **G** 3, 12 ff.
– Apposition **E** 20
– Gutachtenstil **E** 1, 7, 18, 20
– Hilfsgutachten **E** 18

Habilitation **E** 17, **G** 40
Handlungsfreiheit, allgemeine **1** 22 ff., **5** 42 f., **10** 30
Hauptsächlichkeiten **S** 10
Herausgeber **G** 18, 34
Hilfsgutachten *s. Gutachten*
Hilfsmittel **G** 29
Homogenitätsklausel **9** 45

Identitätskontrolle **6** 61 ff., 100 ff.
Impfpflicht **4** 34, 40 ff., 56, 65 ff., 74 ff.
Informationsangebote **4** 64
Informationsrecht **7** 51
Institutionen **G** 40
ISBN-Nummer **G** 40

Juristische Person *s. Person, juristische*

Kernbereich exekutiver Eigenverantwortung **7** 57
Klammer, eckige **G** 26 f., 39
Klarheit **S** 2
Klassifikation, alpha-numerische **G** 7
Klausur **E** 2
Koalitionsfreiheit **5** 24 ff., **9** 66
Kommentar **E** 13, **G** 22, 35
Kommunikation **S** 3, **3** 75
Konjunktion **3** 5
Konjunktiv **S** 27 ff.
Konkordanz **E** 4 f., 19
Konnexitätsgrundsatz **10** 24
Kontrollfunktion **7** 51 f.
Korrekturrand **G** 2
Kosten- und Gebührenpflicht **10** 24, 35
Kostendeckung **10** 42
Kostentragung **10** 5, 29
Kursivdruck **G** 34
Kurzzeitgedächtnis **S** 8

Ladenöffnungszeiten **9** 24, 28
Leerformeln **S** 22
Lehrbuch **E** 12, **G** 23, 35
Leistungsanspruch **3** 72 ff.
Literaturverzeichnis **G** 3 f., 30 ff.
Loseblattsammlung **G** 22, 38
Lösungsskizze **E** 11

Meinungsfreiheit **4** 3 ff.
– Abgrenzung zur Versammlungsfreiheit **4** 27 ff.
– Minderheitenschutz **4** 19
– sozial adäquate Meinung **4** 19
– unvernünftige Meinung **4** 6
Meinungsstreitigkeiten **E** 2, 20 ff.
– Darstellung, rechtsfragenbezogen **E** 24 ff.
– Darstellung, sachverhaltsbezogen **E** 21 ff., 29
– Entscheidungserheblichkeit **E** 21 ff., 28
Menschenwürde **2** 49, **5** 33
Mindestlohn **5** 1 ff.

Mittelbare Drittwirkung *s. Drittwirkung, mittelbare*
Monographie **E** 17, **G** 4, 23, 35

Nebensächlichkeiten **S** 10
Nichtigkeitsklage **6** 3 ff.
Nominalisierungen **S** 4 f.
Normenkontrollverfahren **7** 49, **8** 5 ff.
– Antragsbefugnis **8** 8, 63, 73
– Antragsform **8** 9, 64, 74 f.
– Antragsfrist **8** 9, 64, 76
– Antragsgegenstand **8** 6, 62, 72
– Antragsgegner **8** 6, 61, 71
– Antragsteller **8** 5, 60, 70
– Beteiligtenfähigkeit **8** 5
Normhierarchie **8** 5

Obersätze **E** 23, **S** 35 f., **7** 48
Obiter dictum **3** 102
Öffentliches Forum *s. Forum, öffentliches*
Online-Quellen **G** 24 f., 32, 41
Opposition **7** 30
Organstreitverfahren **7** 3 ff., **8** 59 ff.
– Begründetheit **8** 12 ff.
– Beteiligter, anderer **7** 19 ff.
– Prozessstandschaft **7** 38
– Zulässigkeit **8** 4 ff., 59 ff.

Panoramablick juristischen Arbeitens **E** 5
Paradigmenwechsel **3** 102
Parlamentsvorbehalt **4** 39 ff.
Parteifähigkeit **7** 28
– Nichtigkeitsklage **6** 5 f.
Passiv **S** 23
Person, juristische **2** 32, **3** 13 f., **5** 55
Persönlichkeitsrecht, allgemeines **1** 8, **4** 73 ff.
– Abgrenzung **4** 75 ff.
– Entscheidungspflicht **4** 74, 78
Polizeirecht **10** 6 ff.
Prädikat **S** 12 f.
– Bestandteile **S** 13
Präposition **S** 37 ff.
– Dativ **S** 39
– Kasus **S** 38
– Verhältnis **S** 37
– „durch“ **S** 39
– „infolge“ **S** 40
– „von“ **S** 39
– „wegen“ **S** 40
Pressefreiheit **5** 66 ff.
Probleme **E** 12 ff.
– Folgeprobleme **E** 18
– Sammlung **E** 12 ff.
Prognoseentscheidung **9** 61
Prozessfähigkeit **2** 5
– Minderjähriger **1** 7 f.
Punktabzüge **G** 1

Quellen **G** 12 ff., 18, 21, 33

Recht am eingerichteten und ausgeübten Gewerbebetrieb **1** 80
Recht auf Leben und körperliche Unversehrtheit **1** 11, **4** 34 ff.
– Abgrenzung zum allg. Persönlichkeitsrecht **4** 75
– auf Grund eines Gesetzes **4** 37
– Eigenschutz **4** 62
– Gesetzesvorbehalt **4** 38
– Immunität, klinische/sterile/Herden- **4** 56, 69 f.
– Schutz einer ausreichenden Gesundheitsversorgung **4** 1 ff.
Recht der Wirtschaft **5** 10
Recht des Ladenschlusses **9** 24, 37
Rechtsakt mit Verordnungscharakter **6** 15 ff.
Rechtsmissbrauch **7** 63
Rechtsreflex **9** 69
Rechtsschutz, vorbeugender
– Nichtigkeitsklage **6** 37
Rechtsschutzbedürfnis **8** 77
Rechtsstaatsprinzip **8** 33, 42
Rechtsverordnungen **4** 39, 43 f., 51 ff.
– Bestimmtheit **4** 44
– Programmfestsetzungspflicht **4** 44, 46
– Selbstentscheidungsvorbehalt **4** 44 f.
– Vorhersehbarkeitsgebot **4** 44, 47
Rechtswegeröffnung **8** 57 f.
– Verfassungsunmittelbarkeit, doppelte **6** 46 f.
– Verwaltungsrechtsweg **6** 43 ff.
Rede, indirekte **G** 13, **S** 30 ff.

– Besonderheit **S** 33
– Grundregel **S** 31
– Mehrdeutigkeit **S** 32
– „würde"-Konstruktion **S** 34
Regelungsvorbehalt **9** 54
Religions- und Weltanschauungsfreiheit **2** 17 ff.
Religionsgesellschaft **2** 25 ff.
Repetitor **G** 31
Rezension **G** 39

Sachverhalt **E** 4 f., **G** 11
– Lektüre, mehrfache **E** 11
– Rechtsansichten **E** 7
– „Sachverhaltsquetsche" **E** 4
Sammelwerk **G** 37, 39
Satzbau **S** 7 ff.
– Sätze, kurze **S** 9, 14
– Schachtelsatz **S** 7
Schriftgröße **G** 2
Schutz vor sich selbst *s. Selbstgefährdung*
Seitenzahl **G** 2
Selbstbetroffenheit, gegenwärtige und unmittelbare **1** 12 ff.
Selbstgefährdung **9** 74
– freiwillige **1** 33 ff.
Selektorenlisten **7** 42
Silbentrennung **G** 2
Skript **G** 31
Staatspraxis **9** 41
Staatswohl **7** 62
– Störer **10** 8 ff.
– Verhaltensstörer **10** 9
– Zustandsstörer **10** 8
– Zweckveranlasser **1** 23, **10** 10 ff.
Streitentscheid **E** 9, 17 ff.
Subjekt **S** 12
Substantivitis *s. Nominalisierungen*
Subsidiarität **2** 15
– der Verfassungsbeschwerde **1** 16 ff., **5** 59
– materielle **6** 78
Substantiv **S** 11
Subsumtion **E** 20, 23 f., 29
Superrevisionsinstanz **3** 58
Syllogismus **E** 20

Tabelle **S** 29, 38
Telefax **3** 16 ff.
Telekommunikationsfreiheit **7** 22
Textgestaltung **G** 2, 6, 17
Third Party Rule **7** 67

Überschrift **G** 6 f.
Ultra-vires-Kontrolle **6** 65 f., 84 ff.
– Hinreichend qualifizierte Kompetenzüberschreitung **6** 94
– Offensichtlichkeit der Kompetenzüberschreitung **6** 95
– Strukturelle Bedeutsamkeit der Kompetenzüberschreitung **6** 96
Unterschrift **G** 3, 29
Untersuchungsausschuss **7** 30 ff., 36 ff., 51 f.

Verbalisierung **S** 6
Vereinigungsfreiheit **10** 29
– allgemeine **2** 51
– religiöse **2** 18 ff.
Verfassungsbeschwerde **1** 1 ff., **5** 52 ff., **6** 25 ff., 51 ff.
– Beschwerdebefugnis **2** 8 ff., **5** 56 ff.
– Beschwerdefähigkeit **2** 4
– Beschwerdegegenstand *s. Beschwerdegegenstand*
– Rechtswegerschöpfung **2** 14, **6** 77
– Subsidiarität *s. Subsidiarität*
– vorbeugende **6** 71 ff.
Verfassungsidentität **6** 61 ff., 100 ff.
Verfassungsrecht
– kollidierendes **5** 31 ff., **9** 66
– spezifisches **2** 47
Verfassungsrechtsverhältnis **7** 34
Verfassungstreue **2** 30, 49
Verfassungsunmittelbarkeit, doppelte *s. Rechtswegeröffnung*
Verhaltensstörer *s. Störer*
Verhältnismäßigkeit **1** 32 ff., 69 ff., **5** 34 ff., 79, **9** 57, 70
– Angemessenheit **3** 93
– Berufsfreiheit **5** 40 f.
– Erforderlichkeit **2** 49 f.
– Prüfung **2** 35
Verneinungen **S** 16 f.

Versammlungsfreiheit **3** 59 ff., **4** 22 ff., **10** 28
– Abgrenzung zur Meinungsfreiheit **4** 27 ff.
– Friedlichkeit **3** 70, **4** 24 f.
– frühere Erfahrung **4** 17
– Gefährdungspotential **4** 17
– gewaltbereite Teilnehmer:innen **4** 16
– Mindestteilnehmerzahl **3** 62 ff.
– Ort **3** 52, 72 ff.
– Zeit **3** 52
– Zweck **3** 66 ff.
Verständnis **S** 3
Vertragsfreiheit **9** 51, 69, 72
Vertrauensfrage **8** 24 ff.
– Rechtsfolge **8** 29
– Situation politischer Instabilität **8** 28 f.
– Verbindung mit Sachentscheidung **8** 25 ff.
Verursacherprinzip **10** 5, 16, 24
Verweisung **E** 8
Völkerrecht **7** 54
Vorbehalt des Gesetzes **5** 75 ff., **10** 36
Vorbeugender Rechtsschutz *s. Rechtsschutz, vorbeugender*
Vorteilsprinzip **10** 16
Vorwegnahme der Hauptsache *s. Anordnung, einstweilige*

Wechselwirkungslehre **4** 19
Wehrhafte Demokratie *s. Demokratie, wehrhafte*
Werteordnung, objektive **3** 34
Wesentlichkeitstheorie **4** 39, 41, **8** 33
Widersprüchlichkeit **G** 14
Wiederholungen **E** 8
Willkürprüfung *s. Allgemeiner Gleichheitssatz*
Wirtschafts- und Sozialordnung **9** 61

Zeichenabstand **G** 2
Zeilenabstand **G** 2
Zeugenaussagen **7** 52, 62
Zitat **G** 12 ff.
Zitiergebot **9** 57
Zitierrecht **7** 51
Zustandsstörer *s. Störer*
Zutrittsrecht **3** 77
Zwang, unmittelbarer **10** 6
Zwangsgeld **10** 6
Zweckveranlasser *s. Störer*

„Asthmastil“ **S** 10

„soweit“ **3** 5
„Spaßcharakter“ **3** 68